Literatur-, Kultur- Sprachvermittlung: LiKuS

Reihe herausgegeben von
Carola Surkamp, Göttingen, Deutschland
Andrea Bogner, Göttingen, Deutschland
Christoph Bräuer, Göttingen, Deutschland
Birgit Schädlich, Göttingen, Deutschland
Marta García, Göttingen, Deutschland

Die neue, interdisziplinär orientierte Reihe (LiKuS: Literatur, Kultur, Sprache) setzt sich zum Ziel, sprachenübergreifend Fragen zur Literatur-, Kultur- und Sprachvermittlung zu bearbeiten. Sie erfasst Beiträge aus den Didaktiken des Deutschen als Erst-, Zweit- und Fremdsprache, der Englischdidaktik, der Didaktik der romanischen Sprachen sowie der Mehrsprachigkeitsdidaktik. Die drei genuinen Arbeits- und Forschungsbereiche der (Fremd-)Sprachendidaktiken werden explizit zusammengedacht. Gezeigt werden soll, dass und wie sprachliches, literarisches und kulturelles Lernen ineinandergreifen. Ausgegangen wird von einem weiten Literaturbegriff, der medial unterschiedlich vermittelte Texte umfasst. Mit Kulturdidaktik ist eine Verschiebung des Fokus im Fremdsprachenunterricht weg vom landeskundlichen Faktenwissen hin zur Förderung einer kultursensiblen Kommunikations- und Verstehensbereitschaft sowie der Fähigkeit zur Bedeutungsaushandlung gemeint. In den Blick genommen werden der (Fremd-)Sprachenunterricht an Schulen und in außerschulischen Bildungskontexten sowie die Ausbildung von (Fremd-)Sprachenlehrer*innen. In der Reihe erscheinen theoretisch-konzeptionell und/oder empirisch ausgerichtete Dissertationen und Habilitationen sowie einschlägige Monographien und Sammelbände.

Weitere Bände in der Reihe http://www.springer.com/series/15879

Adrian Haack

Dramapädagogik, Selbstkompetenz und Professionalisierung

Performative Identitätsarbeit im Lehramtsstudium Englisch

Mit einem Geleitwort von Prof. Dr. Carola Surkamp
und Prof. Dr. Hermann Veith

 J.B. METZLER

Adrian Haack
Wolfenbüttel, Deutschland

Dissertation, Universität Göttingen, 2015

Die Erstellung dieser Dissertation wurde von der Friedrich-Ebert-Stiftung e.V. gefördert.

OnlinePlus Material zu diesem Buch finden Sie auf
http://www.springer.com/978-3-658-19951-7

ISSN 2522-0292   ISSN 2522-0306   (electronic)
Literatur-, Kultur- und Sprachvermittlung: LiKuS
ISBN 978-3-658-19950-0   ISBN 978-3-658-19951-7   (eBook)
https://doi.org/10.1007/978-3-658-19951-7

Die Deutsche Nationalbibliothek verzeichnet diese Publikation in der Deutschen National-
bibliografie; detaillierte bibliografische Daten sind im Internet über http://dnb.d-nb.de abrufbar.

J.B. Metzler ist Teil von Springer Nature
Die eingetragene Gesellschaft ist Springer Fachmedien Wiesbaden GmbH
Die Anschrift der Gesellschaft ist: Abraham-Lincoln-Str. 46, 65189 Wiesbaden, Germany

Geleitwort

In pädagogischen und fachdidaktischen Professionalisierungsdiskussionen ist in der jüngeren Vergangenheit wiederholt die Frage gestellt worden, welche Kompetenzen für die berufliche Arbeit in Schulen erforderlich sind, um einen qualitativ hochwertigen Unterricht zu gewährleisten. In den Blick geraten sind dabei nicht nur fachliche Kenntnisse, didaktische Fähigkeiten und methodische Fertigkeiten, sondern auch und in zunehmendem Maße soziale und personale Kompetenzen. Diese jedoch spielen in der gegenwärtigen Lehrer*innenbildung eine eher untergeordnete Rolle. Vor allem die Universitäten haben Schwierigkeiten, ihre grundlegenden Prinzipien der Fachlichkeit und der Forschungsorientierung mit Anforderungen eines berufsfeldbezogenen Kompetenzerwerbs zu verbinden. Außerdem ist auch das sogenannte schulische Kerngeschäft, der Unterricht, nur unzureichend als instruktive Vermittlungstätigkeit beschrieben. Pädagogisches und auch fachliches Handeln findet in sozialen Beziehungen statt. Insofern erscheint es durchaus folgerichtig, wenn die Professionsforschung inzwischen sehr viel stärker sowohl der sozialen Rolle der Lehrkräfte als auch ihrer Subjektivität und Biographie Aufmerksamkeit zuwendet.

Vor diesem Hintergrund unternimmt Adrian Haack in seiner Dissertation den anspruchsvollen Versuch, ausgehend von den berufsfeldbezogenen Anforderungen, die insbesondere der Fremdsprachenunterricht an Lehrkräfte stellt, die subjektive Seite der Arbeit von Lehrpersonen mithilfe des Konzepts der ‚Selbstkompetenz' detaillierter zu beschreiben. Wenn Unterrichtsqualität stark von den subjektiven Haltungen, Überzeugungen, Selbstbildern und Idealen der Lehrer*innen abhängt, dann – so die These – ist es erforderlich, dass auch schon in der ersten Phase der Lehrer*innenbildung damit begonnen wird, gezielt auf den Erwerb professioneller Selbstkompetenz hinzuarbeiten. Gerade die Aufgabe, die sich Lehrkräften im Fremdsprachenunterricht stellt – nämlich Schülerinnen und Schülern zu motivieren, sich auf die Verständigung in dem (zunächst unvertrauten) Medium einer Fremdsprache einzulassen und die Entwicklung interkultureller Kompetenzen zu fördern –, erfordert von diesen weit mehr als nur fachliche Kompetenz. Um Studierende darauf vorzubereiten, dass sie später in ihrem Unterricht pädagogisch umsichtig und fachdidaktisch reflektiert handeln können, bieten sich – so eine weitere zentrale These von Herrn Haack – insbesondere dramapädagogische Lehrformate an.

Hauptziel der Studie ist es zu untersuchen, ob werdende Fremdsprachenlehrer*innen bereits in der ersten Phase der Lehrer*innenbildung durch den Einsatz dramapädagogischer Verfahren Entwicklungsanstöße erhalten können, welche die für die spätere schulische Praxis wichtige und kontinuierlich erforderliche Auseinandersetzung mit dem eigenen Selbst – u.a. mit Selbstkonzepten und biografisch geprägten Rollenvor-

VI   Geleitwort

stellungen – befördern. Dafür unterteilt Adrian Haack die Lehreridentität in vier verschiedene Dimensionen eines professionellen Selbst: Selbst als Akteur, Selbst als Erzählung, dispositionales und motivationales Selbst sowie das Selbst als Lerner. Diesen
Dimensionen ordnet der Autor dramapädagogische Erfahrungsfelder und einzelne
Bausteine dramapädagogischer Arbeit zu – von Körperarbeit und Schauspiel über Imaginationen und Praxisperspektiven bis zur gruppen- und personorientierten Seminargestaltung. Durch dramapädagogische Anregung, Unterstützung oder Explizierung, z.b.
durch Ausdrucksformen wie Standbilder oder durch Perspektivenübernahmen im Rollenspiel, sollen jeweils Reflexionsanlässe geschaffen und Entwicklungsimpulse für die
Selbstkompetenz gegeben werden: eine nicht nur rationale, sondern auch emotionale
und körperliche Selbstwahrnehmung, die narrative Gestaltung von beruflichen Selbstbildern, die Erkundung berufsrelevanter Dispositionen und Motivationen, die Relativierung eigener schulischer Lernerfahrungen im Abgleich mit anderen oder das Experimentieren mit und Reflektieren von neuen Verhaltensweisen.

Auf der Basis dieser theoretischen Grundlagen entwickelte der Autor verschiedene
dramapädagogisch gestaltete Veranstaltungen für die Ausbildung von Fremdsprachenlehrenden, die er alle selbst über einen Zeitraum von mehreren Jahren mehrfach un-
terrichtete. Für jeden Seminartyp werden Hypothesen über die Möglichkeiten zur Förderung von Selbstkompetenz formuliert. Für Seminartyp I, bei dem Studierende ein
Theaterstück in englischer Sprache entwickeln und dieses in Praxisprojekten gemeinsam mit Schüler*innen inszenieren, stellt Adrian Haack z.B. die Hypothese auf, dass
Teilaspekte von Selbstkompetenz (u.a. Flexibilität, Offenheit, Umgang mit eigenen
Emotionen und Ansprüchen, Auseinandersetzung mit Selbstbildern) bereits bei der Bewältigung der Aufgabe einer kooperativen Stückentwicklung in großem Ausmaß benötigt werden. Seminartyp II ist explizit als dramapädagogisches Selbstkompetenzseminar konzipiert und beinhaltet u.a. Methoden wie die Soziometrie, ein Lehrerrollenspiel
und Playback-Theater – eine Form des Erzähl- bzw. Improvisationstheaters auf der Basis geteilter Geschichten. Seminartyp III ist als Regiekurs angelegt und rückt die Aspekte
Theaterästhetik, Projektplanung und Gruppenleitung in den Vordergrund. Zur Datenerhebung wurden Fragebögen mit standardisierten und offenen Fragen zu Selbsteinschätzungen der Studierenden eingesetzt, Gruppeninterviews durchgeführt und Prozessdokumentationen (Videoaufnahmen, Beobachtungsprotokolle) angefertigt. Besonders bemerkenswert ist, dass es Adrian Haack neben der zeitlich nahen Evaluation
seiner Seminare in seiner Studie auch gelungen ist, Langzeitwirkungen der von ihm
konzipierten dramapädagogischen Lehrveranstaltungen nachzuzeichnen. Über eine
schriftliche, onlinebasierte Befragung, an der 40 seiner ehemaligen Lehramtsstudierenden teilgenommen haben, versucht er herauszufinden, welchen längerfristigen Anstoß zur Entwicklung von Selbstkompetenz die Seminare haben geben können.

Die vorliegende Dissertation stellt in mehrfacher Hinsicht einen innovativen Beitrag für die Fremdsprachendidaktik dar: Erstens widmet sie sich der ersten Phase der Lehrer*innenbildung, für die seit Jahren stärkere Impulse zur Beförderung der Entwicklung eines reflektierenden Habitus gefordert werden. Zweitens zeigt der Autor eindrucksvoll auf, dass dramapädagogische Verfahren nicht nur im Sinne einer Methodenschulung für angehende Fremdsprachenlehrende, sondern gerade auch für Professionalisierungsprozesse wirksam sind. Seine ausführlich beschriebenen und illustrierten Seminarkonzeptionen haben zudem einen hohen Umsetzungswert und können direkt in die Fremdsprachenlehrer*innenbildung an anderen Universitäten integriert werden. Drittens schließlich trägt der Autor der Forderung nach einer engeren Verzahnung von Fachdidaktik und Bildungswissenschaften Rechnung, indem er für die vorgenommene Modellbildung zum Konzept der ‚Selbstkompetenz' pädagogische, psychologische und fachdidaktische Ansätze zusammenführt und diesen interdisziplinären Blick auf sein Thema konsequent beibehält.

Kurz vor Drucklegung dieser Arbeit hat Adrian Haack erfahren, dass er für seine Dissertation im Herbst 2017 mit dem „Hans-Eberhard-Piepho-Preis für Ideen im kommunikativen Fremdsprachenunterricht" ausgezeichnet wird. Wir freuen uns sehr mit ihm und möchten die Lektüre dieser wegweisenden Studie allen interessierten Leser*innen wärmstens empfehlen.

Göttingen, im Juli 2017   *Carola Surkamp & Hermann Veith*

Mein tiefer Dank geht an alle Schlau- und Kreativköpfe, die mich
– meist geduldig, großzügig und immer großartig –
mit Ideen, Daten, Mut und Hilfe versorgt haben:
Familie und Doktoreltern, Freund*innen und Kolleg*innen
(die Grenzen verschwimmen),
Lehrer*innen und Lernende, Künstler*innen und Forschende.

Vorwort: Eine persönliche Geschichte

Da es in dieser Arbeit um die Auseinandersetzung mit Selbstbildern geht, möchte ich mit einer Selbstbefragung beginnen: Wo situiere ich mich in dem Spannungsfeld, das in den folgenden Kapiteln eröffnet wird, zwischen Wissenschaftler und Forscher, Schauspieler und Künstler, Pädagoge und Fremdsprachenlehrer – Was davon bin ich? Es ist ungewöhnlich, das im Vorwort einer Dissertation zu sagen, aber: Als Wissenschaftler habe ich mich nie wirklich gefühlt. Am besten ging mir das Schreiben von der Hand, wenn ich es als Erzählprozess gesehen habe, und in diesem Licht sehe ich mich selbst und dieses Werk auch jetzt: Ich bin ein Geschichtenerzähler, und diese Arbeit ist meine Narration von einer guten Lehrerbildung. Sie ist zugleich wissenschaftlich, als auch künstlerisch und zutiefst persönlich; ihr Entstehungskontext sind nicht nur Universität und Diskurse, sondern eine Lebensphase. Studium und Promotion sind nicht nur Qualifikationsschritte, sondern Abschnitte im Leben, in denen die Auseinandersetzung mit einer komplexen Aufgabe zu einer Weiterentwicklung des Handelnden führt. Selbst ein Scheitern kann wichtige Erkenntnisse erzeugen. Dieser Prozess hat nicht nur mich, sondern auch diese Arbeit mitgeschrieben, und Krisen waren dabei besonders bedeutsam.

Bereits in meiner Studienzeit habe ich einige für diese Arbeit wichtige Krisen durchlaufen. Die kleineren hatten mit einem fehlenden Gefühl von Sinnhaftigkeit des Lernens in Bezug auf meinen Berufswunsch Lehrer zu tun oder mit Veranstaltungen ohne Inspiration oder didaktische Aufbereitung. Vieles langweilte mich – ich saß motivational ziemlich ,auf dem Trockenen'. Eine neue Fachdidaktik-Professorin, die lebendige Veranstaltungen mit Methoden-Selbsterfahrung und Reflexion mitbrachte und darüber hinaus mit Studierenden innovative Lehr-Lernprojekte in Schulen durchführte, löste nicht nur bei mir eine Welle der Begeisterung aus, die mich weit getragen hat. Die größeren Krisen meiner Studienzeit hatten weniger mit der Uni zu tun, dennoch haben sie vieles in Bewegung gesetzt, was nicht nur persönlich-privat, sondern auch für meine Forschung und für meine pädagogische Arbeit prägend war und ist: die Auseinandersetzung mit mir selbst und ein wachsendes Wissen über meine Stärken und Schwächen, Muster und Triebfedern. Die Bühne und das Spielen von und mit Rollen waren dabei wichtig.

Ich spiele seit meiner Kindheit Theater. Die Erfahrung, auf der Bühne zu stehen, Teil eines Ensembles und eines gemeinsamen Werkes zu sein, hat mich bereits in meiner Schulzeit durch soziale Ängste geführt und mir in anderen schweren Phasen immer wieder auf den Boden oder die Füße geholfen. Im bzw. neben meinem Studium habe ich selbst erneut erlebt, welche Kraft in diesem Medium, dem Gruppenprozess und der Selbsterfahrung durch den Auftritt steckt, und auch welche Freude. Ich bin allen Menschen dankbar, die mir das ermöglicht haben, und ich wollte und will diese Erfahrung mit anderen teilen. Es freut mich, dass ich die Chance bekommen habe, zu untersuchen und in dieser Arbeit darzustellen, ob und wie derartige Prozesse funktionieren. Ohne die Anregungen, Ermutigung und Unterstützung von Carola Surkamp und die Gedankenanstöße von Hermann Veith wäre das nicht möglich gewesen. Der praktische Teil des Experiments – meine Zeit als Dozent an der Uni, in der ich viele Seminare und Projekte mit Studierenden und Schüler*innen konzipiert und durchgeführt habe – war sehr erfüllend für mich. Ich möchte hier besonders auch allen Menschen danken, die ein Teil davon waren und mir ermöglicht haben, meine berufliche Lieblingsidentität zu entwickeln: die eines experimentierfreudigen Pädagogen, dessen Kunst die Seminargestaltung ist.

Somit bin ich Künstler und Schauspieler, im Alltag und manchmal weiterhin auf Bühnen; auch ein Forscher bin ich mit einem fragenden Blick auf die Welt, wenn auch nicht berufsperspektivisch – Ich bin Englischlehrer. Dabei frage mich oft, ob ich in der Schule erfolgreich das einlöse, was ich an der Uni unterrichtet habe: einen kommunikativen, handlungs- und produktionsorientierten Fremdsprachenunterricht mit flachen Hierarchien. Ich würde sagen: häufig, und auch mit überwiegend positiver Resonanz. Schüler*innen wollen aber manchmal Pausen davon („Können wir auch mal normalen Unterricht machen...?") und ich selbst muss lernen, meine Kraft einzuteilen. Ein gemischtes Feedback nach zwei Jahren Englisch (anonyme*r Schüler*in, Klasse 10):

> [...] es war eine ganz andere Art und Weise wie Sie uns den Lernstoff vermittelt haben, die mir Spaß gemacht hat. Auch wenn manche meinen Sie seien ein wenig verrückt, würde ich es auf den kreativen Menschen in Ihnen zurückführen [...]. Ich finde es super, dass wir so viel Kreatives gemacht haben und auch wenn ich mich wegen meiner Schüchternheit nicht viel beteiligt habe, so heißt das nicht, dass mir alles keinen Spaß gemacht hat. [...] Alles in allem wird mir Ihr Unterricht wohl noch in Erinnerung bleiben, mal sehen, ob es der Lernstoff auch tut ;-)

Ich kann hoffen, dass das Spiel mit meiner eigenen Inszenierung vor der Klasse längerfristig auch Schüler*innen dazu anregt, selbst sprachlich, kulturell und in Bezug auf Rollen und Identitäten Spielräume[1] zu erkunden und somit selbst ein wenig ,verrückt' zu sein.

---

[1] Auch die *-Schreibweise in dieser Arbeit öffnet identitäre Freiräume. Die letzten Jahr(zehnt)e haben die Aufweichung so manch strikter Grenzziehung mit sich gebracht (für diese Arbeit u.a. relevant: die zwischen Theater- und Dramapädagogik; die zwischen professioneller und persönlicher Entwicklung; die zwischen authentisch und inszeniert). Auch die Grenze zwischen männlich und weiblich wird vielerorts diskutiert, angegriffen, belagert und verteidigt. Das * steht für den Zwischenraum, den ich allen, die sich nicht eindeutig zuordnen können oder wollen, gerne lassen möchte, um sich selbst zu definieren und dabei die Normalitätserwartungen vieler anderer herauszufordern. Ich denke, von mehr Diskurs darüber, wer wir sind und wer wir sein wollen, können wir letztlich nur profitieren. Nicht nur in der Lehrerbildung.

Inhaltsverzeichnis

1. Einführung: Das Selbst in der Lehrer*innenausbildung und im Theater

"[T]eaching holds a mirror to the soul. If I am willing to look in that mirror and not run away from what I see, I have a chance to gain selfknowledge – and knowing myself is as crucial to good teaching as knowing my students and my subject."

Parker Palmer (1982:2): *The Courage to Teach*

Lehrer*innen müssen diverse Aufgaben und Rollen erfüllen, die weit über die Vermittlung von Fachinhalten hinausgehen – sie müssen nicht nur „Fachleute für das Lehren und Lernen" sein (Sekretariat der Kultusministerkonferenz 2004:3), sondern auch erziehen, beraten, Schule innovieren (vgl. ebd.) und im Unterricht als Wissensvermittler*in und Coach, als Lernbegleiter*in, als Moderator*in und Entertainer*in sowie in vielen weiteren Rollen und Funktionen auftreten (für Englischlehrer*innen vgl. z.B. Thaler 2010a:163). Sie brauchen verschiedene fach- und unterrichtsspezifische sowie fächerübergreifende Kompetenzen, um in einem oft auch von widersprüchlichen Anforderungen und Antinomien geprägten Schulalltag[2] (vgl. u.a. Helsper 2004) professionelles Handeln an den Tag zu legen. Die notwendigen zentralen Kompetenzanforderungen bzw. beruflichen Handlungskompetenzen werden häufig als Selbst-, Sach-, Sozial- und methodische Kompetenzen zusammengefasst, können aber beliebig ausführlich weiter untergliedert und erweitert werden.

Als grundlegend für das erfolgreiche Lernen von Schüler*innen erweist sich die Beziehungsgestaltung im Klassenraum (siehe u.a. Hattie 2012:26; die Bedeutung von „relational trust" an Schulen zeigen auch weitere empirische Studien, u.a. Bryk & Schneider 2002). Hattie betont zudem die Notwendigkeit, Unterricht mit den Augen der Schüler*innen zu sehen (vgl. Hattie 2010:252) – Lehrende brauchen also die Fähigkeit, sich in Schüler*innen einzufühlen (vgl. Tausch 2006:578 f.) sowie sich professionell und routiniert in die Schülerperspektive zu versetzen (vgl. dazu Fauser u. a. 2012:177; vgl. Schwarzer-Petruck 2014:21 zu adaptiven Routinen; vgl. Schocker-von Ditfurth 2001:71 zu Zielen der Lehrerausbildung). Besonders für den Fremdsprachenunterricht, in dem eine vertrauensvolle Lernatmosphäre als Voraussetzung zum Abbau von Sprechhemmungen unerlässlich ist, sind Lehrpersonen gefordert, gelingende zwischenmenschliche Beziehungen aufzubauen und die Fähigkeit zur Übernahme, Differenzierung und

---

2   Fauser (1996) liefert hierfür anschauliche Beispiele und fasst die unauflösbare Grundproblematik, die durch diverse Erwartungshaltungen verschiedener Gruppen zustande kommt und sich beständig neu konfiguriert, als Wahrheitsproblem und Gerechtigkeitsproblem zusammen (vgl. Fauser 1996:15).

Koordinierung fremder Perspektiven zu demonstrieren: Fremdsprachenlehrer*innen sind immer auch Vorbild für das Lernfeld 'interkulturelle Kompetenz' (vgl. z.B. Wipperfürth 2009:13), dem u.a. die Fähigkeit zur Dezentrierung von der eigenen Person (vgl. Surkamp 2010:238 f.) und zur Rekonstruktion fremder Sichtweisen zugrunde liegt (vgl. z.B. Nünning 2000).

Hier zeigt sich eine allgemeine Schwachstelle der Ausbildung. Gerade Junglehrer*innen sind häufig nicht in der Lage, diesen professionellen Perspektivwechsel durchzuführen, weil sie unter den Anforderungen des Berufseinstiegs und der Überforderung in der Praxis den Blick v.a. auf sich selbst gerichtet haben. Die Lehrperson ist während dieser Stressphase auf ihr Selbst im professionellen Umfeld und die Wahrnehmung ihrer eigenen Eigenschaften fokussiert (vgl. Kagan 1992; Conway & Clark 2003; Akbari 2007: 199).[3] Die klassischen Phasenmodelle der Lehrerwerdung (beispielsweise Fuller u. a. 1975) beinhalten diese Phase des Praxisschocks als selbstverständlich (siehe z.B. die Verwendung in Schönknecht 2005; Akbari 2007).[4] Genereller Tenor bei Autor*innen aus Schule und Studienseminaren scheint zu sein, dass Referendar*innen und Junglehrer*innen den Prozess der Professionalisierung und der beruflichen Identitätsbildung erst in der Praxis als Referendar*innen, in der zweiten Phase der Lehrerausbildung, beginnen (vgl. z.B. Lenhard 2001). Die erste, universitäre Phase der Lehrerbildung wird dabei in der Regel ausgeklammert bzw. als eher bedeutungslos bewertet, und das nicht zu Unrecht: Lehrerausbildung weist in den Ergebnissen von John Hatties Metastudie keine nennenswerte Bedeutsamkeit für das Lernen der Schüler*innen auf[5] (vgl. Steffens & Höfer 2012:18), und auch in anderen Forschungen und Publikationen wird immer wieder der Einfluss der Lehrerbildung auf die professionelle Entwicklung und das berufliche Handeln von Lehrer*innen als schwach evaluiert (vgl. Terhart 1994; Haas 1998; Flores 2001; Schocker-von Ditfurth (2001:66); Teml & Unterweger 2002:9; Bauer 2005:15; Schönknecht 2005:20; Jansing et al. 2013:101).[6] Auch TEDS-LT, eine aktuelle

---

3   In der Forschung von Connelly und Clandinin (1990; 1996) und Brooke (1994) wird ersichtlich, dass die Frage nach der eigenen Identität auch über die Berufseinstiegsphase hinaus bei erfahrenen Lehrer*innen einen hohen Stellenwert einnimmt, wie Beijaard u. a. zusammenfassen (vgl. Beijaard u. a. 2004:121).

4   Der Rückbezug auf ein Phasenmodell der Lehrerwerdung dient lediglich dem Zweck, auf die allgemeine Akzeptiertheit dieser Grundannahmen zu verweisen – Schockers Kritik an der Verallgemeinerung derartiger Phasen- und Stufenlehren ohne Berücksichtigung der Inhalte und Interventionen in der Ausbildung (vgl. Schocker-von Ditfurth 2001:42) wird generell zugestimmt.

5   Auf die geringe Aktualität der von Hattie für diesen Bereich verwendeten Studien und ihre Verortung im anglo-amerikanischen Schulsystem weisen die Autoren explizit hin, bezweifeln jedoch auch ein sehr viel besseres Abschneiden der deutschen universitären Lehrerausbildung bei einer ähnlichen Untersuchung (vgl. Steffens & Höfer 2012:18).

6   Die hier genannten Publikationen sind nicht immer jüngeren Datums und stammen teilweise aus internationalen Kontexten, womit die Aussagekraft über die aktuelle Lehrerbildung in

empirische Untersuchung der Entwicklung professioneller Kompetenzen bei Deutsch-, Englisch- und Mathematiklehramtsstudierenden (Blömeke et al. 2013), lässt Zweifel an der Wirksamkeit der ersten Phase der Lehramtsaubildung aufkommen; so findet nach den Ergebnissen der Studie beispielsweise kumulatives Lernen im Studium eher nicht statt (vgl. ebd.: 12). Im Englischstudium wird immerhin für Teilbereiche der Fachdidaktik – im Gegensatz zu einer tendenziellen Stagnation in den Fachwissenschaften – eine Zunahme an professionellen Kompetenzen auch im späteren Studium festgestellt (vgl. ebd.: 14). Vor dem Hintergrund der durch die Autor*innen selbst stark relativierten Aussagekraft der TEDS-LT Studie bzgl. hochschulischer Leistungsstände und der Handlungskompetenzen der dort ausgebildeten werdenden Lehrer*innen[7] wird ersichtlich, dass hier dringend mehr Forschung nötig ist, zumal die Lehrerbildung auch in den Philologien schon lange in der Kritik steht. Von den 25 Thesen, die der Fremdsprachendidaktiker Wolfgang Zydatiß (2012) zu notwendigen Reformen aufstellt, können die wenigsten als angegangen oder umgesetzt gelten und die durchgeführten Reformen haben mitunter wenig Veränderung der Grundstrukturen gebracht (vgl. Legutke & Schart 2016:10). In der Erforschung der fremdsprachigen Lehrerbildung ist zwar „Bewegung entstanden" (ebd.: 8), und Schart und Legutkes aktueller Sammelband (2016)[8] stellt hier einen wichtigen Ausgangspunkt dar. Dennoch gilt, nach einer jahrzehntelangen Vernachlässigung des Forschungsfeldes (vgl. ebd.), weiterhin Lina Pilypaitytės Zusammenfassung des Fachdiskurses, dass noch immer „kein zufriedenstellender Zustand" (Pilypaitytė 2013:11) erreicht sei.

Deutschland begrenzt ist. Evaluierungen der Wirksamkeit aktueller vielversprechender Reformen, wie beispielsweise das Praxissemester in NRW im Rahmen des aktuellen Lehrerausbildungsgesetzes (LABG vom 12.5.2009, § 12), stehen aus.

7   Das Studiendesign und erhebungstechnische Schwierigkeiten führen dazu, dass zunächst nur die Konstruktion und Validierung von Items für die weitere Forschung angestrebt wird (vgl. Stancel- Piątak et al. 2013: 226).

8   Der Band erschien anderthalb Jahre nach Abgabe der hier vorliegenden Dissertation und wurde für die Publikation in Ansätzen eingearbeitet. Mein Forschungsprojekt entspricht m.E. inhaltlich, lehr- und forschungsmethodisch vielen der von Legutke und Schart (2016) genannten Desiderata für eine fremdsprachendidaktische Ausbildungsforschung und -praxis. Zu nennen sind die Erforschung der Lehrerbildung anhand gemischter Designs, die Muster identifizieren und ihre Entstehung zu erläutern suchen (vgl. ebd.: 15) sowie das Ausgehen von der konkreten Lehrpraxis (Lehrer, Lerner und Kontext; vgl. ebd.: 17). In meiner eigenen universitären Lehrpraxis ziele ich darauf ab, individuelles und kollektives Lernen zu ermöglichen (vgl. ebd.: 23), zur Reflexion von Erfahrungswissen anzuregen (vgl. ebd.: 30 ff.) und als Lehrperson und mit der Gestaltung der Lernprozesse, die ich auch kritisch zur Diskussion stelle, Modelllernen zu ermöglichen (vgl. ebd.: 37). Die Ausrichtung meiner Arbeit an der Zielsetzung, Identitätsbildung und Rollenfindung für den späteren Lehrerberuf anzubahnen, entspricht der Professionalisierungsdefinition, die auch Schart und Legutke anlegen (vgl. ebd.: 26).

Das gilt auch für die Wirksamkeit der Lehrerbildung. Daniela Caspari kommt in ihrem aktuellen Überblick über die Erforschung des ‚Innenlebens' von Fremdsprachenlehrer*innen zu der Erkenntnis, dass in dem empirisch vielfach nachgezeichneten Bewusstsein der Lehrer*innen Aus- und Fortbildung für ihre subjektiven Sichtweisen gegenüber vielen weiteren Einflussfaktoren nachrangig sind (vgl. Caspari 2014:25). Prägender als die Ausbildung erweist sich dann oft die eigene Schulzeit, die für spätere Lehrer*innen eine Art ‚Beobachtungspraktikum' (apprenticeship of observation) darstellt – Dan Lorties (1975) berühmter Begriff, um die ca. 13000 Stunden an berufsbildprägender ‚Sozialisation' zu beschreiben, die angehende Lehramtsstudierende bereits aus ihrer eigenen Schulzeit mitbringen (vgl. Lortie 1975:61), findet vielerorts in aktuellen Publikationen der Lehrerbildungsforschung Verwendung (für Fremdsprachenlehrer*innen u.a. bei Maggioli 2012:20). Bereits in dieser Phase gebildete, ziemlich stabile Vorannahmen über das Lehren und Lernen („‚core' teachers' beliefs"; Richards & Rodgers 2001:252) werden von der Lehrerbildung zu selten aufgegriffen und berührt (vgl. ebd.; vgl. Zwozdiak-Myers 2012:68 f.), pädagogisch-didaktisches Wissen hingegen zu oft feed forward – also ohne dass Studierende einen Anknüpfungspunkt für ihr (zukünftiges) Handeln darin sehen – verabreicht (vgl. Brouwer & Korthagen 2005:216; vgl. auch Zwozdiak-Myers 2012:69). Gerade auch für den Bereich TESOL (Teaching English to speakers of other languages) wird eine „bedenkliche Kluft" (übersetzt nach Miller 2009:174) zwischen Ausbildung und realen Erfahrungen als Lehrer*innen diagnostiziert (vgl. ebd.) und die Praxisrelevanz der Lehrerausbildung und ihre Bedeutung für die Entwicklung von professioneller Identität als sehr gering bewertet (vgl. ebd.).

Neben dem Manko, diese individuellen Startpunkte in Form von Wissens- und Erfahrungsbeständen beginnender Lehramtsstudierender nicht genügend aufzugreifen, scheint das Ausbildungssystem zudem einem gestiegenen Bedarf an Selbst- und Sozialkompetenzen, also nötiger Persönlichkeitsentwicklung der Lehrenden (vgl. Teml & Unterweger 2002:8; Unterweger & Weiss 2006:217), noch nicht ausreichend Rechnung zu tragen.[9] Auch Referendar*innen bemängeln im Rückblick auf ihr Studium und ihre weitere Ausbildung ein „‚Zuwenig' an Angeboten für die Persönlichkeitsarbeit in der Ausbildung" (Unterweger 2013:89; vgl. auch Schaarschmidt 2004:111 f. zu ähnlichen

---

9   Generell formuliert wird im Rahmen der Neugestaltung der Studiengänge in Niedersachsen der Bedarf einer stärkeren Förderung von Schlüsselkompetenzen an der Hochschule aktuell von der ZEvA im Positionspapier „Schlüsselkompetenzen in den Curricula der Hochschulen" (vgl. Zentrale Evaluations- und Akkreditierungsagentur Hannover o. J.). Die Agentur sieht eine grundlegende Verbesserung der Studierfähigkeit gegeben, wenn im Bachelor-Studium Selbstkompetenzen „durch Einführungsveranstaltungen, Trainings, Einzelberatung etc. gefördert werden" (ebd.:2). Obwohl das Dokument an mehreren Universitäten in Norddeutschland (u.a. Georg-August-Universität Göttingen und Carl von Ossietzky Universität Oldenburg) Basis offizieller Akkreditierungsprozesse war, ist es leider auch auf Anfrage bei der ZEvA weder in Print erhältlich noch mit einem Publikationsdatum versehen.

Aussagen).[10] Das führt häufig zu „biographische[n] Katastrophe[n]" (Lenhard 2001:15), wenn sich im Angesicht der Praxis Referendar*innen „selbst die richtigen Fragen [...] bis an die Schmerzgrenze der eigenen Persönlichkeit [stellen]" (ebd.); hieraus entstünde der Wille zur ernsthaften Bearbeitung der eigenen Schwächen (vgl. ebd.). Im Angesicht dieses anscheinend hohen Leidensdruckes manch eines Lehramtsanwärters und in Anbetracht der Tatsache, dass vor diesem Selbsterkenntnisprozess bereits mehrere Jahre der Ausbildung absolviert worden sind, stellt sich die Frage, ob Hilfestellungen zur Bearbeitung möglicher Schwächen nicht bereits vorher erfolgen können und sollten.

Die Frage ist also, wie bereits in der ersten Phase der Lehrerbildung zumindest Entwicklungsanstöße stattfinden können, welche die Auseinandersetzung mit dem eigenen Selbst im Angesicht der Praxis – Palmer beschreibt sie treffend im Eingangszitat dieses Kapitels – ‚vorentlasten'. Ziel wäre es, hier auf „tragfähige Teillösungen" (Hericks & Kunze 2002:401) für berufliche Entwicklungsaufgaben hinzuwirken, wie sie aktuell im Rahmen der Bildungsgangforschung untersucht werden (vgl. Hahn 2005:167 ff.).[11] Das würde beinhalten, den individuellen Personen und Persönlichkeiten der Lehramtsstudierenden einen weit größeren Stellenwert in der Ausbildung einzuräumen, als dies bisher der Fall ist. Humanistische Perspektiven auf die Lehrerbildung (*Humanistic Based Teacher Education*; siehe u.a. Korthagen 2004) fordern schon lange, was aktuelle Theorien der Bildungsgangdidaktik und Professionalisierungsforschung unterstreichen (vgl. u.a. Hericks & Kunze 2002:401): Dass die Vorerfahrungen, subjektiven Theorien und individuellen Vorstellungen der Lehramtsstudierenden bezüglich ihrer selbst und dem Lehren und Lernen (sogenannte laienhafte Theorien bzw. „lay theories"; Sugrue 1997) in der Ausbildung als Ausgangspunkt aufgegriffen und reflektiert werden müssen, weil sie den Hintergrund darstellen, auf dem neuer Input und Erfahrungen interpretiert und verarbeitet werden (vgl. McLean 1999:58). Ein wichtiger

---

10   Eva Unterweger hat Interviews mit 23 ehemaligen Lehramtsstudierenden der PH Wien geführt. Ihre Ergebnisse können nicht als repräsentativ für den allgemeinen Ausbildungskontext oder das gymnasiale Lehramt gelten. Sie entsprechen jedoch einem allgemeinen Eindruck des Autors dieser Arbeit im Austausch mit Studierenden, Referendar*innen und Junglehrer*innen.
11   Den Begriff der Entwicklungsaufgabe (developmental task) verwenden Mitte des 20. Jahrhunderts ursprünglich Havinghurst und Erikson (vgl. Trautmann 2005:20 ff.), die psychologisch die Entwicklung von Kindern untersuchten; hierbei ging es um die Lern- und Entwicklungsaufgaben des aufwachsenden Subjektes, das u.a. „Werte und Ziele [...] als Teil der Persönlichkeit" (ebd.:24) entwickeln muss. Persönlichkeit, Biologie und Gesellschaft stellen die wesentlichen Einflussfaktoren dieser Entwicklungsaufgaben dar (vgl. ebd.). Keupp beschreibt diese Herausforderung an das Subjekt in der Spätmoderne als lebenslangen, unabschließbaren Prozess (statt als optimales Produkt, wie es Erikson sah) und favorisiert den Begriff der ‚Handlungsaufgabe' (vgl. Keupp u. a. 1999:83), der somit möglicherweise auch für den ebenso unabschließbaren Prozess der Entwicklung und Professionalisierung von Lehreridentität sinnvoller wäre.

Bestandteil der lebenslangen Professionalisierung von Lehrer*innen ist somit das Vorantreiben von Verständnisprozessen über die eigenen Einstellungen, die Untersuchung von „Gedanken zu sich selbst und der Berufsausübung" (übersetzt nach McLean 1999:68). Bullough (1997) sieht in der Erkundung des eigenen Lehrerselbst den Ausgangspunkt einer Lehrerbildung, die grundlegend selbstgesteuert ist (Bullough 1997:21):

> Teacher identity – what beginning teachers believe about teaching and learning and self-as-teacher – is of vital concern to teacher education [;] it is the basis for meaning making and decision making. Teachers [...] teach themselves. Teacher education must begin, then, by exploring the teaching self.

Der Prozess der Lehrerwerdung stellt aus dieser Perspektive zuerst einmal einen transformativen persönlichen Prozess dar (vgl. Korthagen 2004:81). Der Blick einer solchen Lehrerbildung ist auf die Veränderung von Selbstbildern gerichtet und orientiert sich an Fragen wie „Wer bin ich?", „Was für ein Lehrer will ich sein?" oder „Wie sehe ich meine Rolle als Lehrer bzw. Lehrerin?" (übersetzt nach: ebd.); der Blick ist auf die eigene bisherige Biographie und die Zukunft gerichtet: „Wer will ich werden?" (übersetzt nach Beijaard u. a. 2004:122). Insbesondere die Untersuchung der eigenen Identität und ihrer grundlegenden (höheren) Ziele wird dabei als Kern einer tiefgehenden Reflexion der eigenen Werte und Ressourcen (core reflection; vgl. z.B. Korthagen 2004) für wichtig erachtet (vgl. auch Seite 29 ff. dieser Arbeit). Eine grundlegende Vorstellung von Unterricht als „Begegnung von Menschen, die ihre individuellen Biographien, Vorstellungen, Wünsche und Motive in den Klassenraum mitbringen" (Schart & Legutke 2012:8) stellt den Ausgangspunkt dafür dar, Selbstreflexion von Lehrer*innen eine hohe Bedeutung zuzumessen. Besonders aus der Fremdsprachendidaktik heraus lässt sich das unterstreichen, da der Erfolg von Kommunikations- und Lernprozessen im fremdsprachlichen Unterricht maßgeblich „vom Wer [und] zu Wem" (übersetzt nach Miller 2009:173) bedingt wird. Fremdsprachenlehrer*innen müssen sich also sehr bewusst über ihr ‚Wer' sein, das sie Schüler*innen gegenüber darstellen.

Herricks und Kunze folgern aus der starken Prägung durch eigene schulischen Erfahrungen und der Bedeutung von Lehreridentität für den Unterrichtserfolg den Bedarf, „Studien- und Ausbildungsangebote zu stärken bzw. erst noch zu schaffen, die die Reflexion über eigene Bildungsprozesse mit Bezug auf die beruflichen Entwicklungsaufgaben und deren kreative Bearbeitung anregen und unterstützen" (ebd.:413). Auf Basis der o.g. Beobachtungen muss diese Forderung erweitert werden: Notwendig scheinen Angebote zu sein, die Selbsterfahrung und Selbstreflexion ermöglichen, z.B. um – als Teil der Entwicklungsaufgabe ‚Kompetenz' – den Umgang mit eigenen „Schwächen und Grenzen" (Hericks & Kunze 2002:405), aber auch die Auseinandersetzung mit biographisch-subjektiven Rollenvorstellungen (vgl. ebd.), anzuregen. Die entscheidende Frage ist, wie an diesen Maximen ausgerichtete Veranstaltungen, in denen verstärkt

Reflexion nach ‚innen' stattfindet und Lehramtsstudierende „sich selbst und das eigene Erleben in konkreten Interaktionssituationen zum Gegenstand der Betrachtung [...] machen" (Mayr & Neuweg 2006:198), gestaltet und ins Studium integriert werden können. Mayr und Neuweg verwenden den prägnanten Begriff einer *„persönlichkeits*reflexiven Lehrerbildung" (ebd.; Kursivierung im Original).

Zur Frage der Umsetzung bietet sich ein Blick auf die Ausbildung weiterer Berufsgruppen mit ähnlichen personalen Herausforderungen und Aufgabenfeldern (Empathiefähigkeit, Begleitung und Initiierung von Entwicklungsprozessen, Auseinandersetzung mit Persönlichkeitseigenschaften des Gegenübers, Beziehungsgestaltung) an. Beispielsweise müssen sich auch werdende Psychotherapeut*innen mit ihren eigenen Biographien, Erfahrungen, Persönlichkeitsdimensionen und -dispositionen auseinandersetzen – während die Psychotherapeutenausbildung aber je nach Verfahrensschwerpunkt zwischen 120 und 240 Stunden Selbsterfahrungen beinhaltet, lässt das Lehramtsstudium in seiner derzeitigen Form kaum Raum für intensive und langwierige (Selbst-)Erfahrungsprozesse. Angebote in der Lehrerbildung müssen somit in einem zeitlich und personell begrenzten Rahmen stattfinden können. Inhaltlich bestehen zugleich hohe Anforderungen an eine solche „Selbsterfahrungsarbeit" (Unterweger 2014:12), die laut der Erziehungswissenschaftlerin und Psychotherapeutin Eva Unterweger eine Notwendigkeit für werdende Pädagog*innen darstellt. Sie müsse, so Unterweger, einen Dreischritt aus Selbsterfahrung, Selbstwahrnehmung und Selbstreflexion ermöglichen (vgl. ebd.). Voraussetzungen dafür sind wiederum eine vertrauensvolle, hierarchiearme Atmosphäre sowie respektvolles Feedback durch weitere Teilnehmer*innen und durch Dozierende bzw. Lehrerbildner*innen, die sich auch selbst exponieren und einem „Reflexions- und Entwicklungsprozess stellen" (Huttel & Mayr 2002:5). Dabei sollte eine handlungsorientierte, ganzheitliche[12] sowie interaktive Arbeitsweise zum Einsatz kommen, um alle Teilnehmer*innen zur aktiven, unverkrampften Partizipation unter Einbezug ihrer Emotionen zu motivieren (vgl. Teml & Unterweger 2002:14 ff.; Unterweger 2014:12).

Insbesondere eine Option bietet sich an, die den genannten Anforderungen an Inhalt, Form und Rahmenbedingungen ideal gerecht wird: die Arbeit mit theater- und dramapädagogischen Ansätzen in Blockseminaren. Den Arbeitsweisen der Theater- und Dramapädagogik (für eine Begriffsdefinition siehe Kapitel 1) wird allgemein die Entwicklung „grundlegende[r] Fähigkeiten in den Bereichen Persönlichkeits- und Identitätsentwicklung, Sozialkompetenz oder Teamfähigkeit" (Göhmann 2003:80) zugesprochen. Zudem ist Theater „voraussetzungslos" (Küppers 2015:151; im Original kursiv): Ein dra-

---

12   Für eine kritische Auseinandersetzung mit dem Begriff des ganzheitlichen Lernens siehe Seite 49.

mapädagogischer Prozess (siehe auch Seite 143 ff. dieser Arbeit) kann bereits im zeitlichen Rahmen eines Wochenendseminars ohne großen Materialaufwand durchlaufen
werden; notwendig sind in erster Linie Zeit und Platz zum Spielen, nicht erforderlich
sind eine aufwändige Ausstattung, Bühne, Kostüme etc., da die Interaktion und die Arbeit mit dem eigenen Körper im Mittelpunkt stehen. In dramapädagogischen Blockseminaren mit Studierenden führen kreative und ganzheitliche Vorgehensweisen zudem
bereits innerhalb kurzer Zeit[13] zu intensiven Gruppenprozessen und Selbsterfahrungen, die Prozesse der Selbstreflexion und Weiterentwicklung anstoßen.
Inhaltlich dreht sich drama- und theaterpädagogische Arbeit um „Wahrnehmung und
Koordination, [...] Erinnerung und Vorstellung, [...] Handlung und Kommunikation, [...]
Beobachten und Phantasie, Mitgefühl und Emotion, [...] Zusammenarbeit und Selbst-
Konfrontation" (Bidlo 2006:19) und weist somit eine große Passung zu dem genannten
Bedarf in der Lehrerbildung auf. Auch in der Fremdsprachendidaktik spricht man von
Dramapädagogik als einer „Idealvorlage" (Schmenk 2015:39) für das Erleben und Reflektieren von „Selbst- und Fremderfahrungen ‚am eigenen Leib'" (ebd.). In Anlehnung
an das britische *Drama in Education* wird die „einzigartige Weise" (Volkmann
2008:193) betont, in der dramatische Inszenierungen im Fremdsprachenunterricht
personale Kompetenzen fördern können (vgl. ebd.).
Die Feststellung der Nähe und Passung zwischen Theatermethoden einerseits und personorientierter pädagogischer oder quasi-therapeutischer Arbeit andererseits ist für
aktuelle Erfordernisse in der Lehrerbildung relevant, aber keineswegs neu. Der Psychologe Hilarion Petzold (1994) zeichnet die lange Geschichte künstlerischer und dramatischer Ansätze im Arbeitsfeld Gesundheit und Heilung bis zur aristotelischen Dramentheorie, der asklepiadischen Medizin und schamanischen Traditionen nach (vgl. Petzold 1994:48 ff.). Bereits einer der ‚Pioniere der Theaterpädagogik' in Deutschland, Jakob Jenisch, betonte den pädagogischen Erfahrungswert und den psychotherapeutischen Effekt des Theaterspielens (vgl. Weintz 2008:300). Er stellte, ähnlich wie
der große Theater- und ‚Spielmacher' George Tabori, der in die Rollenarbeit mit seinen
Schauspieler*innen stark biographische Aspekte einfließen ließ (vgl. Beier 2003:308),
eine Nähe zur humanistischen Psychologie her, die sich auch in für diese Arbeit relevanten Ansätzen der Lehrerbildung findet (siehe beispielsweise das Modell der themenzentrierten Interaktion im konstruktivistischen Lehrer-Trainingskonzept KoLT; vgl.
Rißmann 2004:14 ff.).

---

13   Bezüglich des zeitlichen Rahmens erläutert Peter Lutzker, dass v.a. bei Schüler*innen viel Zeit
       und kontinuierliche Arbeit notwendig sei, um zu ermöglichen, dass künstlerische Prozesse
       fruchtbar wirken. Er kann im Rahmen seiner Forschung bei Erwachsenen bereits in sehr viel
       kürzeren Zeiträumen (Workshops mit einer Länge von einem Wochenende bis hin zu einer
       Woche; vgl. Lutzker 2007:110) intensive Erlebens- und Veränderungsprozesse feststellen (vgl.
       ebd.:451).

Es besteht also schon auf den ersten Blick zwischen Theater, seinen Rahmenbedingungen und Lernprozessen und dem formulierten Bedarf in der Lehrerbildung eine große Passung. Neben der Fähigkeit zur „tiefen Selbstbegegnung" (Czerny 2006:42 f.) werden als Persönlichkeitsentwicklungen, die durch Theaterspielen gefördert werden können, immer wieder genannt: die Entwicklung von Kreativität (vgl. z.B. Bundesverband Darstellendes Spiel 2005:16), Spontaneität, Flexibilität, Selbstvertrauen (vgl. u.a. Müller 2008:15) und Extraversion sowie Offenheit (vgl. u.a. Bidlo 2006:20). Ist die Voraussetzung einer vertrauensvollen Arbeitsatmosphäre gegeben, so können Drama- und Theaterpädagogik laut Forschung und Erfahrungsberichten Lernprozesse in verschiedenen fremdsprachenunterrichtlich und lehrerbildnerisch relevanten Bereichen anstoßen, die hier als erster Überblick kurz zusammengefasst und (mit Schwerpunkten auf a und c) später genauer beleuchtet werden:

a) **Erfahrungen mit sich selbst** werden möglich durch bewegtes Arbeiten (u.a. Übungen zum Kennenlernen) in einer Gruppe, das Aufwärmen von Körper, Stimme und Spielfähigkeit sowie Vertrauensübungen, pantomimische und nonverbale Arbeit, kleine Inszenierungen oder improvisierte Theatersequenzen, die das Training des eigenen Inszenierungspotenzials als Ausdrucks- und Kommunikationsmittel ermöglichen. Schauspielarbeit und ‚Training' machen Selbsterkundungsprozesse und neue Erfahrungen in einem Setting möglich, welches dem des Klassenraumes (‚Auftritt' vor Schüler*innen, Improvisation und Kooperation) nicht unähnlich ist.

b) **Lernen über andere:** Das Spiel mit Rollen und fremden Perspektiven, die probeweise übernommen werden, ist Grundprinzip des Theaters; die Fiktionalität durch das Als-ob (vgl. Hentschel 2003:17 ff.), dem *make-believe*, bietet dabei Schutz und Freiraum zum Ausprobieren. Lernende können durch die Übernahme einer Rolle „*de facto*, d.h. physisch, erleben, wie es ist, jemand anders zu sein bzw. sich mit jemand völlig fremdem und unbekanntem auseinandersetzen zu müssen" (Küppers & Kessler 2008:14). Somit können Perspektivwechsel und Empathie trainiert werden, während zugleich eine Art (Identitäts-)Schutz durch die Rolle (vgl. Schewe 1993:401 und Tselikas 1999:33) bei der Erprobung neuer Verhaltensweisen besteht, die reflektiert und möglicherweise später in das eigene Verhaltensrepertoire übernommen werden können.

c) **Reflexion über sich selbst:** Vertrauensaufbau und demonstrierte Wertschätzung durch Spielleiter*innen erschaffen eine Arbeitsatmosphäre, die den Teilnehmer*innen tiefgreifende persönliche Reflexionen über ihr Erleben ermöglicht; das Feedback anderer Teilnehmer*innen über die Außenwirkung Einzelner erweitert die eigene Perspektive. Inhalte des dramatischen Spiels entstammen zudem häufig der Lebens- und Erfahrungswelt der Teilnehmer*innen – in einem dramapädagogischen Unterricht werden, so Küppers und Schmidt (2010:116), „Sachverhalte aus dem natürlichen (Lebens-) Kontext herausgelöst, akzentuiert und verdichtet – also inszeniert – [...] um sie einer bewussten Reflexion zugänglich zu machen". Lernen über sich selbst findet also auf der Erlebensebene, in der Auswahl der Inhalte und in der Reflexion über beides statt.

d) **Impulse für Schule und Fremdsprachenunterricht:** Teilnehmer*innen erleben selbst ein inszeniertes Lernarrangement (mit den drei grundlegenden Elementen der reflexiven Einbettung, der Ganzheitlichkeit von Kommunikation sowie des Lernens in der Gruppe; vgl. Küppers & Schmidt 2010:117) und erfahren somit ‚am eigenen Leib' didaktische Prinzipien eines modernen Fremdsprachenunterrichts, die sie häufig nicht aus ihrer eigenen Schulzeit kennen (vgl. Haack & Surkamp 2011): Handlungs- und Produktionsorientierung, Lerner- und Erfahrungsorientierung sowie eine kommunikationsförderliche Atmosphäre und kommunikationsstimulierende Methodik, die eine dramapädagogische Arbeit grundlegend ausmachen (vgl. u.a. Schewe 1993; Tselikas 1999; Huber 2003). Die Übertragbarkeit auf den schulischen Fremdsprachenunterricht kann gemeinsam diskutiert werden.

Bevor in dieser Dissertation ein eigenes Modell zur dramapädagogischen Förderung der Selbstkompetenz werdender Fremdsprachenlehrer*innen theoriegeleitet entworfen (Kapitel 4), praktisch ausgearbeitet (Kapitel 5) und evaluiert wird (Kapitel 6), gilt es, den Stand der Wissenschaft und Praxis in diesem Feld zusammenzutragen. Dafür werden zwei grundlegende Fragen untersucht:

1) Wie lassen sich die persönlichkeitsbezogenen Lernprozesse, die gerade für Junglehrer*innen als bedeutsam beschrieben worden sind, unter der Überschrift ‚Selbstkompetenz von Lehrer*innen' genauer darstellen – und welche Ansätze gibt es bisher zu ihrer Förderung in der Lehrerbildung (Kapitel 2)?

2) Welches Verständnis von Dramapädagogik liegt dieser Arbeit zugrunde – auf welche Grundgedanken, Methoden, Arbeitsweisen und Traditionen wird zurückgegriffen, und welche Perspektiven bieten sich daraus für eine persönlichkeitsreflexive Arbeit (Kapitel 2)?

2. Selbstkompetenz: Begriffsgeschichte, Bestandteile und das Verhältnis zur Identität

Wenn die Rede davon ist, dass Selbstkompetenz[14] erworben wird, so bezeichnet dies allgemein Lern- und Entwicklungsprozesse eines Subjektes über sich und im Umgang mit sich selbst. Der Begriff der Selbstkompetenz ist komplex und vielschichtig und kommt in diversen Kontexten mit verschiedenen Bedeutungsakzentuierungen zum Einsatz; darüber wird in diesem Kapitel ein Überblick gegeben. Die Begriffe Humankompetenz und Personalkompetenz werden im Allgemeinen als Synonyme von Selbstkompetenz verwendet (vgl. Schwarzkopf & Hechenleitner 2006:45), und es bestehen inhaltliche Überschneidungen mit ,großen' Begriffen der Bildungstheorie wie Autonomie, Mündigkeit oder Selbstbestimmung (vgl. Staudinger 2006:206). Selbstkompetenz bildet einen Teilbereich der „psychosozialen Basiskompetenzen" (Mayr 2012:46) und ist eng verwoben mit der Sozialkompetenz einer Person.[15] Grundlegend werden mit Selbstkompetenz „Schlüsselqualifikationen im Umgang mit sich selbst" beschrieben (Archan & Tutschek 2002:5), also selbstreflexives und produktives Handeln in Bezug auf die eigenen „Begabungen, Motivationen und Leistungsbereitschaften" (ebd.) sowie Persönlichkeitseigenschaften, Selbstkonzepte und das Verständnis von sozialen Rollen (vgl. ebd.:7). Mit einem Blick auf die Person des Lehrers bzw. der Lehrerin lässt sich Selbstkompetenz grob dem Bereich der „psychologischen Funktionsfähigkeit" in Baumerts und Kunters Modell professioneller Handlungskompetenz von Lehrer*innen (2006) zuordnen oder kann als Bestandteil einer „Bewältigungskompetenz [gegenüber] den zu erwartenden [beruflichen] Belastungen" (Schaarschmidt 2004:100) gese-

---

14 Eine schwierige Frage stellt an diesem Punkt die Entscheidung dar, ob im Singular oder im Plural, also von Selbstkompetenz oder von Selbstkompetenzen, gesprochen werden soll. Im Mittelpunkt der Betrachtung steht ein vieldimensionales Konstrukt mit vielen Teilbereichen, was für den Plural sprechen könnte. Andererseits kann Selbstkompetenz als Eigenschaft einer Person gesehen werden (,ein selbstkompetentes Individuum') – Selbstkompetenz als Resultat vieler (Teil- und Unter-)Kompetenzen, Fertigkeiten, Fähigkeiten, Haltungen sowie von Erfahrungen und Wissen. Diese einzelnen Teildimensionen können bewusst gefördert und entwickelt werden, um die Selbstkompetenz einer Person zu verbessern. In diesem Sinne wird im Folgenden der Singular verwendet und von der Entwicklung und Förderung der Selbstkompetenz von Pädagog*innen gesprochen, ohne dass damit eine singuläre Handlungskompetenz gemeint wäre.

15 Den Übergang von Selbst- zu Sozialkompetenzen erachte ich als fließend und betrachte die beiden Kompetenzfelder als interdependent. So beinhaltet beispielsweise im Schulkontext der Umgang mit einem Konflikt unter Kolleg*innen sowohl eine äußere, sozial-kommunikative Dimension als auch eine innere Verarbeitung. Drittens spielt möglicherweise eine systemische Ebene mit hinein (Welche äußeren Umstände erzeugen den Konflikt mit – z.B. limitierte Ressourcen wie Zeit oder Räumlichkeiten?), so dass letztlich Selbst-, Sozial- und Systemkompetenzen untrennbar zusammenhängen (vgl. auch Unterweger 2014).

hen werden, ohne dass die Bezeichnung von den Autor*innen verwendet wird. Zentrale Begriffe sind hier Arbeitsengagement, Widerstandkraft, emotionale Verfassung und berufsspezifische Motivation (vgl. Schaarschmidt 2004) bzw. „motivationale Orientierungen und professionelle Selbstregulation" (Baumert & Kunter 2006:501). Der Begriff der Selbstkompetenz ist im pädagogischen Diskurs nicht neu, hat jedoch einen gewissen Bedeutungswandel erfahren. Begriffsvater Heinrich Roth spricht in seiner pädagogischen Anthropologie von Selbstkompetenz als einem Aspekt von Mündigkeit, als die „freie Verfügbarkeit über die eigenen Kräfte und Fähigkeiten für jeweils neue Initiativen und Aufgaben" (Roth 1971:180). Selbstkompetenz bedeutet für ihn die „Fähigkeit, für sich selbst verantwortlich handeln zu können" (ebd.) und wird durch Sachkompetenz (Urteils- und Handlungsfähigkeit bezüglich Inhalten und somit die Kompetenz, Zuständigkeit für Sachbereiche übernehmen zu können) sowie Sozialkompetenz zur Mündigkeit ergänzt (vgl. ebd.).[16] Bei Roth steht in der weiteren Erläuterung von Selbstkompetenz jedoch v.a. der Aspekt moralischer Urteilsfähigkeit, ggf. auch in Abgrenzung von einer gesellschaftlichen Norm, im Vordergrund: „Handeln aus Selbsteinsicht und Selbstkompetenz [...] [bedeutet] *anders* handeln, als von der Umwelt oder der Gesellschaft erwartet wird" (ebd.:540, Hervorhebungen im Original), und zwar mit Bezug auf das eigene Gewissen, wodurch u.a. auch die eigene Identität gewahrt werde (vgl. ebd.).

Das Konzept der Selbstkompetenz kommt aktuell – meist weniger moralisch und stärker individualistisch oder berufsfeldorientiert ausgerichtet – in verschiedenen, häufig pädagogischen Handlungsfeldern zum Einsatz, wobei unterschiedliche Bedeutungsdimensionen hervorgehoben werden. So steht in der Elementar- und Primarpädagogik v.a. die Entwicklung emotionaler Kompetenz im Vordergrund (vgl. z.B. Künne & Sauerhering 2012). Hier wird häufig eine körperlich-kinästhetische Dimension des Selbst berücksichtigt. Im zwölften Kinder-und Jugendbericht (2005) des Bundesministeriums für Familie, Senioren, Frauen und Jugend (BMFSFJ) wird Selbstkompetenz bzw. personale Kompetenz als eine von vier grundlegenden Kompetenzen zur Erschließung der Welt und der Entwicklung von Persönlichkeit beschrieben (vgl. BMFSFJ 2005:80 ff.). Es wird ein Bezug zum körperlichen und emotionalen Selbst hergestellt: Bei Selbstkompetenz als „ästhetisch-expressiv" bezeichneter Fähigkeit (vgl. ebd.:87) gehe es darum, „sich selbst als Eigenheit wahrzunehmen und mit der eigenen Körperlichkeit, Emotionalität und Gedanken- sowie Gefühlswelt klarzukommen" (ebd.). Hier liegt ein umfassender Bildungsbegriff mit ganzheitlichem Ansatz zugrunde, der sich nicht immer finden lässt, wenn von Selbstkompetenz die Rede ist. Beispielsweise interessiert sich die berufliche

---

16   Dass Selbst-, Sozial und auch Sachkompetenz dabei untrennbar miteinander verwoben sind,
      stellt auch Roth eindeutig klar: „Es kann keine Entwicklung zur Selbstkompetenz geben ohne
      Entwicklung zur Sach- und Sozialkompetenz." (Roth 1971:180)

Bildung ebenfalls für Selbstkompetenz als Teil beruflicher Handlungsfähigkeit (vgl. Sekretariat der Kultusministerkonferenz 2011:15), schenkt aber dem körperlich-ästhetischen Selbstausdruck wenig Aufmerksamkeit. Stattdessen werden neben der Verantwortungsübernahme für das eigene Lernen bestimmte Tugenden wie Zuverlässigkeit und Einsatzfreude betont (für einen Überblick über verschiedene Modelle siehe: Hensge 2008). Eine noch andere Interpretation von Selbstkompetenz findet sich im Diskussionsvorschlag eines Deutschen Qualifikationsrahmens für lebenslanges Lernen (2009). Hier wird unter dem Begriff Selbstkompetenz v.a. auf selbständiges Handeln und Lernen sowie die Reflexion darüber abgezielt (Arbeitskreis Deutscher Qualifikationsrahmen 2009).[17] Selbstkompetenz findet sich des Weiteren als Schlagwort in Fortbildungsmaßnahmen im Bereich Schlüsselqualifikationen (z.B. an der Georg-August Universität Göttingen[18]), in Schulkonzepten (siehe z.B. das Selbstkompetenzraster des Institut Beatenberg[19]), aber auch in Weiterbildungsangeboten z.B. für Manager und Führungskräfte (z.B. Unternehmensberatung und Personalentwicklung[20]). Schließlich taucht Selbstkompetenz im Gesundheitsbereich auf, wo sie unter dem Begriff *Selfness* als aktive Balancierung von Körper, Seele und Geist der passiven, konsumorientierten *Wellness* gegenüber gestellt wird (vgl. Kirig &Wenzel 2009:67). Die Verwendung des Begriffs

PERSONALE QUALIFIKATIONEN

z.B.

- Zuverlässigkeit
- Verantwortungsbewusstsein
- Sorgfalt
- Einsatzfreude
- eigene Stärken und Schwächen erkennen
- Bereitschaft zur Weiterentwicklung entwickelt
- Bedürfnisse und Interessen artikulieren
- sich flexibel auf neue Situationen einstellen
- Urteile verantwortungsbewusst bilden
- Ausdauer zeigen
- kreativ sein
- mit Spannungen umgehen
- Selbstvertrauen und Selbstbewusstsein zeigen
- ...

PERSONALKOMPETENZ

Abbildung 1: Auflistung verschiedener Aspekte von Personalkompetenz (=Selbstkompetenz; Anmerkung A.H.) in der beruflichen Bildung (nach: Archan u. a. 2003:9)

---

17   Der Begriff wurde allerdings in der fertigen Version des DQR durch den Begriff ‚Selbständigkeit' als Teildimension personaler Kompetenz ausgetauscht (vgl. Arbeitskreis Deutscher Qualifikationsrahmen 2011:5).

18   http://www.uni-goettingen.de/de/192579.html (abgerufen am 14.07.2017)

19   http://www.institut-beatenberg.ch/images/pdf/kompetenzraster/kr_sk.pdf (abgerufen am 14.07.2017)

20   Siehe beispielsweise http://www.naegele-partner.de/offene-seminare/selbstkompetenz.html (abgerufen am 14.07.2017)

ist also mannigfaltig, wobei eine auf den jeweiligen Adressaten- und Anwendungsbe-
reich passend zugeschnittene Definition von Selbstkompetenz häufig um eine Auflistung von allgemein als positiv bewerteten kognitiven Fähigkeiten, Einstellungen und
Haltungen sowie Persönlichkeitsmerkmalen ergänzt wird (vgl. als Beispiel Abbildung
1).[21] Wie in diesen Beispielen ersichtlich ist, wird Selbstkompetenz dabei stets auf den
Umgang eines Subjektes mit sich selbst bezogen, wobei ein mehr oder weniger ganzheitlicher Blick auf den Menschen geworfen wird, der neben kognitiven und rationalen
Aspekten in unterschiedlichem Ausmaß und mit sehr verschiedener theoretischer Un-
termauerung auch Emotionen und Affekte, Motivationen und Volitionen, Körperlichkeit und Biographie berücksichtigt. Welche dieser Aspekte eines ,Selbst' jeweils wie
viel Berücksichtigung erfahren, hängt vom Bezugsrahmen, dem zugrundeliegenden
Menschenbild und Bildungsbegriff sowie der jeweiligen (edukativen) Zielsetzung ab.

In umfassenden Konzeptionen wird Selbstkompetenz häufig in einen Zusammenhang
mit der Entwicklung und Gestaltung von Identität gebracht. Die Erziehungswissenschaftlerin Katja Monika Staudinger beschreibt Identität als das Ergebnis einer wachsenden Selbstkenntnis und Selbstgestaltung auf der Basis von Selbstkompetenz (vgl.
Staudinger 2006:206). Sie definiert drei elementare Merkmale einer Selbstkompetenz
von Individuen: die „Freiheit zur Selbstentfaltung, Fähigkeit zur Selbstgestaltung und
die Bereitschaft zur Selbstverantwortung" (ebd.), wobei neben aller Individualität immer auch eine Prägung durch andere und eine gegenseitige mitmenschliche Verantwortung bestehe (vgl. ebd.:205 ff.). Hieran lässt sich erneut ablesen, dass Selbstkompetenz sich von Sozialkompetenz nicht trennen lässt, auch weil Identität ohne den Bezug zu anderen Menschen undenkbar ist. Beides ist zudem an strukturell ermög-
lichende Rahmenbedingungen (,,Freiheit zur Selbstentfaltung") gebunden, was
wiederum die systemische Ebene ins Spiel bringt.

Aus der Menge der Interpretationen und Verwendungen des Begriffs Selbstkompetenz
muss für diese Dissertation eine Auswahl getroffen werden. Ausgangspunkt der Weiterarbeit soll im Folgenden eine prägnante Definition des Staatsinstitutes für Schulqualität und Bildungsforschung in München (ISB) sein. In dessen Glossar über relevante
Begriffe im Kontext von Lehrplänen und Bildungsstandards wird Selbstkompetenz definiert als „die Bereitschaft und Fähigkeit, eigene Begabungen und Fähigkeiten zu erkennen und zu entfalten, Identität und durchdachte Wertvorstellungen zu entwickeln,
sowie Lebenspläne zu fassen und zu verfolgen" (Schwarzkopf & Hechenleitner 2006:
45). Hierin zeigt sich Selbstkompetenz als nahezu übereinstimmend mit Howard Gard-

---

21   Archan u. a. (2003:9) sind hier exemplarisch aus einer Fülle herausgegriffen.

ners (ursprünglich 1983 veröffentlichen) Beschreibung der intrapersonalen Intelligenz[22] als die „Fähigkeit, sich selbst zu verstehen, ein lebensgerechtes Bild der eigenen Persönlichkeit – mitsamt ihren Wünschen, Ängsten und Fähigkeiten – zu entwickeln und dieses Wissen im Alltag zu nutzen" (Gardner 2002:57). Umfassender als das ISB bezieht Gardner somit auch die negativen Affekte, Emotionen und Motive des Individuums mit ein. Die Kenntnis von und der Umgang mit eigenen Ängsten und Unsicherheiten, Schwächen und Defiziten – und nicht nur die Begabungen und Talente – sollen auch im Folgenden in dieser Arbeit als Teil von Selbstkompetenz berücksichtigt werden, wenn ihre Relevanz für (werdende) Lehrer*innen herausgearbeitet wird.

Der Zusammenhang, der bisher zwischen Selbstkompetenz und der Entwicklung von Identität aufgezeigt worden ist, bietet für die Lehrerbildung vor dem Hintergrund aktueller Professionalisierungsdiskurse besonderes Anknüpfungspotenzial. Die Lehrerwerdung wird im Rahmen der Forschung etwa der letzten zwei Jahrzehnte zunehmend nicht mehr als reiner Erwerb von spezifischem Wissen, Denk- und Handlungsstrukturen gesehen, sondern als berufsbiographischer und lebenslanger Prozess der Ausbildung einer beruflichen Identität (vgl. Weiß 2013:930). Wenn Selbstkompetenz nun allgemein die individuelle Befähigung und die Bereitschaft zur Gewinnung von Selbstverständnis und Identität sowie die Klärung von Werten darstellt (vgl. Schwarzkopf & Hechenleitner 2006:45), so ist es für die Lehrerbildung höchst interessant zu fragen, in welchem Zusammenhang dies zur Ausbildung eines professionellen Selbst oder einer beruflichen Identität[23] sowie zur Entwicklung durchdachter pädagogischer Wertvorstellungen steht – und wie die Ausbildung einer solchen professionsbezogenen oder professionellen Selbstkompetenz durch die Lehrerbildung unterstützt werden kann.

Im Feld der fremdsprachendidaktischen Lehrerausbildungsforschung wird der Selbstkompetenz bereits eine hohe Bedeutung beigemessen: Schocker-von Ditfurth(2001; 2002) definiert Selbstkompetenz als einen von vier relevanten Wissensbereichen der fremdsprachlichen Lehrerbildung[24] (vgl. Schocker-von Ditfurth 2001:62 ff.). Sie beschreibt Selbstkompetenz als grundlegende Basiskompetenz für die Entwicklung professioneller Handlungskompetenz (vgl. Abbildung 2). Dabei beurteilt sie die – häufig

---

22 Gardners Theorie der Multiplen Intelligenzen ist umstritten und konnte, insbesondere im Bereich der nicht primär kognitiven Dimensionen, nicht empirisch validiert werden (vgl. Visser u. a. 2006). Letztlich geht es m.E. aber auch nicht darum, einen Einfluss von beispielsweise musikalisch-rhythmischer oder körperlich-kinästhetischer ‚Intelligenz' bei Leistungsmessungen der Intelligenz im klassischen Sinne nachzuweisen – sondern darum, den Wert von beispielsweise sozialer Kompetenz oder künstlerischer Begabung für die Gesellschaft anzuerkennen.

23 Auf beide Begriffe wird später noch erläuternd eingegangen (siehe Seite 25 ff).

24 neben Sachkompetenz, Sprachkompetenz und Situationskompetenz (vgl. Schocker-von Ditfurth 2001:63)

biographisch geprägten – Haltungen, Einstellungen und Wertvorstellungen von Lehrer*innen als ausschlaggebenden Faktor für ihr unterrichtliches Verhalten (vgl.
Schocker-von Ditfurth 2002:6 f.).

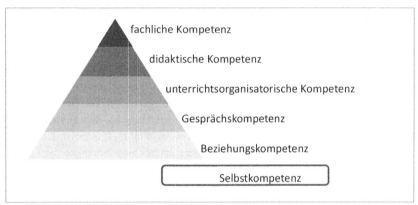

*Abbildung 2: Selbstkompetenz als Basiskompetenz (In: Schart und Legutke 2012:57; Hervorhebung
A.H.)*

Als prägende personale Faktoren für Unterrichtsgestaltung und Lehrerverhalten nennt
Schocker das grundlegende Menschenbild einer Person, ihre individuellen Antworten
auf Sinnfragen des Lebens sowie die individuelle psychische Widerstandsfähigkeit (vgl.
Schocker-von Ditfurth 2002:7). Schart und Legutke fassen diese individuellen Voraussetzungen der Lehrperson zusammen als „Vorstellungen über sich selbst und die Lernenden, die Klarheit der eigenen Ziele und Werte oder ein geübter Umgang mit den
eigenen Gefühlen" (Schart & Legutke 2012:57). Die Kenntnis von und der Umgang mit
diesen individuellen Dispositionen ist als Selbstkompetenz zu beschreiben, welche die
Basis für weitere Kompetenzentwicklung im Lehrerberuf darstellt. Weniger wissenschaftlich, aber als tiefe persönliche Wahrheit, formuliert dies Parker Palmer in seinem
preisgekrönten Bestseller *The Courage to Teach* (Palmer 1998:2):

> In fact, knowing my students and my subject depends heavily on self-knowledge. When I do not
> know myself, I cannot know who my students are. […] When I do not know myself, I cannot know
> my subject – not at the deepest levels of embodied, personal meaning. […] Whatever self-know-
> ledge we attain as teachers will serve our students and our scholarship well.

Dementsprechend wird auch in der Lehrerforschung mitunter das „Wissen über sich
selbst" (vgl. Caspari 2003:32) als übergeordnete Kategorie jeglichen (beruflichen) Wissens gesehen (vgl. ebd.). Somit wird das Verstehen und der Umgang mit der eigenen
Person, also Selbstkenntnis, Selbstverständnis und Selbstregulation, als grundlegend
für die berufliche Entwicklung und die Ausbildung von beruflichen Handlungskompe-

tenzen gesehen. Dies bedeutet natürlich nicht, dass ein Fokus auf die Person den Erwerb weiterer Kompetenzen zur erfolgreichen Gestaltung von Lehr- und Lernprozessen – fachliche Kompetenzen, methodische Kompetenzen, Kompetenzen zur Beurteilung und Evaluation etc. (vgl. Hallet 2006:36) – in der Ausbildung zurückstellen dürfte (so auch Schocker-von Ditfurth 2001:68 ff.). Vielmehr muss ausgehend von der eigenen Person ein Bezug zu weiteren Themen und Kompetenzen hergestellt werden.

Wenn auch der Begriff der Selbstkompetenz in der Lehrerbildung nicht neu ist, so fehlt doch häufig eine klare konzeptionelle Ausdifferenzierung dieses vieldimensionalen Konstruktes (z.B. Michalke-Leicht 2010); in anderen Fällen wird er verkürzt verwendet. So sprechen beispielsweise Lehmann und Nieke, die Selbstkompetenz in Bezug auf Schüler*innen unter dem Begriff „affektives Lernen" fassen (Lehmann & Nieke 2000:5) und diverse Unteraspekte nennen, in Bezug auf die Kompetenzen der Lehrkraft nur noch von ,Selbstreflexion' (vgl. ebd.:11) und betrachten die Frage des Umgangs mit der eigenen Persönlichkeit, Biographie, Affekten etc. nur sehr knapp unter dem Begriff der „Selbstbetroffenheit" (ebd.). In beiden Fällen geht das große Potenzial einer Auseinandersetzung der Lehrerbildung mit der Selbstkompetenz der werdenden Lehrer*innen verloren – entweder in einer nicht zu operationalisierenden, überladenen Bedeutungsdiffusität[25], oder durch eine Vernachlässigung der komplexen biographischen Dimensionen des Lehrerseins. Ziel dieser Arbeit muss es sein, eine zugleich vielschichtige als auch ,handhabbare' Beschreibung der Selbstkompetenz von Lehrer*innen zu finden, um konkrete Maßnahmen für die Ausbildung werdender Fremdsprachenlehrer*innen herauszuarbeiten und evaluieren zu können.

Einen Ausgangspunkt liefert Unterweger (2014), die die Selbstkompetenz von Pädagog*innen für den Bereich der allgemeinen Lehrerbildung ausdifferenziert. Sie verwendet ein Raster, das in Selbst-, Sozial- und Systemkompetenzen unterteilt ist und in dem verschiedene zusammenhängende Sub-Kategorien der personenbezogenen überfachlichen Kompetenzen werdender Lehrer*innen dargestellt werden (vgl. Unterweger 2014:11). In Anlehnung an den Weinertschen Kompetenzbegriff (2001) und Terharts Erweiterung (2007) liefert sie Könnens-Beschreibungen selbstkompetenter Pädagog*innen. Tabelle 1 zeigt eine Zusammenfassung.

---

25 Es wird nicht zu Unrecht kritisiert, dass Selbstkompetenz eine schwer greifbare Meta-Kompetenz darstellt. Die Auseinandersetzung mit der Entwicklung personaler Kompetenzen stößt an „Megafragen für Philosophen, Pädagogen und Psychologen" (Huttel und Mayr 2002:4) und ist dementsprechend über- und aufgeladen. Der Psychologe Greif charakterisiert Selbstkompetenz als „komplexe Gruppe von Fähigkeiten, Kompetenzen und Erfahrungen zur realistischen Selbstreflexion sowie zur bewussten Selbststeuerung und Selbstveränderung" (Greif 2008:203) und schlussfolgert, dass ein derart umfassendes Konstrukt schwer zu operationalisieren sei und kaum umfassend gefördert werden könne (vgl. Greif 2008:203).

Selbstkompetenz-Dimension[26]	Könnensbereiche
Selbstwahrnehmung und Selbstreflexion	• Sinneswahrnehmung und Selbstausdruck • Berufsbiographische Selbstreflexion • Dekonstruktion von eigenen Stereotypen • Entwicklung professioneller Handlungsstrategien gegenüber Diversität
Ressourcen	• Bewusstsein für eigene Potenziale und Limitationen • Effektiver und nachhaltiger Einsatz eigener Ressourcen • Positive Wahrnehmung von Vielfalt
Beziehung	• Positive Haltung zu sich selbst • Fehlerfreundlichkeit • Klärung von Rollen und Grenzen
Selbststeuerung und Selbstorganisation	• Effizientes Selbst- und Zeitmanagement • Leistungsfähigkeit zeigen und erhalten • Gründlichkeit und Verantwortungsübernahme • Gesundheit erhalten, Stress reduzieren • Entscheidungswille und -fähigkeit
Emotion und Motivation	• Emotionswahrnehmung und Selbstregulation • Professionelle Stabilität • Selbstmotivation und Selbstwirksamkeit
Kommunikation	• Präsenter Auftritt • Nutzung aller kommunikativen Mittel • Stimmgesundheit • Gewaltfreie Kommunikation
Konfliktlösung	• Umgang mit inneren Konflikten
Kooperation	• Bereitschaft zur Kooperation
Professionsbewusstsein	• Verantwortungsübernahme für die eigene Weiterentwicklung; Unterstützung nutzen • Reflexion innerer Leitbilder • Professionalisierung eigenen Handelns • Rollenklarheit und Wahrung von Grenzen
Wissen	• Kenntnisse als Basis von professioneller Reflexion
Didaktische Kompetenz	• Selbstkompetenz der Schüler*innen fördern

Tabelle 1: Raster der personenbezogenen überfachlichen Kompetenzen nach Unterweger (2014:5ff.; Zusammenfassung A.H.)

Unterwegers Kompetenzraster fließt in das später zu entwickelnde Modell der dramapädagogischen Förderung professioneller Selbstkompetenz von Lehrer*innen ein. Da-

---

26   Es wird an keiner Stelle von Unterweger definiert, um welche Art von Kompetenzmodell es sich handelt und wie die einzelnen Dimensionen als Kategorie zu benennen sind.

bei werden ein Ausbau der ästhetisch-expressiven Dimension sowie eine stärkere Betonung der Entwicklung von Selbstkompetenz als Teil eines Prozesses professioneller Identitätsbildung angestrebt. Dafür aber muss erst einmal herausgearbeitet werden, was eine ,professionelle Identität' von Lehrer*innen überhaupt ist.

2.1 Lehrerwerdung als Prozess der Identitätsbildung

Es erfolgt zunächst eine kurze Klärung des Begriffs Identität im Allgemeinen – in Bezug zu den verwandten Begriffen Selbst und Ich – bevor die professionelle Identität oder das ,professionelle Selbst' von Lehrer*innen genauer betrachtet und zugehörige Modelle dargestellt werden. Diese Exkurse und Modelle dienen als Überblick über den aktuellen Stand der Forschung zum ,Selbst' von Lehrer*innen und dessen Förderung sowie zur Etablierung eines grundlegenden Vokabulars im Bereich (professionelle) Identitätsbildung, um ein eigenes Förderungs-Modell später terminologisch differenziert vorstellen und Effekte benennen und evaluieren zu können.

2.1.1 *Begriffliche Klärung und Konzepte: Identität, Ich und Selbst*

Identität zu definieren scheint auf den ersten Blick einfach, denn jede*r hat eine eigene Vorstellung davon und weiß, wie sich die eigene Identität ,anfühlt' – zumindest dann, wenn keine widersprüchlichen Erfahrungen gemacht werden oder mit eigenen Vorstellungen inkongruente Wahrnehmungen aus dem sozialen Umfeld an einen heran getragen werden. Biographie und wichtige Bezugspersonen sind zwei wesentliche Einflussfaktoren in einer modernen Identitätskonzeption: „Identität [...] beschreibt die Art und Weise, wie Menschen sich selbst aus ihrer biographischen Entwicklung [...] heraus in der ständigen Auseinandersetzung mit ihrer sozialen Umwelt wahrnehmen und verstehen." (Lucius-Hoene 2013:725) Neben diesem ,Minimalkonsens' gibt es hingegen verschiedenste, teils im Widerspruch zueinander stehende und mitunter auch tradierte Auffassungen davon, was und wie Identität ist. Die Meinungen und Theorien verschiedener Ansätze und Disziplinen gehen weit auseinander, u.a. in Fragen nach der Stabilität oder Fragilität des Konstruktes, nach der Autonomie der Einzelnen bei ihrer Individualisierung oder nach der Wirkmächtigkeit von Rollenerwartungen, Trieben (Psychoanalyse) oder Gemeinschaften (*social identity theory*, kollektive oder Gruppenidentitäten). Die Begriffe Identität, Ich und Selbst werden in verschiedenen ,Schulen' und Theorien dabei unterschiedlich belegt. Definitionsarbeit in diesem Feld erweist sich also als herausfordernde Aufgabe, mit der sich auch etliche Fremdsprachendidaktiker*innen schon auseinandergesetzt haben: Surkamp (2008: 106) verweist darauf, dass es keine „allgemein akzeptierte Definition von Identität" (ebd.:2) gebe[27],

---

27   Der Pädagoge und Anthropologe Jörg Zirfas (2007) ist sogar der Meinung, dass das Wesen der Identität immer noch relativ ungeklärt sei und dass sich die vielfältigen Perspektiven verschiedener Wissenschaftszweige in ihren Theorien mitunter widersprechen (Zirfas 2010:9).

grenzt den Begriff aber mit Verweis auf Glomb (2004) von dem Cluster „‚Selbst', ‚Persönlichkeit' oder ‚Charakter'" (ebd.) ab. Michael Legutke beobachtet, dass die „Ubiquität des Konzeptes [Identität]" (Legutke 2013:153) und die Menge der Bezugswissenschaften, die sich damit auseinandersetzen, eine eindeutige Definition und Abgrenzungen von verwandten Begriffen, auch im Bereich der Fremdsprachendidaktik, erschwere (vgl. ebd.). Auch Daniela Caspari (2003) betont die Heterogenität des
Begriffsfeldes: Die Theorie- und Forschungslandschaft sei in Bezug auf Struktur, Bestandteile, Entstehungswege und Wirkmechanismen des Selbst historisch sehr divers
und es gebe bisher keine konsensfähigen Konzeptionen (vgl. Caspari 2003:16 f.).
Verwendet werden soll in dieser Arbeit eine prägnante Differenzierung der Begriffe
Selbst, Ich und Identität des Psychologen Siegfried Greif[28], die in Abbildung 3 visualisiert wird. Greif definiert das Selbst als intuitives Selbstbild, das Ich als bewusstes Wissen in Form eines Selbstkonzeptes und schließlich die Identität als bewusste Hervorhebung bestimmter Bestandteile des Selbstkonzeptes (vgl. Greif 2008:21 f.). Als Selbstkompetenz kann m.E. dabei betrachtet werden, was sich als Selbstreflexions- und Gestaltungsarbeit ‚an den Pfeilen' abspielt (vgl. Abbildung 3): die Bewusstmachung und
Reflexion bis dahin unbewusster, aber wahrnehmungs- und verhaltensleitender Selbstbilder. Dafür muss das Subjekt unter Einsatz objektiver Selbstaufmerksamkeit eine Art
Selbstexploration betreiben („den eigenen Empfindungen und Gefühlen in einer konkreten Situation nachspüren"; ebd.:22), und die Beobachtungen später verbal explizieren (vgl. ebd.). Das somit ausformulierte Selbstkonzept wiederum ermöglicht die bewusste Entscheidung für eine Identität in Form der individuellen Betonung von Werten, Zielen und Eigenschaften, die zur Schau gestellt werden. [29]
In den Darstellungen von Greif wird die Frage danach, wer man ist, erstens als innerpsychisches Phänomen sichtbar, das zweitens aber untrennbar an soziale Aushandlungsprozesse gebunden ist. Aus der umfassenden Ideen- und Forschungsgeschichte über
das Wesen der Identität soll im Weiteren nur zusammenfassend auf den symbolischen
Interaktionismus eingegangen werden, der ebendiese sprachlich-symbolische Aushandlung betrachtet. Die aufeinander aufbauenden Handlungs- und Interaktionstheorien der ‚Identitätskonstrukteure' George Herbert Mead, Erving Goffman, Lothar
Krappmann und Jürgen Habermas liegen auch vielen Überlegungen zur Identität von
Lehrer*innen zugrunde.[30]

---

28   Greif wird u.a. deshalb gewählt, weil seine Ausführungen auf den praktischen Kontext von
      Coaching und ergebnisorientierter Selbstreflexion zugeschnitten sind und damit eine gewisse
      Nähe zu meiner dramapädagogischen Selbstkompetenzarbeit besteht.
29   Die Freiheit zur Selbstdefinition besteht natürlich nur in einem begrenzten Ausmaß, worauf
      später noch eingegangen wird.
30   Siehe u.a. das Modell von Borich, Seite 32 ff. dieser Arbeit.

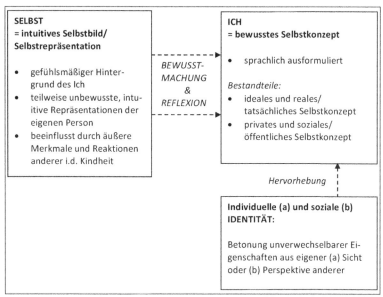

Abbildung 3: Selbst, Ich und Identität nach Greif (2008:21 ff.) (Darstellung A.H.)

George Herbert Mead sieht den Ursprung des Selbst in der Kommunikation, die einerseits zwischen verschiedenen Menschen, aber auch verinnerlicht im Individuum stattfindet (vgl. Abels 2010:259 ff.). Mead unterscheidet in das *me* als eine soziale Identität und das *I* (nach Abels übersetzbar als „impulsives Ich"; Abels 2009:337) als vorsoziale, spontane, sinnlich-körperliche Instanz (vgl. ebd. sowie Mead 1934:173 ff.). Das *me* stellt eine Art „Selbst als Objekt des Erkennens" dar (Caspari 2003:16), (nach Mead „the organized set of attitudes of others which one himself assumes"; Mead 1934:175). Das Selbst macht sich also zum Objekt der Betrachtung, indem die (vermutete) Perspektive der anderen auf sich eingenommen und das Ich dadurch reflektiert wird. Mead geht davon aus, dass im Laufe der Entwicklung viele verschiedene, zunehmend differenzierte und auch widersprüchliche *me*s ausgebildet werden (vgl. Abels 2009:339), dass das „System der reflektierten Ichs [= *me*s] keineswegs festgefügt und homogen, sondern ständig in Bewegung ist" (ebd.).

Meads Überlegungen weisen dem Subjekt eine aktive Position zu und grenzen sich damit von früheren tiefenpsychologischen Ansätzen (die den Menschen eher als Spielball seiner unterbewussten Triebe beschreiben; vgl. Bayer 2013:497) und strukturfunktionalistischen Modellen (in denen das Subjekt lediglich eine fixe Rolle erlernt) ab. Im symbolischen Interaktionismus und seiner Weiterentwicklung wird davon ausgegan-

gen, dass soziale Rollen nicht einfach übernommen werden. Der ursprünglich struktur-
funktionalistische Begriff des *role taking* wurde u.a. von Mead (1968) und Turner
(1976) in Richtung einer Perspektivübernahme umgeprägt (vgl. Tillmann 2006:138 ff.):
Menschen nehmen in Interaktion und Kommunikation wechselseitig aufeinander Bezug, indem sie Erwartungen an den anderen haben und dessen Erwartungen wiederum
antizipieren. Es resultiert ein „Spiel von gegenseitigen Einschätzungen, unterstellten
Normen und angestrebten Zielen" (ebd.:138), wobei Rollen zwischen Ego und Alter
ausgehandelt und gestaltet werden und jede*r bemüht ist, auch eigene Identitätsan-
teile einzubringen (*role making*). Das Subjekt besitzt dabei zwar eine gewisse Gestal-
tungs- und Handlungsfreiheit (Autonomie) oder kann sie sich erarbeiten, ist aber auch
durch internalisierte Verhaltensnormen und an die Erwartungen und Zuschreibungen
anderer als „rollenbezogene Normalitätsansprüche" (Veith 2010:190) gebunden, wenn
es die eigene Teilnahme am Interaktionsprozess nicht gefährden will (vgl. ebd.). Anpassung und Abwandlung sind somit die beiden Modi der Identitätsbildung, in denen
sich das Individuum kontinuierlich bewegt. Bei Goffman, Krappmann und später bei
Habermas werden dafür drei Formen der Identität unterschieden (vgl. Tabelle 2).

Soziale Identität/ Rollenidentität	Persönliche Identität	Ich-Identität
Orientierung an Rollen und Normen und der Selbstbe-trachtung aus vermeintlicher Sicht anderer/ der Gesell-schaft; Reaktionen auf tatsäch-liche oder antizipierte Erwar-tungen anderer (vgl. Mead 1934; vgl. Krapp-mann 1973:39)	biographische „Einzigartigkeit des Individuums" (Krappmann 1973:73 in Bezug auf Goffman 1963)	entsteht aus der Balance von persönlicher und sozialer Iden-tität als Resultat wechselseiti-ger Wahrnehmungen von In-teraktionspartner*innen (vgl. Veith 2010:190); Ich-Identität ist nur subjektiv erfahrbar (vgl. Krappmann 1973:73)

Tabelle 2: Identität im symbolischen Interaktionismus

Identität weist in diesem Modell zwei wesentliche Elemente (ähnlich Meads *I* und *me*)
auf, von denen keines allein das Wesen des Individuums bestimmt: eine personale,
individuelle Seite und eine soziale Seite, die bestimmt wird durch die Anerkennung eines Selbstbildes von anderen (vgl. ebd.). Zwischen diesen beiden ‚Polen' gestaltet sich
die Ich-Identität des Einzelnen. Zur ihrer individuellen Entwicklung verfügt das Subjekt
über einen Spielraum für Selbstdefinition, aber dieser ist begrenzt und verwoben mit
dem, was andere in der Person sehen. Somit entspricht Identität nicht nur der Übernahme einer festen gesellschaftlichen Position oder klar umrissener (sozialer) Rollen
und Verhaltensnormen; vielmehr handelt es sich um ein sozial-konstruktivistisches
Phänomen (vgl. Veith 2010:189), um einen „Schnittpunkt von individuellen Selbstkonzepten auf der einen und sozialen Erwartungen und Erfordernissen auf der anderen

Seite" (Zirfas 2010:11). Die Bedürfnisse nach und Anforderungen an Individualität einerseits und Kollektivität andererseits gilt es zu balancieren, was Identität in Bewegung hält und Handlungsfähigkeit und Autonomie gewährleistet (vgl. Veith 2010:191).

Krappmann definiert die Ich-Identität als „die Fähigkeit, zu zeigen, wer man ist, was impliziert, dass man ein persönliches Profil sowohl gegenüber den Normalitätserwartungen der anderen zeigt als auch in der Kontinuität der eigenen Biographie rekonstruiert" (in der Zusammenfassung von Abels 2009:378).

Dafür betont Krappmann die Notwendigkeit der Ausbildung identitätsfördernder Fähigkeiten, die ein handelndes Vertreten der eigenen Identität durch das Subjekt in Auseinandersetzung mit seiner Umwelt ermöglichen (vgl. ebd.:132 ff.). Neben den strukturellen Voraussetzungen (z.B. sanktionsfreie Interpretationsspielräume; vgl. ebd.) identifiziert er mehrere solcher Fähigkeiten: Rollendistanz, was bedeutet, Rollenerwartungen in Frage zu stellen und ein reflektierendes und interpretierendes Verhalten gegenüber Normen an den Tag zu legen (vgl. ebd.:133); Empathie (*role taking*), die auf die heutige Gesellschaft bezogen zu erweitern ist um emotionale Dimensionen (vgl. Veith 2010:193); Ambiguitätstoleranz, die von Veith aktualisiert wird zum Umgang mit der Offenheit von Erfahrungen (Kontingenz) und Frustrationen (vgl. ebd.); und schließlich Identitätsdarstellung, durch die erst die Ich-Identität sichtbar und damit wirksam wird (vgl. Krappmann 1973:168 ff.). Diese Identitätsdarstellung ist, insbesondere in einer Welt, die zunehmend durch (nicht nur digitales) *impression management* geprägt ist und in der vorher nie gekannte Möglichkeiten der Individualisierung von Lebenswegen bestehen, immer auch „performative Selbstkreation" (Veith 2010:197). Im Angesicht einer pluralisierten, individualisierten Welt, in der traditionelle Lebensentwürfe und übernehmbare Identitätsmuster zunehmend verschwinden, dient dieser performativ-kreative Akt der Identitätserzeugung laut Heiner Keupp vor allem dem Zweck, immer wieder einen Zustand von temporärer Passung herzustellen (vgl. Keupp u. a. 1999:276).

Nicht nur nach außen, sondern auch innerpsychisch, ist ein Akt der kreativen Verknüpfungsarbeit nötig um in der „Vielfalt an Erfahrung" (ebd.:66) zumindest ansatzweise eine „Einheit des Erlebens" (ebd.) zu erzeugen. Identitätsarbeit bedeutet also, sowohl nach innen als auch nach außen gerichtet, die ständige Balancierung von Normalität und Einzigartigkeit einerseits, und die Erzeugung von Kontinuität und Bereitschaft zur Veränderung andererseits (vgl. Lucius-Hoene 2013:725). Das Subjekt muss offen sein für jedwede Form der Erfahrung und ihre Integration in das eigene Selbstkonzept und zugleich um Selbstkongruenz bemüht sein (vgl. Salewski & Renner 2009:60), die Erzeugung von „Übereinstimmung zwischen dem Ideal-Selbst und dem Real-Selbst" (ebd.) in der eigenen Wahrnehmung. Abels ergänzt als Voraussetzung für Identitätsarbeit ein „Gefühl der Kohärenz" (nach Antonovsky 1987:33ff. in Abels 2010:449), womit eine

Überzeugung über die Sinnhaftigkeit der Dinge gemeint ist sowie das Gefühl, in der Lage zu sein, die Welt um sich herum begreifen und gestalten zu können (vgl. ebd.).[31] Während Identitätskonzeptionen der ‚organisierten Moderne' (z.B. Erik H. Erikson) von einer am Ende der Adoleszenz abgeschlossenen Identitätsentwicklung ausgingen, die in einer stabilen und einheitlichen Identität mündet[32] (vgl. Keupp u. a. 1999:75), müssen vor dem Hintergrund postmoderner und poststruktureller Diskurse und Konzepte von Hybridität und Inter- oder Transkulturalität viele der Grundannahmen der ‚klassischen Moderne' neu verhandelt werden. Keupp zeichnet hier aktuelle Spannungsfelder nach und beschreibt, wie in verschiedenen Disziplinen und Ansätzen um Fragen von Identität als Substanz oder Wesen versus Prozesscharakter und Entwicklung (vgl. ebd.:65 f.), die Bedeutung und Entstehung von Kontinuität und Kohärenz (vgl. ebd.:66f.), Selbstbezogenheit und Alterität (vgl. ebd.:67 f.) und basale versus narrative Identität (vgl. ebd.:68 f.) gerungen wird. Er schlussfolgert dialektisch: „Identität ist ein ewiges und universelles Problem, das heute in nie dagewesener Schärfe und Verbreitung besteht [...] [und] sowohl der Name für den Lösungsprozess des gleichnamigen Problems wie auch der Name für die temporären Lösungen des Problems." (ebd.:68) Zur (vielleicht auch nur temporären) ‚Lösung' dieses ‚Problems' benötigt das Subjekt weiterhin ebenjene Kompetenzen, die Hermann Veith als erweiterte identitätsfördernde Fähigkeiten nach Krappmann beschreibt (vgl. Veith 2010:192). Veith weist darauf hin, dass unter den Umständen einer globalisierten, individualisierten und pluralisierten Welt – einer „zersplitterte[n] Erfahrungswelt" (ebd.:86) – ein erhöhter Bedarf an diesen besteht.

Was nun die Verbindung zu Schule und Bildung angeht, so ist es einerseits Teil der herausfordernden Aufgabe von Lehrer*innen, Schüler*innen bei ihren jeweiligen Prozessen der Identitätsbildung zu unterstützen und zum Umgang mit ihrer globalisierten, zum Teil digitalisierten Erfahrungswelt und kultureller Heterogenität zu befähigen. Zugleich muss in Bezug auf die Herausbildung einer Lehreridentität kritisch diskutiert werden, wie viel Handlungsfähigkeit und Gestaltungsfreiräume für das einzelne Subjekt im Ausbildungskontext und Beruf bestehen und welche Kompetenzen benötigt werden, um diese zu nutzen (siehe dafür Seite 87 ff. sowie Kapitel 4.6.2 dieser Arbeit). Ohne Frage spielt sich die professionelle Identitätsbildung von Lehrer*innen in einem Spannungsfeld ab, das stark überzeichnet ist von historischen und gesellschaftlichen

---

31   Ähnlich Antonovskys Gefühl der „Handhabbarkeit" (vgl. ebd.) als Bestandteil des gesundheitssteigernden Kohärenzsinns (vgl. Bott 2014:56) spricht Schaarschmidt im Kontext eines Trainings der psychischen Belastbarkeit von Lehramtsstudierenden von einer wesentlichen Zielerreichung, wenn sich die werdenden Lehrer*innen „besser gerüstet fühlen, die aktuellen und zu erwartenden Belastungen zu bewältigen" (Schaarschmidt 2004:109).

32   Gnutzmann verweist unter Bezug auf De Florio-Hansen und Hu (2007) darauf, dass diese Vorstellung bis in die 1980er Jahre Bestand gehabt habe (vgl. Gnutzmann 2013:50).

Erwartungen auf der einen Seite und Ansprüchen an Individualität und Menschlichkeit der Lehrer*innen andererseits. In diesem Anforderungsfeld eine professionelle Identität herauszubilden, erfordert eine Menge ‚Balancierfähigkeit'. Auf die in diesem Kapitel herausgestellten identitätsfördernden Fähigkeiten wird daher im Rahmen dramapädagogischer Selbstkompetenzförderung mit werdenden Lehrer*innen wieder eingegangen. In einigen Lehrerforschungs- und Ausbildungsansätzen wird der Prozess der Lehrerwerdung bereits unter dem Blickwinkel der Identitätsgewinnung betrachtet. Sie werden im Folgenden vorgestellt.

2.1.2 Professionelle Identität und professionelles Selbst von Lehrer*innen

In dem noch relativ jungen Feld der Lehrerforschung steht eine einheitliche Definition von professioneller Lehreridentität (professional identity, teachers' identity, teaching self, self-as-a-teacher) ebenso aus, wie es bereits für eine allgemeine Definition von Identität dargelegt worden ist; in der bisherigen empirischen Forschung ist die genaue Bestimmung des Konstruktes oft unzureichend oder fehlt ganz (vgl. Beijaard u. a. 2004:125; hier wird 2004 ein umfassender Forschungsüberblick geliefert, der zu diesem Schluss kommt.). Inzwischen existieren diverse und teilweise konkurrierende Ansätze zur Analyse und Beschreibung sich entwickelnder (oder auch etablierter) Lehreridentitäten (vgl. Miller 2009a:173). Es finden sich u.a. die teachers' voice als Ausdruck des reflektierten Selbstbildes (vgl. Sutherland u. a. 2010), Untersuchungen über den Zusammenhang zwischen sich entwickelnder Lehreridentität und sich verändernder Unterrichtspraxis (vgl. Kanno & Stuart 2011) oder die Erforschung von Selbstbildern und Selbstverständnis als subjektive Theorie mit zentralen Deutungsmustern (vgl. Caspari 2003:150 ff. sowie 270). Als Forschungsinstrumente eingesetzt werden u.a. Unterrichtsbeobachtungen, qualitative Interviews, die Betrachtung von Narrationen (autobiographische ‚große Geschichten' oder alltägliche ‚small stories'; vgl. Vasquez 2011) oder Metaphern, die die professionelle Identität zum Ausdruck bringen (vgl. u.a. Clandinin 1986; Thomas & Beauchamp 2011). Untersuchungen professioneller Identität greifen i.d.R. einen oder mehrere Aspekte professioneller Kompetenzen (Wissen, Können, Einstellungen und Haltungen) von Lehrer*innen auf oder fokussieren ihre Praxiserfahrungen, Biographien und eigenen Schulerfahrungen sowie Selbstkonzepte bzw. Selbstbilder. Inhalt von Diskussionen ist u.a., welchen Anteil an der individuellen beruflichen Identitätsbildung institutionelle Faktoren, soziale Gemeinschaft oder community of practice, Unterrichtspraxis, Reflexion und auch Lehrerbildung haben und wie viel Persönliches in das Professionelle einfließt (wobei eine klare Grenzziehung oft nicht möglich erscheint). Die ‚Lehreridentität' wird dabei oft in verschiedene Sub-Identitäten wie professional, situated located und personal identity untergliedert (vgl. Chong u. a. 2011:51), die soziale und bildungspolitische Anforderungen sowie Einflüsse

des konkreten schulischen Kontextes und des persönlichen Umfeldes auf das Identi-
tätsgefühl (*sense of identity*) von Lehrer*innen bezeichnen (vgl. ebd.); die Identitäten
von Lehrer*innen bilden sich durch Interpretation und Reinterpretation (vgl. ebd.:62)
im Spannungsfeld dieser und anderer Faktoren. Sie befinden sich in diesem unabschließbaren Prozess in einem Zustand beständiger (Weiter-)Entwicklung (vgl. ebd.).
Vor diesem Hintergrund bestimmen auch Weiß u. a. (2014:2) das sich entwickelnde
Konstrukt einer professionellen Lehreridentität als ein vieldimensionales

> Konglomerat aus Wissen (Fachwissen, fachdidaktisches Wissen, pädagogisches Wissen), Wer-
> ten, Einstellungen, Haltungen, Beliefs, volitionalen oder motivationalen Aspekten sowie Hand-
> lungsmustern im Sinne eines Handlungsrepertoires. Dieses Konglomerat soll das professionelle
> Role-Making und Role-Taking steuern.

Nicht auf alle Studien zur Lehreridentität kann in dieser Arbeit eingegangen werden.
Im Folgenden werden vier Perspektiven vorgestellt, die Anknüpfungspotenzial für die
Förderung der Selbstkompetenz von werdenden Fremdsprachenlehrer*innen verspre-
chen: erstens die Auseinandersetzung der Fremdsprachendidaktik mit dem beruflichen
Selbstverständnis und den Identitätsprozessen von Fremdsprachenlehrer*innen; darauf folgend drei fächerunspezifische Modelle, die zum Ziel haben, (werdenden) Leh-
rer*innen eine Selbstreflexion und Weiterentwicklung ihrer beruflichen Identitäten zu
ermöglichen. Es handelt sich um das *Levels of Change*-Modell des niederländischen Erziehungswissenschaftlers Fred A. J. Korthagen, das Modell der *Teacher's Senses of Self*
des amerikanischen pädagogischen Psychologen Gary D. Borich und das ‚Professionelle
Selbst' des empirischen Bildungsforschers und Schulpädagogen Karl-Oswald Bauer.
Alle drei Autoren legen jeweils ein spezifisches Konstrukt von professioneller Identität
zugrunde und machen davon ausgehend Vorschläge, wie der Prozess der professionellen Identitätsbildung zu fördern sei. Aus allen vier Perspektiven und ggf. zugehörigen
lehrerbildnerischen Praktiken lassen sich für die Förderung professioneller Selbstkompetenz im Lehramtsstudium Erkenntnisse ableiten und Inspirationen für ein dramapädagogisches Förderungskonzept gewinnen.

Selbstbilder von Fremdsprachenlehrer*innen

Insbesondere an den Erzählungen von Lehrer*innen über sich selbst zeigt sich in der
Fremdsprachendidaktik ein starkes Interesse (siehe u.a. die Arbeiten von Caspari 2003;
Valadez Vazquez 2014). Während lange Zeit eine nur ungenügende Auseinandersetzung mit den Identitäten von Fremdsprachenlehrenden stattgefunden habe (vgl. Kurtz
2013:134 f.), hat sich hier in den letzten zwei bis drei Jahrzehnten zunehmend ein Forschungsfeld etabliert (vgl. Miller 2009b; Caspari 2014:20 f.), das auch in Beziehung zur
praktischen Lehrerbildung steht. Einige Autor*innen erklären die professionelle Iden-

titätsentwicklung zum zentralen Anliegen der Ausbildung (z.B. Würffel 2013; eine ähnliche Relevanzzuweisung findet sich bei Müller-Hartmann 2013, Lütge 2013, Schocker 2013 und Kurtz 2013), so auch Kanno & Stuart (2011:249):

> We [...] argue for the need to include a deeper understanding of L2 teacher identity development in the knowledge base of L2 teacher education. Our findings compel us to claim that the central project in which novice L2 teachers are involved in their teacher learning is not so much the acquisition of the knowledge of language teaching as it is the development of a teacher identity. Knowledge acquisition is part of this identity development, not the other way.

Im aktuellen Diskurs über Identität und Fremdsprachenlernen, der sich zunehmend auch mit den Identitäten der Lehrenden beschäftigt (siehe v.a. die Arbeitspapiere der 33. Frühjahreskonferenz zur Erforschung des Fremdsprachenunterrichts; Burwitz-Melzer u. a. 2013), wird ebenfalls die relative Unklarheit des Konzeptes Lehreridentität ersichtlich. Während mancherorts berufliches Selbstverständnis und berufliche Identität voneinander abgegrenzt werden oder ersteres als Teil von zweiterem definiert wird (vgl. Valadez Vazquez 2014:93 in Anlehnung an Warwas 2012), wird eine klare Abgrenzbarkeit beider Konzepte andernorts – meiner Meinung nach berechtigterweise – in Frage gestellt (vgl. Kleppin 2013:95). Die Suche nach Antworten und geeigneten Förderkonzepten in diesem Bereich wird von Würffel beschrieben: „Unklar ist allerdings auch hier [= in der Ausbildung von Fremdsprachenlehrenden], welche anderen Identitäten bzw. Identitätsbereiche dafür sinnvollerweise mit reflektiert oder weiterentwickelt werden sollten und wie konkrete Impulse für das Anregen einer solchen Identitätsarbeit aussehen könnten." (Würffel 2013:318) Benitt (2015) konkludiert in ihrer Dissertation im Bereich der Fremdsprachenlehrerbildung, dass vermehrte Forschung nötig sei, um den Einfluss von positiven und negativen Selbstkonzepten sowie Identitätsdimensionen auf die Lehrerwerdung und Herausbildung einer *professional confidence* zu klären (vgl. Benitt 2015:229). Diese beinhalte auch den Umgang mit Ängsten und Unsicherheiten von Studierenden und angehenden Lehrer*innen in Bezug auf fehlende fremdsprachliche Sicherheit und Lehrerfahrung (vgl. ebd.) sowie die Ermöglichung von Erfolgserlebnissen, die ein positives Selbstkonzept als Lehrer*in aufbauen helfen (vgl. ebd.:50 f.). Schocker (2013) fordert genau dafür ein verstärktes berufsidentitätsstiftendes Erfahrungslernen schon im Studium (vgl. Schocker 2013:281). Was aber stiftet Berufsidentität bei (Fremdsprachen-)Lehrer*innen[33] – wie entwickelt sie sich und welche Bestandteile und Eigenschaften weist sie auf?

Dieser Frage geht Daniela Caspari mit ihrer Habilitation (2003) in einer umfassenden theoretischen Auseinandersetzung und empirischen Untersuchung nach. Anhand explorativ-narrativer bzw. qualitativer Interviews mit Fremdsprachenlehrer*innen versucht sie herauszufinden, welches Verständnis bzw. Selbstkonzept diese von sich selbst

---

33   Siehe dazu auch Kapitel 4.5 dieser Arbeit.

haben und wodurch dieses geprägt worden ist. Als zentrale Bestandteile identifiziert
Caspari in der Theorie mit Kelchtermans (1993) u.a. Selbstbild, Selbstwertgefühl, Berufsmotivation und -zufriedenheit, berufliches Aufgabenverständnis und Zukunftsper-
spektive (vgl. Caspari 2003:41 f.; vgl. auch Kelchtermans 1993:448 f.). Als Ergebnis ihrer
Befragung arbeitet sie individuelle subjektive Deutungsmuster heraus, die für die jeweilige Lehrperson den zentralen Schlüssel zur Interpretation von unterrichtlichen Ereignissen und Handlungen sowie bei der Erzeugung von Selbstkohärenz darstellen (vgl.
Caspari 2003:150ff sowie 270). Als prägendste Einflüsse des beruflichen Selbstverständnisses erweisen sich hier die individuelle Biographie, zentrale Überzeugungen
und die eigene Unterrichtspraxis.

In Casparis Habilitationsschrift stehen die Identitäten von Lehrer*innen im Fokus der
Forschung, allerdings ohne normativen Anspruch oder erklärte lehrerbildnerische Absichten. Es geht ihr primär darum, zu verstehen, wie Lehrer*innen ihre Identitäten konstruieren. Aus den Ergebnissen lässt sich jedoch die Notwendigkeit einer erfahrungs-
basierten, reflexiven Lehrerbildung ableiten (vgl. ebd.:276). Das berufliche Selbstverständnis kann dabei als „begriffliches Werkzeug zur ichbezogenen Reflexivität" (Elbing
1983 in Caspari 2003:21) genutzt werden, um zentrale Faktoren der Lehreridentität zu
beleuchten.[34]

An Daniela Casparis Forschung zu den Selbstverständnissen und Identitäten von Fran-
zösischlehrer*innen knüpft Beate Valadez Vazquez mit ihrer Dissertation (2014) an, die
Spanischlehrer*innen in unterschiedlichen Ausbildungs- und Berufsstadien in den Blick
nimmt und deren ‚Identitätsprozesse' untersucht. Sie formulierte als Teil ihres Fazits
eine Kernaussage, die als herausforderndes Leitbild für die Lehrerbildung aufgegriffen
werden kann: „Nur wer als Lehrperson seine Identität kennt, weiß wie Unterricht gezielt gestaltet werden muss, damit die Identitäten aller Beteiligten davon profitieren."
(Valadez Vazquez 2014:431) Ihre Vorschläge für die Lehrerbildung der ersten Phase
erschöpfen sich allerdings mit wenigen Sätzen über den Bedarf an sprachpraktischen
Angeboten, Auslandserfahrungen und der individuellen (Laufbahn-)Beratung von Studierenden (vgl. ebd.:418 f.). Diese erfordere „die Bereitschaft der Betroffenen zur Of-
fenbarung der eigenen Lebensgeschichte, um tiefer in die Identitätsprozesse der jeweiligen Person zu dringen" (ebd.:419). Diese Öffnung soll als Ziel auch für die zu kon-
zipierende dramapädagogische Selbstkompetenzarbeit gelten, allerdings ohne dass
Dozent*innen dabei die Definitionsmacht über die Eignung von Studierenden für den
Lehrerberuf beanspruchen.

---

34   In einem späteren Artikel baut Caspari auf ihre Forschung zum beruflichen Selbstverständnis
      von Fremdsprachenlehrer*innen auf und entwirft und evaluiert ein Seminar für die universi-
      täre Phase der Lehrerbildung. Darauf gehe ich in einem späteren Kapitel zu Selbstkompetenz-
      Fördermaßnahmen genauer ein (siehe Seite 40 ff.).

Ebenen der Veränderung (levels of change) von Lehrer*innen

Aufbauend auf Grundannahmen der humanistischen Psychologie skizziert Fred Kortha-gen ein Reflexions-Modell für Lehramtsstudierende und ihre Ausbilder*innen, das der inhaltlichen Auseinandersetzung mit Entwicklungsfragen auf verschiedenen Ebenen dient (vgl. Korthagen 2004:81 ff.). Im Mittelpunkt seiner Überlegungen stehen Fragen nach den entscheidenden Qualitäten guter Lehrer*innen und deren Förderung im Laufe ihrer Ausbildung (vgl. ebd.:78).

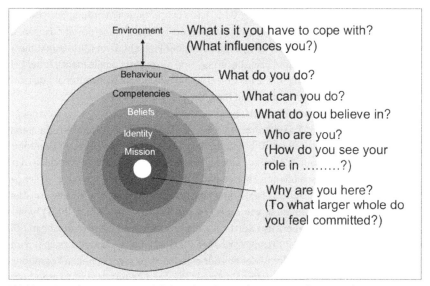

Abbildung 4: Korthagens ,onion model' der Lehreridentität (In: Meijer et al. 2009:299)

In dem Modell (vgl. Abbildung 4) befinden sich das konkrete Verhalten (*behavior*) und dem zugrunde liegend die Kompetenzen (*competencies*) der Lehrperson auf den äu-ßersten Ebenen, sozusagen an der ,Oberfläche' und nahe der Schnittstelle mit der Au-ßenwelt (*environment*). Tiefer liegend folgen unterhalb der Kompetenzebene die grundlegenden Überzeugungen (*beliefs*) der Person sowie ihre Identität (*identity*) und die individuell wahrgenommene Berufung (*mission*) (vgl. ebd.). Innere Prozesse, äu-ßere Handlungen und Kontextfaktoren werden als verflochten beschrieben und bieten zugleich diverse Ansatzpunkte für Veränderung und Interventionen (vgl. ebd. : 80). Die Reflexion und Balancierung der verschiedenen Ebenen soll zu einer inneren und äuße-ren Harmonisierung führen (vgl. ebd.:87). Mit Blick auf selbst- und berufsbezogene Ein-stellungen und Überzeugungen sowie das sich daraus ableitende (berufliche) Selbstbild verwendet Korthagen den Begriff der „professionellen Identität" (übersetzt nach

ebd.:81), deren Entwicklung in der Ausbildung angeregt werden müsse: „Teacher educators have the task of stimulating self-analysis and helping student teachers develop
their own professional identity as a pre-requisite for pedagogical sensitivity." (Klaassen
u. a. 2000:251) Eine reine Selbstanalyse reiche aber nicht aus, so Korthagen (vgl.
2002a:278); persönliche und pädagogische Werte und Ziele müssen langfristig in Einklang mit dem praktischen Handeln gebracht werden (vgl. ebd.). Im Zentrum der Entwicklung einer professionellen Identität sieht Korthagen die Fragen „Wer bin ich?",
„Was für ein Lehrer will ich sein?" und „Wie sehe ich meine Rolle als Lehrer bzw. Lehrerin?" (übersetzt nach: Korthagen 2004:81). Die Lehrer*innen-Werdung beschreibt er
vor diesem Hintergrund als „beträchtlichen persönlichen Transformationsprozess"
(übersetzt nach ebd.), u.a. im Bezug auf Selbstbilder (vgl. ebd.). Im Mittelpunkt dieses
Prozesses stehen die ,Mission' bzw. ,Berufung' und die professionelle Identität der Lehrer*innen (siehe Abbildung 4), die in Form eines (idealen) Selbstkonzeptes auf der fünf-
ten Stufe seines Modells verortet sind (Korthagen 2004:81).
In der praktischen Lehrerbildung erfahren die äußeren beiden Ebenen von Korthagens
Modell (Verhalten und Kompetenzen) i.d.R. die stärkste Aufmerksamkeit, da sie am
besten beobachtbar und überprüfbar sind sowie am ehesten trainierbar und veränderbar scheinen. Mit seinem Modell zur tiefgehenden Selbstreflexion und Vorschlägen zur
,Intervention' auf verschiedenen Ebenen entwirft Korthagen Leitlinien für eine Lehrerbildung, deren Grad an Selbstreflexivität weit über die in Bezug auf die Reflexionstiefe
mitunter reduzierte Ausbildung von *reflective practicioners* (vgl. Akbari 2007) hinaus-
geht. Besonderes Augenmerk legt Korthagen dabei auf die Auseinandersetzung mit *Gestalts* (vgl. Korthagen u. a. 2001:49; Korthagen 2004:81). Dabei handelt es sich um umfassende Konstrukte mentaler Bilder aus der eigenen Schulzeit, die neben Kognitionen
(z.B. Rollenvorbildern) auch emotionale Aspekte (eigene Bedürfnisse und Lernemotio-
nen in der Schulzeit) und Volitionen sowie z.b. Wertvorstellungen und Verhaltensweisen (z.B. bei Lehrer*innen beobachtete Routinen) beinhalten (vgl. ebd.). Diese *Gestalts*
erweisen sich, wenn sie nicht reflektiert und bearbeitet werden, als wirkmächtig für
das Denken und Handeln von Lehrer*innen in konkreten Situationen (vgl. ebd.). Ziel
von tiefer Reflexion ist es laut Korthagen, diese „unterbewusste Ansammlung [...], die
gemeinsam einen Eindruck von Identität vermittelt" (übersetzt nach: ebd.:85) und
durch die weitere Ebenen beeinflusst werden (Verhalten, Kompetenz und Überzeugungen), bewusst zu machen, um auf der Basis von Selbstverstehen das eigene professionelle Verhalten und dessen Weiterentwicklung besser steuern zu können (vgl. ebd.).
Zweitens fokussiert Korthagens Identitätsarbeit mit Studierenden die Reflexion von
,Kern-Qualitäten' (core qualities) in Form innerer Tugenden (beispielsweise „Kreativität, Mut, Durchhaltevermögen, Güte und Fairness"; übersetzt nach Meijer u. a.

2009:299). Diese Kern-Qualitäten betrachtet Korthagen ausgehend von Seligmans positiver Psychologie als persönliche Stärken, die – in Kombination mit Professionalität – gute Lehrer*innen ausmachen. Eine gelingende Lehrerbildung beinhaltet in dieser Vorstellung Reflexionsprozesse auf der Ebene von *identity* und *mission* und fragt danach, wie Kernqualitäten von Junglehrer*innen in konkretes Verhalten und Kompetenzen überführt werden können (vgl. Korthagen 2004:92). Der von Korthagen an anderer Stelle (2002) aufgeworfene Begriff der Wachstumskompetenz entspricht einem Teilbereich dessen, was in dieser Arbeit als Selbstkompetenz gesehen wird: die selbstgesteuerte Initiierung und Aufrechterhaltung eines Kreislaufs von Selbstuntersuchung und Diagnose eigener Lernbedürfnisse, das Aufsuchen oder Schaffen von dafür geeigneten Kontexten sowie die Reflexion über den erfolgten Lernprozess und weiteren Entwicklungsbedarf (vgl. Korthagen 2002a:267).

Auch wenn Korthagen explizit ein Denken im Rahmen von Kompetenzen ablehnt[35], zeigen sich diverse Überschneidungen mit Unterwegers Beschreibungen der Selbstkompetenz von Pädagog*innen, v.a. in den Bereichen Selbstwahrnehmung und Selbstreflexion, Ressourcen und Professionsbewusstsein (vgl. Unterweger 2014); Korthagens Arbeitsweisen und seine Philosophie können insgesamt als Inspiration für die Entwicklung eines Konzeptes zur Förderung der Selbstkompetenz von Lehramtsstudierenden dienen.

*Fünf ‚Selbst-Sinne' von Lehrer*innen*

Das Modell des Schulpsychologen Gary D. Borich (1999) leitet seine fünf Dimensionen des Selbstkonzeptes von Lehrer*innen (vgl. Abbildung 5) aus den Standardwerken der frühen humanistischen Psychologie[36] und Persönlichkeitspsychologie ab, v.a. aus Gor-

---

35 Er stellt die Validität, Reliabilität und Praktikabilität von Kompetenzbeschreibungen in Frage (vgl. Korthagen 2004:78). Obwohl er Kompetenzen dabei als „integriertes Gebilde von Wissen, Fertig- und Fähigkeiten sowie Einstellungen" (übersetzt nach Stoof, Martens und Van Merriënboer 2000; in: Korthagen 2004:80) definiert, beruht seine negative Bewertung des Kompetenzbegriffs m.E. auf einer reduzierten Betrachtungsweise, die vorrangig den Wissens- und Könnensanteil in den Vordergrund stellt. Zudem geht er davon aus, dass Kompetenzmodelle zu häufig von Defiziten statt von Potenzialen ausgingen (vgl. ebd.:86) – eine Annahme, die sich zumindest für aktuelles Kompetenzdenken nicht bestätigen lässt, wird hier doch gerade das Können (und nicht das Nicht-Können) betont (siehe dazu auch die kritische Auseinandersetzung mit dem Kompetenzbegriff in dieser Arbeit, Seite 126 ff.)

36 Fisseni (2003) ordnet Allport den philosophisch-phänomenologischen Ansätzen zu und Erikson den Psychodynamischen Persönlichkeitstheorien. Beide Theorien haben eher Inspirationen für spätere Entwicklungen der Persönlichkeitspsychologie geliefert, als dass sie als Gesamtes empirisch verifiziert werden konnten (vgl. ebd.:94 f. und 170); Teilbereiche finden weiterhin Verwendung in der modernen Psychotherapie (vgl. ebd.). Bei der Übertragung auf die ‚Lehrerwerdung' handelt es sich eher um ein Modell, dass die Ganzheitlichkeit dieses Prozesses betont

don Allports (1958) Werdung des Propriums. Proprium bezeichnet bei Allport die Dimensionen einer Persönlichkeit, die dem Individuum an sich selbst wertvoll und besonders, „warm und wichtig" erscheinen (Allport 1958:44) – seine Identität. Borich bezieht sich zudem auf die Theorien der sozioemotionalen Entwicklung des Neo-Freudi-
aners Erik H. Erikson sowie explizit auf den symbolischen Interaktionismus (v.a. auf
George Herbert Mead).
Borich denkt Junglehrer*innen als sich in Entwicklung befindliche Handlungsträger
(„developing selves"; Borich 1999:94), die durch Interaktion mit weiteren für sie bedeutsamen Akteuren (als signifikanten oder ‚salienten'[37] anderen) und durch Erfahrungen mit der Umwelt Schule ihr professionelles Selbst entwickeln (vgl. ebd.). Die dabei
zu durchlaufenden „interaktiven, zusammenhängenden, interdependenten" (ebd.)
Selbst-Dimensionen (vgl. Abbildung 5) können als Entwicklungssequenz gesehen werden, wobei Übergänge fließend sind und die einzelnen ‚Stufen' i.d.R. nie abgeschlossen
werden (vgl. ebd.:96).

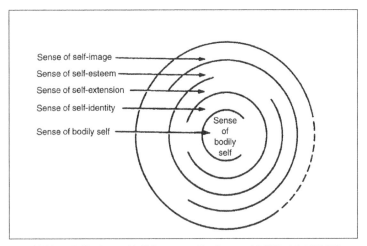

Abbildung 5: The General Self-Concept as Five Senses of Self (Borich 1999:97)

und daran erinnern kann, die komplexen individuellen und zwischenmenschlichen Einflussfaktoren zu beachten, als dass diese Theorie persönlichkeitspsychologisch Gültigkeit beanspruchen könnte.

37   Bedeutsame, also signifikante andere sind bei Mead konkrete Bezugspersonen mit hoher Relevanz für das Individuum, die gewissermaßen als Identitäts-Spiegel fungieren und zugleich
„dem Individuum die Haltung der Gruppe vermitteln" (Morel u. a. 2007:60). Der Begriff der
salient others ist weniger etabliert. Borich bezeichnet damit andere, die nicht generell, sondern nur in Bezug auf bestimmte Ereignisse oder bereichsspezifische Selbstbilder Bedeutung
für das Subjekt haben (vgl. Borich 1999:95).

Wie Borich herausstellt, können negative Ausprägungen des Selbstkonzeptes die Wirkkraft der Lehrer*in als bedeutsame Bezugspersonen für die Schüler*innen schmälern (vgl. ebd.:105) und persönliche Probleme der Lehrperson zu Ungunsten der Entwicklung der Schüler*innen in die pädagogische Interaktion hineintragen (vgl. ebd.:106). Somit wird die Unterstützung von Lehrer*innen in der Ausbildung eines positiven Selbstkonzeptes (u.a. durch Dozierende, Ausbilder*innen und z.b. Schulleiter*innen, die in der Ausbildung als Bezugspersonen fungieren können; vgl. ebd.:110 ff.) in allen der fünf im Folgenden näher ausgeführten Dimensionen zu einem wichtigen Ziel der Lehrerbildung und des Arbeitsfeldes Schule. Die Entwicklung des Lehrer-Selbst beginnt laut Borich mit dem „Teacher's Sense of Bodily Self" (ebd.:98). Dieser ‚Körpersinn[38] der Lehrperson' bezeichnet die physische Erfahrung der eigenen Besonderheit und Andersartigkeit durch die Lehrperson im Klassenraum (vgl. ebd.). Dies führe bereits zu einer „bedeutsameren und professionelleren Interaktion mit anderen" (übersetzt nach ebd.) und treibe wiederum die Differenzierung von Selbst und anderen voran (vgl. ebd.). Die darauf aufbauende Entwicklung von Selbstidentität, also die Wahrnehmung der eigenen Identität und Individualität als Lehrer*in („Teacher's Sense of Self-Identity"; ebd.) hängt zusammen mit dem Feedback, dass Lehrer*innen durch bedeutsame Bezugspersonen erhalten (vgl. ebd.:94). Als solche bedeutsamen anderen für Lehrer*innen nennt Borich u.a. Kolleg*innen, Freund*innen, Ausbilder*innen, Vorgesetzte (vgl. ebd.:98).[39] Diese zweite Stufe der Selbstwahrnehmung wird erreicht durch die Verortung des Selbst in Zugehörigkeit zu und in Kommunikation mit diesen anderen (vgl. ebd.:99). Ursprünglich bei Allport beinhaltet dieser Entwicklungsschritt auch die Selbstwahrnehmung des Propriums als Person mit einer Biographie und somit als „Einheit in der Zeit" (Fisseni 2003:165), woraus der innere Eindruck von Kontinuität und Gleichheit entsteht. Bei Borich wird dieser Aspekt nicht eindeutig benannt; in meinem eigenen Konzept in dieser Arbeit soll dem aber eine zentrale Bedeutung zukommen (vgl. Seite 80 ff.).

Konkludierend lässt sich bei Borich zu Beginn der Lehreridentitätswerdung ein bewusster Wechsel von der ehemaligen eigenen Schülerperspektive zur Lehrerperspektive innerhalb dieser ersten beiden Entwicklungsstufen verorten: „It [= the teacher's sense of self-identity] is acquired by willingly accepting a professional role together with its

---

38 Alle Übersetzungen von Borichs Terminologie erfolgt nach den Originalbegrifflichkeiten bei Allport (1958:44 f.).

39 An späterer Stelle spricht Borich von der Bedeutsamkeit der Rückmeldung bzw. Anerkennung „durch die Schule oder aus dem Klassenraum" (Borich 1999:99) und benennt schließlich auch Schüler*innen explizit als wichtige Rückmeldeinstanz für das Selbstkonzept der Lehrperson (vgl. ebd.:108). Im fremdsprachendidaktischen Kontext belegen eine Studie und theoretische Überlegungen von Würffel (2013) explizit, dass „Identitätsarbeit immer ein Gegenüber braucht, [...], [womit] die Rückmeldungen von Lernenden (und nicht nur von den Ausbildern) ein unverzichtbarer Bestandteil der Identitätsarbeit [sind]" (Würffel 2013:317).

responsibilities, privileges, and obligations." (Borich 1999:99) Der nächste Schritt, die Ich-Ausdehnung (*self-extension*)[40], bezieht sich bei der Lehrer-Werdung des Individuums nach Borich auf das professionelle Umfeld und die bewusste Ausrichtung des eigenen Handelns und Verhaltens an den als bedeutsam erachteten Wertmaßstäben. Zugleich braucht das Selbst wiederum eine positive Bestätigung dieses Verhaltens durch Bezugspersonen (vgl. Borich 1999:99). Diese dritte Entwicklungsstufe oder Dimension beinhaltet bei Borich die (Selbst-)Reflexion der Lehrperson sowie das Wissen und Lernen durch Handlung (vgl. ebd.), zusammengeführt im „Performing Self" (ebd.), welches das handelnde und lernende Selbst und das Selbst als Wissenden integriert („self as doer, learner and knower"; ebd.). Auf die Erfahrung von guter oder negativer Rückmeldung bezüglich der Bedeutung der eigenen Person und der Wirksamkeit des eigenen Handelns gründet sich dann das Selbstbewusstsein oder auch Selbstwertgefühl der Lehrerin oder des Lehrers (vgl. ebd.), was die vierte Dimension[41], die ‚Selbstachtung der Lehrperson‘[42] („The Teacher's Sense of Self-Esteem"; Borich 1999:99), ausmacht.

Abschließend folgt die Wahrnehmung des Selbstbildes durch die Lehrperson („The Teacher's Sense of Self-Image"; Borich 1999:99 und 114). Allport beschreibt, wie das Subjekt auf dieser Stufe lernt, die Rollenerwartungen anderer und die eigenen Fähigkeiten klarer wahrzunehmen sowie eigene Zukunftspläne und ‚Aspirationen‘ zu entwerfen (vgl. Allport 1958:48). Laut Borich werden hier die verschiedensten Aspekte von Selbstwahrnehmung und Selbstentwurf zusammengeführt mit biographischen Erfahrungen und vorherrschendem beruflichem Ethos: „All self-images, past, present, or future, reflect the value system of the professional environment and the circumstances he or she has experienced. The sense of self-image can be likened to an album of self-portraits, sometimes candid, sometimes posed." (Borich 1999:99) Der *teacher's sense of self-image* entsteht auf der Basis aller bisher genannter Entwicklungen und Selbstwahrnehmungen durch die „Integration von Stärken und Schwächen in ein vereintes Selbstbild" (übersetzt nach ebd.:100), das in Übereinstimmung gebracht wird mit „den leitenden Werten, die für und durch das Selbst gesetzt worden sind" (ebd.). Dadurch entsteht ein zukünftiger Entwicklungspfad für das Subjekt.

Trotz einiger konzeptioneller Unschärfen werden spätere Überlegungen zur Förderung von Selbstkompetenz bei Lehrer*innen in dieser Dissertation Borichs Modell wieder aufgreifen, v.a. wegen seiner Akzentuierung von Körperlichkeit sowie der Bedeutung,

---

40   In Allports Theorie umfasst dies die Erfahrung der Bedeutsamkeit von Dingen und Menschen (später auch abstrakten Ideen) über das eigene physische Ich hinaus (vgl. Allport 1958:47).

41   Borich vertauscht gegenüber Allport die Stufen drei und vier, erläutert seine Veränderung dieser Reihenfolge aber nicht.

42   In diesem Fall scheint die Übersetzung mit „Ich-Erhöhung" (Allport 1958:46) unpassend und es wird auf den Begriff der Selbstachtung zurückgegriffen, den Fisseni (2003:165) verwendet.

die den Selbstbildern von Lehrer*innen zugesprochen wird. Zudem liefert er einige konkrete Hinweise für die Lehrerbildung, die der Förderung von Selbstkompetenz zuträglich sein können.[43] Gordon Allports Modell der Entwicklungsschritte des Selbst beinhaltet weitere, bei Borich unerwähnte oder vernachlässigte, Dimensionen mit Potenzial für die Lehrerbildung und die Entwicklung von Selbstkompetenz. Es handelt sich um das Eigenstreben (*propriate striving*) und das Selbst als ‚der Wissende' (*self as knower*), die Allport als siebte und achte Dimension des Selbst beschreibt (vgl. Allport 1958:49 ff.). Das Eigenstreben als Suche nach Lebenssinn und höheren Zielen (vgl. ebd.) lässt sich – in Bezug gesetzt zu den Identitätsbildungsprozessen von Lehrer*innen – mit der von Korthagen beschrieben Ebene der Mission vergleichen (Korthagen 2004:85):

> [T]he level of mission [...] is concerned with such highly personal questions as to what end the teacher wants to do his or her work, or even what he or she sees as his or her personal calling in the world. In short, the question of what it is deep inside us that moves us to do what we do.

Während also Korthagens Modell die Dimension des Körperlichen vernachlässigt, die Borich mit dem körperlichen Selbst jeglicher Selbstkonzeptentwicklung zugrunde legt, vernachlässigt Borichs Modell die wiederum bei Korthagen zentrale höhere Sinnebene. Die Ebene des ‚Selbst als ein Wissender' (*self as knower*), die als eine Art reflexive Instanz alle weiteren Funktionen ‚im Blick behält' (vgl. Allport 1958:52)[44] und die eigene Entwicklung plant, wird bei Borich ebenfalls nur kurz erwähnt. Sie ist zentral in einem dritten Modell, das sich mit der professionellen Identität von Lehrer*innen auseinandersetzt.

Professionelles Selbst

Ein umfassendes Modell von professioneller Identität, das verschiedene Ansätze und Paradigmen der Lehrerforschung integriert (Expertenwissen, Theorien der Persönlichkeit, Selbstkonzept, Berufsethik; vgl. Bauer 2006:16), liefert der Erziehungswissenschaftler Karl-Oswald Bauer. Das Modell des Professionellen Selbst ist aus der Beobachtung praktizierender Lehrer*innen und der Untersuchung pädagogischer Professionalität in einem mehrjährigen Forschungsprojekt hervorgegangen (vgl. Bauer 2005:80). Es entstand aus der Frage, wie ein „realistisches Bild einer professionellen und engagierten Lehrperson" (ebd.) zu zeichnen sei, und welche „Werte und Zielvorstellungen" (ebd.) bzw. „besondere[] Ethik" (ebd.) dazu gehören.

---

43   Auch Borichs spiralförmige Visualisierung der ineinander fließenden Ebenen eines Lehrer-Selbstkonzeptes sind überzeugend und eingängig; die Grafik diente als Inspiration zur Visualisierung meines Modells der performativen Selbstkompetenzförderung (vgl. Abbildung 14).

44   Er betont dabei, dass es sich nicht um einen Homunkulus im Kopf der Person handelt, sondern um eine selbstreflexive Dimension des Selbst, das sich selbst zum Objekt der Betrachtung macht (vgl. Fisseni 2003:166).

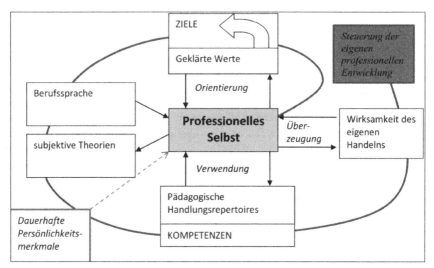

Abbildung 6: Struktur und Komponenten des Professionellen Selbst nach Bauer 2006:19 und Bauer 2014 (Darstellung A.H.)

Bauer definiert das professionelle Selbst – ähnlich Allports *self as knower* – als eine „innere Repräsentanz" (Bauer 2005:81), deren Kernaufgabe die Steuerung der eigenen Entwicklung in Richtung einer pädagogischen Professionalität ist (vgl. Bauer 2005:53). Dazu gehören laut Bauer (2005:81) die Orientierung an Werten der Profession, bestimmte Handlungsrepertoires („pädagogische Basiskompetenzen"; vgl. ebd.:81), der Rückgriff auf eine berufstypische Sprache, die Habitualisierung der erziehungswissenschaftlichen und pädagogischen Begründung von Handlungen und schließlich eigenverantwortliches Handeln (siehe auch meine Visualisierung in Abbildung 6). Elementarer und immer wieder von Bauer hervorgehobener Bestandteil eines professionellen Selbst sind – ähnlich wie bei Korthagen – bestimmte Stärken oder ‚Tugenden' (vgl. Bauer 2006:20). Unter relativ synonymer Verwendung der Begriffe „Charaktermerkmale"/„überdauernde[] allgemeine[] Persönlichkeitsmerkmale"/ „Haltungen"/„spezielle[] Tugenden" (ebd.) nennt Bauer als Beispiele „Humor, Sinn für Gerechtigkeit und Fairness, emotionale Ausgeglichenheit, Geduld, Durchhaltevermögen und Konsequenz sowie spezielle Führungsqualitäten" (ebd.).

Das professionelle Selbst bildet sich laut Bauer bereits vor dem Berufseinstieg im Studium und in einem Prozess, der stark an Krappmanns balancierende Ich-Identität erinnert: „Das professionelle Selbst entsteht aus dem Versuch des Handlungsträgers, zwischen pädagogischen Werten und Zielen, subjektiven Motiven und persönlichen Kompetenzen einerseits, den Erwartungen eines vorgestellten kritischen Beobachters andererseits eine Balance zu finden." (ebd.) Bei diesem Prozess der Individualisierung beruflicher Normen könne sich das professionelle Selbst von schablonenartigen Leitbildern weit entfernen, so Bauer (vgl. ebd.:83). Das professionelle Selbst dient also hier primär der Funktion des *role making*. Das Selbst allgemein betrachtet Bauer als stabil und dem Bewusstsein zugänglich (vgl. Bauer 2006:17), wobei das professionelle Selbst eine Art kontextabhängiges „erweitertes Selbst" (Bauer 2015:o.S.) darstelle, auf das sich dauerhafte Persönlichkeitsmerkmale als Teil des „Kernselbst" (ebd.) u.U. nur begrenzt auswirken (vgl. Abbildung 7). Das professionelle Selbst ist sich zudem der „Unvollkommenheit und Vorläufigkeit aller gefundenen Lösungen" für berufliche Aufgaben bewusst (Bauer 2005:81) und strebt nach Verbesserung (vgl. ebd.) – es ist wandelbar, erfüllt aber zugleich die Aufgabe, Kontinuität zu erzeugen (vgl. ebd.:82). Dabei garantiert es dem Subjekt eine Wahrnehmung von Dauer und Beständigkeit (vgl. Bauer 2006:17), indem „Ziele, Fähigkeiten, Handlungsrepertoires, Bewertungen und Erfahrungen miteinander zu einem konsistenten Ganzen [verknüpft werden]" (ebd.). Zugleich beobachtet und reflektiert das professionelle Selbst die eigene Praxis, und zwar auf kognitiver, affektiver, sozialer und produktförmiger Ebene (vgl. Stiller 2006:39) und leitet daraus handlungsleitende Alltagstheorien ab (vgl. ebd.) – es bringt sich „selbst hervor" (vgl. Bauer 2005:85).

Bauer legt seinem Modell einen ganzheitlichen Ansatz zugrunde, der „Geist, Körper und Seele" (ebd.; im Original fett) einbezieht, zugleich aber auch kognitionspsychologisch von handlungsleitenden Strukturen ausgeht (vgl. ebd.). Das professionelle Selbst zeigt sich in dieser Betrachtung in einem Spannungsfeld von Flexibilität und Dynamik (‚Wandel') einerseits und stabilen Aspekten (stabile Persönlichkeitsdimensionen, ‚Körperarchitektur') andererseits. Das Modell ist insgesamt vielschichtig und multidimensional, in gewisser Weise – so auch Casparis Urteil – normativ (vgl. Caspari 2003:38 f.), und es weist einen starken Bezug zu Seligmans Positiver Psychologie auf („pädagogischer Optimismus"; Bauer 2006:22). Bauer verwendet den im erziehungswissenschaftlichen Bezugsrahmen kontroversen Begriff der Seele[45] – ist damit aber in Übereinstimmung mit der Forderung Palmers, in die Lehrerbildung neben der intellektuellen und emotionalen Seite auch spirituelle Dynamiken einzubeziehen (vgl. Palmer 1998:5); weitere Entsprechungen finden sich bei Korthagen.[46]

---

45 Bereits Allport beschreibt die Berührungsangst der Psychologie mit diesem Begriff – und ebenso dem Begriff des Selbst – v.a. in den Phasen von experimentellem Positivismus (vgl. Allport 1958:41 f.).

46 Korthagen (2004) spricht – meines Eindrucks nach nicht nur im übertragenen Sinne – die Bedeutsamkeit an, ‚mit Leib und Seele' Lehrer*in zu sein (vgl. ebd.:90). Er bezieht sich dabei ebenfalls auf Palmer, der bewusst Begriffe wie Herz (als Sitz von Intellekt, Emotion und Geist; vgl. Palmer 2007:111) und Seele (vgl. ebd.:102) einsetzt, um die starke persönliche und ideelle Involviertheit des Lehrerseins auszudrücken.

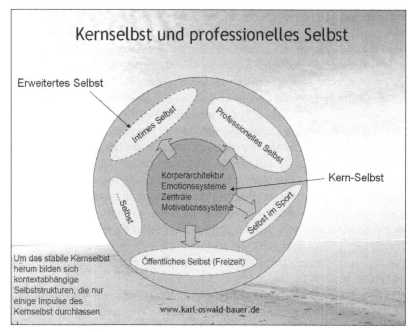

Abbildung 7: Das Professionelle Selbst im Zusammenhang mit weiteren (Teil-)Identitäten bei Bauer (Bauer 2015:o.S.)

Bauers (über-)komplexes Konzept des professionellen Selbst unterstreicht die Bedeutsamkeit, Lehrerwerdung bereits im Studium als Teil eines identitätsbildenden Prozesses zu handhaben. Dazu gehört, Studierende dabei zu unterstützen, einen persönlichkeitsreflexiven Blick zu entwickeln, ihre subjektiven Theorien und Werte herauszuarbeiten und ggf. zu hinterfragen, sie in ihren Kompetenzen zur Identitätsdarstellung und -behauptung zu fördern sowie ihnen Selbstwirksamkeitserfahrungen zu ermöglichen, um ihre Berufsmotivation zu steigern – zusammengefasst: die Entwicklung von Selbstkompetenz für den Beruf zu fördern.

2.1.3 Selbstkompetenz: Eine Synthese der Modelle

Die Entwicklung eines professionellen Selbst beginnt, das wurde mit Bauer geschildert, bereits im Studium (vgl. Bauer 2005:81)[47]. Wenn auch in der ersten Phase der Lehrerbildung bereits ‚Vorarbeit' geleistet werden kann, ist die Realisierung einer beruflichen Identität doch erst im realen Handlungsfeld Schule, in Kontakt mit seinen Akteuren und als Bestandteil einer *professional community* möglich. Die Arbeit an berufsbezogener

---

47   Konträr dazu geht Hericks (2006) in Bezug auf Terhart (2000) davon aus, dass erst im Berufseinstieg die „Grundzüge einer beruflichen Identität" entstehen (Hericks 2006:16).

Selbstkompetenz im Studium kann somit nicht mit der Entwicklung einer beruflichen Identität oder eines professionellen Selbst gleichgesetzt werden. Sie bereitet diese aber vor (im Sinne der Vorentlastung beruflicher Entwicklungsaufgaben; vgl. Hericks & Kunze 2002:401) und dient als unterstützendes Werkzeug der professionellen Identitätsbildung. In dieser Dissertation wird dafür bewusst der Ansatz einer Kompetenz gewählt, um zu betonen, dass es sich um erlernbare Fähigkeiten, Fertigkeiten, um Wissen und Haltungen handelt. Selbstkompetenz in diesem Kontext bedeutet somit erst einmal die Bereitschaft und die Fähigkeit, an sich selbst zu arbeiten, und zwar auf das Ziel hin, ein*e gute*r Lehrer*in zu werden – und sich dafür grundlegend und immer wieder mit der Frage auseinanderzusetzen, was das im persönlichen und gesellschaftlichen Sinn bedeutet, und wie Diskrepanzen zwischen Real- und Idealselbst reduziert werden können. Ein guter Selbstzugang ist nötig, um immer wieder das reale Handeln mit den eigenen Zielen, Normen und Wünschen abzugleichen und im Fall von Diskrepanzen auf Selbstkongruenz hinzuwirken[48] (vgl. Greif 2008:34 ff.). Diese ist nicht nur für die Verwirklichung der eigenen pädagogischen Ideale wichtig, sondern wirkt sich langfristig positiv auf die Wahrnehmung von Lebenssinn, Gesundheit und die Bewältigung negativer Emotionen aus (vgl. Quirin & Kuhl 2013:1406).

In Anlehnung an Greifs Schilderung (vgl. Abbildung 3) könnte man von einer Selbstkompetenz von Lehrer*innen sprechen als der Bereitschaft sowie dem Vermögen, in professionellen Handlungssituationen – und in Vorbereitung darauf – das eigene Selbst (also die sich selbst eigenen, unbewussten Muster, Reaktionen, Selbstbilder sowie Emotionen) wahrzunehmen und ggf. auf ein professionelles Handeln hin zu regulieren. Dazu gehört es, bewusste Entscheidungen darüber zu treffen, wie man die eigene berufliche Identität in Zukunft gestalten will. Vor diesem Hintergrund von Selbstwahrnehmung und Selbstreflexion sowie Selbstentwurf und Selbstgestaltung im Handeln soll im Studium die frühe Version einer Lehreridentität sichtbar gemacht werden, die mehreren Ansprüchen genügen muss: Sie muss zugleich unverwechselbar und individuell sein als auch dem gesellschaftlich-institutionellen Auftrag von Lehrer*innen entsprechen (quasi eine balancierte professionelle Ich-Identität). Sie muss, wie es Bauer für das professionelle Selbst beschreibt, zugleich Stabilität garantieren und Kontinuität herstellen als auch Wandel ermöglichen und stimulieren.

In Bezug auf professionelle Identitätsbildung von Lehrer*innen definiert Hartmut Lehnhard mit dem erfahrenen Blick des langjährigen Ausbilders dementsprechend die

---

48   Sikes u. a. arbeiten in ihren berufsbiographischen Untersuchungen heraus, dass ein solcher Prozess der Anpassung bei Lehrer*innen ohnehin immer wieder stattfindet. Es geht bei der Entwicklung von Selbstkompetenz aber darum, diese Adaption des Selbstbildes – oder die Arbeit an Veränderungen der Situation – bewusster zu gestalten, als dies in den Erklärungsmodellen von Sikes u. a., die sich auf Laceys (1977) strategische Adaption und Festigers (1957) kognitive Dissonanz beziehen (vgl. Sikes u. a. 1991:238 ff.), der Fall ist.

Selbstkompetenz von Lehrer*innen[49] als ein „begründete[s] Selbstvertrauen, das sich mit Nachdenklichkeit und Selbstkritik verbindet und offen ist für eine fortwährende Selbstentwicklung" (Lenhard 2001:13). Lenhard schließt die Frage an, wie Lehrer*innen dieses entwickeln können, was hier zur Betrachtung konkreter Fördermaßnahmen überleitet.

2.2 Förderungsansätze zur Entwicklung der Selbstkompetenz von (werdenden) Lehrer*innen

Im Rahmen dessen, was nun als Förderung von Selbstkompetenz bei Lehrer*innen herausgearbeitet worden ist, lassen sich verschiedene Ansätze und Programme identifizieren. Diese reichen von Materialien zur selbstgesteuerten Reflexion und Weiterentwicklung bis zu Selbsterfahrungsseminaren, bei denen mitunter auch Arbeitsweisen des Theaters zum Einsatz kommen und ansonsten Austausch, Reflexion und Ressourcenorientierung im Vordergrund stehen. Dazu zählen u.a. Veranstaltungen wie das *The Courage to Teach Program* am amerikanischen *Center for Courage and Renewal*[50], die sich – aufbauend auf Palmers Werk und der Anschlusspublikation eines Trainingsbuches („Guide for Reflection and Renewal"; Palmer 1999, ab 2007 mit DVD), großer Beliebtheit nicht nur bei Lehrer*innen erfreuen. Trainingsbücher wie Dr. Werner Brendels (2010) *Werde zu Deiner Persönlichkeit*[51], das sich insbesondere an (Jung-)Lehrer*innen richtet, wollen „bewusste Selbsteinschätzungen" (Brendel 2010:67) durch Reflexionsaufgaben anstoßen und dazu anregen, sich selbst „kreativ in Frage [zu stellen]" (ebd.:147). An verschiedenen ‚Stationen' geht es um die Bedeutsamkeit von Körpersprache, Auftritt und Wirkung, Lebensphilosophien, um – berufsbezogene und private – Selbstbilder sowie positives und kreatives Denken, Gesundheitsfürsorge und Zeitmanagement sowie den Umgang mit Mitmenschen. Eine Fülle an Übungsaufgaben und Inputs bietet auch Bauer (2005) mit seinem Trainingsbuch für pädagogische Basiskompetenzen, das sich an seinem Modell des professionellen Selbst (vgl. Seite 35 ff. dieser Arbeit) orientiert. Bauers Training geht aus von der Frage nach den „übergeordneten Werten, aus denen man Ziele ableitet" (ebd.). Die Arbeitsaufträge zielen darauf, die Leser*innen u.a. über bildliche Vorstellungen und in entspanntem Zustand (Bauer empfiehlt z.b. klassische Musik und Meditation) eigene Idealvorstellungen von Arbeitsbedingungen und die damit verbundenen Gefühle erkunden zu lassen (vgl. ebd.:91).

---

49   Allerdings als Synonym zu ‚Lehrerpersönlichkeit' und ‚beruflicher Identität' (vgl. Lenhard 2001:13) – einer solchen Gleichsetzung wird in dieser Arbeit widersprochen.

50   http://www.couragerenewal.org/courage-to-teach/ (abgerufen am 14.07.2017)

51   Das Buch wirkt wenig seriös und wissenschaftlich – die langjährige Erfahrung des Autors in der Lehrerbildung und sein fester Glaube an die Entwicklungsfähigkeit des Subjektes sind jedoch erkennbar und wirken an manchen Stellen geradezu ‚beflügelnd'.

Außerdem geht es grundlegend darum, Klarheit über eigene Wünsche für den Beruf zu erlangen (vgl. ebd.:93), Ziele abzuleiten und zu verfolgen (vgl. ebd.:97). An werdende Zweit- und Fremdsprachenlehrer*innen richtet sich die Fortbildungsreihe *Deutsch Lehren Lernen* des Goethe-Instituts (Schart & Legutke 2012). Eine schriftliche Selbstreflexion der eigenen Schulerfahrungen, die Identifikation pädagogischer Vorbilder und Herausarbeitung der eigenen Philosophie für den Unterricht ist hier Einstieg in die Arbeit an der eigenen Professionalisierung. Als Stimuli zur Erinnerung dienen hier beispielsweise gezeichnete Bilder sowie subjektive Beispiel-Berichte, die zum Perspektivwechsel einladen und die eigenen Lernerfahrungen relativieren helfen. Auch das *European Portfolio for Student Teachers of Languages* (EPOSTL) und insbesondere der erste Teil, das *Personal Statement*, zielt darauf, ähnliche Denkprozesse anzustoßen und eine persönliche und dialogische Reflexion von Lehramtsstudierenden vorantreiben, die auch berufsbiographische Elemente beinhaltet (Newby u. a. 2007:9 ff.). Eine Auseinandersetzung mit der eigenen Persönlichkeit als Ressource oder als Hindernis für den Lehrerberuf findet hier auch im Rahmen der Selbsteinschätzungen (*self-assessment*) eher nicht statt. Dieses bietet jedoch das internetbasierte Programm *Career Counseling for Teachers* (CCT). Erklärtes Ziel ist es dort, durch die Beantwortung von Fragen (häufig auf Ordinalskalen), deren Ergebnisse später in Beziehung gesetzt werden zu Risikofaktoren des Berufes, zukünftigen Lehramtsstudierenden eine Unterstützung zu bieten, „Klarheit über sich selbst [zu] gewinnen und vielleicht besser abschätzen [zu können], ob eine bestimmte Laufbahn im Bildungswesen zu [i]hnen passt"[52]. So soll die Reflexion der eigenen Berufswahl und Eignung unterstützt werden (vgl. ebd.) und Impulse für die Planung der eigenen Weiterentwicklung im Studium, beispielsweise bezüglich „entwicklungsbedürftige[r] Aspekte[] der Persönlichkeit" (Nieskens 2002:60), sollen erfolgen.

Trotz vielfach gelungenen Aufgabenstellungen und Impulsen zur ganzheitlichen Aktivierung der Lesenden fehlt einem Trainingsbuch der motivationale Faktor zwischenmenschlicher Beziehungen[53]. Ein ‚Eigenstudium' erfordert im Vergleich mit einem Seminar eine sehr viel höhere intrinsische Motivation, Selbstdisziplin und ggf. bereits vorhandene Kenntnisse und praktische Erfahrungen mit meditativer Arbeit oder Entspannungsmethoden (häufig beginnt eine Übungsaufforderung von Bauer damit; vgl. z.B. Bauer 2005:127). Kritisch anzumerken ist zudem für alle Trainingsbücher, dass sich die Antworten auf manche persönliche Fragen, die mit unterbewussten Selbstbildern zusammenhängen – z.B. bezüglich einer Ich-Theorie („Fühle ich mich als Pädagoge [...]?";

„Habe ich eine [...] kulturelle Heimat als Pädagoge [....]?"; Bauer 2005:125) oder eine Sammlung persönlicher Stärken und Schwächen – möglicherweise besser performativ und ganzheitlich erkunden bzw. ‚darstellen' und in der Gruppe interpretieren lassen, als direkt verbal – schriftlich oder in einem inneren Selbstgespräch – ausformuliert zu werden. Ein Seminar kann zusätzlich durch Gruppendynamik und aktivierende Methoden auflockern und anregen, und andere Teilnehmer*innen stellen eine Instanz für Feedback und Austausch dar. Zudem können von einem erfahrenen Kursleiter z.b. Entspannungsmethoden eingeführt und die Auseinandersetzung mit schwierigen Erinnerungen begleitet werden.

Person-, gruppen- und selbsterfahrungsorientierte Seminare dieser Art sind mancherorts obligatorisch in das Lehramtsstudium eingebunden, wie beispielsweise in Kassel das Programm ‚Psychosoziale Basiskompetenzen für den Lehrberuf' (im Folgenden: BASIS). Auch an der pädagogischen Akademie des Bundes in Wien absolvieren Studierende zu Beginn des Studiums obligatorisch Veranstaltungen, in denen sie sich dem Thema „Ich als Person im Hier und Jetzt" (Teml & Unterweger 2002:14) anhand ganzheitlicher und kreativer Zugänge nähern. Thematisch werden dabei eigene Stärken, Grenzen und biographische Prägungen adressiert und Motivationen für und Vorstellungen über den Beruf individuell und gemeinsam untersucht (vgl. ebd.). Methodisch kommen v.a. Techniken und Ansätze aus dem Bereich der humanistischen Psychologie und Therapie (Personenzentrierter Ansatz, Themenzentrierte Interaktion, Gestaltpädagogik etc.) zum Einsatz (vgl. ebd.:11 f.), denen das Potenzial zur Förderung von Selbstaktualisierungsprozessen zugesprochen wird (vgl. ebd.). Die Unterstützung der Lehramtsstudierenden bei der Entwicklung personaler Kompetenzen wird in den folgenden Semestern durch weiterführende Veranstaltungen mit dem Fokus Gruppe/Sozialkompetenzen und Umwelt/System fortgeführt (vgl. Teml & Unterweger 2002:14).

Als *Best-Practice*-Beispiele für die Entwicklung von Selbstkompetenz im Lehramtsstudium können neben den ausgezeichneten[54] BASIS-Veranstaltungen und den ‚Persönlichkeits-Seminaren' in Wien die universitären Veranstaltungen des Thüringer Entwicklungsprogramms für Unterricht und Lernqualität (E.U.LE.) unter dem Titel „Vom Schüler zum Lehrer: Biographie, Lernen, Kompetenz"[55] genannt werden. Auch hierbei handelt es sich um ein Selbsterfahrungsseminar, das biographische Selbstreflexion unterstützt und einen professionellen Perspektivwechsel anregt.

---

54   1. Preis (2008) des hessischen Ministeriums für Wissenschaft und Kunst für Exzellenz in der Lehre, siehe http://www.uni-protokolle.de/nachrichten/id/169497/ (abgerufen am 14.07. 2017)

55   Dieses Seminar wird seit einigen Semestern durch Mitarbeiter*innen von E.U.LE. an der Universität Göttingen als fester Bestandteil des Zusatzqualifikations-Programms Lehramt PluS für Lehramtsstudierende und Wirtschaftspädagog*innen angeboten. Mir war es möglich, in meiner Zeit als Koordinator des Programms Lehramt PLuS an der Universität Göttingen an einem

Derartige Veranstaltungen sind idealerweise im frühen Lehramtsstudium angesiedelt, um von Anfang an eine „selbstkritische Standortbestimmung" (Nolle & Döring-Seipel 2011:89) anzustoßen und Studierende darauf aufbauend anzuregen, Verantwortung für die eigene Professionalisierung zu übernehmen (vgl. ebd.). Sie bieten Möglichkeiten, in konkreten Handlungssituationen eigene Rollen in Gruppen beobachten und die eigenen sozialen und personalen Ressourcen einschätzen zu lernen. Insbesondere BASIS nimmt dabei auch die individuellen Wahrnehmungsmuster in den Blick[56], die für späteres Belastungsempfinden im Beruf ausschlaggebend sein können (vgl. ebd.:90 ff.). Das Programm will – trotz der Grundhaltung, dass Eignung im Prozess der Lehrerbildung entsteht und nicht mitgebracht werden muss (vgl.:89) – eine ernsthafte Berufswahlreflexion anstoßen (vgl. ebd.:92).

In allen drei Seminarkonzepten (PH Wien, BASIS, E.U.LE.) erfolgt berufsbiographische Reflexion u.a. anhand von und über prägende Schulerfahrungen[57] und es wird – wie auch in den Seminaren des niederländischen Bildungswissenschaftlers und Lehrerbildners Fred Korthagen, die v.a. in der zweiten Phase der Lehrerbildung angesiedelt sind – mit den subjektiven Theorien und Erfahrungen der Teilnehmer*innen gearbeitet. Im Rahmen dessen, was Korthagen (2002) einen ‚realistischen Ansatz' in der Lehrerbildung nennt, soll (häufig in einem Wechsel von Unterrichtspraxis und supervisorischen Einzel- oder reflexiven Gruppentreffen; vgl. u.a. Korthagen 2002c: 211; Korthagen 2002b:159) beispielsweise durch Schemairritation auf eine Neuorganisation oder Umgestaltung subjektiver Theorien in Richtung professioneller Haltungen und Handlungen hingewirkt werden (vgl. ebd.). Für die selbstkompetenzrelevanten Ebenen ‚Identität' und ‚Mission' seines Modells benennt Korthagen jedoch kaum konkrete Interventionen und verweist auf die geringe Anzahl an Vorschlägen hierfür in der Literatur zur Lehrerbildung (vgl. Korthagen 2004:89). Er regt an, auf therapeutische Arbeitsweisen zurückzugreifen und benennt konkret methodisch Traumreisen, Zeichnen und Meditation (vgl. ebd.).

Mit einem grundlegend konstruktivistischem Ansatz kommen in allen genannten Programme spielerische und ganzheitlich-visualisierende Vorgehensweisen zum Einsatz (z.B. Zeichnen, Arbeit mit Holzbausteinen und Skulpturen, Brettspiel zum Thema Lebensweg). Diese Arbeitsweisen regen den Rückblick auf die eigene Biographie sowie

---

dieser Seminare teilzunehmen und somit Einblicke in die Arbeitsweisen von E.U.LE. zu erhalten, was mich in meinen eigenen Ansätzen bestätigt und darüber hinaus inspiriert hat.

56 Bei BASIS verfassen die Studierenden im Voraus eine dreiseitige Lernbiographie (vgl. Nolle & Döring-Seipel 2011:105), was sowohl individuelle Reflexionsprozesse bereits vor dem Seminar stimuliert als auch den Seminarleiter*innen Anhaltspunkte für die bedarfsgerechte Planung bietet.

57 Ebenfalls zu finden im Rahmen des im Kontext von E.U.LE. anzusiedelnden konstruktivistischen Lehrertrainings (KoLT), das Jens Rißmann in seiner Dissertation entwirft. Ausgehend von Selbsterfahrungen sollen die eigene Berufsbiographie und Persönlichkeitseigenschaften reflektierbar werden (vgl. Rißmann 2004:64 ff. sowie 134).

praktische Lern- und Lehrerfahrungen an und führen in der Gruppe zu Gemeinschaftsgefühl und Kooperation. Mit verschiedenen weiteren Methoden (Arbeitsblätter,
Schreibanlässe, Arbeitsweisen der systemischen Therapie/Coaching wie neuro-imagi-
natives Gestalten) werden dabei eigene Stärken, Ressourcen und Entwicklungsfelder
herausgearbeitet und durch die Gruppe bestärkt; teilweise wird abschließend ein individuelles Perspektivgespräch geführt (BASIS). In der Regel wird diese Art von Veranstaltungen von Studierenden im Rückblick sehr positiv bewertet (vgl. u.a. Unterweger
& Weiss 2005; Nolle & Döring-Seipel 2011; Unterweger 2013), auch wenn insbesondere in verpflichtenden Veranstaltungen auch Verweigerungsverhalten auftreten
kann.[58]

Neben den beschriebenen, eher fächerunspezifischen Angeboten, findet sich bei der
Recherche zumindest ein Konzept eines explizit an werdende Fremdsprachenlehrer*innen gerichteten ,Selbstkompetenz-Seminars', das Daniela Caspari (1998) ausgearbeitet, durchgeführt und evaluiert hat. Sie baut dabei auf ihre Untersuchung des
Konstruktes ,berufliches Selbstverständnis von Fremdsprachenlehrern' (siehe Seite 27
ff. dieser Arbeit) auf. Anhand handlungs- und erfahrungsorientierter Arbeitsweisen sollen Studierende „sich ihrer eigenen Vorstellungen vom Französischlehrersein bewußt
[sic] [...] werden, sie [...] fundieren, [...] differenzieren und ggf. [...] modifizieren"
(Caspari 1998:125). Ziel ist eine individuelle berufsbiographische Selbst- und Rollenre-
flexion, die auf dem Hintergrund wissenschaftlicher Diskurse in der Lehrerforschung
und Sprachendidaktik stattfinden soll. Als Ausgangspunkt für die Selbstforschung lässt
Caspari ihre Studierenden Werdegänge und Haltungen erfahrener Lehrer*innen untersuchen. Sie interpretieren zunächst Strukturbilder beruflicher Selbstkonzepte und führen schließlich Interviews mit Lehrer*innen, aus denen sie ein berufliches Selbstverständnis ihrer Interviewpartner*innen (re)konstruieren (vgl. ebd. ff.). Die Auseinandersetzung mit dem Selbstverständnis der interviewten Lehrer*innen stößt, das zeigt
Casparis Auswertung von Seminarfeedback und weiteren qualitativen Daten, häufig intensive Diskussionen, einen Rückbezug auf sich selbst und schließlich reflexive und be-
wusstseinsbildende Prozesse in Bezug auf die eigene Person und den zukünftigen Beruf
an (vgl. ebd.:138 ff.).

Am explizitesten thematisiert wird in Casparis Seminar jedoch das Selbstverständnis
der Studierenden während des ersten Seminarblocks über drei Sitzungen, der dem
eben beschriebenen Forschungsprojekt vorangestellt ist. Hier erfolgt erfahrungsorientiert eine erste berufsbezogene, persönliche Auseinandersetzung mit individuellen Erfahrungen und Vorstellungen in Form einer „gemeinschaftliche[n] Beschäftigung mit
sich selbst" (ebd.:129). Methodisch kommen assoziative, bildhaft-gestaltende und Dis-

---

58   Dies wurde beispielsweise von Dozierenden aus Kassel im persönlichen Gespräch berichtet.

kussionen anregende Arbeitsweisen zum Einsatz, was von den Studierenden nachträglich überaus positiv evaluiert und von Caspari als ‚unüblich' an der Universität bezeichnet wird (vgl. ebd.:130). Methoden des Theaters oder performative Elemente finden in ihrem Seminarkonzept jedoch keine erkennbare Berücksichtigung.

In den in diesem Kapitel beschriebenen Veranstaltungen wird allgemein mit ganzheitlichen und Selbsterfahrungen ermöglichenden Ansätzen gearbeitet.[59] Mitunter finden sich dabei Methoden, die dem Bereich des Theaters zugeordnet werden können. Zu nennen sind z.b. Soziometrie (vgl. Dauber u. a. 2009:11 f.)[60] sowie Simulationen und Rollenspiele, die Korthagen für Seminare in der zweiten Phase der Lehrerbildung als „Erfahrungen im Hier und Jetzt" beschreibt (Korthagen 2002b:171). Bei E.U.LE. dienen Rollenspiele der „Ermöglichung erster experimentell ausgerichteter Praxis- und Handlungserfahrungen" (Fauser u. a. 2012:191). Auch in den BASIS-Seminaren wird in gewisser Weise Theater gespielt (wobei eine explizite Abgrenzung vom „theatralischen Rollenspiel" und von „Schauspieltraining" erfolgt; Dauber u. a. 2009:15 f.), indem der ‚authentische' Auftritt vor einer fiktiven Lernergruppe erprobt wird.[61]

Einige weitere Programme und Personen im deutschen Sprachraum[62] widmen sich explizit der Lehrerbildung mit Methoden des Theaters.[63] Zu nennen sind u.a. das auf Morenos Psychodrama basierende und von Jonathan Fox entworfene Playback-Theater

---

59   Die wohl intensivste Phase der ‚Selbsterfahrung' findet sich dabei in Rißmanns Lehrertraining. Hier sind acht Monate dem Thema „Nachdenken über sich selbst" (Rißmann 2004:69) gewidmet und es kommen u.a. Entspannungstechniken und Methoden der Kreativitätsförderung zum Einsatz („Malen, Jonglieren, Musizieren, Tanzen"; ebd.:70).

60   Die Soziometrie wird insofern hier als theaterpädagogische Methode bezeichnet, als sie auf Louis J. Moreno, den Begründer des Psychodramas, zurückgeht. Moreno entwickelte auch die Gruppenpsychotherapie (vgl. Wildt 2003:233)

61   Siehe auch Seite 182 ff. des Praxisteils dieser Arbeit, da ich diese Übung für meine eigene Seminarpraxis übernommen habe.

62   Aus der amerikanischen Lehrerbildung heraus liefert beispielsweise Tom Griggs (u.a. 2001) Vorschläge für den Einbezug von Methoden der Schauspielerausbildung in die Lehrerbildung, u.a.im Hinblick auf die Erkundung der eigenen Innenwelt und zur ‚Selbstnarration' (vgl. Griggs 2001:25).

63   Ganz aktuell setzt sich damit Micha Fleiners Dissertation (2016) zu Performancekünsten im Hochschulstudium auseinander. Der Autor fokussiert den aktuellen Stand und Perspektiven einer transversal orientierten Sprachenlehrerausbildung im Fach Französisch anhand performativ-ästhetischer Arbeitsweisen. Es werden theoretische Perspektiven mit einer Beobachtung hochschuldidaktischer Praxis sowie den Stimmen von Studierenden, Lehrenden und Expert*innen zusammengeführt. Da das Werk erst nach Verteidigung und Überarbeitung dieser Dissertation publiziert wurde, wird hier leider nur sehr knapp darauf verwiesen. Es existiert jedoch eine hohe Stimmigkeit zwischen beiden Arbeiten und eine Deckung vieler Grundannahmen und ableitbarer Desiderate. Fleiners abschließender Forderung nach mehr evidenzbasierter Forschungspraxis an der Hochschule u.a. an den Schnittstellen von Hochschuldidaktik und Motivationsforschung mit dramapädagogischer Sprachendidaktik (vgl. Fleiner 2016:297 f.) entspricht meine Untersuchung m.E. in besonderem Maße.

(von Daniel Feldhendler adaptiert für den Fremdsprachenunterricht als „Relationelle Dramaturgie"; Feldhendler 2000:11). Es wird von Feldhendler und Charlette Auque-Dauber in der Arbeit mit Lehramtsstudierenden eingesetzt, um zum Erzählen eigener Geschichten anzuregen, Präsenz- und Gruppenerfahrungen zu ermöglichen sowie die eigene Kreativität und Spontaneität ‚freizusetzen' (vgl. Fox 1996; Fox & Dauber 1999; Auque-Dauber 2002; Feldhendler 2009).[64] Vertreter*innen dieser ästhetisch-pädagogischen Arbeitsweise argumentieren, Playback Theater liefere eine „kunstvolle reflexive Methodologie" (McKenna 1999:207) für ein „aktive[s] Training der Reflexivität, als Form erweiterter Selbst- und Fremdwahrnehmung in der Kommunikation" (Feldhendler 2009:5). Während Auque-Dauber in ihren Seminaren verstärkt auf die Förderung grundlegender personaler Kompetenzen zielt („Rollen- und Perspektivwechsel"; „Worte für das eigene Erleben finden"; „innere Resonanz […] [und] innere Flexibilität [entwickeln]"; Auque-Dauber 2002:23) sowie die Dimension des ‚Auftrittstrainings' für den Klassenraum beleuchtet (vgl. ebd.), nimmt Feldhendler darüber hinaus auch besonders das Potenzial zur Entwicklung interkultureller kommunikativer Kompetenzen in den Blick (vgl. Feldhendler 2007).

Eine Kombination von Theater, Lehrerbildung sowie der Förderung von Selbst- und Sozialkompetenzen findet sich auch im Dissertationsprojekt des erfahrenen reformpädagogischen Lehrers und Lehrerbildners Peter Lutzker (2007). Er dokumentiert und evaluiert die Erfahrungen und Entwicklungen, die Fremdsprachenlehrer*innen an der Waldorfschule durch eine Fort- und Weiterbildung im *Clowning* erfahren. V.a. betrachtet Lutzker die Selbst- und Sozialkompetenzentwicklungen, die zustande kommen, indem die Lehrer*innen selbst als Clowns auftreten und improvisieren.

Die genannten Forschungen und Konzepte im Bereich des Playback Theaters sowie Lutzkers Werk fließen in meine Theoriebildung und Forschungsarbeit ein, mit der ich zudem an Lutzkers Forschungsdesiderata anknüpfe. Er verweist dort auf den Bedarf, ähnliche Theaterformate auch außerhalb des Waldorfschul-Kontextes und in der Ausbildung von Lehrer*innen durchzuführen und zu evaluieren (vgl. ebd.:220 f.). Weniger aufgreifen – aber hier immerhin erwähnen – möchte ich die Dissertation der Kabarettistin und Lehrerin Gerlinde Kempendorff-Hoene, die ebenfalls Methoden aus der Bühnenarbeit und Theaterpädagogik in der Lehrerbildung verwendet. Ihr Fokus in *Lehrer und Kabarettisten* liegt allerdings eher auf den sozial-kommunikativen Fertigkeiten; Ansätze einer dramapädagogischen Selbstkompetenzarbeit finden sich jedoch in ihrem Konzept eines fächerübergreifenden Zentrums für Auftrittskompetenz (ZAK; vgl. Kempendorff 2010:130 ff.) mit Modulen wie Stimmbildung und Sprechen oder „Bewegung

---

64   Arbeitsweisen, Formen und Strukturen des Playback Theaters werden in der Theoriebildung
      (Seite 84 f.) und im Praxisteil dieser Arbeit (Seite 192 ff.) weiter ausgeführt.

und Balance" (ebd.:148). Sie werden allerdings kaum differenziert ausgeführt und nicht wissenschaftlich beleuchtet oder praktisch evaluiert.

Mit meiner folgenden eigenen Modellbildung und Seminarkonzeption zur dramapäda-gogischen Selbstkompetenzarbeit mit werdenden Fremdsprachenlehrer*innen knüpfe ich schließlich an Manfred Schewes Ausblick am Ende seiner Dissertation (1993) an, die sich mit dem dramapädagogischen Fremdsprachenlernen und –lehren beschäftigt.[65] Schewe plädiert hier für eine handlungsorientierte, ganzheitliche Lernkultur auch an Universitäten; einen Ausgangspunkt für die Arbeit an Selbstkompetenz liefert er, in-dem er mit Hilfe von Jank und Meyer (1991) vernachlässigte Aspekte bzw. unreflek-tierte Einflussfaktoren in der Lehrerbildung aufzeigt. Dazu zählt er u.a. die „verbale und körpersprachliche Ausdrucksfähigkeit" (Abb. aus Jank und Meyer 1991:41; in: Schewe 1993:426), die „Persönlichkeitsstruktur des Lehrers" (ebd.) sowie ihre/seine „physi-sche Konstitution" (ebd.) sowie als Schüler*in gemachte und als Lehrer*in bereits er-worbene Unterrichtserfahrungen (vgl. ebd.). Von dieser Defizit-Analyse ausgehend – die wesentlichen Faktoren einer bisher herausgearbeiteten Selbstkompetenz von Leh-rer*innen entspricht – leitet Schewe eine notwendige Umorientierung zu einer Lehr-erbildung her, welche die „in der eigenen (Lehr)Person angelegten Möglichkeiten [...] systematisch (weiter)entwickelt" (Schewe 1993:425).

Im weiteren Verlauf dieser Arbeit werde ich Lösungsvorschläge für die von Schewe be-nannten Defizite in der Lehrerbildung durch dramapädagogische Seminargestaltung erarbeiten, praktisch erproben und evaluieren. Dafür ist zunächst eine genaue Begriffs-bestimmung von ‚Dramapädagogik' erforderlich.

---

65   „Ein dramapädagogisches Konzept für die Aus- und Fortbildung von Fremdsprachenlehrern? – Vortastende Überlegungen" (Schewe 1993:424).

3. Dramapädagogik: Definitionen, Arbeitsweisen und Diskurse

Dorothe Heathcote, die dramapädagogische Arbeitsweisen für den Unterricht seit Mitte des 20. Jahrhunderts entwickelte, einsetzte und in Großbritannien als *Drama in Education* etablierte, charakterisiert das Medium Drama über den Effekt, den es hat: „Drama is not stories retold in action. Drama is human beings confronted by situations which change them because of what they must face in dealing with those challenges." (zit. i. Schewe 1993:92 f.)

Zwei wesentliche Prinzipien dramapädagogischer Arbeit lassen sich aus diesem Zitat ablesen: Erstens geht es um den ‚ganzen Menschen'[66] und zweitens um Situationen, die eine Lösung erfordern – also eine Form des situierten kontextgebundenen Problemlösens. Ausgangspunkt sind nicht unbedingt (wie man vermuten könnte) Theater-Texte und das literarische Drama, sondern eine Herausforderung an Menschen, ungewohnte Wege der Interaktion mit anderen Menschen und ihrer Umwelt zu erkunden. Auch Manfred Schewe, der Begriff und Konzept einer Dramapädagogik für den Fremdsprachenunterricht im deutschen Sprachraum etabliert hat, verwendet dabei einen

---

66   Die häufig positiv bewertete Zielsetzung einer Ganzheitlichkeit pädagogischer Prozesse, die im Sinne Pestalozzis kognitiv, emotionalisierend und handelnd zu gestalten sind, wird zunehmend auch kontrovers diskutiert. Dabei wird die mit Ganzheitlichkeit oft einhergehende Forderung eines ‚Lernens mit allen Sinnen' lernpsychologisch in Frage gestellt, da falsche Suggestionen bzgl. des Verhältnisses von Sinnkanälen, Denken und Fühlen im Erkenntnisprozess daran geknüpft seien (vgl. Kahlert 2000). Mit Hinblick auf in dieser Arbeit bereits geschilderte postmoderne Konzeptionen von Identität (siehe v.a. Seite 24 ff.) muss der Begriff der Ganzheit aber auch bildungstheoretisch kritisch beleuchtet werden, wie es Barbara Schmenk (2015a) speziell mit Blick auf Dramapädagogik und den Fremdsprachenunterricht überzeugend tut. Klassische Annahmen über ganzheitliches Lernen (vgl. Haack 2010a) werden kritisiert, da sie scheinbar auf eine Ganzheit des Subjektes verweisen, die weder insgesamt durch Unterrichtsprozesse adressiert oder involviert werden können, noch einer modernen Identitätskonzeption des (fremdsprachenlernenden) Subjektes als „multipel, nicht einheitlich und dynamisch" (übersetzt nach Norton & Toohey 2011:417) entsprechen. Schmenk plädiert statt eines pädagogischen Fokus auf eine nicht existente Ganzheit dafür, den „Prozess des Selbst-Konstruierens" (Schmenk 2015a:119) unter Zuhilfenahme sprachlich-leiblich-performativer Mittel, sowie dessen Unabschließbarkeit und damit verbundene Komplikationen (vgl. ebd.: 120) stärker zu berücksichtigen. Sie schlägt eine stärkere theoretische Ausrichtung der Dramapädagogik an den symbolischen Systemen vor, die Subjekte zu ihrer Selbstkonstitution nutzen (vgl. ebd.:122). Anstatt ganzheitliches Lernen anzustreben, sei die Förderung der Entwicklung einer ‚symbolischen Kompetenz' (Kramsch 2006) sinnvoll – ein Begriff, der sowohl die leibliche Dimension von Sprache beinhalte, als auch performative, imaginative und historisch-kontextuelle Aspekte von Identität und Subjektwerdung (vgl. Schmenk 2015a:122f.) Obwohl ich Schmenks Argumentation nachvollziehbar und schlüssig finde, verwende ich in dieser Arbeit den Begriff der Ganzheitlichkeit wegen seiner Prägnanz weiter, verweise hier aber darauf, dass die Formulierung das Ziel beschreibt, möglichst viele Dimensionen von Personen und Kontexten einzubeziehen und zu aktivieren, ohne dass dabei jemals eine ‚Gänze' oder Abgeschlossenheit erreicht werden kann oder soll.

sehr weiten Drama-Begriff: Es handelt sich mehr um einen Einbezug des Dramatischen
(z.B. spannungsgeladene Dialoge; vgl. Schewe 1993:144) in den Fremdsprachenunterricht, weniger um einen Fokus auf das Drama als literarische Gattung. Schewe bezieht
neben dem Theater viele weitere Kunstformen mit ein, die beim dramapädagogischen
Lernen und Lehren zur „Inspirationsquelle und zur Orientierung für das pädagogische
Handeln" werden (Schewe 2010:38). Sie bringen für den Fremdsprachenunterricht
eine Ästhetisierung mit sich, die sich sowohl auf das Element der Kunst als auch auf
den Einbezug der körperlichen Sinne bezieht. Auch Handlungs- und Erfahrungsorientierung sowie kommunikative und interkulturelle Ausrichtung sind als Schlagworte eng
mit Dramapädagogik als Methode und Philosophie des Fremdsprachenunterrichts verknüpft und dienen dem Ziel, diesen „vom Kopf auf die Füße [zu] stellen" (Schmenk
2015:39). Im Fremdsprachenunterricht als einem Lernsetting, das per se von fiktiven
Grundannahmen geprägt ist (Kommunikation in einer fremden Sprache trotz gemeinsamer Muttersprache) können somit statt des lange üblichen isolierten Trainings von
sprachlichen Teilfertigkeiten dramapädagogisch Sprechhandlungen ermöglicht werden, weil sie durch Methoden und Prinzipien des Theaters (siehe Seite 53 dieser Arbeit)
situativ und kontextuell eingebettet werden (vgl. Kurtz 1998; bzgl. der Erschaffung von
realitätsähnlichen Situationen und Rollen, z.B. in Improvisationen, vgl. beispielsweise
Kurtz 2011). Die Sprechhandlungen im Fremdsprachenunterricht kommen somit einer
realweltlichen, interaktiven Kommunikation näher; erstaunlicherweise entsteht dabei
„mehr Authentizität durch mehr Fiktionalität" (vgl. Schmenk 2015:39; siehe auch Küppers & Bonnet 2011:46), einhergehend mit einer Steigerung der Motivation durch spie-
lerisch-experimentelle Formen des Lernens und den Abbau von Sprechhemmungen,
den die positive Lernatmosphäre und der Schutz durch die Übernahme von Rollen ermöglichen (vgl. Tselikas 1999:32 ff.).
Der Status von Dramapädagogik hat sich in den letzten zwei bis drei Jahrzehnten von
einer anfänglichen Zuordnung zu den alternativen Methoden verändert. Dramapädagogische Methodik kann heute als grundlegend für den Fremdsprachenunterricht
etabliert gelten (vgl. Hallet 2015:145; Schmenk 2015:38).[67] Dramapädagogische Lern-

---

67   Laut Müller wird sie im Bereich DaF/DaZ weiterhin häufig den alternativ-innovativen Metho-
      den zugeordnet (vgl. Müller 2008a:14; möglicherweise gibt es hier Unterschiede zwischen den
      verschiedenen Fachdidaktiken). Einer umfassenden Etablierung in der Schulpraxis stünde die
      Scheu vieler Lehrer*innen aufgrund der „ungewohnten Arbeitsweise" (ebd.:12) und der mög-
      lichen Abschreckung durch den Begriff ‚Fiktion' als Arbeitsmittel für Lernprozesse im Weg (vgl.
      ebd.:25). Dies spricht umso mehr für eine ‚Konfrontation' damit bereits im Studium. Hier aller-
      dings stellt Fleiner in seiner umfassenden statistischen Auswertung der deutschen Hochschul-
      landschaft für den Bereich der frankoromanistischen Lehrerausbildung fest, dass Dramapäda-
      gogik noch ein „vergleichsweise randständiges [...] Phänomen darstell[t]" (Fleiner 2016:295).
      Vergleichbare Daten für die Anglistik liegen nicht vor; Küppers, Schmidt und Walter (2011)

effekte, die lange nur theoretisch oder auf Überzeugungs- und Erfahrungsbasis proklamiert wurden, werden zunehmend auch empirisch untermauert, u.a. anhand von Erkenntnissen der Neurobiologie (vgl. Sambanis 2013, die ein ganzes Kapitel ihres Werkes „Fremdsprachenunterricht und Neurowissenschaften" dem Thema Dramapädagogik widmet). Bezüglich der praktischen Einbindung ins Unterrichtsgeschehen ist eine große Spannbreite an quantitativen Ausprägungen und Zielsetzungen möglich. Dramapädagogische Elemente (z.B. einzelne Spiele, Übungen oder ‚dramatische Konventionen') können als „Inseln der Ganzheitlichkeit" (Klippel 2000:247) in den Unterricht einbezogen werden, um durch bewegte Phasen Konzentration und Lernmotivation aufrecht zu erhalten oder wieder herzustellen; Lehrer*innen können Lehrbuchdialoge inszenieren (lassen) und dramatisieren oder ganze Dramen auf die Bühne bringen (zu den weitreichenden Möglichkeiten vgl. z.b. die Sammelbände von Küppers, Schmidt und Walter 2011, das aktuelle WVT-Handbuch von Hallet & Surkamp 2015 sowie das von Manfred Schewe und Susanne Even herausgegebene Online-Journal "Scenario"). Trotz wachsender Etabliertheit und Beliebtheit dramapädagogischer Arbeitsweisen gibt es kritische und nachdenkliche Stimmen. Mit Blick auf bildungspolitische Entwicklungen wird die Befürchtung geäußert, dass die Kompetenz- und Standardorientierung des Fremdsprachenunterrichts durch die eher funktional- kommunikative und fertigkeitsorientierte Ausrichtung des Gemeinsamen Europäischen Referenzrahmens (GER/ CEF) eine Bedrohung für den Einsatz von Dramapädagogik im Unterricht darstellen kann (vgl. Schmenk 2004; Schmenk 2015; ähnliche Befürchtungen formuliert Lutzker bezüglich PISA; vgl. Lutzker 2007:456 ff.). Die bildungspolitisch erwünschte Planbarkeit von Lernprozessen, ausgedrückt in definierten Outputs, sowie die Messung von i.d.R. rein kognitiven ausgerichteten Standards, steht in einem Widerspruch zu der relativen Ergebnisoffenheit wirklich ästhetischer Prozesse, die sich, wie Jürgen Weintz hervorhebt, „in ihrer bildenden Tiefenstruktur auf das produktive Subjekt kaum pädagogisch planen, steuern, erfassen und evaluieren [lassen]" (Weintz 2008:294). Die Bildungsstandards für die Fremdsprachen berücksichtigen derart tiefe Lernprozesse nur in einem sehr geringen Ausmaß, weshalb Schmenk befürchtet, dass sowohl Persönlichkeitsbildung als auch ästhetische Bildung der Standardisierung ‚zum Opfer' fallen könnten (vgl. Schmenk 2004:21). Kritische Theaterpädagog*innen stellen zweitens in Frage, ob praktisch dramapädagogisch arbeitende Lehrer*innen immer über eine ausreichende ästhetische Grundausbildung verfügen[68] (vgl. z.B. Passon 2015:71 ff.) und ob

---

sprechen in Bezug auf Dramapädagogik in der fremdsprachlichen Lehrerbildung allerdings von „vielen Initiativen an Universitäten" (ebd.:15), die häufig in den Bereichen des Lernens und Lehrens von Englisch und Deutsch als Fremdsprache verortet sind (siehe die vorgestellten Projekte in ebenjenem Sammelband).

68 Weintz (2008) formuliert ähnliche Bedenken allerdings auch für Theaterpädagog*innen.

dramapädagogische Arbeit theaterästhetisch und auch theoretisch ausreichend fundiert würde. In der Tat herrscht in der Praxis wohl eher ein untertheoretisierter Methodeneklektizismus, und auch in der Forschungsliteratur steht einer großen Menge an Praxisberichten eine eher geringe Zahl an theoretisch ausgearbeiteten Konzepten und empirischen Untersuchungen gegenüber, so dass eine weitere Fundierung und Erforschung dramapädagogischer Prozesse notwendig ist. Andere wiederkehrende Diskussionen über eine vermutete ‚Instrumentalisierung' der Kunst durch die Pädagogik oder das Verhältnis von Prozess und Produkt in der dramapädagogischen Arbeit sind hingegen ausreichend bearbeitet worden[69]. Jenseits definitorischer Abgrenzungsfragen soll im Folgenden zunächst das Wesentliche detaillierter beleuchtet werden: die primären Zielsetzungen und Grundcharakteristika dramapädagogischer Arbeit. Dazu gehört die Frage, welche Ziele unter dem Einsatz welcher Mittel verfolgt werden bzw. welche Symbiosen sich ergeben, wenn man Pädagogik und Theater sowie Spielen und Lernen im Fremdsprachenunterricht und im weiteren pädagogischen Kontext zusammenführt.

3.1 Worum geht es im Kern beim dramatischen Spielen?

Man könnte sagen: Im Kern geht es in der Dramapädagogik darum, durch Arbeitsweisen und Methoden des Theaters (von Kleinstformen wie Pantomime oder Standbildern über Rollenspiele bis hin zu Projekten und der Inszenierung ganzer Stücke als performative Großformen; vgl. Schewe 2015:27 ff.) Lernen und Erkenntnis zu ermöglichen, also pädagogische Zielsetzungen (oder auch fachliche, wie z.B. das Fremdsprachenlernen) durch den Einsatz von Theatermethoden zu erleichtern. Auf die Frage, was dabei die zentralsten Elemente sind, geben verschiedene Autor*innen unterschiedliche Antworten. Thomas Müller (2008) stellt in seinem aktuellen Werk über Dramapädagogik,

---

69   Michael Anderson bezeichnet in seiner „MasterClass in Drama Education" (2012), in der die
      wesentlichen Einflussgrößen, Grundideen und auch Diskussionen rund um das Thema Theater
      in der Schule erläutert werden, die ‚Prozess-versus-Produkt' Debatte als „letztendlich unnötig
      und fruchtlos" (Anderson 2012:14), da im Dreischritt von „Produktion – Performance – Wert-
      schätzung" (übersetzt nach ebd.) das Verstehen der Kunstform als Lernprozess und ihre Erzeu-
      gung als Produkt einhergehen (vgl. ebd.). Auch Ruth Huber verortete sich mit ihrer dramapä-
      dagogischen Arbeit dialektisch zwischen „Prozessdynamik und Produktorientierung" (Huber
      2003:335), und Manfred Schewe (2015) spricht in aktuellen Publikationen von „drama-/thea-
      terpädagogischer Praxis" (Schewe 2015:33). Er führt dabei theaterbasierte pädagogisch-ästhe-
      tische Arbeitsformen unter dem Begriff ‚performativ' zusammen. Dass ich meine eigene Arbeit
      als dramapädagogisch bezeichne, hat mehr mit einem gewachsenen Selbstverständnis und ei-
      ner Fächertradition als mit Abgrenzungskriterien gegenüber anderen Formen der pädagogi-
      schen Theaterarbeit zu tun. Eine Einordnung als Theaterpädagogik, drama-based instruction
      oder – im Fall der Selbstkompetenzarbeit – auch als Form des Biographischen Theaters wären
      durchaus möglich.

das einen guten Überblick über aktuelle Konzepte und Entwicklungen der Dramapädagogik bietet, vier Merkmale[70] heraus: den Einbezug von Körpersprache und körperlichen Ausdrucksmöglichkeiten (vgl. Müller 2008a:28 ff.), das Einbringen von erstens Fantasie und Imagination sowie zweitens der eigenen Geschichte der Lernenden in den Unterricht (Prinzip der Narrativität; vgl. ebd.:35 ff.) sowie die Berücksichtigung von Ästhetik unter „motivationalen, strukturgebenden und gestalterischen Gesichtspunkten" (ebd.:43). Diese Aspekte („Körpersprache, Narrativität, Imagination und Ästhetik"; ebd.:9) sind laut Müller zugleich Mittel und Ziel, „Wesensmerkmale als auch Fokusse" (ebd.) dramapädagogischer Arbeit. Almut Küppers, Autorin und Herausgeberin diverser aktueller Publikationen im Feld der Dramapädagogik, identifiziert als ‚Leitprinzipien' dramapädagogischer Arbeit Empathie und Reflexion (vgl. Küppers 2015:154). Empathie ist dabei nicht (nur) auf den rücksichtsvollen, einfühlsamen Umgang mit den anderen Spielenden bezogen, sondern zielt in erster Linie auf eines der Grundprinzipien des (naturalistischen) Theaters: die Rollenübernahme bzw. das Sich-Hineinversetzen (emotional, kognitiv und physisch) in die Position und Situation eines anderen – von dem berühmten Regisseur und Theatertheoretiker Konstantin Sergejewitsch Stanislawski als „produktive[] Einfühlung" (Naumann 2003:294) theoretisch und methodisch aufbereitet.

Ausgangsvoraussetzung dramapädagogischer Arbeit ist dabei die „Grundregel des Spiels – ‚Handle so, als ob!' (Hentschel 2003:16): Es werden dramatische Situationen in einer Kombination von Vorstellung und Aktion, also „Imagination und Handeln" (ebd.) gestaltet, ausgehend von der Lebens- und Erfahrungswelt der Teilnehmenden. Das Prinzip des ‚Als-ob' (make-believe) bezeichnet den „Grundcharakter" (Hentschel 2003:15) der (schau-)spielerischen Darstellung und Handlung (vgl. Hentschel 2003:15), wobei die Fiktionalität Schutz und Freiraum zum Ausprobieren bietet. Entscheidend ist, dass es nicht darum geht, etwas vorzutäuschen, sondern dass eine Handlung – und das schließt Sprachhandlungen mit ein – tatsächlich und real, aber unter fiktiven Umständen, durchgeführt wird (vgl. ebd.:16). Die Körperlichkeit als Teil des pädagogischen ‚performativen Spiels' (performative play) wird von Pineau als „Lernen von innen heraus" (übersetzt nach: Pineau 1994:14) beschrieben und als Reflexionsmöglichkeit über die eigenen Antriebe gewertet (vgl. ebd.). Es ergibt sich ein reflektierter, nachhaltiger (da auch körperlicher) und echter Lern- und Erfahrungszuwachs anhand einer begründeten, wirklichen Handlung in einer imaginativen Situation (vgl. Hentschel 2003:16 f.). Passend dazu führt Schewe Dramapädagogik etymologisch auf das griechische dran (tun, handeln) zurück (vgl. Schewe 2010:38), womit bei der fremdsprachigen Arbeit mit

---

70   Er spricht genauer von „zwei Konzepte[n] und zwei menschliche[n] Eigenschaften, die zum Teil
      Verstehenskomponenten und Selbstäußerungsformen zugleich sind" (Müller 2008:9).

Theatermethoden gleich dreifach gehandelt wird: erstens sozial auf der Ebene der realen zwischenmenschlichen Interaktion (z.b. beim Inszenieren eines Stückes, dem gemeinsamen Erstellen eines Standbildes etc.), zweitens symbolisch bei der Darstellung und Gestaltung von Szenen, drittens als fremdsprachige Sprachhandlung, indem die Fremdsprache zum echten Kommunikationsmittel wird – sowohl als Rollensprache, als auch auf der Ebene der Verständigung im Unterricht. In beiden Fällen finden Sprachverwendung und Sprachenlernen als interaktiver Vorgang in einer „kommunikativen Polyphonie" (Huber 2003:23) aus semantischer Aussage, Syntax, Sprachmelodie und Prosodie, Körpersprache, Kontext und Emotionen der Sprechenden statt (vgl. ebd.). Dabei wird nicht nur die Fremdsprache trainiert und performative Kompetenz erworben, sondern durch die Rollenübernahme werden kognitive und affektive Zugänge zu einer Auseinandersetzung mit sich selbst, aber auch mit dem ‚Fremden' (u.a. in sich selbst bzw. auch dem Eigenen im Fremden) ermöglicht (vgl. Tschurtschenthaler 2013:69 ff.). Zwischen drama- bzw. theaterpädagogischer Arbeit und dem Lernziel interkultureller kommunikativer Kompetenzen sieht Küppers somit eine perfekte Passung. Es handele sich um „ein komplementäres Duo – a perfect match" (ebd.:145). Der Spielende bewegt sich dabei zwischen „einer sozialen Wirklichkeit des Augenblicks und einer dramatischen Wirklichkeit, die einen (re-)konstruierten Ausschnitt von sozialer Wirklichkeit darstellt" (Göhmann 2003:82), wobei die Reflexion über Erfahrungen und Diskrepanzen zwischen beiden Ebenen Potenzial zur Erkenntniserweiterung bietet (vgl. ebd.). Dadurch kann Theaterspielen den Willen zur Perspektivenübernahme fördern und nachweislich positiven Einfluss auf Grundhaltungen wie die Offenheit für Neues ausüben (vgl. Walter & Domkowsky 2012), die der Ausbildung interkultureller kommunikativer Kompetenzen zuträglich sind.

Bezeichnend für dramapädagogische Arbeit sind zudem ein bestimmtes ‚humanistisches' Menschenbild (vgl. Schewe 2010:38) und eine sozialkonstruktivistische Weltsicht (Kultur als sozial konstruierte Alltagspraxis und Performance). Dramapädagogisches Lernen ist somit in doppelter Weise dem Konstruktivismus verpflichtet, da zugleich soziale Realität und Rollen als dem Drama nicht unähnliche Konstrukte erkannt werden können, und Wissenserwerb als aktive Konstruktion stattfindet. Das Subjekt wird dabei als aktiver Konstrukteur von Wissen und als bildsam und zum Handeln befähigt gesehen. Es wird mit den Grundannahmen der humanistischen Psychologie davon ausgegangen, dass Menschen grundsätzlich lernwillig und -fähig sind bzw. von sich aus sinnvoll und verantwortlich handeln (vgl. Fisseni 2003:191). Experimentieren und Erkunden sowie spielerisch-kreatives Vorgehen werden als wesentliche Modi der Gewinnung von Erkenntnissen gesehen, die dem gesteuerten Erwerb fremdsprachlicher Kompetenzen zugrunde gelegt werden sollten (vgl. Knibbelers „explorative-creative

way", 1989, nach Schewe 1993:215 ff.). Die Dramapädagogik kombiniert in ihrer Ausrichtung diesen natürlichen menschlichen Trieb zu spielen (vgl. Schewe 2010:39 über
Schillers „Ästhetische Erziehung"; Huizinga (2004) beschreibt in seinem berühmten
Werk den spielenden Menschen als "Homo Ludens") mit einer handelnden Erkundung
und anschließender Reflexion der ganz normalen ‚Theatralität des Alltags' (vgl. Goffman 2003:232 sowie Göhmanns Auseinandersetzung damit; vgl. Göhmann 2004:98 f.).
Dabei wird „das Leben als Spiel bzw. durch das Spiel auch das Leben besser [begreif-
bar]" (Schewe 2015:21): Die Theatralität des Alltags und der Bühne sind reziprok aufeinander bezogen (vgl. Hallet 2015), was ebenfalls diese Doppelwirkung unterstützt.
Durch Theaterarbeit im pädagogischen Feld können reale lebensweltliche Situationen
„verdichtet und in Szene gesetzt [werden]" (Heymann 2009:46) – sie werden vergrößert unter die Lupe genommen, wie es auch Boal für das Theater unter dem Stichwort
„telemikroskopisch" beschreibt (Boal 1999:38). Zugleich aber werden im Spiel auch
Skripte, Haltungen und Identitätsfacetten entwickelt, die von der Bühne für die lebensweltliche Interaktion übernommen werden können. Die doppelte Bedeutung einer
Handlungsorientierung, für den Fremdsprachenunterricht beschreibbar als „learning
by doing [...] [and] doing what you have learned" (Lütge 2010a:98; im Original kursiv),
findet sich somit par excellence in der Dramapädagogik wieder und kann in einer Adaption der Sprache Dorothe Heathcotes als ‚praxis' (als „practise in action"; Anderson
2012:33; vgl. auch Heathcote 1991:100) betitelt werden. Hallet hat die Einsicht in die
Inszeniertheit menschlichen Handelns (im Sinne einer Strukturparallelität von Drama
und lebensweltlicher Interaktion; vgl. Hallet 2010:7) sowie die Befähigung zu aktiver
und reflektierter Teilnahme daran als performative Kompetenz bezeichnet (vgl. Hallet
2011:5). In einem dramapädagogischen Fremdsprachenunterricht werden Rollenhandeln und Dimensionen alltäglicher und dramatischer Inszenierung im wahrsten Sinne
des Wortes (be)greifbar und (nach)vollzogen, indem sie auf die ‚Bühne des Klassen-
raums' gebracht werden (*staging*)[71], auf der Schüler*innen handeln (inter-)agieren.

---

71   Der Begriff des *staging foreign language learning*, der Inszenierung als In-Szene-Setzung von
      Lernen, Lernenden und Lehrenden im Fremdsprachenunterricht, ist in der dramapädagogi-
      schen Arbeit zentral (vgl. Europäisches Kooperationsprojekt 2003), und zwar nicht nur in Form
      von theatralen Situationen und Dialogen. Auf der Strukturebene von Unterricht kann eine Dra-
      matisierung oder Inszenierung von Unterricht heißen, dass dramatische Prinzipien wie Exposi-
      tion und Spannungsaufbau (vgl. auch Schewe 1993:141 ff.) Berücksichtigung finden, dass Iden-
      tifikationsmöglichkeiten für Lerner*innen angeboten werden und emotionale Involviertheit
      angestrebt wird. Es handelt sich somit um „spezifische Strategien zur Erregung und Lenkung
      von Aufmerksamkeit" (Fischer-Lichte 2004:330), was aus theaterwissenschaftlicher Sicht einen
      Aspekt von Inszenierung ausmacht. Zur erfolgreichen Inszenierung von Lernprozessen gehört
      es natürlich, diese Nutzung wirksamer Strategien zur Aufmerksamkeitssteuerung mit fachdi-
      daktisch und pädagogisch geklärten Inhalten und Zielsetzungen zu verbinden, und nicht nur
      ein ‚Spektakel' zu veranstalten.

3.2 Lernen durch und mit Dramapädagogik: Was bleibt von der Erfahrung?

In einem dramapädagogischen Unterricht werden in erster Linie Handlungen und Interaktionen ermöglicht, nicht Wissen vermittelt. Erhalten bleiben davon im Nachhinein
die Erlebnisse und Eindrücke aus theatralen Situationen, die durch Reflexion (die teilweise bereits *in action* stattfindet) zu Erfahrungen werden können. Erfahrungen wiederum wirken sich auf Wissen und Einstellungen sowie Gefühle und Absichten aus (vgl.
Caspari 2003:82 f.).[72] Sie prägen, wenn sie als relevant empfunden werden, die Persönlichkeit der Lernenden mit; neue Erfahrungen können sich als Teil des Selbstkonzeptes
und des Verhaltensrepertoires auch auf die Wahrnehmung von und Performanz in zukünftigen realweltlichen Situationen auswirken. Erfahrungen in (z.b. fremdsprachigen)
dramapädagogischen Interaktionssituationen können kompetenzorientiert gestaltet
werden und ermöglichen dann einen Zugewinn an anwendungsorientiertem Wissen
und Können. Peter Fausers Konzept des verständnisintensiven Lernens, in dem Lernen
und Verstehen als Zusammenspiel von Erfahrung, Vorstellung, Begreifen und Metare-
flexion gesehen werden (vgl. Fauser 2001:20 ff.) trifft auf dramapädagogische Arbeit
zu. Hier wird das praktische, situierte Lernen durch Erfahrung (vgl. ebd.:20) mit dem
imaginativen Lernen, der „bewußten Arbeit an und mit Vorstellungen" (ebd.:21) kombiniert. Im Fokus kann dabei ebenso die Entwicklung kommunikativer und interkultureller Kompetenzen stehen wie auch die Förderung von Selbstkompetenz. Beides greift
sogar ineinander, so Barbara Schmenk: Dramapädagogik stelle „traditionelle Grenzen
von Selbst und anderem in Frage" (übersetzt nach: Schmenk 2004:8), wobei es zu einer
Sensibilisierung komme, einer „höheren Empfindsamkeit und Reflexivität bzgl. Sprachen, Kulturen und Selbst" (ebd.). Dramapädagogische Arbeit mit werdenden Englischlehrer*innen sollte somit zugleich fachspezifisches, fachdidaktisches und unterrichts-
methodisches wie auch soziales Lernen ermöglichen; außerdem stellt sie eine Basis zur
konstruktiven „Selbstauseinandersetzung" (Bidlo 2006:156) dar, die zu einer neuen
Sicht auf die eigene Persönlichkeit und individuelle Potenziale führen kann (vgl. ebd.)
– eine ideale Basis zur Entwicklung von Selbstkompetenz.

---

72   Caspari bezieht sich auf die Konzepte des Erfahrungslernens nach Kolb (1984) und Erfahrungs-
        wissens nach Apfel (2000).

4. Dramapädagogische Lehrer*innenbildung und Selbstkompetenz: Entwicklung eines Fördermodells

"No instructional strategy is any more powerful than drama-based education for creating situations in which students undergo an experience that
has the potential of modifying them as persons."

(Wagner 2002:5)

Dramapädagogische Arbeitsweisen kommen im Folgenden zum Einsatz, um im Sinne
einer Forderung des Erziehungswissenschaftlers Rudolf Messner (2001) schon in der
Ausbildung die Person der Lehrkraft ‚in Szene' zu setzen und ihr Gestalt zu geben – sie
„präsent werden" zu lassen (Messner 2001:12) und durch diese Erfahrung zu ‚modifizieren', wie Wagner (2002) es in obigem Zitat formuliert. Einerseits performativ und
‚im Moment', aber auch rückblickend (biographische Dimension) und vorausschauend
(Zukunftsentwurf) wird Studierenden Unterstützung bei der Konstruktion ihrer professionellen Identitäten angeboten. Dramapädagogische Seminare können dafür primär
„förderliche Rahmenbedingungen" (Huttel und Mayr 2012:6) schaffen und herausfordernde Experimente anbieten; entwickelt werden kann Selbstkompetenz jedoch nur
durch die Subjekte selbst. Sie ist nicht lehrbar (*teachable*), sondern nur lernbar, wobei
– bedingt durch das komplexe Lernziel und durch das Wesen der Theaterarbeit, die
sehr individuelle und von außen nur begrenzt beeinflussbare Prozesse anstößt (vgl.
Weintz 2008:294) – höchst individuelle Lernwege und Ergebnisse zustande kommen
können. Diese müssen in der Praxis beschrieben und beobachtet, aus Sicht der Lernenden rekonstruiert und abschließend evaluiert werden (siehe Kapitel 5, 0 und 7). Zunächst werden auf theoretisch-konzeptioneller Basis die bisher separat vorgestellten
Bereiche Selbstkompetenz und Dramapädagogik in einem Förderungs-Modell zusammengeführt: Welche berufsrelevanten Dimensionen des komplexen Konstrukts
‚Selbstkompetenz' lassen sich (theoretisch begründbar oder empirisch bewiesen) mit
den Möglichkeiten der Dramapädagogik bzw. durch performative Interventionen bei
werdenden Lehrer*innen fördern?

4.1 Aufbau des Förderungs-Modells: Selbst-Dimensionen, Erfahrungsfelder und Entwicklungsimpulse

In diesem Förderungs-Modell (vgl. Abbildung 9) wird Lehreridentität in mehrere **Dimensionen eines professionellen Selbst**[73] unterteilt, die auf verschiedene Identitäts-

---

73   Dabei wurde aus einer nahezu unüberschaubaren Menge an verschiedenen Teilbereichen und
      Konzepten über das Selbst (vgl. auch Korthagen 2004:82; vgl. Greif 2008:21 zur inflationären

paradigmen aufbauen (z.B. performativ, narrativ oder stabile Persönlichkeitsdispositionen). Diesen Selbst-Dimensionen sind **dramapädagogische Erfahrungsfelder** (vgl. Abbildung 8) zugeordnet, die jeweils bestimmte dramapädagogische Methoden und Übungen, Arbeitsweisen und Merkmale des besonderen Lernsettings umfassen (im Folgenden auch ‚dramatische Konventionen' oder ‚Bausteine dramapädagogischer Arbeit' genannt), die spezielle Erfahrungen ermöglichen. Aus diesen Erfahrungen können bestimmte Anstöße (Impulse) für die Selbstkompetenz der Teilnehmenden entstehen. Unter dem Begriff **Entwicklungsimpulse** werden im Folgenden Thesen darüber aufgestellt, was die Teilnehmer*innen aus der reflektierten Theaterarbeit lernen können und welche berufsrelevanten Veränderungen ihrer Selbstwahrnehmung, ihrer Haltungen und ihres Verhaltens dadurch langfristig angestoßen werden könnten.

Das Förderungs-Modell zur Beschreibung dramapädagogischer Selbstkompetenzarbeit beinhaltet vier dramapädagogische Erfahrungsfelder (vgl. Abbildung 9), die jeweils auf eine Dimension des professionellen Selbst ausgerichtet sind. Erfahrungen durch Theatermethoden machen Studierende dabei erstens als aktive, nicht nur rationale, sondern auch emotionale und körperliche Subjekte im (fiktiven) Klassenraum – als real Handelnde unter ‚fiktiven Umständen', was hier mit ‚Selbst als Akteur' umschrieben wird (in Anlehnung an Wengers „identity in practice"; vgl. u.a. Wenger 2008). Zweitens werden Studierende durch spezielle dramapädagogische, narrative dramatische Konventionen zu Erzähler*innen ihrer eigenen Berufsgeschichte; sie gestalten narrativ ihre beruflichen Selbstbilder (‚Selbst als Erzählung').

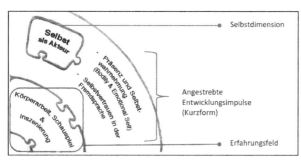

Abbildung 8: Erläuterung der Bestandteile des Modells

Drittens machen sie Erfahrungen als sich entwickelnde Mitglieder einer ganzheitlichen Lernergruppe, als reale Akteure in einem sozialen Kontext (‚Selbst als Lerner'). Viertens werden den sie als Personen mit bestimmten situationsüberdauernden Persönlichkeitsmerkmalen und Motiven (‚dispositionales und motivationales Selbst') dazu angeregt, anhand performativer Anstöße ihre berufsrelevanten Dispositionen und Motivationen zu erkunden und darzustellen, zu reflektieren und mit den Wahrnehmungen sowie Denk- und Verhaltensmustern der anderen Teilnehmer*innen als auch den Anforderungen des Berufes zu vergleichen.

Verwendung des Begriffs „Selbst" und möglicher Komposita) eine hier sinnvoll erscheinende Auswahl getroffen.

Abbildung 9: Dramapädagogik und Selbstkompetenz von Lehrer*innen: Ein Förderungs-Modell; H&P = Handlungs- und Produktionsorientierung; FSU = Fremdsprachenunterricht. (Bild: Ina Prellwitz nach einer Idee von A.H.).

Die Erfahrungsfelder und ‚Selbstdimensionen' sind in der Praxis komplex verwoben und integriert; ihre Differenzierung in diesem Modell dient der Reflexion und stellt ein analytisches Raster für die spätere Evaluation bereit. Das Modell drückt zugleich meine Vorannahmen als Forscher und Seminarleiter aus, was „im künstlerischen Verständnis von pädagogischer Forschung nicht nur legitim, sondern erwünscht [ist]" (Schewe 1993:417). Im Folgenden werden in vier Kapiteln jeweils eines der vier dramapädagogischen Erfahrungsfelder sowie das zugrunde gelegte Paradigma der Identitätsbetrachtung genauer beschrieben.

Die angestrebten Impulse zur Entwicklung, die in der Grafik (vgl. Abbildung 9) nur stichwortartig als Überblick zusammengefasst sind, werden in den einzelnen Kapiteln ausdifferenziert und detailliert erläutert. Die dramapädagogischen Arbeitsweisen werden dabei nur grob skizziert und später in Form konkreter Methoden und Übungsfolgen konkretisiert (siehe v.a. Kapitel 5.4.). Schließlich wird von jedem Erfahrungsfeld aus ein spezieller Bezug zu den Zielen und Arbeitsweisen des modernen Fremdsprachenunterrichts hergestellt und begründet, welche Relevanz die jeweiligen Impulse zur Entwicklung von Selbstkompetenz – trotz ihrer Klassifizierung als fächerübergreifende, personenbezogene Kompetenz (vgl. Unterweger 2014) – besonders für werdende Fremdsprachenlehrer*innen haben.

4.2 Körperarbeit, Schauspiel und Inszenierung

Wie Lehrer*innen vor ihrer Klasse ,auftreten', wie sie wirken und wahrgenommen werden – also wie sie sich, bewusst oder unbewusst, inszenieren – kann einen signifikanten Einfluss auf die Qualität des Unterrichtsgeschehens und des Schülerlernens haben, wie Müller darlegt (Müller 2008:31):

> Ein Lehrer, der in der Lage ist, durch bewussten Einsatz seiner Bewegungsdynamik, Nähe-Distanz-Verhalten zu Lernern, angemessene stimmliche Variation, Mimik und Gestik, Unterrichtsprozesse zu steuern, schafft die Voraussetzungen für einen authentischen, lebendigen und abwechslungsreichen Unterricht, in dem auch die Lernenden angeregt und motiviert sind, sich entsprechend in das Unterrichtsgeschehen einzubringen, wodurch eine optimale Verarbeitungsbereitschaft für neues Wissen bzw. die Automatisierung bekannter Strukturen geschaffen wird.

Dramapädagogische Arbeit und Methoden des Schauspieltrainings bieten sich an dieser Stelle als Förderinstrumente an: Der Körper als Ausgangspunkt menschlicher Erfahrung und als Medium der Wahrnehmung und des Ausdrucks in Interaktionen ist auch das Ausdrucksinstrument des Schauspielers sowie Ausgangspunkt jedes dramapädagogischen Prozesses (siehe Kapitel 5.2.1 dieser Arbeit). Ziel und Prozess dieses ersten Erfahrungsfeldes ist es, werdende Lehrer*innen für ihren Körper und ihre Wahrnehmungen zu sensibilisieren; zum Einsatz kommen körperliche Aufwärm-, Entspannungs- und Vertrauensübungen, Aufgaben zur Selbst- und Sinneswahrnehmung und das Spiel mit Stimme und Ausdruck in Dimensionen wie Nähe und Distanz, Körperspannung und Statusverhalten. Schritt für Schritt werden Studierende dabei auch an das Übernehmen von Rollen und die Einfühlung in fiktive Figuren, Zustände oder Situationen (Schauspiel und ,Als-ob') sowie das Zusammenspiel mit Partner*innen und den Auftritt vor anderen (als Publikum oder als Teil der Gruppe) herangeführt. Dabei üben sie jedoch nicht nur Perspektivübernahme, sondern auch, sich selbst in möglichen zukünftigen Rollen auszuprobieren.

4.2.1 Das Selbst als Akteur: Erfahrungsfeld und Entwicklungsimpulse

Identität wird in diesem Erfahrungsfeld als performativ erlebbar. Sie entsteht in der sozialen Interaktion (Hallet 2010:7), aus der Selbstdarstellung des Individuums und der gespiegelten Wahrnehmung des anderen in einem Prozess der gemeinsamen Bedeutungsaushandlung. Die Dimension einer *identity in practice*, die aus identitätstheoretischer Perspektive eine der zentralen Größen der Lehrerwerdung darstellt (vgl. auch Müller-Hartmann 2013:17), kommt hier eingeschränkt zum Tragen. An dieser Stelle soll der Begriff nicht primär als die im Handeln von Lehrer*innen beobachtbare oder im Diskurs mit Kolleg*innen entstehende Identität verwendet werden (vgl. Varghese u. a. 2005:39), da die Studierenden ja zu diesem Zeitpunkt ihrer Ausbildung nur begrenzt in der Praxis tätig sind. Sie sind ebenfalls noch nicht Teil einer schulischen *community of practice*, die ihre professionellen Identitätsbildungsprozesse begleitet (Kanno & Stuart 2011:240). Ich adaptiere den Begriff der *community of practice* hier für die Seminarsituation, indem ich *practice* nicht als ,Praxis' oder ,Ausübung' verstehe, sondern in der Bedeutung ,üben' verwende – Denn das schauspielerische Handeln als Lehrerfigur, das z.B. vor einer fiktiven Klasse und in einer imaginierten professionellen Gemeinschaft stattfindet[74] (wenn man den realen sozialen Kontext der anderen Teilnehmer*innen als einer sich bildenden professionellen und lernenden Gemeinschaft ausklammert), ist ein probehaftes Handeln in einer möglichen zukünftigen Lehreridentität und kann insofern als ,Identität in Übung' (*Identity in practice*) bezeichnet werden.

Diese hier in fiktiven Kontexten real handelnde Lehreridentität besteht nicht nur aus Kognitionen, sondern beinhaltet einen Körper (*bodily self*) sowie Emotionen und Affekte (*emotional self*)[75], die speziell durch die „leibseelische[] [...] Herangehensweise[] (Weintz 2008:304)" des Theaterspielens Berücksichtigung erfahren. Den Begriff *bodily self* verwende ich in Anlehnung an Borichs „Teacher's Sense of Bodily Self" (Borich 1999:98; siehe Seite 31 ff. dieser Arbeit). Auch Bauer beschreibt die zunehmende Berücksichtigung von Körperarbeit u.a. in der personzentrierten Lehrerbildung und unterstreicht die zentrale Relevanz des Körpers als Bestandteil von pädagogischer Interaktion, Beziehungsebene, Kommunikation und nicht zuletzt Lehrergesundheit (vgl. Bauer 2005:191). Während Borich aber das körperliche Selbst als wenig beeinflussbar und unabänderbar darstellt (vgl. Borich 1999:111) und für die Lehrerausbildung lediglich hervorhebt, dass eine von Ausbilder*innen ausgedrückte bedingungslose Akzeptanz gegenüber den physischen Merkmalen werdender Lehrer*innen die Ausbildung

---

74   Für ein Beispiel siehe die Übung ,Lehrerfiguren-Rollenspiel' auf Seite 183 ff.

75   Emotionen als zentralen Teilaspekt von Lehreridentität, als eine Art „personal emotional self"
der Lehrperson (McLean 1999:74), beschreiben Day u. a. als in der Lehrerforschung unterbe-
rücksichtigt (vgl. Day u. a. 2006:612), obwohl er für die Praxis höchst bedeutsam ist.

von Vertrauen stärkt (vgl. ebd.:111 f.), sollen diverse Aspekte der physischen Erscheinung (Haltung, Stimmeinsatz, Kleidung, Raumnutzung, letztlich Wirkung) im Rahmen der Förderung von Selbstkompetenz als bewusst einsetzbar reflektiert und entwickelt werden. Der Körper der Studierenden wird dabei Teil einer gestaltbaren *Performance*, die das wirksame Handeln des Individuums (u.a. im Klassenraum) unterstützt, indem gezielt eine bestimmte Identität zum Ausdruck gebracht wird („body as a mask of identity"; Shilling 2012:226; vgl. auch Keupp u. a. 1999:89). Die Inszenierung der Lehreridentität kommt im Fremdsprachenunterricht zusätzlich durch die Fremdsprache zustande; durch sie werden die Lehrpersonen zu Repräsentant*innen anderer Kulturen, zu linguistischen Expert*innen und zu Türöffner*innen für fremde Welten. Der erste Selbstkompetenz-Entwicklungsimpuls für werdende Fremdsprachenlehrer*innen, auf den mit dramapädagogischer Arbeit hingewirkt werden kann, wird im Folgenden daher als Auftritt, Präsenz und Lehrersprache bezeichnet.

Auftritt, Präsenz und Lehrersprache

Präsenz kann hier erst einmal verstanden werden als „Ausstrahlung[skraft], Charisma, Faszination, Strahlung, Wirkung, Zauber [...]" (Duden online 2017b) – eine Qualität, die der berühmte Schauspieler, Regisseur und Pädagoge Joseph Chaikin beschreibt als „a quality that makes you feel as though you're standing right next to the actor, no matter where you are sitting in the theater" (Chaikin 1991:29). Die Theatersemiotikerin Erika Fischer-Lichte (2004) spricht aus theaterästhetischer Perspektive von Präsenz als einer performativen Qualität, die auf dem Körper des Schauspielers im Verhältnis zu Raum und Zuschauenden basiert (vgl. Fischer-Lichte 2004:165). Bei Lehrer*innen lässt sich Ähnliches feststellen – Nolle und Dauber weisen dafür dem Aspekt der nonverbalen Kommunikation eine wichtige Rolle zu (Dauber u. a. 2009:14):

> Der Klassenraum wird zu einer ‚Bühne', auf der die Lehrerin/der Lehrer körperlich wahrgenommen wird. Der nonverbale Anteil der Kommunikation trägt viel zu dem ersten Eindruck bei, welcher bei Schülerinnen und Schülern entsteht und im Verlauf der Schulstunden wirksam ist.

Auf der Ebene der Selbstkompetenz von Lehrer*innen bedeutet dies, dass Lehrer*innen lernen müssen, „ihre Körpersprache, andere nonverbale Ausdrucksmöglichkeiten und ihre verbale Sprache klar und bewusst ein[zusetzen]" (Unterweger 2013:8) und „auf die Präsenz ihres Auftretens [zu achten]" (ebd.). Für werdende Lehrer*innen ist daher eine Analyse der eigenen Wirkung einerseits, sowie das Training und der gezielte Einsatz der nonverbalen ‚Gestaltungs-Mittel' andererseits ein wichtiger Grundbaustein von Selbstkompetenz, die hier in engem Zusammenhang mit einer performativen Kompetenz zu sehen ist. Als Teil einer solchen definiert Hallet u.a. die „kritische[] [...] Reflexion eigener Inszenierungen und ‚Auftritte'" (Hallet 2010:15).

Ein dramapädagogisches Training dieses Aspektes von Selbstkompetenz mit werdenden Lehrer*innen ist häufig gefordert worden. Alan Maley (1993) sieht Aspekte der
Körperlichkeit (*physical presence*) von Lehrer*innen als einen entscheidenden Wirkfaktor im Klassenzimmer (vgl. Maley 1993:14). Insbesondere Körperhaltungen, Stimmeinsatz und Atmung sollten seiner Meinung nach in Lehrerbildungsprogrammen trainiert
werden, um neben der Vermittlung von Wissen und Fertigkeiten auch den unterrichtlichen Faktorenkomplex ‚Atmosphäre, Haltungen und Authentizität' der Lehrkraft zu
bearbeiten (vgl. ebd.:14 f.). Auch eine Auseinandersetzung mit den ‚psychologischen
Vorbedingungen' werdender Lehrer*innen spielt bei Maley eine Rolle. Seine methodischen Vorschläge hierfür umfassen die Arbeit mit paradoxen Geschichten, Erinnerungen, Yoga und meditativen Techniken (vgl. ebd.:16) – konkretes Theaterspielen findet
nur am Rande Erwähnung.

Laut Schewe ermöglicht aber eben Theaterspielen werdenden Lehrer*innen, systematisch ihr „persönliche[s] Inszenierungspotenzial[]" (Schewe 1993:427) zu verbessern;
sie können lernen, mit der Aufregung beim Auftritt vor anderen umzugehen und
Freude daran entwickeln, aber auch ihre eigene Wirkung besser einschätzen lernen.
Feldhendler beobachtet dies beim *Playback Theatre* mit Lehramtsstudierenden, die
dabei u.a. die Nutzung, „vielfältige[r] Ausdrucksmöglichkeiten (Körper, Stimme u.a.)"
(Feldhendler 2009:57) sowie Präsenz und Körperbewusstsein (vgl. ebd.) erlernen. Empirisch bestätigen auch Domkowsky und Walter eine Steigerung der „Selbstreflexivität
(*Self-Monitoring*) in Hinblick auf Ausdrucksfähigkeit und Extraversion" (Walter & Domkowsky 2012:108) durch längerfristiges Theaterspielen. Dies dürfte gerade für angehende Lehrer*innen und Junglehrer*innen hilfreich sein, da insbesondere Novizen
beim Berufseinstieg viel Energie in die Bewältigung der Klassenführung (*classroom management*) investieren müssen (vgl. Kagan 1992:129) – eine klare, kongruente und
selbstbewusste Körpersprache ist Teil der erfolgreichen Bewältigung dieser Aufgabe,
wie bereits Jacob Kounins (1976) herausfand, der zur präventiven Störungsvermeidung
im Klassenzimmer u.a. die Bedeutung von Blickkontakt zur Demonstration von Gruppenfokus und demonstrierter Präsenz (*withitness*) hervorhebt (vgl. Nolting 2012:33
ff.).

Darüber hinaus können Studierende durch Theaterspiele(n) und Schauspielübungen
nicht nur die visuellen und akustischen Gestaltungsmittel des Schauspielers trainieren
(vgl. Pfister 1991:9) bzw. die Elemente der Schauspielkunst („Gestik, Stimme, Rhyth-
mus der Diktion, Bewegung"; Balme 2008:128) gezielter einsetzen lernen, sondern v.a.
auch reflektieren und erproben, wie dieses nonverbale Verhalten Identitäten und Beziehungen zum Ausdruck bringt und erzeugt. Dafür eignet sich insbesondere das Element ‚Status' in der Figurendarstellung. Keith Johnstone liefert für ein solches Schau-

spiel-Training einfache physische Herangehensweisen, durch die unterschiedliche In-
nen- und Außenwirkungen erzeugt werden können (verschiedene Gangarten, die viel
oder wenig Raum beanspruchen; Arten von Blickkontakt und Kopfhaltung; Sprechme-
lodie und das Experimentieren mit verschiedenen Betonungen von Verzögerungslau-
ten, etc.; vgl. Johnstone 2006:51 ff.). In der Reflexion wird eine weitere Dimension der
Theatralität des Alltags erkennbar, nämlich die Erzeugung und der Ausdruck von Hierarchien und Machtverhältnissen durch Raumnutzung und Körpersprache. Somit bietet die Arbeit mit Körpersprache und Statusspiel werdenden Lehrer*innen Möglichkeiten zur Selbsterkundung ('Was für ein Statusspieler bin ich?'), ein Analyseinstrument
für den Klassenraum ('Wer nutzt wie viel Raum? Was sagt das über Hierarchien aus?')
und ein Instrument zur Klassenführung und Beziehungsgestaltung ('Wie kontrolliere
ich Verhalten, wie schaffe ich Freiräume und Vertrauen?').[76]
Ein weiterer Aspekt des Lehrerauftritts im Fremdsprachenunterricht ist die präzise, ad-
ressatenangemessene und sichere Verwendung der Fremdsprache durch die Lehrperson. Sie ist ebenfalls Teil erfolgreicher Klassenführung und zugleich nativnaher Input
für die Schüler*innen (vgl. Wipperfürth 2009:14). Im Hinblick auf gelingende beruflichen Identitätsprozesse arbeitet Valadez Vazquez die Sprachsicherheit als wesentlichen Faktor heraus (bzw. sei mangelnde Sprachsicherheit, so ihre Ergebnisse der Untersuchung einer 'Population' an Spanischlehrer*innen in verschiedenen Berufsstadien, ein Hauptgrund für den Abbau solcher Identitätsprozesse; vgl. Valadez Vazquez
2014:350). Auch Miller (2009:176 f.) betont die Bedeutung der Sprachsicherheit von
Fremdsprachenlehrer*innen für ihre professionelle Identität. Nora Benitt arbeitet
diese als einen zentralen Aspekte einer sich entwickelnden Lehreridentität heraus: „Ac-
cording to the findings of my study, a central aspect of teacher learning is the notion
of confidence in her abilities of being a teacher of English. [...] As the data analysis
revealed, a language teachers' professional confidence is related to beliefs about
teaching expertise (experiential knowledge), theoretical knowledge and language pro-
ficiency." (Benitt 2015:49 f.) Die Verwendung der Fremdsprache als Kommunikationsmittel bei dramapädagogischen Blockseminaren und auch in improvisierenden Theaterübungen kann erstens die Sicherheit der Studierenden im Einsatz der Fremdsprachen, zweitens ihre Reflexivität bezüglich ihrer eigenen kommunikativen Kompetenzen
erhöhen.
Die Studierenden für die Relevanz des Fremdspracheneinsatzes der Lehrkraft und der
Bedeutung ihrer Körpersprache – insbesondere auch im Fremdsprachenunterricht[77] –

---

76   Der Einsatz dieser Übungen im Seminar wird im Praxis-Teil (Seite 175 f.) beschrieben.
77   Die Körpersprache von Fremdsprachenlehrer*innen dient als Scaffold, Verständnishilfe und
        Teilaspekt eines comprehensible input (vgl. Wipperfürth 2009:15).

im Klassenraum zu sensibilisieren, wird hier zu einem Teil der Anregung zur Professionalisierung. Dieses Bewusstsein entwickelt sich bei werdenden Lehrer*innen nicht selbstverständlich und automatisch, wie empirische Forschung zeigt (vgl. insbesondere Antonek u. a. 1997:24). Das ‚Lehrer-Fremdsprachen-Selbstkonzept' (als gefühlte Sicherheit der Studierenden in Bezug auf den Einsatz der Fremdsprache als Interaktions- und Lehrersprache) ist hier Teil des erwünschten Entwicklungsimpulses durch eine fremdsprachige Theaterarbeit.[78] Diese führt nonverbale und verbale Dimensionen des Ausdrucks zusammen und unterstützt die Entwicklung von Expressivität – denn Lehrer*innen selbst müssen später Vorreiter*innen darin sein, die häufig bemängelte Trennung von Sprech- und Körpersprache (vgl. Bludau 2000:15 f.) im Fremdsprachenunterricht aufzuheben, indem sie als möglichst ‚echte' Gesprächspartner*innen in der Fremdsprache möglichst ‚echte' Kommunikationsvorgänge initiieren. Die hierfür insgesamt erforderliche verbale und nonverbale Ausdrucksfähigkeit wird beim Theater trainiert.

Präsenz als Selbstwahrnehmung und innere Gegenwärtigkeit

Bevor im Schauspieltraining oder bei der Übernahme von Rollen jedoch Körper und Sprache als Ausdrucksmittel zum Einsatz kommen, finden in der theaterpädagogischen Arbeit stets Phasen des ‚Aufwärmens' statt (vgl. den dramapädagogischen Prozess, Kapitel 5.2.1.). Hier erfolgt eine Ausrichtung der Wahrnehmung auf die Gegenwart, ein ‚Ankommen' bei sich und den eigenen Körper- und Sinneswahrnehmungen. Solche Formen von Achtsamkeitstraining und Entspannung zu Beginn von dramapädagogischen Sitzungen (vgl. Tselikas 1999:23) richten zuerst den Blick nach innen und auf den Moment. Achtsamkeit bedeutet in diesem Zusammenhang erst einmal, ein „absichtsvolle[s] Gegenwärtigsein unseres Geistes bei allem, was gerade im Moment geschieht, bei Empfindungen des Körpers, Bewegungen des Geistes, Wahrnehmungen und Gefühlen [...]" (Walach 2013:94). Beim Einstieg in die dramapädagogische Arbeit liegt der Fokus v.a. auf der Aufmerksamkeitskomponente, insbesondere wird hier – sehr basale – Körperachtsamkeit praktiziert. Die Theaterpädagogin Gabriele Czerny spricht von *sensory awareness*, worin sie die Grundlage für „mehr Bewusstheit und Präsenz"

---

78 Dabei geht es nicht nur um Lehrpersonen als Sprachenvorbild, sondern auch um ihre pädagogischen Grundhaltungen: Medgyes (1994; in: Schocker-von Ditfurth 2001:77) schildert den empirisch beobachtbaren Zusammenhang zwischen sprachlichen Unsicherheiten einer (nichtmuttersprachlichen) Lehrperson und einer eher kontrollierten, weniger offenen Lernumgebung. Dementsprechend würde eine Verbesserung der Selbstsicherheit von Studierenden in der Fremdsprache ihre Offenheit gegenüber schülergesteuerten Unterrichtsphasen erhöhen. Dafür ist auch in der Universität ein fehlerfreundlicher Umgang mit Fremdsprachenlernenden – und als solche zählen auch diese Lehrer*innen – wichtig (vgl. ebd.:78). Fehlerfreundlichkeit als Entwicklungsimpuls ist in dieser Arbeit Teil des Entwicklungsfeldes ‚Selbst als Lerner' (vgl. Kapitel 4.5.1).

(Czerny 2006:153) sieht. Jürgen Weintz schreibt dieser Körperwahrnehmung sogar eine quasi-therapeutische Wirkung zu: Es würden körperliche „Fixierungen und Blockaden" (Weintz 2008:300) wahrgenommen, die (ebd.)

> [...] sich als Folge von Lebenserfahrungen, von gelebten/unterdrückten Seiten sowie abgelehnten/gewünschten Rollen bzw. Rollenzuweisungen auch in individuellen, körpersprachlichen Eigenheiten wie Körperbau, Haltung, Gang, Mimik, Gestik, Atmung und Stimmführung niederschlagen[.]

Eine ähnliche Philosophie findet sich bereits bei großen Schauspiellehrern wie Lee Strasberg, der mit seiner Weiterentwicklung von Stanislawskys Methoden Schauspieler*innen dabei unterstützen wollte, „ihre ‚Mitte' zu finden und Blockierungen in ihrer Psyche zu überwinden" (übersetzt nach: Bolton 1993:30). Das Potenzial dramapädagogischer Arbeit, über Körperarbeit auf viel größere Fragen zu stoßen, wird hier deutlich; für Lehrer*innen ist es zunächst einmal ganz grundlegend, sich selbst, ihre körperlichen Empfindungen und ihren inneren Zustand wahrzunehmen, da dies Auswirkungen auf ihre pädagogische Interaktion haben wird. Eine Stärkung der Selbst- und Sinneswahrnehmung „als Grundlage für Selbstreflexion und Selbstausdruck" (Unterweger 2013:5) kann somit ebenfalls als Bestandteil pädagogisch relevanter Selbstkompetenz gewertet werden. Die Wichtigkeit von (objektiver) Selbstaufmerksamkeit gerade am Stundenanfang lässt sich gut begründen – Lehrer*innen müssen sich hier selbst über ihren Zustand befragen: „Was nehme ich mit von zuhause, vom Schulweg, aus der vorangehenden Stunde? Habe ich Kontakt zu mir selbst, zum Lernstoff?" (Franzenburg 2008:149). Schließlich ist es das Ziel, die Aufmerksamkeit von innen nach außen – auf die Schüler*innen und Schüler, ihre Bedürfnisse, und den Lernstoff – zu richten.

Mit dem eigenen Körper und den eigenen Gedanken ganz in der Gegenwart anzukommen, beschreibt eine weitere Bedeutung des Begriffs Präsenz. Präsenz wurde weiter oben als äußere Wirkung und die ‚Strahlkraft' definiert – hier nun auch als die innere Gegenwärtigkeit der Lehrperson im Moment, dem „‚there is' of teaching" (Lutzker 2007:161), das seine höchste Steigerung in einem *flow*-Erlebnis erreicht (vgl. Csikszentmihalyi 1995), wenn Menschen in sich selbst und dem Moment völlig aufgehen. Peter Lutzkers Forschung zeigt, dass Theaterarbeit mit Lehrer*innen (in seinem Fall: *Clowning*) Erfahrungen von Präsenz und *flow*-ermöglicht, die langfristige Auswirkungen auf das spätere Verhalten und Erleben im Klassenraum haben (vgl. Lutzker 2007:170). Lutzker beurteilt die Arbeit an der eigenen körperlichen Wahrnehmung als elementar für die Entwicklung eines Gefühls von Präsenz; sie werde als Aspekt der Lehrerbildung vernachlässigt (vgl. ebd.:160 f.). Analog beschreibt die renommierte Theaterlehrerin Viola Spolin, wie es durch Theaterübungen möglich wird, *flow* zu erleben, weil eine Konzentration auf Körper und Wahrnehmung die Sinne frei macht und ‚innere Zensoren' ausschaltet (Spolin 1983:20):

Bevor wir spielen können (Erfahrungen machen können), müssen wir die Freiheit dazu erlangt haben. Es ist notwendig, Teil der Welt um uns her zu werden und sie durch Berühren, Sehen, Fühlen, Schmecken und Riechen real zu machen [...]. Die persönliche Freiheit [...] führt uns zum Erleben und damit zum Selbst-Bewußt-sein (Selbst-Identität) und Selbstausdruck.

Diese Freiheit und das Loslassen vorgefertigter Ideen ermöglichen den für Improvisation notwendigen totalen Fokus auf den Moment – eine Erfahrung, die laut Lutzker in Kombination mit der überwundenen Angst vor dem ‚leeren Raum' Selbstsicherheit erzeugt und auch einen offeneren Umgang mit der Kontingenz im Klassenraum ermöglicht (vgl. Lutzker 170ff.) Auch langfristig berichten die von ihm befragten Lehrer*innen, empfindsamer geworden zu sein, sowohl sensorisch als auch bezüglich ihrer eigenen Emotionen (vgl. ebd.:216 f.). Wenn es demnach möglich ist, beim Theater erübte Achtsamkeit mit in den Klassenraum zu nehmen, und wenn Erfahrungen mit *flow* beim Theater einen positiven Einfluss auf das Gefühl von Lehrer*innen im Unterricht haben sollten, wäre dies ein wichtiger Schritt in Richtung eines „being-while-teaching" (Meijer et al 2009:298). Unter diesem Schlagwort arbeiten Meijer, Korthagen und Vasalos (2009) die Bedeutsamkeit eines freien, entspannten, authentischen Gefühls von Lehrer*innen im Unterricht heraus (ebd.: 304), das von ‚innen' nach ‚außen' getragen wird (vgl. ebd.) und das gelingende Interaktionsprozesse und berufliche Zufriedenheit von Lehrer*innen bedingt (vgl. ebd.). In dramapädagogischen Selbstkompetenzseminaren beginnt die Arbeit mit den Studierenden an ihrer Präsenz andersherum und wird, im Stil des Verkörperungs-Ansatzes Stanislawskis, von außen nach innen vollzogen (vgl. Rellstab 1976:52): Ausgehend von einer entspannten Körperhaltung, Atmung etc. (bei Schewe bezeichnet als „Zustand von ‚aktiver Gelöstheit' in Muskulatur und Haltung"; Schewe 1993:428) wird die sich entwickelnde Wirkung auf die innere Haltung erprobt und später reflektiert, wie sich dieses auf die Gestaltung der Lehrerrolle und das Lernen der Schüler*innen auswirken könnte.

Bisher sind zwei Bedeutungen von Präsenz herausgearbeitet worden, die für Lehrer*innen Relevanz besitzen. Erstens die Fähigkeit, durch den Einsatz ihrer Ausdrucksmittel die Aufmerksamkeit von Schüler*innen auf sich zu ziehen (**Auftritt und Präsenz**[79]), und zweitens die Fähigkeit, die eigene Wahrnehmung auf den Moment zu fokussieren (**Selbstwahrnehmung und innere Achtsamkeit**). Meijer u. a. nennen im Zusammenhang von Lehrerfortbildungen eine dritte Bedeutung, Präsenz im Sinne von Authentizität: Präsenz als „man selbst sein beim Unterrichten" (übersetzt nach Meijer et al 2009:297). Steht das im Widerspruch zu einem Schauspieltraining, das ja auch ‚Verstellung' unterstützt? Sind Lehrer*innen (auch) Schauspieler*innen, wie immer wieder

---

79   Für die Strukturierung und Übersichtlichkeit werden die erwarteten Entwicklungsimpulse im
        Fließtext fett herausgestellt und am Ende dieses Kapitels überblicksmäßig zusammengefasst
        (vgl. Seite 125 ff.).

proklamiert wurde[80] (*teacher as actor*)[81], oder sind sie idealerweise beim Unterrichten ganz natürlich und ‚sie selbst' – bzw. wann sind sie was? Der folgende Exkurs dient dem Zweck zu unterstreichen, dass es bei der Theaterarbeit mit werdenden Lehrer*innen darum geht, sie zu befähigen, zugleich ihrer professionellen Rolle als auch sich selbst gerecht zu werden.

Selbstdarstellung und ‚Authentizität'

In dramapädagogischen Seminaren sollen werdende Lehrer*innen lernen, ihre Wirkung auf andere einzuschätzen. Sie sollen ihre Wahrnehmungskompetenz (vgl. Laux & Renner 2005:488) und ihr ‚persönliches Inszenierungspotenzial' verbessern, also eine Handlungskompetenz gewinnen in Bezug auf die Kontrolle und Regulation der eigenen Selbstdarstellung (vgl. ebd.). Das beinhaltet, sich darüber bewusst zu werden, welche Wirkung sie in bestimmten Situationen erreichen möchten und wie sie diese erreichen können. Es könnte argumentiert werden, dass solche Lehrer*innen manipulativ handelten, im Sinne einer negativen Verstellung, Verfälschung der Wirklichkeit und Täuschung, die bereits der Philosoph Platon in Theater und Mimesis sah (vgl. Balme 2008:48). Ebenfalls könnte argumentiert werden, dass durch eine Selbstinszenierung der Person die ‚Echtheit' oder Authentizität verloren ginge, die von Carl Rogers bis Tausch (vgl. Tausch 2006:575; vgl. dazu auch Rißmann 2004:44) immer wieder als essentiell lernförderliche Haltung von Lehrer*innen betont worden ist, da sie die Voraussetzung für den Aufbau von vertrauensvollen Beziehungen ist.[82]

Selbstdarstellung meint psychologisch den Versuch, „mit Hilfe von verbalem und nonverbalem Verhalten, Formen des Auftretens oder der äußeren Erscheinung Bilder der eigenen Person zu vermitteln" (Laux & Renner 2005:486). Es ist falsch, darin einen Gegensatz zu einem ‚authentischen' Person zu sehen, denn soziologisch und psycholo-

---

80   Siehe z.B. die Argumentation von Smith & Hansen (1972), Rubin (1984) oder Timpson und Tobin (1982); Louis J. Rubin, der ursprünglich Schauspieltraining für Lehrer*innen legitimieren wollte, änderte seine Forderung jedoch als Ergebnis empirischer Forschung in Richtung einer Ausbildung, die zum Entwickeln eines individuellen, kreativen Lehrstils ermutigt.

81   Die *teacher as actor*-Metapher ist heute verworfen zugunsten der Vorstellung einer kollaborativ-kreativen, gemeinsamen Improvisation von Schüler*innen und Lehrpersonen an der Idee von Unterricht als gemeinsamer Performance (vgl. Schewe 1993; Heymann 2009; Müller 2008b; Pineau 1994; Sawyer 2004). Das verneint jedoch nicht die Wirkung einer expressiven Qualität von Lehrkräften, wenn dabei nicht in erster Linie der Klassenraum zur One-Man-Show gemacht wird, sondern Motivation versprüht und wirksam die eigene Persönlichkeit zum Ausdruck gebracht wird, wodurch auch die Schüler*innen eingeladen und angeregt werden, sich selbst zum Ausdruck zu bringen.

82   Appel (2000) sieht ein solches Spannungsverhältnis und einen möglichen Verlust von Authentizität bereits durch die Verwandlung der sowohl schüler- als auch lehrerseitigen Identitäten durch die Fremdsprache gegeben (vgl. Appel 2000:156).

gisch herrscht Konsens, dass Individuen sich in jeder Interaktion bemühen, zu beeinflussen, wie andere sie wahrnehmen – dieser Prozess ist allgegenwärtig und alltäglich (vgl. Goffman 2003). Häufig läuft diese Selbstdarstellung jedoch weitgehend unbewusst ab (vgl. Laux & Renner 2005:486), wobei die moderne Persönlichkeitspsychologie von verschiedenen „Typen von Selbstüberwachern" (ebd.:490) ausgeht; bei einigen davon kann auch ein hoher Anspruch an eine authentische Außenwirkung bestehen – die jedoch ebenfalls Teil einer Selbstinszenierung ist[83].

(Werdende) Lehrer*innen sollten sich der Tatsache, dass alle Individuen alltäglich Selbstinszenierung betreiben, bewusst sein (**Wissen über Identität**) und sich diesen Umstand für pädagogische Zwecke zu Nutze machen. Sie können lernen, auch durch ihr eigenes Auftreten und die Inszenierung ihrer Person eine Wirkung bei ihren Schüler*innen hervorzurufen. Diese ‚Manipulation' ihrer Schüler*innen – allerdings im Sinne einer absichtsvollen, positiven Beeinflussung und Lenkung, nicht als undurchschaubares Vorgehen mit dem Ziel eigener Vorteilsbeschaffung (vgl. Duden online 2017a) – ist Teil ihres alltäglichen Handelns; ihre Person und Persönlichkeit sind ‚Werkzeug' dieser positiven Manipulation, die berufsethisch mit dem Effekt gesteigerten Lernens begründbar ist.

Besonders das Zeigen von Emotionen oder das Erzählen privater Geschichten unterstützen den Eindruck von Echtheit als Person (vgl. Laux & Renner 2005:489) und dienen damit den positiven Beziehungsaufbau. Die Emotionsdarstellung oder Selbstexpressivität (der „stimmige[] Ausdruck von Eigenschaften und Emotionen"; Laux & Renner 2005:487) muss bei Lehrer*innen aber auch – ohne dadurch ‚unecht' zu sein – kontrolliert erfolgen. Auch Rogers (1989; zusammengefasst von Lutzker 2007), der an sich die Wichtigkeit der Beziehung zwischen Lehrer*innen und Schüler*innen ohne ‚Fassaden' hervorhebt, konkludiert, dass Lehrer*innen sich ihrer Gefühle bewusst sein müssten, aber selektieren, welche davon sie zeigen (vgl. Lutzker 2007:167). Psychologisch kann dafür von Emotionsarbeit gesprochen werden. Die Beschäftigung mit dem eigenen *emotional self*, der Ausdruck von Emotionen und ihre Regulation, sind ebenfalls Teil des Selbstkompetenz-Erfahrungsfeldes in der dramapädagogischen Arbeit.

Emotionale Selbstkompetenz

Selbstkompetente Lehrer*innen sind gefordert, „in ihrem professionellen Handeln emotionale Stabilität [zu zeigen]" (Unterweger 2013:7). Das beinhaltet, eigene „Emotionen bewusst wahr[zunehmen]" (ebd.:7) und sich vor der Überschreitung innerer Ressourcen zu schützen (vgl. ebd.:6). Sowohl ein Training in der Wahrnehmung eigener

---

83   Fischer-Lichte geht davon aus, dass – in ihrem Beispiel allerdings im Kontext von environments – der „Eindruck von Authentizität [...] gerade als Ergebnis einer besonders sorgfältigen Inszenierung [entsteht]" (Fischer-Lichte 2004:331).

Emotionen als auch ein Austesten innerer Ressourcen und Grenzen ist in der dramapädagogischen Arbeit möglich. Lutzker stellt heraus, dass emotionale Lernprozesse (*emotional learning*) beispielsweise bei einer Stückerarbeitung – auf der Ebene der Auseinandersetzung mit der Rolle, der Auftrittssituation und/oder der sozialen Situation –
erfolgen können (vgl. Lutzker 2007:403). Feldhendler attestiert dem Theater das Erlernen des „Umgang[s] mit Gefühlsebenen" (Feldhendler 2009:5), und laut Bidlo ermöglicht die Auseinandersetzung mit einer Rolle die „erweiterte Sicht auf eigene Gefühle
und Verhaltensweisen" (Bidlo 2006:22).

Selbst bei einer guten Kenntnis der eigenen Grenzen ist es im stressigen, widersprüchlichen und anforderungsreichen Schulalltag häufig nicht möglich, diese auch zu wahren; es können aversive Emotionen entstehen. Um dennoch professionelles Handeln
und emotionale Stabilität zu zeigen – ggf. auch einmal in Form der oberflächlichen Darstellung – kann durch Schauspieltraining das Ausdrucksverhalten trainiert werden. Eine
solche **Emotionsarbeit** (im Terminus der Soziologin Arlie Hochschild 1990) findet statt,
wenn im beruflichen Kontext eigenes Empfinden oder dessen Ausdruck an die „im sozialen Umfeld gültigen Gefühlsregeln" (Scherke 2010:93) angepasst wird. Eine solche
Emotionsregulation kann durch Oberflächenhandeln (*surface acting*) erfolgen (nach
Hochschild; in: ebd:94), das jedoch nur praktiziert werden sollte, wenn die Person
selbst es als sinnvoll erachtet, das eigene Gefühl zugunsten einer Norm und eines ,gu-
ten Zweckes' durch Schauspiel zu verbergen („faking in good faith"; Kauffeld
2014:234). Hierbei sollte nicht die Identifikation mit der Rolle gefährdet werden oder
starke emotionale Dissonanzen entstehen (vgl. Rastetter 2008:35 f.).[84] Für ein soge-
nanntes Tiefenhandeln (*deep acting*), das mental und imaginativ ist und auf eine Veränderung des eigenen Gefühlszustandes abzielt (vgl. Scherke 2010:94 f.), kann in dramapädagogischen Seminaren beispielsweise über die Theater-Methodik und Psycho-
technik Stanislawskis (Hochschild selbst stellt diesen Zusammenhang her; vgl. Hochschild 1990:56 ff.) und Lee Strasbergs trainiert werden, den eigenen emotionalen
Zustand über Phantasie und Vorstellungen sowie Bilder und Erinnerungen aus dem eigenen affektiven und emotionalen Gedächtnis zu beeinflussen (vgl. Rellstab 1976:27
ff.).[85] Insbesondere auch aktive Entspannung sowie Konzentration auf die Aufgabe und

---

84   Beachtet werden muss hier allerdings auch, dass Schüler*innen durch Lehrer*innen als Inter-
       aktionspartner und ihre ggf. auch emotionalen Reaktionen ja auch wertvolle Rückmeldungen
       zu ihrem eigenen Verhalten und mitmenschlichem Umgang erhalten können. Primär sollte das
       Oberflächenhandeln also zum Einsatz kommen, um beispielsweise ungerechte Reaktionen auf
       Schülerverhalten, die auf der Basis eigener Probleme der Lehrkraft entstehen, zu vermeiden.
85   Zu diesem Tiefenhandeln mit dem Ziel, bei sich selbst passende Emotionen hervorzurufen,
       kann im Kontext des Lehrerhandelns u.a. die Fähigkeit zur Selbstmotivierung gezählt werden,
       indem beispielsweise bewusst positive Gedanken bezüglich einer Zielerreichung bei sich evo-
       ziert werden (vgl. Baumann & Kuhl 2013:1400). Bei Unterweger ist Selbstmotivierung ein wei-
       terer Bestandteil der Selbstkompetenz von Pädagog*innen (vgl. Unterweger 2013:7).

die Perspektive des Klienten, also **Empathie**[86], werden als Aspekt von Tiefenhandeln im Umgang mit eigenen negativen Emotionen betrachtet (vgl. Kauffeld 2014:235). Sowohl für das *surface acting* als auch für ein Tiefenhandeln durch Entspannung oder anhand des emotionalen Gedächtnisses bietet Theaterarbeit Trainingsmöglichkeiten. Aber auch für eine Emotionsregulation durch Perspektivwechsel finden sich hier Anknüpfungspunkte: Almut Küppers erhebt Empathie zu einem der zwei ‚Leitprinzipien‘ dramapädagogischer Arbeit (vgl. Küppers 2015:154). Die Fähigkeit und Bereitschaft, sich in andere Menschen hineinzuversetzen und ihre Motive und Gefühle zu verstehen ist nicht nur für die ‚Rolleneinfühlung‘ beim Theaterspielen eine wesentliche Voraussetzung, sondern auch im Umgang der Spielenden miteinander, also auf der Ebene der sozialen Realität der Gruppe. Empathie als Lernprozess führt dabei einerseits ‚vom anderen zu einem selbst‘ (Erkenntnisse über die eigene Identität werden erlangt durch das Einnehmen der Perspektive und das Nachfühlen der Emotionen der Interaktionspartner*innen gegenüber einem selbst), aber auch ‚vom Selbst zum anderen‘: Authentische Empathie im Sinne von Mitfühlen und Miterleben führt zu prosozialem Verhalten (vgl. Altmann 2013:447). Die Verbesserung der Empathiefähigkeit stellt somit eine weitere, durch Dramapädagogik zu fördernde, Kompetenz an der Schnittstelle zwischen Selbst und sozialer Welt dar.

Für die Frage nach der Entwicklung (emotionaler) Selbstkompetenz beim Theaterspielen ist es weiterhin spannend zu fragen, inwiefern **Frustrations- und Ambiguitätstoleranz** durch Theaterspielen gefördert werden können. Bei beidem handelt es sich um für den schulischen Alltag bedeutsame Faktoren: Lehrer*innen und Lehrer sind häufig gefordert, Frustrationen zu verarbeiten und mit Misserfolgen umzugehen (z.B. durch Distanzierungsfähigkeit, offensive Problembewältigung etc.; vgl. Neuhaus & Schaarschmidt 2002). Zugleich müssen sie Ambiguitäten, also widersprüchliche Anforderungen, aushalten; solche können im Schulalltag immer wieder auftauchen, z.B. in Form von Widersprüchen zwischen Handlungsanforderungen und -möglichkeiten (vgl. z.B. Koch 2009), aber auch als potenzielle Unvereinbarkeit von verschiedenen Rollenanforderungen (z.B. pädagogisch fördern und selektieren; vgl. u.a. Veith & Schmidt

---

86   Eine Verbesserung der Empathiefähigkeit durch Theater hier als emotionale Selbstkompetenz zu fassen ist nur teilweise zutreffend. Denn erstens hat nur der Aspekt des affektiven „Nachempfindens der vermuteten Emotionen eines anderen" (Altmann 2013:447) mit den selbst empfundenen Affekten zu tun. Empathie beinhaltet aber auch das kognitive Verstehen eines anderen (vgl. ebd.). Zweitens handelt es sich bei Empathie um eine Voraussetzung für Sozialkompetenz. Emotion und Kognition, Selbst- und Sozialkompetenz zeigen sich hier – wieder einmal – als verwobene Konstrukte, die beim pädagogisch begleiteten Theaterspielen ganzheitlich gefördert werden sollen.

2010:8).[87] Die Zweideutigkeit von Rollen und entgegenlaufenden Motivationen auszuhalten, sprich: Ambiguitätstoleranz zu besitzen bzw. zu praktizieren (vgl. Abels
2009:378), zählt Krappmann zu den identitätsfördernden Fähigkeiten (vgl. Seite 23 f.
dieser Arbeit). Dementsprechend kann man sie als Bestandteile einer Selbstkompetenz
von Lehrer*innen sehen, die berufliche Zufriedenheit und Handlungsfähigkeit auch in
einem potenziell widersprüchlichen Schulalltag ermöglichen. Veiths Erweiterung von
Krappmans Beschreibungen in Richtung von „Kontingenzmanagement" (vgl. Veith
2010:196) scheint im Fall der beruflichen Identität von Lehrer*innen nicht notwendig,
da der Kontext Schule eine relativ feste Rahmenordnung darstellt und nicht, wie in anderen heutigen sozialen Interaktionen, die Teilnahme optional ist oder bei Unzufriedenheit abgebrochen werden kann (vgl. Tillmann 2006:139 f. über die Interaktion unter institutionalisierten Bedingungen).

Inwiefern kann Theaterspiel bei der Entwicklung dieser beiden Dimensionen von (emotionaler) Selbstkompetenz, der Frustrationsverarbeitung und der Ambiguitätstoleranz,
helfen? Zwei Erfahrungsmöglichkeiten für die Studierende in Theaterseminaren sind
denkbar: Gerade für Anfänger gibt es beim Improvisations-Theater frustrierende Momente, in denen eine Szene nicht funktioniert oder sich nicht entwickelt – oder aber
es kann eine eigene Idee nicht umgesetzt werden, weil ein Spielpartner sie nicht ver-
steht oder schneller eine eigene andere Idee umsetzt. Das kann frustrierend sein und
die Spielfreude hemmen; auch eigene überhöhte Ansprüche stehen oft einer erfolgreichen dramatischen Improvisation im Weg. Durch eine Reduktion der Ansprüche an sich
selbst (z.B. durch die Arbeit mit Johnstones Regeln zur Improvisation, die dazu anleiten,
sich nicht zu zensieren und keinen Druck auf sich selbst auszuüben, originell zu sein;
vgl. Johnstone 2006:140 ff.) kann in Theaterseminaren Stück für Stück Versagensangst
abgebaut und Spielfreude aufgebaut werden. Eine Grund- und Gruppenhaltung des
„,erfolgreich Scheiterns'" (Meyer 2007:6) wird grundlegend bei theaterpädagogischer
Arbeit gefördert. Zudem sind gerade Szenen in Improvisations-Spielen flüchtig, weisen
einen hohen Grad an Neuigkeit und Überraschung für jede Szene sowie einen schnellen
Aktivierungszirkel auf – es folgen sofort neue Szenen, und ein misslungener Moment
wird erfahrungsgemäß zunehmend humorvoll betrachtet; mit wachsender Erfahrung
und Spielfreude werden stockende Interaktionen schnell durch gelingende Improvisationen ersetzt. Es wäre ein großer Erfolg, wenn diese Erfahrung Studierende allgemein
ermutigen könnte, Misserfolge als Lernanlass zu sehen und sich von Frustrationen zu
distanzieren, ohne zu resignieren. Bei den von Lutzker beschriebenen *Clowning*-Kursen

---

87   Expert*innen der GEW für den Bereich Schule sind der Meinung, die allgemeine schulische
      Situation sei „ungeklärt[] und widersprüchlich[] [...] zwischen Inklusion und Selektion" (Dem-
      mer 2013:14), was mitunter zu pädagogisch äußerst ungünstigen inneren Haltungen und be-
      ruflichen Selbstverständnissen führe (vgl. ebd.).

geht dieser Prozess damit einher, dass Teilnehmer*innen die eigene Unvollkommenheit akzeptieren und dadurch eine entspannte und humorvolle Grundgelassenheit und Offenheit entwickeln (vgl. Lutzker 2007:166 ff.).

Theaterspielen ist, so eine zweite These, geeignet die Ambiguitätstoleranz der Spielenden zu fördern, wie Ulrike Hentschel (in Anlehnung an Boals *Metaxis*) beschreibt: „Die Tätigkeit des Spielens ist immer verbunden mit dem Konstituieren und Akzeptieren unterschiedlicher, nebeneinander möglicher Wirklichkeiten." (Hentschel 2010:238) Hier muss die Inkongruenz, die Zwei- oder Mehrdeutigkeit von Realitäten nicht nur ausgehalten werden, es wird sogar bewusst damit experimentiert und gespielt. Auch Surkamp stellt den Zusammenhang zwischen Identitätsbildung und Ambiguitätstoleranz beim Theaterspielen her (vgl. Surkamp 2008:113), und Müller sieht in Arbeitstechniken des Theaters das Potenzial der „Entwicklung der Fähigkeit Ambiguität in Sprache (auch Körpersprache) und Handlungen ertragen zu können" (Müller 2008:24). Schewe ist mit Brater (1989) der Meinung, dass der Aufbau künstlerischer Handlungsfähigkeit durch dramapädagogische Arbeit mit einer wachsenden Ambiguitätstoleranz einhergehe (vgl. Schewe 1993:412).

Geht man davon aus, dass Ambiguitätstoleranz keine stabile Persönlichkeitseigenschaft darstellt, sondern einen reflektierbaren und veränderbaren individuellen Prozess der Wahrnehmung und Verarbeitung von Informationen (vgl. Furnham & Ribchester 1995:179), so können möglicherweise beim Theater gemachte Erfahrungen mit dem Aushalten von Widersprüchen auch auf andere Lebensbereiche und Situationen übertragen werden. Im Idealfall kann dann die Theatererfahrung hilfreich sein, im späteren Handlungskontext Schule „die Anstrengung des gemeinsamen Aushandelns und Interpretierens von Rollenerwartungen auf sich zu nehmen" (Veith 2010:196) und dabei Widersprüche auszuhalten.

4.2.2 Zusammenfassung: Lehrer*innen als effektive Selbstdarsteller

Dieses Erfahrungsfeld der dramapädagogischen Selbstkompetenzarbeit (‚Körperarbeit, Schauspiel und Inszenierung') beinhaltet eine Beschäftigung mit der körperlichen Präsenz als Lehrer*in und der Inszenierung des eigenen Auftritts. Die Arbeit mit dem Körper (Entspannungsübungen, Fokus auf den Moment und sinnliche Wahrnehmungen etc.) erhöhen das Gefühl des Im-Moment-Seins (Präsenz als Gegenwärtigkeit). Weiter umfasst das Erfahrungsfeld die Arbeit daran, Emotionen und Affekte darzustellen (Schauspiel), bei sich selbst zu erzeugen (*deep acting*) und auch Misserfolge und Ambiguitäten vorübergehend auszuhalten. An identitätsfördernden Fähigkeiten (vgl. Krappmann 1973:132 ff.) fließen dabei die Dimensionen Selbstdarstellung, Empathie und Ambiguitätstoleranz ein. Als These für die spätere Evaluation sei festgehalten, dass durch Theaterarbeit und ‚Schauspieltraining' folgende Impulse für die Entwicklung der Selbstkompetenz werdender Fremdsprachenlehrer*innen erfolgen können:

- **Auftritt, Präsenz und Lehrersprache:** Werdende Lehrer*innen können durch den effektiven Einsatz ihrer körperlichen Ausdrucksmittel und die selbstbewusste und situationsadäquate Verwendung von Stimme und (Fremd-)Sprache die Aufmerksamkeit eines Publikums zielorientiert vereinnahmen. Sie sind bereit und in der Lage, in verschiedene Rollen zu schlüpfen und ihren Status zu variieren, um pädagogische oder fachliche Zielsetzungen zu verfolgen (Motivator*in, Expert*in etc.).
- **Selbstdarstellung und Authentizität:** Werdende Lehrer*innen haben sich dafür mit der Frage auseinandergesetzt, was ‚Echtheit' in ihrem Beruf ausmacht. Sie achten auf Selbstexpressivität und sind in der Lage, sich authentisch zu inszenieren und zugleich zielführend mit pädagogischer Absicht zu verhalten.
- **Selbstwahrnehmung und innere Achtsamkeit:** Werdende Lehrer*innen können bei sich selbst, der (Lerner-)Gruppe und im Moment bewusst ‚ankommen' und ‚präsent sein'. Sie können innerlich eine Haltung der Achtsamkeit und Authentizität im Sinne von Gelöstheit und Fokus auf den Moment herbeiführen.
- **Emotionale Kompetenzen:** Werdende Lehrer*innen können Emotionen zeigen, regulieren aber zugleich aversive Emotionen angemessen (Emotionsarbeit). Sie können also ihre persönlichen Empfindungen und ihre Individualität mit den an sie gerichteten professionellen Rollenanforderungen in Einklang bringen. Sie können mit Frustrationen umgehen und begegnen Ambiguitäten und kontingenten Situationen offen und tolerant. Zudem sind sie in der Lage, sich kognitiv und emotional in andere (Kolleg*innen, Eltern, Schüler*innen) hineinzuversetzen (Empathie).
- **Wissen über Identität:** Werdende Lehrer*innen wissen um die performative Erzeugung von Identität in Interaktionen sowie die Balancierung von Ich-Identitäten zwischen Rollenanforderung und Normalitätserwartungen einerseits sowie eigenen Bedürfnissen und Erwartungen an die Einzigartigkeit des Individuums andererseits.

Es kann festgehalten werden, dass Lehrer*innen effektive Selbstdarsteller und besonders kreative Selbstperformer bzw. performative Selbstkreateure (in Anlehnung an Veith 2010:197) sein müssen, die v.a. für die Beziehungsgestaltung im Klassenraum – aber auch für ihr eigenes inneres Empfinden – Menschlichkeit und Professionalität in Einklang bringen müssen.

Unterrichtsbezogen-handlungspraktisch erfüllt dieses dramapädagogische Erfahrungsfeld in der Lehrerbildung eine dreifache Funktion: In Bezug auf die Klassenführung wird eine „Startkompetenz" (Korthagen & Wubbels 2002:52) erworben[88], die basale Schauspieltechniken beinhaltet (vgl. ebd.). Durch die Reflexion des eigenen Auftritts sowie

---

88　　Schaut man sich die Ergebnisse von Lee u. a. zum Thema Selbstwirksamkeitserwartung von Grundschul- und Sek-2-Lehrer*innen an, so ist hier auffällig, dass die Lehrer*innen an weiterführenden Schulen, insbesondere auf der Selbstwirksamkeitserwartungs-Subskala ‚Klassenführung', signifikant schlechter abschneiden als die Grundschullehrer*innen (vgl. Lee u. a.

der gemeinsamen Analyse gelingender oder ‚erfolgreich gescheiterter' Improvisationen wird eine Wachstums- oder „Entwicklungskompetenz" (Korthagen & Wubbels 2002:52) gefördert: die „Einstellung und [...] Fertigkeiten [...], mittels Reflexion aus [...] eigenen Erfahrungen zu lernen" (ebd.). Und drittens werden durch das Theaterspielen in der Fremdsprache methodische und inhaltliche Erkenntnisse im Hinblick auf einen modernen Fremdsprachenunterricht ermöglicht, worauf im Folgenden eingegangen wird.

4.2.3 Übertragbarkeit auf den Fremdsprachenunterricht

Das Potenzial dramapädagogischer Übungen für den Fremdsprachenunterricht ist ausführlich betrachtet worden, grundlegend z.b. von Schewe (1993) und Huber (2003), und in Bezug auf das interkulturelle Lernen z.b. durch Kessler (2008; vgl. auch Kessler und Küppers 2008 sowie Nünning & Surkamp 2006:147, wo u.a. die Bedeutung spielerischer Zugangsweisen für den Perspektivenwechsel hervorgehoben wird.). Auf die Bedeutsamkeit, Schüler*innen durch reflektierte Theaterarbeit in ihrer Fähigkeit zu fördern, Inszenierungen im Alltag erkennen und mitgestalten zu können, ist bereits kurz eingegangen worden (vgl. Kapitel 3); durch den Einsatz von Inszenierungen auf verschiedenen Ebenen des Unterrichts, ihre Reflexion sowie das Training von Gesprächssituationen und der Identitätsdarstellung darin werden insgesamt die performativen Kompetenzen der Schüler*innen gefördert (vgl. Hallet 2008:407). Hallet betont, dass Dramapädagogik im Unterricht eingesetzt werden kann, um fiktive interkulturelle Handlungssituationen zu erschaffen, die mehr als sprachlich-diskursive Aushandlung darstellen (vgl. Hallet 2015:148). Dafür hat Benedikt Kessler (2008) Michael Byrams Modell der Interkulturellen Kompetenzen (Byram 1979) um die „Dimension der Körperlichkeit in interkulturellen Kommunikationsprozessen" (vgl. Küppers 2015:148) erweitert.

Der Einsatz von *deep* und *surface acting*, dessen Bedeutsamkeit für Lehrer*innen in diesem Erfahrungsfeld diskutiert worden ist, lässt sich auf Situationen interkultureller Begegnungen, die möglicherweise Missverständnisse und Konflikte beinhalten, übertragen: Die Fähigkeit, situativ ungünstige Emotionen zurückstellen und auch schauspie-

---

2013:7). Klassenführung stellt sich zudem als einer der größten Frustrationsfaktoren ebendieser Sek-2-Lehrer*innen heraus, wenn sie versuchen, Dramamethoden in ihren Unterricht zu integrieren (vgl. ebd.:9). Viele verfügen zwar über die Überzeugung, dass handlungsorientierte, aktive, bewegte und kooperative Lernformen sinnvoll und notwendig sind, um Schüler*innen zu aktivieren (vgl. ebd.:7), haben aber in der Umsetzung den Eindruck, die Kontrolle zu verlieren (vgl. ebd.). Eine Verbesserung der Klassenführungs-Kompetenz durch dramapädagogisches Arbeiten mit werdenden Lehrer*innen müsste dementsprechend gleich doppelt die Wahrscheinlichkeit erhöhen, dass handlungs- und produktionsorientierte Verfahren im Fremdsprachenunterricht zum Einsatz kommen.

lerisch verbergen zu können, um sich trotz eigener Befangenheit und Involviertheit einen Handlungsspielraum zu schaffen, beschreibt Küppers im Zusammenhang mit interkultureller Kompetenz als wichtig. Sie verwendet auch dafür dramapädagogische Methoden und erarbeitet (ausgehend von realen erlebten *critical incidents*) mit Lernenden Improvisationen, „in denen Wut und Ärger überspielt und alternative Reaktionen [...] erarbeitet werden sollten" (Küppers 2015:160). Küppers stellt in der Auswertung fest, dass interkulturell kompetentes Verhalten mitunter ausgeprägt performative Fähigkeiten erfordert, wenn ein verständnisvoller Umgang mit ungewollt verletzendem Verhalten demonstriert werden soll (vgl. ebd.:160 f.), um Kommunikation – und damit die weitere Aushandlung von Bedeutungen und Rollen – aufrecht zu erhalten. Die entstehende Grundfrage („Wie kann ich locker und amüsiert wirken, wenn ich doch wütend und sauer bin?"; ebd.:161) lässt sich einerseits auf die oben diskutierte Kompetenz von Lehrer*innen anwenden, trotz eigener aversiver Emotionen professionell zu handeln[89], und zweitens als relevant für den Fremdsprachenunterricht deklarieren. Dramapädagogische Arbeit und Schauspieltraining bedeuten vor diesem Hintergrund mehr, als ‚nur' Spaß am Lernen, bewegter Unterricht und die Simulation von Interaktionen.

Gerade das Erfahrungsfeld ‚Körperarbeit, Schauspiel und Inszenierung' bietet sich für die letztgenannten – und für erfolgreichen Fremdsprachenunterricht ebenfalls sehr wichtigen – Aspekte (Spaß, Bewegung, Motivation) jedoch auch an. Zur Förderung der Interaktionsbereitschaft im Klassenraum können Studierende die in dramapädagogischen Seminaren erlebten und reflektierten Methoden und Lernprozesse in ihrem späteren Unterricht zum Einsatz bringen, um die Atmosphäre aufzulockern und die Wahrnehmung der Schüler*innen für sich selbst und ihre Gesprächspartner*innen zu sensibilisieren (laut Huber 2003:24 grundlegende Voraussetzung für effektives Lernen im Rahmen des „polyphonen Kommunikationsmodell[s]" eines ganzheitlichen, ‚vielstimmigen' Fremdsprachenunterrichts). Der Einbezug von Körperlichkeit und Körpersprache in den Fremdsprachenunterricht ist dabei ein „Katalysator für Sprechanlässe" (vgl. Müller 2010:30) und Reflexionen – ähnlich wie auch in der Arbeit mit Studierenden. Gerade der von den Studierenden im Seminar selbst erlebte Abbau von Sprachhemmungen und der Angst vor Fehlern sowie die Förderung der Kommunikationsfreude durch dramapädagogische Arbeit können als Impuls für die eigene Gestaltung eines handlungs- und produktionsorientierten Fremdsprachenunterrichts dienen.

---

89   Die eigene professionelle Kompetenz der Lehrkraft ermöglicht generell, im Unterricht auch als Vorbild und Modell zu fungieren. Diese Funktion erfüllen Fremdsprachenlehrer*innen mit ihrer interkulturellen Kompetenz, indem sie u.a. eine „kritische Betrachtung des eigenen Selbstverständnisses" (Bredella 2010:75) demonstrieren. Aber auch die Entwicklung emotionaler Kompetenzen der Schüler*innen ist ein Erziehungsziel, dem Lehrer*innen ebenfalls durch ihre Vorbildfunktion gerecht werden müssen (vgl. Sieland und Rahm 2007:209).

Die große Übertragbarkeit der Methoden und Prozesse aus dramapädagogischen Selbstkompetenzseminaren in der Lehrerbildung auf den Fremdsprachenunterricht erklärt sich dadurch, dass in den Grundannahmen dieser Arbeit sowohl Lehrerbildung als auch Fremdsprachenlernen als „umfassende[] Prozess[e] der Persönlichkeitsbildung konzipiert werden, in [...] [denen] sich rationale, emotionale und identitäre Aspekte durchdringen" (Huber 2003:25 über das Lernen einer neuen Sprache): Lehrer*in werden heißt, eine eigene professionelle Identität auszubilden, und eine Fremdsprache wirklich zu beherrschen bedeutet, eine Identität als *intercultural speaker* zu entwickeln. Beides erfordert performative Kompetenz, Einbezug der ganzen Person, Selbstdarstellung und Selbstreflexivität und kann durch dramapädagogische Arbeit trainiert oder angeregt werden – mit Schüler*innen wie auch mit Studierenden und (werdenden) Lehrer*innen.

4.3 Imagination, Rollen-Spiel und Narration

Zwei grundlegende Wesensmerkmale dramapädagogischer Arbeit sind das Einbringen von Fantasie und Imagination sowie der Einbezug der eigenen Geschichte (Prinzip der Narrativität) in den Spielprozess (vgl. Müller 2008b:35 ff.). Dies soll hier in einen Zusammenhang gebracht werden mit zwei Aspekten der Selbstkompetenz von Lehrer*innen: erstens einer (berufs-)biographischen Selbstreflexion und zweitens dem – auch idealistischen – Entwerfen eines persönlichen Zukunfts-Leitbildes in Form einer eigenen ‚Lehrphilosophie'. Unterweger spricht von Selbstkompetenz als Reflexion der „eigenen berufsrelevanten biographischen Erfahrungen, Erwartungshaltungen und Wahrnehmungsmuster" (Unterweger 2014:5) und der selbstreflexiven Bewusstheit über das innere „Berufsleitbild[], [...der] Vision von [...der] Profession, [...] berufsbezogene[] Werte (Berufsethos) und [...eigene] innere[] Überzeugungen zu den Aspekten der Profession [...]" (ebd.:9). Die eigene Biographie und Visionen der Profession stellen individuelle Erzählungen dar – durch Erfahrungen und Erinnerungen, Wünsche, Ängste und Hoffnungen geprägte, individuelle Konstruktionen einer (möglichen) Wirklichkeit – die dramapädagogisch angeregt, unterstützt und expliziert werden können, um für Reflexionsprozesse zugänglich gemacht zu werden. Zwei von Augusto Boal beschriebene, grundlegende Dimensionen des ästhetischen Raumes, der beim Theaterspielen erschaffen wird, kommen in diesem Erfahrungsfeld zum Tragen: (affektive) retrospektive Erinnerung und vorausschauende, ‚oneirische' Imagination (vgl. Boal 1999:30 ff.). Beide bedingen, dass Theater gnoseologisch wirken kann, also Wissen erzeugt (vgl. ebd.:30).

4.3.1 Das Selbst als Erzählung: Erfahrungsfeld und Entwicklungsimpulse

Dieses Erfahrungsfeld baut auf der Prämisse auf, dass Identitäten in der Form von Erzählungen vorliegen (vgl. Ricoeur 1987; vgl. auch Kraus 1996).[90] Diesem Identitätsparadigma folgend entsteht Identität erst durch einen dauerhaften (teilweise unbewussten) Prozess des Selektierens und Selbst-Erzählens (vgl. Surkamp 2008:107), indem aus der Menge an alltäglichen Eindrücken und Erlebnissen ein subjektives Gefühl von Zusammenhang sowie eine Kohärenz von Ereignissen im Denken, Handeln und Fühlen des Subjektes konstruiert wird (vgl. Filipp & Mayer 2005:269). Rekonstruktion und Integration der individuellen biographischen Erlebnisse führen dabei zu „Identitätserleben und Orientierung in Zeit und Umwelt" (ebd.), was als Prinzip auch dem Ricoerschen Konzept von „autoepistemische[m], sinnstiftende[m] und sinnkonstruierende[m] [Erzählen]" zugrunde liegt (Huber 2003:492). Auf dieser Art Grundgedanken aufbauend betont Abels die Möglichkeit der ‚Umdeutung' und Neubewertung von Vergangenheit in der Konstruktion von Identitäten (vgl. Abels 2010:250f.). Er spricht von Identität als dem „Wissen um eine eigene Biographie" (ebd.:251), wobei viele andere Biographien aus den Geschehnissen der Vergangenheit konstruiert werden könnten (vgl. ebd.). Das ergibt Sinn, wenn man sich vor Augen führt, dass es sich etymologisch bei einer Biographie um eine ‚Beschreibung des eigenen Lebens', also um einen Text handelt (vgl. Heller & Schwarzer 2010:2). Ein Text wiederum kann – in einem gewissen Rahmen – (um)interpretiert oder auch redigiert werden, zumal das Subjekt ja die (Co-)Autorenrechte daran hat und zugleich Protagonist*in und (Mit-)Erzähler*in ist.[91] Die Bedeutung solcher Erzählungen für die Entwicklung einer professionellen Identität von Lehrer*innen haben insbesondere Elbaz-Luwisch (2002) und Connelly und Clandinin (u.a. 1999) untersucht, denen zufolge Lehrer*innen durch das Erzählen von Geschichten ihre professionellen Identitäten theoretisieren, entdecken, ausformen und neu entwickeln (restorying) können (vgl. auch Beijaard u. a. 2004:121). Laut Connelly und Clandinin (1999) liegen professionelle Identitäten von Lehrer*innen als Geschichten vor, die nicht nur der Interpretation von sich selbst und gemachten Erfahrungen, sondern auch als Leitlinie für die Zukunft dienen (vgl. Tsui 2007:658). Auch C. T. Patrick Diamond (1991) zieht aus psychologischer Perspektive auf die Lehrerbildung die Verbindungslinie über das Erzählen der eigenen (Unterrichts-)Erfahrungen zu gesteigertem Selbstverständnis und Transformation („progressive shift in personal theories"; Diamond

---

90   Gergen (1994) sieht hier wiederum Selbst- und Sozialkompetenz eng verknüpft: „The more capable we are in constructing and reconstructing our self-narrative, the more broadly capable we are in effective relationships." (Gergen 1994:202 f.)

91   Ich möchte nicht von der Person als alleiniger Autorin/alleinigem Autor sprechen, weil die Geschichte sich erstens nicht losgelöst von einer – zumindest in gewissem Maß – objektiven Realität abspielt und zweitens andere Personen involviert sind, so dass auch eine gemeinsame Erzählung entsteht.

1991:122). Auf Basis der Annahme, dass ein verändertes Selbstverständnis zu positiven Veränderungen in der Unterrichtspraxis führt, argumentiert schließlich Tom Griggs für eine narrative Theaterarbeit in der Lehrerbildung (vgl. Griggs 2001:25). Die Grundidee dieses zweiten Erfahrungsfeldes in dramapädagogischen Selbstkompetenzseminaren ist es, unbewusste Erzählprozesse (u.a. über sich selbst als Lehrer*in) dem Bewusstsein zugänglich zu machen, indem performative Anlässe zum Herausarbeiten und Teilen der eigenen (berufsrelevanten) Geschichten anregen. Eine solche **(berufs-)biographische Selbstreflexion** bezieht sich auch auf die eigene Schulzeit, die gemachten Erfahrungen mit dem Lernen (**subjektive Lernpräferenzen**) und die Gründe, ein Lehramtsstudium zu beginnen. Warum wird jemand Lehrer*in, und welche pädagogischen Vorerfahrungen und Vorbilder waren Einflussfaktoren? Durch die Restrukturierung und Schwerpunktsetzung im Prozess des Erzählens werden identitätsbedeutsame Selbstwahrnehmungen von Sinn und Zusammenhang hervorgerufen (**Erzeugung von Konsistenz** und **Kohärenzempfinden**). Da diese Geschichten und Selbstbilder nicht nur sich selbst erzählt werden, sondern auch die Zustimmung anderer erfordern, müssen sie durch das Individuum auf ihre Überzeugungskraft geprüft werden (**Selbsthinterfragung**); andererseits erfahren sie meistens eine wertschätzende Spiegelung, wodurch das Selbstbewusstsein, zum eigenen Profil zu stehen, gestärkt wird. Gerade im Vergleich der eigenen Geschichten mit denen anderer werdender Lehrer*innen und unter kritischem Abgleich mit den Werten der Profession wächst das Bewusstsein für die eigenen Ressourcen und Entwicklungsfelder (**Bewusstmachung von Ressourcen**), und es können Pläne zur zukünftigen Entwicklung herausgearbeitet werden (**Selbstmanagement**). Es kann aber auch die eigene Unvollkommenheit als normal erkannt und das Selbst als in ständiger Entwicklung akzeptiert werden (**Selbstakzeptanz**). Auf einer reflexiven Metaebene wird das Bewusstsein geschärft für die kontinuierlich stattfindende Selektion in der eigenen Identitätskonstruktion und die somit vorhandene Vielzahl an Biographien und Identitäten in verschiedenen Kontexten (‚Wissen über Identität‘).

Ziel der im Folgenden detaillierter zu konzipierenden, selbstreflexiv-narrativen und performativen Arbeit mit werdenden Lehrer*innen ist es also, Kontinuität zwischen Vergangenheit und Zukunft zu konstruieren sowie Stimmigkeit zwischen dem Persönlichen und dem Professionellen herbeizuführen (vgl. Meijer u. a. 2009:299); werdende Lehrer*innen sollen ebenfalls dazu zu ermutigen werden, eigene Maximen des Handelns aufzustellen (was eine Art Ideal-Selbst darstellt) und in Abstimmung mit den beruflichen Werten und Normen, dem Berufsethos, nach deren Realisation zu streben – **individuelle Lehrphilosophie** und **pädagogische Professionalität** müssen im Beruf ebenfalls balanciert werden. Diese Faktoren unterstützen, so die Überzeugung Parker Palmers, nicht nur die Berufszufriedenheit der Lehrenden, sondern führen zu besserem

Unterricht: „[G]uter Unterricht erwächst aus der Identität und Integrität des Lehrers."
(übersetzt nach: Palmer 2007:107)
Wie bereits herausgestellt ist biografische Selbstreflexion dabei ein Bindeglied zwischen der Vergangenheit und Zukunft von (werdenden) Lehrer*innen und zugleich Teil ihres Professionalisierungsprozesses: Angehende Lehrer*innen müssten, wenn die Lehrerwerdung ein grundlegend persönlicher ‚Transformationsprozess' sein soll, „tief in ihre eigene Erfahrungswelt hineinschauen um zu verstehen, woher sie kommen und wohin sie sich als Lehrer*innen bewegen" (übersetzt nach McLean 1999:74). Wenger beschreibt diesen Aspekt von Identität als „Zeitschiene des Lernens" (übersetzt nach: Wenger 2008:105), die sich neben der Zusammenführung verschiedener Mitgliedschaften („nexus of multimembership"; ebd.) auf die Wahrnehmung einer kontinuierlichen und einheitlichen Identität prägend auswirkt: „We define who we are by where we have been and where we are going." (ebd.). Die Arbeit an beiden Zeitschienen – berufsbiographischer, narrativer Rückblick und imaginativer Zukunftsentwurf – soll zur Erzeugung eines subjektiven Eindrucks von Kontinuität und Konsistenz bei den Studierenden beitragen.[92] Diese überblicksartig beschriebenen Entwicklungsimpulse des Erfahrungsfeldes werden im Folgenden genauer ausgeführt.

(Berufs-)Biographie, Ressourcenreflexion und Kontinuitätserzeugung

Werdende Lehrer*innen bringen aus ihrer eigenen Schulzeit jede Menge Beobachtungen, implizite Theorien und auch „kulturelle Mythen und Stereotypen" (übersetzt nach McLean 1999:59) als ihre eigene Wissensbasis über den Lehrerberuf und das Unterrichten mit, die es in der Ausbildung zu respektieren und aufzugreifen gilt: „[Students bring their] personal or sociocultural baggage [...] into the program with them and [and educators] need to consider how this background influence[s] their individual experiences of becoming teachers." (ebd.:57) Die Tatsache, dass auch (werdende) Lehrer*innen Lernende mit bestimmten Arten von Erfahrungswissen sind und dass diese persönlichen Erfahrungen die Basis für ihre jeweils individuellen Wissen- und Verstehenskonstruktionen darstellen (vgl. ebd.), scheint in der Ausbildung (noch) nicht genug Berücksichtigung zu erfahren. Gerade das Lehramtsstudium, das häufig noch im Ausklang der Adoleszenz der Studierenden beginnt und den Übergang von der Schülerrolle zur Lehrerrolle verlangt, muss (berufs-)identitätsstiftende Angebote beinhalten und das gerade erst beendete, dreizehnjährige schulische ‚Beobachtungspraktikum', *apprenticeship of observation* (vgl. u.a. Maggioli 2012:20; Borg 2004; urspr[ü]ngl. Lortie 1975),

---

92   Eine solche berufsbiographische Sinnstiftung kann wiederum in einen Zusammenhang mit der Entwicklung von Faktoren wie Selbstwert und Offenheit für Neues bei Lehrer*innen gebracht werden (vgl. Dirks 2000:204 ff.) – Faktoren, auf die später (Kapitel 4.4 und folgende) eingegangen wird.

aufgreifen, das zutiefst prägende und emotional belegte Bilder und Vorstellungen von Unterricht sowie von Lehrer- und Schülerrollen hinterlässt. Fauser führt den Begriff der ‚inneren Institution' als Bezeichnung für diese „in langen Jahren einverleibte[] Schulerfahrung und Schulroutine [...und] das Schulkonzept des Lehrers" ein (Fauser 1996:16). Unter Stress und bei schnellen Entscheidungen im Unterricht werden diese in Form von ‚Theorien kurzer Reichweite'[93] (vgl. Wahl 2001:158 f.) vorliegenden alten Wahrnehmungs- und Handlungsschemata bei Lehrenden unbewusst wirksam. Auch Schocker betont im Kontext der fremdsprachlichen Lehrerbildung die elementare Bedeutsamkeit von lernbiographischer Reflexionsarbeit, um die jeweiligen „‚Wahrnehmungsfolie[n]'" (Schocker-von Ditfurth 2001:66) von Studierenden unter die Lupe zu nehmen.[94] Hierzu zählt auch die eigene Erfahrung mit dem Fremdsprachenlernen. Andere Forscher*innen beziehen noch umfassendere biographische Aspekte als nur die schulische Sozialisation ein, indem sie ein eher psychoanalytisches Erklärungsmuster (vgl. ebd.:65) für die Entstehung beruflicher Selbstverständnisse anwenden. Als relevant für die professionelle Identitätsbildung und mit Einfluss auf die Qualität von Unterricht werden nicht nur Lehrerrollenvorbilder und eigene Lern- und Lehrerfahrungen betrachtet, sondern auch frühe Kindheitserfahrungen, wichtige Bezugspersonen sowie generell bedeutsame Lebenserfahrungen (vgl. Knowles 1992 in: Beijaard u. a. 2004: 115; Fauser 1996:16).

Notwendig sind hier also Selbstreflexion und das Erkennen eigener Muster und ihrer biographischen Herkunft, zweitens die Explikation und Überprüfung eigener pädagogischer Werte und Ziele (vgl. Tickle 1999:122; vgl. Schocker-von Ditfurth 2001:72). M.E.

---

93   Bei den subjektiven Theorien kann unterschieden werden zwischen denen mittlerer und langer Reichweite, die „komplexe Kognitionen der Selbst- und Weltsicht" darstellen (Wahl 2013:20). Sie kommen im praktischen Handeln und im „Spontanverhalten" (Korthagen 2002a:267) selten zum Tragen (vgl. Wahl 2002:231). Gerade in unterrichtlichen Stresssituationen greifen Subjekte auf – den ausformulierten Lehrphilosophien möglicherweise sogar entgegenstehende – subjektive Theorien kurzer Reichweite zurück, die eine eingespielte, eher prototypische Klassifikation von Situationen und eine geringe Auswahl einsetzbarer Handlungsmuster beinhalten (vgl. Wahl 2001:158 f.). Diese Muster sind bei (werdenden) Lehrer*innen häufig durch Beobachtung und Modelllernen in der eigenen Sozialisation und Schulzeit erworben worden und werden später unbewusst imitiert, wenn sie nicht reflektiert und bearbeitet werden (vgl. Heller & Schwarzer 2010:3 f.).

94   Was auch der Entwicklung von interkultureller kommunikativer Kompetenz und critical cultural awareness zuträglich ist, wenn man davon ausgeht, dass Voraussetzung dafür die „Einsicht in die Relativität von Werten [ist], [...] [selbst wenn diese] mit der eigenen Identität eng verbunden sind" (Bredella 2010:123). Für den fremdkulturellen Umgang genauso wie für den Rollenwechsel vom Schüler zum Lehrer ist eine wichtige Voraussetzung die „bewusste Wahrnehmung der eigenen, ideologisch geprägten Sichtweisen und Werte" (Freitag-Hild 2010:122).

ist auch die Reflexion eigener Stärken (personale Ressourcen[95]) und Schwächen[96] beziehungsweise Entwicklungsfelder als Dimension von Biographiearbeit einzuordnen, da es sich letztlich um biographisch entstandene Selbstbilder aus lebensweltlichen Erfahrungen oder den direkten und indirekten Spiegelungen bedeutender Bezugspersonen handelt. In Rückgriff auf die salutogenetische Orientierung einer klassischen und modernen Theatertherapie (vgl. Petzold 1994:49) sollte der Fokus dabei auf den Stärken und der Frage liegen, wie der Umgang mit eigenen Defiziten zu einer verstärkten Integrität beitragen kann (vgl. ebd.:50). Die Frage ist nun, wie dramapädagogische Methoden in der Lehrerbildung dazu beitragen können, unbewusste Selbstbilder und Muster der Studierenden sichtbar zu machen – ihre berufsrelevanten persönlichen Geschichten und Überzeugungen ‚ans Licht zu bringen', um sie gründlicher Untersuchung zu unterziehen, wie es Lortie formuliert: „The trick will be to get students to dredge up their previous experience and subject it to thoughtful scrutiny[...]." (1975:230)

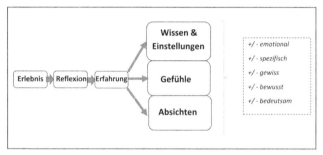

Abbildung 10: Herausbildung des beruflichen Selbstverständnisses nach Caspari (2003:82 f.; Abbildung A.H.)

Im Kapitel 2.1.1 ist herausgearbeitet worden, dass Selbstbilder häufig eher unterbewusst sind und als intuitive, mentale Selbstrepräsentation vorliegen (vgl. Abbildung 3). Greif erklärt, dass sie „auf vielen intuitiven Erfahrungen [beruhen] [...], stark von Gefühlen geprägt [sind] [...][und] sich nur schwer in Worte fassen lassen" (Greif 2008:110). Zum Zweck der Betrachtung müssen sie erst als Selbstkonzept expliziert werden. Zum ‚Hervorlocken', sozusagen eine Form des *eliciting*, bieten sich Verfahren an, welche der besonderen ‚Machart' von Identitäten entsprechen (vgl. auch Huntly 2002:3). Künstlerisch-experimentelle Arbeitsformen und eine ‚ästhetische Praxis' bieten hierfür eine Zugangsweise: Sie erschließen „andere Ausdrucksformen/Kommuni-

---

95   unter diesem Namen ebenfalls bei Unterweger als Teil der Selbstkompetenz von Pädagog*innen (vgl. Unterweger 2013:6)
96   bei Unterweger „Grenzen [...] innere[r] Ressourcen" (ebd.)

kationsweisen, die der Sphäre des Vor- und Unterbewussten näher sind [...] [und über-
winden] die Spaltung zwischen Leib, Seele und Geist" (Weintz 2008:65). Somit ist über
metaphorische (vgl. Schwerdtfeger 2000:118), bildliche und performative Ausdrucksformen (z.B. lebendige Skulpturen, symbolische Standbilder, Collagen etc.) ein Zwi-
schenschritt möglich, um inneren Prozesse zu untersuchen, nach außen zu bringen,
und für eine weitere Reflexion und Bearbeitung schließlich auch verbal zu explizieren.
Insbesondere die „Dopplung des ‚Ich'" (Boal 1999:38), die beim Theaterspielen stattfindet, erlaubt und befähigt zu Selbstbeobachtung (vgl. ebd.) und dazu, Dinge generell
– und dies kann eben auch die eigene Biographie sein – detailliert zu betrachten (vgl.
ebd.).
Geht man dazu mit Caspari davon aus, dass Erfahrungen der Ursprung des beruflichen
Selbstverständnisses von Lehrer*innen sind[97] (vgl. Abbildung 10)́, dann kann Theaterarbeit hier doppelt prägend sein: Als Möglichkeit, neue Erfahrungen zu machen[98] (beispielsweise mit dem theatralen Auftritt, der Arbeit mit ganzheitlichen, handlungsorientierten Methoden oder mit der kreativen Kooperation in der Gruppe), die sich wiederum auf das berufliche Selbstverständnis auswirken können, aber auch als Mittel,
einen Zugang zu vorherigen Erfahrungen herzustellen und somit ihre Reflexion zu ermöglichen (ebendiese These vertritt auch Griggs 2001:25 ff.).
In der vertrauensvollen Atmosphäre dramapädagogischer Arbeit (vgl. Kapitel 4.5 dieser
Arbeit) können z.B. im Stil des Forumtheaters erlebte Momente aus der eigenen Schulzeit, aber auch pädagogische Handlungssituationen (z.B. aus Praktika) nachgestellt,
thematisiert, verfremdet und umgedeutet werden; Erinnerungsbilder und -figuren
(prägende Vor- und auch Antibilder) im Sinne von Korthagens *Gestalts* (Korthagen
2004: 81) können als Bühnenfiguren auftreten, Monologe halten oder befragt werden
(z.B. als *Hot Seating*).[99] Analog zu den Prozessen, die Küppers für die Bearbeitung von
critical incidents durch dramapädagogische Methodik und Reflexion beschreibt, wird
dabei „anekdotisches Erfahrungswissen [...] in [...] Kompetenzen überführt" (Küppers

---

97   Abbildung 10 veranschaulicht den von Caspari (2003) geschilderten Prozess der Ausbildung
      eines beruflichen Selbstverständnisses: Durch Erlebnisse und deren Reflexion und Verarbei-
      tung zu Erfahrungen werden Wissen und Einstellungen generiert und es können Gefühle und
      Absichten entstehen oder beeinflusst werden (vgl. Caspari 2003:82 f.). Diese können mehr o-
      der weniger emotional, spezifisch, gewiss oder unbewusst, bedeutsam oder unwichtig für das
      Individuum sein (vgl. ebd.).

98   Man behalte dazu im Hinterkopf den interessanten Gedanken der Theaterpädagogin Viola
      Spolin, dass ‚Begabung' die „größere individuelle Fähigkeit darstellt, Erfahrungen zu machen"
      (Spolin 1983:17) und Persönlichkeitsförderung somit durch die Förderung der Fähigkeit zum
      Erfahren („Erfahrungskapazität"; ebd.) betrieben werden könne. Erfahrung definiert sie dabei
      als intellektuelle, körperliche und intuitive, organische Verbindung mit der Umgebung (vgl.
      ebd.).

99   Siehe Seite 174 ff. dieser Arbeit für die Beschreibung einer Möglichkeit der praktischen Um-
      setzung.

2015:161): Eigene Erfahrungen werden reaktiviert, szenisch erkundet und präsentiert und dadurch bewusster Beobachtung und Reflexion zugänglich gemacht. Besonders geeignet für die Arbeit an und mit eigenen Geschichten scheinen die Dramaturgie und Methoden des – auf dem Psychodrama aufbauenden – Playback Theaters zu sein, dessen Einsatz in der Lehrerbildung bereits kurz angeklungen ist (vgl. Seite 45).

Playback Theater: Selbstkompetenzförderung par excellence

Feldhendler (2003) charakterisiert das Playback Theater als eine „Form des Improvisationstheaters, bei dem persönliche Erfahrungen und erlebte Geschichten erzählt, dann aus dem Stegreif szenisch umgesetzt und zurück gespielt werden (,played back')" (Feldhendler 2003:225). Diesen „Geschichte[n]-aus-dem-Augenblick" (Fox 1996:81) liegt ein starker Gemeinschaftsgedanke (Tradition des *community theatre*) zugrunde. Ziel ist es, Menschen zu verbinden und ihnen Gehör zu schenken für das, was sie zu erzählen haben. Dabei werden die Erfahrungen der einzelnen Teilnehmer*innen zu einem aus dem Moment entstehenden, „kollektiven Erlebnis" (Feldhendler 2009:55) und einem Dialog in Gemeinschaft (vgl. ebd.). Unter Einsatz vielfältiger dramaturgischer Formen, die durch Musik und farbige Tücher als Requisite ergänzt werden können, geht es darum, die Essenz der Geschichte herauszuarbeiten, wobei v.a. der Einsatz von Körpersprache und nonverbalem Ausdruck im Mittelpunkt steht (Körperbewegungen, die „stärker als Worte [sind]"; Fox 1996:75). Die Geschichten der Erzählenden werden durch die Spielenden ästhetisch interpretiert und das Produkt dem Erzähler zum Geschenk gemacht. Die Psychoanalytikerin, Theaterpädagogin und Lehrerbildnerin Charlette Auque-Dauber (2002) beschreibt Playback Theater als besonders geeignet für die Arbeit mit Lehramtsstudierenden zum Training grundlegend wichtiger Kompetenzen (vgl. Tabelle 3). Zudem werde das dramatische Gespür – auch für das spätere Unterrichten – anhand einer unterrichtsähnlichen Struktur geübt (ritualisierte Abläufe, dramatische Steigerungen etc.; vgl. Auque-Dauber 2002:25). Ähnlich wie auch in gelungenem Unterricht muss gemeinsam ein ,roter Faden' in der Aufführung gefunden und gehalten werden (vgl. ebd.:25 ff.).

Als beim Playback Theater zum Einsatz kommende und trainierbare Fähigkeiten nennen sowohl Feldhendler als auch Auque-Dauber etliche Teilbereiche von Selbstkompetenz (vgl. Tabelle 3). Diese weisen auf ein allgemein großes Potenzial der Förderung von Selbstkompetenz in der Lehrerbildung durch Playback Theater hin, auch für z.B. die Dimension ,Auftritt, Präsenz und Lehrersprache'. Ich führe das Playback Theater hier dennoch primär unter ,(Berufs-)Biographie, Ressourcenreflexion und Kontinuitätserzeugung', weil diesbezüglich eine besonders hohe Affordanz vorzuliegen scheint (Feldhendler 2009:55):

> PT [Playback Theater] erweist sich [...] als wesentliches Instrument der Identitätsarbeit: es ermöglicht und fördert die Bildung einer „narrativen Identität" [...]. Die eigene Geschichte auf

diese Weise zur Sprache zu bringen heißt, die eigene Geschichte neu zu entdecken, aber auch, gehört und gesehen zu werden. [...] Die Szene auf der Bühne auf sich wirken zu lassen und auf eigene Realität zu überprüfen, verbessert Selbst- und Fremdverstehen.

Auque-Dauber betont zudem, dass Studierende in Playbackseminaren u.a. lernen könnten, sich selbst zu reflektieren, statt biographische Muster blind zu wiederholen (vgl. Auque-Dauber 2002:26), was einen besonders wichtigen Aspekt des Selbstverstehens ausmacht.

Aspekte von Selbstkompetenz im Playback Theater	
Grundlegende Fähigkeiten (nach Feldhendler 2007)	Berufsrelevante Lernmöglichkeiten (nach Auque-Dauber 2002)
• "dealing with feelings" • "mindfulness of oneself [...]" • "poise and physical awareness" • "intellectual, affective, and emotional openness" • "perception of oneself [...]" • "flexibility in adopting roles" • "acceptance of responsibility" • "creative spontaneity" • help students "to orient themselves and make career decisions"	• „persönliche Spontaneität" • Auftritt üben • Präsenz • Kongruenz: „klarer Ausdruck, bei dem Stimme, Körperhaltung und Botschaft übereinstimmen" • Rollenwechsel und „innere Flexibilität" • Eigene Verhaltensweisen differenzieren („Erinnerung oder Klischee?") • „Spannung aushalten" (offene Situation ohne Text) • „Erwartungen standhalten" • „Kompetenz innerer Distanzierungsfähigkeit" fördern und in Zukunft habitualisieren

Tabelle 3: Dem Playback Theater zugrunde liegende Fähigkeiten nach Feldhendler (2007:50 f.) und berufsrelevante Lernmöglichkeiten für werdende Lehrer*innen nach Auque-Dauber (2002:22 ff.) (Zusammenstellung: A.H.)

Die Vielfalt an Geschichten und Perspektiven beim Playback Theater sowie bei weiteren narrativ-performativen, dramapädagogischen Arbeitsweisen bietet in Kombination mit anschließenden Gruppendiskussionen und Reflexionsrunden zudem die Möglichkeit, sozialpsychologische, biographische und auch kulturelle Ursachen für die Verschiedenheiten von (Lehrer-)Identitäten herauszuarbeiten. Es gilt, sich auf diese Vielfalt akzeptierend einzulassen, was Unterweger ebenfalls als Bestandteil von Selbst-, Sozial- und Systemkompetenzen beschreibt (vgl. Unterweger 2014:11). Im Sinne von Selbstkompetenzförderung gibt performative Arbeit Studierenden insgesamt die Möglichkeit, ihre Handlungsfähigkeit bei der Erschaffung ihrer eigenen beruflichen Identität zu verbessern, indem sie ihre eigenen Geschichten erzählen[100] und dabei individuelle

---

100 Jenseits des Spiels mit eigenen Geschichten kann auch die Erarbeitung von Szenen aus Dramentexten oder die Auseinandersetzung mit – von der Person des Spielers sehr verschiedenen – literarischen Figuren eine biographische Dimension entwickeln: Spieler*innen können ermutigt werden, Gemeinsamkeiten zu entdecken und „biographische[] Analogien und Berührungspunkte[]" (Weintz 2008:301) zu suchen.

Schwerpunkte setzen und Bedeutungen aushandeln[101] – somit refigurieren sie gewissermaßen die eigenen Biographien (vgl. Ricoeur 1987:63 f.). Der entstehende subjektive Eindruck von Kohärenz und Einzigartigkeit ist Teil eines professionellen Selbst (vgl. Bauer 2006).

Im Prozess der Thematisierung ihrer Szenen, Bilder und Darstellungen mit anderen Seminarteilnehmer*innen erleben Studierende zugleich, dass Identität nicht nur beständige individuelle Konstruktionsleistung, sondern auch soziale Aushandlungsarbeit ist (vgl. Seite 22 ff. dieser Arbeit), weil die Wirkabsichten der Darstellenden mit den Wahrnehmungen und Assoziationen der Zuschauenden nicht immer übereinstimmen. Die Selbstwahrnehmungen der Studierenden und die Wahrnehmungen der anderen Teilnehmer*innen begegnen sich erneut, wenn es um die performativ angeregte Untersuchung und Präsentation eigener Ressourcen für den Lehrerberuf geht, z.b. durch die szenische Darstellung eigener Wunschfiguren[102], Probe-Auftritte in einem fiktiven Klassenzimmer[103], symbolkräftige Standbilder (in denen innere Ressourcen oder Haltungen personifiziert werden[104]) oder die Präsentation eines symbolisch-materiellen Ressourcen-Profils[105]. In einer Gruppenreflexion werden Selbst- und Fremdwahrnehmungen zusammengeführt und diskursiv mit den professionellen Rollenanforderungen an Lehrer*innen abgeglichen.

Individuelle Lehrphilosophie und pädagogische Professionalität

Für die Entwicklung einer Lehreridentität ist es zentral, dass das Individuum herausfindet, welche Aspekte des Berufs für sie/ihn Bedeutung haben und sich bemüht, darin besser zu werden (vgl. Kanno & Stuart 2011:247). In Korthagens Ansatz der *core reflection* bzw. in seinem *Levels of Change*-Modell entspricht diese Ebene am ehesten den Dimensionen *beliefs* und *identity*, aber auch Anteile von *mission*, der Frage nach dem ‚höheren Sinn', fließen ein. Eine persönliche Lehrphilosophie ist ein wesentlicher Bestandteil der beruflichen Identität und beinhaltet die Definition der eigenen Rolle, wichtige pädagogische Ziele sowie Vorstellungen von effektivem Unterricht (vgl. Schart & Legutke 2012:13). Es soll in dramapädagogischer Selbstkompetenzarbeit damit bewusst nicht nur um einen reflexiv-biographischen Rückblick auf eigene Lebens- und

---

101 Wenn so eine Handlungsfähigkeit nicht besteht, das zeigt die Forschung von Tsui (2007) mit dem Fremdsprachenlerner und Lehrer Minfang, entsteht eine marginalisierte Identität.

102 Für ein praktisches Beispiel siehe ‚Erinnerungsfiguren' und ‚eigene Metapher' auf den Seiten 180 ff. dieser Arbeit.

103 Für ein praktisches Beispiel siehe ‚Auftritt im Klassenzimmer' auf den Seiten 182 ff. dieser Arbeit sowie das Manual von Dauber und Nolle (vgl. Dauber u. a. 2009:9 f.).

104 Für ein praktisches Beispiel siehe ‚didaktisches Dreieck' auf den Seiten 186 ff. dieser Arbeit.

105 Für ein praktisches Beispiel siehe das ‚Ballometer' auf den Seiten 171 ff. dieser Arbeit.

Schulerfahrungen und die Analyse bisheriger pädagogischer Praxis und innerer Stimmen gehen (vgl. die Kritik von Akbari 2007 an einer solchen reflexiven Praxis), sondern eine Zukunftsorientierung zum Tragen kommen. Dies entspricht Conway (2001), der ebenfalls eine zu starke Fokussierung auf rückbezogene, retrospektive Reflexion in der Lehrerbildung kritisiert und eine zukunftsorientierte, „antizipatorische Reflexion" fordert (übersetzt nach Conway 2001), die die Imagination und Kreativität der Lehrer*innen einbezieht (vgl. ebd.). Der Entwurf eines idealen Lehrer-Selbst kann dabei als Entwicklungsperspektive dienen, wie Smeby (2007) in Bezug auf die professionelle Identitätsentwicklung von Lehrer*innen herausstellt: „This process, identity formation, is driven by the individual's goal state of what he/she wants to become […]." (In: Sutherland u. a. 2010:456) Die Erschaffung positiver Selbstbilder ist dabei – auch in der Lehrerbildung – leitend als Vision für die Zukunft und nimmt zugleich Einfluss auf das Erleben der Gegenwart (vgl. McLean 1999:58; vgl. Borich 1999:102). In starken Bildern kann von der Entwicklung zum/zur Lehrer*in als einem „Prozess des Sich-Selbst-Wählens" (übersetzt nach Greene 1981; in: McLean 1999:60) oder der Fähigkeit einer „lebenslangen Selbstdefinition" (Staudinger 2006: 213) gesprochen werden.

Daher soll es in der künstlerisch-selbsterkundenden Arbeit nicht nur um die Untersuchung der biographischen Prägung und der eigenen subjektiven Theorien gehen, sondern auch darum, ideale Selbstkonzepte herauszuarbeiten und zu stärken. Wenn Studierende in Metaphern ihren zukünftigen Unterricht beschreiben oder darstellen und in Auftritten als Lehrer-Idealselbst Zukunftsvisionen verkörpern, so ist das ein „Treffen von zutiefst persönlichen Entscheidungen darüber, wer man als Lehrer*in sein wird" (übersetzt nach Greene 1981 in McLean 1999:60). Das eigene Verhalten an bewusst gewählten Werten auszurichten – somit eigenes Verhalten und Normen begründen zu können, auch mit Blick auf (Bildungs-)Ideale – ist eine zentrale identitätsfördernde Kompetenz von Lehrer*innen (vgl. Veith 2010:195), die hier gefördert werden soll. In der Umsetzung in der Praxis ist die Fähigkeit zur Rollendistanz, „sich Normen gegenüber reflektierend und interpretierend zu verhalten" (Krappmann 1973:133), grundlegend dafür, v.a., wenn die ‚Selbstdefinition' als Lehrer*in in Konflikt mit den Erwartungen anderer Akteure steht.

Sowohl für die rückblickende Betrachtung der eigenen Biographie als auch für die ‚Reflexion nach vorne', den Zukunftsentwurf, bietet sich Theater an – laut Boal ist Theaterarbeit grundlegend wissenssteigernd, unter anderem, weil es mit Vergangenheit und Erinnerung als auch mit Imaginationen und Zukunft plastisch umzugehen erlaubt (vgl. Boal 1999:38). Es muss an dieser Stelle allerdings auch die kritische Frage diskutiert werden, ob eine solche Arbeit an der beruflichen Identität im Studium und im ‚Schutzraum' eines personorientierten Seminars, also vor dem Eintritt in die anforderungsreiche Schulrealität, realistisch ist und tatsächlich auf die berufliche Entwicklung vorbereiten kann, oder ob es sich um ein idealistisches Experimentieren mit geringem Bezug zur schulischen Realität handelt. Werden die Studierenden in der Praxis in der Lage sein, die entworfenen Selbstbilder und Ideale umzusetzen? Kann ein solcher Akt des ,Sich-Selbst-Wählens' überhaupt stattfinden in einem – zudem nicht hierarchie-freien – Kontext, in dem diverse andere (Ausbilder*innen, Schulleiter*innen, Kolleg*in-nen etc.) eine Vorstellung davon haben und Einfluss darauf nehmen wollen, wer und wie man sein soll?

Deborah Britzmann (1994) stellt stark in Frage, wie viel Freiheit dem individuellen Leh-rer bleibt, eine Rolle zu gestalten, die übermächtig von verschiedenen Anforderungen, institutionellen Vorgaben und historischen Entwicklungen vorgeformt sei.[106] Inwieweit sich die idealisierte, ,beanspruchte Identität' („claimed identity"; Varghese u. a. 2005:23), die die Studierende in dramapädagogischen Seminaren zum Ausdruck brin-gen, im Angesicht von Rollenerwartungen, äußeren Zuschreibungen und Fremdwahr-nehmungen („assigned identity"; ebd.)[107] in der Praxis wird realisieren lassen, bleibt zu erproben und zu untersuchen. Die Langzeit-Untersuchung dieser Arbeit, in der auch inzwischen im Berufsleben stehende Lehrer*innen befragt werden, wird erste empiri-sche Befunde zu dieser Frage liefern (siehe Kapitel 7 dieser Arbeit und ergänzend die Seiten 342 ff. im Anhang).

Weiter kann kritisch gefragt werden, ob durch eine solche idealistische Arbeit im Rah-men der Lehrerbildung der ersten Phase die Gefahr besteht, die im Berufseinstieg häu-fig von Referendar*innen und Junglehrer*innen erlebte Diskrepanz zwischen „Selbst-anspruch und Berufswirklichkeit" (Berner 2011:88) noch zu verstärken, weil der idea-listische Selbstentwurf nicht zu erreichen ist und der reale schulische Kontext die Rea-lisierbarkeit der idealen Identitäten stark einschränken kann. Der Entwicklungsimpuls, der durch dramapädagogische Selbstkompetenzarbeit erreicht werden soll, sieht aller-dings genau gegenteilig aus: Die Selbsterkundungs- und Ermutigungsarbeit und der op-timistische Blick in die eigene berufliche Zukunft sollen Studierende einerseits befähi-gen, Widersprüche auszuhalten und Frustrationen zu verarbeiten; andererseits soll

---

106   Diese kritischen Gedanken lassen sich mit Krappmann ergänzen, der die Chance des Subjektes, in seiner jeweiligen ,Identitätsbehauptung' von anderen anerkannt zu werden, auch von der jeweiligen sozialen Position in einem hierarchischen System abhängig macht (vgl. Abels 2010:448). Zumindest das Referendariat stellt ein solches dar. Auch Tsui (2007) beschreibt eine Uneinigkeit im Diskurs über professionelle Identitäten von Lehrer*innen darüber, wie viel Handlungsfähigkeit und Gestaltungsspielraum Lehrer*innen für ihre eigenen Identitäten ha-ben, bzw. wie stark diese durch institutionelle Strukturen und Konformitätserwartungen in ih-rer Individualität eingeschränkt und somit marginalisiert würden (vgl. Tsui 2007:658).

107   Bei Blommaert (2006) finden sich größtenteils bedeutungsgleich die Begrifflichkeiten „achie-ved' or 'inhabited' identity" (in: Gnutzmann 2013:52) mit dem Gegenstück der „,ascribed' or 'attributed' identity" (ebd.), worin sich einmal mehr die Begriffvielfalt und Diversität dieses Theorien- und Forschungsfeldes zeigt.

dazu angeregt werden, Handlungsspielräume zu nutzen und zu erschaffen, um durch autonomes Handeln der Realisation der eigenen idealen professionellen Identität näher zu kommen. Abermals kann Heinz Abels Fazit zur kompetenten Identitätsarbeit in der Moderne auch auf die berufliche Identitätsbildung bezogen werden (Abels 2010:441):

> Identität ist nichts, was uns von Natur gegeben wäre oder zugestoßen ist, sondern was wir in Auseinandersetzung mit anderen Individuen und in Reflexion auf uns selbst ‚gemacht' haben – und weiter machen. Das sollte uns erstens aufmerksam auf uns selbst machen und zweitens Hoffnung wecken, dass wir es auch einigermaßen gut machen.

In den Aspekten Hoffnung und Zuversicht zeigt sich ein Bezug zur positiven Psychologie, die auch von Bauer und Korthagen für die Lehrerbildung herangezogen wird (vgl. Meijer u. a. 2009:307; Bauer 2006:22 ff. schreibt über Glück und pädagogischen Optimismus). (Vor-)Freude auf den Beruf und Gestaltungswillen bereits im Studium zu entwickeln – und/oder aufrecht zu erhalten – ist nötig (vgl. Schaarschmidt 2004:105), denn die Grenzen der Möglichkeiten werden in der Praxis unweigerlich entdeckt. Es geht also durchaus um den Aufbau „kreativ-innovative[r] Vorstellung[en] als ein Gegengewicht gegenüber der [nicht nur positiven] beruflichen Routinebildung" (Berner 2011: 88), also um einen „konstruktiv-utopischen Möglichkeitssinn" (ebd.:89). Es ist somit erklärtes Ziel dramapädagogischer Selbstkompetenzarbeit, neben realistischer Selbstreflexion auch zu pädagogischer Utopie anzustiften. Die Studierenden sollen bereits vor dem konkreten ‚Praxisschock' ermutigt werden, an der Umsetzung ihrer Ideen und Ideale zu arbeiten und diese trotz möglicher Rückschläge nicht aufzugeben.[108] Dies ist möglich, denn Schule stellt nicht nur eine Institution, sondern einen konkreten Raum sozialen Handelns dar, dessen alltägliche Widersprüche und Ambivalenzen als Belastung empfunden, oder aber als Handlungsräume für eigene Interpretationen genutzt werden können.[109] Als Orientierung dafür soll schon die erste Phase der Lehrerbildung Studierende dabei unterstützen, eine „eigene – in ihrer Person begründete –

---

108 Unterstrichen werden kann eine solche Zielsetzung anhand aktueller Forschungen und Theorien in Bezug auf den positiven Effekt von Selbstwirksamkeitserwartungen der Lehrer*innen auf die Unterrichtsgestaltung (vgl. u.a. Lee et al 2013) und den Zusammenhang von späterer Berufsgesundheit und Zufriedenheit mit den Faktoren Berufsmotivation und Lehrerenthusiasmus (vgl. z.B. Reichl et al.. 2014). Nimmt man Korthagens Untersuchungsergebnisse hinzu, dass der Verlust von Idealismus bzw. die Erfahrung, eigene Ideale zunehmend weniger umsetzen zu können, Wegbereiter von Burnout bei Lehrer*innen ist (vgl. Korthagen 2004:91 f.), so ist Berufszufriedenheit auch ein Ergebnis von Selbstkompetenz in dem Sinn, dass die eigenen Ressourcen (und dazu gehören auch Ideale und Enthusiasmus) sinnvoll eingesetzt, bewahrt und weiterentwickelt werden.

109 Die Zusammenschau verschiedenster Forschungen zum Thema professioneller Lehreridentität von Beijaard u. a. bestätigt, dass – trotz kontextueller Eingebundenheit und sicher auch Ein-

Pädagogik ‚heraus[zu]bilden'" (Teml und Unterweger 2002:9) und sie ermutigen, die Institution Schule als gestaltbar wahrzunehmen[110] und als Ressource zu nutzen. Fauser beschreibt dies als ‚aktives Schulkonzept' einer sich selbst als handlungsfähig wahrnehmenden Person (vgl. Fauser 1996:17 f.). Dem empirischen Befund, dass Lehrer*innen real existierende pädagogische Spielräume „innerer [...] Gründe[] wegen" (ebd.:23) häufig nicht nutzen, wird in dramapädagogischen Selbstkompetenzseminaren mit Impulsen zum initiativen, selbstverantworteten und wertegebundenen Handeln begegnet. Die Förderung der Selbstkompetenz werdender Lehrer*innen beinhaltet somit einerseits die idealistische Dimension des Selbstentwurfes, in der die Studierenden „ihren je eigenen Weg in den Beruf (er)finden können" (Teml und Unterweger 2002:11). Andererseits gehört zu Selbstkompetenz eine realistische Betrachtung der eigenen Person und des eigenen Entwicklungsbedarfes, als auch eine Akzeptanz der eigenen Defizite und Limitationen des Machbaren. Ein professionelles Selbst im Schulalltag braucht die Vision und Innovation ebenso wie Erdung und die Routine, einen selbstkritischen Blick ebenso wie Fehlerfreundlichkeit, auch auf sich selbst bezogen. Die hier skizzierte Form der Lehrerbildung zielt darauf ab, selbstkritische „Möglichkeits-Menschen" (Berner 2011:88 in Anlehnung an Musil) mit Realitätssinn auszubilden, ähnlich wie es Allport für das idealisierte Selbstbild beschreibt: Dieses dürfe nicht eine Verdrängung der Realität sein, sondern – mit gesunder Balance zwischen Realität und Ideal – ein „Erkenntnis-Orientierungs-Plan [...], der auf Einsicht beruht [...] und von gesundem Streben bestimmt wird" (Allport 1958:48).

4.3.2 Zusammenfassung: Reflexiver und kreativer Blick auf das Selbst in Vergangenheit und Zukunft

Das Erfahrungsfeld ‚Imagination, Rollen-Spiel und Narration' der dramapädagogischen Selbstkompetenzarbeit ermöglicht, dass sich Teilnehmer*innen ausgehend von ganzheitlichen und performativen Ausdrucksformen mit ihren (Schul- und Berufs-)Biographien, Ressourcen und ihrem Entwicklungsbedarf sowie ihrer Lehrphilosophie für den

---

schränkungen – Schule als konkreter Handlungsraum individuelle Interpretationen der Lehrerrolle ermöglicht: „[E]very teacher, though limited by the context, may to some extent develop his or her own teaching culture." (Beijaard u. a. 2004:122)

110   Nach dem bisher besprochenen Rollendistanz als Voraussetzung zur Gestaltung der eigenen Identität wird hier auch die Fähigkeit zur Systemdistanz relevant, die befähigt, auch das Zusammenspiel aller Faktoren zu betrachten, zu hinterfragen und umzugestalten. Selbst-, Sozialund Systemkompetenz sind auch hier wieder verzahnt und ergeben nur in ihrem Zusammenspiel Sinn. Der Theaterpädagoge Hans-Wolfgang Nickel bezieht dies auf das System Schule und schafft mit dem Begriff des ‚Schulspielers' ein systembezogenes Äquivalent zu Pineaus pedagogical trickster: „Spiel ist hier [=in der Schule] zumeist auf schmale Freiräume zurückgedrängt. Schulspieler sollten diese Freiräume ausnutzen. Sie sollten aber zugleich wissen, daß eine Schule möglich ist, in der Kinder sich spielerisch-experimentell ausleben können; sie sollten sich einsetzen, eine solche Schule zur Wirklichkeit zu machen." (Nickel 1972:72)

(Englisch-)Unterricht auseinandersetzen. Diese Auseinandersetzung ist sowohl bewusstmachend-reflexiv als auch kreativ-gestaltend. Sie kann beispielsweise die Form von Collagen, Standbildern, Szenen, Erzählungen oder Metaphern annehmen, läuft aber auf Versprachlichung und Diskussion in der Gruppe der Teilnehmenden hinaus. Dabei wird die Erkenntnis gefördert, dass die eigene Perspektive stets subjektiv und biographisch gewachsen ist; es entsteht ein Bewusstsein dafür, dass ganz andere Weltsichten möglich sind. Teilnehmer*innen sollen vorbereiten werden auf die laut Terhart (2002) (berufs-)lebenslange Aufgabe einer ständigen Weiterentwicklung und Veränderung der eigenen berufsbezogenen Haltungen, Schwerpunktsetzungen und Selbstdeutungen (vgl. Mayr und Paseka 2002:53). ‚Rollen-Spiel' bedeutet in diesem Kontext auch die Aushandlung von Selbst- und Rollendeutungen mit anderen, also die Balancierung der beruflichen Ich-Identität zwischen gesellschaftlich-sozialen Erwartungen und eigenen Vorstellungen, wofür die Bedeutung der von Krappmann (1969) definierten und Veith (2010) modernisierten Rollendistanz hervorgehoben wurde.

Als These für die spätere Evaluation sei festgehalten, dass diese Form der Theaterarbeit und Seminargestaltung Impulse für die (Weiter-)Entwicklung folgender Dimensionen der Selbstkompetenz von Lehrer*innen geben kann:

- **(Berufs-)Biographische Selbstreflektiertheit** und **subjektive Lernpräferenzen:** Werdende Lehrer*innen entwickeln ein verstärktes Bewusstsein über die biographische Prägung der eigenen Wahrnehmungs- und Handlungsmuster, auch in Bezug auf die Frage, wie Lernen und Lehren (einer Sprache) funktioniert.

- Werdende Lehrer*innen arbeiten zentrale Motive und **Kontinuität** in ihrer bisherigen Berufsbiographie heraus und sind um die Entwicklung eines Gefühls von **Konsistenz** bzw. Stabilität[111] und **Kohärenz** bemüht. Sie übernehmen Verantwortung für die weitere Gestaltung ihrer beruflichen Identität.

- **Selbstbilder und Ressourcenreflexion:** Werdende Lehrer*innen beschäftigen sich kritisch-konstruktiv mit ihren Selbstkonzepten und Potenzialen. Sie lernen, ihre Stärken zu schätzen und die eigene Unvollkommenheit zu akzeptieren; sie setzen sich aber auch mit dem eigenen Entwicklungsbedarf auseinander und formulieren individuelle Ziele zur Weiterentwicklung **(Hinterfragung, Akzeptanz und Management des Selbst).**

---

111 Im Kontext dieses Lehrerbildungsmodells soll Stabilität nicht begriffen werden als dauerhafte Festlegung, sondern als „Festlegung, die ständig offen ist für einen Identitätsumbau" (vgl. Keupp 1999:72), wie es Keupp als eine Möglichkeit der Identitätskonstruktion in der gesellschaftlichen Moderne beschreibt (vgl. ebd.). Diese ‚Stabilität' soll werdende Lehrer*innen in ihrer Entwicklung und Entfaltung stützen, nicht einengen – eher eine stabile Rampe für den individuellen Start in den Beruf sein als feste Gleise, die einen Weg vorgeben.

- **Individuelle Lehrphilosophie und pädagogische Professionalität balancieren:** Werdende Lehrer*innen beschäftigen sich mit ihren inneren beruflichen Leitbildern. Sie setzen individuelle Schwerpunkte und untersuchen mögliche Diskrepanzen zu professionellen Rollenanforderungen. Sie sind sich der Verantwortung und der Möglichkeiten bewusst, ihre individuellen Interpretationen von sich selbst als Lehrer*innen in Prozessen des *role making* und *role taking* im realen Handlungsfeld Schule auszuhandeln.

4.3.3 Übertragbarkeit auf den Fremdsprachenunterricht

Im Hinblick auf das erklärt oberste Ziel des Fremdsprachenunterrichts, die interkulturelle kommunikative Kompetenz der Lernenden zu fördern, ist es wichtig, Sprachenlernen jenseits des Erlernens eines Kommunikationsmittels in seiner identitätsformenden Bedeutung zu betrachten (vgl. Tschurtschenthaler 2013:103 ff.). Zur Förderung der Entwicklung derartiger Kompetenzen gehören unabdingbar die Fähigkeiten und der Wille zum Fremdverstehen und zum Perspektivenwechsel, zur ‚Dezentrierung' von der eigenen Perspektive (Bredella 2010:75). Alleine dieser erste Schritt erfordert von Schüler*innen eine große Denk- und Abstraktionsleistung, da die eigene ‚Welt' ja immer selbstverständlich scheint.

Die im Seminar erfahrenen Prozesse der Identitätskonstruktion können eine Beispielfunktion erfüllen für einen modernen Fremdsprachenunterricht, in dem Lehrer*innen vor der Aufgabe stehen, ihren Schüler*innen „Anlässe zur narrativen I[dentitäts]konstruktion zu geben" (Küster 2010:108) und „Anlässe zur Reflexion eigener Selbstverortungen" (ebd.) zu schaffen. Junglehrer*innen stehen somit vor der doppelten Aufgabe, die eigene berufliche Identitätsbildung zu meistern sowie Schüler*innen in ihren – u.a. sprachlich-kulturellen und hybriden – Identitätsbildungsprozessen zu unterstützen (vgl. u.a. Schocker 2013:278f.). Dafür sollen sie in dramapädagogischen Seminaren im Studium praktische Hilfestellungen in Form von Erfahrungen und auch Methoden erhalten, die zudem zur Befähigung beitragen, einen ‚anthropologisch-narrativ' ausgerichteten Fremdsprachenunterricht (vgl. Schwerdtfeger 2000) zu gestalten, der Prozesse persönlicher Sinnstiftung unterstützt (vgl. ebd.:117). Als Vision dient ein schulischer Alltag, der die Biographien, Geschichten, Emotionen und die leibliche Existenz sowohl von Lehrenden als auch von Lernenden einbezieht (vgl. Müller 2008b:35; im Sinne von Dufeus Pädagogik des Seins stellen Beziehung und Begegnung dabei die Grundbausteine des (Sprachen-)Lernens dar (vgl. Dufeu 2003:40 f.).

Die Identitäten von Lehrer*innen und Schüler*innen machen einen wichtigen Faktor des Fremdsprachenunterrichts aus, wie in der Pädagogik immer wieder betont worden ist und auch aktuell besonders in der Fremdsprachendidaktik hervorgehoben wird (vgl.

Bausch u. a. 2003). In Sinne eines inter-, trans- oder auch hyperkulturellen Lernens[112] (vgl. u.a. Griese 2006) haben Lehrer*innen die Aufgabe, Schüler*innen bei der Entwicklung von Orientierung und Sicherheit in einer globalisierten Welt zu unterstützen, sowie ihnen immer wieder neue Deutungs- und Handlungsmuster anzubieten (vgl. Franzenburg 2008:148), z.b. für Begegnungen mit ‚fremdkulturellen' Interaktionspartner*innen. In einem interkulturell ausgerichteten Fremdsprachenunterricht können Lehrer*innen dafür einzelne Facetten ihrer Identität(en), auch als pädagogisch-didaktisch geplanten Inhalt einbringen, der neue Lebens- und Verhaltensmuster ggf. auch konfrontativ veranschaulicht (vgl. u.a. Morgan zu „teacher identity as pedagogy"; Morgan 2004). Franzenburg spricht von „Ich bin mein Lehrstoff" (Franzenburg 2008: 148) und sieht Lehrer*innen als Gegenüber von Schüler*innen, an denen sich diese in ihrer eigenen Identitätsfindung „orientieren oder abarbeiten können" (ebd.). Auch auf diese Funktion – den bewussten Einsatz der eigenen Biographie und Identität, die durch Narration mit pädagogischer Absicht akzentuiert werden kann, wie Morgan zeigt – werden Lehrer*innen durch dramapädagogische Identitätsarbeit vorbereitet. Dafür müssen sie, und das ermöglicht das Theater, Reaktionen auf ihr Verhalten und ihre bewusst oder unbewusst präsentierte Identität (bei Morgan Teil eines „image-text"[113]; Morgan 2004:174) wahrzunehmen lernen, um sie später reflektiert einzusetzen (vgl. ebd.). Sie müssen eine Sensibilität dafür entwickeln, wie sie – auch ihren Schüler*innen gegenüber – Identität in ihren Interaktionen erschaffen und nach welchen internalisierten ‚Regeln' sie sich dabei verhalten (vgl. ebd.:172).

Denn nicht nur die Lehrer-, sondern v.a. die Lerneridentitäten stehen im Mittelpunkt des fremdsprachlichen Unterrichts. Wolfgang Hallet (2013) postuliert für einen interkulturell und kommunikativ bildenden Fremdsprachenunterricht, dass die „Identitäten der Lernenden als Ausgangspunkt und Zielobjekt zu respektieren [sind]" (übersetzt nach Buttjes 1991:12 in: Hallet 2013b:58). Jim Cummins stellt mit Blick auf die Verteilung von Machtpositionen im Klassenraum heraus, dass Lehrer*innen sich bewusst

---

112   In die aufgeladene Debatte über die richtige Bezeichnung für eine Pädagogik und Fremdsprachendidaktik, die Menschen aufeinander zuführt und zum Abbau von Stereotypen, Vorurteilen und Missverständnissen beiträgt, möchte ich hier nicht einsteigen.

113   Brian Morgan verwendet das poststrukturelle Konstrukt einer dynamischen und co-konstruierten Identität von Simon (1995), um die Wahrnehmung der Lehreridentität durch die Schüler*innen zu benennen, die absichtsvoll eingesetzt wird, um in einer Lerngruppe vorhandene Vorurteile und kulturelle Stereotypen zu entkräften bzw. eine Infragestellung zu provozieren: „the strategic performance of a teacher's identity in ways that counteract stereotypes held by a particular group of students" (Morgan 2004:172). Morgan beschreibt in diesem Artikel, wie er als Lehrer eines ESL-Programms mit chinesischstämmigen Lernenden seine ‚privilegierte' Position (weiß, männlich, muttersprachlich anglophon) kombiniert mit Erzählungen über sein eigenes Leben (seine Frau managt die Finanzen; er kocht gerne und kümmert sich um Kindererziehung) einsetzt, um tradierte Vorstellungen beispielsweise in Bezug auf Gender zu untergraben und damit neue Identitätsräume zu öffnen (vgl. ebd.:180 ff.).

darüber sein müssen, dass sie in ihren Interaktionen mit Schüler*innen diesen eine bestimmte Identität zuweisen (vgl. dazu auch Borich 1999:107) und ihnen Möglichkeiten für zukünftige Identitätsentwicklungen aufzeigen oder absprechen bzw. verwehren (vgl. Cummins 2003:48 ff.).

Identität spielt aber auch für das fachbezogene Lernen im Fremdsprachenunterricht eine wichtige Rolle. Für das Lernziel der interkulturellen kommunikativen Kompetenz müssen insbesondere Fremdsprachenlehrer*innen diese bereits im Umgang mit ihren Schüler*innen vorleben – in gewisser Weise stellt auch die Interaktion im Klassenraum eine Form interkultureller Kommunikation dar. Auch Surkamp betont, dass die Relativierung eigener Sichtweisen und die Fähigkeit zum Perspektivenwechsel schon „intrakulturell [...] von zentraler Bedeutung [ist]" (Surkamp 2010:238), also auch im Klassenraum in der Lehrer*innen-Schüler*innen-Interaktion.[114] Im Angesicht der heutigen Vielfältigkeit der identitären Patchwork-Konstrukte kann, so manche theoretische Positionen, jedem einzelnen Subjekt eine individuelle Kultur zugesprochen werden: Kultur wird zum „einzigartige[n] Merkmal jedes handelnden Subjektes" (Griese 2006:21). Aber auch ohne eine solche radikale Modifikation des Kulturbegriffs (vgl. ebd.) erfordert der tolerante Umgang mit unterschiedlichen, individuellen Lebensentwürfen und *lifestyles*, Milieus, subkulturellen Lebensstilen und verschiedensten Haltungen im Kontext Schule ähnliche Kompetenzen, wie sie der *intercultural speaker* benötigt. Lehrer*innen brauchen ein Wissen über die soziokulturellen Umwelten ihrer Schüler*innen (u.a. auch Familienverhältnisse, Freundeskreise, Jugendkultur); sie müssen sich in Beziehung zu ihren Schüler*innen setzen, ihnen affektiv positiv gegenüberstehen und mit ihnen ‚entdeckend interagieren'.[115]

Auch in der schulischen Interaktion, dem Sozialraum eines (fremdsprachlichen) Klassenzimmers, werden Identitäten individuell und in Zugehörigkeit zu (oder Abgrenzung

---

114   Sofern man im Angesicht der (trans-)kulturell vielfältigen Herkünfte der schulischen, als auch generell jeglicher gesellschaftlicher Akteur*innen, überhaupt von ‚intrakulturell' sprechen kann.

115   Die DICE-Studie (vgl. http://www.dramanetwork.eu/) hat positive Entwicklungen von Teilbereichen interkultureller Kompetenzen bei Schüler*innen festgestellt, die an Theaterprojekten oder dramapädagogischem Unterricht teilgenommen haben (z.B. verstärkte Toleranz gegenüber Minderheiten, Zuwachs an Empathie und der Fähigkeit zum Perspektivwechsel; vgl. Küppers 2015:152). Ähnliche Entwicklungen lassen sich analog für Lehrer*innen in Theaterprojekten und dramapädagogischen Seminaren vermuten. Teilbereiche der interkulturellen Kompetenz und diesbezügliche Entwicklungen bei den Studierenden sind in dieser Arbeit nicht direkt untersucht worden, können aber als positiver ‚Nebeneffekt' dramapädagogischer Selbstkompetenzarbeit angenommen werden. Diesen Zusammenhang spricht auch Küppers an, wenn sie den doppelten Effekt performativer Elemente in der Lehrer*innenbildung beschreibt, und zwar als Möglichkeit für eine „kritische und reflexive Auseinandersetzung mit (der eigenen) LehrerInnenrolle/n im fiktiven und fiktionalisierten Schonraum des Seminars und [...] andererseits [als] eine Bühne für interkulturelles Lernen" (Küppers 2015:155)

von) sozialen Gruppen konstruiert und verhandelt. Bereits auf der Interaktionsebene des Fremdsprachenunterrichts können Schüler*innen also auf Aushandlungsprozesse, die interkulturelle Relevanz haben (z.B. in Form einer Thematisierung der auch interindividuell unterschiedlich empfundenen „display rules"; vgl. Müller 2008b:29 f.), vorbereitet werden, wobei sie für den Konstruktcharakter von Identität sensibilisiert werden und ihre eigene Pluralität sowie das „Mixen und ‚Switchen'" (Griese 2006:21), das sie mit ihren sozialen Identitäten betreiben (vgl. ebd.), wahrnehmen lernen. Lehrer*innen haben hier die Aufgabe, Wachstum anzuregen, indem sie Schüler*innen in ihren Weltsichten konstruktiv irritieren und zu Hinterfragung ermutigen. Zugleich erfordert der pädagogische Auftrag aber auch, Schüler*innen in ihren individuellen Zugehörigkeitsgefühlen und der Herausbildung stabiler Selbstkonzepte zu bestärken. Bauer betont die Bedeutsamkeit von affirmativen Rückmeldungen über die eigene Identität auch für die Arbeit mit Lehrer*innen am professionellen Selbst (Bauer 2006:24):

> Lehrkräfte brauchen [...] Einschätzungen und Bewertungen, die sich auf ihre Person und deren Charakteristika beziehen. [...] Attributionstheoretisch betrachtet, sind vor allem auch auf Generalisierung und Stabilität abzielende positive Rückmeldungen, also Informationen über ‚gute' Charakterzüge', besonders wirksam.

Ähnlich sehen es Korthagen und Wubbels, die mit dem Prinzip der ‚Belohnung' in der Lehrerbildung arbeiten und konsequent die Stärken ihrer Studierenden und Referendar*innen betonen (vgl. Korthagen & Wubbels 2002:51). Wenn Lehrer*innen dieses Prinzip (v.a. Bauers generalisierte Rückmeldungen), das sie auch in dramapädagogischen Selbstkompetenzseminaren erleben können, auf einen an interkultureller Kompetenz ausgerichteten Fremdsprachenunterricht übertragen, entsteht jedoch eine ‚Zwickmühle': Affirmationen und ein Unterricht, der als soziales Lernen und anhand von das Selbst(wert)gefühl stärkenden Erfahrungen gestaltet ist, unterstützt bei Schüler*innen ein Gefühl von Individualität und Stabilität, und Identitätskonstruktionen (individuell wie kollektiv) verfestigen sich (vgl. Kurtz 2013:165). Für die Entwicklung von Selbstwertgefühl, den Entwurf von Zukunftsplänen sowie die Herausbildung eines starken Klassengemeinschaftsgefühls ist das hilfreich. Gerade für interkulturelle Begegnungen schildert Surkamp (in Anlehnung an Finkbeiner 1998) aber auch das Potenzial einer weniger stabilen Identität, die eine größere Anpassungsfähigkeit aufweist (vgl. Surkamp 2008:108). Tatsächlich kann durch die Herausbildung stabiler Identitäten und Orientierungsmuster unter Umständen die hierfür notwendige Offenheit verloren gehen, und in Abgrenzung zum ‚Eigenen' entstehen – mitunter stereotype – Konstrukte des ‚anderen' (vgl. Lütge 2013:165). Kurtz fordert daher für den Fremdsprachenunterricht eher einen Prozess der Selbstuntersuchung und Selbsthinterfragung und kritisiert eine häufig verkürzte Auseinandersetzung mit Eigenheit und Fremdheit im Unterricht und in curricularen Vorgaben. Erforderlich sei eine (Kurtz 2013:138) tiefgreifende, langfristig angelegte Identitätsentwicklung über Selbstrelativierungsprozesse, d.h. über eine behutsame Problematisierung der diversen sprachlichen, psychosozialen und kulturellen Referenzpunkte des Selbst in seinen vielfältigen Facetten, auch als fragile schülerseitige Patchwork- bzw. Transversalidentität.

Um Schüler*innen die Entwicklung zu *intercultural speakers* zu ermöglichen, müssen sie also (wie oben hergeleitet) lernen, Identität als komplexes Konstrukt zu erkennen, das sich im Fluss befindet und das zwischen „Sprachen und Kulturen agiert und vermittelt" (Schmenk 2010:118). Um dies demonstrieren und vermitteln zu können, müssen wiederum erst einmal Lehrer*innen bzw. Lehramtsstudierende Identität als „komplexes und multiples, individuelles und soziales Phänomen" (Miller 2009:178) begreifen, sowie die Konstruiertheit und Konstruktionsbedingungen von Identität erkennen lernen. Lütge weist vor dem Hintergrund neuerer kulturtheoretischer Erkenntnisse und poststrukturalistischer Identitätskonstruktionen auf die Notwendigkeit hin, Lehrer*innen für deren ‚Verwendung' bzw. den schulischen Einbezug dieser Diskurse zu sensibilisieren sowie durch Konzepte und Methoden für den Unterricht zu unterstützen (vgl. Lütge 2013:166). Dafür sei es notwendig, dass werdende Fremdsprachenlehrer*innen selbst bipolare Perspektiven überwinden, Normvorstellungen hinterfragen und relativieren sowie sprachlich-kulturelle Identitäten als pluralistisch reflektieren (vgl. ebd.). Es zeigt sich als Aufgabe der fremdsprachendidaktischen und erziehungswissenschaftlichen Lehrerbildung, Lehramtsstudierende bei der Festigung ihrer entstehenden Lehreridentitäten zu unterstützen, sie aber zugleich zu einer Hinterfragung und kritischen Untersuchung ihrer eigenen hybriden und transkulturellen Identitäten im Sinne eines zeitgemäßen Kulturbegriffs (vgl. Küppers 2015:150) anzuregen. Eine selbstreflexionsorientierte Arbeit mit Methoden des Theaters zeigt sich – in Kombination mit einer passenden Haltung der Lehrerenden und der Erschaffung einer geeigneten Lernumgebung – in dieser theoretischen Betrachtung sowohl für das Lernen an der Universität als auch in der Schule als geeignet, um Identität(en) zu (de)konstruieren, zu (unter)suchen und zu (er)finden. Die dabei ausgebildete Selbstkompetenz stellt eine Basis dar, auf der u.a. interkulturelle Kompetenz auf- und ausgebaut werden kann.

4.4 Persönlichkeitsbildung und Praxisperspektiven

Ob Studierende sich überhaupt für ein dramapädagogisches Seminar anmelden, in welchem Maß sie sich dabei einbringen, wie viel sie in Gesprächen mit anderen Seminarteilnehmer*innen von sich selbst preisgeben und auf welche Tiefe von Reflexionen sie sich einlassen, das hat mit ihren allgemeinen Persönlichkeitsmerkmalen und Verhaltensbereitschaften bzw. -tendenzen zu tun. Um diese „überdauernden individuellen Besonderheiten im Erleben und Verhalten" (Asendorpf 2013:1170) sowie den Zusammenhang personinterner Strukturen mit einer kreativen Rolleninterpretation in der

Schule (vgl. Veith 2010:197) geht es im dritten Erfahrungsfeld dramapädagogischer Selbstkompetenzarbeit.

4.4.1 Dispositionales und motivationales Selbst: Erfahrungsfeld und Entwicklungsimpulse

In den vorherigen Erfahrungsfeldern ist erstens ein Blick auf die performative Erschaffung von (Lehrer-)Identität geworfen worden und zweitens eine narrativ-psychologische und soziologisch inspirierte Betrachtungsweise zum Einsatz gekommen, wobei Identität als situativ, als Erzählung und als Ergebnis eines kontinuierlichen Aushandlungsprozesses beschrieben wurde. Es gibt eine weitere Seite der Betrachtung von Lehreridentität, die dem entgegen von einem tendenziell stabilen, dispositionalen Selbst ausgeht: „a self with dispositions, attitudes and behavioural responses which are durable and relatively stable" (Day u. a. 2006:601). In diesem Erfahrungsfeld dramapädagogischer Selbstkompetenzseminare sollen Studierende durch die Arbeit mit Theatermethoden für die Reflexion ihrer Erlebens- und Verhaltenstendenzen sensibilisiert werden. Zudem wird der Frage nachgegangen, ob sich konkrete Persönlichkeitseigenschaften ausmachen lassen, die sich trotz ihrer relativen Stabilität[116] bei Teilnehmer*innen durch das Theaterspielen beeinflussen lassen (Persönlichkeitsentwicklung)[117], und welche Relevanz diese Dimensionen von Persönlichkeit wiederum für die Entwicklung professioneller Handlungskompetenzen haben.

Für Lehrer*innen relevant, also mit Einfluss auf die Qualität von Unterricht und Berufszufriedenheit, konnten auf einer faktoranalytischen Beschreibungsebene bisher drei Merkmale von Persönlichkeit empirisch nachgewiesen werden (vgl. Mayr und Paseka 2002:52), die auch den *Big Five* der Persönlichkeitspsychologie angehören. Bei den *Big Five* handelt sich um ein System zur Beschreibung von Persönlichkeitsunterschieden anhand von fünf „Hauptfaktoren der Persönlichkeit" (vgl. Asendorpf 2009:146 ff.). Für Lehrer*innen ist der Zusammenhang zwischen einer positiven Ausprägung der Faktoren Extraversion[118] und Gewissenhaftigkeit[119] sowie einer geringen Ausprägung von Neurotizismus mit besserer Unterrichtsqualität, höherer Berufszufriedenheit und geringer gefühlter Belastung durch den Beruf empirisch nachgewiesen (vgl. Urban 1984

---

116   Die Persönlichkeitspsychologie geht von Verhaltenstendenzen mit zumindest kurzfristiger Stabilität aus. Untersuchungen haben jedoch weniger als erwartet eine transsituative Konsistenz einzelner Persönlichkeitsdimensionen zeigen können (vgl. Asendorpf 2013:1171).

117   Langfristige Veränderungen der Persönlichkeit werden als Persönlichkeitsentwicklung bezeichnet (vgl. Asendorpf 2013:1170). Insofern bedeutet beeinflussen hier: das Anstoßen von Veränderungsprozessen, die erst langfristig wirksam und sichtbar werden.

118   Extraversion wird mitunter auch als Kontaktbereitschaft bezeichnet (vgl. Nieskens 2002:57).

119   Mitunter wird stattdessen von Selbstkontrolle gesprochen (vgl. ebd.).

und 1992 in: Mayr & Paseka 2002:52).[120] Besonders relevant sind die Gegenpole, also starke Introversion, Labilität oder mangelnde Selbstkontrolle, als „Risikofaktoren für zentrale Bereiche der Lehrertätigkeit" (Mayr & Paseka 2002:52), die es auszuschließen gilt (vgl. ebd.).[121]

Die Big Five der Persönlichkeitspsychologie		Merkmale
Openness to new experience	Offenheit gegenüber neuen Erfahrungen	intellektuell neugierig, kreativ, künstlerisch interessiert
Conscientiousness	Gewissenhaftigkeit	zuverlässig und beharrlich
Extraversion	Extraversion	aktiv und ungehemmt, gerne unter Leuten
Agreeableness	Verträglichkeit	hilfsbereit, freundlich und warmherzig
Neuroticism	Neurotizismus	nervös, ängstlich und instabil

Tabelle 4: Die Hauptfaktoren der Persönlichkeit nach Asendorpf (2009:54)

Der heutige Stand der psychologischen Forschung in Richtung Persönlichkeitsmerkmale der Lehrenden distanziert sich allerdings klar von einem allgemeingültigen, normierenden Persönlichkeitsprofil guter Lehrer*innen (Bromme & Rheinberg 2006: 300):

> Es wird deutlich, dass die Vorstellung von der einen Lehrerpersönlichkeit verworfen werden kann. Während ein universelles Persönlichkeitsprofil nicht bestätigt werden kann, wird dennoch deutlich, dass gewisse Persönlichkeitsmerkmale ausreichend vorhanden sein sollten, wobei auch diese sehr weite Überlappungsbereiche bei guten und schlechten Lehrern aufweisen.

Ausprägungen der o.g. ‚Risikofaktoren' können also kein Ausschlusskriterium in der Lehrerbildung sein, vielmehr muss gefragt werden, wie ggf. Defizite kompensiert werden können, ob und wie alternatives Verhalten trainiert werden kann und welche Stärken andere Schwächen möglicherweise ausgleichen. Wie kann theaterpädagogische Arbeit, mit dem ihr oft zugesprochenen Potenzial zur Persönlichkeitsentwicklung, dabei helfen? Denkbar wäre erst einmal die Hinarbeit mit Studierenden auf ein verstärktes Bewusstheit über eigene Persönlichkeitsmerkmale und deren (Risiko-)Potenzial für den Lehrerberuf. Dazu könnte die Inszenierung von Szenen und die gemeinschaftliche Arbeit an kreativen Aufgaben unter Zeitdruck dienen; beides erfordert Offenheit für neue Erfahrungen (wenn Theater ein neues Medium für eine*n Teilnehmer*in darstellt), extrovertiertes Verhalten, und für die Kooperation mit anderen auch soziale Verträglichkeit. Durch die Komponente des Bühnenauftritts vor einem Publikum (ggf.

---

120   Veith und Schmidt gewichten mit Berufung auf Hanfstingl und Mayr (2007) anders: Extraversion bzw. introvertiertes Verhalten wird als weniger bedeutsam für den jeweiligen Unterrichtserfolg bewertet, die o.g. Liste wird dafür um Offenheit erweitert (vgl. Veith & Schmidt 2010:9).

121   Mit Veith und Schmidt sei hier ergänzt, dass andererseits auch eine Ausprägung dieser Faktoren in günstiger Art und Weise nur eine geeignete Basis für den Erwerb berufsfeldbezogener Kompetenzen darstellt, nicht aber den Bedarf, diese Kompetenzen zu entwickeln, ersetzt (vgl. Veith & Schmidt 2010:2).

weitere Gruppenmitglieder) und den ‚Zugzwang', eigene kreative Ideen beizusteuern, können Druck und – im Fall von ängstlichen, labilen oder aggressiven Tendenzen einer Person – auch negative Emotionen entstehen. Theaterarbeit und damit verbundene Gruppendynamiken liefern somit eine Möglichkeit zur Selbsterfahrungen und ‚Material' für Verhaltensbeobachtungen. Dramapädagogische Arbeit stellt somit jenseits realer schulischer Praxissituationen eine „praxisnahe herausfordernde Gelegenheit zur Selbsterprobung" bereit (Veith & Schmidt 2010:15), mit dem Resultat einer erweiterten Selbstkenntnis. Daraus müssen berufsbezogene, selbstkompetente Konsequenzen gezogen werden und ggf. muss gefragt werden, ob es Unvereinbarkeiten zwischen der eigenen Person und der angestrebten Profession gibt. Mit dieser Frage öffnet sich ein Spannungsfeld für die personorientierte Lehrerbildung, das eine Erweiterung der bisherigen Definition von Selbstkompetenz in dieser Arbeit erfordert.

Berufliche Selbstkompetenz: Zwischen Eignungsfrage und persönlichen Ressourcen
Der bisher dargelegte Grundgedanke von Selbstkompetenz als Basis einer individuellen, freien Entfaltung wird nun durch Überlegungen zur Passung von Beruf und Person zu einer ‚beruflichen Selbstkompetenz' erweitert. Diese ist die Basis einer kritischen Selbstbefragung dazu, ob die eigenen (Persönlichkeits-)Ressourcen dem „berufsfeldbezogenen Anforderungsprofil" (Veith & Schmidt 2010:5) entsprechen und inwieweit das eine mit Blick auf das andere veränderbar ist, um diese Passung im Sinne einer „Person-job-fits-Prämisse" (Weyand 2010:196) zu erhöhen. Als Selbstkompetenz werdender Lehrer*innen soll im Folgenden also auch gelten, sich über die eigenen Dispositionen bewusst zu sein sowie über die Risiken und berufsbezogenen Hindernisse im Kontext Schule, die mit bestimmten Ausprägungen von Merkmalen der Persönlichkeit einhergehen können. Dafür muss – wie Karin Kleppin für die fremdsprachige Lehrerbildung unterstreicht – bereits das Lehramtsstudium im B.A. ermöglichen, dass werdende Lehrer*innen mit einem „‚sich selbst überprüfenden Blick' auf die spätere Berufspraxis [studieren]" (Kleppin 2003:109).[122]
Die Infragestellung der eigenen Berufswahl oder ein Bemühen um Veränderung eigener Persönlichkeitsdimensionen entspricht nicht der bisher verwendeten grundlegenden Definition von Selbstkompetenz: Eine Bestimmung von Selbstkompetenz als „Selbstverständnis und [...] Identitätsgewinnung" (Staudinger 2006:206) ist nicht nor-

---

122 Darüber hinaus soll aber auch diese Berufspraxis mit einem kritischen Blick auf Innovationsbedarf und Veränderbarkeit hin untersucht werden. Die beiden Wirkungen von berufsberatenden Interventionen, laut Weyand „‚professionelle Entwicklung' und/oder Selbstselektion" (Weyand 2010:196) sollen hier um eine dritte Dimension, die Befähigung zur Gestaltung der beruflichen Rolle entsprechend den bei sich selbst vorhandenen Ressourcen und Überzeugungen, erweitert werden.

mativ und zunächst an der Selbstverwirklichung des Individuums ausgerichtet. In aktuellen Verwendungen des Begriffs Selbstkompetenz ist es jedoch nicht unüblich, den Erwerb bestimmter sozial erwünschter Verhaltensweisen einzubeziehen und somit dem Selbstkompetenzerwerb eine Art Verwertungsdimension hinzuzufügen. Selbstkompetenzentwicklung beinhaltet dann beispielsweise, ein erwünschtes Verhalten (Zuverlässigkeit, Engagement o.ä.) im Rahmen eines Anstellungs- oder beruflichen Ausbildungsverhältnisses an den Tag zu legen (vgl. beispielsweise Sekretariat der Kultusministerkonferenz 2011:15 f.), dient also auch der „Sicherung der Beschäftigungsfähigkeit von Personen" (Veith 2014:55). Auch Achtenhagen u. a. (2006) bestimmen Selbstkompetenz als Persönlichkeitsentwicklung mit dem Ziel der verbesserten Berufsausübung; im Rahmen der beruflichen Bildung müsse es bei Selbstkompetenz darum gehen, „allgemeine Persönlichkeitsmerkmale zu erfassen, denen ein Einfluss auf die berufliche Leistung zugesprochen werden kann" (vgl. Achtenhagen u. a. 2006:41). Mit Terhart (2007) ist hier zu ergänzen, dass zwar diese „Korrespondenz von äußerer (‚objektiver') Aufgabenstruktur einerseits und innerer (‚subjektiver') Fähigkeitsstruktur andererseits" (Terhart 2007:45) in der Kompetenzdebatte generell und auch im Bereich der beruflichen Kompetenzen zentral ist, es dabei aber weniger um stabile Persönlichkeitseigenschaften als um die Realisation von Fähigkeiten in speziellen Kontexten geht (vgl. ebd.), wobei sowohl Aufgaben- als auch Fähigkeitsstruktur als entwicklungsfähig definiert werden (vgl. ebd.). Ob ein Entwicklungsbedarf jedoch aus der Institutionenperspektive oder aus der Individuumsperspektive (individuelle Interessen und Ziele, Schwerpunktsetzungen etc.) definiert wird – wer also die Definitionsmacht über Eignung und Anforderungen hat – wird dabei nicht gefragt. Ettmüller (2009) beschreibt aus der Perspektive der beruflichen Bildung – und meines Erachtens übertragbar auch auf die berufliche Bildung werdender Lehrer*innen – die doppelte Anforderung an die ausbildenden Institutionen zwischen allgemeinem Bildungsauftrag und Befähigung des Individuums zur Selbstverwirklichung einerseits und Zulieferfunktion für die Arbeitswelt andererseits (Ettmüller 2009:o.S.):

> Zu unterscheiden ist also zwischen pädagogischen Zielen, bei denen die Persönlichkeitsbildung des Jugendlichen in den Mittelpunkt rückt, und ökonomischen Zielen, bei denen es vor allem um die sich lohnende Gestaltung des betrieblichen Produktionsprozesses und die hierfür erwarteten Qualifikationsanforderungen geht.

Auch bei dramapädagogischer Arbeit im Lehramtsstudium wird Selbstkompetenzentwicklung vor dem Hintergrund der Professionalisierung für ein bestimmtes Berufsbild und mit teilweise normativer Zielsetzung betrieben. Es geht nicht nur darum, die subjektiv bedeutsamen Werte und Wahrnehmungsmuster herauszuarbeiten, die individuelle Selbstkenntnis zu erhöhen und persönliches Wachstum zu unterstützen, obwohl das ein wichtiges pädagogisches Ziel dieser Arbeit ist. Aber darüber hinaus müssen die individuellen Ziele, Sinngebungen und Interpretationen, die die Studierenden in Bezug

auf ihre Person und den Beruf mitbringen, in Relation gesetzt werden zu den dominanten Werten der Profession und wissenschaftlichen Erkenntnissen über die Gelingens-
faktoren eines modernen Fremdsprachenunterrichts. Dazu gehört in der Fremdsprachendidaktik das Leitbild eines kommunikativen, ganzheitlichen und schülerorientierten Unterrichts (für den dramapädagogische Arbeit in der Fremdsprache als Beispiel
dienen kann, aber bei weitem nicht die einzige Form der Umsetzung darstellt). Ein solcher Unterricht verlangt von Lehrer*innen, selbst Freude an Interaktionen und spielerischem Vorgehen zu zeigen. Eine gründliche Vorbereitung und Strukturierung der
Lernprozesse ist nötig, bei gleichzeitiger Bereitschaft, davon improvisierend abzuweichen und flexibel auf die Bedürfnisse von Schüler*innen einzugehen. Geringe Ausprägungen der Persönlichkeitsmerkmale Extraversion und Offenheit sowie Gründlichkeit
bei den Lehrenden können somit der Realisierung eines solchen Unterrichts im Weg
stehen, weshalb sie als personale Voraussetzungen bei Fremdsprachenlehrer*innen
vorhanden sein oder von ihnen ausgebildet werden müssen. Da Eignung in einer humanistischen Lehrerbildung prozesshaft betrachtet wird (vgl. Nolle & Döring-Seipel
2011:89) und nicht als Selektionskriterium zum Ausbildungsbeginn dienen soll, müssen
Wege zur diesbezüglichen Selbstüberprüfung und zur Entwicklung der – auch eine personale Komponente beinhaltenden – Kompetenzen zur Gestaltung eines solchen
Fremdsprachenunterrichts angeboten werden.[123]
Dieser normative Anspruch muss in der Lehrerbildung konzeptionell in Einklang gebracht werden mit den Prinzipien der personorientierten Gestaltung von Seminaren
(siehe Kapitel 4.5), in denen Raum zur Selbstdefinition gegeben und dazu ermutigt werden soll, einen eigenen Weg zu den Schüler*innen zu finden – um eben nicht „allen
Studierenden dieselben Philosophien und Methoden von Erziehung und Unterricht
schmackhaft machen zu wollen" (Mayr und Paseka 2002:54). Denn Entwicklungspfade
eines professionellen Selbst können grundlegend verschieden und dennoch erfolgreich
sein (vgl. Antonek u. a. 1997:23 f.), und Unterrichtsstile erfolgreicher Lehrer*innen
können sich in diversen Facetten (z.B. Grad der Strukturierung, Lehrformen und Klas-
senklima) weitreichend unterscheiden (Weinert 1996:143). Dementsprechend stellt

---

123   Dies entspricht der Forderung von Veith und Schmidt, zur ersten Phase der Lehrerbildung eine
       Vielzahl von Persönlichkeiten und Fähigkeitsprofilen zuzulassen, deren professioneller Per-
       spektivenwechsel und berufsfeldrelevante Kompetenzentwicklung gefördert und begleitet
       werden (vgl. Veith & Schmidt 2010:11), wozu auch die Eignungs-Selbstreflexion gehört (vgl.
       ebd.:13).

auch Lenhard die Frage, ob es ein Fehler sei, „Leit-Bilder[124] des guten Lehrers zu kon-
zipieren und für die Ausbildung verpflichtend machen zu wollen" (Lenhard 2001:19).
Er würde lediglich negative Entwicklungen stoppen (vgl. ebd.).
Die schwierige Frage ist dabei, was eben einen „schlechte[n] Lehrer" (ebd.) ausmacht
und in welcher Form Lehrerbildner*innen der ersten Phase bereits ungeeignete Haltungen und Dimensionen von Persönlichkeit mit den ‚objektiven' Anforderungen eines
gelingenden Fremdsprachenunterrichts konfrontieren können und sollten. Denn einerseits müssen, wo vorhanden, „vertretbare Standards beruflichen Handelns" (Mayr und
Paseka 2002:54) eingefordert werden, andererseits soll „Eignung als Prozess [verstan-
den werden]" (Nolle & Döring-Seipel 2011:89; im Original kursiviert) und jeder und jedem die Möglichkeit zur Entwicklung zugestanden werden, ohne pauschal eine Selektion in geeignet oder ungeeignet vorzunehmen (vgl. Mayr und Paseka 2002:54). In
ebendiesem Spannungsfeld von Veränderung, Akzeptanz oder Selektion findet Persönlichkeitsarbeit in der Lehrerbildung statt (vgl. Mayr 2012:54).

Der beste Weg zur ‚Auswahl guter Lehrer*innen' scheint dabei darin zu liegen, die berufliche Selbstkompetenz Lehramtsstudierender derart zu stärken, dass sie als Prozess
der Selbstklärung ihre Passung in Form von Neigung, Motivation und Persönlichkeitsdispositionen im Vergleich zu den Anforderungen des Berufes überprüfen (vgl. Weyand
2010:195). Eine solche Hinterfragung der eigenen Berufswahl, Überprüfung von Motiven und unter Umständen eine Bestätigung bzw. erneute, bewusste(re) Entscheidung
für den Beruf als Fremdsprachenlehrer*in kann Aufbauprozesse einer beruflichen
Identität positiv beeinflussen: Valadez Vazques findet bei der Befragung von Spanischlehrer*innen die höchste berufliche Zufriedenheit u.a. bei jenen, die sich bewusst für
ihren Beruf und ihr Fach entschieden haben (vgl. Valadez Vazquez 2014:417).

Eine identitätsorientierte Lehrerbildung zielt also darauf ab, dass Studierende selbst
Verantwortung für ihre Weiterentwicklung übernehmen und schließlich in Praktika
und im Referendariat aktiv in Prozesse des *role taking*[125] und *role making* einsteigen.
Ziel dramapädagogischer, personorientierter Seminare ist es, die zukünftigen Lehrer*innen darin zu unterstützen, „individuelle Stärken zu nutzen und Wege zu finden,
so mit den eigenen Schwächen umzugehen, dass sie möglichst wenig ins Gewicht fallen" (Mayr 2012:54). In Bezug auf den Berufseinstieg bedeutet dies, „negative einstel-
lungsbezogene Effekte ab[zu]fangen" (Teml und Unterweger 2002:9), indem Lernumgebungen und Erfahrungen in der Lehrerbildung dazu führen, dass Studierende mit
entsprechenden Einstellungen, Haltungen und Selbstkonzepten diese bei sich selbst in

---

124   Mit der Frage nach beruflichen Leitbildern beschäftigt sich aktuell auch die Bildungsgewerk-
      schaft GEW. Sie ist der Meinung, es fehle in der Öffentlichkeit eine Debatte über berufliche
      Leitvorstellungen von Lehrer*innen (vgl. Demmer 2013:14).

125   Hierzu kann gehören, erfahrenen Kolleg*innen gegenüber die der Rolle der ‚jungen Lernenden'
      anzunehmen und damit Hilfe und Unterstützung zu erhalten (vgl. Unterweger 2013:85 f.).

Frage stellen, ihre Berufswahl ändern oder eine „berufsspezifische Veränderungs- und Entwicklungsbereitschaft" (Nieskens 2002:60) entwickeln; daran anknüpfend muss die Lehrerbildung dann Lernumgebungen bereitstellen, die die Entwicklung alternativer Verhaltensweisen ermöglichen und unterstützen.

Persönlichkeitsentwicklung durch Dramapädagogik

Welche Impulse zur (Weiter-)Entwicklung von für den Lehrerberuf zuträglichen Persönlichkeitseigenschaften können durch Theaterarbeit angeregt werden, und wie stark können sie tatsächlich wirken? Augusto Boal beschreibt, wie die Theatermethodik es erlaube, auch mit schwierigen Persönlichkeitsmerkmalen ‚kompensatorisch' umzugehen. Er illustriert dies an einem Beispiel, das man ‚Neurotizismus' nennen könnte: „[Es] könnte eine fragile Persönlichkeit versuchen, in sich ‚gesunde' Charaktere aufzuwecken, nicht mit dem Ziel, sie zurück ins Vergessen zu schicken, sondern in der Hoffnung, sie in die eigene Persönlichkeit zu integrieren." (Boal 1995:38; in: Weintz 2005:299) Ähnlich optimistische Annahmen formuliert Bauer für den Prozess einer ‚individualisierten Professionalisierung' in der Lehrerbildung. Hier würden (Bauer 2005:53)

[...] Talente, Interessen, persönliche Stärken und Vorlieben ausgebaut [...] oder [bekommen] einen Gegenspieler zum Ausgleich [...]. Der Individualist lernt durch seine Individualität ein Team bereichern, der intuitive Typ lernt persönliche Eindrücke und Vermutungen mitteilen und überprüfen. Der erfahrungsorientiert arbeitende Praktiker übt sich im Reflektieren, der Theoretiker findet Wege, in überraschenden Situationen blitzschnell zu handeln.

Die genannten Beispiele implizieren nicht, grundlegend die Persönlichkeitsstruktur der Teilnehmenden ändern zu wollen, sondern erlernbare Verhaltensweisen und Handlungsmuster zu trainieren und den Willen oder die Einsicht zu entwickeln, diese situationsadäquat einzusetzen. Der Arbeit mit Theater werden, theoretisch hergeleitet und teilweise auch empirisch nachgewiesen, viele Möglichkeiten dazu zugesprochen.

Die ‚Big Five' und weitere Persönlichkeitseigenschaften

Als Wirkung von Theaterspielen und dramapädagogischer Arbeit wird häufig die Entwicklung eines eng verknüpften Persönlichkeits-Merkmalsbündels aus Selbstvertrauen und Extraversion, Offenheit, Flexibilität und Improvisationsfähigkeit beschrieben. Müller (2008) nennt eine Stärkung des Selbstbewusstseins durch Theater (vgl. Müller 2008:15), die von Theaterpädagog*innen häufig über die Wirkung der Verkörperung erklärt wird (vgl. Spolin 1983:21). Ein gesteigertes Selbstbewusstsein wird wiederum mit der Fähigkeit zur Improvisation (auch im Unterricht) in engen Zusammenhang gebracht (vgl. Lutzker 2007:171) und ermöglicht durch positive Erfahrungen damit eine verstärkte Zuversicht und Bereitschaft, als Lehrer*in kreativ mit offenen Situationen umzugehen und spontane Ideen und Ereignisse aufzugreifen.

Eine solche Flexibilität ist für Lehrer*innen unersetzlich. Immer wieder entstehen im Unterrichtsalltag unvorhergesehene Situationen, muss ‚überraschungstolerant' unterrichtet werden (vgl. Thaler 2010b:235). Der Erziehungswissenschaftler Hans-Werner Heymann spricht daher davon, dass Flexibilität „einen wirklich guten Lehrer ausmacht" (Heymann 2009:46). Auch Tausch benennt „kreative Flexibilität" (Tausch 2006:579) als notwenige Fähigkeit von Lehrer*innen, um förderliche Lernumgebungen zu schaffen. Keith R. Sawyer betont Flexibilität als eine der zentralen Fähigkeiten von Lehrer*innen im Unterricht (vgl. Sawyer 2004:14). Er fordert daher, Lehrer*innen gezielt darin auszubilden und dafür Methoden aus dem Training von Schauspielern zu verwenden (vgl. ebd.:16f).[126]

Flexibel kann aber nur sein, wer offen in eine Situation geht. Bezüglich der Offenheit für neue Erfahrungen stellt Domkowsky empirisch eine tendenzielle Verbesserung durch regelmäßiges Theaterspielen fest[127] (vgl. Domkowsky und Walter 2012:111 sowie Domkowsky 2011:468). Feldhendler attestiert dem Playback Theater den Effekt einer „intellektuelle[n], affektive[n] und emotionale[n] Öffnung" (Feldhendler 2009:5) – eine Wirkung, die auch Lutzker nach dem *Clowning*-Training bei Lehrer*innen feststellen kann (vgl. Lutzker 2007:194). Er findet in den Langzeit-Antworten der befragten Lehrer*innen klare Hinweise darauf, dass die Erfahrung des Umgangs mit dem ‚leeren Raum' der Bühne ihre Offenheit, Flexibilität und Präsenz (im Sinne der Wahrnehmung des Moments) in ihrem Unterricht langfristig positiv beeinflusst hat.[128]

Auch Möglichkeit zur Förderung der individuellen Spontaneität[129] wird besonders dem improvisierenden Theater immer wieder zugeschrieben. Johnstone, Spolin und auch Fox setzen sich intensiv mit dieser Form des bedachten ‚Nicht-Nachdenkens' (vgl. Fox 1996:71) auseinander: Schauspielende müssen „ein Maß für die jeweilige Situation haben, jede Rolle angemessen spielen und wissen, wann [...] [sie] sich einbringen und wann [...] zurücknehmen [müssen]" (ebd.:72). Die richtige Intuition dafür und die Flexibilität, auf verschiedene Ausdrucksmöglichkeiten zurückzugreifen, führt Fox u.a. auf ein Training der Vorstellungskraft und die Wahrnehmung der eigenen Sinne zurück (vgl. ebd.). Veränderungsbereitschaft entstehe, wenn man in der Lage sei „jeden Mo-

---

126   Sawyer fordert zudem eine systematische Entwicklung geeigneter Programme samt Evaluierung für die Lehrerbildung. Dem versuche ich mit dem hier entwickelten Seminarkonzept zu entsprechen.

127   Die Studie fand mit Jugendlichen statt, die über einen längeren Zeitraum Theater spielten; somit sind die Ergebnisse nicht direkt auf den Kontext Lehrerbildung und Blockseminar übertragbar.

128   Hierbei handelt es sich allerdings um die Selbsteinschätzungen der Lehrer*innen.

129   Spontaneität und Flexibilität werden in meiner Arbeit nicht genauer voneinander abgegrenzt und als zusammengehörig behandelt.

ment so wie er kommt anzunehmen und dynamisch darauf einzugehen" (ebd.) – Fähigkeiten, die laut Fox beim Playback Theater (und m.E. bei vielen weiteren Formen des kooperativen Improvisationstheaters) zum Einsatz kommen und erlernbar sind. Zur Handlungsfähigkeit von Lehrer*innen gehört andererseits – sozusagen als ‚Gegenpol' zu Spontaneität – auch eine gründliche Vorbereitung und Strukturierung (Gründlichkeit und Selbstkontrolle). Auch für gelingende Theaterarbeit ist Gründlichkeit an diversen Stellen erforderlich; sie muss von Schauspieler*innen beim Erlernen ihrer Texte, Regisseur*innen bei der Planung von Proben und Theaterpädagog*innen bei der Gestaltung von Lernumgebungen, Materialien und Übungssequenzen an den Tag gelegt werden. Dies vermittelt den Teilnehmer*innen, dass die ‚Risiken', auf die sie sich beim Theaterspielen einlassen, gut durchdacht sind und von Spielleiter*innen angeleitet werden, die nicht nur spontan und einfallsreich sind, sondern verantwortungsbewusste Sozialpartner*innen. Erfolgreiche Prozessgestaltung, pädagogischer wie ästhetischer Art, erfordert Flexibilität und Gründlichkeit zugleich. Auch anerkannte Phasenmodelle des kreativen Prozesses – in Anlehnung an Poincaré (1908) – enthalten nicht nur Phasen des divergierenden Denkens oder der Assoziation (v.a. in der Phase der Inkubation; vgl. Groeben 2010:894), sondern ebenfalls Momente der gründlichen Vorbereitung und des konvergenten, zusammenführenden Denkens, Strukturierens und Ausarbeitens (Phasen der Elaboration und Evaluation; vgl. ebd.). Flexibilität, Einfallsreichtum und Intuition sind somit ebenso Teil eines kreativen (Problemlöse-)Prozesses wie Gründlichkeit und Kognition.

Selbstkompetenzförderung durch Theater beinhaltet beide ‚Pole': Einerseits gibt es viele Bestandteile, die das intuitive Verhalten ansprechen (Spontaneität als Lösen der rationalen Kontrolle, als Ekstase, als bewusste Vermeidung von Nachfragen, Planung und Analyse; vgl. Fox 1996:71 ff.). Dafür soll mit theaterpädagogischen Übungen der Abbau von Hemmungen gefördert und die Angst vor Kontrollverlust oder Ablehnung abgebaut werden: V.a. körperliche Übungen lösen Blockaden und sollen den „Griff des Verstandes lockern" (Fox 1996:78), indem das Sinnlich-Körperliche betont und ein konsequenzfreier Raum geschaffen wird. Andererseits ist Disziplin in Form von Selbstkontrolle und Gründlichkeit Bestandteil von sowohl künstlerischer als auch pädagogischer (Hintergrund-)Arbeit; insbesondere, wenn Studierende selbst dramapädagogische Übungen anleiten (im Seminar mit anderen Studierenden oder in Projekten mit Kindern und Jugendlichen), erleben sie die Notwendigkeit, gründlich vorzubereiten, zu planen sowie strukturierte Anleitung zu geben, aber auch in den richtigen Momenten flexibel und spontan zu reagieren.

Auch, wenn nicht davon auszugehen ist, dass sich stabile Persönlichkeitseigenschaften grundlegend verändern lassen – schon gar nicht im Rahmen eines Seminarwochenendes – so können dabei doch neue Erfahrungen ermöglicht werden, welche die Wahrscheinlichkeit steigern, dass alternatives Verhalten auch in Zukunft einmal praktiziert wird. Dass dafür insbesondere positive oder negative Selbstbilder verantwortlich sind, wird im Folgenden am Beispiel Kreativität aufgezeigt.

Kreativität freisetzen

Grundlegende Haltungen und Selbstkonzepte, insbesondere generalisierte Annahmen über sich selbst, sind in starkem Ausmaß veränderungsresistent (vgl. Bullough 1997:21; Herzberg & Roth 2014:97). Selbstbilder wie ‚Ich bin überhaupt nicht kreativ! ‘ stellen solche Annahmen dar und sind auch unter Lehramtsstudierenden nicht selten zu finden.[130] Solche Selbstbilder zu verändern, erfordert in größerem Ausmaß „selbstkonzeptdiskrepante Erfahrungen mit der eigenen Person" (Herzberg & Roth 2014:97) – im Fall von Kreativität also intensive, bestätigende Selbsterfahrungen.

Die Entdeckung der eigenen Kreativität kann als Entwicklung von Selbstkompetenz beschrieben werden, wie es das Thüringer Institut für Lehrerfortbildung, Lehrplanentwicklung und Medien tut (vgl. Abbildung 11). Auch die ZEvA nennt als Aspekte von im Studium zu entwickelnder Selbstkompetenz u.a. „Selbstmanagement, Leistungsbereitschaft, fachliche Flexibilität, Mobilität, **Kreativität**, Empathie und ethisches Verhalten" (Zentrale Evaluations- und Akkreditierungsagentur Hannover o. J.:1; Hervorhebung A.H.).[131]

Was genau Kreativität ist und wie sie sich fördern lässt, das stellt ein offenes Feld von Forschung, Diskussion und Meinungen dar. Psychometrische Ansätze zur Messung zeitlich stabiler und situationsübergreifender Merkmale kreativer Persönlichkeit weisen geringe Reliabilität auf (vgl. Heller 1993:424).[132] Ob Kreativität eine Persönlichkeitseigenschaft bzw. individuelle Disposition oder eher eine durch die Umwelt bedingte Originalität von Denken und Problemlösen ist, scheint diskutabel und weitestgehend ungeklärt (vgl. ebd.); aktuelle Forschungen und Konzeptionalisierungen bevorzugen einen systemischen Blick, der die Entstehung von Kreativität als Wechselspiel von Kultur, Individuum und Gesellschaft betrachtet (vgl. Heller 2000 in Bezug auf u.a. Csikszentmihalyi). Die heutige Kreativitätsforschung, welche vornehmlich von einer potenziell für alle Individuen offenstehenden Entwicklungsmöglichkeit ausgeht (vgl. Groeben

---

130   So meine Erfahrung als Dozent und Koordinator eines Zusatzprogrammes in der gymnasialen Lehrerbildung.

131   Ettmüller (2009) zählt Kreativitätsfähigkeit hingegen mit Verweis auf Roth zur Sachkompetenz (vgl. Ettmüller 2009:6).

132   Aktueller als die Printversion ist der überarbeitete Artikel online, im Folgenden als Heller 2000:o.S. (http://www.spektrum.de/lexikon/psychologie/kreativitaet/8300, abgerufen am 13.07.2017)

2010:894), interessiert sich besonders für den förderlichen oder hemmenden Einfluss von Umgebungsvariablen (vgl. ebd.).

Ausgewählte Aspekte sozial-kommunikativer Fähigkeiten mit besonderem Bezug zur			
Sachkompetenz	**Methodenkompetenz**	**Sozialkompetenz**	**Selbstkompetenz**
• Kommunikations-strategien	• Kommunikationsver-fahren	• Kommunikations-vermögen	• Auftreten
• Rollen im sozial-kommunikativen Handeln	• Methodische Arbeits-formen (Makromethoden)	• Kooperationsvermö-gen	• Selbstsicherheit
• Soziologische und psychologische Grundlagen	• Elementare Kommu-nikationstechniken	• Einfühlungsvermögen	• Selbsteinschätzungs-vermögen
• Regeln	• Elementare Ge-sprächs- und Koope-rationstechniken	• Integrationsvermögen	• Kreativität
• Situationstypen und ihre Merkmale	• ...	• Motivationsvermögen	• Initiative
• Handlungsfelder und ihre Merkmale		• ...	• Einstellungen
• Lexik und Gramma-tik			• Ethisches Wertesys-tem
• ...			• Körpersprache
			• ...

Abbildung 11: Selbstkompetenz als Teildimension von Lernkompetenz (Behr u. a. 2002:10), die auch Kreativität erfordert.

Ansätze, die Kreativität als Merkmal von Persönlichkeit sehen, rücken etliche der in diesem Kapitel bereits benannten Dimensionen (oder ihnen nahe liegende Eigenschaften) in die Nähe der kreativen Persönlichkeit: Flexibilität, Zielfixierung und Persistenz (ähnlich Gründlichkeit), Ambiguitätstoleranz (auch benannt in Urbans Modell der Kreativitätsförderung; vgl. Urban 2004:47), Neugier und Explorationsdrang (vgl. Heller 1993:423) sowie Offenheit[133], die z.B. Saucier (1994) in seinem Messverfahren der ‚Großen Fünf‘ mit Kreativität in direkte Verbindung setzt (vgl. Kuhl 2009:130). In dem Maß, wie Theaterübungen und dramapädagogische Seminargestaltung diese Faktoren situativ beeinflussen können – trotz angenommener situationsübergreifender Stabilität – könnte dann auch kreatives Verhalten gefördert werden. Die Gestaltung der Lernumgebung sowie der zwischenmenschlichen Beziehungen erweist sich dabei als zentral (Heller 1993:426):

> Die Notwendigkeit anregender und unterstützender sozialer Settings für die Kreativitätsentwicklung sowie kreative Produktion ist heute unumstritten. Dazu gehören persönliche Kontakte zu fachlich kompetenten und stimulierenden Lehrern, Arbeitskollegen oder Vorgesetzten ebenso wie Ermutigung und konstruktive Kritik. Zu einer kreativen Umwelt gehören aber auch restriktionsfreie Lern- und Arbeitssituationen, die (individuell) neue Erfahrungen ermöglichen und die kognitive Neugier sowie Motivation zum Explorieren und Experimentieren befriedigen.

---

133   von Heller nicht explizit benannt, wohl aber bei Urban (ebd.)

Trotz eindeutiger personaler und individueller Anteile wird Kreativität in dieser Dissertation nicht als fixe und unveränderliche Persönlichkeitseigenschaft betrachtet, sondern als Verhalten im Zusammenspiel von personalen Anteilen und kognitiven Elementen der Person mit bestimmten Umwelten (vgl. Urban 2004:47). Neben Offenheit und
Ambiguitätstoleranz als Komponenten kreativer Prozesse (vgl. ebd.) beschreibt Urban
die Rolle von Motivation, deren Basis er in Neugier, Freude an Kommunikation, einem
reduziertem Kontrollbedürfnis und der Abwesenheit des Drucks durch Evaluation oder
Bewertung sieht (vgl. ebd:48). Dies sind die ‚Stellschrauben', an denen im Rahmen eines Seminars ‚gedreht' werden kann, indem geschützte Räume zu spielerischem, ent-
deckendem Kommunizieren und Interagieren geschaffen werden. Bestimmte Übungen
und Aufgabenformate (z.b. Anti-Assoziations-Spiele oder Übungen aus dem Bereich
des Improvisationstheaters) stoßen dabei divergentes Denken an – eine der kognitiven
Komponenten von Kreativität (vgl. ebd.: 47 sowie Heller 1993:423 in Anlehnung an
Guilford 1950 und 1956). Bei einem sanften Heranführen an kreatives Arbeiten lernen
auch unerfahrene Teilnehmer*innen in kreativitätsfördernden Seminaren nicht nur
Techniken kennen, sondern entdecken, dass sie kreative Produkte erzeugen können,
die sie sich vorher nicht zugetraut hätten. Mit einer solchen Selbstwirksamkeitserfahrung kann wiederum eine Selbstkonzeptänderung einhergehen, die eine gesteigerte
Motivation und Selbstbewusstsein für kreatives Verhalten in der Zukunft bedingt. Im
Sinne von Persönlichkeitsentwicklung durch Theater bedeutet dies, eine neue Facette
an sich selbst zu entdecken und das eigene „‚ästhetische[] Ich' auszubilden" (Czerny
2006:148) oder weiterzuentwickeln.

Wenn die künstlerische Erfahrung in dramapädagogischen Selbstkompetenzseminaren
dazu führt, dass Studierende sich selbst als kreativer einschätzen, kann dies Konsequenzen für ihr Selbstbild und Handeln[134] als Lehrer*in sowie die methodische Gestaltung ihres späteren Unterrichts mit sich bringen (vgl. Elis 2010:150). Um dies zu verdeutlichen, werden die gemachten Erfahrungen in dramapädagogischen Seminaren
konsequent immer wieder auf das Berufsbild Lehrer*in und den Kontext des (Fremd-
sprachen-)Unterrichts bezogen.

Praxisbezug als Motivator

Unterweger und Weiss stellen in ihrer Evaluationsstudie des Wiener Selbsterfahrungs-
programms zur Persönlichkeitsentwicklung in der Lehrerbildung fest, dass ein konse-
quenter Berufsfeldbezug die Akzeptanz und die durch die Teilnehmer*innen empfundene Relevanz der Veranstaltungsinhalte hebt (vgl. Unterweger & Weiss 2006:219). Ein

---

134   Selbstkonzept und Verhalten stehen in einem reziproken Beeinflussungsverhältnis (vgl. Wild &
       Möller 2014:193 f.), so dass eine neue Erfahrung, die in das Selbstkonzept integriert wird, zu-
       künftiges Verhalten bedingen kann.

solcher Bezug wird in dramapädagogischen Selbstkompetenzseminaren bezüglich der Methodik hergestellt (Einsatzmöglichkeiten von Dramapädagogik im Unterricht); auch die Verbindung, die zwischen den Erkenntnissen der Studierenden über sich selbst und ihre Persönlichkeit mit deren Einfluss auf die Berufsausübung hergestellt wird, leistet dies. Idealerweise schließt sich an ein universitäres dramapädagogisches Blockseminar zudem eine konkrete Praxisphase an (z.B. eine fremdsprachliche Kinder- oder Jugendtheaterwoche), in der die Studierenden als Spielleiter*innen und Regieführende, Teamer*innen und Planende tätig werden können. Sie erhalten dort die Möglichkeit, neue Methoden, Haltungen und sich selbst in alternativen Lehrerrollen in der Praxis auszuprobieren und zu reflektieren, und werden dabei von erfahrenen dramapädagogischen Spielleiter*innen begleitet und unterstützt. Die Gesamtkonzeption entspricht dann dem Dreischritt Selbsterfahrung – Reflexion – Anwendung (experience-reflect-apply) aus Legutkes ERA-Modell (vgl. Jones & Legutke 1985:70) für die Lehrerbildung.

4.4.2 Zusammenfassung: Neue Seiten an sich entdecken

Am Beispiel mehrerer für Lehrer*innen und besonders die Gestaltung eines modernen Fremdsprachenunterrichts wichtiger Merkmale von Persönlichkeit sind mögliche Entwicklungsimpulse durch dramapädagogische Arbeit aufgezeigt worden:

- Werdende Lehrer*innen werden sich über ihre Ausprägungen der Persönlichkeitsmerkmale Extraversion, Offenheit für Erfahrungen, Gründlichkeit, Stabilität und Verträglichkeit bewusster und erkennen deren Relevanz für den Beruf. Sie reflektieren vor diesem Hintergrund ihre Passung zu den beruflichen Anforderungen. Ein Prozess der weiteren Hinterfragung und Suche von Alternativen und Entwicklungsmöglichkeiten (im Fall von geringer Passung oder eingeschränkter Passung) oder eine Steigerung der Motivation (im Fall von hoher Eignung) können sich daraus ergeben (**Eignungsfrage und Berufsmotivation**).

- Werdende Lehrer*innen lassen sich auf Erfahrungen mit (möglicherweise für sie neuem) Verhalten in den Bereichen Spontaneität und Flexibilität, Gründlichkeit[135], Offenheit und Kreativität ein und reflektieren deren Bedeutung für die Gestaltung eines modernen Fremdsprachenunterrichts (**Persönlichkeitsentwicklung und Kreativität**).

Was an konkreten Veränderungen im Rahmen der Lehrerbildung und im Umfang eines Wochenendes tatsächlich leistbar ist, daran müssen die Ansprüche realistisch gehalten werden (vgl. auch Huttel und Mayr 2002:5). Es werden keine stabilen Persönlichkeits-

---

135   Erfahrungen mit Gründlichkeit sind weniger in Blockseminaren als in Praxisprojekten zu erwarten, in denen die Studierenden selbst vorbereitende und strukturierende Aufgaben übernehmen.

eigenschaften verändert, aber möglicherweise kommen Erfahrungen mit bisher unbekannten Verhaltensweisen zustande und geben Anlass zum Überdenken von Selbstkonzepten und zu weiteren Verhaltensexperimenten im zukünftigen (Unterrichts-)All-
tag.

4.4.3 Übertragbarkeit auf den Fremdsprachenunterricht

Werdende Lehrer*innen können durch die eigene kreative Arbeit Haltungen und Fertigkeiten entwickeln, die einer Förderung der Kreativität von Schüler*innen im Unterricht zuträglich sind. Dafür müssen sie „als charismatisches Modell eine Zugmotivation
aus[]üben" (Groeben 2013:895), indem sie als Beispiel dienen und ihre Schüler*innen
zu eigenständigem Denken und Handeln, anstatt zu Konformität, anregen (vgl. ebd.).
Kreativitätsförderung stellt eine vernachlässigte „explizite als auch implizite Bildungs-
aufgabe der Schule" dar (Czerny 2006:51), die stärker zu berücksichtigen sicherlich eine
Motivationssteigerung, auch für den Fremdsprachenunterricht, mit sich bringen kann.
Lehrer*innen, die aufgeschlossen für Neues sind, die Lernen und Bildung als Persön-
lichkeitsentwicklungsprozess betrachten (Küppers & Schmidt 2010:117) und ein eigenes kreatives Grundverständnis, Erfahrungen mit kreativer Arbeit sowie Wertschätzung dafür in ihren Klassenraum mitbringen, werden bemüht sein, einen handlungs-
und produktionsorientierten Fremdsprachenunterricht zu gestalten. Sie schaffen für
ihre Schüler*innen „Freiräume und Anregungen für Imagination und Phantasie"
(Siebold 2010:109) und unterstützen sie dabei, diese auch fremdsprachlich auszuge-
stalten. Gerade der Neokommunikative Fremdsprachenunterricht ist verstärkt daran
ausgerichtet, Schüler*innen zu inhaltlich und sprachlich kreativem Handeln anzuleiten
(vgl. Reinfried 2010:232). Lernende werden dann zu „Produzent/innen fremdsprachlicher Inhalte" (vgl. Küppers & Schmidt 2010:117), die sich kreativ und z.B. multimedial
selbst inszenieren (vgl. ebd.). In der fremdsprachlich geführten, produktiv-kritischen
Auseinandersetzung mit Inszenierungen gehen die Förderung von Kreativität (und ggf.
Medienkompetenz, Gattungswissen etc.), Fremdsprachenlernen, performativer Kompetenz sowie Selbst- und Fremdverstehen der Schüler*innen Hand in Hand.
Außerdem vermittelt die Auseinandersetzung mit dem eigenen Kommunikations- und
Interaktionsverhalten – z.B. in kooperativ-kreativen Aufgaben und einer späteren Reflexion z.B. über das individuelle Rollenverhalten dabei – werdenden Fremdsprachenlehrer*innen Einblicke und Wissen, die für das Ziel der Förderung interkultureller und
kommunikativer Kompetenz bei ihren Schüler*innen bedeutsam sind: Wie lässt sich
die Flexibilität in der Dynamik von Interaktionen fördern, wie die „kommunikative
Spontaneität" (Lütge 2010b:292) beim freien Sprechen? Wie bedeutsam ist die generelle Offenheit für neue Erfahrungen, wenn es um interkulturelle Begegnungen geht –
und wie lassen sich lernförderliche Erlebens- und Verhaltensmerkmale und Bereit-

schaften bei Schüler*innen langfristig fördern? Es muss somit über die, häufig als prag-
matisch-funktional kritisierte Denkweise des Gemeinsamen europäischen Referenzrahmens für Sprachen (GER) hinaus, nicht nur gefragt werden „Welche Persönlichkeitsfaktoren a) fördern bzw. b) behindern das Lernen und den Erwerb einer Fremd- oder
Zweitsprache?" (Europarat 2001:107) sondern auch: Welche Persönlichkeitsfaktoren –
von Lehrer*innen und Schüler*innen – a) fördern bzw. b) behindern die Entwicklung
der Schüler*innen in Richtung einer ‚interkulturellen Persönlichkeit'?

Persönlichkeitsentwicklung wird dabei zu einem expliziten Ziel des Fremdsprachenunterrichts, jedoch im aufgezeigten Spannungsfeld von Bestärkung und konstruktiver
Verunsicherung. Für den Auf- und Ausbau von Haltungen und sogar Persönlichkeitsmerkmalen, die dem Erwerb interkultureller kommunikativer Kompetenz zuträglich
sind, scheint Theaterspielen über einen längeren Zeitraum eine Möglichkeit dafür zu
bieten (vgl. Walter & Domkowsky 2012); weitere erfahrungsorientierte Vorgehensweisen (z.B. die Initiierung authentischer Begegnungen zum interkulturellen Austausch,
der Besuch außerschulischer Lernorte oder weitere Formen des ästhetischen Lernens;
vgl. König 2010:51) sind denkbar. Sie beruhen in hohem Maß auf der Initiative und dem
Engagement der Lehrkräfte sowie der Schulkultur, in die sie eingebettet sind, und ob
sie dort Unterstützung oder Widerstand erfahren. Eine Kultur der kollegialen Unterstützung und Wertschätzung sowie eigene positive Erfahrungen am ‚außeruniversitären Lernort' sind u.a. deshalb Bestandteile des vierten Erfahrungsfeldes im Modell dramapädagogischer Selbstkompetenzarbeit.

4.5 Rahmenbedingungen: Gruppen- und personorientierte[136] Seminargestaltung

Wenn werdende Lehrer*innen sich neue Ansätze der Unterrichtsgestaltung und Spra-
chenvermittlung, die nicht kongruent mit ihren Vorerfahrungen oder Grundannahmen
sind, lediglich theoretisch als fachdidaktisches Wissen erschließen, stehen die Chancen
schlecht, dass diese Eingang in ihr Unterrichtshandeln erfahren (vgl. Schocker-von Ditfurth 2001:390 f.). Die Wahrscheinlichkeit auf eine Akkommodation von Überzeugungen und eine Veränderung von Verhalten sind dann am höchsten, wenn einerseits eigene positive Erfahrungen mit einer Arbeitsform gemacht werden und zweitens im
Rahmen professioneller Aus- und Weiterbildung das Ausformulieren eigener Überzeugungen zu mehr Eigenwahrnehmung und kritischer Selbsthinterfragung führt (vgl.
Richards & Rodgers 2001: 252). Insbesondere in der Lehrerbildung, wo durch die Form
und Art der Gestaltung von Lernumgebungen besonders viel gelernt wird (vgl. Teml

---

136   In Anlehnung an das Konzept des personzentrierten Unterrichts (vgl. Tausch 2006), der auf
       positiver Zuwendung, Akzeptanz, Empathie sowie ‚echter' Begegnung basiert (vgl. ebd.:578),
       und dem fremdsprachendidaktisch geläufigeren Begriff der ‚Lernerorientierung', der auf Selb-
       ständigkeit und aktives Lernen abzielt (vgl. Arendt 2010:185), wird hier von personorientierter
       Seminararbeit gesprochen.

und Unterweger 2002:11) und wo Kongruenz herrschen sollte zwischen den angestrebten Lernzielen und der Art der Vermittlung (vgl. Korthagen 2002a:268 ff.), ist es daher
bedeutsam, wie die Lernkultur, Lernformen und die Beziehungen zwischen Lehrenden
und Lernenden gestaltet werden. Die Studierenden sollen hier selbst als Teilnehmer*innen Arbeitsweisen und Lernumgebungen erleben, in denen Lernen als aktiver,
ganzheitlicher und kooperativer Prozess mit Person- und Gruppenorientierung stattfindet. Die Gestaltung dieser Lernumgebung steht im Fokus dieses vierten Erfahrungsfeldes.

4.5.1 Das Selbst als Lerner: Erfahrungsfeld und Entwicklungsimpulse

Das Erfahrungsfeld ‚Selbst als Lerner' beschäftigt sich mit der pädagogischen Rahmung
der Theaterarbeit. Tanja Bidlo beschreibt metaphorisch eine symbiontische Aufgaben-
verteilung dieser beiden Komponenten in der Theaterpädagogik: „Pädagogik bereitet

den Rahmen und ist gleich einem Ge-
fäß, ohne das kein Trank gekostet
werden kann (vgl. Abbildung 12). Sie
bietet die Möglichkeit ästhetische
Erfahrungen überhaupt erst zu machen" (Bidlo 2006:146). Weintz sieht
die Theaterpädagogik generell in einem „Spagat zwischen darstellender
Kunst, Pädagogik und Therapie"
(Weintz 2008:294), kommt jedoch
ebenfalls zu dem Schluss, dass – ob-
gleich Theater und Pädagogik zielge-
richtetes Arbeiten in potenziell verschiedene Richtungen beinhalten
würden (ebd:295) – sich beide gegenseitig bedingen und ermöglichen
(vgl. ebd. 296 f.). Bidlos Metapher
wird hier für die dramapädagogische
Selbstkompetenzarbeit modifiziert.
Der Lern- und Erfahrungsprozess der
Teilnehmer*innen beschreibt dabei
eine U-Kurve (vgl. Abbildung 12): Aus
dem pädagogischen Setting (Kelch)

*Abbildung 12: Die ‚Trank-Metapher' beim drama-
pädagogischen Selbstkompetenz-Lernen (Bild: Ina
Prellwitz nach einer Idee von A.H.)*

heraus wird eine ästhetische Erfahrung, das Spiel mit Rollen und Inszenierungen im
Drama (Trank) möglich. Mittels Reflexion, die Bestandteil des pädagogischen Settings
ist, werden daraus wiederum Erkenntnisse gewonnen. Diese können vielfältig sein (z.B.

sprachlich, ästhetisch, sozial u.v.m.) – aber der Lerneffekt, auf den in diesem Fall speziell gezielt wird, ist primär pädagogisch. Es geht um die Gewinnung von Erkenntnissen
über sich selbst und das Lehrer*innen-Sein. Um im Bild zu bleiben: Die ‚Wirkung' des
ästhetischen Trankes aus dem pädagogischen Becher soll die Steigerung von Selbstkompetenz sein, wobei viele andere (Neben-)Effekte, wie z.B. eine Steigerung sozialer
Kompetenz und ein Zugewinn an Wissen über dramatische Bauformen und Theaterästhetik, möglich sind.

Dramapädagogische Selbstkompetenzseminare lassen sich somit als ‚berufsidentitätsstiftendes Erfahrungslernen' im Studium klassifizieren (vgl. Schocker 2013: 281); ein
solches ist von persönlichen Beziehungen, gegenseitigem Vertrauen und ganzheitlichem Bildungsanspruch geprägt (vgl. ebd.) und erfordert Dozierende, die als Vorbilder
einer progressiven Pädagogik gelten können (vgl. ebd:282). Die Gestaltung dramapädagogischer Selbstkompetenzseminare entspricht zugleich in vielen Punkten den von
Mayr und Teml (1995) herausgearbeiteten Perspektiven für die Zukunft einer identitätsfördernden Lehrerbildung (vgl. Teml und Unterweger:10 f.). Dazu gehören u.a. vertieftes, ganzheitliches Lernen in einer Lernumgebung mit flachen Hierarchien, Ressourcenorientierung und die bewusste Gestaltung des Lernklimas (vgl. ebd.). Die Abbildung
13 fasst die wesentlichen Einflussfaktoren einer solchen an der „persönliche[n] und
berufliche[n] Entwicklung" (ebd.:12) der Teilnehmer*innen orientierten Arbeit zusammen.

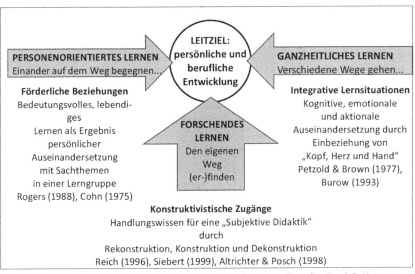

Abbildung 13: Persönlichkeitsfördernde Seminare im Lehramtsstudium (in: Teml & Unterweger 2002:12)

Es bietet sich für dieses Erfahrungsfeld das Aufsuchen alternativer Lernorte (z.B. Semi-
narhäuser in der Natur) für ein Wochenende an, da an der Universität häufig die nöti-
gen Grundvoraussetzungen ganzheitlicher, bewegter Arbeit (zeitliche und räumliche
Flexibilität) nicht gegeben sind. Der Charakter des Besonderen einer solchen Exkursion
ist zudem ein Katalysator intensiver Gruppenprozesse, und die Abgeschiedenheit des
Ortes (Abwesenheit von anderen Verpflichtungen und Verabredungen) verstärkt das
Sich-Einlassen auf die Gruppe und die ‚drama-ästhetische Realität'. Eine vom „Alltags-
stress unbelastete Umgebung" (Unterweger & Weiss 2006:224) stellt sich auch in der
Evaluationsstudie des Wiener Selbsterfahrungsprogrammes als Faktor dar, den Studierende als förderlich für Selbsterfahrungsprozesse bewerten (vgl. ebd.). Die Gestaltung
als Exkursion begünstigt darüber hinaus den informellen Austausch, der laut Mayr eine
wichtige Rolle für die Selbstentwicklung von Lehramtsstudierenden spielt (vgl. Mayr
2012:54).

Die genannten Bedingungen erlauben einen intensiven Gruppenfokus, und persönliche
Beziehungen sind der Kern kraftvoller Lernumgebungen (vgl. Schocker 2013:281). Er-
folgreiches Lernen braucht eine „wertschätzende, unterstützende und gleichzeitig zur
Höchstleistung ermutigende und anspornende Beziehungskultur" (Hüther 2009:2).[137]
Das erfordert einen respektvollen Umgang miteinander und gegenseitige Wahrnehmung. Übungen zu Beginn dramapädagogischer Selbstkompetenzseminare sind daher
auf das Kennenlernen ausgerichtet (siehe den dramapädagogischen Prozess Seite 143
ff.), mit dem Ziel, persönliche Informationen auszutauschen und dabei Anknüpfungspunkte mit den anderen Teilnehmer*innen zu identifizieren. Für jede*n soll immer
wieder Möglichkeiten entstehen, sich in ihrer/seiner biographischen Einzigartigkeit zu
präsentieren und wahrgenommen zu werden.

Schließlich ist die Gestaltung eines hierarchiearmen Raumes mit Möglichkeiten zur Partizipation und Mitentscheidung für die Lernenden – grundlegender Bestandteil sowohl
einer aktivierenden Lernumgebung als auch demokratiefördernder Strukturen – eine
weitere Triebfeder der Prozesse bei dramapädagogischen Blockseminaren. Die Entwicklung von Kreativität und Spontaneität ist nur in einer gleichberechtigten Situation
möglich, so auch Spolin: „Wahre persönliche Freiheit und Selbstdarstellung können nur
in einer Atmosphäre gedeihen, in der Einstellungshaltungen eine Gleichheit zwischen
Schüler und Lehrer zulassen und in der Abhängigkeitsverhältnisse [...] abgeschafft
sind." (Spolin 1983:23)

Auch in möglicherweise bewerteten universitären Veranstaltungen muss ein solches
Blockseminar zum ‚bewertungsfreien Raum' erklärt werden, damit die o.g. Prozesse

---

137   Auch wenn der ‚Populär-Neurobiologe' und ‚Bildungsprophet' (vgl. Spiewak 2013) Gerald
       Hüther gerade als Forscher nicht unumstritten ist (vgl. ebd.), ist seinen Ideen und Forderungen
       für die Schule m.E. oft zuzustimmen.

möglich werden – Leistungsdruck und Konkurrenz verstärken Kreativitätshemmungen (vgl. Groeben 2010:895). Manfred Arendt weist allerdings mit Blick auf Simulationen im Fremdsprachenunterricht darauf hin, dass weniger von einem sanktionsfreien als von einem sanktionsarmen Raum gesprochen werden müsse, da jedes Verhalten – auch innerhalb einer Simulation – Reaktionen und Konsequenzen hervorruft (vgl. Arendt 1997:5). Auch im Rahmen dramapädagogischer Blockseminare erfahren Teilnehmer*innen Reaktionen auf ihr Verhalten (sei es Rollenhandeln oder Beiträge zu Diskussionen o.ä.), diese sind aber Teil gemeinsamer und gleichberechtigter Aushandlungsprozesse.

Als besondere Aspekte der pädagogischen Rahmengestaltung sind einige weitere Elemente hervorzuheben, die auch Bestandteil von Unterwegers Selbstkompetenzmodell für Pädagog*innen sind und die in dramapädagogischen Selbstkompetenzseminaren eingeübt, praktiziert und trainiert werden. Besonders zu nennen sind (Selbst-)Reflexion und Fehlerfreundlichkeit (auch in Bezug auf die eigene Person) sowie gewaltfreie Kommunikation[138] im Umgang miteinander (vgl. auch Unterweger 2014:6 und 8). Bei dramapädagogischen Seminaren kann zu Beginn in Rollenspielen und Simulationen geübt werden, bewertungsfreie Beobachtungen zu formulieren, eigene Gefühle auszudrücken und Bedürfnisse zu formulieren sowie Bitten auszusprechen (Elemente der Gewaltfreien Kommunikation nach Rosenberg 2012). Möglichkeiten des professionellen Umgangs mit eigenen und fremden Emotionen sowie Techniken zur Verbesserung der eigenen Impulskontrolle können besprochen und geübt werden (beispielsweise nach Sieland & Rahm 2007:206 ff.). Fehlerfreundlichkeit wird als Prinzip der gemeinsamen Arbeit in einem dramapädagogischen Vertrag vereinbart (vgl. Kapitel 5.2.1). Die Rahmenbedingungen wertschätzenden Feedbacks und eines fehlertoleranten Umgangs ermutigen Teilnehmer*innen im Seminar dabei, in der Theaterarbeit mit eigenem Verhalten zu experimentieren, eigene Grenzen zu erproben und zu überschreiten, ohne Misserfolge oder Bloßstellung zu befürchten. Zudem sind diese Aspekte von Selbstkompetenz – **Fehlerfreundlichkeit** im Umgang mit sich selbst und anderen, und eine **Kultur der (Selbst-)Reflexion** – Teil eines professionellen Lehrerhabitus, dessen Ausbildung durch das Praktizieren unterstützt wird. Die Gesamtheit dieser Rahmenbedingungen ermöglicht wiederum Lernerfahrungen, die für viele Studierende neuartig sind. Eine Relativierung eigener (fremdsprachlicher) schulischer Lernerfahrungen wird dadurch möglich und ist ebenfalls Bestandteil der beruflichen Selbstkompetenz von (Fremdsprachen-)Lehrer*innen. Dieser Aspekt findet bei Unterweger keine explizite

---

138   eher ein Bestandteil von sozialer Kompetenz und daher hier nicht ausführlicher beleuchtet

Berücksichtigung, wird aber von Fremdsprachendidaktiker*innen zunehmend betont (vgl. u.a. Schocker-von Ditfurth 2001:212 und 388; Caspari 2003:170 ff.).[139]

Schulische Lernerfahrungen und Sprachverständnis reflektieren

Da dramapädagogische Seminare in der Fremdsprache abgehalten werden, in der die Studierenden selbst Lernende sind, wird für sie im Rahmen der dramapädagogischen Übungen zugleich die Rolle der Fremdsprache in einem ganzheitlichen, schüler- und kommunikationsorientierten Unterricht erlebbar und reflektierbar. Schocker sieht dies als eine wichtige Aufgabe der Lehrerbildung (vgl. Schocker-von Ditfurth 2001:78), zumal die eigenen Lernerfahrungen einen dominanten Einfluss auf die individuellen Vorstellungen adäquater fremdsprachlicher Erwerbsprozesse haben (vgl. ebd.:212). Ein solches Seminarangebot entspricht auch der Forderung Manuela Wipperfürths an die Lehrerbildung, „spezielle *Reflexionsmöglichkeiten* für [...] Studierende[] über ihre eigenen Erfahrungen und Lernpräferenzen [zu schaffen]" (Wipperfürth 2009:17). Die gemeinsame Reflexion über die Wahrnehmung dramapädagogischer Übungen durch die Studierenden sowie das Potenzial und die Mankos, die sie für den Fremdsprachenunterricht in den Übungen erkennen können, zeigt ihnen die Vielfalt von Lernpräferenzen und die Subjektivität ihrer eigenen Sichtweise auf – was die Erkenntnis unterstützt, dass schülerseitig eine mindestens ebenso große Vielfalt an Lernstilen, an Bedarf nach Unterstützung und an individuellen Wahrnehmungen besteht. Dieser Entwicklungsimpuls erweitert den bereits hergeleiteten Entwicklungsimpuls der **(berufs-)biographischen Selbstreflektiertheit** bezüglich eigener Berufswahlmotive sowie Selbst- und Lehrerbilder (vgl. Kapitel 4.3.1) um den ebenfalls biographisch-reflexiven Aspekt **subjektive Lernpräferenzen.**

Lehrveranstaltungen, in denen Studierende zu Teilnehmer*innen eines kooperativen, kommunikativen und schülerorientierten Fremdsprachenlernprozesses werden und selbst handlungs- und produktionsorientiert arbeiten, bieten ihnen zudem Handlungsvorbilder für ein passendes Dozenten- bzw. Lehrerverhalten[140], um einem entsprechenden beruflichen Selbstverständnis praktisch gerecht werden zu können – denn häufig liegt ein Problem weniger in den Haltungen von Lehrkräften als in der Umsetzung abstrakter Überzeugungen in konkretes Handeln (vgl. Schocker-von Ditfurth

---

139   Dazu gehört auch die methodische Anregung, dass (werdende) Lehrer*innen ihr eigenes Sprachenlernen (Sprachbiographie, interkulturelle Begegnungen etc.) anhand des Europäischen Sprachenportfolios aufarbeiten und dabei zugleich dieses Instrument kennen lernen, um es später Lernenden näher bringen zu können (vgl. Schneider 2007:152).

140   Rückmeldungen Studierender nach fremdsprachigen Kinder- und Jugendtheaterwochen betonen oft, dass es ihnen besonders geholfen habe, erfahrene Dramapädagog*innen bei der Arbeit – insbesondere bei Spielen und Übungen mit der gesamten Gruppe – beobachtet zu haben.

2001:213). Natürlich bietet die Erfahrung eines Wochenendes keine Möglichkeit, Handlungsroutinen zu entwickeln, die als unterstützende Verhaltensdisposition (vgl. ebd.) im konkreten Unterricht zur Verfügung stehen könnten. Es kann aber ein Bewusstsein für das Dilemma zwischen (idealem) Selbstbild und Handlungsrepertoire entstehen und nach „Kompensationsangeboten" (ebd.) bzw. nach Möglichkeiten gesucht werden, sich in diese Richtung weiter zu professionalisieren (z.B. durch die Teilnahme als Betreuer*in an fremdsprachigen dramapädagogischen Kinder- und Jugendfreizeiten oder Schulprojekten).

Kultur der Selbstreflexion

Die Etablierung einer (Selbst-)Reflexionskultur als Teil eines professionellen Habitus, der in den Berufseinstieg mitgenommen werden soll[141], stellt ein wichtiges Ziel dramapädagogischer Selbstkompetenzarbeit dar. Miller stellt die Arbeit an einer kritischen (Selbst-)Reflexionsfähigkeit als eines von vier grundlegenden Elementen einer identitätsorientierten Lehrerbildung heraus: „The ongoing development of professional teacher identities [...] hinges of reflecting on what seems personally, institutionally, and socially doable in the classrooms [...]." (Miller 2009:178) Die hier beschriebene dramapädagogisch-selbstreflexive Arbeit konzentriert sich auf den Aspekt des Persönlichen; in den stattfindenden Reflexionen werden aber immer wieder auch die anderen beiden Ebenen mitbetrachtet, die in der Praxis ohnehin eng verzahnt und interdependent sind.

Da das Handeln von Lehrer*innen in der Praxis häufig intuitiv stattfindet, sind Fähigkeit und Wille zur genauen Untersuchung der eigenen „Wahrnehmung von Situationen, des eigenen Handlungserfolgs darin sowie die Überlegung möglicher Alternativen" (übersetzt nach McLean 1999:68) eine wichtige und dauerhafte Entwicklungsaufgabe für Lehrer*innen (vgl. ebd.). Diese müssen systematisch ihr Verhalten und Erleben sowie ihre Ziele reflektieren lernen, was laut Nieskens noch immer ein Entwicklungsfeld der Lehrerbildung darstellt (vgl. Nieskens 2002:57; vgl. dazu auch Shulman & Shulman 2004). Dramapädagogische Arbeit ist hierfür besonders geeignet, denn die reflexive Verarbeitung dramapädagogischer Erfahrungen (vgl. Nünning & Surkamp 2006:179; Surkamp 2008:112) bietet einen geeigneten Anlass. Reflexivität gilt neben Empathie als eines der beiden Leitprinzipien dramapädagogischer Arbeit (vgl. Küppers 2015:154) und ist zugleich Lernziel und elementarer Bestandteil des dramapädagogischen Prozesses (vgl. Küppers & Bonnet 2011:46), der mit unterschiedlichem Fokus (inhaltlich,

---

141   Auch wenn Korthagen und Wubbels feststellen, dass selbst Studierende, die in der universitären Ausbildung für eine reflexive Praxis trainiert worden sind, während des Reality Shocks des Berufseinstiegs eine signifikante Einbuße der Fähigkeit zu reflektieren durchleben (vgl. Korthagen und Wubbels 2006:70), wird der Reflexionskultur hier eine große Bedeutung beigemessen, da nach einer begrenzten ,Latenz-Zeit' diese Fähigkeit wiedererlangt wird (vgl. ebd.).

prozedural, methodisch; vgl. ebd.) und auf verschiedenen Ebenen (von akademisch bis persönlich-biographisch; vgl. McLean 1999:71 ff; Zeichner 1994:17) reflektiert werden kann. Neben einer praktisch-theoretischen und entwicklungsbezogenen Reflexion (vgl. McLean 1999:71 ff.) sowie einem Perspektivwechsel (Wie habe ich mich selbst bei dieser Übung gefühlt? Wie könnten sich Schüler*innen fühlen?) ist es in Selbstkompetenzseminaren das Ziel, über diese Ebenen der Reflexion zu einer Auseinandersetzung mit „tieferen persönlichen Bedeutungen und Ursprünge der eigenen Ideen und Handlungen" (übersetzt nach McLean 1999:73) zu gelangen.

Reflexionsprozesse finden in dramapädagogischen Seminaren z.T. individuell nach Leitfragen, meistens aber als Gruppengespräch statt, was zudem eine Bereitschaft für Reflexion und Austausch auch in der späteren Schulpraxis schaffen soll. Die Offenheit, sich mit anderen vertrauensvoll auszutauschen (z.B. kollegiales Feedback[142] oder gegenseitige Hospitationen) kann essentiell dafür sein, sich im Angesicht einer schwierigen Praxis auf die eigenen Werte zu besinnen (vgl. Korthagen 2004:91 f.). Ein Austausch dient auch dem Zweck, Entwicklungsziele für sich selbst herauszuarbeiten und Veränderungen anzustoßen, oder auch, sich psychisch zu entlasten. Allgemein wird eine Veränderung der Praxis, Überzeugungen und Routinen von Lehrer*innen – *teacher change*, der mitunter zum höchsten Ziel der Lehrer(weiter)bildung erhoben wird (vgl. Lutzker 2007:64 ff.) – maßgeblich durch vertrauensvollen Dialog und Selbstreflexion unterstützt: „There has in recent years been an increased recognition of the fact that in affecting teacher change, a teacher´s personal *reflections* in the context of a dialogue occuring in an atmosphere of trust, can play a decisive role." (ebd.:65; Kursivierung im Original)

Eine Basis dafür, dass Lehrer*innen sich in der Praxis diesen Dialog schaffen und derartige Reflexionen betreiben, kann im Studium geschaffen werden, indem Austauschgespräche und Selbstreflexion in vertrauensvoller Atmosphäre etabliert werden. Dafür müssen in aktiven Lehr-Lern-Gemeinschaften Techniken von individueller und gruppenbasierter Reflexion und von (kollegialem und ‚gewaltfreiem') Feedback trainiert sowie die Haltung gefördert werden, dieses auch in Zukunft zu praktizieren. In der Phase der Berufsqualifikation müssen Studierende dafür Unterstützung von Dozierenden und

---

142   McLeans Betonung der großen Bedeutung von konstanter Selbstreflexion der Lehrkraft (self-scrutiny, commitment to reflection; vgl. ebd.:68 f.) für den Lernerfolg der Schüler*innen wird inzwischen z.B. durch die Ergebnisse der Hattie-Studie empirisch belegt. Die selbstkritische Überprüfung des eigenen Unterrichtshandelns, die ein*e wirksame*r Lehrer*in nach Hattie regelmäßig praktiziert (vgl. Steffens & Höfer 2012:9), reflektiert jedoch nicht nur die eigenen Wahrnehmungen, sondern holt sich Feedback ein und erhebt Daten (vgl. ebd.).

Ausbilder*innen erhalten, die als ‚Agenten des Wandels' fungieren[143], indem sie beständig zur Reflexion anhalten: „Thus, ToTs [= Teachers of Teachers] should be professionally skilled change agents who constantly promote the reinterpretation and reconstruction of knowledge *with* their trainees." (Maggioli 2012:6). Dieses neu zu strukturierende Wissen beinhaltet u.a. das Wissen über sich selbst, das in dramapädagogischen Selbstkompetenzseminaren mit berufsbezogenem Blick reinterpretiert wird – mit Hilfestellungen durch Dozierende und als Mitglied einer Art ‚professioneller Gemeinschaft', in der auch die anderen Teilnehmer*innen als Feedbackinstanzen fungieren. Korthagen erachtet gerade die Gruppensituation als „essenziell für eine Förderung von Reflexion" (Korthagen 2002b:158): Es wird eine Spiegelung der Erfahrungen durch andere möglich, ein Vergleich mit unterschiedlichen Erfahrungen und Wahrnehmungen und eine Aushandlung von Bedeutungen. Auch Pineau sieht Reflexion als elementaren Bestandteil methodisch-performativer Arbeit, die in einem „dialektische[n] Prozess zwischen Handeln und Reflexion, erfahren und interpretieren" (übersetzt nach: Pineau 1994:17) stattfindet. Experimentelle Erfahrungen und Reflexion, ästhetische Produktion und die Auseinandersetzung mit sich selbst bedingen sich hier also wechselseitig. So liefert der eine Prozess jeweils neues ‚Material' für den anderen, und Theaterspielen als experimenteller Grenzgang mit ungewohntem Verhalten (das durchaus als sehr herausfordernd empfunden werden und krisenhafte Momente mit sich bringen kann) führt über den Prozess der Reflexion sowohl zu Erkenntnissen und Plänen für die eigene Weiterentwicklung als auch zu einer verbesserten Reflexionsfähigkeit.

Konstruktive Krisen und Selbstmanagement

Dieser letzte Teilbereich des Erfahrungsfeldes ‚Selbst als Lerner' und der zugeordnete Entwicklungsimpuls **(Hinterfragung, Akzeptanz und Management des Selbst)** führt einiges zusammen, was in diesem Modell dramapädagogischer Selbstkompetenzförderung herausgearbeitet worden ist. Es sollen die Bedingungen unterstrichen werden, die ebenjene krisenhaft-produktive Auseinandersetzung mit dem Ich ermöglichen, welche dramapädagogischer Arbeit innewohnt (Europäisches Kooperationsprojekt 2003:18):

> Handlungssituationen führen die Lerner dabei [=Dramapädagogik] bisweilen an ihre persönlichen Grenzen, können im Einzelfall auch bewusst geschaffen werden, um solche Grenzen [...] herauszufinden. Solchen Handlungssituationen haftet eine doppelte Wirkung an: Zum einen machen die Lerner darin ‚persönliche Grenzerfahrungen' (also das Lerner-Ich potenziell bedrohende Erfahrungen), zum anderen ist es aber gerade die Erfahrung der persönlichen Grenze, die zu einem Sich-bewusst(er)-Werden und damit auch zu einem zielgerichteten Weiterlernen führt.

---

143 Dass der Bedarf an und der Wunsch nach derartigen Mentor*innen bei Junglehrer*innen gerade in der Berufseinstiegsphase besteht, belegt Unterweger (2013) mit ihrer qualitativen Forschung (vgl. Unterweger 2013:90).

Herausforderung und Sicherheit[144] sind die beiden Grundbedingungen derartiger Grenzgänge: Sowohl die Anregung ganzheitlich-ästhetischer Prozesse (angefangen mit bewegten Aufwärmübungen über Pantomime und Standbilder bis hin zu Szenen, Stücken und dramatischen Improvisationen), als auch das Einlassen auf eine tiefe Ebene von Selbstreflexion, erfordert eine besondere Lernatmosphäre von Vertrauen und Sicherheit – insbesondere, wenn Teilnehmer*innen keine Vorerfahrungen mit kreativer oder Theaterarbeit sowie Selbstreflexion in einer Gruppe haben. Zugleich liefert die Theatermethodik spannende und aktivierende Übungen und Aufgaben, die als reizvolle Herausforderung fungieren und über einen spielerischen Einstieg an immer komplexere ‚Wagnisse' heranführen.[145]

Theater- und dramapädagogische Arbeit zielt dabei, auf Basis des ebenfalls dadurch geförderten Vertrauens und Wohlbefindens, auch auf die Erzeugung eines ‚Unbehagens' durch Differenzerfahrung, das häufig einen Selbsterkenntnisprozess begleitet (vgl. Neelands 2004:38; Küppers 2015:156). Physische, emotionale und/oder kognitive Grenzerfahrungen (vgl. ebd.) werden in der Dramapädagogik möglich, indem Menschen „während sie in der fremden Sprache szenisch gestalten[,] […] immer wieder über Schwellen treten […] [und] potenziell transformative Momente [erfahren]" (Schewe 2011:30). Im geschützten Rahmen eines dramapädagogischen Seminars können kleine Grenzen überschritten werden, die individuell und subjektiv schwer fallen und die daher bedeutsam sind – dies kann der Auftritt vor anderen sein, die Übernahme einer ungewohnten Rolle in einer Interaktion oder der Mut, im reflektierenden Gespräch eigene Schwächen anzusprechen oder Unsicherheiten zuzugeben. Für manche Teilnehmer*innen kann Selbstüberwindung bedeuten, sich auch einmal zurückzunehmen und zu ertragen, dass andere Studierende im kreativen Prozess länger brauchen, um eine Idee zu entwickeln, oder dass diese Idee weniger originell scheint, als die eigene.[146] In der Ermöglichung dieser kleinen Verhaltensänderungen liegt das große Potenzial der Dramapädagogik für die Persönlichkeitsentwicklung, denn (wie Bauer allgemein und ohne Bezug auf Theatermethoden beschreibt; ebd.):

---

144   Was in diesem Kapitel mit den Worten Korthagens als „Balance zwischen Sicherheit und Herausforderung" (Korthagen 2002a:267) beschrieben wird, nennt Tselikas in ihrer Beschreibung dramapädagogischer Arbeitsweisen ‚Risiko und Ritual' (vgl. ebd.).

145   Ein schrittweises, behutsames Heranführen daran, sich vor anderen auf einer Bühne zu ‚exponieren' und Körper und Stimme in ungewohnter Weise zur Darstellung von Emotionen, Figuren oder Zuständen einzusetzen, ist unerlässlich und wird bei dramapädagogischen Seminaren sensibel und methodisch gut durchdacht angegangen (siehe die praktische Ausführung in Kapitel 5.2.1).

146   Eine für Lehrer*innen wichtige Fähigkeit und Haltung, da auch die pädagogische Arbeit Phasen beinhaltet, in denen Lehrer*innen sich zurückhalten, beobachten und geschehen lassen müssen (vgl. Bauer 2005:47) – was sowohl erzieherischen Lernzielen dient (Lernerautonomie) als auch der Gesundheit der Lehrperson (vgl. ebd.).

[D]iese kleinen Grenzüberschreitungen [...] [haben] eine starke Rückwirkung auf die Entwicklung des Selbst und des Selbstbewusstseins. Misserfolge und Rückschläge werden dadurch aufgefangen, dass sie zu wichtigen Erfahrungen umgedeutet und im Sinne der Selbsttranszendenz verarbeitet werden.

Durch Theater als eine Art spielerischem Verhaltensexperiment – gelingend oder in oben dargelegter Art und Weise ‚erfolgreich scheiternd', indem auch Fehlschläge in der Reflexion als Erfahrungsgewinn aufbereitet werden – wird der Handlungsspielraum werdender Lehrer*innen im Umgang mit anderen erweitert und ihr Selbstwertgefühl gestärkt.

Zugleich kann die Auseinandersetzung mit den herausfordernden Aufgaben, die sich in szenischer Improvisation und gemeinsamer kreativer Arbeit an Individuum und Gruppe stellen und deren Bewältigung als individuelle und kollektive Leistung im Nachhinein thematisiert wird, dem Einzelnen weitere Selbsterkenntnisse liefern. Diese können sich beispielsweise auf mögliche Diskrepanzen zwischen individuellen (Wunsch—)Selbstbildern und wirklicher Performanz beziehen: Jemand will kooperativ sein, geht aber nicht auf Spielvorschläge anderer ein; anders herum kann jemand sich für unkreativ halten, dann aber eine Idee haben, die alle anderen inspiriert. Damit erlaubt dramapädagogische Arbeit, Selbstbilder zu hinterfragen, Grenzen zu erleben und zu überschreiten, zu akzeptieren, oder aber als ein zukünftiges Entwicklungsprojekt zu definieren. Aus „Diskrepanzen zwischen Wirklichkeit und Wunsch" (Bauer 2005:52) lassen sich weitere Ziele und Ideen ableiten, „wohin [...] [die individuelle] Professionalisierungsreise gehen könnte" (ebd.). Sich diese Ziele selbst zu stecken, Verantwortung für die eigene Weiterentwicklung zu übernehmen und dabei autonom und selbstreguliert zu handeln, kann als Selbstmanagement bezeichnet werden (vgl. z.B. die Definition von Reinecker 2013:1399). Therapeutisch geht es dabei weniger um effektive Zeitnutzung (wie der Begriff teilweise im Kontext der Ausbildung von Führungskräften verwendet wird) als um die „Maximierung persönlicher Freiheit" (ebd.). Im Kontext der Lehrerbildung stehen das Planen und Umsetzen der eigenen Weiterentwicklung und der Ausbau individueller Stärken im Vordergrund, was durchaus auch der Nutzung des Begriffs im Kontext der Managementlehre entspricht; das folgende Zitat Peter F. Druckers lässt sich auch als Argument für Selbstkompetenzarbeit mit werdenden Lehrer*innen heranziehen: „To do these things well, you'll need to cultivate a deep understanding of yourself [...] Success in the knowledge economy comes to those who know themselves – their strengths, their values, and how they best perform." (Drucker 2005:100) Als Erfolg gilt in diesem Kontext jedoch nicht die Maximierung der eigenen Wettbewerbsfähigkeit, sondern der Ausbau der Fähigkeit, die eigenen Ressourcen so zum Einsatz zu bringen, dass die Kooperation mit Kolleg*innen, das Lernen und die Entwicklung der Schüler*innen und die eigene Berufszufriedenheit in größtmöglichem Ausmaß gefördert werden.

4.5.2 Zusammenfassung: Produktive Krisen und Bestätigung in reflektierter Runde

Eingebettet in ein gruppen- und personorientiertes, ermutigendes Setting mit einer regelmäßigen Reflexionskultur zielen dramapädagogische Selbstkompetenzseminare auf einen Zugewinn an Selbstkenntnis durch das mutige Experimentieren mit neuen Verhaltensweisen und die gemeinsame Reflexion darüber. Dieser Lern- und Erkenntnisprozess wird im Förderungs-Modell dieser Arbeit (vgl. Abbildung 9) dem Bereich des ‚Lernenden Selbst' zugeordnet, weil die konkreten Erfahrungen der Teilnehmer*innen mit der Lernumgebung (Lehr-, Lern- und Reflexionskultur) in den Blick genommen werden. Dazu gehören folgende Entwicklungsimpulse für ihre Selbstkompetenz:

- Der Vergleich eigener schulischer Lernerfahrungen mit dem handlungsorientierten Einsatz der Fremdsprache in dramapädagogischen Übungen und die Diskussion über die Rolle der Fremdsprache und ihre Vermittlung mit anderen Teilnehmer*innen führt zu einer verstärkten Reflektiertheit über **subjektive Lernpräferenzen**.

- Die im Seminar praktizierte **Kultur der (Selbst-)Reflexion** (individuell und in kollegialem Austausch) soll – ebenso wie eine fehlerfreundliche Haltung des ‚erfolgreichen Scheiterns' und die Bereitschaft, sich anderen anzuvertrauen – auf lange Sicht verinnerlicht werden (**Habitualisierung von Fehlerfreundlichkeit**).

- In einer zugleich sicheren und herausfordernden Lernumgebung erleben Studierende auch eigene Grenzen. Diese Grenzen können anerkannt und akzeptiert werden und somit zur Integrität der Person beitragen – oder es entsteht der Wunsch, sie zu überwinden (**Hinterfragung, Akzeptanz und Management des Selbst**). Dieser letztgenannte Aspekt integriert letztlich viele der bisher genannten Entwicklungsimpulse auf einer Meta-Ebene.

4.5.3 Übertragbarkeit auf den Fremdsprachenunterricht

Das Lernsetting, das die Studierenden in dramapädagogischen Selbstkompetenzseminaren erleben können, ist ganzheitlich gestaltet, entspricht einer personorientierten Pädagogik und eröffnet Wege für individuelle Entwicklungen. Durch das eigene Erleben bekommen die Studierenden hier Vorbilder und Ideen für die die Gestaltung eines schülerorientierten Fremdsprachenunterrichts, der „subjektiv-persönlich-interpersonale[s] Lernen[]" (Schewe 1993:213) ermöglicht bzw. mit ‚objektiv-inhaltlichem' und methodischem Lernen balanciert (vgl. ebd.). Was Schewe für den Fremdsprachenunterricht beschreibt, wird hier auf universitärer Ebene mit Studierenden umgesetzt und dadurch wiederum für ihren Fremdsprachenunterricht greifbar (ebd.):

> Lernende sollen über den Weg der Selbsterfahrung ihren eigenen Weg zur Selbstverwirklichung entdecken und beschreiten. Sie selber werden zum Subjekt und Objekt des Lernprozesses, indem sie an ihren eigenen Erfahrungen, Erinnerungen, Haltungen, Überzeugungen, Werten, Bedürfnissen, Gefühlen und Phantasien arbeiten.

Die Gestaltungsfaktoren derartiger Lernprozesse sind ebenso – wenn nicht sogar mehr – in der Arbeit mit Schüler*innen zu berücksichtigen. Herausforderung und Sicherheit als Prinzipien einer pädagogischen Arbeit, die Wachstum ermöglicht, indem sie an individuelle Grenzen führt und zu deren Überschreitung befähigt, sind von umso größerer Bedeutung, wenn mit Lernenden gearbeitet wird, die sich in der Adoleszenz befinden und dementsprechend verletzlicher und ablehnender sind gegenüber Aufgaben, die ihre Identität erweitern könnten, aber auch in Frage stellen – eine Fremdsprache zu sprechen, kann in der subjektiven Wahrnehmung der Lernenden sowohl eine Identitätserweiterung als auch eine Bedrohung darstellen. Tselikas beschreibt daher dramapädagogische Arbeit als einen Weg, durch den Schutz einer Rolle die Fremdsprache annehmen zu können, ohne die eigene Identität in Gefahr zu sehen (vgl. Tselikas 1999:35).

Fehlerfreundlichkeit ist elementar in einem Fremdsprachenunterricht, der kommunikativ ausgerichtet ist und Sprachflüssigkeit erreichen will. Ein toleranter Umgang mit Fehlern braucht ein ‚neues' Rollenverständnis von Fremdsprachenlehrer*innen – ein Selbstverständnis, in dem Fehler von Schüler*innen weder die Lehrer-Kompetenz in Frage stellen noch ihre Autorität herausfordern (vgl. Schröder 2010:58; Borich 1999:95). Humor (z.B. Fehlerkorrektur z.B. auch mal „theatralisch überzeichnet"; ebd.), Bestimmtheit und Freundlichkeit sollen im Umgang mit Fehlern bzw. in der Fehlerkorrektur an den Tag gelegt werden (vgl. Schröder 2010:58), was bei Lehrer*innen selbst Gelassenheit erfordert – ein weiterer Hinweis auf den Einfluss der Selbstkompetenz von Lehrer*innen auf das Gelingen von Unterricht. Beane und Lipka (1986) bestätigen in diesem Zusammenhang, dass „ein positives Selbstkonzept [von Lehrer*innen] die notwendige Voraussetzung für die Erschaffung einer unterstützenden Lernumgebung [ist]" (übersetzt nach Borich 1999:102).

Für fehlerfreundliche oder fehlertolerante Lernumgebungen haben Studierende häufig kaum Vorbilder in ihrer eigenen Schulzeit erfahren[147], so dass es notwendig ist, beispielhafte Seminarsituationen im Studium als Selbsterfahrung zu schaffen und dort auch die Haltung gegenüber Fehlern sowie Methoden zur ‚sanften' Fehlerkorrektur zu demonstrieren und thematisieren. Auf der Basis einer Ermutigung zur Sprachflüssigkeit muss in einem modernen Fremdsprachenunterricht anhand anregender Aufgaben zum *risk taking* herausgefordert werden. Dramapädagogische Arbeit ist ein Beispiel für einen solchen aufgaben- und kommunikationsorientierten Unterricht, in dem ein Sprechhandlungsrahmen als Freiraum für selbstgesteuerte, produktive und improvisierende Sprechhandlungen geschaffen wird (vgl. Kurtz 1998a:42).

---

147   Häufig haben Studierende eher einen traditionellen (Fremdsprachen-)Unterricht erlebt (vgl. Bonnet u. a. 2010:145).

Dramapädagogische Selbstkompetenzseminare können Studierenden dafür Anstöße liefern, die weit über methodische Anregungen hinausgehen. Es werden ihnen eigene positive Lernerfahrungen ermöglicht, die sich auf die Ebene ihrer Überzeugungen und Unterrichtsphilosophie auswirken können und die somit das Potenzial haben, ihren zukünftigen Fremdsprachenunterricht zu transformieren.

4.6   Fazit: Ein Selbstkompetenz-Förderungs-Modell und mehrere kritische Diskurse

Es ist aufgezeigt worden, wie dramapädagogische Seminare zur Selbstkompetenzförderung als personorientierte und berufsbezogene Selbsterfahrung gestaltet werden können. Ausgehend von ganzheitlichen und dramapädagogischen Aufgaben (Lernformen) in einem vom Alltag getrennten Setting (Blockseminar) und in einer vertrauensvollen Atmosphäre (Lernklima) werden Selbsterfahrungen, -konfrontationen und Selbstbestätigung in einem Rahmen von Interaktion, Reflexion und Diskussion ermöglicht. Wesentliche Dimensionen, die Unterweger als von Pädagog*innen im Studium zu entwickelnde Selbstkompetenz nennt, werden dabei einbezogen. Die Abbildung 14 fasst die möglichen Entwicklungsimpulse dramapädagogischer Selbstkompetenzseminare für (Fremdsprache-)Lehrer*innen noch einmal graphisch zusammen.

Betont werden muss, dass es sich bei der Visualisierung weder um ein Kompetenzstufen- noch um ein Kompetenzentwicklungsmodell handelt, denn es liegen weder empirisch erwiesene Entwicklungsstufen noch ein fundiertes Wissen um eine Abfolge oder Bedingtheit der Entwicklungen zugrunde. Daher wird bewusst von einem dramapädagogischen Selbstkompetenz-Förderungs-Modell gesprochen (siehe Abbildung 9), dessen mögliche Entwicklungsimpulse hier visualisiert werden (siehe Abbildung 14). Die Symbolisierung als Schneckenhaus oder Spirale, in der die Teile wie Puzzlestücke ineinander greifen, bringt die vielfachen Interdependenzen und Verknüpfungen einzelner Bereiche zum Ausdruck. Die zyklische Struktur[148], die immer neue Anknüpfungspunkte bietet, symbolisiert, dass die Entwicklung des (professionellen) Selbst nie ganz abgeschlossen ist. Das Schneckenhaus steht dabei symbolisch für die Vorstellung von einem Inneren, Eigenen, dem Selbst als ‚Kern' eines Menschen – die vielen Anknüpfungspunkte der Puzzleteile nach außen zeigen jedoch auf, dass eine Trennung zwischen Innen und Außen kaum möglich ist: Das Selbst ist zugleich soziales Selbst, das in Interaktion und Kommunikation mit anderen steht und das auch durch andere geformt und definiert wird. Die ultimativen Ziele einer Selbstkompetenzförderung von Lehrer*innen – Konsistenz, Kongruenz und Kohärenz der Lehreridentität und, darauf aufbauend, langfristige Gesundheit und Berufsmotivation sowie die erfolgreiche Gestaltung positiver und

---

148   Diese zyklische Form der Darstellung ist angelehnt an Borichs Modell der Senses of Self (Borich 1999:97; vgl. auch Abbildung 5 in dieser Arbeit) sowie Korthagens ‚Zwiebel' der Lehreridentität (Korthagen 2003:80; vgl. auch Abbildung 4 in dieser Arbeit), wobei die Schnecke keine Hierarchisierung verschiedener Schichten beinhaltet.

lernfördernder Beziehungen und Kommunikationsstrukturen mit den anderen Akteuren im Kontext Schule – sind nur im Zusammenwirken von dynamisch-flexiblem Selbst, kooperativem sozialem Umfeld und einem unterstützenden System möglich.

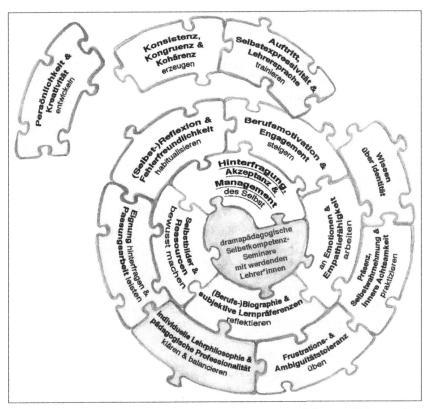

Abbildung 14: Mögliche Entwicklungsimpulse performativer Arbeit zur Förderung der Selbstkompetenz werdender (Fremdsprachen-) Lehrer*innen (Bild: Ina Prellwitz nach einer Idee von A.H.).

Bevor Einblicke in die praktische Umsetzung dieses Konzeptes zur Seminargestaltung gegeben werden und die Wirksamkeit schließlich empirisch evaluiert wird, erfolgen mehrere notwendige, abschließende theoretische Betrachtungen. Erstens soll die Eignung zweier zurzeit viel verwendeter und stark diskutierter Begriffe zur Beschreibung dieser Art von Lehrerbildung abgewogen werden: Kompetenzerwerb und Professionalisierung. Zweitens muss die Frage nach dem Wesen von Identität – in aktuellen Diskursen, in der Theaterpädagogik und der Lehrerbildung – noch einmal erörtert werden, wobei angestrebt wird, zwischen diesen drei verschiedenen Kontexten eine Vermittlung zu finden.

4.6.1 Kompetenzbegriff in der personorientierten Arbeit?

Diverse Autor*innen aus dem Bereich der personorientierten Arbeit distanzieren sich von einem Kompetenzdenken, das sie als technisch-fertigkeitsbasiert, reduziert, unpersönlich und mechanisiert bezeichnen (vgl. z.B. McLean 1999:61 f.); ein Kompetenzansatz in der Lehrerbildung, so Kritiker, würde kein tieferes Verständnis von sich selbst oder der Profession ermöglichen (vgl. ebd.). Korthagen sieht ebenfalls eine Kontroverse zwischen kompetenzorientierter Lehrerbildung einerseits und einer Lehrerbildung mit Fokus auf das Selbst andererseits (vgl. Korthagen 2004:79), und auch Bauer (2006:17) spricht davon, dass das Selbst nicht auf Kompetenzen reduziert werden könne (2006:17). An dieser Stelle muss daher diskutiert werden, inwiefern das Ziel der Förderung von ‚Selbst-Kompetenz' in der pädagogischen Arbeit ein Paradoxon darstellt. Ich möchte im Folgenden begründen, warum ich mich entgegen o.g. Kritik entschieden habe, mit diesem Begriff zu arbeiten.

Dieser Arbeit liegt der Kompetenzbegriff von Weinert zugrunde, der – mit großem Einfluss auch auf die Lehrerbildung – Kompetenzen definiert als (Weinert 2001:27 f.)

> die bei Individuen verfügbaren oder durch sie erlernbaren kognitiven Fähigkeiten und Fertigkeiten, um bestimmte Probleme zu lösen, sowie die damit verbundenen motivationalen, volitionalen und sozialen Bereitschaften und Fähigkeiten um die Problemlösungen in variablen Situationen erfolgreich und verantwortungsvoll nutzen zu können.

Als wesentliche Aspekte von Kompetenz im heutigen bildungswissenschaftlichen und -politischen Diskurs beschreibt König ihre Erlernbarkeit sowie den Bezug auf einen spezifischen Kontext und Anforderungen (vgl. König 2010:63). Modelle professioneller Kompetenz von Lehrkräften (beispielsweise Baumert & Kunter 2006) inkludieren dabei zumeist, der obigen Definition von Weinert folgend, sowohl professionelles Wissen als auch nicht-kognitive Facetten (vgl. König 2010:65 f.). Diese Vieldimensionalität lässt den Kompetenzbegriff zunächst einmal geeignet erscheinen, um damit die individuelle Selbstkenntnis sowie die Befähigung und Bereitschaft zur – auch regulierenden – Auseinandersetzung mit der eigenen Persönlichkeit und Identität zu fassen. Kritiker*innen hingegen erscheint der Kompetenzbegriff, entgegen ihres Anspruchs an die Individualität einer auf die Entwicklung von Mündigkeit auszurichtenden, zweckfreien Bildung, als Instrument der Standardisierung zugunsten eines ökonomisch geprägten Verwertungsdenkens; Kompetenz werde dabei häufig als vornehmlich kognitive Leistungsdisposition definiert, ohne dass die dahinter stehenden Anforderungen und Normen in ihrem Konstruktcharakter diskutierbar seien (vgl. Veith 2014:58 ff.).

Das standardisierte Kompetenzdenken bringe zudem u.a. den Effekt einer Bürokrati-
sierung des Lernens mit sich (ein Beispiel solchen Kritik liefert Kurtz 2013:129).[149] Des
Weiteren wird die häufig zu findende Reduktion des Kompetenzbegriffs auf Fertigkeiten (*skills*) oder Wissen bemängelt (vgl. auch die Kritik von Veith an aktuellen Modellen
pädagogischer Professionalität; vgl. Veith 2014:61 f.).

Die verschiedenen Grundannahmen von Kompetenzbefürworter*innen und ihren Kritiker*innen werden auch in der aktuellen Debatte um Kompetenzorientierung im
Fremdsprachenunterricht deutlich, wenn im Rahmen neuerer kompetenzorientierter
Modelle der literar-ästhetischen Bildung für den Fremdsprachenunterricht eine Auflö-
sung der Fronten zwischen Kompetenzorientierung und Bildungsauftrag postuliert
wird (vgl. Hallet u. a. 2015:9 ff.). Während Kritiker dabei einen Rückschritt in die Nähe
von Lernzieltaxonomien und Rechenschaftslegung sehen[150], beobachten andere eine
Evolution des Begriffs und versuchen, einen breiten und ganzheitlich ausgerichteten
Kompetenzbegriff (vgl. ebd.:11), wie ihn letztlich Heinrich Roth (1971) geprägt hat (vgl.
auch König 2010:65), (wieder) vom ‚Stigma' der Standardisierung und dem Zwang der
empirischen Überprüfbarkeit zu lösen. Ziel ist es, das eigentliche Potenzial der *Can-do-*
Deskriptoren zu nutzen und den Blick darauf zu richten, was Lerner*innen können, ihre
Ressourcen und Potenziale. Unter einem solchen Betrachtungswinkel lässt sich der Begriff m.E. in seinem Facettenreichtum und der umfassenden Betrachtung von Wissen,
Fähigkeiten, Fertigkeiten und Haltungen des Subjektes für eine Beschreibung von
Selbstkompetenz nutzen, ohne inhaltsleer oder „abstrakt, anspruchsvoll und unklar"
(Kurtz 2013:130) daher zu kommen. Nicht zuletzt ist es die Identitätsforschung verschiedener Disziplinen, die den Begriff der Kompetenz ins Blickfeld einer Betrachtung
von (Lehrer-)Identität rückt, indem sie von den Ressourcen und Kompetenzen spricht,
die zur Erhaltung und Gestaltung von Identität nötig seien (vgl. Jörissen & Zirfas
2010:14).[151]

---

149   Kurtz vermutet, dass hinter dem zunehmenden Interesse am Begriff der Identität in der fremd-
       sprachendidaktischen Forscher*innen-Community der Versuch einer Kompensation der Män-
       gel des bisherigen Kompetenzdenkens stecke (vgl. ebd.:131).

150   Terhart hält den Kritiker*innen einer Kompetenz- und Standardorientierung (in der Lehrer*in-
       nenbildung) entgegen, sie würden „Wirkungsdiffusität zum positiven Kennzeichen aller echten
       pädagogischen Maßnahmen erklär[en] und parallel dazu die Zurückweisung allein der Frage
       nach Wirkung und Wirkungsermittlung für die moralisch-kognitive Grundqualifikation von Er-
       ziehungswissenschaftlern [halten]" (Terhart 2005:279).

151   Der Kompetenzbegriff wird hier allerdings verwendet, ohne dass eine Explikation seiner Be-
       deutung erfolgt. Auch Abels wechselt in seiner Abhandlung über Krappmann zwischen dem
       Begriff Kompetenz und Fähigkeit undifferenziert hin und her (siehe Abels 2010:445 ff.).

Letztlich betont auch der Kompetenzkritiker Korthagen die Wichtigkeit des Versuchs, sich von einer „klassischen Dichotomie"[152] zwischen Bildung und Kompetenzerwerb zu lösen (vgl. Korthagen 2004:79). Eine Art Kompromiss liegt ins Stillers (2006) Verortung des Kompetenzbegriffs „zwischen einem subjektbezogenen und identitätsstiftenden Bildungsbegriff und einem situationsbezogenen, verwertungsorientierten Qualifikationsbegriff" (Stiller 2006:34). Er betont, dass konkrete und tätigkeitsbezogene Kompetenzformulierungen die Ableitung von Standards erleichtern würden (vgl. ebd.:36), aber die Gefahr bestünde, ihre Komplexität als „vielschichtige individuelle Disposition" (ebd.) dabei zu verlieren (vgl. ebd.) – diese Warnung muss im Kopf behalten werden, ebenso wie Veiths Appell, echte Subjektwerdung im Sinne von selbstbestimmter Handlungsfähigkeit – und nicht in erster Linie Wettbewerbsfähigkeit – in das Zentrum vom Bildungsprozessen zu stellen (vgl. Veith 2014:63).

Es zeigt sich, dass die Debatte um Kompetenzen im Bildungswesen höchst aufgeladen ist und unterschiedliche Grundideen, Teildimensionen und Ziele unter einem Begriff fasst, was auch auf verschiedenen historischen ‚Vorläufern' beruht. Veith beschreibt den Bedeutungswandel des Kompetenzbegriffs auf der Basis verschiedener gesellschaftlicher Rahmenbedingungen, bis hin zur heutigen Notwendigkeit des Individuums, sich dynamisch an ständig andere Anforderungen anzupassen, wofür „Sinn erschließende und Sinn erzeugende Kompetenzen" notwendig seien (Veith 2003:221). Kompetenzentwicklung baue dabei fundamental auf die Bereitschaft zum kontinuierlichen Weiterlernen auf (vgl. ebd.:222), die jedoch nicht in eine „Spirale der Selbstinstrumentalisierung" (Veith 2014:63; im Original kursiv) und einen „Kreislauf der Selbstausbeutung" (ebd.) münden dürfe, wenn das Individuum sich unter dem Druck zu beständiger Selbstoptimierung und Selbstmanagement selbst zum ‚Produkt' macht. Unter diesen Umständen basale Kompetenzen wie die selbstständige „reflexive[] Mitgestaltung der eigenen Biografie" (Veith 2003:223) sind wohl schwerlich standardisierbar und die Erwerbsprozesse höchst individuell. Dementsprechend sieht Unterweger (2014) gerade im Kompetenzansatz die Möglichkeit, „die Lernenden ins Zentrum des Bildungsprozesses [zu stellen]" (Unterweger 2014:3).

Selbstkompetenz – also, in Anlehnung an Weinert (2001), die individuelle Bereitschaft und Fähigkeit sowie die Verfügbarkeit über das notwendige Wissen und Können, um in verschiedenen Situationen und Kontexten ‚Probleme' im Zusammenhang mit dem eigenen Selbst zu lösen – wird in dieser Arbeit somit vor dem Hintergrund eines um-

---

152   Es sei darauf hingewiesen, dass eine solche Dichotomie nicht von allen Exptert*innen überhaupt so gesehen wird: Erpenbeck und Weinberg (2004) entdecken neben Divergenzen auch viele inhaltliche Konvergenzen zwischen umfassendem Bildungsanspruch und Kompetenzdenken, v.a. im Menschenbild und einem Denken von Prozess und Subjekt her (vgl. Erpenbeck & Weinberg 2004:71 f.).

fassenden Bildungsbegriffs verwendet. Kompetenz steht dabei keinesfalls im Widerspruch zu einer ‚Lehrerbildung mit Fokus auf das Selbst'. Wie andererseits dieses Selbst zu beschreiben ist (als stabil oder als fließend? Wie viel Handlungsfähigkeit und Gestaltungsfreiheit besitzt das Subjekt?), also die Frage nach dem Identitätsbegriff in dramapädagogischer Arbeit und in der Lehrerbildung, steht im Zentrum der zweiten Diskussion. Diese greift die Frage nach dem Wesen der Identität in der Spätmoderne, die gegen Ende des Kapitels 2.1.1 (v.a. Seite 24 f.) bereits angeklungen ist, wieder auf und bezieht sie konkret auf den Kontext der Ausbildung von Lehrer*innen.

4.6.2 Das Wesen der Lehreridentität aus einer Ausbildungsperspektive

Im Fokus dramapädagogischer Selbstkompetenzarbeit steht die Erkundung und (Weiter-)Entwicklung eines sich in Entstehung befindlichen professionellen Selbst bzw. einer beruflichen Identität, deren Grenzen zu einer persönlichen Identität unscharf sind (vgl. auch Kapitel 4.6.3). In den verschiedenen Erfahrungsfeldern dramapädagogischer Selbstkompetenzarbeit sind dabei unterschiedliche Paradigmen zur Beschreibung des Wesens von Identitäten zum Einsatz gekommen. Die jeweils eingenommene Perspektive ist begründungsbedürftig, entsprechend einer Forderung von Beijaard u. a. (2004:124):

> In order to define professional identity, it is important to make explicit from what point of view we see a teacher's self, because this determines how we see his or her professional identity. For example, from a modernist point of view, 'self' is strongly related to being authentic and fulfilling a pregiven individual autonomy, while from a post-modernist point of view, 'self' is strongly related to how people organize their experiences in stories, which may differ in time and depend on context (e.g., Edwards, 1997).

In der dramapädagogischen Selbstkompetenzarbeit kommen sowohl die eher moderne Identitätsdimension von Authentizität und Autonomie als auch der postmoderne Ansatz eines fließenden, sozialen und kontextgebundenen professionellen Selbst vor. Eine Zusammenfassung und Begründung dieses ‚Mixes' gerade im Hinblick auf die Lehrerbildung, soll hier abschließend erfolgen.

Obwohl Theaterspiel per se eine Möglichkeit bietet, Rollenwechsel und die performative Erschaffung von Identität zu erleben – in der *Performance* wird explizit nicht nach einem „subjektiven Kern des Selbst gefragt" (Lange 2003:221) – findet sich in der theater- und schauspielpädagogischen Literatur häufig ein essentialistischer Identitätsbegriff, der von einer Art ‚Befreiung des Eigentlichen' durch die Kunst und kreative Improvisation ausgeht: „Wir kennen unsere eigene Substanz nicht und bei dem Versuch, mit den Augen anderer zu leben [...] verwirrt sich unsere Identität [...]." (Spolin 1983: 22)

Dementsprechend wäre die Aufgabe von Theaterpädagogik, das ‚Eigene', die Substanz, freizulegen, und sich innerlich vom Urteil anderer loszulösen. Auch der Regisseur und

Theatertheoretiker Jerzy Grotowski (1969) spricht von Selbstenthüllung und will durch Theater die „die psychischen Schichten hinter der Lebensmaske" berühren (Grotowski 1994:23) und das ‚Innerste' bloßlegen (vgl. Weintz 2008:299). Die Selbstwahrnehmung von Leuten, die sich – vielleicht zum ersten Mal – auf (pädagogisch begleitete) Theaterarbeit einlassen, sich dabei neu erleben und euphorisiert sind, weil sie möglicherweise unerwartete Talente an sich entdeckt, Grenzen überschritten und sich geöffnet haben, geht oft in diese Richtung. Gerade auch der Umgang mit dem ‚leeren Raum' in der Improvisation, der erfordert, ansonsten etablierte Mechanismen von Planung, Vorstrukturierung und Sicherheit oder ‚Schutzmechanismen' aufzugeben, erzeugt diesen Effekt. Viele Rückmeldungen der Teilnehmer*innen von Clowning-Workshops in Peter Lutzkers Forschung zeigen dies: „Just stepping onto nothing, onto emptiness. Or…relying on **my real self**. That was really scary. A whole new universe opened up." (Teilnehmer*in zitiert nach Lutzker 2007:215; Hervorhebung A.H.). Ein*e andere*r Teilnehmer*in erlebt, wie im Spielprozess das **„innere Selbst** an die Oberfläche aufsteigt und sichtbar wird für die anderen, das Publikum" (übersetzt nach: ebd.:168). In der Sprache der Psychotherapie wird diese Wahrnehmung als ein Prozess der ‚Selbstentwicklung' bezeichnet: das zu werden, „was man in Wahrheit ist, und nicht das, was man hat sein sollen oder müssen" (Neumann 2013:1394).

Eine solche subjektiv empfundene ‚Befreiung des Selbst' durch Theaterarbeit muss identitätstheoretisch modifiziert werden und dabei Spolin (s.o.) widersprochen werden. Denn Identität entsteht u.a. durch die Fähigkeit, sich mit den Augen der anderen zu sehen (vgl. Mead 1934), und von Anfang an durch die Verinnerlichung der Sprache, des Verhaltens und der Symbole ‚der anderen'. Sie kann also nicht nur als etwas Eigenes betrachtet werden, das erst durch Loslösung von einer ‚überformenden Gesellschaft' erreichbar ist; zumindest muss darauf verwiesen werden, dass es sich um einen subjektiven Eindruck von Befreiung handelt (dessen therapeutischer Wert natürlich vorhanden ist).

Zweitens ist ein solcher Blick auf Identität als Kern oder Entität schwer vereinbar mit aktuellen Diskursen, die (Lehrer-)Identität beschreiben als „fluid, dynamic, contradictory, shifting, and contingent" (Miller 2009:173) sowie als „multiple and a site of struggle" (ebd.). Auch Ricoeur verneint eine Permanenz oder „Beharrlichkeit in der Zeit" (Ricoeur 1987:57) zutiefst und geht davon aus, dass jegliches innere Erfahren Veränderungen unterworfen sei (vgl. ebd.:2010). Britzmann betont in Bezug auf die Identität von Lehrer*innen, dass es keine ‚Substanz' im Sinne eines stabilen humanistischen Selbst gebe – eine solche Konzeption sei nicht nur falsch, sondern auch lähmend für die Akteure (Britzmann 1994:63).

Was heißt das nun für die Arbeit an den Identitäten von Lehrer*innen? Selbstverständlich gilt in einer globalisierten, vielfältigen Welt, in der Heterogenität im Klassenzimmer

Standard geworden ist, dass die Vielfalt der unterschiedlichen Identitäten akzeptiert und angenommen werden muss. Unterwegers überfachliche Kompetenzen im Bereich der Selbst- und Sozialkompetenz von Pädagog*innen beinhalten daher diverse Punkte, die den Umgang mit Vielfalt als Ressource betreffen (u.a. als Teil der professionellen Haltung; vgl. Unterweger 2014:9) – diese Vielheit muss aber, und das gilt für die Identitäten von Schüler*innen und die von Lehrer*innen, gesehen werden als eine „Pluralität diverser Grundmöglichkeiten (die je Einheits-Charakter haben)" (Welsch 2008:127) und dürfe kein Anlass für Beliebigkeit (*whateverism*) sein (vgl. Tschurtschenthaler 2013:72).

Zirfas geht davon aus, dass die „moderne Identität [...] gerade dort als besonders differenzierte, reflexive und individuelle Identität [erscheint], wo die Möglichkeiten von divergierenden Normen- und Wertesystemen [...] und von Inkonsistenzen in Rollenmustern und Interaktionsformen etc. vorhanden sind" (Zirfas 2010:10). Aber stellt Schule überhaupt so einen Ort dar, oder ist dies nur lebensweltliche Realität außerhalb dieser Institution? Mit der zunehmenden Aufgabendiversität und Rollenvielfalt auch in Schule kann zwar davon ausgegangen werden, dass Inkonsistenzen und Widersprüche bestehen (vgl. u.a. auch Seite 71 dieser Arbeit), die zunehmend Aushandlungsprozesse zwischen den Akteur*innen erfordern; andererseits stellt Schule weiterhin einen Handlungsraum dar, in dem die Rolle von Lehrer*innen stärker institutionell bestimmt sind und klareren sozialen Anforderungen unterworfen ist, als dies für Subjekte in ihrem Privatleben und in vielen sonstigen sozialen Beziehungen der Fall ist (z.B. für die Selbstdefinition von Geschlechterrollen[153], sexueller Orientierung und Partnersuche, wie es Veith eindrücklich exemplifiziert; vgl. Veith 2010:192 f.). Kulturelle Sinnsysteme und soziale Normen sind im Handlungsfeld Schule weniger ‚zerklüftet' und diversifiziert, und das Bezugssystem der Interaktionen weit weniger frei verhandelbar, als Veith es für das soziale ‚Privatleben' beschreibt (vgl. Veith 2010:193). Daher erscheint mir eine Identitätsarbeit, die auch Anleihen an einem ‚klassisch modernen' Identitätskonzept nimmt, geeigneter für die Lehrerbildung als eine Ausrichtung an postmodernen Auffassungen. Keupp beschreibt mit Blick auf Eriksons Modell diese ‚klassisch moderne Perspektive' auf die Herausbildung von Identität (Keupp 1999:78):

> Der Zielzustand wird mit einer Begrifflichkeit umschrieben, die die Konnotationen von Kohärenz und Integration evoziert: angesammeltes Vertrauen, inneres Gleichgewicht, Zuschreiten auf eine erreichbare Zukunft, eine nunmehr bestimmte Persönlichkeit in einer nunmehr verstandenen sozialen Wirklichkeit.

---

153 Wobei diese Dimensionen des Privaten auch wiederum in die professionelle Identität einfließen können, v.a., wenn man Lehrer*innen auch als Rollenvorbilder und als Unterstützer*innen für Schüler*innen bei der Verortung ihrer eigenen Identität sieht und Geschlecht als Inszenierung beispielsweise auch zum Bestandteil des Fremdsprachenunterrichts macht (vgl. König 2015).

Ohne Frage sind dies auch Ziele der beschriebenen dramapädagogischen Förderung der Selbstkompetenz werdender Lehrer*innen, bei der es darum geht, einen professionellen Identitätsbildungsprozess und Identitätsarbeit zu ermöglichen, ohne die Identitätsstruktur des Individuums zu ‚überfordern', wie es Krappmann über Eriksons Modell formulierte (vgl. Krappmann 1973:91). Ein Unterschied zu Eriksons Identitätskonzeption besteht bei der beschriebenen Selbstkompetenzarbeit jedoch darin, dass diese Entwicklungsaufgabe prinzipiell als unabschließbar gesehen wird (was wiederum eher einer spätmodernen Identitätsauffassung entspricht; vgl. ebd.:76) und auch die Gefahr einer Starrheit für die Identität, die Krappmann in Ergänzung zu Erikson betont (vgl. ebd.), berücksichtigt wird: Die Entwicklung der eigenen Lehreridentität in der Praxis ist immer auch krisenhaft und explorativ, und es soll in dramapädagogischer Selbstkompetenzarbeit keinesfalls eine *foreclosure* im Sinne der unreflektierten Identitätsübernahme von Rollenvorbildern (vgl. Marcia 1993) zustande kommen.

Ich möchte mich jenen Autor*innen anschließen (u.a. Caspari 2010:19ff.), die proklamieren, dass ein postmoderner Blick auf Identität im Sinne einer sich dauerhaft im Fluss befindlichen, fragmentierten, stets neu auszuhandelnden Selbst- und Fremdwahrnehmung in der Lehrerbildung wenig sinnvoll sei, da damit Verunsicherung einhergehe (vgl. auch Akkerman 2010). Varghese u. a. (2005) betonen ebenfalls die Notwendigkeit von Stabilität, indem sie vor einem zu starken Fokus von Lehrer*innen auf Selbstreflexivität warnen, der zu „Lehrer-Selbstzweifel und Passivität" (übersetzt nach ebd.:34) führen könne. Annähernd spirituelle, in jedem Fall aber metaphysische Elemente einer Reflexion, wie beispielsweise Korthagens *level of mission* (vgl. Korthagen 2004:85), die eine Suche nach höherem Sinn und großem Ganzen aufweisen, sind notwendige Orientierungshilfen für werdende Lehrer*innen. Diese brauchen eine Überzeugung von der Sinnhaftigkeit ihres Handelns, um ihre Arbeit ausführen zu können – Burnout im Lehrerberuf geht nicht selten mit dem Verlust von Idealen und einem Gefühl von Sinnlosigkeit einher (vgl. Korthagen 2004:91 f.).

Es scheint also, dass sowohl in der Arbeit mit Schüler*innen als auch mit werdenden Lehrer*innen eine Balance gefunden werden muss zwischen Bestätigung und Stabilisierung, dem Aufbau von Selbstbewusstsein und dem Glauben an Sinnhaftigkeit einerseits – auch im Hinblick auf das Gefühl einer stabilen Identität und Persönlichkeit als Ressource für die Arbeit als Lehrer*in – und Selbsthinterfragung und -relativierung andererseits (vgl. Kurtz 2013:138), gerade in Bezug auf zu klare kulturelle Selbstverortungen und Definitionen von Eigenem und Fremdem. Bidlo beschreibt mit Blick auf die Postmoderne diesen „Drahtseilakt" (Bidlo 2006:152), bei dem es gilt „eigene Standpunkte [zu] entwickeln, die durch Lebenssituationen tragen, ohne in Starrheit zu ver-

fallen" (ebd.) – trotz psychischer und identitärer Stabilität also zugleich offen und akzeptierend zu bleiben für die Vielfalt der Lebensentwürfe und Werte, die dieses Zeital-
ter bietet.

Diese Kombination von modernen mit postmodernen Paradigmen entspricht den
Grundannahmen der *Dialogic Self Theory* (vgl. Akkerman & Meijer 2011), die für die
Beschreibung von Lehreridentität die häufig angelegten poststrukturalistischen Be-
schreibungsparameter von Multiplizität, fragmentierter Diskontinuität und sozialer Bedingtheit (vgl. ebd.:309 f.) als nicht ausreichend erachtet. Mit der Annahme einer totalen Fragmentarisierung von Identität und dem Wegfall jeglicher Kontinuität sei kein
Eindruck von Einheit als Person mehr möglich (vgl. ebd.:308), den Lehrer*innen aber
für sich brauchen. Um Lehreridentität zu konzeptualisieren sei daher ein dialogischer
Ansatz nötig[154]: "The emerging theory of dialogical self in psychology offers a more
elaborate approach to teacher identity, conceived of as both unitary and multiple, both
continuous and discontinuous, and both individual and social." (ebd.)

Akkerman und Meijer bestätigen die Notwendigkeit der Erschaffung von Kohärenz für
das Selbst, aber ohne dabei Dynamik und soziale Komponenten aufzugeben. Konstanz
bei gleichzeitiger Multiplizität entsteht in ihrer Theorie prozessbetont anhand eines inneren ‚Selbst-Dialoges', der verschiedene Ich-Positionen zu synthetisieren und dabei
Inneres und Äußeres zu integrieren sucht: "A dialogical space within the self, the 'self-
dialogue' as it were, is explicitly multivoiced, with I-positions reflecting different social
or cultural origins. Moreover, [...] a dialogical self is not based on a dualism of self as
being internal and the other or the social as external, but instead includes the social."
(ebd.:312)

Die beschriebene dramapädagogische Arbeit zur Professionalisierung durch die Entwicklung von Selbstkompetenz soll die Entwicklung eines solchen inneren Monologs

---

154 Ein ähnliches Desiderat formuliert Würffel (2013) für die Ausbildung von Fremdsprachenlehrer*innen, wenn sie zur Diskussion aufruft, inwiefern Hericks Ansatz der Entwicklungsaufgaben
(der zu einer stabilen beruflichen Identität durch Entwicklung von beruflicher Kompetenz führen soll; vgl. ebd.:315) mit dynamischen Identitätskonzepten zusammengeführt werden könne
(vgl. ebd.:318). Auch der Fremdsprachendidaktiker Gutzmann betont mit Winkler (2008) zwei
verschiedenen Dimensionen der Identität (allerdings in Bezug auf Schüler*innen; hier wird kein
Bezug zu den Lehrenden hergestellt): eine strukturelle, die Kohärenz herstellt, und eine pro-
zessuale, die Veränderung und Entwicklung betont (vgl. Gutzmann 2013:51). Auch hiermit
wird ein Brückenschlag zwischen zwei Paradigmen hergestellt und zugleich zwei menschlichen
Bedürfnissen (Beständigkeit einerseits, Weiterentwicklung andererseits) Rechnung getragen.
Derartige Parallelen zeigen, dass eine Beschäftigung mit den Forschungen und Theorien der
allgemeinen Lehrerbildungsforschung großes Anknüpfungspotenzial an aktuelle Fragen im Diskurs der Fremdsprachendidaktiken bietet.

zur innerlichen Koordinierung verschiedener Ich-Positionen[155] fördern. Diese Positionen können Ressourcen, Rollenfunktionen, mentale Bilder von sich selbst und verinnerlichte Vorbilder sein. Sie sollen im Sinne eines ,inneren Teams' (vgl. Nieskens 2002:57f. in Anlehnung an Schulz von Thun 1998) oder eines Chores mit verschiedenen Stimmen harmonisiert werden (vgl. Beijaard u. a. 2004:113 in Anlehnung an Mishler 1999 und McCarthey 2001). Dabei wird die Erkenntnis über die individuelle Vielfalt an Sub-Identitäten sowie den Fluss der eigenen Identität zusammengeführt mit der Integration dieser diversen Selbstbilder und situativen Identitäten in eine innerlich als stimmig und kohärent empfundene Gesamtidentität als Lehrer*in. Für die professionelle Identität von Lehrer*innen scheint der Ausgleich von Konflikten zwischen diesen Sub-Identitäten – die gerade in der Ausbildungsphase als Lehrer*in häufig auftreten (vgl. Beijaard u. a. 2004:122) – elementar zu sein (vgl. ebd.). Borichs Modell der Lehreridentität ist in dieser Arbeit dargestellt worden (siehe Seite 31 ff.). Hier wird der Prozess der Integration diverser Selbstbilder als die höchste Entwicklungsstufe eines professionellen Selbst beschrieben, der „Teacher's Sense of Self-Image" (Borich 1999:99; im Original kursiv). Dadurch würden die vielen idealen und realen Selbstkonzepte samt biographischen Bildern und Zukunftsentwürfen sowie Stärken und Schwächen vor dem Hintergrund der Werte der Profession wie in ein Fotoalbum integriert (ebd.):

> The sense of self-image can be likened to an album of self-portraits, sometimes candid, sometimes posed. This sense of self includes the sense of past and present images and the sense of an ideal self. It is acquired when the teacher integrates both strengths and weaknesses into a unified picture of self and matches that picture to dominant values set by and for the self.

Diese innere Entwicklungsstufe ist mit Sicherheit erst durch einen Weg der Professionalisierung zu erreichen (wobei auch hier mit ,Stufe' kein statisches Ziel gemeint ist, sondern ein beständig weiter zu leistender Integrationsprozess). Dramapädagogische Selbstkompetenzarbeit soll dafür einen Startpunkt bereitstellen und werdende Lehrer*innen in ihrer Befähigung und Bereitschaft zu einer ,identitären Passungsarbeit' unterstützen, bei der zumindest „Zwischenergebnisse[]" (Keupp 1999:83) entstehen, die ihnen den Einstieg ins Berufsleben erleichtern und eine Basis für weitere Entwicklungen darstellen. Dramapädagogische Selbstkompetenzarbeit mit Lehramtsstudierenden ist insofern mit den Worten von Flores und Day als die Bearbeitung ihrer „Pre-Teaching Identity" (Flores & Day 2006:230) zu verstehen, aus der heraus sich professionelle Identitäten durch beständige Formung und Neuformung (*shaping and reshaping*) entwickeln (vgl. ebd.).

---

155   Ich-Position wird hier definiert als: „ a 'voiced' position, that is, a speaking personality bringing forward a specific viewpoint and story" (Akkerman und Meijer 2011:311), wobei verschiedene Ich-Positionen z.B. biographischen oder kulturellen Ursprungs sein oder andere Personen und Gruppen mental repräsentieren können (vgl. ebd.:312).

In diesem Zusammenhang soll abschließend für den Theorie-Teil dieser Dissertation die Frage angesprochen sein, inwiefern der Begriff der Professionalisierung für diese Art von performativer Persönlichkeitsarbeit tatsächlich passend gewählt ist, oder ob es sich eher um (quasi-)therapeutische Arbeit handelt, da nicht nur die berufliche, sondern auch die private Identität der Teilnehmer*innen Bestandteil der potenziell transformativen Prozesse bei dramapädagogischen Selbstkompetenzseminaren ist.

4.6.3 Ist das Professionalisierung oder therapeutische Arbeit?

Die aktuelle Debatte über die Ausbildung von Lehrer*innen definiert Professionalisierung als den „Erwerb eines handlungsfeldspezifischen Berufswissens und einer Berufsethik, welche die verantwortliche Ausgestaltung der Berufsrolle [...] in einem durch strukturelle Unsicherheiten geprägten Berufsfeld erlauben" (Kiel & Pollak 2011: 3). Diese Definition legt zunächst einen mikro-soziologischen Blick zugrunde (vgl. Schützenmeister 2002:22), der die berufsspezifische Sozialisation und Aneignung von beruflichem Wissen (vgl. ebd.) fokussiert, bettet dieses aber makro-soziologisch ein, indem die Komplexität des gesellschaftlichen Umfeldes für die Handlungsanforderungen berücksichtigt wird. Hier zeigt sich bereits die Vielschichtigkeit der Begriffe Profession und Professionalisierung, die für den Lehrerberuf bereits in den 1980er Jahren intensiv diskutiert wurden (vgl. ebd.:21) – allerdings vor einem anderen Hintergrund und mit anderer Wissensbasis als heute (vgl. ebd.).

Auf Basis professionstheoretischer Ansätze (vgl. ebd.) werden das Wesen und die Ausbildung von Professionalität im Lehrberuf aktuell intensiv sowohl in den Erziehungs- und Sozialwissenschaften, in der Ausbildungs- und Lehrerberufsforschung als auch mit dem Blick auf Fremdsprachenlehrer*innen in den philologischen Fachdidaktiken untersucht und debattiert. Einigkeit besteht in allen Diskursen darüber, dass vermehrte Forschung über die Wirksamkeit und Gestaltung der Lehrerbildung nötig ist, um die Ausbildung professioneller Handlungskompetenzen zu sichern. Vorliegende Forschungsarbeiten reichen von einer breiten Untersuchung berufsbezogenen Wissens und kollektiver Wissenbestände hin zur Forschung über das Handeln und Wissen von Lehrer*innen in Bezug auf einzelne fachdidaktische Aspekte (vgl. den Überblick bei Trautmann 2010:347). In der entstehenden deutschen Ausbildungsforschung im Bereich der philologischen Fachdidaktiken untersuchen – neben der bereits vorgestellten Arbeit von Caspari (2003) – Dirks (2000) und Appel (2000) qualitativ Fremdsprachenlehrer*innen in der Schule; u.a. Gabel (1997), Schocker-von Dithfurth (u.a. 2001) und Ehrenreich (2004) betrachten einzelne Bausteine des fremdsprachlichen Lehramtstudiums und weisen auf dringenden Reformbedarf hin (vgl. Trautmann 2010:346 f.; vgl. auch die Übersicht bei Pilypaitytė 2013:12 ff.). Insbesondere die Berücksichtigung subjektiver Theorien (vgl. Seite 26 ff. und 80 ff. dieser Arbeit) und eigener (Sprachen-)Lernerfahrungen werden hier hervorgehoben, um neu erworbenes Wissen handlungsrelevant einzubetten und durch Reflexion eigene – möglicherweise für das Lehren kontraproduktive – Erfahrungen und Überzeugungen wirksam beeinflussen zu können (vgl. Blömeke et al. 2013:11). Doch immer wieder werden berechtigte Zweifel an der Übersetzbarkeit des univeritär erworbenen Wissens Lehramtsstudierender in das Handeln im Unterricht geäußert (z.B. von Legutke & Schart 2016: 20). Aber erst die Kombination kognitiv integrierter Wissensdimensionen mit bestimmten Einstellungen und Erfahrungen erlaubt es, von Professionalität zu sprechen (vgl. Blömeke et al. 2013:11), die im Lehrberuf auf einem „Idealtypus des professionellen Handelns" (Pilypaitytė 2013:9) beruht. Hierbei liegt das Augenmerk auf dem kontext- und situationsangemessenen Handeln und nicht auf dem normativen Idealbild einer „umfassend kompetenten Lehrkraft" (Schart & Legutke 2016:24).

O.g. Beispiele verweisen darauf, dass ein solches Handeln nur durch eine vorherige intensive Auseinandersetzung mit biographisch-persönlichen Ausgangsvoraussetzungen gesichert werden kann (vgl. auch Schart & Legutke zu Identitäts- und Rollenfindung; ebd. 25 f.). Somit sind die persönlichen und die beruflichen Entwicklung bei Lehrer*innen eng miteinander verwoben, wie auch auch Varghese u. a. (2005:28) postulieren: „[T]he personal and the professional self intertwine". Der Erziehungswissenschaftler Peter Fauser, der sich über Jahrzehnte intensiv mit Lehrerausbildung, Konzepten des Lernens und der Schulentwicklung beschäftigt hat, sieht im Anliegen der Professionalisierung ein Spannungsfeld zwischen ganzheitlicher, persönlicher Biographie und dem Beziehungsaspekt (‚Personalität') einerseits und rationalem Spezialistentum („Professionalität"; vgl. Fauser 1996:9) andererseits. Er kommt zu dem Schluss, dass die besondere Vertrauenssituation zwischen den Akteuren, die die (klassischen) Professionen begleitet, auch im Lehrerberuf gilt. Somit erfordert dieser zugleich besondere zwischenmenschliche Beziehungen als auch ausgeprägte berufsethische und qualifikationsbezogene Standards (vgl. ebd.:11), so dass „professionelles Handeln [...] auf besondere, nämlich konstitutive Weise an die Person gebunden ist" (ebd.). Königs (1983) sieht diesem Umstand im Fremdsprachenunterricht besonders gegeben, in dem die Bedeutung der Lehrperson teilweise höher sei als in anderen Fächern (vgl. ebd.: 483 f.) – eine Einschätzung, die Kallenbach (1996) aus Schülerperspektive bestätigt findet (vgl. ebd.: 178 ff.).

Vor diesem Hintergrund scheint es erneut wichtig, zu unterstreichen, dass Professionalisierung beinhaltet, sich mit biographischen Vorerfahrungen, dem Umgang mit den eigenen Ressourcen und der Frage nach einem angemessenen beruflichen Engagement auseinanderzusetzen (vgl. ebd.). Ansonsten besteht die Gefahr, dass hohen berufsethischen Ansprüchen zwar theoretisch zugestimmt, diese aber in späteren stressreichen Alltagssituationen nicht in Handlungen umgesetzt werden oder sie letztlich als übergestülpt oder unerfüllbar abgelehnt werden.

Zuzustimmen ist somit Teml und Unterweger (2002), die Selbstkompetenz als eine „der oft vergessenen Säulen von Professionalität" (Teml & Unterweger 2002:14) beschreiben. Unter den hergeleiteten Prämissen kann Professionalisierung somit nicht nur vom Berufsbild, der Praxis oder vom System Schule ausgehend stattfinden, sondern auch bei der Person beginnen (vgl. Bauer 2005:51) und als Selbsterkundung bzw. als „persönliche[r] Wandel" (Bauer 2005:75) stattfinden (ebd.:43):

> Professioneller werden heißt [in Bezug auf die Erweiterung eines zu engen Rollenverständnisses]: erst einmal sich selbst in der eigenen Arbeit wieder finden [sic]; wieder lernen, von den eigenen Gedanken, Gefühlen und Zielen ausgehend zu handeln. [...] Das Allerwichtigste ist aber [...] sich auf den Weg [zu] machen, um mehr über [...] [das eigene] pädagogische[] Selbst zu erfahren.

Insofern ist Professionalisierung auch als persönliche Entwicklung und persönliche Entwicklung auch als Professionalisierung zu sehen, weshalb der Begriff der Professionalisierung für dramapädagogische Selbstkompetenzarbeit geeignet erscheint.

Dennoch muss gefragt werden, wie ‚persönlich' die Lehrerbildung werden kann und darf. Meijer u. a. betonen, dass es in der Lehrerbildung zwar einen Zusammenhang zwischen „professionellem Kernanliegen und biographischem Material" gibt (Meijer u. a. 2009:307), dass Supervisoren und Lehrerbildner dabei aber einen ausschließlichen Fokus auf das professionelle Feld haben müssten (vgl. ebd.). Auch Bauer spricht sich dafür aus, in der identitätsorientierten Professionalisierungsarbeit Persönlichkeitsentwicklung auf berufsrelevante Aspekte auszurichten und eher Privates außen vor zu lassen (vgl. Bauer 2006:17). Korthagen betont für die Reflexionsarbeit auf der Ebene von *mission* und *professional identity* die Notwendigkeit, Privatsphäre zu respektieren und eine therapeutische Rolle als Seminarleiter zu vermeiden (vgl. Korthagen 2004:92). Damit wird Lehrerbildung strikt von Formen der Psychotherapie abgegrenzt, was – allein im Hinblick auf die unzureichenden Ressourcen und Qualifikationen von Dozierenden für eine therapeutische Arbeit – sinnvoll erscheint. Stiller bestätigt dies (im Kontext der biographischen Arbeit in der Schule, aber mit übertragbarer Aussage für Dozierende und Ausbildende in der Lehrerbildung). Er spricht von „Lehrerinnen und Lehrern, die einen interessierten, achtenden Dialog anbieten, aber gerade hier als um Verständnis Bemühte und nicht um therapeutische Veränderung Bemühte" (Stiller 1999:20).

Während dieser Absicht theoretisch zuzustimmen ist, verschwimmen in der praktischen Arbeit die Grenzen zwischen privat und professionell, zwischen Person und Beruf. Eine Lehrerbildung, die eine Auseinandersetzung mit Schulerfahrungen, biographischen Geschichten und der eigenen Lehreridentität fördert, berührt unweigerlich auch Persönliches oder sogar Privates. Gleiches gilt für die Arbeit mit werdenden Lehrer*innen an ihren Persönlichkeits- und Verhaltensvoraussetzungen im Hinblick auf psychische Gesundheit und Risiken: Schaarschmidt u.a. arbeiten hier im Lehrerbildungskontext unter anderem mit einem verhaltenstherapeutisch orientierten Präventionsprogramm (vgl. Schaarschmidt 2004:107).

Zweitens provoziert und ermöglicht gerade die Arbeit mit Methoden des Theaters stellenweise eine Selbstkonfrontation in therapienaher Form, z.b. als Auseinandersetzung mit eigenen Unsicherheiten oder der Überwindung von beispielsweise Auftrittsängsten. Weintz beschreibt die teilweise therapeutische Dimension einer solchen Arbeit: „Vor dem Hintergrund, dass Theater die intensive Auseinandersetzung mit der eigenen Person gleichermaßen ermöglicht und erfordert, übt es eine quasi-therapeutische Wirkung auf Darsteller und Rezipienten aus." (Weintz 2008:298)

Gerade durch das Theaterspielen besteht die Möglichkeit, dass auch sehr persönliche Fragen und Prozesse initiiert werden (vgl. Petzold 1994; Grotowski 1994:23 ff.), die jedoch zugleich in höchstem Maße berufsrelevant sind. Hier eine klare Grenze zu ziehen zwischen quasi-therapeutischer und professionalisierender Arbeit erscheint schwierig, zumal therapeutische Arbeit sich in vielfältiger Weise immer wieder der Methoden des Theaters bedient hat (vgl. Ptok 2003:325 ff.). Andererseits sind auch im Kontext von Lernen und Lehren (schulisch wie auch in der Ausbildung von Lehrer*innen) immer wieder therapeutische Techniken für theaterpädagogische Arbeit adaptiert worden: Dufeu spricht beispielsweise davon, eine projektive Methode des Psychodramas von einer „therapeutische[n] in eine pädagogische Technik zu verwandeln" (Dufeu 2003: 34), indem er therapeutische Einzel- in Gruppenarbeit umwandelt und mit imaginierten Situationen statt Personen arbeitet (vgl. ebd.); C. T. Patrick Diamond baut seine Arbeit mit Lehrer*innen erfolgreich auf George Kellys *personal construct psychology* auf und lässt zwei Junglehrer*innen über einen Zeitraum von etwa einer Woche eine bestimmte Rolle im Unterricht spielen, die er – aufbauend auf eine Art Analyse ihrer (Lehrer-)Persönlichkeiten – speziell für sie ausgearbeitet hat („fixed role treatment"; Diamond 1991:51 ff.). Auf diese Weise sollen neue Perspektiven entwickelt und persönliche Konstrukte bearbeitet werden (vgl. ebd.).

Trotz der beschriebenen Nähe von therapeutischer und pädagogischer Theater-Methodik, gerade im Bereich der Selbsterfahrung und biographischen Arbeit, müssen in der Lehrerbildung ‚Schutzregeln' (vgl. Stiller 1999:20) gewahrt werden, um sowohl Teilnehmer*innen vor seelischer Bloßstellung zu schützen als auch Dozierende vor der Überschreitung ihrer Kompetenzen. Eben dafür bietet Theater einen idealen Rahmen, denn dramapädagogische Arbeit erlaubt einerseits Persönlichkeitswachstum und die Auseinandersetzung mit – eigenen und fremden – Identitäten, bietet andererseits aber Distanzierungsmöglichkeiten: Die Übernahme fiktiver Rollen schützt die eigene Identität (vgl. Schewe 1993:401 und Tselikas 1999:33), und biographisches oder subjektiv bedeutsames Material wird ästhetisch transformiert und künstlerisch bearbeitet, was es verfremdet (vgl. Weintz 2008:302) und somit weniger persönlich erscheinen lässt. Dennoch stellt eine reflexiv-biographische Arbeit an berufsbezogen-persönlichen Fragen hohe Ansprüche an das Vertrauen der Teilnehmer*innen zueinander und zur Seminarleitung (Unterweger fordert an der PH Wien daher eine therapeutische Grundausbildung aller Dozent*innen im Bereich der Persönlichkeitsarbeit; vgl. Unterweger & Weiss 2005:103). Eine solche Arbeit erfordert Engagement und Motivation (auf Seiten der Lehrenden und Lernenden), respektvollen Umgang und Vertraulichkeit[156] sowie sehr gelungene, von den Teilnehmer*innen als relevant empfundene Aufgabenstellungen und eine dafür geeignete Auswahl an Methoden. In folgendem ‚praktischen Teil' dieser Dissertation werden dazu konkrete Seminarkonzeptionen und Aufgabenstellungen erläutert und anschließend evaluiert.

---

156   Die hohen berufsethischen Standards der Lehrprofession müssen somit offensichtlich ebenfalls für Dozierende der Lehrerbildung gelten – was Ihnen erneut eine Vorbildfunktion einräumt und zugleich negativ in den Fokus rückt, dass es für Hochschullehrende keine Form der standardsichernden Grundqualifikation gibt.

5. Konkretisierung: Drei Typen dramapädagogischer Blockseminare

Nach der theoretisch-konzeptionellen Einführung und Modellbildung für dramapädagogische Selbstkompetenzseminare soll in diesem Praxis-Teil meiner Arbeit verdeutlicht werden, wie eine konkrete Umsetzung dieser Ideen und Zielsetzungen aussehen
kann.[157] Dazu werden drei Möglichkeiten zur Durchführung dramapädagogischer Seminare vorgestellt, im Folgenden benannt als „Typ I, II und III". Teilnehmer*innen in
der konkreten Umsetzung sind Studierende einer Fremdsprache (meistens Englisch)
für das Lehramt an Gymnasien gewesen.

5.1 Entwicklungsgeschichte

Ausgangspunkt meiner dramapädagogischen Arbeit mit Studierenden war es, Theater-
stücke auf Englisch mit Kindern (v.a. an der Volkshochschule) zu inszenieren. Studierende sollten als Helfer*innen mitwirken und dabei aktive Einblicke in diese Art von
außerschulischem Fremdsprachenunterricht gewinnen. Im Rahmen eines Blockseminars am ‚außeruniversitären Lernort'[158] wollte ich alle Mitwirkenden als ein Team zu-
sammenführen, sie in die Grundlagen der Dramapädagogik einführen und zugleich mit
ihnen einen geeigneten dramatischen Text (‚Stückvorlage') für die Inszenierung entwickeln. Lehrerbildnerisches Ziel war insgesamt eine theoretisch fundierte und praktisch
begleitete Heranführung von Lehramtsstudierenden an dramapädagogische Arbeitsweisen über das Prinzip der Selbsterfahrung – zuerst als Teilnehmer*innen eines
Blockseminars, und später als Spielleiter*innen und Betreuer*innen (*Teamer*) einer
englischen Kindertheaterwoche. Somit stand ursprünglich bei meiner dramapädagogischen Arbeit mit Studierenden die Ausbildung einer dramapädagogischen Lehrkompetenz im Fokus. Die unter dieser Zielsetzung veranstalteten Blockseminare werden im
Folgenden als „Typ I" bezeichnet. Sie beinhalteten eine Auseinandersetzung der Teilnehmenden mit der eigenen Kreativität, die kooperative Entwicklung eines Produktes
(englisches Kinder- oder Jugendtheaterstück für die Theaterwoche) und Teambildungs-
prozesse im Hinblick auf das Praxisprojekt. Die Entwicklung von Selbstkompetenz war
bei den dramapädagogischen Blockseminaren des Typs I eher ein ‚Nebenprodukt',

---

157   Einige Materialien zur Veranschaulichung finden sich online auf der Produktseite des Buches
      auf www.springer.com (Zugangslink siehe Impressum). Auch die Fragebögen der empirischen
      Erhebung sowie die Datentabellen mit den gesammelten Antworten werden dort digital be-
      reitgestellt. Im gedruckten Anhang dieser Arbeit werden die gesamten OnlinePlus-Inhalte zu
      dieser Arbeit aufgelistet (siehe Seite 341).
158   Veranstaltungsort war ein Seminarhaus im Harz, das in einer Art zweieinhalbtägiger, drama-
      pädagogischer Exkursion aufgesucht wurde. Neben geeigneten Räumlichkeiten sowohl für be-
      wegtes Arbeiten (großer Seminarraum) als auch Sitzkreise und Gruppenarbeit (atmosphäri-
      sches Kaminzimmer) ermöglichten die Räumlichkeiten und die Lage gemeinsame Mahlzeiten,
      ungestörte Theaterarbeit im Freien sowie Wanderungen in den Pausen, die das zwischen-
      menschliche Kennenlernen unterstützten.

denn sie war nicht explizit als Lernziel definiert. Grundlegende Fragen, z.b. die der ei-
genen unterrichtsbezogenen Haltungen und Erfahrungen, wurden aber angestoßen,
und die Art des Arbeitens (‚kooperative Kreativität'; siehe Seite 155 ff.) stellten hohe
Anforderungen an die Selbst- und Sozialkompetenzen aller Teilnehmenden (für eine
genauere Beschreibung der Aufgaben und Prozesse siehe Seite 153 ff.).
Die Zielsetzung und die Inhalte meiner dramapädagogischen Arbeit in der Fachdidaktik
Englisch sowie im Rahmen des Programms Lehramt PluS (*Professionell lehren und
Schule entwickeln*) in der bereichs- und fächerübergreifenden Lehrerbildung der Universität Göttingen entwickelten sich im Laufe von sechs Jahren weiter (2009-2015). In
einer neu konzipierten bzw. weiterentwickelten Art von Blockseminar (Typ II; Sommersemester[159] 2012 – Sommersemester 2013) stand die Selbstkompetenz von Lehrer*innen auch inhaltlich im Fokus. Improvisationen, Rollenspiele und die performative Arbeit zielten darauf ab, die individuellen biographischen Bilder der Studierenden von
Schule und Lehrersein zu thematisieren, mögliche Lehreridentitäten performativ zu
entwerfen und individuelle Stärken und Schwächen zu reflektieren. Die organisatorischen und atmosphärischen Rahmenbedingungen blieben gegenüber dem Seminartyp
I unverändert (Blockseminar, Exkursion[160]), aber die Produkorientierung (Erspielen eines eigenen Stückes) trat zugunsten einer verstärkten Prozessorientierung und Selbs-
treflexionsarbeit zurück. In der Regel gab es kein direkt anschließendes Praxisprojekt
mehr, auf dessen Vorbereitung die Seminare ausgerichtet waren. Eine dritte Art von
dramapädagogischer Veranstaltung stellt der Regiekurs am studentischen Theater im
OP (ThOP) in Göttingen dar, der in zwei Durchgängen (je 14 Tage Blockveranstaltung)
gezielt auch für Lehramtsstudierende angeboten wurde. Hier lag der Fokus nach einem
dreitägigen Blockseminar (Typ III) zur Erprobung der eigenen Spielfähigkeit darauf,
selbst Regie zu führen und Laienschauspieler*innen in selbst gewählten Szenen oder
Kurzstücken zu inszenieren.[161]

---

159   Im Folgenden werden Sommer- und Wintersemester auch abgekürzt als SoSe und WiSe.
160   Ausnahme: SoSe 13
161   Die Schwerpunkte der drei Seminartypen weisen Parallelen zu den drei großen Entwicklungs-
       phasen der deutschen Theaterpädagogik auf: Beim Seminartyp I liegt der Schwerpunkt auf
       dem sozialen Lernen und der Kooperation bei der Stückentwicklung; dies entspricht der Thea-
       terpädagogik der 1970er Jahre, die sich ebenfalls am sozialen Lernen ausrichtete (vgl. Weintz
       2008:279) sowie der Spielpädagogik, die u.a. Lernziele wie Spontaneitätsförderung und Grup-
       penbildung verfolgt (vgl. ebd.:291). In den 80er Jahren erfolgte eine Umdeutung der Theater-
       pädagogik „zugunsten eines stärkeren Adressaten- und Subjektbezugs [...] [in Verbindung mit
       Zielen wie] Selbstvergewisserung und Identitätsfindung" (Weintz 2008:282), wobei eine Be-
       schäftigung mit eigener Biographie in mitunter nahezu therapeutischer Form stattfand (vgl.
       ebd.). Eine ähnliche ‚Umorientierung' (bei reflektierter Grenzziehung zum Bereich der Thera-
       pie; vgl. Kapitel 4.6.3) erfolgte auch von Seminartyp I zu Typ II in meiner Konzeption und Praxis.
       Seminartyp III, der Regiekurs, nimmt schließlich die Erschaffung eines ästhetischen Produkts,
       die theatrale Form und den Eigenwert der Kunst in den Fokus. Dieser prägt auch stark das

Die Grundstruktur und Prinzipien meiner Seminargestaltung blieben prinzipiell über sechs Jahre hinweg konstant. Sie werden zunächst grundlegend vorgestellt, bevor auf der Mikro-Ebene der Seminargestaltung die verschiedenen dramapädagogischen Methoden und Übungen erläutert werden (siehe Kapitel 5.3 ff.).

5.2 Grundlegende Konzeption der Blockseminare

So, wie man eine Sprache durch sprechen lernt, lernt man Theater durch Theater, also dadurch, dass es erlebt, praktiziert und reflektiert wird. Daher orientiert sich der gesamte Aufbau der Blockseminare an dramapädagogischen Grundprinzipien und den vier Phasen eines dramapädagogischen Prozesses, den es handlungspraktisch darzulegen gilt.

5.2.1 Konkret: Der dramapädagogische Vertrag und Prozess

Vor dem Beginn der dramapädagogischen Arbeit bietet es sich an, mit den Teilnehmer*innen einen ‚dramapädagogischen Vertrag' über Verhaltensregeln abzuschließen (vgl. Tselikas 1999:57 ff.; Küppers 2009:48), da beim Theater häufig andere Umgangsformen und Hierarchien zum Tragen kommen, als es in schulischen oder auch universitären Veranstaltungen sonst der Fall ist. Dafür müssen gemeinsam Regeln und Grenzen expliziert und definiert werden, gleich einem ‚Wegweiser' zur Orientierung beim Betreten unbekanntes Terrains (vgl. Abbildung 15). Huber formuliert die Bedeutung dieses Aushandlungsprozesses gemeinsamer Regeln, nicht nur als Arbeitsgrundlage, sondern auch als Basis für die Etablierung einer hierarchiearmen, partizipativen Grundstimmung im Seminar (Huber 2004:54):

> Im Laufe des Verhandlungsprozesses, der zur Ausarbeitung des Vertrags führt, werden die gegenseitigen Vorstellungen hinsichtlich des gemeinsamen Projekts, der sozialen Beziehungen zwischen den Beteiligten, ihrer Aufgaben und Verpflichtungen u.a.m. ausformuliert, präzisiert und in Übereinstimmung gebracht. Was die Beziehungsebene betrifft, lernen die studentischen Akteure dabei, sich als gleichberechtigte Partner zu positionieren und ihre Vorstellungen und Bedürfnisse klar zu artikulieren.

Teil eines solchen Vertrages kann es auch sein, Absprachen über den Einsatz von Fremd- und Muttersprache zu treffen. Für den Einsatz der Fremdsprache gilt ein Fokus auf die kommunikative Leistungsfähigkeit, wobei Fehler als notwendiger Teil des Lernprozesses gelten (vgl. Schröder 2010:57 ff.).

Paradigma der heutigen Theaterpädagogik (vgl. ebd.:284). Im Regiekurs gibt es allerdings zugleich ein starkes Element des ‚Lehren-Lernens' („learning-to-teach process"; Müller-Hartmann 2013:217; im Original kursiv), da die Studierenden als Regieführende eine im Grunde genommen pädagogische Rolle einnehmen. Im Vergleich zu den Seminartypen I und II sowie den Kindertheaterwochen ist der ästhetische Anspruch im Regiekurs aber am höchsten, hier geht es weniger um Theaterspiel als um Theaterarbeit, die auf die professionelle Bühnenkunst ausgerichtet ist (vgl. die Abgrenzung durch Hans-Martin Ritter 1985; in: Weintz 2008:293).

Abbildung 15: Der dramapädagogische Vertrag als Wegweiser in ungewohnten Lernkontexten (Illustration: Dylan Sara nach einer Idee von A.H.); Visualisierung für dramapädagogische Seminare.

Es wird zudem besprochen, das Prinzip *fluency before accuracy* zu praktizieren. Die Lernenden sollen sich trauen, auch ohne perfektes Beherrschen von Wortschatz, Aussprache und Strukturen, sprachlich aktiv zu werden[162]: „Weil Sprache nur durch Anwendung gelernt werden kann, [...] kann und darf jeder sprachliche Ausdruck stattfinden." (Tselikas 1999:29) [163] Im dramapädagogischen Vertrag wird ebenfalls geregelt,

---

162   Auch in der Arbeit mit Lehramtsstudierenden im Fach Englisch spielen sprachliche Probleme und Fehler eine Rolle. Sie können die Spielfreude bremsen und die Teilnahme einschränken, wenn die Studierenden befürchten, sich zu blamieren. Deshalb gilt auch hier ein Prinzip, das den Studierenden wiederum als Vorbild für die Arbeit in der Schule dienen kann: Making Mistakes is awesome! – denn aus jedem Fehler entsteht eine Lerngelegenheit. Meiner Erfahrung nach ist es mitunter sinnvoll, an langen Blockseminar-Wochenenden für intensive Reflexionsphasen mit den Studierenden in die Muttersprache zu wechseln, um zu gewährleisten, dass bei dem Versuch, sehr persönliche Eindrücke zu formulieren, kein Gedanke verloren geht. Ähnliches sollte auch in der Schule, v.a. für Vor- und Nachbereitungsphasen berücksichtigt werden – so reizvoll der Einsatz der Fremdsprache als Verständigungsmittel auch im Entstehungsprozess von z.B. dramatischen oder kreativen Produkten ist, so wichtig ist es in Schlüsselmomenten auch, dass alles verstanden wird bzw. ausgedrückt werden kann.

163   Die darüber hinausgehende Eignung von dramapädagogischen Ansätzen für den Sprachenunterricht zum Anstoß von Lernprozessen (u.a. sprachliches, literarisches, instrumentelles, soziales und interkulturelles Lernen) sowie die Förderung diverser Lernziele des modernen Fremdsprachenunterrichts (u.a. interkulturelle kommunikative Kompetenz und sprachliche Hand-

dass es jederzeit die Möglichkeit gibt, aus einer Übung oder Einheit auszusteigen oder nur beobachtend teilzunehmen (vgl. Tselikas 1999:59); dafür müssen keine Gründe genannt werden. Alle Übungen und Aufgaben des Seminars sollen als Option und als Möglichkeit begriffen werden, nicht als Verpflichtung. Das gilt auch für die Reflexionsrunden: Auf welche Ebene der Reflexion die einzelnen Teilnehmer*innen sich einlassen, ist freigestellt. Es besteht das Angebot, die eigene Lehreridentität in den Blick zu nehmen, aber die Entscheidung, eine Übung primär als methodische Bereicherung zu betrachten und lediglich als Handwerkszeug für den späteren Unterricht zu reflektieren, ist zulässig. Die Auseinandersetzung mit der eigenen Identität kann nicht erzwungen werden – es können nur Möglichkeiten dazu bereitgestellt und Angebote gemacht werden. Bonnet und Küppers bezeichnen dieses Recht auf (Nicht-)Teilnahme, Reden oder Schweigen, als Bestandteil einer „Pädagogik des Respekts" (Küppers & Bonnet 2011:49), die hier grundlegend praktiziert wird.

Nach Aushandlung und ‚Abschluss' des Vertrages als Arbeitsgrundlage kann in den dramapädagogischen Prozess (vgl. Abbildung 17) eingestiegen werden. Dieser beschreibt nach Tselikas den Aufbau jeder (Lern-)Einheit, die darauf abzielt, eine fremdsprachliche ‚L2-Realität' (language two), also eine zweite Realitätsebene als Sprachwelt (vgl. Huber 2003:153 ff.) unter Verwendung von Imagination, Rollen und Fremdsprache zu erschaffen; es kann von einer „Maske auf einer Maske" (übersetzt nach Tschurtschenthaler 2013:230) gesprochen werden, weil allein die Fremdsprache eine erste Form von Rollenübernahme darstellt, die um die Ebene fiktiver Welten und Figuren ausgebaut wird. In eine solche fremdsprachige, drama-ästhetische Realität' (vgl. Abbildung 17[164]) müssen Schüler*innen schrittweise hinein- und später wieder herausgeführt werden (vgl. Wedel 2008). Der dramapädagogische Prozess wird daher durch eine „Bewegung von ‚aussteigen–einsteigen–aussteigen'" (Tselikas 1999:16) gekennzeichnet, also den

---

lungskompetenz etc.) werden in dieser Arbeit nicht weiter thematisiert; umfassende Abhandlungen zu diesem Thema liegen vor (u.a. Schewe 1993, Tselikas 1999, Huber 2003, Kessler 2008).

164 Die rechte Spalte der Abbildung 17 veranschaulicht die verschiedenen ‚Transformationen' beim Übergang zwischen Alltagswelt und Sprache und dramaästhetischen Realität und Fremdsprache. In der mittleren Spalte wird der stattfindende Prozess in verschiedene Phasen aufgegliedert, die mit Körperarbeit und Imagination beginnen und schließlich zu komplexerer Rollenübernahme und der Entwicklung von Szenen führen, die später – auch als Form des ‚Ausstiegs' aus den Rollen – reflexiv bearbeitet werden können. Die linke Spalte schließlich veranschaulicht dies anhand konkreter Übungen und zunehmend komplexer Spielformen. Diese Graphik ist Teil des Handouts in meinen dramapädagogischen Seminaren und dient als Überblick und Zusammenfassung für die Studierenden, weshalb auch wichtige Grundregeln (z.B. des Impro-Theaters: Ersticke deine Kreativität nicht durch den Versuch, ständig witzig zu sein!) hier genannt werden.

Wechsel zwischen Alltagsrealität und dramatischer, fiktiver Wirklichkeit. Tselikas formuliert die aufeinander aufbauende Abfolge verschiedener, teils multifunktionaler
Phasen[165] (ebd.:23):

> Beginnend mit einer Aufwärmung über Körper- und Stimmübungen, die auch zu erhöhter Selbst-
> wahrnehmung und Konzentration führen (Phase 1: Verkörperung), vollzieht sich der Übergang
> zur bildhaften Vorstellung von Orten, Menschen und Handlungen (Phase 2, 1. Teil: Projektion)
> und schliesslich [sic] zur Rollenübernahme, zur Entwicklung und zum Erleben von Szenen, die
> sich zu Theaterimprovisationen oder Theaterstücken zusammenfügen. Es können dies vorgege-
> bene Texte sein oder Stücke, die die Lernenden selbst kreieren (Phase 2, 2. Teil: Rolle).

Ein spielerischer und bewegungsorientierter, ritualisierter Einstieg in diesen Prozess
wirkt hemmungsreduzierend und schärft das Bewusstsein physisch, kognitiv und affektiv (vgl. Tselikas 1999:17). Es werden die Sinne fokussiert und somit entsteht die Grundlage für eine erhöhte Wahrnehmungsfähigkeit in Bezug auf den Körper (z.B. die Propri-
ozeption), sich selbst und die Gruppe (vgl. ebd.). Dabei wird der Respekt vor sich selbst
und anderen Teilnehmer*innen gesteigert, denn durch den Abbau von Berührungs-
ängsten im Prozess des ‚Sich-Einlassens' fördert das Spiel die „Achtung voreinander
und die Sensibilität im Umgang miteinander" (Nünning & Surkamp 2006:146). Auch
Spolin misst dieser ersten Phase des Warmwerdens und der Verkörperung (im Sinne
einer ‚Verstofflichung') eine besondere Bedeutung zu: Die Fokussierung auf sinnliche,
konkrete Erfahrungen, bei der die direkte Kontaktaufnahme mit der Welt um die
Spielenden herum bedeutsam ist, schaffe die Grundlage für Kreativität, Spontaneität
und Spiel (vgl. Spolin 1983:21). So kann ein (neuer) Zugang zu sich selbst und zur Welt
entstehen: „Das Körperliche (Stoffliche) ist das Bekannte und durch es mögen wir un-
seren Weg zum Unbekannten, Intuitiven und vielleicht darüber hinaus zum Geist des
Menschen selbst finden." (ebd.:30) Die Verkörperung stellt somit eine besonders wichtige Phase des dramapädagogischen Prozesses dar. Sie sensibilisiert und schafft zugleich Vertrauen, sich auf Neues einzulassen, wenn die zunehmend komplexen Übungen erfordern, dass sonstige Zurückhaltung abgelegt wird und alle Teilnehmenden
spontan agieren. Eine Progression der Übungen erfolgt dabei nicht nur in steigender
Komplexität der dramatischen Konventionen und dem Anteil an Spracheinsatz und Improvisation, es erfolgt auch eine Variation in den Sozialformen. Übungen beginnen
stets mit einem Gruppenfokus (Kreisspiele, Gruppenübungen; vgl. dazu auch Vortisch
2008:9) und führen über Partner- und Kleingruppenaktivitäten in ein Spiel vor anderen

---

165   Ähnliche Abläufe wie im dramapädagogischen Prozess finden sich für Theaterarbeit und
       Schauspieltraining auch jenseits eines fremdsprachendidaktischen Kontextes. Generell be-
       ginnt Theaterarbeit häufig nicht mit dem Text, sondern mit dem nonverbalen Spiel, z.B. indem
       Figurenarbeit bei der Erarbeitung einer Körperhaltung beginnt, auf der Stimme und Sprache
       dann aufbauen (vgl. Meyer 2008:10).

als ‚Publikum'. Ausgehend vom Schutz der Gruppe (alle tun etwas gemeinsam) entwickelt sich somit zunehmend eine auf Freiwilligkeit basierende ‚Exponierung' einzelner. Dabei werden andere Gruppenmitglieder zwischenzeitlich zu Zuschauenden. Da das Publikum ein „organischer Teil der Theatererfahrung [ist]" (Spolin 1983:26), bietet sich so die Möglichkeit, auch *process drama*, das nicht auf eine Aufführung abzielt, als ästhetisches Spiel mit und vor anderen zu erleben. Durch das langsame Heranführen an das Theaterspiel und die zuerst gemeinsame Tätigkeit kann erlebt werden, dass die Mitspieler*innen keine „‚böswilligen' Beobachter[]" (Spolin 1983:24) sondern Partner*innen sind, die sich ebenfalls auf das Wagnis einlassen.

Abbildung 16: Die „Rolle als Brücke", die erst beim mutigen Gehen entsteht. (Illustration: Dylan Sara nach einer Idee von A.H.); Visualisierung für dramapädagogische Seminare.

Im Hauptteil des dramapädagogischen Prozesses findet das Spiel mit Sprache und Rollen statt. Dafür kann eine große Vielfalt an Themen durch eine ebenfalls große Vielfalt an ästhetischen Formen (szenische Improvisationen, Rollenspiele, Standbilder, Monologe, Dialoge uvm.; vgl. Abbildung 17, linke Spalte, *drama as language* und *drama as discourse*) bearbeitet werden. Insbesondere bei komplexeren Spielformen müssen Teilnehmende häufig Rollen selbst entwickeln oder sich in gegebene Figuren intensiv einfühlen (z.B. durch das Verfassen von Rollenbiographien, in improvisierten Interviews oder *Hot Chair*-Situationen etc.). Schließlich treffen die Figuren in den Szenen eines Stückes, in eher assoziativen Collagen oder in einem Rollenspiel aufeinander –

z.B. in einem Großgruppenspiel, bei dem gemeinsam um ein Thema oder Motiv herum improvisiert und gespielt wird (vgl. Lensch 2003:257) – und es entwickeln sich Handlungen, Bilder und Geschichten. Theaterarbeit beinhaltet, Rollen zu übernehmen, gleichzeitig findet eine theatrale Distanzierung statt. Es ergibt sich ein sowohl verfremdender wie auch identifikationsfördernder Effekt, eine „Situation des gleichzeitigen Seins und Nichtseins" (Tselikas 1999:33): Während die ‚Alltags-Identität' der Lernenden sozusagen hinter der Rolle geschützt ist, können sie neue Verhaltensweisen, Sprachen und Identitäten ausprobieren.[166] Gleichzeitig ermöglicht dieser Zustand eine stärkere Identifikation, als sie in nicht-theatralen Situationen mitunter aufgebaut wird; durch die Als-ob-Situation und die respektvolle Arbeitsatmosphäre können Selbstschutzmechanismen reduziert werden. Tselikas spricht in diesem Zusammenhang von der Rolle als einer Art Brücke (veranschaulicht in Abbildung 16[167]) zwischen dem Vertrauten (Rituale, Alltag, gewohntes Verhalten und Muttersprache) und dem Risiko des anderen und Unbekannten (vgl. ebd. 35), was ‚fremde' Kulturen und Sprachen beinhaltet. Drama- und theaterpädagogische Konzepte verweisen immer wieder auf den Zusammenhang von Rollenidentifikation beim Theaterspielen und gleichzeitiger Distanzierung zu sich selbst – mit dem Resultat einer ‚Verdoppelung der Identität', wodurch ein Lernen über die eigene Person und soziale Rolle sowie über andere möglich wird (vgl. Sippel 2003:27). Für die Verwendung von Dramapädagogik im Fremdsprachenunterricht sind nicht nur der Gruppenprozess, das sprachliche Lernen in der Interaktion und ggf. die theaterästhetische Ebene wichtig, sondern auch der Inhalt und das „Schlüsselthema" (Tselikas 1999:48)[168], mit dem sich handelnd und in Rollen auseinander gesetzt wird. Tschurtschenthaler spricht davon, dass durch Dramapädagogik ein verstärktes Verstehen von „sich selbst, anderen und dem Sachgegenstand" (übersetzt nach: Tschurtschenthaler 2013:6) ermöglicht werde.

---

166   Es ist besonders wichtig, dass weder Benotung noch Performanz- und Konkurrenzdruck verhindern, dass die Schüler*innen oder Studierenden sich auf diese Situation einlassen. Experimentieren und auch Fehler müssen erlaubt sein und klar abgegrenzt werden von anderen, bewerteten Phasen der Leistungsüberprüfung im Unterricht.

167   In der Abbildung 16 werden anhand der zwei dargestellten Personen auch verschiedene Formen der Reaktion auf mögliche Ängste (Bloßstellung, Angst vor Fehlern, Furcht vor dem Fremden etc.) gezeigt: Während ein ‚Starren in den Abgrund' sie vergrößert, lässt der mutige Umgang damit – die Konfrontation, das Aushalten und das ‚Sich-Einlassen' auf das Wagnis – erst die Brücke entstehen, die zur Überwindung der Befürchtungen führt.

168   Wobei idealerweise bereits Aufwärmübungen auf das Thema hinarbeiten und somit eine Doppelfunktion von physischer Aktivierung sowie mentaler Auflockerung und thematischer Einstimmung erfüllen.

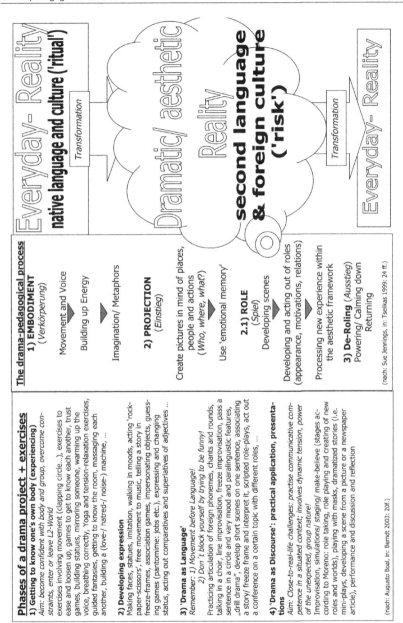

Abbildung 17: Der dramapädagogische Prozess.

Zu o.g. ‚Sachgegenständen' zählen auch klassische Inhalte des Fremdsprachenunter-

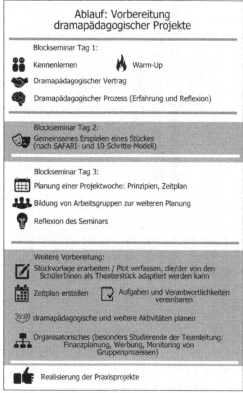

richts[169], wenn z.b. durch Drama-pädagogik ein spannenderer Zu-gang zu (Lehrbuch-)Texten ge-schaffen wird oder in theatralen Handlungssituationen funktional-kommunikative Kompetenzen trainiert werden (siehe Elis 2015). Durch Dramapädagogik kann zu-dem besonders gut ein handlungs- und produktionsorientierter Zu-gang zur literarischen Gattung des Dramas geschaffen werden[170] (vgl. u.a. Lütge 2015; Nünning & Surkamp 2006:173–193). Aber nicht nur Dramentexte, auch (fremdsprachige) lyrische oder narrative Literatur kann Aus-gangspunkt für Spielprozesse und die Entwicklung von Szenen sein.[171] Durch dramapädagogi-sche Prozesse können z.b. eigene Adaptionen von Jugendromanen für die Bühne entstehen (siehe z.b. Franz & Hesse 2011), oder ausgehend von Bildern (mit einem erweiterten Textbegriff), Gedich-

Abbildung 18: Ablauf eines Blockseminars Typ I (In: Mehner, Haack & Elis 2015:322)

---

169   Auch das Grammatik-Lernen kann hier in den Mittelpunkt gestellt werden (vgl. Even 2003; 2008; 2011).

170   Während bei drama- und theaterpädagogischer Arbeit mit einem Fokus auf ästhetisches Ler-nen, freies Sprechen, Kreativität und Gruppenprozesse Texte mitunter nur als „Steinbruch", welcher die Folie für eigene Ideen bildet" (Czerny 2006:166) fungieren, betont eine fremd-sprachliche Dramendidaktik die Notwendigkeit, subjektive Interpretationen an den Text ‚rück-zubinden' sowie durch den Einsatz szenischer Verfahren das Verständnis für dramatische Strukturelemente und „formal-ästhetische Qualitäten" von Literatur zu verbessern (Surkamp & Nünning 2015:222). Kreative und analytische Zugänge ergänzen sich hier.

171   Hier kann beispielsweise mit Methoden der szenischen Interpretation gearbeitet werden, um Identifikation oder Abgrenzung von Figuren sowie ein Sich-Einlassen auf Literatur herbeizufüh-ren (vgl. z.b. Scheller 2004; Freitag-Hild 2015).

ten oder Kurzgeschichten (für letzteres siehe Stritzelberger 2011) Inszenierungen und *Performances* mit Bezug zu den Erfahrungen der Schüler*innen entwickelt werden. Dramapädagogik kann aber auch – ganz ohne literarische oder schulbuchbasierte Vorlage – rein lebensweltlich-teilnehmerorientiert praktiziert werden. Die britische Dramapädagogik definierte dafür das Ziel, „mit Schülern über ‚Drama' einen Zugang zu den Themen der Zeit zu finden" (Göhmann 2003:80), auf den Punkt gebracht von Dorothe Heathcote als *living through drama* (vgl. Anderson 2012:33 f.). Insbesondere, wenn im Hauptteil des dramapädagogischen Prozesses komplexe oder sogar solche Rollen von Schüler*innen übernommen werden, die von anderen Figuren viel Ablehnung erfahren, ist zum Abschluss eine ritualisierte ‚Rückkehr' aus der drama-ästhetischen Realität, ein *De-Roling*, unabdingbar, um nach dem Ausflug in die fremdsprachige Fantasie-Welt wieder auf den „Boden des Alltags" (Tselikas 1999:26) zurückzukommen. Auch das reflektierende Nachgespräch, in dem die Teilnehmenden wieder als sie selbst agieren und wahrgenommen werden, kann diese Funktion erfüllen. Wichtig ist sowohl das Verlassen der imaginierten Identität (z.B. performativ durch das Abstreifen einer ‚Rollen-Haut' oder den imaginierten Blick in einen See oder Spiegel, in dem das Gesicht der Rolle wieder zum eigenen wird[172]), als auch – und hier zeigt sich wieder die untrennbare Verknüpfung von Identität mit der Spiegelung durch andere – das Gefühl, von anderen nicht mehr als ‚die Rolle' wahrgenommen zu werden.

5.2.2 Typischer Ablauf eines Blockseminars

Damit die Teilnehmer*innen sowohl einzelne Methoden dramapädagogischer Arbeit als auch ihr Zusammenspiel in einem sinnvollen, didaktisierten Rahmen erleben und begreifen, ist das gesamte Blockseminar am dramapädagogischen Prozess ausgerichtet. Abbildung 18 visualisiert den Ablauf der Seminare des Typs I (v.a. der zweite und dritte Tag verändert sich bei den Seminaren des Typs II und III). Der erste Tag widmet sich dem ‚Warmspielen', v.a. mit einem Fokus auf das „Primat des Sozialbezugs" (Weintz 2008:307). Es kommt ein großes Repertoire an Namens- und Kennlernspielen, *Icebreaker-Activities* sowie Vertrauens-, Gruppen- und Kooperationsübungen nicht nur aus dem Theater, sondern auch aus der Erlebnispädagogik zum Einsatz.

Für die Entwickelung von dramatischem Ausdruck führt der Weg über einen nonverbalen Einstieg zu einzelnen Wortäußerungen, die mit Stimme und Prosodie spielen (z.B. Linienimprovisation; vgl. Nünning & Surkamp 2006:178) bis hin zu Übungen des Improvisationstheaters am Abend. Zudem erfolgt ein Einstieg in das Thema, das in diesem Fall der Einsatz von Dramapädagogik im Fremdsprachenunterricht ist. Dazu gehört

---

172 Zwei Methoden, die ich von einem Freund und Kollegen, dem Schauspieler und Regisseur Götz Lautenbach, gelernt habe.

neben der ganzheitlichen und bewegten Arbeit und dem Ausprobieren und Reflektieren von Methoden auch eine Einführung in die theoretischen Grundlagen der Sprachvermittlung durch Theater.

Am zweiten Tag findet in der nun aufgelockerten und miteinander vertrauteren Gruppe „Drama as Discourse" (vgl. Europäisches Kooperationsprojekt 2003:20) statt. Hier kommt es zu Theaterversuchen, in deren Verlauf aus der Auseinandersetzung mit Themen dramatische Handlungen entstehen (vgl. ebd.). Da die verschiedenen Formen dieser dramatischen Handlung für die einzelnen Blockseminare noch ausführlicher dargelegt werden, wird an dieser Stelle nur kurz ein Blick auf den dritten Tag geworfen, der später nicht mehr ausführlich thematisiert wird. Dieser widmet sich bei den projektbezogenen Seminaren (Typ I) der Konzeption und Vorbereitung der Arbeit mit den Schüler*innen in der Theaterwoche (Festlegen von Prinzipien und Regeln im dramapädagogischen Klassenzimmer, Ausarbeitung eines Ablaufplanes). In den dramapädagogischen Selbstkompetenzseminaren des Typs II findet hier z.b. eine vertiefte Auseinandersetzung mit gruppendynamischen Prozessen und der eigenen Rolle darin statt. Möglich ist ggf. auch eine Aufführung oder Werkschau, die es bei meinen Seminaren aber nur im Rahmen der Regiekurse gab. Alternativ ist am dritten Tag des Blockseminars auch eine Vertiefung der fachdidaktischen Inhalte (performative Kompetenz, kooperatives Lernen und Dramapädagogik etc.) möglich, beispielsweise durch Präsentationen und Übungen, die die Studierenden anleiten.[173] Bei den Seminaren des Typs III steht am dritten Tag ein erstes experimentelles Regieführen der Teilnehmer*innen auf dem Programm, bevor die eigene Regiearbeit an selbst gewählten Szenen beginnt. Zum Abschluss aller Seminare erfolgt eine gemeinsame Seminarauswertung, die idealerweise auch performativ durchgeführt wird (z.B. über den Bau eines gemeinsamen Standbildes).

Die folgenden Kapitel konkretisieren die einzelnen Seminartypen sowie ihre jeweiligen Aufgabensequenzen und Besonderheiten auf der methodischen Ebene. Dabei werden Lernziele formuliert und Hypothesen über die Wirksamkeit der einzelnen Formate bezüglich der Förderung von Selbstkompetenz formuliert.

---

173   So erfolgt im Wintersemester 14/15, um den Bedingungen eines Vertiefungsseminars in der
       Fachdidaktik gerecht zu werden. Dabei ergab sich ein positiver Eindruck von dieser Art der
       ‚Ergebnissicherung' und weiteren theoretischen Unterfütterung, zumal die Studierenden als
       praktischen Teil ihrer Präsentationen selbst Übungen angeleitet und Reflexionsgespräche mo-
       deriert haben.

Weitere Praxiseinblicke

Als Veranschaulichung der Arbeitsform Dramapädagogik kann die Dokumentation *Das spielende Klassenzimmer* (Brickart et al. 2010) dienen. Sie entstand in Kooperation mit Studierenden im Sommersemester 2010 bei meinem ersten Blockseminar (Typ I), das die Entwicklung eines Stückes aus eigenen Ideen zum Ziel hatte. Vorgestellt werden grundlegende Arbeitsweisen sowie viele der Übungen, die im Folgenden Kapitel 5.3.1 beschrieben werden:

- der dramapädagogische Prozess (Minute 4:30 f.)
- die verschiedenen Phasen einer Stückentstehung vom ersten Brainstorming bis zum Impro-Durchlauf (Minute 12:50 f.)
- eine ‚Aufstellung' (Minute 6:50 f.)
- die Praxisarbeit der Studierenden mit Schüler*innen an der Volkshochschule (Minute 2:30 f.)

Das Video ist verfügbar unter: https://youtu.be/nIyRHqZrJIU

5.3 Seminartyp I: Dramapädagogische Stückentwicklung für die Praxis

Zwischen Sommer 2008 und Winter 2011 wurden diverse Seminare des Typs I mit anschließenden dramapädagogischen Praxisprojekten abgehalten (vgl. Tabelle 5).[174] Fett hervorgehoben sind die Blockseminare, die im empirischen Teil dieser Arbeit vorrangig betrachtet werden. Es handelt sich um diejenigen, bei denen ein Stück ohne literarische Vorlage entwickelt wurde.

Bei den Blockseminaren des Typs I ging es am zweiten Tag stets um die Entwicklung eines Kindertheaterstückes, das von den Teilnehmenden selbst ‚erspielt' wurde. Die Konzeption eines Blockseminars, bei dem ein Kinderbuch anhand von Gabriele Czernys S.A.F.A.R.I.-Modell (vgl. Czerny 2006:162 ff.; siehe Abbildung 19) spielerisch mit Studierenden für die Bühne und das Fremdsprachenlernen adaptiert wird, ist in meiner Staatsexamensarbeit dargelegt (vgl. Haack 2010b:78 ff.; vgl. auch Haack & Surkamp 2011:58 ff.). Dabei handelte es sich um eine Art literarisch rekonstruierendes Rollenspiel mit einigen Stegreifelementen (für die Klassifikation von Rollenspielen vgl. Lensch 2003:257 ff.). Ab dem Sommersemester 2010 entwarf ich – aufbauend auf dem S.A.F.A.R.I.-Modell – ein Schema, um die eigenen Ideen der Studierenden ohne literarische Vorlage zum Ausgangspunkt einer Stückentwicklung zu machen (vgl. dazu auch: Mehner u. a. 2015:331 ff.). Die von den Studierenden dabei zu erbringende kreative Leistung ist noch größer als bei der Adaption einer literarischen Vorlage.

Das Thema Selbstkompetenzentwicklung stand bei diesen Seminaren noch nicht so stark im Fokus wie bei den Seminaren des Typs II. Vortisch bringt die Ausrichtung der Seminare des Typs I auf den Punkt: „Der Prozeß der Selbstfindung ist allerdings ein Nebenprodukt, so etwas wie ein schönes Geschenk. Das Produkt, auf das wir zielen, ist Theater." (Vortisch 2008:17)

---

174   In der Auflistung erfolgt eine Beschränkung auf die Veranstaltungen, an deren Durchführung ich selbst beteiligt war oder/und die ich erforscht habe.

Art der Veranstaltung	Titel	Semester
Kindertheaterwoche (VHS)	"The Thief Lord and the Magical Merry-Go-Round"	SoSe 2008
Seminar (mehrere Einzeltermine)	Theaterprojekt in Zusammenarbeit mit einer Göttinger Grundschule (Surkamp & Haack)	WiSe 08/09
Kindertheaterwoche (Grundschule)	„Thief Lord" an der Albani-Grundschule	WiSe 08/09
Blockseminar	Drama in the English Language Classroom ("Dragon Rider")	SoSe 09
Kindertheaterwoche (VHS)	"The Dragon Rider and the Rim of Heaven"	SoSe 09
Blockseminar	Drama in the English Language Classroom ("Crazy Colours, Silly Shapes")	SoSe 2010
Kindertheaterwoche (VHS)	„Crazy Colours, Silly Shapes"	SoSe 2010
Blockseminar	Drama in the Foreign Language Classroom ("Inkheart")	WiSe 10/11
Kindertheaterwoche (VHS)	"Inkheart"	WiSe 10/11
Blockseminar	Drama in the Foreign Language Classroom I: Planning and Carrying out a Theatre Project for Pupils in Grade 4-6 (Elis & Haack)	SoSe 2011
Blockseminar	Drama in the Foreign Language Classroom II: Going on a Drama-Pedagogical Holiday Camp with Teenagers	SoSe 2011
Jugendtheaterwoche	Adventure Theatre Camp Hoher Hagen (Haack, Jordan, Mehner)	SoSe 2011
Kindertheaterwoche (VHS)/ Praxisseminar	Praxis-Training: Fremdsprache durch Theater vermitteln („Inkspell")	WiSe 11/12
Blockseminar	From ‚Teacher as Actor' to ‚Mantle of the Expert': Theatre and Dramapedagogical Approaches to Foreign Language Teaching and Learning	WiSe 14/15
Kindertheaterwoche (VHS)	"Any Number Can Die" (von Blanckenburg)	WiSe 14/15

Tabelle 5: Dramapädagogische Blockseminare in Kombination mit dramapädagogischen Projekten (Seminarleitung A.H., wenn nicht anders gekennzeichnet)

Als Seminarleiter teilte ich zum Zeitpunkt der Durchführung der Seminare des Typs I Vortischs Ansicht zumindest ansatzweise. Mit dem späteren Blick des Forschers entwickelte ich die These, dass Teilaspekte von Selbstkompetenz (u.a. Flexibilität, Offenheit, Umgang mit eigenen Emotionen und Ansprüchen, Auseinandersetzung mit Selbstbildern) bereits bei der Bewältigung der Aufgabe einer kooperativen Stückentwicklung in großem Ausmaß benötigt wurden. Die Ausprägung ihrer Selbstkompetenz wurde den Studierenden entweder positiv vor Augen geführt, indem sie sich den Aufgaben gewachsen erlebten – oder sie gerieten an individuelle Grenzen, die ihnen Reflexionsmaterial lieferten, das auch im Seminar aufgegriffen werden konnte. Um das Potenzial zur Entwicklung von Selbst- und Sozialkompetenz zu verdeutlichen, wird das mehrschrittige Vorgehen zur Stückentwicklung im Folgenden ausführlich dargelegt.

5.3.1 Ein Stück erspielen nach eigenen Ideen: Methodisches Vorgehen

Die Erfahrung vieler Seminare zeigt, dass die Studierenden sich der Aufgabe, selbst ein Theaterstück zu entwickeln, erst einmal nicht gewachsen fühlen und ungläubig sind: Wie sollen sie als theaterunerfahrene Studierende gemeinsam in einer Gruppe an nur einem Tag ein ganzes Theaterstück auf die Beine stellen? Noch dazu, wenn keine literarische Vorlage existiert und der Seminarleiter einfordert, dass möglichst viel Improvisation und möglichst wenig Diskussion (*Show, don't tell!*) stattfinden soll? Im „Medium der Mündlichkeit und unter Kommunikationsbedingungen der Nähe" (Huber 2003:54) soll eine „Ko-Fiktion" (ebd.) ausgehandelt werden – aber wie?

Eine transparente Struktur mit nachvollziehbaren und methodisch eindeutig angeleiteten Schritten ist unabdingbar, um die kooperative Kreativarbeit nicht im Chaos enden zu lassen, sondern die Ideenvielfalt und Kreativität aller Student*innen individuell zu aktivieren, zu fokussieren und zusammenzuführen. Dieser ‚kreativen Aushandlung' werden zehn Schritte zugrunde gelegt (siehe Abbildung 20). Diese beinhalten dramatische Aktivitäten aus allen vier Kategorien, die Jonathan Neelands und Tony Goode(2000) Lehrer*innen als Orientierung für ihre Drama-Arbeit an die Hand geben:

STOFF: geeignetes englisches Kinder-/
   Jugendbuch (im Voraus gelesen)

AUFTAKT: der erste Tag des Seminars:
   Warm-Ups, Ice-Breakers, dramapädagogischen Prozess durchlaufen & reflektieren

FIGUREn: per Los verteilt; über
   Gestus, Haltung, Sätze und
   Gegenstände sowie
   Standbilder entwickeln

AKTION: Handlung entsteht aus
   Standbildern und
   Improvisation sowie einem
   ersten ‚Durchlauf'

REFLEXION über Text und Handlung;
   Verschriftlichung ausgehend
   von Videodokumentation;
   Impro-Hörspiel

INSZENIERUNG mit Kindern einige
   Wochen später in der VHS

Abbildung 19: Ein Stück ‚erspielen' nach Czernys SAFARI-Modell beim Blockseminar Typ I mit Textvorlage (Darstellung A.H.).

die Erschaffung von Kontext (*context-building action*), Geschichte bzw. Plot (*narrative action*), die Arbeit an Form und Symbolismus (*poetic action*) sowie die performative Reflexion (*reflective action*) (vgl. Neelands & Goode 2000). Der Schwerpunkt dieser Stückentwicklung liegt auf den ersten beiden Bereichen.

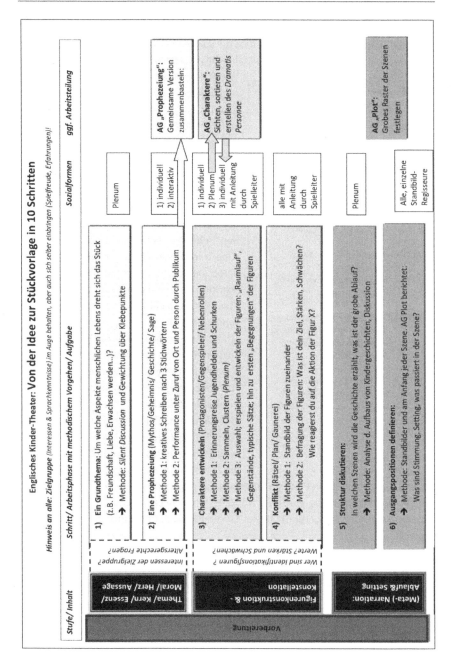

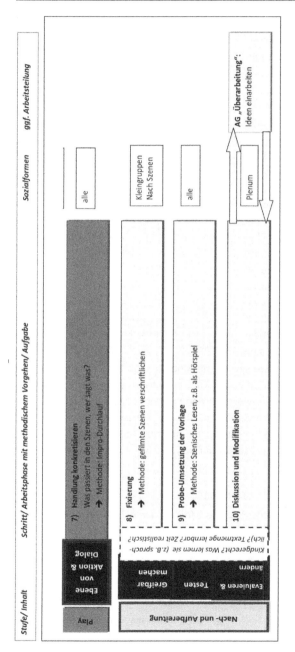

Abbildung 20: Ein Stück erspielen nach eigenen Ideen mit einer Gruppe nach dem Prinzip der kooperativen Kreativität

In einem Wechsel zwischen Kleingruppen und Gesamtgruppe und in alternierenden Phasen von Ideensamm-
lung, Diskussion, Improvisation und
Reflexion wird der Handlungsrahmen
gestaltet, der bewusst viele Leerstellen enthalten soll. Das gemeinsame
Produkt entsteht schließlich in einer
Stück-Improvisation unter der Beteiligung aller Studierenden, die innerhalb
des gemeinsam festgelegten Sprach-
bzw. Spielhandlungsrahmens in Rollen
interagieren.[175] Jedem Schritt auf dieses Produkt zu (im Folgenden als Phasen bezeichnet) können bestimmte
angestrebte Lerneffekte zugeordnet
werden. Die vier ‚klassischen' Phasen
eines kreativen Prozesses (Präparation, Inkubation, Inspirationsphase
und Elaboration; vgl. Groeben 2010:
894) werden dabei durchlaufen, wenn

Abbildung 21: Themenfindung und demokratische Gewichtung

auch nicht linear; die spätere Inszenierung mit Kindern kann als fünfte, ergänzende
Phase der Evaluation des Produktes (vgl. ebd.) betrachtet werden. In universitären Seminaren, die Selbsterfahrung und Selbstreflexion mit dem handlungspraktischen Erwerb von fachdidaktischem Wissen verbinden, kann diese dramapädagogische Hand-
lungssequenz, die auf ein globales Ziel (Stück) und mehrere Teilziele hinarbeitet, auch
als eine Umsetzung der komplexen Kompetenzaufgabe (vgl. Hallet 2013a) diskutiert
werden.

Phase 1: Perspektivübernahme und Themenfindung

(Geplante Lerneffekte: Ganzheitliche Prozesse erfahren, demokratische Ideenfindung)
Da keine literarische Vorlage das Thema definiert, gilt es, sich als Präparation zunächst
in die Lebenswelt der Zielgruppe hineinzuversetzen und ein **Grundthema** zu finden.

---

175 Jürgen Kurtz, der kollaboratives Storytelling mit Schüler*innen beschreibt, spricht von einer
      „unverwechselbaren gemeinsamen fremdsprachlichen Schöpfung, an der sich alle beteiligen
      können und wollen" (Kurtz 1998b:44). Der gleiche Effekt von Motivierung, Kreativität, Koope-
      ration und spaßbringendem Erlebnis (vgl. ebd.) wird hier nun mit erwachsenen Lernenden an-
      gestrebt.

Welche Fragen haben im Leben von Kindern und Jugendlichen Relevanz? Was fasziniert oder beschäftigt sie? Als methodisches Mittel wird eine Traumreise gewählt, über die die Studierenden ihre eigenen Erinnerungen an dieses Alter reaktivieren sollen: Welche (Sorte) Bücher haben sie am Liebsten gelesen? Wer waren ihre Helden und wer waren ihre Gegner? Welche Themen, Fragen und Konflikte haben sie in Geschichten (Bücher, Fernsehen, Hörspielkassetten) und Alltag bewegt?

In einem zweiten Schritt erfolgt ein Brainstorming in Form eines stummen Schreibgespräches (silent discussion), bei dem die Studierenden die Aufgabe haben, ihre Ideen zu strukturieren. Abschließend findet eine Abstimmung statt, durch welche die Themen gewichtet werden. Anhand von grünen Klebepunkten, mit denen die Studierenden ihre jeweils favorisierten Themen markieren, wählen sie die Aspekte, die sie im Hinblick auf die Arbeit mit den Schüler*innen am wichtigsten finden. Mit roten Punkten werden Themen markiert, die einzelne gerne ausschließen möchten (vgl. Abbildung 21). In Hinblick auf die Lehramtsausbildung ist an diesem ersten Schritt relevant, dass die Studierenden eigene Erfahrungen mit ganzheitlichen Methoden (z.B. einer Guided Fantasy) machen. Darüber hinaus lernen sie die Methode der Schreibdiskussion kennen, welche die Möglichkeit bietet, alle Teilnehmer*innen zu involvieren, denn eine gleichberechtigte Beteiligung ist beim ‚schriftlichen Diskutieren' einfacher möglich, als dies bei einer mündlichen Gruppendiskussion der Fall wäre (vgl. Grieser-Kindel u. a. 2006:154). Zudem bietet diese erste Phase der Stückentwicklung durch die Gewichtung einen demokratischen Weg zur Entscheidungsfindung, dessen Ergebnis leicht auszuwerten und nachzuvollziehen ist. Inhaltlich soll in dieser Arbeitsphase eine Dezentrierung stattfinden, indem die Studierenden sich die Lebenswelt und Interessen der Schüler*innen vor Augen führen.

Phase 2: Kreatives Schreiben und improvisierende Inszenierung

(Geplante Lerneffekte: die eigene Kreativität entdecken und erleben; Ideen entwickeln und verwerfen; improvisierter Auftritt vor einem Publikum)
Die Analyse beliebter Kinder- und Jugendbücher zeigt, dass der Aufbau häufig die Struktur einer Heldenreise (*Quest*) aufweist. Oft müssen potenziell magische Gegenstände in einem Wettlauf zwischen Protagonisten und Antagonisten gefunden, in Sicherheit gebracht oder zerstört werden, um eine Prophezeiung zu erfüllen oder ihre Erfüllung zu verhindern. Einer Gruppe oder einzelnen Protagonisten fällt dabei eine zentrale Rolle zu: Es gilt ein großes Unheil (Sieg des Bösen, Untergang der Welt, großer Verlust etc.) zu verhindern. Dem Kinder-/ Jugendtheaterstück wird – auch als Inspiration für den weiteren Plot – nun als zweiter Schritt eine solche Prophezeiung zugrunde gelegt. Für diese Aufgabe ist der Einfallsreichtum der Studierenden gefragt, der über

die Methode des kreativen Schreibens nach Stichworten angeregt wird (vgl. Abbildung 22).

Task (individual work)
Invent spontaneously a magical artefact, a mythical creature and and a scenario for the end of the word. Your ideas can be silly, names are supposed to be pompous or exaggerated – You can pick a thing in the classroom and combine it with a significant feature of epic domension, e.g. 'the spongue of immortality'. Your three ideas do not need to be connected. Don´t censor you ideas and DO NOT COME UP WITH A COHERENT STORY YET!

Abbildung 22: Arbeitsauftrag zu Beginn der Phase 2

Die Studierenden sollen lernen, erfinderisch und spontan zu sein, ohne sich unter Druck zu setzen oder einen Anspruch an besondere Originalität zu haben. Zudem sollen sie die Bereitschaft und Frustrationstoleranz entwickeln, eigene Ideen zu entwickeln und wieder verwerfen zu können (*Kill your darlings!* Oder *Hold on tightly, let go lightly!*), um ggf. sofort neue zu entwerfen. Der berühmte Regisseur Peter Brook spricht von *affirmation* und *yielding*: die Fähigkeit, sich auf den Schaffensprozess einzulassen und von ihm wieder distanzieren zu können (vgl. Brook 1999; in: Lutzker 2007:404). Zu diesem Zweck werden die Zettel eingesammelt, in ihren jeweiligen Kategorien gemischt und neu ausgeteilt. Ausgehend von den nun erhaltenen drei Stichwörtern bekommen die Studierenden die Aufgabe, in Einzel- und Stillarbeit einen kurzen Prophezeiungstext zu verfassen.[176]

Diese Aufgabe findet bewusst unter Zeitdruck statt und kann durch die häufig skurrile Kombination von Begriffen in den meisten Fällen nur zu bizarren Ergebnissen führen. Auch hierin liegt eine Erfahrung für den Lernprozess, kreativ zu sein: Divergentes Denken muss zugelassen werden, und auch Freude am Nicht-logischen, Bizarren und Unperfekten gefunden werden. Die Ergebnisse dieser Produktionsphase werden dann der

---

176   In bisher einem Einzelfall kam es – trotz intensiver Prozesse der Gruppenfindung und des Aufwärmens zu Beginn sowie dem Hinweis, noch keine kohärente Geschichte zu entwickeln (vgl. Abbildung 22) – an dieser Stelle zu Ablehnung und Rückzug einer Teilnehmerin. Sie empfand die Vorgehensweise als Ideenraub („Ich habe meine drei Begriffe gut überlegt, und jetzt soll ich sie abgeben?"). Hier lag eindeutig eine Schwierigkeit mit dem yielding vor. Sie empfand zudem das Vorspielen der Prophezeiung als bloßstellend (nutzte aber nicht die Möglichkeit, nicht an der Übung teilzunehmen). Es kam im Verlauf des Seminars zunehmend zu Spannungen zwischen ihr und weiteren Teilnehmer*innen, was schließlich eine Art Mediation am dritten Tag erforderte. Während sich dies störend auf die Entwicklung des kreativen Produktes auswirkte, boten sich dennoch Lernmöglichkeiten für alle Teilnehmer*innen im Umgang mit Konflikten und Ambiguitäten, was auch die Rückmeldungen in Fragebögen nach dem Seminar bestätigen.

Gruppe in Form einer theatralen Improvisation vorgestellt.[177] Jede*r Teilnehmer*in betritt einzeln die Bühne bzw. den als Bühne markierten Bereich und bekommt von den Zuschauenden einen Ort[178] und eine Figur oder Rolle zugerufen. Es ergeben sich Kombinationen wie ‚alter Mann am Zeitungskiosk' oder ‚verrückte Frau auf dem Dachboden'. Innerhalb dieses Settings soll in der Rolle eine Prophezeiung erfolgen, für die jeweils einer der Kurztexte aus der vorherigen Schreibphase verwendet wird. Häufig entwickeln sowohl die Zuschauenden als auch die Spielenden viele Einfälle in der Umsetzung dieser Aufgabe (Beispiele illustriert die Abbildung 23).

Abbildung 23: Impro-Theater und Prophezeiung auf Zuruf und anhand der Ergebnisse kreativen Schreibens: Ein Pinguin findet eine Inschrift in der Wand eines Iglus, die den Verlust von Mitgefühl in der Welt vorhersagt. Ein Bademeister plündert eine Pyramide und entdeckt eine alte Papyrusrolle, die vor einer großen Gefahr warnt.

Das Potenzial dieser Methode ist vielfältig: Teilnehmer*innen überwinden Hemmungen, spontan zu spielen, zugleich kommt ein reicher Ideenpool für die weitere Entwicklung des Produktes (Kindertheaterstück) zusammen. Die Gruppe der Teilnehmenden kann abschließend entweder eine der Prophezeiungen zur weiteren Verwendung auswählen, oder (z.B. in einer Kleingruppe) mehrere Prophezeiungen zu einer neuen kombinieren.[179] Diese zweite Erarbeitungsphase des Stückes kann Studierenden insgesamt

---

177 Im Kontext des Seminars stellt dies die erste längere individuelle Performance dar; die Teilnehmenden sollten also auf jeden Fall vom ersten Tag gut ‚eingespielt' sein und vor dem Auftritt ‚warmgespielt' werden.

178 Je nach den zuvor durchgeführten Theaterübungen kann hier z.B. ein schauspielerischer Schwerpunkt auf der Aufgabe liegen, mit dem Figurenverhalten den Ort zu etablieren.

179 Möglicher Arbeitsauftrag einer ‚AG Prophezeiung': „Aus der bisherigen bunten Sammlung wird eine kohärente Voraussage geschrieben. Sie bleibt erst mal geheim!". Die Idee ist, die Spie-

viel Spaß machen und dazu führen, dass sie eigene Grenzen überschreiten (erster eigener Solo-Auftritt). Auch Studierende, die kreatives Arbeiten nicht gewohnt sind, machen positive Erfahrungen mit ihrem Einfallsreichtum und/oder stellen fest, dass aus kleinen Ideen bereits ganze Szenen erwachsen können. Mit den beiden ersten Schritten zur Entwicklung von Grundthema und Prophezeiung (siehe Abbildung 20) haben die Studierenden bereits den Kern oder das ‚Herz' des Stückes gemeinsam entwickelt. In den folgenden Schritten geht es um die Akteure der Handlung und ihre Beziehungen, also um die Figurenkonstruktion und Konstellation.

Phasen 3 und 4: Von der Figur zum Konflikt – Individuelle Rollen und Interaktion

(Geplante Lerneffekte: Performative Kompetenz entwickeln, eigene Ideen umsetzen)
Woher kommen nun die Akteure der Handlung, die Figuren des Stückes? Eine Inspiration für die Figurenentwicklung findet sich erneut in den Erinnerungen der Teilnehmer*innen an Kinder- und Jugendliteratur: Pro- und Antagonisten werden zuerst anhand von Erinnerungen und Assoziationen gesammelt und im Gruppengespräch auf ihre Eigenschaften, Funktionen und ihr Faszinationspotenzial untersucht. Zunächst werden sie in ‚Typen' und Gruppen eingeteilt, die sich im Gespräch heuristisch entwickeln lassen (z.B. Schurken und ihre Assistenten, Kinder mit besonderen Talenten, Elternfiguren etc.). Es wird im Plenum diskutiert, welche Konstellation an Figuren im Stück vorkommen soll. Der Prozess kann im Folgenden erst einmal arbeitsteilig weitergeführt werden, was eine Involviertheit aller garantiert und zugleich Überraschungsmomente für die spätere Stückimprovisation generiert.

Task for the group CHARACTERS

Make a selection from the collected ideas of protagonists, antagonists and minor parts. Write a **short** role description for every character. Leave room for individual interpretation and ideas!

---

*Abbildung 24: Arbeitsteilige Aufträge erleichtern es, alle Teilnehmer*innen aktiv einzubinden. Zugleich erhöhen sie das Überraschungsmoment[180] in der späteren szenischen Improvisation*

---

      ler*innen erst in der Improvisation on stage mit der abschließenden Prophezeiung zu konfrontieren, um spontane Handlungsmöglichkeiten im Spiel aus der Rolle heraus zu finden, statt langwierige Diskussionen im Voraus zu führen.

180   Meine ursprüngliche Idee war es, im Stil des literarischen Rollenspiels v.a. zu spielen und ‚in der Rolle' zu einem Ergebnis zu kommen, also möglichst viele „Einigungsprozesse [...] implizit und eingebettet in das Spielgeschehen [verlaufen zu lassen]" (Lensch 2003:258). Es zeigt sich, dass im Endeffekt doch viele Absprachen im Voraus erfolgen, was für den Spielfluss in einer Laiengruppe nötig zu sein scheint. Die spontane Gestaltung von Figurentext und Ausdruck bietet genug Herausforderung für die Spielenden, so dass auf der Ebene des Plots keine größeren Leerstellen vonnöten sind. Auch den anderen ‚verborgene' Motive einzelner Figuren erschweren die Kooperation der Akteure auf eine kohärente Handlung hin.

Während eine Arbeitsgruppe die Prophezeiung überarbeitet, entwirft eine weitere AG die Orte der späteren Handlung. Eine weitere ‚Arbeitsgruppe Charaktere' kann grobe Rollenbeschreibungen für Figuren ausarbeiten (siehe Abbildung 25 für ein Beispiel), die z.b. per Los oder Wahl auf alle Teilnehmer*innen verteilt werden. Die Aufgabe aller einzelnen ist in der folgenden performativen Figurenfindung und Rollenarbeit, diese ‚Typen' weiter auszuarbeiten und ‚zu beleben'.

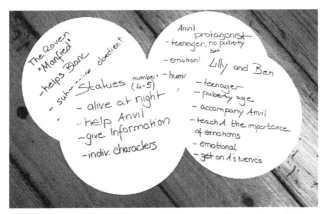

Abbildung 25: Bei der Weiterarbeit in kleineren Arbeitsgruppen können einige Studierende aus den bisher gesammelten Ideen grobe ‚Rollenkarten' entwerfen. Diese werden später als Spielanlässe verteilt.

Nachdem die Rollen auf alle Teilnehmer*innen verteilt worden sind (eine Person kann dabei ggf. auch mehrere kleine Rollen übernehmen) ist es das Ziel der darauffolgenden Übungen, dass sich die noch fragmentarischen Figuren „zu selbstbewussten und handlungsfähigen Theaterpersonen auswachsen, die sich interagierend in eine Geschichte verwickeln" (Huber 2004:54). Vor der Interaktion der Figuren miteinander steht die individuelle Arbeit an der eigenen Figur, der sich die Studierenden nach der Rollenwahl zuerst über ihre Körperlichkeit nähern. Die an Methoden des darstellenden Spiels angelehnte Vorgehensweise der Verkörperung baut auf der späten Überzeugung Stanislawskis auf, dass Schauspielende sich einer Rolle am besten über die physische Handlung nähern (vgl. Weintz 2008:255). Ausgehend von einem Raumlauf (‚Wie bewegt sich Deine Figur?') wird ein figurentypischer Bewegungshabitus entwickelt und werden an verschiedenen Stationen im Raum unterschiedliche Emotionslagen dargestellt (vgl. das Stimmungskreuz bei Meyer 2007:20). Schließlich wird individuell eine typische Geste für die Figur entwickelt und um einen passenden Gegenstand ergänzt (reale Gegenstände sind dabei Platzhalter und werden über ihre Handhabung zu dem, was sie darstellen). Geste und Gegenstand werden durch einen charakteristischen Satz der Figur erweitert.[181] Dieser wird in Kombination von Geste und Gegenstand in Variationen – verschiedene Stimmlagen, Emotionen, Lautstärken, Geschwindigkeiten – wiederholt und schließlich auch zu einer ersten Interaktion zwischen den Figuren verwendet. Ergänzend können auch ein ‚Lebensmotto' der Figur entwickelt und eine Rollenbiographie erarbeitet werden (für ein mögliches Vorgehen vgl. Meyer 2007:18f.). Sind die einzelnen Figuren zunehmend gefestigt, werden sie in Interaktion gebracht. Die übergeordnete Fragestellung dieser Phase lautet: „Wie stehen die Charaktere zueinander, welche Beziehungen gibt es, und wie lassen sich diese körperlich ausdrücken?" Standbilder bieten sich als Methode zur Erarbeitung der Figurenkonstellation an. Einzelne Figuren können dabei zu ihrer Position und Haltung interviewt oder aufgefordert werden, sich spontan zu Aussagen, Absichten oder Handlungen einer anderen Figur zu verhalten.

Die gesamte Rollenarbeit erfolgt unter Moderation des Spielleiters und beinhaltet viel Experimentieren der einzelnen Schauspieler*innen mit ihren Ausdrucksmöglichkeiten und Handlungsideen. In dieser Phase der Stückentwicklung können die Lehramtsstudierenden durch die methodisch reichhaltige Vorgehensweise ihre eigenen Methodenkompetenzen weiterentwickeln. Eingesetzte Arbeitsweisen, z.B. aus dem Bereich des Darstellenden Spiels und der szenischen Interpretation (der Bau von Standbildern, die Befragung von Figuren) sowie weitere Techniken der Rollen-Explikation (z.B. ein Spießrutenlauf zur Sichtbarmachung der Einflussfaktoren auf eine Figur; vgl. Even 2008:166) sind für den (fremdsprachlichen) Literaturunterricht bestens verwendbar (vgl. ebd.). Literatur kann damit handlungsorientiert begreifbar gemacht werden, wodurch ein tiefgreifendes Verständnis von Charakteren und ihren Motiven entsteht. Außerdem ermöglicht die Übernahme einer Rolle in diesem ‚doppelt geschützten Raum' (Bühne und Fremdsprache) den Studierenden, Selbstdarstellung und Verhalten außerhalb des eigenen Alltagsauftritts zu erproben. Übertriebene Strenge, cholerische Wutanfälle, Aggressionen, Niedertracht (auf Seite der Schurken) oder kindliche Frechheit, Übermut, Trotz, naseweise Kommentare (in der Gruppe der kindlichen Helden) und Fürsorge oder Ignoranz (bei den Erwachsenen und Elternfiguren) können ausgelebt und zur Schau gestellt werden. Die Inszenierung fiktiver Situationen nach dem Vorbild des sozialen Dramas, das letztlich jeglicher Bühneninteraktion zugrunde liegt, trägt schließlich auch zur performativen Kompetenz der Spielenden bei, wenn ihnen die

---

181 Ich danke Steven Wesser für Erfahrungen im Darstellenden Spiel, die ich durch das Mitwirken an seiner Inszenierung einer Utopie zur Drei-Groschen-Oper an der HBK Braunschweig machen konnte. Ich habe einige der Übungen in meine eigene Arbeit integriert und teilweise dafür abgewandelt.

Strukturparallelität von beidem (Hallet 2008:7f.) vor Augen geführt wird und sie zugleich durch die fiktive soziale Interaktion ihrer Bühnenfiguren deren Identitäten performativ im Spiel erzeugen.

Phasen 5-7: Konkretisierung

(Geplante Lerneffekte: Gründlichkeit und Flexibilität)

Mit den Schritten 1-4 ist die essentielle Grundlagenarbeit zur Entwicklung des Stückes (‚Vorbereitung'; vgl. Abbildung 20) nahezu fertig geleistet. In der Gruppenimprovisation soll aus den Figuren, ihren jeweiligen Zielen und Interessen und der Prophezeiung ein kohärentes Stück entstehen, und zwar in einem Prozess, an dem alle aktiv beteiligt sind – eine Herausforderung an die Spiel- und Kooperationsfähigkeit aller einzelnen. Bei einer Gruppenimprovisation können laut Spolin verschiedene Widerstände auftreten, indem einzelne Spieler*innen sich dem Prozess entziehen, sich distanzieren, oder aber ein Einzelner versucht, „die Mitspieler dazu zu bringen, für ihn und seine Idee alleine zu arbeiten, anstatt in den Prozeß der Gruppenübereinkunft einzutreten" (Spolin 1983:40). Stattdessen soll das ‚Problem' – die Entwicklung und Umsetzung einer Geschichte – unter Teilhabe aller gelöst werden, so dass „‚Funken' zwischen den Beteiligten [fliegen]" (ebd.). Die aktuelle Ausgangslage dafür sieht inzwischen folgendermaßen aus:

- Eine Ermutigung zur Teilnahme und eine Identifikation mit Prozess und Gruppe sind durch die bisherigen anderthalb Tage gegeben.
- Ein Grundkonflikt ist konstruiert worden (eine Prophezeiung, die Spielanlass und strukturierendes Element zugleich ist).
- Für das Stück existieren Figuren (jede*r Teilnehmer*in hat mindestens eine davon selbst entwickelt und ist bereit, diese in die Geschichte einzubringen), deren jeweilige Motive und Eigenarten die Handlung vorantreiben können.

Nötig ist nur noch ein klarer Rahmen für die Spielhandlung, den alle Spielenden in der Improvisation als ihre Figuren mit Leben und konkreten Aktionen füllen können. Gemeinsam (oder in einer Kleingruppe ‚Plot') werden dafür grob die einzelnen Szenen und Orte der Handlung diskutiert (Phase 5: Struktur diskutieren).[182] Die tatsächlichen Handlungen und Figurentexte entstehen jedoch in der improvisierenden Interaktion innerhalb des festgelegten szenischen Rahmens (vgl. auch Huber 2004:59). Jede Szene

---

182   Im Sommersemester 2010 diskutierte diese Kleingruppe intensiv Leitmotive, Wendepunkte der Geschichte etc. Im Wintersemester 14/15 wurden stattdessen drei Arbeitsgruppen parallel abgehalten: AG Charaktere, AG Prophezeiung und AG Setting; letztere bestimmte als Zeichnung im Sinne eines stage setup nur fünf Orte des Geschehens. Die Konkretisierung der Handlung sollte verstärkt im Spiel stattfinden, lediglich die Freytagsche Akteinteilung des Dramas sollte als Orientierung dienen, welche Funktionen die jeweilige Szene haben könnte.

beginnt mit einem Standbild, das ein Mitglied der Gruppe ‚Plot' aufstellt, um den Ausgangspunkt der Szene zu verdeutlichen – so wird die Struktur geschaffen, die als Startpunkt für das freiere Spiel dient (Phase 6: Ausgangspositionen definieren). Während
der Improvisationen schließlich besteht das Verbot, außerhalb der Rolle zu sprechen –
Spielangebote müssen aufgegriffen werden, unterschiedliche Ideen werden im Spiel
zwischen den Figuren ausgehandelt (Phase 7: Handlungen konkretisieren). Studierende können in diesem Prozess lernen, dass Theater einerseits Gründlichkeit erfordert (gut durchdachte Plotstrukturen als Rahmung), andererseits aber Flexibilität und
Kreativität nötig sind, wenn die Motive der einzelnen Rollen interaktiv in improvisierten Szenen in Handlungen und Interaktionen der Figuren umgesetzt werden.

Phase 8-10: Sicherung und Überarbeitung

*(Geplante Lerneffekte: die motivierende Wirkung produktorientierter Arbeit nachvoll-
ziehen)*

Die Szenen werden während der Improvisation filmisch aufgenommen und später ver-
schriftlicht (Phase 8: Fixierung). Eine erste Version des Stückes ist somit an nur einem
Tag durch einen kreativ-kooperativen Prozess entstanden. Prozess und Ergebnis werden von Studierenden fast immer als höchst befriedigend und partizipatorisch bewertet. Der Produktcharakter des Entstandenen wird noch unterstrichen, wenn nach der
Verschriftlichung z.B. eine Audioaufnahme als improvisiertes Hörspiel (szenische Le-
sung des Textes, ergänzt um spontane Sounds und Musikelemente; Aufzeichnung
durch ein Smartphone o.ä.) erfolgt (Phase 9: Probe-Umsetzung der Vorlage). Erfahrungsgemäß sind weitere Überarbeitungsschritte (Phase 10: Diskussion und Modifikation) notwendig, um das Stück für den Einsatz in der Kinder- oder Jugendtheaterwoche
aufzubereiten (z.B. Anpassung des sprachlichen Niveaus).[183] Für die spätere Inszenierungsarbeit mit den Kindern oder Jugendlichen stellt es eine gute Basis dar, dass alle
Betreuer*innen der Theaterwoche mit dem Stück intensiv vertraut sind und besondere
Identifikationen mit ihren jeweiligen Figuren mitbringen.[184]

5.3.2 Selbstkompetenzlernen in den Seminaren des Typs I
Für die Vorbereitung englischer Kinder- oder Jugendtheaterwochen erwies sich die beschriebene Art von Blockseminar (Typ I) als sehr erfolgreich. Einen expliziten Fokus auf

---

183   Für die Jugendtheaterwoche Adventure Theatre Camp wurde beispielsweise nur die grobe Ge-
       schichte verwendet, nicht das beim Vorbereitungsseminar entstandene Stück. Den Jugendli-
       chen sollte mehr Freiraum gelassen werden, ihre eigenen Ideen einzubringen. Die Studieren-
       den übernahmen die Aufgabe, entlang der Rahmengeschichte die Figuren und Handlungen mit
       den Jugendlichen gemeinsam zu entwickeln. Dabei befanden sich die Studierenden selbst in
       der Rolle der Spielleiter*innen und konnten auf die Methodik zurückgreifen, die sie selbst als
       Teilnehmer*innen beim Blockseminar erlebt hatten.
184   Auf Seite 250 f. wird speziell das Feedback der Studierenden zu dieser Übung ausgewertet.

die Selbstkompetenz der Teilnehmenden gab es bei diesen Seminaren nur in einigen Übungen am ersten Tag, bei denen eine bewegte Auseinandersetzung mit den eigenen Grundüberzeugungen und der eigenen Lehrphilosophie erfolgte. Dabei wurde mit den Teilnehmenden eine ‚Aufstellung' durchgeführt: Sie wurden aufgefordert, sich auf einer imaginativen Skala zwischen zwei Polen im Raum entsprechend ihrer Einstellungen zu positionieren. Nähe drückt dabei Zustimmung aus, Distanz Ablehnung oder Differenz zu einer Haltung. Die erste Achse wurde mit den Polen ‚Pädagogik – Kunst' (vgl.

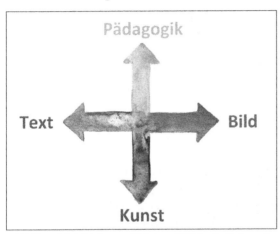

Abbildung 26) gebildet. Die Studierenden positionierten sich zu der Frage, welchem dieser Bereiche sie sich mit ihrem Selbstverständnis als Lehrer*innen näher sähen (Ich bin Pädagog*in – Ich bin Künstler*in).[185] Diese Achse drückt zugleich ein Spannungsfeld der Theaterpädagogik aus, wie es Wolfgang Sting (1995), Professor für Theaterpädagogik und Darstellendes Spiel, beschreibt:

Abbildung 26: Aufstellung auf 2 Achsen (Bild: Ina Prellwitz nach einer Idee von A.H.).

„Die Kontinuität, Verläßlichkeit, Vertrautheit, die pädagogisches Arbeiten auszeichnet, wird gebrochen durch die Punktualität des Theaters, die Experiment, Überraschung, Diskontinuität, [...] mit sich bringt." (In: Weintz 2008:296) In der schulischen Arbeit sind generell beide Aspekte wichtig, denn Schüler*innen brauchen Zuverlässigkeit und Ritualisierung. Ein Unterricht, der fesseln soll, braucht aber auch Elemente der Überraschung. Bildung als intensiver Prozess der Auseinandersetzung erfordert auch Provokation und das Verlassen bekannter Denkmuster. Gerade der Fremdsprachenunterricht braucht beide Pole: Struktur, Regeln und Planung auf der einen Seite, aber auch Freiräume, Improvisation und Ungewohntes auf der anderen, wie Jürgen Kurtz (2011:134) betont. Insofern ist es für werdende (und

---

185   Natürlich stellen diese beiden Aspekte keine Gegensatzpaare dar; noch dazu ist, wie im Theorieteil dieser Arbeit hergeleitet, auch die Lehreridentität nicht nur stabil, sondern in Teilen situativ und fließend, so dass eine dauerhafte Festlegung hier gar nicht möglich ist. Diese Methode soll daher eine Momentaufnahme darstellen und vor allem zum kritischen Nachdenken über die eigenen Werte und Selbstbilder anregen. Mündliches Teilnehmerfeedback zeigt, dass dabei durchaus auch krisenhafte Momente entstanden und sehr grundlegende Fragen an sich selbst gestellt wurden.

praktizierende) Lehrer*innen sinnvoll, sich Anleihen und Inspirationen für ihr Handeln sowohl in der Pädagogik als auch beim Theater bzw. aus der Kunst zu holen. Ebendiese Erkenntnis verspricht sich Jenny Passon (2015) von dramapädagogischer Arbeit im Studium: „In diesem Sinne ist für eine theaterpädagogische Qualifizierung von Fremdsprachenlehrenden zu plädieren, welche dadurch ein neues Selbstverständnis ihres Handwerks entwickeln – nämlich ein Oszillieren zwischen Lehrer und Künstler […]." (Passon 2015:83) Die Positionionierung auf dieser Achse zu Beginn und Ende des Blockseminars soll Studierende dazu bewegen, über ihre eigene Haltung dazu nachzudenken.

Auf einer zweiten Achse kam bei der ‚Aufstellung' im Seminar Typ I die Frage dazu,

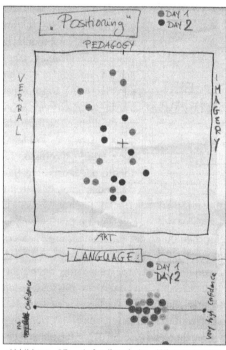

welche Bedeutung die Teilnehmer*innen in ihrer Lehrertätigkeit Texten und verbaler Sprache einerseits, Körpersprache und Bildlichkeit andererseits zumessen (vgl. Abbildung 26). Hier ist eine Auseinandersetzung mit dem Textbegriff in der Sprachen- und Kulturdidaktik sowie der Bedeutung nonverbaler Anteile in der Kommunikation anknüpfungsfähig und die Frage interessant, inwieweit ein Wochenende Theaterarbeit den Studierenden diesbezüglich neue Erkenntnisse ermöglicht oder sogar Haltungsveränderungen herbeiführt. Weitere ‚Aufstellungen' fanden zu der Frage statt, wie sicher sich die Studierenden selbst in der Verwendung der Fremdsprache fühlten. Zusätzlich können die Studierenden bezüglich ihrer gewählten Positionen interviewt

Abbildung 27: ‚Aufstellung' im Wintersemester 14/15; die Studierenden haben ihre zuvor eingenommenen Positionen selbst markiert.

werden, um Erläuterungen einzuholen und weitere Reflexionsprozesse anzustoßen. Zu Dokumentationszwecken können die Studierenden direkt im Anschluss an die Aufstellung gebeten werden, ihre Position auf einer Karte einzuzeichnen (vgl. Abbildung 27). Eine detailliertere Beschreibung und Auswertung dieser Methode, die ich als Messinstrument für Entwicklungsprozesse beim Seminar als Vorher- und Nachher-Erhebung durchgeführt und mit

Methoden der Karteninterpretation ausgewertet habe[186], findet sich in meiner Staatsexamensarbeit (vgl. Haack 2010b:93 ff.). Wie beschrieben lag der Fokus der Seminare des Typs I nicht explizit auf der Entwicklung von Selbstkompetenz, sondern eher im Bereich der Kreativitätsförderung und der Kooperation – auch wenn eine Improvisation (wie das gemeinsame Stück-Erspielen) immer auch eine Konfrontation mit den eigenen Ressourcen bedeutet, wie Tony Butterfield beschreibt (vgl. Butterfield 1989:20): Improvisation erfordere eine „tiefere Suche im Selbst nach Flexibilität, Spontaneität, Sprachverständnis, Ideen und Interaktion" (übersetzt nach: ebd.), wodurch Selbstkompetenz hier möglicherweise im Prozess des Spielens und Reflektierens (indirekt) gefördert werden konnte. Einen Aufschluss darüber bietet die empirische Auswertung der Seminare des Typs I (siehe Kapitel 6.2.1). Dramapädagogische Methoden, die explizit auf eine ganzheitliche Auseinandersetzung mit Aspekten von Selbstkompetenz ausgerichtet wurden, werden im Folgenden beschrieben.

5.4 Seminartyp II: Dramapädagogische Selbstkompetenzseminare

Die Seminare des Typs II entsprechen den Charakteristika, die in der Modellbildung des Theorieteils dieser Arbeit für dramapädagogische Selbstkompetenzseminare herausgearbeitet worden sind. Im Unterschied zu den Seminaren des Typs I gab es hier weder eine Produktentwicklung noch eine direkt auf dem Seminar aufbauende dramapädagogische Praxisphase. Wie die Tabelle 6 zeigt, gab es Möglichkeiten zur Teilnahme an praktischen Projekten, die jedoch gesondert vorbereitet wurden. Die Veranstaltungen fanden weiterhin als Blockseminare statt und, mit Ausnahme des Sommersemesters 2013 („Where your own stories meet..."), weiterhin am ‚außeruniversitären Lernort'.[187]

---

186 Auch ohne detaillierte Analyse zeigt sich in der Abbildung 27 eine leichte Tendenz zur Steigerung der Sprachsicherheit in der Fremdsprache und eine Annäherung der Selbstbilder und unterrichtsbezogenen Haltungen nach dem Seminar an die Bereiche Kunst und nonverbale Aspekte der Kommunikation. Bei dieser Methode darf allerdings nicht vergessen werden, dass es Effekte der sozialen Erwünschtheit geben kann, da keine Anonymität besteht.

187 Einschränkungen der Seminarqualität in den Räumlichkeiten der Universität zeigten sich in einem Seminar (Typ I, Wintersemester 14/15), im Sommersemester 2013 hingegen zeigte sich dieser Effekt nicht. Es wurde allerdings auch kein Stück entwickelt, wodurch zeitliche Flexibilität weniger erforderlich war. Der Einfluss der räumlichen Umgebung als prägender Faktor von Gruppenatmosphäre und als kreativer Impulsgeber (oder auch als Hemmfaktor, beispielsweise im Fall räumlicher Enge) entspricht den Erkenntnisses Micha Fleiners, der für die Gestaltung dramapädagogischer Seminare an der Hochschule gewisse ‚transversale Raumfaktoren' als wichtiges Element grundlegender „transversaler Seminarrahmenfaktoren" (Fleiner 2016:275) herausgearbeitet hat (vgl. ebd.:270 ff.).

Art der Veranstaltung	Titel	Semester
Blockseminar	Selbstkompetenz, Dramapädagogik und Gruppenprozesse – ein Theater-Wochenende für Lehramtsstudierende	SoSe 12
Jugend- Freizeit in England	English Adventure Camp in London (Haack, Jordan, Mehner und Rinne)	August 2012
Kinder- & Jugend- theaterwochen (VHS)	"Charlie and the Chocolate Factory" (Elis) Hamlet for kids -Shakespeare can be great fun! (Jordan)	August 2012
Blockseminar	Possible Selves in the Foreign Language Classroom: A Dramape-dagogical Weekend for Future Teachers	WiSe 12/13
Kinder- & Jugend- theaterwochen (VHS)	"Alice in Wonderland" (Jordan) "Twelfth Night" (Droste, Elis)	WiSe 12/13
Blockseminar	Where your own stories meet...Putting Past and Future Teachers on Stage	SoSe 13
Kinder- & Jugend- theaterwochen (VHS)	Diverse weitere (Elis/ Jordan/ Droste/ Jacobi/ von Blanckenburg)	2013-2015

Tabelle 6: Dramapädagogische Blockseminare mit Selbstkompetenz-Fokus (grau unterlegt: optionale Praxisprojekte im Anschluss; Leitung A.H., wenn nicht anders angemerkt)

5.4.1 Neue Methoden und Inhalte an Tag 1

Wie bereits grundlegend beschrieben, bleibt der erste Tag des Blockseminars dem An-kommen bei sich und der Gruppe, dem Kennenlernen und dem ‚Warmspielen' gewid-met. Einige Elemente sind hier neu oder ausgebaut worden, v.a. solche mit einem selbstreflexiven Fokus. Sie werden im Folgenden erläutert (für eine detaillierte Ablauf-beschreibung des Seminars im Sommersemester 2012 vgl. auch Rinne 2012:22ff.). Da-bei werden zunächst Aufbau und Durchführung und anschließend konzeptionelle Hin-tergründe der jeweiligen Methode ausgeführt.

Soziometrie

Die ‚Aufstellung' (vgl. Seite 167 f.) wird um weitere Fragen ergänzt und in Form einer Soziometrie auch als Kennlernelement in der Gruppe eingesetzt. Dabei werden die Stu-dierenden zunächst aufgefordert, sich nach weniger bedeutungstragenden, auflo-ckernden Kategorien (Tee oder Kaffee? Hund oder Katze?[188]), aber auch nach informa-tiven Fragen (Wie weit bist Du mit Deinem Studium? Wie erfahren bist Du im Umgang mit Theater?) auf einer Geraden zwischen zwei Polen aufzustellen. Dabei schätzen sie ihre eigenen Einstellungen und ihre biographische Ausgangslage ein, lernen aber auch die Positionen und Ausgangsvoraussetzungen der anderen kennen. Auch die Frage nach der gefühlten Sicherheit in der Fremdsprache bleibt hier erhalten. Zudem stellt

---

188   Diese Befragungen erfolgen im Seminar auf Englisch, ebenso wie die Anleitung der Übungen. Für die bessere Lesbarkeit und den Textfluss werden hier deutsche Übersetzungen verwen-det.

diese Übung einen niedrigschwelligen Einstieg in die bewegte Arbeit dar. Sie kann ergänzend auch als Abfrage der Erwartungen und Wünsche an das Seminar verwendet werden.

Reflexion berufsbezogener Ressourcen: ‚Ball-O-Meter'[189]

Diese Methode dient der ressourcenorientierten Untersuchung der eigenen Stärken durch die Teilnehmer*innen. Auch Entwicklungsfelder können benannt und im Vergleich mit den Profilen anderer Teilnehmer*innen entdeckt werden.

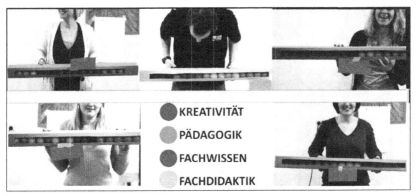

Abbildung 28: Selbsteinschätzung nach vorgegebenen Kategorien

Durchführung

Mit Plastikbällen verschiedener Farben stellen die Studierenden in einer durchsichtigen Röhre ein ‚Kompetenz-Profil' zusammen (vgl. Abbildung 28), wobei mehr Bälle für eine nach eigener Einschätzung stärkere Ausprägung stehen. Vorgegeben sind vier berufsrelevante Bereiche: Kreativität, Pädagogik, Fachwissen und Fachdidaktik (vgl. Abbildung 28).Wichtig ist, dass allen Teilnehmenden die gleiche Menge an Bällen zur Verfügung steht, so dass insgesamt nicht der Eindruck entsteht, dass manche Teilnehmer*innen ein Defizit gegenüber anderen hätten – sie verfügen bloß über verschiedene Schwerpunkte und Ausprägungen. Durch eine Wiederholung am Ende des Seminars werden Veränderungsprozesse sichtbar gemacht.

---

189   Zum ersten Mal eingesetzt habe ich diese Methode bereits im Sommersemester 2011. Da erst ab dem Wintersemester 2012/13 eine überarbeitete Version der Methode zum Einsatz kam, rechne ich sie hier den Neuerungen beim Seminartyp II zu.

Diese Übung wurde ab dem Wintersemester 12/13 konzeptionell umgestaltet, um verstärkt die individuellen Selbstbilder der Teilnehmer*innen in den Mittelpunkt zu stellen. Die Studierenden wurden nun aufgefordert, ihre eigenen Ressourcen für den zukünftigen Beruf als Fremdsprachenlehrer*innen frei zu formulieren (vgl. Abbildung 29; die genannten Aspekte wurden im Nachhinein unter den Oberbegriffen Fach, Personal/Sozial und Methode/Didaktik geclustert).

FACH:
- Faszination für & Freude an der Sprache
- Auslandserfahrung und Erfahrung mit verschiedenen Kulturen

PERSONAL-SOZIAL:
- Enthusiasmus
- Freude an Unterrichten und Fach
- Empathie (starke Emotionalität)
- Geduld
- Respekt vor und Interesse an SuS
- Perspektivübernahmewille
- Aufgeschlossenheit
- Offenheit
- Gewissenhaftigkeit
- Kompromissbereitschaft
- Distanzierungsfähigkeit von sich selbst (Fehler eingestehen, über sich selbst lachen)
- Humor
- Blick für eigene Ressourcen (Planung der eigenen Entwicklung)

METHODE/ DIDAKTIK:
- Kreativität

Abbildung 29: Individuelles Kompetenz-Selbstprofil einer Studentin (Zusammenfassung und Clusterung nachträglich, A.H.)

Für diese Übung wird Zeit zur individuellen Vorbereitung gegeben. Anschließend werden die Profile im Plenum präsentiert und es können Nachfragen gestellt werden. Die Kursleiter*innen fassen das Selbstprofil abschließend in eigenen Worten zusammen, wenn die Teilnehmer*innen dem zustimmen.[190] Dabei führen die Dozierenden ggf. geeignete Begrifflichkeiten ein und weisen auf Ergebnisse der Lehrerforschung bezüglich der Relevanz bestimmter Ausprägungen hin, z.B. die *Big Five* der Persönlichkeit oder die arbeitsbezogenen Verhaltens- und Erlebnismuster (AVEM) nach Schaarschmidt (2007:17 ff.). Die ausformulierten Selbstkonzepte und Selbsteinschätzungen können

---

190   Die Deutungshoheit über ihre Stärken und Schwächen soll ihnen selbst überlassen werden. Daher wird auch ggf. nach einer Zusammenfassung durch die Dozierenden erneut nachgefragt, ob ihre Selbsteinschätzung richtig wiedergegeben worden ist.

den Dozierenden zur Orientierung für die weitere Aufgabendifferenzierung, zur weiteren Beobachtung und Reflexionslenkung im Seminar dienen. Sie können auch nach dem Seminar in einem individuellen Beratungs- oder Perspektivgespräch wieder aufgegriffen werden.[191] Auf der Basis von Verhaltensbeobachtungen während des Seminars ist es hier auch möglich, mit den Studierenden Diskrepanzen zwischen ihrer geschilderten Selbstwahrnehmung und den Beobachtungen der Dozierenden zu thematisieren, oder auch weitere Entwicklungsmöglichkeiten zu besprechen.[192]

Hintergrund der Übung

Für eine intensive personorientierte Arbeit ist eine Kenntnis der Selbstbilder der Teilnehmer*innen wichtig, wie Greif für das Coaching darlegt[193]: „Um die Klienten ganzheitlich bei der Entwicklung ihrer vollen Potenziale fördern zu können, ist es [...] erforderlich, dass die Coachs das Selbstbild der Klienten zu verstehen versuchen." (Greif 2008:22). Auch Korthagen und Wubbels sehen einen Ausgangspunkt der Lehrerbildung darin, das Selbstkonzept der Teilnehmer*innen samt Schwerpunktsetzungen und Selbstbewertungen individuell zu erfassen (vgl. Korthagen & Wubbels 2002:41 ff.). Der Fokus der Teilnehmer*innen sollte dabei auf die Darstellung der eigenen positiven Potenziale gerichtet sein, was Unterweger und Weiss als selbstbewusstseinsstärkende Ausrichtung einer „ressourcenorientierten Selbsterfahrungsarbeit" (Unterweger & Weiss 2006:218) benennen. Dazu wiederum Korthagen und Wubbels (2002): „Durch Betonung ihrer Stärken werden sie [=Lehramtsstudierende oder Referendar*innen] bereitwilliger und fähiger, sich ihren Schwächen zu stellen und investieren ihre Energie in risikoreicheres Handeln, das notwendig ist, um Schwächen zu überwinden." (ebd.: 51). Wenn Übungen zur Explikation des Selbstkonzeptes und die Darstellung von Ressourcen in einer Gruppe stattfinden, besteht zudem die Möglichkeit, sich selbst mit den Wahrnehmungen anderer und ihren jeweiligen Schwerpunktsetzungen zu vergleichen und dabei vernachlässigte Stärken an sich selbst oder neue Entwicklungsfelder auszumachen.[194]

---

191 Solche individuellen Gespräche wurden gemeinsam mit einer Kollegin im Wintersemester 12/13 angeboten. Die Möglichkeit wurde von allen Teilnehmer*innen wahrgenommen.

192 Auf Seite 231 ff. wird speziell das Feedback der Studierenden zu dieser Übung ausgewertet.

193 In gewisser Weise können die hier beschriebenen dramapädagogischen Selbstkompetenzseminare auch unter diesen populären „Containerbegriff" (Greif 2008:53) gefasst werden, obwohl keine klassische Beratung erfolgt, die etliche Definitionen als Kern des Coaching sehen (vgl. Rauen 2005:9 ff.). Aufgrund der Personorientierung, wegen des interaktiven Arbeitens auf der Prozessebene (bei Rauen 2005:9 ff. Bestandteile des Coaching) und mit einem Fokus auf Potenzial- bzw. Selbstentwicklung (vgl. Greif 2008:57) lassen sich dramapädagogische Selbstkompetenzseminare dennoch als eine Form von Coaching betrachten.

194 In meiner bisherigen Erfahrung als Seminarleiter habe ich viele Studierende erlebt, die ihre Fähigkeiten eher unterschätzten und denen Ermutigung und Bestätigung half. Eine größere Herausforderung scheint die Arbeit mit Studierenden zu sein, die ihre Kompetenzen zu positiv

5.4.2 Neue Methoden und Inhalte an Tag 2: „Putting past and future teachers on stage"

In den Seminaren im Sommersemester 12 und Wintersemester 12/13 wurden am zweiten Tag des Seminars die Themen ‚Erinnerungsfiguren' und *Possible Teacher Selves* fokussiert. Verschiedene dramapädagogische Übungen ermöglichen dafür Prozesse der Selbstexploration, Selbstexplikation und der gemeinsamen Reflexion.

Bei der ersten Übungssequenz geht es darum, prägende Lehrer*innen aus der eigenen Schulzeit (‚Erinnerungs-Figuren') darzustellen. Sie ist darauf angelegt, schrittweise in eine kleine individuelle Performance bzw. Präsentation hineinzuführen und stellt auf der Ebene des Theater-Lernens im Seminar den ersten Einzel-Auftritt für die Teilnehmer*innen dar. Inhaltlich ist die Übungssequenz als berufsbiographische Selbstreflexion angelegt. Theoretischer Ausgangspunkt hierfür ist die Feststellung, dass das Selbstverständnis von Lehramtsstudierenden sowie ihre Vorstellungen von gutem Unterricht häufig nachhaltig von ihren Schulerfahrungen und wenigen Rollenvorbildern geprägt sind (vgl. Schocker-von Ditfurth 2001:36). Anhand eines performativ-narrativen Zugangs soll nun eine Reflexion über diese prägenden Personen ermöglicht werden, was wiederum bewusstere Entscheidungen über die eigene professionelle Identität anregt, wie es auch Koster, Korthagen und Schrijnemakers für ihre Lehrerbildungspraxis darlegen: "[S]tudents are asked to reflect on positive and negative role models from the time when they themselves were students in primary or secondary school. This appears to help them in making implicit influences explicit, and to consciously choose what kind of teacher they want to be." (Koster u. a. 1995:84) Eine ganzheitliche und dramapädagogische Vorgehensweise soll diese Reflexion unterstützen, indem Erinnerungen an die eigene Schulzeit und prägende Lehrer*innen aktiviert und intensiviert werden. Die Übung ist mehrschrittig aufgebaut, die einzelnen Sequenzen werden im Folgenden vorgestellt (für einen Überblick siehe Abbildung 30).

---

wahrnehmen (‚Selbstüberschätzung'), so Korthagen: "[I]t is extremely difficult to [...] [try] to convince students with an unrealistically positive self-concept that their professional performance leaves something to be desired." (Korthagen 2004:83) Bergner und Holmes (in Korthagen 2004:84) kommen zu der Erkenntnis, dass eine Konfrontation mit widersprüchlichen Informationen bezüglich des eigenen Selbstkonzeptes wenig effektiv sei (andere Ansätze gehen in solchen Fällen von ego-protektiven Mechanismen aus), sondern dass man andere Statussituationen erleben müsse (vgl. ebd.). Sie weisen dabei auch der Reflexion über das eigene Selbstkonzept eine geringe Wirkmächtigkeit gegen die Tendenz des eigenen Ego-Selbstschutzes zu (vgl. ebd.). Über die Erzeugung von Handlungssituationen im Rahmen des Spiels, Verhaltensbeobachtung und Spiegelung des eigenen Verhaltens durch andere Teilnehmer*innen und Dozierende soll in dramapädagogischen Selbstkompetenzseminaren dennoch versucht werden, eine selbstkritische Betrachtung anzustoßen.

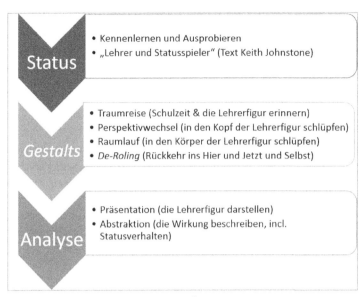

*Abbildung 30: Verschiedene Schritte der Übung zu ‚Erinnerungs-Lehrer*innen'*

Statusübungen und Lehrerverhalten

Statusspiel und Statusdarstellung bieten sowohl ein wirksames Element der Gestaltung von dramatischen Szenen und Figuren als auch eine analytische ‚Brille', um das Auftreten von Menschen in sozialen Situationen zu untersuchen.

Durchführung

Um den Studierenden die Allgegenwärtigkeit und die Herstellung von Status zu verdeutlichen, praktiziere ich mit ihnen verschiedene Improvisations-Theaterübungen mit diesem Fokus aus dem Repertoire Keith Johnstones. Johnstone definiert Status dabei als „etwas, das man *tut*" (Johnstone 2006:57), losgelöst von der sozialen Stellung (vgl. ebd.) oder dem in der Soziologie mit diesem Begriff bezeichneten Sozialprestige (vgl. Abels 2009:285). Bei dem Theaterbegriff geht es um die Frage, wer in einer Situation dominiert und wer sich unterordnet (vgl. Johnstone 2006:57). Johnstone erläutert, in welchen beobachtbaren Verhaltensweisen diese Haltung einer Figur zu ihrer Umwelt und ihren Mitmenschen zum Ausdruck kommt. In speziellen Theater-Übungen kann die Wirkung von unterschiedlicher Körpersprache, Raumnutzung, Blickverhalten und z.B. Sprechpausen auf die – äußerlich und innerlich – wahrgenommene eigene Stellung und Durchsetzungsfähigkeit erlebt werden. Übungen mit zwei Gruppen, die jeweils einen sehr hohen oder sehr niedrigen Status zugewiesen bekommen und sich bei einem Raumlauf dementsprechend verhalten müssen (z.B. viel oder wenig Raum einnehmen oder anderen ausweichen vs. ihnen die Stirn bieten), schaffen Möglichkeiten zum Experimentieren und Erfahren von Macht und Ohnmacht. Diverse Improvisationsspiele mit zufällig vergebenem Status zwischen festgelegten Rollen[195] nehmen ganz unterschiedliche Wendungen, wenn der Status neu verteilt wird. Es entsteht die Erkenntnis, dass den König ‚immer die anderen spielen' (vgl. Güssow 2013), also ein hoher Status immer auch durch den gezeigten Respekt der anderen zum Ausdruck kommt (vgl. ebd.). Dabei ist Status nicht statisch, sondern kann dynamisch zwischen Situaation und verschiedenen Interaktionspartnern variieren.

Status kann durch diese Übungen als ein wesentliches Gestaltungsmerkmal von Theater-Rollen erkannt werden, aber auch als Ausgangspunkt für weitere Verhaltensexperimente im Alltag dienen. Auf der Bühne, aber auch in folgenden sozialen Situationen, können Studierende gezielt untersuchen, mit welcher Art von ‚Statusspiel' sie sich eher wohl oder unwohl fühlen, wobei es keine simple Wertigkeit (hoch= gut, tief= schlecht) gibt. Ziel ist es, zunächst für das Phänomen zu sensibilisieren und des Weiteren die Fähigkeit zum bewussten Statusspiel und Statuswechsel zu trainieren.

Hintergrund

Johnstone geht davon aus, dass Menschen – nicht nur auf der Bühne, sondern in jeder alltäglichen Interaktion und ebenso im Umgang mit Räumen ohne Sozialpartner – eine bestimmte Präferenz haben, eher ‚hoch' oder ‚tief' zu spielen (vgl. Johnstone 2006:57). Status als allgegenwärtiger Aspekt der Gestaltung von Selbstdarstellung und Interaktion bietet dabei auch einen Ansatz zur Reflexion und bewussteren Inszenierung des Lehrerauftritts. Johnstone selbst stellt diese Verbindung in *Improvisation und Theater* her. Die im Folgenden beschriebene Übungsfolge ‚Lehrerraumlauf' wird mit einem Text von Johnstone eingeleitet, in dem er Lehrer*innen aus seiner eigener Schulzeit als „drei Typen von Status-Spielern [...] [beschreibt], wie sie gewöhnlich in diesem Beruf vorkommen" (Johnstone 2006:55). Er analysiert deren nonverbales Verhalten und ihre Raumnutzung und beschreibt die Auswirkungen auf das Verhalten und Erleben der Schüler*innen (siehe Tabelle 7).

Die Beschreibung dieser Lehrertypen stellt ein passendes Beispiel dafür dar, wie Identität performativ erzeugt wird, und welchen Einfluss sie auf das Beziehungsgefüge und die Lernprozesse im Klassenraum hat. Auf Basis dieser Analyse macht es Sinn, werdenden Lehrer*innen die – häufig nonverbalen – Faktoren, die den Ausdruck von Status mitbestimmen, vor Augen zu führen und die Variation ihres Ausdrucks gezielt zu trai-

---

195   Beispielsweise der Streit eines Ehepaares, in dem ein Partner fordert, dass die Mutter des anderen nicht mehr bei ihnen wohnen, sondern ins Heim geschickt werden soll – am Ende kommt Oma selbst dazu und diskutiert mit. Je nach Status kann hier ein alles entscheidendes Machtwort gesprochen werden, oder eine bereits gefällte Entscheidung muss akzeptiert werden.

nieren. Dies lässt sich hier kombinieren mit der Absicht, mentale Erinnerungs-Lehrer*innen zu ‚reaktivieren', als Figuren auf die Bühne zu bringen und zu untersuchen – unter anderem im Hinblick auf ihr Statusspiel und die emotionalen Resonanzen, die sie damit bei den Zuschauer*innen hervorrufen.

	Tiefstatus-Spieler (Lehrer 1)	„zwanghafter Hochstatus-Spieler" (Lehrer 2)	„Status-Experte" (Lehrer 3)
Beziehungsaspekt	von Schüler*innen gemocht	„allgemein unbeliebt", gefürchtet	sehr beliebt, respektiert
Klassenführung	Keine Disziplin in der Klasse	„unbarmherziges Regime" ohne zu strafen	Ausgezeichnete Disziplin ohne Strafen; Klasse im Griff (humorvoll und doch in der Lage, Ruhe herzustellen)
Auftreten	Nervös, „viele unnötige Bewegungen", leicht erregbar, „im Klassenraum wie ein Eindringling"	Zielstrebiger Schritt, durchbohrender Blick	Aufrechter und lockerer Gang, viel lächeln

*Tabelle 7: Verschiedene Statusspieler-Typen unter Lehrer*innen (nach Johnstone 2006:55 f.; Strukturierung als Tabelle: A.H.)*

Durchführung: Guided Phantasy und ein Raumlauf

Zunächst wird die Erinnerung an gute und schlechte Lehrer*innen aktiviert, um anschließend eine Einfühlung, Perspektivübernahme und Verkörperung anzuregen. Abschließend werden die Erinnerungsfiguren den anderen Teilnehmer*innen vorgespielt und von ihnen analysiert. Der gesamte Prozess beginnt mit einer Traumreise (*guided fantasy*). Die Studierenden begeben sich in eine entspannte Position, schließen die Augen und hören auf die Worte des Kursleiters (siehe Textkästen zur Verdeutlichung). Den ‚Traumreisenden' muss ausreichend Zeit gegeben werden, sich die gedanklichen Bilder auszumalen.

Du atmest ein und aus, bist ganz entspannt. Dein Körper liegt auf dem Boden, den Du unter Dir spürst. [*Weitere Entspannungsanleitung...*]. Dein Körper wird ganz leicht. Du beginnst zu schweben, ganz leicht über dem Boden. Nun etwas höher, Du hebst ab, aber das beunruhigt Dich nicht. Nun schwebst Du durch die Decke hinaus, immer höher, siehst unter Dir dieses Gebäude. Du kannst fliegen – probiere, wie sich das anfühlt. [*weitere Flug- Reise*] Unter Dir liegt ein Gebäude: Deine alte Schule! Langsam sinkst du, auf Deinen alten Schulhof zu und schwebst ins Gebäude hinein – niemand kann Dich sehen. Schau Dich um – wie sieht es hier aus? Wie riecht es hier? [*Anleitung zur Erinnerung, Sinneseindrücke aus Schulzeit wachrufen etc...*].

Beim ersten Teil der Traumreise geht es darum, durch Entspannung den Zugang zu Erinnerungen zu öffnen. Die Beschreibung von Sinneseindrücken und gezielte Fragen, z.b. nach den Räumlichkeiten, sollen ganzheitliche Eindrücke wachrufen. Im weiteren Verlauf werden die damaligen Lehrer*innen vor das innere Auge gerufen.

> Nun schwebst Du, ungesehen, durch die offene Tür in das Lehrerzimmer hinein. Alle sind da, sieh Dich um. An wen kannst Du Dich erinnern? Wer sitzt am Tisch und korrigiert, wer trinkt einen Kaffee und unterhält sich? Wer ist hektisch unterwegs? Finde einen Lehrer oder eine Lehrerin, die Du wirklich gerne mochtest. Gefunden? Wo befindet sich die Person, was hat sie an, was für Gegenstände bei sich? Gerade klingelt es zum Unterricht. Er/Sie setzt sich in Bewegung, Du folgst ihr/ihm. Beobachte die Bewegungen und den Gesichtsausdruck. Nun wird etwas Seltsames passieren, aber keine Angst! Du schwebst in diese Person hinein und steckst nun in seinem/ihrem Körper. Da ist ein Spiegel, schau hinein. Wie sieht Dein Gesicht aus? Probiere, zu lächeln, ernst zu schauen. Niemand soll bemerken, dass Du es bist, Du musst nun gut die Person imitieren, also setze einen typischen Gesichtsausdruck auf und mach Dich auf den Weg in Deinen Unterricht.

An dieser Stelle beginnt der eigentliche Raumlauf. Die Studierenden werden aufgefordert, die Augen zu öffnen und sich als die Person, die sie gewählt haben, durch den Raum zu bewegen. Gezielte Nachfragen regen die Einfühlung an (Wie bewegst Du Dich? Wie fühlt sich Dein Körper an? In welcher Stimmung bist du? Wie grüßt Du Schüler*innen und Kolleg*innen im Vorbeigehen? Tu es!). Schließlich treten die Akteure mental und physisch in ihren Klassenraum.

> Da ist Dein Klassenraum. Gerade klingelt es zum Stundenbeginn (oder bist Du zu früh oder zu spät?). Wie betrittst Du den Klassenraum? Gehst Du wortlos zum Pult oder sagst Du etwas? Bist Du schnell, langsam, energisch oder gemütlich? Bitte führe einen für die Person typischen Unterrichtsanfang durch. Schau in die Gesichter Deiner Schüler*innen: Was siehst Du da? [...] Nun wird es Zeit, sich mit den Hausaufgaben zu beschäftigen. Was sagst Du? Gehst Du herum und kontrollierst? Wie viel Nähe oder Distanz zeigst Du zu Deinen Schüler*innen? Jemand hat einen Fehler gemacht oder die Hausaufgaben vergessen – wie reagierst Du? Wie reagieren die Schüler*innen auf Dich?

Die Übung wird damit fortgeführt, dass die Teilnehmer*innen einen anderen Klassenraum im Körper einer weiteren Lehrerperson betreten, die ihnen negativ in Erinnerung ist. Am Ende reisen sie mental zurück (Hinausschweben aus dem Körper des Lehrers und aus dem Schulgebäude etc.) bis zurück in ihren eigenen Körper. Es ist sehr wichtig, die Rollen am Ende abzulegen, insbesondere nach der Verkörperung einer Person, mit der unschöne Erinnerungen verbunden sind. Abschließend präsentieren einzelne Studierende dem Kurs ihre Erinnerungsfiguren, wobei der Kurs die Schulklasse darstellt und noch einmal ein Stundenanfang simuliert wird. Nach jeder präsentierten Erinnerungsfigur findet eine moderierte Auswertung der Beobachtungen der Zuschauenden statt, die mit den Erinnerungen der jeweiligen Darsteller*innen an die Person verglichen werden. Dabei wird versucht, Dimensionen im Auftreten auszumachen, die bestimmte Wirkungen bei den Zuschauenden hervorrufen. Zudem werden Unterschiede und Gemeinsamkeiten zwischen verschiedenen Lehrer*innen herausgearbeitet. Es wird die Frage aufgeworfen, ob es ähnliche Verhaltensweisen gibt, die aber in einem Fall positiv, in einem anderen als negativ bewertet werden. So soll vermieden werden, eine zu eindeutige ‚gut-schlecht'-Trennung zu erzeugen und die große Individualität guter (und schlechter) Lehrstile zu unterstreichen. Insgesamt wird dafür sensibilisiert, „wie stark das Denken, die Einstellungen und das Verhalten von Lehrerinnen und Lehrern das Geschehen im Klassenraum beeinflussen" (Schart & Legutke 2012:12).[196]

Hintergrund der Übungsreihe

Im Mittelpunkt steht bei dieser Übung die Auseinandersetzung mit prägenden Bildern aus der eigenen Schulzeit, die als „ghosts behind the blackboard" (Wajnryb 1992:13) – oder mit Korthagen als *Gestalts* – bezeichnet werden können. Diese sind u.a. Erinnerungsfiguren („cohesive wholes of earlier experiences, role models, needs, values, feelings, images and routines"; Korthagen 2004:81) aus der eigenen Zeit als Schüler*in, die das spätere Verhalten als Lehrer*in in konkreten Unterrichtssituationen bestimmen, wenn sie nicht reflektiert und bewusst überarbeitet werden. Insbesondere erlebte Rollenmodelle (Vor- und Anti-Bilder) werden in der beschriebenen Übung nach außen geholt und reflektiert. Solche Erinnerungsfiguren können unterbewusst verhaltenssteuernd wirken, aber auch bewusste Vorbilder sein (vgl. Korthagen & Wubbels 2002:46 f.). Auch Palmer berichtet über die Bedeutsamkeit der Auseinandersetzung mit Vorbildern und Mentor*innen, die ein Anstoß gewesen sind, das eigene ‚Lehrerherz' zu entdecken (vgl. Palmer 1998:21 ff.). Die Erinnerung an diese prägenden Menschen trage dazu bei, Identität und Integrität zu finden (vgl. ebd.).

Gerade der Auftritt als positive Erinnerungsfigur dient aber nicht nur der Inspiration, sondern kann möglicherweise einen Einfluss auf die Entwicklung des Selbstkonzeptes der Darstellenden haben. Mit der Übung wird auch versucht, den Teilnehmer*innen bisher unentdeckte Entsprechungen mit ihren Vorbildern zu zeigen. Positive Rückmeldungen der anderen Teilnehmer*innen oder Dozierenden darüber, dass jemand in der Rolle des Vorbildes selbst authentisch wirke und Ähnlichkeiten aufweise[197], können dazu führen, dass die Person diese Seiten in das eigene Selbstkonzept integriert, zu

---

196 Auf Seite 230 ff. wird speziell das Feedback der Studierenden zu dieser Übung ausgewertet.

197 Derartige Rückmeldungen können natürlich nur erfolgen, wenn diese Ähnlichkeiten oder das Potenzial tatsächlich vorhanden zu sein scheinen. Es geht hier nicht um Täuschung der Studierenden, sondern maximal darum, sie als das zu behandeln, was man glaubt, dass sie es werden können (vgl. zu diesem Thema auch Lenhard, der seine Arbeit mit Referendar*innen als eine „Skizze der Möglichkeiten, ein Projekt zukünftiger Entwicklung" bezeichnet; Lenhard 2001:20).

zeigen beginnt oder ausbaut. Psychologisch kann von einer „Selbstkonzeptänderung durch Selbstdarstellung" (Laux & Renner 2005:491; im Original kursiv) gesprochen werden, einem „*Carryover-Effekt* von ‚draußen' nach ‚drinnen'" (ebd.; Kursivierung im Original). So könnte z.b. der Auftritt einer schüchternen Person in der Rolle einer selbstbewussten Erinnerungsfigur bei positivem Feedback dafür (in etwa: ‚Du hast auf mich selbstsicher gewirkt, hast ruhig gesprochen, Blickkontakt aufgebaut und ich habe mich dabei als Dein Schüler wohl gefühlt') möglicherweise zu einer Selbstkonzeptänderung führen (‚Anscheinend bin ich doch weniger nervös und unsicher, als ich dachte!'). Wichtige Elemente sind dafür sowohl der eigene theatrale Auftritt, der die neue Erfahrung und die Selbstdarstellung ermöglicht, als auch das wohlwollende Feedback durch andere. Beides hat auch in den folgenden Übungen eine große Bedeutung.

‚Sich selbst darstellen' und ausdrücken

Um nach Darstellung fremder Figuren den Bogen zur eigenen Person zu schlagen, können sich Übungen anschließen, in denen es darum geht, eine Metapher für die eigene ideale Lehreridentität zu finden[198] oder als man selbst vor einer fiktiven Klasse aufzutreten.

Durchführung: Eine eigene Metapher finden
Nach einer Thematisierung gängiger Rollen von Lehrer*innen (Unterstützer*in, Moderator*in, Ratgeber*in etc.) sollen Studierende für sich selbst Metaphern ausformulieren, zeichnen oder darstellen. Dabei entstehen höchst individuelle und interessante Bilder und Metaphern (für einige Beispiele siehe die Tabelle 8).

Studienphase	Metaphern
Anfang	• "creative pedagogical elephant"
Mitte	• "fun-creative expert and guide" • "distanced-friendly lighthouse" • "strict clown"
Ende	• „Wegbegleiter zum Wissen & Miteinander" • „Blindenhund" • „individueller Wegweise"

Tabelle 8: Metaphern und Rollenvorstellungen von Studierenden über ihr ideales Lehrerselbstbild (Sammlung A.H.)

Wichtig ist es, bei derartigen Übungen die Hemmschwelle für das Zeichnen herabzusetzen und zu betonen, dass es nicht um den ästhetischen Wert dieser Bilder geht (vgl.

---

198   Pineau führt diese Übung ausführlicher als Micro-Teaching Unit durch und lässt metaphorische Charaktere auftreten. Sie beschreibt die Lerneffekte, die sich bei ihren Studierenden ergeben, als höchst differenziert und einsichtsvoll, auch bezüglich des theoretischen Verständnisses von Interaktionen im Klassenraum (vgl. Pineau 1994:12 f.).

u.a. Greif 2008:110), sondern um ihren symbolischen Gehalt. Individuelle Vorstellungen der Teilnehmer*innen über Lernprozesse und die Rolle der Lehrkraft darin bringen diese Bilder oft kraftvoll zum Ausdruck (vgl. Abbildung 31).

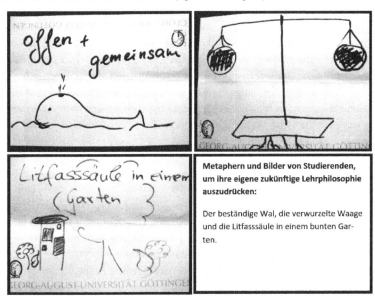

Abbildung 31: Ideale Lehrerselbstbilder als Metaphern von Studierenden

Die entstandenen Bilder können in der Gruppe gemeinsam interpretiert und diskutiert werden. Dabei kann es um Fragen ihrer Herkunft gehen (Warum ist das Dein Leitbild? Wie ist es entstanden?) oder um die Umsetzbarkeit dieser Vorstellungen. Auch mögliche Widersprüche zu anderen Anforderungen des Berufes oder Ähnlichkeiten und Kontraste zwischen den Philosophien mehrerer Studierender können thematisiert werden.

Hintergrund

Diese Übung versucht, McLeans Erkenntnisse über die Wirkmächtigkeit persönlicher und professioneller Selbstbilder aufzugreifen: „Images of self-as-person and self-as-teacher are critical to the process of becoming a teacher because they constitute the personal context within which new information will be interpreted, and are the stuff of which a teaching personae is created." (McLean 1999:58) Allein der Begriff des *teaching personae* – also die verschiedenen (sozialen) Rollen oder ‚Masken‘ von Lehrer*innen – bietet Anregungen für die Arbeit mit Methoden des Theaters und verschiedenen (inneren) Rollen als *dramatis personae* eines Ensembles an möglichen Lehrerfi-

guren. Für die Auseinandersetzung mit „Bildern von sich selbst als Person und als Leh-
rer*in" (übersetzt nach ebd.) bietet sich natürlich die Arbeit mit visuellen und sprachlichen Bildern an. Sie ist narrativ und erleichtert den Zugang zu eigenen Vorstellungen,
zumal auch praktisches Handlungs- und Erfahrungswissen (*personal practical knowledge*) häufig in der Form von Bildern vorliegt (vgl. Korthagen 2004:81; erste Erkenntnisse zu diesem Thema sammelte Clandinin 1986). Auch Greif (2008:109 ff.) beschreibt
die Arbeit mit Wunschbildern zur „visionsgeleiteten Strategieentwicklung" (ebd.) als
sehr gewinnbringend. Natürlich muss bei diesen Bildern und Metaphern beachtet werden, dass selbst vieldeutige Bilder der Komplexität des Lehrerhandelns in seiner Gesamtheit nicht gerecht werden können. Es sollte thematisiert und betont werden, dass
es sich nicht um statische Wahrheiten, sondern um Selbst-Entwürfe für die Zukunft
handelt (vgl. Lenhard 2001:20).

Auftritt vor einer Lernergruppe

Als performative Variante, die eigene Vorstellung von sich selbst als gutem Lehrer/gu-
ter Lehrerin zum Ausdruck zu bringen und deren Wirkung zu erproben, kann der eigene
Auftritt vor einer fiktiven Klasse inszeniert werden. Eine sehr geeignete Anleitung zur
Durchführung einer solchen ‚Auftrittsübung', die die eigene Identität sowie ihre situa-
tive Veränderbarkeit berücksichtigt, liefert das Programm BASIS (Dauber u. a. 2009),
wobei viel Wert auf den Selbstzugang und wertschätzendes Feedback der Gruppe gelegt wird. Die Studierenden betreten bei dieser Übung den fiktiven Klassenraum als
Vertretungslehrer*innen, begrüßen die Klassen (symbolisiert durch die Kommiliton*innen, die zugleich Beobachter*innen sind) und stellen sich vor (vgl. ebd.:10). Während
der kurzen Sequenz achten die Beobachter*innen auf die Wirkung der Lehrperson auf
sie und die affektiven Reaktionen, die bei ihnen entstehen (vgl. ebd.). Ihre Aufgabe ist
es, ihre Eindrücke den Auftretenden später als Ich-Botschaft zu beschreiben. Der Auftritt kann in verschiedenen Varianten wiederholt werden, so dass verschiedene Arten
der Selbstpräsentation und ihre Wirkung erprobt werden können.

Hintergrund

Daube und Nolle beschreiben die Zielsetzung der Übung, bei der es weniger um das
Spielen einer Rolle als um eine Form der ‚Authentizität' geht (ebd.:9):

> Ziel der Übung ist weniger, ‚richtiges' Auftreten zu trainieren, als sich die (durch ein bestimmtes
> äußeres Verhalten ausgelösten) inneren Prozesse bewusst zu machen, die bei den Kommilitonen
> (später: Schülern) emotionale Resonanzen hervorgerufen haben. […] Diese Kompetenz, Acht-
> samkeit auf innere Prozesse, Authentizität und Selbstwertschätzung im Auftreten, fällt Studien-
> anfängern häufig (zunächst) schwer.

Somit ist die Zielsetzung der Übung klar als Förderung der Selbstkompetenz werdender
Lehrer*innen einzuordnen. Im Wechsel von Auftritt und Feedback kann dabei viel über

sich selbst und die Wirkung von Körpersprache, inneren Haltungen und resultierenden Reaktionen herausgefunden werden. Surkamp beschreibt dies als generellen Effekt dramapädagogischer Arbeit: „Der Wechsel von Spiel, Beobachtung und Reflexion kann auch dazu genutzt werden, Widersprüche zwischen intendierter und tatsächlich gezeigter oder zwischen äußerer und innerer Haltung offen zu legen [...]." (Surkamp 2008:112) Gerade bei dieser Übung wird aber auch die Gestaltbarkeit der eigenen Selbstdarstellung sichtbar, indem Varianten des eigenen Auftritts ausprobiert werden, die verschieden und dennoch ‚echt' sein können – sie stellen Möglichkeiten des eigenen Verhaltens dar, ohne dass dadurch die Identität und Authentizität der Person in Frage gestellt sind.[199]

Possible Selves und Erzähltheater

Die bisher beschriebenen Übungen für den zweiten Tag eines dramapädagogischen Selbstkompetenzseminars beinhalten jeweils nur eine relativ kurze Rollenübernahme und kleine Spielsequenzen, die als performative Kleinformen (vgl. Schewe 2015:27) einzuordnen sind. Zwei weitere Formate kamen an diesem zweiten Tag zum Einsatz. Variante 1 (ein Lehrerrollenspiel) beinhaltet eine ausführlichere Rollenausarbeitung und ein längeres Spiel in dieser Rolle. Variante 2 (Playback Theater) zielt auf ein komplexes Aufführungsformat ab, bei dem viel Spontaneität und Einfühlungsvermögen gefragt sind.

Lehrerrollenspiel

Bei dieser mehrschrittigen Übungssequenz wird ein pädagogisches Rollenspiel im Stil eines Großgruppenspiels (vgl. Lensch 2003:257) vorbereitet, in dessen Zentrum von den Teilnehmer*innen selbst entwickelte Lehrerfiguren stehen. Ihre Entwicklung wird in einem mehrstufigen Prozess angeleitet (vgl. Abbildung 32). Ein speziell zur Förderung der Selbstkompetenz werdender Fremdsprachenlehrer*innen entwickeltes Rollenspiel erfüllt insbesondere die von Nickel formulierte Bedingung, dass Rollenspiel nicht nur Nachahmung sein dürfe, sondern didaktisch geplante Impulse enthalten müsse, um „Aufklärung [zu] bringen über die physische und psychische Wirklichkeit" (Nickel 1972:11). Die Spieler müssten, so Nickel, vorbereitet werden auf „das gesellschaftliche Rollenhandeln in der veränderten Welt von morgen" (ebd.). Die Welt von morgen ist in diesem Fall die Schule von morgen, auch das Kollegium, um das es im Rollenspiel geht.

Wie bereits theoretisch erläutert, trägt jede*r aus der eigenen Schulzeit Rollenvorbilder und Antibilder, *Gestalts* und prägende andere (die Teil des Eigenen geworden sein

---

199   Auf Seite 226 ff. wird speziell auf das Feedback der Studierenden zu dieser Übung eingegangen.

können) in sich – Bilder und Verhaltensrepertoires, die beeinflussen und prägen können, wie werdende Lehrer*innen ihre zukünftige Lehrerrolle gestalten können und
wollen. Um das ‚Rollenhandeln in der Welt von morgen' freier und reflektierter gestalten zu können, gilt es, diese inneren Figuren sichtbar zu machen. Ähnlich wie bei Schel-
lers Szenischem Spiel ist es die Absicht, „das lernende Individuum mit sich selbst, mit
seinen Erinnerungen, eigenen Erfahrungen aber auch fremden, bisher unbekannten
Persönlichkeitsteilen zu konfrontieren und Selbsterfahrungsprozesse in Gang zu setzen" (Bidlo 2006:69). In den Worten Ruth Hubers, an deren dramapädagogische Arbeit
ich hier anknüpfe[200], ist die Frage nun: „Wie kommen [...] diese Anderen zur Welt, wie
kommen sie zu Wort und wie werden sie zu ausgewachsenen Theaterpersonen?"[201]
(Huber 2004:53). Gerade für theaterunerfahrene Laien sind eine gute Vorbereitung
und Strukturierung nötig, um das Spiel zu ermöglichen.

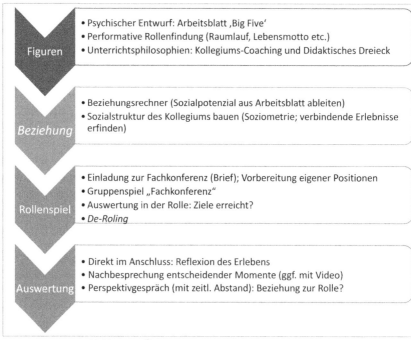

Abbildung 32: Übungssequenz zum Fachkonferenz-Rollenspiel

---

200   Die Bezüge werden auf Seite 190 ff. genauer ausgeführt.
201   Bei dem nun vorgestellten Rollenspiel besteht dafür sehr viel weniger Zeit als in dem Projekt
      von Ruth Huber, in dem ein festes ‚Ensemble' über einen längeren Zeitraum gemeinsam arbei-
      tete (vgl. Huber 2004:54).

Durchführung

Das mehrschrittige Verfahren, mit dem die Studierenden ihre Lehrerfiguren für das spätere Rollenspiel entwickeln (vgl. Abbildung 32), wird im Folgenden genauer dargelegt. Zugehörige Arbeitsblätter können online eingesehen werden (siehe Anhang B.2.1, OnlinePlus).

Schritt 1: Arbeitsblatt und Raumlauf

Anhand eines Arbeitsblattes entwerfen die Studierenden individuell eine erste Vorstellung ihrer ‚Spiel-Figur'. Sie legen Persönlichkeitseigenschaften auf Skalen fest (angelehnt an die Lehrer-Persönlichkeits-Adjektiv-Skalen nach Brandstätter und Mayr[202]) und erfinden weitere biographische Daten. Diese erste Phase dient als Anlass, anhand von Leitdimensionen (*Big Five*) und unter Rückgriff auf die eigenen Erinnerungen, Erfahrungen und Phantasien ein Bild der zu spielenden Figur und ihrer (für den Unterricht und ihre Interaktionen mit Kolleg*innen etc. relevanten) Persönlichkeitseigenschaften zu entwerfen.[203] Die auf dem Papier entwickelten Rollen werden in performativer Methodik weiter ausgebaut, ähnlich der beschriebenen Figurenentwicklung beim Seminartyp I (vgl. Seite 162 ff. dieser Arbeit). Das Experimentieren mit dem Bewegungshabitus und einem Lebensmotto dient der Rollenfindung und kann u.a. durch Kostümelemente, das Hantieren mit für die Figur typischen Gegenständen und die Variation des Emotionensausdrucks, z.B. an verschiedenen Stationen im Raum (vgl. Meyer 2007:20), ausgebaut werden.

Schritt 2: Unterrichtsphilosophien[204]

Die sich entwickelnden Bühnenfiguren werden in diesem Schritt um einen Einblick in ihre Unterrichtsphilosophie erweitert bzw. wird diese entwickelt. Die fiktiven Lehrer*innen sind mit ihrem Kollegium zu einem Coaching eingeladen (die Seminarleiter*innen nehmen dabei die Rolle der Coaches an). Sie entwerfen der Reihe nach pro

---

202 Für das Arbeitsblatt teilweise übernommen aus dem Online-Persönlichkeitsfragebogen des Career Counselling for Teachers (http://www.cct-switzerland.ch/index.php?test=lpa&lokali sierung=CH-GER&zielgruppe=5; abgerufen am 14.07.2017)

203 Bei der ersten Durchführung dieses Rollenspiels (SoSe 12) wurde den Studierenden die Theorie der possible selves (vgl. Seite 191 f. dieser Arbeit) erst im Nachhinein vorgestellt und erfragt, inwiefern ihre Figuren sich dort einordnen ließen. Bei der zweiten Durchführung wurde anhand der Anleitung zur Erfassung von Selbstkonzeptmerkmalen nach Beck/Fisch (1993:87; in: Huber 2004:62 f.) zu Beginn der Übung ein Brainstorming (individuell und ‚geheim') durchgeführt, bei dem die Teilnehmer*innen über sich selbst Eigenschaften und Verhaltensweisen notieren sollten, die sie an sich schätzen/ablehnen/anstreben/vermeiden zu entwickeln etc. Diese Sammlung von Eigenschaften, v.a. in den Bereichen ‚meiden' und ‚aufsuchen', wurde ihnen als Inspiration für die Rollenentwicklung nahe gelegt.

204 Dieses Element ist neu bei der zweiten Durchführung dazu gekommen.

Person ein individuelles ‚Didaktisches Dreieck'[205]; in dieser Art von Standbild (*tableau*)
werden die Elemente Lehrperson, Fach und Schüler*innen personifiziert zueinander in
Beziehung gesetzt.

*Abbildung 33: Didaktische Dreiecke der fiktiven Lehrerfiguren: „Schüler und Fach gehen Hand in Hand.
Ich gehe voraus und weise den Weg." (links) und „Fach und Lehrer lassen den Schüler nicht im Regen
stehen!" (rechts)*

Die jeweils gecoachte Lehrer*in stellt selbst die Lehrperson in ihrem Bild dar und inszeniert die anderen beiden Elemente. Als bedeutungstragende Elemente kommen
Nähe/Distanz, Hierarchie/Über- und Unterordnung, Körpersprache und Mimik etc.
zum Einsatz. Abschließend geben die jeweiligen Regisseur*innen ihrem Standbild einen Titel, der die Unterrichtsphilosophie ihrer Lehrerfigur beschreibt[206] (siehe Abbildung 33). Durch dieses ‚Coaching' werden die individuellen Rollen als ‚Lehrerpersön-
lichkeiten' weiter ausgearbeitet. Außerdem erhalten die Teilnehmer*innen einen ersten Eindruck von den anderen Rollen im Spiel. Im Nachhinein kann zusätzlich eine kurze
Rollenbiographie verfasst werden (als Hilfestellung kann z.b. Meyer 2007:19 dienen),
welche die Frage aufgreift, wie die jeweilige Figur ihre individuelle Unterrichtseinstel-
lung entwickelt hat und in welchem Bezug diese zu ihrer Lebensgeschichte steht.

---

205   Ich danke Hermann Veith und Maria Schmidt für diese hervorragende Methodik.
206   Beides konnte in den Perspektivgesprächen, die im Wintersemester 12/13 einige Wochen nach
       dem Seminar geführt wurden, wieder aufgegriffen werden. Hier bestand auch die Möglichkeit,
       noch einmal ein eigenes didaktisches Dreieck zu erstellen und die eigene Lehrphilosophie in
       Relation zu der im Rollenspiel verkörperten Figur zu setzen.

Beziehungsrechner (Schritt 3a) und Entwicklung einer Sozialstruktur (3b)

Elementar für dieses Rollenspiel ist es, nicht nur die einzelnen Figuren zu entwickeln, sondern diese in eine durch die individuellen Persönlichkeitseigenschaften und Biographien bedingte Sozialstruktur eines Kollegiums einzubetten. Dafür werden die Figuren nicht nur einfach in Interaktion miteinander geschickt; ihnen werden durch den Spielleiter bestimmte Möglichkeiten gegeben oder Restriktionen auferlegt, die sich aus ihren zuvor frei gewählten Persönlichkeitseigenschaften (Arbeitsblatt) ableiten lassen. Über ein ausgeklügeltes Rechensystem[207] (siehe Anhang B.2.1, OnlinePlus) werden (Anti-)Sozialpunkte für die einzelnen Figuren errechnet (sie erhalten dafür verschiedenfarbige Spielkärtchen). Je nach den Ausprägungen von Persönlichkeitseigenschaften wie Aufgeschlossenheit und Extraversion, Verträglichkeit, Neurotizismus etc. erhalten sie Spiel-Punkte, mit denen sie in der nächsten Interaktions-Phase (3b) Freundschaften eingehen, Konflikte etablieren oder sogar eine Liebesbeziehung oder eine Affäre[208] anfangen können.

Regeln für die Etablierung von Rollenbeziehungen

Wer eine grüne Karte (= Freundschaftsanfrage) bekommt, gibt eine zurück, sofern er eine hat, und freundet sich an. Wenn er keine Karte zurückgeben kann, ist es eine ungleiche Beziehung: Jemand gibt sich Mühe für ein gutes zwischenmenschliches Verhältnis, und die andere Person zeigt wenig Bemühung zurück. Wer eine rote Karte (= Aversion) bekommt, kann eine rote zurückgeben (dann hat man Streit), eine grüne zurückgeben (dann ist die Beziehung neutralisiert) oder die rote Karte einfach annehmen, ohne etwas zurückzugeben – Dann ist halt jemand sauer auf Dich, Du aber nicht zurück. Wer eine Affären-Karte (lila) bekommt, kann (sofern vorhanden) eine zurückgeben, dann läuft was...Wer jemandem eine lila Karte überreicht und keine Karte zurückerhält, hat wohl erfolglos jemanden angebaggert. Oha, sowas spricht sich rum, das ist unangenehm...

Abbildung 34: Simulation der Entstehung eines Sozialgefüges

Für die interaktive Entwicklung der Sozialstruktur kommt erneut die Methode der Soziometrie zum Einsatz. Sie wurde von Jacob Levy Moreno entwickelt, um existente Sozialstrukturen sichtbar zu machen – hier nun wird sie ‚anders herum' verwendet, um eine neue Struktur zu entwickeln. Die Teilnehmer*innen werden aufgefordert, sich in ihrer Rolle zu bestimmten Fragen im Raum zu positionieren (vgl. Beschreibung der ‚Aufstellung', Seite 166, sowie Soziometrie, Seite 170). Sie charakterisieren dabei die Lehrerpersönlichkeit ihrer Rolle, z.B. mit einer eher logotropen oder pädotropen Orientierung (‚Ich mag Schüler*innen/ Schüler*innen nerven mich' oder ‚Mein Fach ist

---

207   Das verwendete System ist logisch nachvollziehbar (‚Sozialpunkte', die es einem Spieler später ermöglichen, positive Beziehungen aufzubauen, errechnen sich beispielsweise aus den angegebenen Werten für Geselligkeit und Warmherzigkeit), aber alltagspsychologisch. Als Spielanlass hat es sich bewährt, aber es wird hier keine Gültigkeit der zugrunde gelegten – eher simplen – Zusammenhänge im echten Leben behauptet.

208   Dies dient der Katalyse des Spiels und bringt Dynamik, Emotion und überraschende Wendungen mit sich.

mir wichtig./Dem fachlichen Lernen messe ich wenig Bedeutung bei.'). Aber auch persönliche Vorlieben und Faktoren (Freizeitgestaltung, Familienstatus etc.) werden abgefragt. Bei jeder Aufstellung entdecken die Studierenden Spielpartner*innen, mit denen sie Gemeinsamkeiten oder Differenzen haben und die zum Austausch von o.g.
Kärtchen in Frage kommen. Sie bekommen dafür Spielregeln an die Hand (vgl. Abbildung 34).

Diese Simulation der Genese einer Sozialstruktur im Zeitraffer scheint simpel, ergibt
aber komplexe und – alltagspsychologisch und ‚erfahrungssoziologisch' betrachtet –
recht realistische Konstellationen und Bedingungen: Da entwickelt sich eine Freund-

schaft zwischen zwei an-
sonsten sehr verschiedenen
Kollegen, weil sie die Begeisterung für eine Sportart
verbindet oder sie Kinder in
einem ähnlichen Alter ha-
ben. Eine Lehrerin bemüht
sich um ein gutes Verhältnis
zu einer erfahrenen Fach-
kollegin, die aber distanziert darauf reagiert (keine
grüne Karte, da die Studen-

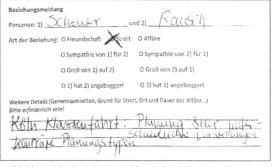

Abbildung 35: ‚Beziehungsmeldung' der Teilnehmer*innen an
den Spielleiter in der Vorbereitung des Rollenspiels

tin einen eher kühlen Charakter mit geringer Kontaktfreudigkeit entworfen hat) – das
verunsichert die jüngere Kollegin. Die Studierenden werden aufgefordert ihr Verhältnis
zu anderen Figuren gemeinsam auszuschmücken und auf dafür vorgesehenen Zetteln
(‚Beziehungsmeldung'; siehe Abbildung 35) dem Spielleiter mitzuteilen. Anschließend
wird die Sozialstruktur in einem Soziogramm visualisiert, wobei manche Beziehungen
transparent gemacht werden und andere nur den Betroffenen bekannt sind oder wenigen Eingeweihten mitgeteilt werden.[209] Nach diesen Schritten sind die einzelnen Figuren spielfähig ‚ausgewachsen' und in eine bespielbare Sozialstruktur eingebettet.
Für das eigentliche Großgruppenspiel fehlen nun noch ein Anlass und ein Thema.

---

209   Die Entscheidung darüber kann z.B. vom Spielleiter getroffen werden, von den Betroffenen
      oder durch ein Zufallsprinzip, z.B. durch Würfeln. Wenn die Zeit zur Verfügung steht, können
      in improvisierten Szenen entscheidende Momente der Vorgeschichte des Kollegiums konkre-
      tisiert werden (z.B. der ursprüngliche Konflikt zwischen zwei Lehrer*innen, die erste Begeg-
      nung zwischen zwei befreundeten Kolleg*innen etc.), um die Teilnehmer*innen ans Spiel mit-
      einander zu gewöhnen.

Schritt 4: Gruppenspiel (Fachkonferenz[210])

Die Teilnehmer*innen erhalten eine an ihre Rollen adressierte Einladung des Schulleiters zur Fachkonferenz des Faches Englisch (siehe Anhang B.2.1, OnlinePlus). Für diese Konferenz sind bestimmte Themen festgelegt, die reale schulorganisatorische Fragen aufgreifen (Auseinandersetzung mit Schulbüchern, Wahl des Vorsitzes etc.). Ziel ist jedoch nicht das Training für diese Situation oder die korrekte Simulation einer Fachkonferenz – die einzelnen Themen stellen Interaktionsanlässe dar. Die Teilnehmer*innen versuchen, in ihren Rollen ihre eigenen Anliegen und Bedürfnisse durchzusetzen und ihre Identitäten zu manifestieren. Der/die Spielleiter*in übernimmt zunächst den Vorsitz der Fachkonferenz, gibt ihn in einer späteren Wahl samt der Moderation an die gewählte Person ab (die Wahl eines neuen Vorsitzes ist ein weiterer Interaktionsanlass). Insgesamt dauert das Gruppenspiel ca. 90-120 Minuten, die durch die Tagesordnung der Konferenz strukturiert werden.

Schritt 5: Abschluss und Auswertung

Die Übung schließt mit einem *De-Roling* und einer ausführlichen Reflexionsrunde ab: Wie haben die Teilnehmer*innen den Prozess der Rollenentwicklung erlebt, wie erfolgreich ihre Anliegen umsetzen können?[211] Wie haben sie sich in ihren Rollen gefühlt? Können sie aus der Rollenerfahrung etwas über sich selbst lernen? Bei der Nachbesprechung muss die Möglichkeit bestehen, sich von der Rolle zu distanzieren, und der Fokus sollte auch im Fall einer tiefgreifenden Reflexion auf das Berufliche und Persönliche und nicht auf das Private gerichtet sein. Eine „grundlegende Betrachtung der Lebensgeschichte des Spielers oder der Genese []eines spezifischen Problems", so Weintz (Weintz 2008:301), gehöre nicht in das theaterpädagogische Aufgabengebiet (vgl. ebd.). Hier ist eine gute Moderation und Balancierung der möglichen Inhalte eines Reflexionsgespräches (Spielerleben, Methodik, Unterrichtsbezug, Spracheinsatz, biographisches Reflexionspotenzial und Entdeckung neuen Verhaltens) gefragt, um den Erkenntnisgewinn durch die Übung zu maximieren.

Hintergrund

Das Lehrer-Rollenspiel wurde ausgehend von einem Manko entwickelt, das bei den Stückentwicklungen am zweiten Tag des Seminartyps I ersichtlich wurde. Dabei durch-

---

210 Bei der ersten Durchführung wurde eine Gesamtkonferenz als Setting und Spielanlass gesetzt. Bei der zweiten Durchführung, bei der alle Teilnehmer*innen angehende Fremdsprachenlehrer*innen waren und Englischlehrer*innen als Figuren entwickelten, war der Spielanlass eine Fachkonferenz des Faches Englisch.

211 Die Teilnehmer*innen können in einer ersten Reflexionsphase auch direkt nach dem Ende der Konferenz noch ‚in Rolle' vom Spielleiter befragt werden, ob sie zufrieden mit dem Ergebnis der Konferenz sind und ob sie ihre Ziele erreicht haben.

liefen die Spielenden zwar intensive Gruppenprozesse (psychosoziale Erfahrungs-
ebene, sozialkommunikatives Lernen) und konnten die eigene Kreativität entdeckten
(Selbstbilder) –die dem Theater so oft zugesprochene Möglichkeit, sich mit anderen
Denkweisen, Fühl- und Lebenswelten auseinanderzusetzen (Rollenübernahme und
Perspektivwechsel), kam aber aufgrund der fehlenden Lebensweltnähe der Handlungen und der geringen Tiefe der Figuren wenig zum Tragen.[212] Eine Übertragbarkeit der
dabei in der Rolle gemachten Erfahrungen, die von der Vergleichbarkeit und Verein-
barkeit der beiden Realitätsebenen Spiel und Lebenswelt abhängt (vgl. Hoppe 1984:
324 ff.; in: Weintz 2008:304), war dabei nur in einem sehr geringem Ausmaß gegeben.
Mit der Nähe zur Lebens- und Erfahrungswelt und dem späteren Beruf der Studierenden sollte das Lehrerrollenspiel nun ein „Verschmelzen des Spieler-Ichs mit einem
fremden Nicht-Ich" ermöglichen (Weintz 2008:300). Dafür beinhalteten die geschilderten dramapädagogischen Übungssequenzen eine intensive Rollenarbeit, um eine Einfühlung in die Figuren zu ermöglichen. Zugleich bestand durch das klare Setting des
Spielens fremder Personen aber auch die Möglichkeit, sich von der Figur als fiktive
Rolle distanzieren zu können (vgl. ebd.). Wichtig festzuhalten ist zudem, dass die Rollenfindung und sämtliche Vorbereitungsschritte nicht nur Mittel zum Zweck sind: Die
Studierenden erhalten dabei zusätzlich einen Einblick in Techniken der Rollenfindung
und der Figureneinfühlung, die Impulse für ihre spätere Unterrichtsgestaltung (u.a. im
Bereich der Literaturarbeit) liefern können.

Der Grundgedanke, Figuren aus den Ideen der Studierenden heraus zu entwickeln,
baut auf Ruth Hubers (2004) Beschreibung eines anderen Theaterprojekts an der Universität auf. In Hubers Seminar entwickelten, spielten und reflektierten Studierende
„nicht ausgeschriebene[], nicht sozialisierte[] Rollenpersonen der inneren Bühne" (Huber 2004:52). Hubers Hypothese war es, dass – aufbauend auf der *possible selves the-*
ory[213] – beim Theater spontan und frei erfundene Figuren ihren Ursprung häufig im
Bereich des ‚möglichen Selbst' hätten. Dabei handelt es sich um aus Sicht des Subjekts
mögliche, aber bisher nicht realisierte Ausprägungen der eigenen Persönlichkeit, deren

---

212   Diese Eindimensionalität der Figuren begründet sich mit der kurzen Vorbereitungszeit, der Im-
       provisation (die häufig die Entstehung von weniger komplexen Figuren mit sich bringt) und
       dem Genre (Abenteuer-Stück für Kinder). Figuren wurden häufig durch eine besondere Fähig-
       keit auf eine Funktion in der Handlung zugeschnitten (z.B. das mathematisch begabte Kind, das
       Logikrätsel lösen kann und dadurch eine schwierige Aufgabe bewältigt), ohne eine charakter-
       liche Entwicklung durchzumachen.

213   Küster bringt die possible selves theory in Bezug auf den fremdsprachlichen Unterricht zum
       Einsatz und spricht von Vorstellungen darüber, „was/wie man werden könnte, was man wer-
       den möchte und wie man Angst hat zu werden" (übersetzt nach Dörnyei 2009:11; in: Küster
       2013:147). Diese Vorstellungen beeinflussen, so Küster, allgemein Lern- und Entwicklungspro-
       zesse (vgl. ebd.).

Bestandteile Abbildung 36 visualisiert. Das mögliche Selbst stellt dabei eine Intensivierung bzw. einen Ausbau von Eigenschaften dar, die eine Person bereits besitzt (Realselbst) und an sich selbst wertschätzt ('akzeptieren') oder ablehnt ('kritisieren'; vgl. ebd.). Die bereits vorhandenen Merkmale des Realselbst werden für das mögliche Selbst weitergedacht (vgl. Huber 2004:62 f.), sowohl in positiver, wünschenswerter Dimension (aufgesuchtes Idealselbst) als auch in negativer Ausprägung (gemiedenes, abgelehntes Selbst). Hubers Vermutung ist es, dass man sich insbesondere dem negativ bewerteten, gemiedenen Bereich des abgelehnten Selbst über ein Rollen-Spiel nähern kann und darüber möglicherweise zu einer Art innerer 'Aussöhnung' gelangt (vgl. ebd.).

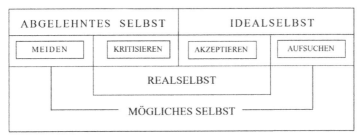

Abbildung 36: Selbstkonzept-Gitter bei Huber (2004:62)

Dementsprechend müsste ein dramatisches Spiel mit selbst erdachten Lehrerfiguren das Potenzial bieten, die „ganze[] Bühne von inneren Gestalten" (ebd.:52) sichtbar und reflektierbar zu machen und somit die Integration in eine „umfassende Gesamtpersönlichkeit" (ebd:53) als Lehrer*in voranzubringen. Gerade die Auseinandersetzung mit den eigenen 'Schattenseiten' müsste im Schutz der Rolle und im konsequenzarmen Handlungsraum Theater möglich sein (ebd.:60). Die Frage danach, was für ein*e Lehrer*in man *nicht* werden möchte – obwohl vielleicht insgeheim die Befürchtung vorhanden ist, über Anlagen dafür zu verfügen – scheint im Rahmen der Lehrerbildung interessant. Kann hier eine „Befreiungsarbeit am eigenen Ich" (Weintz 2008:301) stattfinden, die eine Art Integrationsprozess mit Blick auf die zukünftige Lehrerpersönlichkeit in Gang setzt?

Das Lehrer-Kollegiums-Rollenspiel wurde mit der Absicht entworfen, die Studierenden eigene 'mögliche Lehrerfiguren' spielen oder sie in die Rolle von Erinnerungs-Figuren schlüpfen zu lassen, die sich dem Bereich 'Meiden' (So will ich auf keinen Fall werden!) oder 'Aufsuchen' (Das wäre mein Ideal!) zuordnen lassen. Sie sind aufgefordert, im Schutz der Rolle neue und fremde Verhaltensweisen als Lehrer*in auszuprobieren, um durch die Rollenübernahme Erfahrungen mit sich selbst zu machen, sowie weitere Erkenntnisse über andere (in die man sich einfühlt) und soziale Prozesse (die sich ereignen) zu ermöglichen.[214] Bei dieser Form des Rollenspiels findet sich die eigene Person nicht nur als sozialer Akteur ,hinter' der Rolle, sondern fließt mit eigenen biographischen oder idealen Anteilen in die Rolle ein – ein Zusammenhang, den Jürgen Weintz als generell beim Theater gegeben sieht: Rollenübernahme und Selbsterfahrung seien allgemein verknüpft, da die Spielenden sich für eine glaubwürdige Darstellung intensiv identifizieren und einfühlen müssten, wobei sie nach Parallelen bei sich selbst suchen (vgl. Weintz 2008:301). Hierbei entsteht, so Weintz, eine Auseinandersetzung mit oder sogar ein Ausleben von ungewohnten oder verdrängten Gefühlen, Vorstellungen und „ungelebte[n] Verhaltensweisen" (ebd.:300), die in der Reflexion wiederum auch das eigene Selbstbild beeinflussen können (vgl. ebd.). Inwiefern bei diesem Lehrer-Rollenspiel tatsächliche eine Art ,Aussöhnung' der Teilnehmer*innen mit gemiedenen Teilen der eigenen Persönlichkeit stattgefunden hat oder eine Richtung für die eigene Weiterentwicklung auf den Lehrerberuf hin entdeckt wurde, muss die Evaluation zeigen.[215]

Playback Theater

In einer Variante des Seminartyps II wurde der zweite Tag des Blockseminars im Sommersemester 2013 auf das Spiel mit Methoden des Playback-Theaters ausgerichtet. *Playback* ist eine Form des Erzähltheaters, das Geschichten aus dem Publikum aufgreift und im Rahmen fester Strukturen (z.B. ritualisiertes Interview sowie ein hochstrukturierter Rahmen; vgl. Fox 1996) und anhand bestimmter Spielformen transformiert und verdichtet (vgl. auch die Beschreibung auf Seite 84 ff. dieser Arbeit).[216] Für meine Arbeit mit Studierenden habe ich die Methoden des Playback Theaters v.a. eingesetzt, um Improvisationstheater auf der Basis von geteilten Geschichten zu gestalten. Dies ist auch ohne ein Publikum möglich, indem Mitglieder der Gruppe abwechselnd die Erzählfunktion übernehmen. Studierende nehmen dabei die Rolle der Schauspieler*innen ein. Zum Playback Theater gehört zudem ein Leiter (*conductor*), die/der mit dem Publikum interagiert, den Ablauf moderiert und die Geschichte vom *story teller* an die Schauspielenden[217] weitergibt (*Let's watch!*), sowie Musiker*innen, die die Szenen einrahmen, untermalen und atmosphärisch ergänzen.

---

214 Diese Ebenen des Lernens beim Theater formuliert auch Scheller (vgl. Bidlo 2006:94).
215 Auf Seite 234 ff. wird speziell das Feedback der Studierenden zu dieser Übung ausgewertet.
216 Für eine genauere Beschreibung siehe z.B. Fox und Dauber (1999), Fox (1996) oder Feldhendler (2007; 2009).
217 Einer der Darstellenden wird vom Erzähler ausgesucht, ihn/sie selbst zu repräsentieren (Teller's Actor).

Durchführung

Der Einstieg ins Playback Theater erfordert eine gründliche Vorbereitung und ein Training der Teilnehmer*innen in den speziellen Abläufen, Aufgabenbereichen[218] und Spielformen, die von kleinen Standbildern und fluiden Skulpturen bis hin zu szenischen Darstellungen reichen.[219] Es muss geübt werden, den Kern einer Geschichte, also die „Essenz der Erzählung" (Feldhendler (2003:225) wahrzunehmen und darzustellen. Aufgabe der Darsteller*innen ist es, aus dem „erspürte[n] Sinn [...] [die] Bedeutung des Erzählers" (Fox und Dauber 1999:26) zu erfassen. Dafür müssen die Darsteller*innen eingespielt sein und ein dramaturgisches Gespür entwickeln, denn häufig muss ohne Absprache an den richtigen Stellen akzentuiert oder gerafft werden. Dabei ist es erforderlich, spontan auf die Mitspielenden einzugehen. An diesem zweiten Tag des Blockseminars (Typ II, Variante *Playback*) lernten die Studierenden schrittweise Elemente und Ziele des Playback Theaters kennen (Raumgestaltung, Musik, Interviewverhalten des *conductors*) und erprobten spielerisch verschiedene Darstellungsformen. Es wurde – ähnlich wie es auch im dramapädagogischen Prozess dargelegt ist – mit nichtnarrativen Kurzformen begonnen (z.B. Skulpturen). Diese Formen weisen einen stärkeren Gruppencharakter auf (nonverbale und gemeinsame Aktion, z.B. als Chorus). Es erfolgte eine Progression der Inhalte (hin zu zunehmend komplexeren Geschichten) und Darstellungsformen (Einsatz narrativer Formen wie das ‚V' hin zum *Enactment* ganzer Geschichten). Grundlage aller Spielprozesse waren immer wieder die – häufig aneinander anknüpfenden – eigenen Geschichten der Studierenden.[220]

---

218 Im beschriebenen Seminar wurden die Rollen des Leiters sowie das Musizieren von den beiden Seminarleitern übernommen, um den Studierenden die Konzentration auf das improvisierende Spielen zu ermöglichen; ein ‚Anlernen' der Studierenden in die Rolle des conductors war geplant und ist sinnvoll (da so Funktionen und Aufgaben, die denen von Lehrer*innen im Klassenraum ähneln, probeweise übernommen und trainiert werden können). Dies war aufgrund der knappen Zeit nicht möglich.

219 Für eine überblicksartige Darstellung siehe Anhang B.2.3, OnlinePlus.

220 Im Kontext eines dramapädagogischen Selbstkompetenzseminars war es das ursprüngliche Ziel, die Geschichten thematisch auf Schule, Lehrer und Lernerfahrungen auszurichten. Geplant war ebenfalls eine kleine abschließende Aufführung, bei der die Rollen (conductor, actors, musicians, narrator) zwischen den Seminarteilnehmenden aufgeteilt und gewechselt werden sollten. Bei der ersten Erprobung des Formates im Sommersemester 2013 konnte erstes Ziel begrenzt, letzteres gar nicht umgesetzt werden: Es gab eine längere Einübungsphase der Erzähl- und Darstellungsformen, während derer die Studierenden bereits eigene Geschichten einbrachten. Danach entstand, ausgehend von den Teilnehmer*innen, eine ausführlichere Diskussion über die Theaterform des Playback Theaters. Grund hierfür war ein Widerstand, die die Studierenden zu der von ihnen als esoterisch empfundenen Theaterform aufzubauen begonnen hatten; es fiel ihnen schwer, die ‚Essenz' einer Geschichte zum Ausdruck zu bringen, ohne in Klischees oder übertriebenen Emotionsausdruck zu verfallen. Diese Reaktion muss ich als Kursleiter mir zuschreiben, dessen eigene Erfahrungen mit dieser Theaterform und Qualifi-

Hintergrund

Die Schlichtheit des Playback Theaters, wie Fox es beschreibt, ermöglicht einen guten Einstieg in die improvisierende Arbeit mit Theateranfänger*innen und lässt sich auch ohne Bühne und Equipment umsetzen. Auch der Aspekt der kollektiven Kreativität, der bereits bei der gemeinsamen Stückentwicklung (Blockseminare Typ I) betont wurde, kommt hier wieder zum Einsatz, da die Szenen beim Playback Theater nur in Zusammenarbeit und mit viel Gespür für die Erzähler*innen und die Mitspieler*innen gelingen können. Für die Arbeit an der Selbstkompetenz der Teilnehmer*innen präsentiert sich diese Theaterform als besonders geeignet (vgl. auch 84 ff. dieser Arbeit), da mit eigenen Geschichten gearbeitet wird. Daniel Feldhendler setzt Playback Theater erfolgreich in Seminaren an der Universität ein – als innovative Methode für das Lernen und Lehren von Fremdsprachen, aber speziell auch als Methode zur Verbesserung der Reflexionsfähigkeit und Selbstwahrnehmung (vgl. Feldhendler 2007:50). Mein Grundgedanke war es daher, in diesem Seminar eigene Schul- und Lernerfahrungen sowie weitere berufsbiographisch relevante Erlebnisse der Teilnehmer*innen zum Ausgangspunkt des dramatischen Spiels zu machen. Den von Fox formulierten Gedanken einer durch Playback Theater ermöglichten Form der Katharsis, die „Heilung" bewirken soll (Fox 1996:62)[221], lehnte ich damals ab. Letztlich muss festgehalten werden, dass es sich

kationen zum Zeitpunkt des Seminars noch nicht für eine kompetente Einführung und Anleitung in das Playback Theater ausreichten (vgl. auch Fußnote 221). In dieser konkreten Seminarsituation änderte ich den Plan. Nach der ausführlichen Diskussion wurden Ausschnitte einer Aufführung des Hudson River Playbacktheaters und weiterer Gruppen angeschaut, verglichen und ihr Potenzial für schulische Lernprozesse diskutiert. Bei einer Feedbackrunde am Morgen des dritten Tages wurden die Spielformen des Playback Theaters und das Teilen eigener Geschichten trotz des zwischenzeitlichen ‚Widerstandes' von mehreren Teilnehmer*innen abschließend als gute Erfahrung bewertet.

221   Der Begriff der ‚Heilung' hat mich persönlich am Playback Theater lange abgeschreckt, zumal etliche der im Internet anzuschauenden Playbacktheater-Aufführungen eine geringe theaterästhetische Qualität, dafür aber eine esoterische oder spirituelle Aura zeigen (vielleicht eine Hommage an die schamanischen Wurzeln des Rituellen, die auf mich selbst aber immer befremdlich gewirkt hat). Vermutlich hat diese innere Distanz bei mir als Seminarleiter auch dazu geführt, dass der erste Versuch einer Arbeit mit den Methoden des Playback in meinem eigenen Seminar weniger erfolgreich verlief. Ich muss diese Haltung inzwischen revidieren und bin Charlette Auque-Dauber und Wiebke Lange zutiefst dankbar für die Möglichkeit zur Teilnahme an einem einführenden Playback Theater Seminar in Immenhausen: Die wohltuende Wirkung des gemeinsamen Erzählens und Spielens, die auf mich dort tatsächlich eine Art befreiende – wenn nicht sogar heilende – Wirkung gehabt hat, wird mir nachhaltig in Erinnerung bleiben. Ich denke, das Playback Theater entwickelt seine Qualitäten im Beteiligt-Sein (und ist weniger geeignet, von unbeteiligten, kritischen Zuschauer*innen auf Video betrachtet zu werden). Die vergrößerte Form, mit der Emotionen zum Ausdruck gebracht werden (beispielsweise in Fluids), wirkt ansonsten schnell überzeichnet und übertrieben positiv, während ich sie als Spielender – aber auch als Erzähler, der seine Geschichte zurückgeschenkt oder seine Emotion ge-

bei meiner Veranstaltung nicht um ein wirkliches Playback Theater Seminar handelte: Verschiedene dramatischer Formen, die z.T. aus dem Playback Theater entliehen waren, kamen zum Einsatz, um Prozesse der biographischen Bewusstmachung und Sensibilisierung für sich selbst und andere sowie den Austausch von individuellen Vorstellungen und Geschichten mit Bezug auf das Lehrersein und den Fremdsprachenunterricht anzustoßen.

5.5 Seminartyp III: Regiekurs

Der Regiekurs zur Ausbildung von Nachwuchsregisseur*innen am Theater im OP in Göttingen findet über einen Zeitraum von vierzehn Tagen statt und endet in einer Werkschau, für welche die Nachwuchsregisseur*innen eine Szene mit Laienschauspieler*innen inszenieren. Diese dramapädagogischen Seminare beginnen ebenfalls mit einem dreitägigen Blockseminar (Typ III), in dem die Teilnehmer*innen die Arbeit mit Körper, Ausdruck, Text und Raum erleben und reflektieren, bevor sich die Inszenierungsarbeit der Studierenden an selbst gewählten oder sogar selbst verfassten Szenen gewissermaßen als Praxisprojekt direkt anschließt. Im Vergleich zu den Seminaren des Typs I und II stehen bei diesem dritten Seminartyp dramapädagogischer Arbeit sehr viel stärker die Aspekte Theaterästhetik, Projektplanung und Gruppenleitung im Vordergrund. Der Aspekt des fremdsprachlichen Lernens findet hingegen so gut wie keine Berücksichtigung, und auch die Auseinandersetzung mit dem Berufsfeld Schule findet reduziert statt.

Art der Veranstaltung	Titel	Semester
Blockseminar (14 Tage)	Selbstsicher auftreten - Gruppen leiten - Regie führen: Einführung in die Theaterpraxis/ Regieworkshop für Lehramtsstudierende (Haack/ Lautenbach)	SoSe 2011
Blockseminar (14 Tage)	Regiekurs + Gruppen und Projekte leiten (Haack/ Lautenbach)	SoSe 13

*Tabelle 9: Einsatz von dramapädagogischen Methoden in der Ausbildung von Laienregisseur*innen*

---

spiegelt bekommt – als erheiternd, rührend, vielschichtig, ermutigend, klärend oder sogar ‚reinigend' wahrgenommen habe. Zweitens ist mein Eindruck aus Gesprächen mit erfahrenen Playback-Spieler*innen, dass natürlich auch das Playback Theater eine Entwicklung durchgemacht hat. Unter anderem auch unter Einflüssen aus dem Darstellenden Spiel oder durch die Beteiligung von Leiter*innen und Spieler*innen aus anderen künstlerischen Feldern hat sich vierlerorts ein kritischerer Blick auf die ästhetische Form und Qualität der Darstellungen herausgebildet.

5.5.1 Rahmenbedingungen des Regiekurses

Das studentische Theater im OP der Universität Göttingen ist ein Laientheater, das im Rahmen von praxisorientierten Kursen (z.b. Einführungen in Maske, Theaterbeleuchtung, Schauspieldramaturgie, Szenisches Schreiben, Bühnensprechen u.v.m.) und semiprofessionellen Stück-inszenierungen Studierenden die Möglichkeit bietet, die Arbeit in einem professionell ausgestatteten Theater (Arena-Bühne, Beleuchtung, Kostümfundus, Maske) kennenzulernen und daran mitzuwirken. Insbesondere das Interesse, in einem der 12 Stücke im Jahr mitzuspielen, ist in der Studierendenschaft immer besonders hoch. Das Mitwirken am ThOP ist in Form von Credits im Bereich der Schlüsselqualifikationen des Bachelorstudiums anrechenbar und es wird ein Zertifikatsprogramm ‚Berufsprofil Theaterpraxis' angeboten.

Am ThOP gibt es einige praxiserfahrene Regieführende, die in der Regel pro Jahr jeweils ein Stück inszenieren. Im Bereich Regie soll zudem Nachwuchsförderung betrieben werden und zugleich ‚Qualitätssicherung' stattfinden, indem Studierende mit der Ambition, einmal ein Stück zu inszenieren, an das Handwerk herangeführt werden. Das passiert einerseits *hands-on*, indem Studierende das Theater und seine Abläufe als Mitwirkende in einem oder mehreren Stücken kennenlernen (als Schauspieler*in, Regieassistent*in oder im Bereich der weiteren künstlerischen oder technischen Aufgaben). Mit dem hier zu schildernden Format wurde der Regiekurs als Vorbereitung auf die Aufgabe einer Stückinszenierung neu konzipiert[222] und (re-)etabliert.

5.5.2 ‚Den Regiekoffer packen'

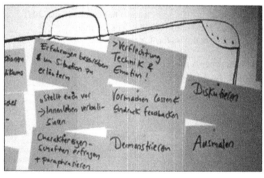

Abbildung 37: ‚Regiekoffer' als Sammlung der beobachteten Verhaltensweisen von Regisseur*innen – das Repertoire ähnelt dem von Lehrer*innen.

Einige der Teilnehmer*innen begeben sich im Regiekurs zum ersten Mal selbst auf die Bühne. Um das Handwerk des Regieführens begreifen zu können, sollen sie Schauspieltechniken, theatertheoretische Grundkenntnisse, Inszenierungsformen und Grundlagen der Gruppenleitung handlungspraktisch erfahren. Viele Elemente der Seminartypen I und II sind daher auch hier

---

222   Das Konzept habe ich im Sommersemester 2011 zusammen mit dem professionellen Schauspieler und Regisseur Götz Lautenbach erstellt und in die Praxis umgesetzt.

enthalten (dramapädagogischer Prozess, Gruppenfindungsspiele, Reflexion der Bedeutung von Atmosphäre und Arbeitsklima etc.); der erste Tag entspricht im Wesentlichen
der bereits geschilderten grundlegenden Konzeption (siehe Kapitel 5.2) und wird ergänzt um eine Führung durch das Theater im OP und eine Einführung in die Arbeitsbe-
reiche eines semiprofessionellen Theaters. Für den Lernprozess der kommenden Tage
wird der ,Regiekoffer' eingeführt: An einer Pinnwand sollen nach und nach Verhaltensweisen, Führungsstile und Aufgaben gesammelt werden, die Regisseur*innen zur Verfügung stehen oder die in ihren Verantwortungsbereich fallen. Als Beobachtungsob-
jekte dienen die beiden Dozierenden, denen die ,Regie' des Blockseminars zufällt. Sie
strukturieren drei Tage lang alle Prozesse, leiten Übungen an und inszenieren erste
Szenen mit den Studierenden. Diese sollen – als Teilnehmer*innen dieser Prozesse und
als Beobachtende – sensibilisiert werden für die ,Stellschrauben' der Theaterarbeit mit
Laiengruppen, die neben der künstlerischen Vision viele pädagogische Basiskompetenzen sowie gründliche Organisation und Absprachen erfordert. Hierbei wird eine große
Ähnlichkeit der Tätigkeiten von Regisseur*innen und Lehrer*innen sichtbar (vgl. auch
Heymann 2009): Prozesse müssen angeregt und begleitet, Vorwissen aufgegriffen und
Ideen stimuliert werden. Der berühmte Theaterregisseur Jürgen Gosch beschreibt zwei
der Voraussetzungen für eine interessante Inszenierung: das Interesse an den Menschen, welche die Rollen spielen, sowie die ,Welthaltigkeit' der Inhalte (vgl. Gosch
2006:23). Diese Regiephilosophie weist starke Parallelen mit den didaktisch-pädagogi-
schen Prinzipien von Lernerorientierung, Beziehungsgestaltung und Lebensweltbezug
im Klassenraum auf. Andererseits liegt – im Gegensatz zu Lehrer*innen – der Blick von
Regisseur*innen häufig stärker auf dem ästhetischen Ergebnis als auf den Lern- und
Erfahrungsprozessen von Schauspieler*innen und Publikum. Je nach Ansatz kann dies
jedoch stark variieren, z.B. zwischen dem naturalistischen einerseits und dem epischen
Theater und Lehrstücken andererseits, oder dem klassischen ,Vorspieltheater' und
dem Forumtheater mit „Zu-Schauspielern" (*spect-actors*; Boal 1999:47). Die Metapher
von Lehrer*innen als Regisseur*innen von Lernprozessen – bzw. anders herum auch
Regieführenden als Gestalter*innen von Lernprozessen, die ähnlich wie Lehrer*innen
ein breites Rollenspektrum von Wissensquelle bis Prozessbegleiter*in abdecken müssen – lässt sich vor diesem Hintergrund vielfach konkretisieren.
Durch Erzählungen, Texte, Filmausschnitte, Übungen und praktische Selbsterfahrung
werden im Regiekurs unterschiedliche Vorstellungen davon, was Theater ist und sein
kann und was es bedeutet, Regie zu führen, veranschaulicht und zur Diskussion gestellt. Übergeordnetes Ziel ist es, den Teilnehmer*innen des Seminars zwei wesentliche Erkenntnisse zu ermöglichen: dass erstens die Basis von Theater Einsatz, Interesse
und gelingende Kommunikation sind, wobei jede Idee und jeder Fehler eine Chance
darstellen (erneut in Anlehnung an die Philosophie Jürgen Goschs: „Nur dann, wenn

unentwegt investiert wird mit Wissen und mit Schamlosigkeit und der Bereitschaft, sich zu irren, gibt es die Hoffnung einer Auszahlung"; in: Gosch 2009); und zweitens, dass es die Aufgabe von Regisseur*innen ist, die Schauspieler*innen in die Lage zu versetzen, zu spielen (vgl. Spolin 1983:319 ff.). Für die Teilnehmer*innen des Seminars soll diese ‚Befähigung zum Spielen' erlebbar werden, wofür bereits im Blockseminar zu Beginn nicht nur Schauspielübungen durchgeführt (u.a. zur Raumdarstellung, Figurenentwicklung, Improvisationen), sondern auch kurze Szenen bearbeitet werden. Die Studierenden selbst inszenieren diese zunächst ausgehend von verschiedenen literarischen Vorlagen; ihre Ergebnisse werden von einem professionellen Regisseur aufgegriffen und weiter bearbeitet, so dass sie selbst als Spielende erleben, wie sich die Arbeit ‚in den Händen eines Profis' anfühlt. Diese Erfahrungen und die Reflexion darüber dienen als Anregung dafür, einen eigenen erfolgreichen Regiestil in der anschließenden praktischen Arbeit zu entwickeln.

Der Regiekurs war nicht Teil der direkten Evaluation für diese Dissertation (es wurden keine ausführlichen Befragungen direkt nach den Seminaren durchgeführt), zumal nur wenige der Teilnehmer*innen Lehramtsstudierende waren. In die Langzeitbefragung fließen jedoch Rückmeldungen dieser Teilnehmer*innen ein, weshalb das Kurskonzept hier überblicksartig vorgestellt worden ist. Gleiches gilt für die im Folgenden kurz skizzierten dramapädagogischen Praxisprojekte, an denen viele Studierende im Anschluss an die Blockseminare teilnahmen.

5.6 Dramapädagogische Praxis im Anschluss an die Blockseminare

Dramapädagogische Praxisprojekte (vgl. Tabelle 5 und Tabelle 6) boten Studierenden in den fünf Jahren dieser Studie immer wieder die Möglichkeit, die Wirksamkeit dramapädagogischer Methoden bei der Arbeit mit Fremdsprachenlerner*innen zu erleben. Sie konnten beispielsweise beobachten, welche Effekte eine gemeinsame Stückinszenierung für den Fremdsprachenerwerb von Schüler*innen, ihre Motivation und ihr Selbstvertrauen hat. Die Studierenden der Seminartypen I und II machten als Mitglieder eines Teams bei englischen Kinder- und Jugendtheaterwochen und Feriencamps erste Schritte in der selbständigen Anleitung dramapädagogischer Übungen; sie unterstützten Schüler*innen beim Lernen von Texten und dem Training der Aussprache, beim Basteln von Kostümen und Requisiten, und sie inszenierten eigene Szenen. Dabei erfuhren sie Unterstützung durch erfahrene Dramapädagog*innen, erhielten Feedback zu ihrer Arbeit mit den Kindern und reflektierten erfolgreiche und weniger gelungene Einheiten gemeinsam im Team. Diese Art von Praxiserfahrung lieferte somit zugleich Einblicke in die gelingende Gestaltung von handlungs- und produktionsorientierten fremdsprachlichen Lernprozessen als auch Möglichkeiten, sich selbst darin auszuprobieren. Für die Entwicklung von Selbstkompetenz (u.a. in Bereichen wie Gründlichkeit, Zeitmanagement und dem Umgang mit Stress und Erwartungsdruck, aber auch zur Auseinandersetzung mit Fragen nach der eigenen Unterrichtsphilosophie und präferierten Lehrerrollen) boten sich hier diverse praktische Anlässe. Zusätzlich lieferte die intensive Zusammenarbeit im Team unausweichlich Anlässe zur Überprüfung und auch Verbesserung des eigenen sozial-kommunikativen Verhaltens – was sich nicht nur in gelungener Teamarbeit, sondern auch und gerade in der erfolgreichen Bearbeitung von Konflikten zeigte.

Die theaterpraktische Arbeit beim Regiekurs (Seminartyp III) gestaltete sich anders als die Mitarbeit an einem Kinder-oder Jugendtheaterprojekt als Betreuer*in. Nach dem Blockseminar zur Einführung arbeiteten die Teilnehmer*innen des Regiekurses 10 Tage lang selbständig an ihren Regieprojekten und wurden dabei von den Dozierenden begleitet und unterstützt. Als Schauspieler*innen wurden weitere Studierende und Mitwirkende des ThOP angeworben, und die Regisseur*innen spielten gegenseitig in ihren Projekten mit. Zum Abschluss des Kurses fand jeweils eine Aufführung vor Publikum statt[223] – im Prinzip eine Parallele zu der Aufführung am Ende der Kinder- und Jugendtheaterwochen. Die Rollen der Studierenden in den verschiedenen Praxisprojekten unterschieden sich jedoch insofern, als die Arbeit beim Kindertheater in stärkerem Maß prozessorientiert war. Aus Sicht der Kinder stellte die Aufführung natürlich das ultimative Ziel dar; aus Sicht der Betreuer*innen beim Kindertheater war die Aufführung wichtig, aber die Motivationssteigerung zum Lernen der Fremdsprache durch Kreativität und Ganzheitlichkeit, Gruppendynamik und Aufführungsfreude war letztlich bedeutsamer als die theaterästhetische Qualität des Stückes. Die Arbeit der Jungregisseur*innen mit den Laienschauspieler*innen im Regiekurs hingegen war zwar einerseits auch pädagogischer Art (denn das ist die Grundbedingung der erfolgreichen Inszenierung bühnenunerfahrener Darsteller*innen), sie verfolgte andererseits aber nicht primär ein Lernziel, sondern hatte ein Produkt im Auge. An dieses stellten die Regieführenden gesteigerte ästhetische Ansprüche und trugen zugleich eine erhöhte Verantwortlichkeit daran: Während die Studierenden beim Kindertheater eher Lernbegleiter*innen waren, die – in unterschiedlichem Ausmaß und Graden von Eigeninitiative und Selbstständigkeit– erfahrene Dramapädagog*innen bei der Inszenierungsarbeit unterstützten, traten die Dozierenden beim Regiekurs nur als Prozessbegleiter der

---

223 Um die abschließende Aufführungssituation als Teil des Theaterprozesses erlebbar zu machen, zugleich aber auch die Ausbildungssituation zu berücksichtigen, fand die Werkschau nur selektiv öffentlich statt: Lediglich Mitarbeiter*innen des ThOP sowie explizit von den Teilnehmenden eingeladene Personen waren als Publikum zugelassen. Sie verpflichteten sich als ‚wohlwollende Kritiker*innen' nach der Aufführung an einer Feedbackrunde bzw. Publikumsdiskussion zu den Inszenierungen teilzunehmen.

regieführenden Studierenden auf und leisteten Hilfestellung, während die Studierenden selbst die Entscheidungen trafen.[224]

Auch die dramapädagogischen Praxiserfahrungen werden im Rahmen dieser Dissertation nicht weiter ausführlich beleuchtet, da der Fokus der Evaluation auf den einführenden Seminaren liegt. Die dramapädagogischen Praxisprojekte sind jedoch als Faktoren der langfristigen Selbstkompetenzentwicklung der Studierenden in der Langzeitbefragung präsent, weshalb das grundlegende Tätigkeitsfeld hier erläutert wurde. Die
Abbildung 38 fasst die wesentlichen konzeptionellen Punkte der drei Blockseminarty-
pen noch einmal zusammen und visualisiert zugleich das Forschungsdesign, auf das im
folgenden Kapitel eingegangen wird.

---

224   In meiner Arbeit mit Studierenden im Rahmen von Kindertheaterstücken an der Volkshoch-
      schule war ich stets um Gleichberechtigung und flache Hierarchien bemüht. Ich versuchte, Ver-
      antwortung abzugeben und die Studierenden zu Initiative und Eigenständigkeit zu ermutigen.
      Die Erfahrung zeigt, dass viele jedoch in diesem – für sie häufig neuen – Erfahrungsfeld gerne
      zuarbeitende Funktionen bevorzugten. Obwohl ich das Prinzip des Tagesteamers einführte (an
      jedem Wochentag war ein*e andere*r Betreuer*in dafür verantwortlich, den Kindern den Ta-
      gesplan zu präsentieren und Aktivitäten zu koordinieren) erlebte ich häufig, dass ich dennoch
      ständig gefordert war, Entscheidungen zu treffen und den Überblick zu behalten. Meinen An-
      spruch, möglichst viele Entscheidungen an die Studierenden abzugeben, habe ich daher mit
      der Zeit heruntergefahren. Oft schien das Übernehmen einer konkreten Aktivität oder eines
      Teilbereichs (z.B. das Anleiten einer Theaterübung mit 15 Kindern, die Verantwortung für den
      Bastelraum o.ä.) eine befriedigendere – und ausreichend herausfordernde – Erfahrung für die
      Studierenden darzustellen, die rückmeldeten, dass auch das Beobachten erfahrener Dramapä-
      dagog*innen im Umgang mit den Kindern für sie wichtig gewesen sei.

6. Empirische Evaluation der Seminare

Die Abbildung 38 zeigt eine Übersicht der Seminartypen und der eingesetzten Methoden zur Datenerhebung. Die Seminare des Typs I können dabei gewissermaßen als ‚Vorstudie' gesehen werden, aus deren Erkenntnissen (größtenteils quantitative Daten sowie die Beobachtungen als Kursleiter und die Auswertung von Reflexionsrunden und Gesprächen mit Teilnehmer*innen) sich die verstärkte inhaltliche Ausrichtung an Selbstkompetenz (Seminare Typ II) und die Erforschung der Wirksamkeit dramapädagogischer Seminare für ihre Entwicklung erst herausgebildet haben. Die erste Veranstaltung, die als dramapädagogisches Selbstkompetenzseminar konzipiert und durchgeführt wurde und bei welcher auch die Datenerhebung auf das Konstrukt der Selbstkompetenz ausgelegt war, fand im Sommersemester 2012 statt. Vor der Darstellung und Interpretation der gewonnen Daten müssen eine Klärung des Forschungsverständnisses und -ansatzes in dieser Arbeit erfolgen und die Forschungsinstrumente erläutert werden.

6.1 Forschungsdesign und Datenauswertung

Im Rahmen der von mir konzipierten, geplanten und durchgeführten dramapädagogischen Lehrveranstaltungen habe ich angewandte Forschung, auch praxeologische oder „praxisbezogene Forschung" (Lüders 2006:36), mit dem Ziel der Evaluation der Veranstaltung betrieben (Evaluationsforschung). Evaluation bezeichnet dabei das „datenbasierte Fällen von Qualitäts- und Erfolgsurteilen" (Kromrey 2008:113). Es wird untersucht, in welchem Ausmaß die Seminare Entwicklungsprozesse bezüglich der Selbstkompetenz der werdenden Fremdsprachenlehrer*innen anstoßen konnten. Diese Forschung ist anwendungsbezogen oder ‚verwertungsorientiert' (vgl. Lüders 2006:37), weil sie meine Seminarpraxis verbessert hat und letztlich auch diese Art von Seminar in der Lehrerbildung legitimieren kann. Zugleich soll ein tieferes Verständnis des Forschungsgegenstandes, der Selbstkompetenzentwicklungsprozesse werdender Lehrer*innen im Rahmen bestimmter Seminarformate, erlangt werden. Die Stichprobe der dafür untersuchten ‚Versuchspersonen', also der Seminar- und Untersuchungsteilnehmer*innen, ist nicht repräsentativ, aber heterogen (Teilnehmer*innen unterschiedlicher Studienabschnitte sowie Erst- und Zweitfächer, starke Variation der Vorerfahrung mit Theater und pädagogischer Praxis).

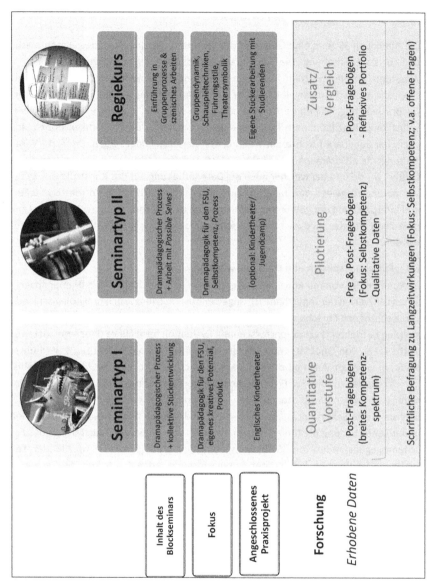

Abbildung 38: Drei Typen dramapädagogischer Blockseminare in der Lehrerbildung und das Forschungsdesign zu ihrer Untersuchung.

Zur Datenerhebung wurden einerseits *face-to-face* Gruppeninterviews[225] geführt und Prozessdokumentationen angefertigt (Videoaufnahmen, Beobachtungsprotokolle). Weiteres Forschungsinstrument waren *paper-pencil* Fragebögen mit standardisierten und offenen Fragen, die im Rahmen einer Klassenzimmer-Befragung[226] (Scholl 2009: 30) zum Einsatz kamen. Die standardisierten Fragen erfassen ausgehend von meiner Theoriebildung (deduktive Vorgehensweise) bestimmte Haltungen und Persönlichkeits-Selbsteinschätzungen der Studierenden vor und nach den Seminaren sowie Selbsteinschätzungen ihres Erlebens und Verhaltens während des Seminars. Offen wurde nach individuellen Beschreibungen komplexer Prozesse der eigenen Entwicklung von Selbstkompetenz gefragt, die mit eher induktiver Logik ausgewertet werden können (vgl. ebd.:26). Ein Ziel meiner Forschung ist es dabei, die Erkenntnis- und Entwicklungsprozesse der Studierenden in ihrer Tiefenstruktur nachzuzeichnen, wofür es notwendig ist, auch „reichhaltige und tiefe Daten" (*rich data*; übersetzt nach Lutzker 2007:91) zu erheben.

Zur Untersuchung von Langzeiteffekte wurde schließlich mit zeitlichem Abstand eine elektronische Befragung möglichst vieler Teilnehmer*innen durchgeführt (‚www-Befragung'); Gründe für die forschungsmethodische Entscheidung sowie das Design des Fragebogens werden später in dieser Arbeit genauer dargelegt (siehe Kapitel 7.2).

Quantitative und qualitative Methoden wurden insgesamt im Rahmen meiner Forschung pragmatisch-technisch kombiniert, wobei das gesamte Forschungsprojekt eher als qualitative Sozialforschung gesehen werden kann, da am Ende keine gültigen Aussagen über Häufigkeitsverteilungen getroffen werden können, sondern Strukturen individueller Fälle beschrieben werden, die möglicherweise auf andere Fälle übertragbar sind (vgl. ebd.:27).

Meine Forschung weist inhaltlich Parallelen mit den Dissertationen von Manfred Schewe (1993) und Peter Lutzker (2007) auf.[227] Beide betreiben Praktikerforschung

---

225 Reflexions- oder Feedbackrunden nach Übungen werden als Gruppeninterviews behandelt, da „nach einem offenen Konzept [...] Fragen in einer Gruppensituation beantworte[t werden]" (Atteslander 2003:155).

226 Diese „Hybridform aus schriftlicher und mündlicher Befragung" (ebd.), bei welcher der Forscher die Fragebögen persönlich ausgibt, erläutert und die Teilnehmer*innen motiviert, während diese den Bogen ausfüllen („Selbstausfüller-Befragung"; ebd.:49; im Original kursiv), bietet sich im Rahmen der Erforschung von Seminaren aus praktischen Gründen besonders an.

227 Die größeren Schnittmengen – inhaltlich wie forschungsmethodisch – bestehen zur Forschung von Peter Lutzker, der im ersten Teil seiner Dissertation die Lernprozesse einer dramapädagogischen Lehrerfortbildung untersucht. Er ist dabei allerdings nicht der Leiter der Veranstaltung. Für die Erforschung der Lernprozesse greift Lutzker auf den Forschungsansatz der qualitativen Triangulation zurück. Die Teilnehmenden werden direkt nach der Weiterbildung und mit zeitlichem Abstand anhand von qualitativen Fragebögen bzw. einem Erzählimpuls schriftlich befragt. Für die praktische Auswertung liegen Lutzker Rückmeldungen von 55 Lehrer*innen aus

bzw. Aktionsforschung im Klassenraum (vgl. Lutzker 2007:244)[228], wobei die Unterrichtssituation auch die Forschungsdaten generiert (vgl. Schewe 1993:39). Da ich in dieser Dissertation ebenfalls meine eigenen Seminare untersuche, lässt sich meine Forschung dieser Tradition zuordnen. Insbesondere die Grundannahme von der Prägung jeglicher Forschungsergebnisse durch die Werte und Vorannahmen der Forschenden („Inquiry is value-bound."; vgl. Lincoln und Guba 1985:11; in: Schewe 1993:37) muss hier berücksichtigt werden. Die Erforschung der eigenen Lehrtätigkeit findet immer unter Beeinflussung durch die eigenen didaktischen und pädagogischen Zielsetzungen beim Lehren statt und spiegelt – allein in der Formulierung des Forschungsinteresses – auch die Haltungen des Forschenden wider.[229] Dies gilt es bei der Interpretation der Ergebnisse zu berücksichtigen, weshalb mit meiner eigenen Modellbildung im Theorieteil dieser Arbeit die Vorannahmen des Forschenden ausführlich dargelegt worden sind. Die nötige interne Validität dieser Forschung in der Form des „größtmöglichen umfassenden Verständnisses konkreter Phänomene" (übersetzt nach Lutzker 2007: 247) kommt in meiner Forschung insgesamt zustande durch

a) eine detaillierte Beschreibung der Vorannahmen des Forschers/Unterrichtenden in Form eines Modells

b) eine genaue Beobachtung und Schilderung der Lernumgebung, Aufgaben und Prozesse

c) die Triangulation (in den folgenden Kapiteln) von qualitativen und quantitativen Daten mit den Beobachtungen des Kursleiters (Forschungstagebuch und Notizen)

---

verschiedenen Ländern vor, die – teilweise Jahre vor der Erhebung – an den Clowning-Seminaren des Kursleiters Vivian Gladwell teilgenommen hatten. Strukturell (Teilnehmerzahlen, Zeiträume, Menge der Daten) und inhaltlich ähneln sich Lutzkers und meine Forschung und Projekte. Wesentliche Unterschiede liegen jedoch in meiner Doppelrolle als Lehrer und Forscher in den Seminaren der Lehrerbildung, die in einer Art Aktionsforschung untersucht werden (hier liegt wiederum eine Parallele zu Schewes Dissertation). Diese Doppelrolle bringt forschungsbezogene Verzerrungen mit sich, ermöglicht aber zugleich einen uneingeschränkten Einblick in die konzeptionellen Ideen und Grundannahmen des Kursleiters und Künstlers.

228   Lutzker argumentiert andererseits, dass sein Fokus nicht das Handeln des Lehrenden, sondern das Lernen der Schüler*innen sei, weshalb er sich eher im Bereich der qualitativen Forschung durch externe Wissenschaftler*innen verorte als im Bereich der Aktionsforschung (vgl. Lutzker 2007:247).

229   Dazu soll angemerkt sein, dass alle mir bekannte Forschungsliteratur im Feld der Dramapädagogik aus der Ecke begeisterter und überzeugter Dramapädagog*innen kommt, wodurch in diese Forschung immer Grundannahmen und Erwartungen bezüglich der Ergebnisse einhergehen. Diese individuellen Vorannahmen müssen jedoch durch die Forschenden mit reflektiert werden und für die Rezipient*innen der Forschung sichtbar gemacht sein.

Der eingesetzte Methodenmix („Mixed Methodologies[230]"; Flick 2006:17) wird – wie es in der Evaluationsforschung häufig der Fall ist (vgl. ebd.:15) – der Tatsache gerecht, dass die Seminardurchführung insgesamt in einem „komplexen Wirkungsfeld" (Kromrey 2008:123) stattfindet, was wiederum „Komplexität in der Untersuchungsanlage" (ebd.:124) erfordert. Um zu einer möglichst großen Vielfalt der Perspektiven und Daten zu gelangen, kombiniere ich pragmatisch quantitative und qualitative Methoden der Datenerhebung. Dabei kommt am ehesten eine Form der Verknüpfung zum Tragen, die Hammersley (1996) als „Facilitation" (ebd.:167 f.; in: Flick 2006:16; im Original kursiv) bezeichnet: Die Daten des einen Ansatzes werden zur Unterstützung des jeweils anderen Auswertungsprozesses herangezogen und liefern für die Analyse „Hypothesen und Denkanstöße" (ebd.:16). Erkenntnisse aus beiden Ansätzen werden dabei „zur Herstellung eines allgemeineren Bildes des untersuchten Gegenstandes [...] verknüpft" (ebd.). Die qualitativen Daten helfen dabei, Zusammenhänge zu erschließen und individuelle Perspektiven zu rekonstruieren, während die quantitativen Daten zwar (allein wegen der geringen Anzahl der Befragten) keine Verallgemeinerung oder Generalisierung ermöglichen, aber eine stärkere Abstraktion erlauben. Der Umgang mit den erhobenen Daten erfolgt begründet pragmatisch. Audioaufnahmen (z.B. von Gruppeninterviews) werden berücksichtigt und selektiv in Ausschnitten transkribiert. Dies erfolgt mit einer Genauigkeit, die dem entspricht, „wie es die Fragestellung der Untersuchung tatsächlich verlangt" (Flick 2006:21). Auch in der Erhebung der Daten kommen, wie durchaus üblich, „‚Abkürzungsstrategien'" (ebd.) zum Einsatz, da Forscher*innen im Bereich der Evaluation und Begleitforschung „fortwährend zu Kompromissen zwischen methodologischen Normen und empirischer Praxis gezwungen [sind]" (Kromrey 2007:120). In der Regel sind, insbesondere in der „Erprobung alternativer Curricula oder Lernformen u.ä." (ebd.) – was die Evaluation dramapädagogischer Seminare für die Selbstkompetenzentwicklung durchaus zutreffend umschreibt – wenige der Voraussetzungen vorhanden, die für eine „kausalanalytisch angeleitete[] Programmevaluations- und Wirkungsforschung" (ebd.) idealtypisch notwendig sind.

Meine Theorie und Praxis haben sich zudem in den annähernd fünf Jahren der Entstehung dieser Arbeit wechselseitig beeinflusst. Diese längeren Forschungs- und Entwicklungszyklen, während derer immer wieder ein Kreislauf aus Informationssammlung, praktischer Theorienbildung, Aktion und Reflexion stattfindet, stellen wiederum ein wesentliches Merkmal der (Lehrer-)Aktionsforschung dar (vgl. Altrichter & Posch 2006:15f.). Im Laufe der alternierenden Phasen von Praxis und Datensammlung mit

---

230 Es könnte hier ebenso gut von einer Methodentriangulation oder einer Integration gesprochen werden – eine kategorische Trennung beider Ansätze scheint eher profilierungstechnisch begründet zu sein (vgl. Flick 2006:17f.).

deren Auswertung, Reflexion und Theorienbildung haben sich sowohl meine For-
schungsfrage als auch meine Seminarkonzeptionen weiter ausgeformt und verändert,
wodurch der Weg der Erkenntnisgewinnung Züge der *Grounded Theory* (vgl. Aguado
2016) aufweist. Dabei spielte – entgegen der ursprünglichen Konzeption der *Grounded
Theory* Forschungsmethodologie (vgl. ebd.:245) – auch die Sichtung von Fachliteratur
eine Rolle, was Aguado jedoch auch für einen modernen Ansatz datengeleiteter The-
oriegewinnung als grundlegend notwendig bezeichnet (vgl. ebd.). Die in einzelnen Seminaren gewonnen Daten wurden jeweils direkt ausgewertet und darauf aufbauend
zukünftige Seminarkonzeptionen und Erhebungsinstrumente (z.b. Fragebögen) verändert, um die Erkenntnisse in Bezug auf einen Selbstkompetenzzuwachs der Teilnehmer*innen zu differenzieren und zu verfeinern; dieses zyklische Vorgehen entspricht
ebenfalls dem allgemeinen Ansatz der *Grounded Theory* (vgl. ebd.:246). Die im ersten
Teil dieser Arbeit vorgestellte Theorie über mögliche Entwicklungsimpulse durch dramapädagogische Arbeit mit werdenden Fremdsprachenlehrer*innen (Zusammenfassung siehe Seite 125) beschreibt letztlich die dabei entstandenen Kategorien und Zusammenhänge im Sinne einer ‚Skizze' (laut Aguado häufig das Ergebnis dieser Art von
Forschung; vgl.ebd.). Mit der Langzeitbefragung der Teilnehmer*innen (siehe Kapitel
7) werden diese ‚Kernkategorien' meiner Theoriebildung (vgl. ebd.:247) schließlich einer Art Überprüfung unterzogen. Insgesamt kann der komplexe und langwierige Prozess meiner Theoriegenerierung, Datensammlung und Auswertung nicht in Reinform
der *Grounded Theory* zugeordnet werden, sondern beinhaltet Anpassungen und Kombinationen (wie allerdings die meisten qualitativen Arbeiten heute; vgl. ebd.:244).

Die in dieser Arbeit durchgeführte Forschung lässt sich zudem als Form angewandter
Sozialforschung verstehen.[231] Sie dient sowohl der kontinuierlichen Verbesserung der
Lehrveranstaltungen als auch ihrer wissenschaftlichen Untersuchung. Ziel und Methode zugleich ist es dabei, die (Selbst-)Wahrnehmung der Studierenden bezüglich ihrer eigenen Entwicklung nachzuzeichnen – erstens kurzfristig nach den Seminaren, u.a.
auch als direkte Evaluation, zweitens langfristig, um den Anstoß relevanter Entwicklungsimpulse zu untersuchen. Letzteres muss als eigentliches didaktisches Ziel gelten

---

231   Auch eine Klassifizierung als fachdidaktische Entwicklungsforschung ist nach dem Modell des
       Dortmunder Forschungs- und Nachwuchskollegs ‚funken' (Fachdidaktische Entwicklungsfor-
       schung zu diagnosegeleiteten Lehr- und Lernprozessen) denkbar (vgl. Prediger u. a. 2012): Aus-
       gehend von einem spezifischen Lerngegenstand (in meinem Fall Selbstkompetenz) wird ein
       Lehr-Lern-Design entwickelt, als ‚Experiment' durchgeführt und evaluiert. Daraus können
       Rückschlüsse für eine lokale (also kontextgebundene) Lehr-Lerntheorie gezogen werden und
       das Seminar ggf. als ein Prototyp für derartige Veranstaltungen in der Lehrerbildung vorge-
       schlagen werden, was den idealtypischen Phasen der fachdidaktischen Entwicklungsforschung
       laut ‚funken' entspricht (vgl. http://www.funken.tu-dortmund.de/cms/de/Gforschung/ent-
       wicklungsforschung.html; abgerufen am 14.07. 2017)

und somit auch im Fokus der Untersuchung stehen: Ausschlaggebend in der Untersuchung von Lehrerbildungsmaßnahmen ist laut Lutzker die Frage, „welche Bedeutung [...] ein Kurs für die weitere Entwicklung eines Lehrers [gehabt hat]" (übersetzt nach Lutzker 2007:90; im Original kursiv).

Was abschließend die Erfassung der (direkten und langfristigen) Wirkung der beschriebenen Seminare auf das Erleben und Verhalten der Teilnehmer*innen angeht, so kann ich mich nur auf die Bewertung der Akteur*innen ‚im Feld', die Teilnehmer*innen des Seminars, stützen: Ihre subjektiven Einschätzungen der Prozesse, Erfahrungen und Impulse des Seminars und deren subjektive längerfristige Bedeutung für jede*n Einzelne*n stehen im Mittelpunkt dieser Forschung. Bereits Krappmann konstatiert, dass die experimentelle Erforschung von Identitäten und ihren Aushandlungsprozessen nicht ohne die Deutungsschemata und „subjektive[n] Interpretation[en] der ‚Versuchspersonen'" erfolgen kann (Krappmann 1973:16). Wie für die *Grounded Theory* Methodologie und andere rekonstruktive Verfahren üblich (vgl. Strübing 2008:47), stehen die Wahrnehmung der Subjekte bzw. eine Rekonstruktion der „Innensicht der untersuchten Akteure" (Aguado 2016:243) im Mittelpunkt dieser Forschung. Anhand der gewonnenen Daten wird die Theorie über die Selbstkompetenzentwicklung von Studierenden ausgehend von dramapädagogischen Seminaren (weiter-)entwickelt und geprüft. Eine Brücke zur detaillierten Einzelfallanalyse wird geschlagen, wenn abschließend der Versuch einer Typenbildung anhand der Daten und Erzählungen der Studierenden erfolgt (vgl. Kapitel 7.4, Seite 278 ff.). Im Folgenden werden jedoch zunächst die eingesetzten Instrumente zur Datenerhebung genauer erläutert.

Fragebogen-Design[232]

In der Befragung mit klassischen Papierfragebögen (*paper-pencil*) wurden die Studierenden gebeten, auf Ordinalskalen ihre Zustimmung zu bestimmten Aussagen (*Items*) anzugeben (vgl. Tabelle 10). Die verwendeten Skalen in den Fragebögen bei den Seminaren des Typs I waren fünfschrittig (Likert-Skala). Ab dem Sommersemester 2012 wurde eine sechsschrittige Skala eingesetzt, um Tendenzen zur Mitte auszuschließen, und die Fragebögen ab dem Sommersemester 2013 enthielten verstärkt offene Fragen.[233] Vor ihrem Einsatz wurden alle Fragen und Designs anhand von kognitiven Interviews mit weiteren Studierenden (*retrospective think aloud*) und *Expert Reviews* (u.a. in Zusammenarbeit mit dem Methodenzentrum Sozialwissenschaften, Universität Göt-

---

232 Alle verwendeten Fragebögen können online eingesehen werden (siehe Anhang A.1, Online-Plus).

233 Die Weiterentwicklung des Forschungsinstrumentes noch im Laufe der Feldphase ist ein akzeptiertes Wesensmerkmal offener Befragungsverfahren (vgl. Scholl 2009:25).

tingen) einem Pretest unterzogen. Die quantitativen Daten aus den Fragebögen wurden deskriptiv ausgewertet. Es wird jeweils angegeben, ob die Daten vor dem Seminar (im Folgenden: Prä-FB) oder am Ende des Seminars (im Folgenden: Post-FB) erhoben worden sind.

	1	2	3	4	5	6
Seminartyp I	stimme voll zu	stimme zu	neutral	stimme weniger zu	stimme gar nicht zu	-
Seminartyp II	stimme voll zu	stimme zu	stimme etwas zu	stimme weniger zu	stimme eher nicht zu	stimme gar nicht zu

Tabelle 10: Antwortskalen der verschiedenen Fragebögen

Die Daten in den Fragebögen wurden anonym erhoben, ab dem Sommersemester 2012 unter Verwendung von Codenamen bzw. Pseudonymen. Durch die anonyme Erhebung werden Effekte der sozialen Erwünschtheit reduziert, die Pseudonyme ermöglichen jedoch, die Fragebögen verschiedener Befragungen den gleichen Personen zuzuordnen und damit individuelle Entwicklungen sichtbar zu machen.[234]
In einem Vorab-Fragebogen wurden ab dem Sommersemester 2012 auf Likert-Skalen Selbsteinschätzungen der Studierenden bezüglich bestimmter eigener Erlebens- und Verhaltensmerkmale (z.B. Offenheit für Erfahrungen, Extraversion, Misserfolgsverarbeitung oder die Aufgeschlossenheit, Probleme mit Freunden zu besprechen[235]) abgefragt. Zudem wurden weitere Selbstbilder (z.B. eigene Kreativität, Grad der Selbstreflektiertheit) und die Ausprägung bisheriger Erfahrungen mit Theater und künstlerischer Arbeit erhoben. Auch die individuellen Haltungen bezüglich der Merkmale eines gelungenen Fremdsprachenunterrichts sowie Selbsteinschätzungen der eigenen Kompetenz, diesen Unterricht umzusetzen, wurden erfragt, ebenso wie das individuelle Selbstverständnis als Lehrer*in, die aktuelle Berufsmotivation und die Zufriedenheit mit dem Lehramtsstudium. Der Nachher-Fragebogen im direkten Anschluss an Seminare greift einige Items wieder auf (Prä-/Post-Befragung), bittet die Studierenden aber

---

234   Die Codenamen der Studierenden sind durch den Forscher für die Verwendung in dieser Arbeit wiederum durch weitere Pseudonyme (Vornamen) ersetzt worden, so dass eine Art Personalisierung in der Darstellung individueller Entwicklungen möglich ist. Die Geschlechtszugehörigkeit ist hierbei zufällig verteilt worden; lediglich das Verhältnis entspricht in etwa der realen Zusammensetzung der Seminare. Die komplett anonym erhobenen Antworten aus dem Zeitraum 2010/2011 können keinen Angaben in der Langzeitbefragung eindeutig zugeordnet werden, weshalb eine Personalisierung weniger sinnvoll erscheint. Für die Teilnehmer*innen der Vorstudie (Seminare des Typs I) wird daher lediglich eine Nummerierung der Antworten vorgenommen (z.B. TN 1 = Antwortbogen des Teilnehmers No. 1).

235   Gegenüber persönlichkeitspsychologischen Inventaren ist die Erfragung dieser Merkmale verkürzt, aber zwischen Messvalidität, Zeitaufwand im Seminar und Bereitschaft der Studierenden, alle Fragen gewissenhaft zu beantworten, muss ein Kompromiss gefunden werden.

auch, direkt Prozesse und Veränderungen in ihren selbst- und fachbezogenen Haltungen, Selbstbildern, Vorstellungen von Englischunterricht etc. einzuschätzen. Sie sind ebenfalls aufgefordert, ihr Erleben und Verhalten beim Theaterspielen und im Seminar einzuschätzen und mit sonstigem Alltagsverhalten zu vergleichen. Die Fragebögen wurden ab Sommersemester 2013 mit einem ausführlichen qualitativen Bogen mit offenen Fragen um ‚Schreibanlässe' erweitert.

Qualitative Daten

Qualitative Daten[236] werden in der Auswertung exemplarisch und pseudonymisiert (mit Verweis auf das Semester) zitiert, um einen Einblick in das Erleben eines oder mehrerer Studierenden zu geben. Wo es möglich ist, werden qualitative und quantitative Daten in Bezug zueinander gesetzt sowie durch Beobachtungen des Seminarleiters und Forschers ergänzt. Aufgrund sozialer Erwünschtheitseffekte können in Interviews und Feedbackrunden Verzerrungen vorliegen, da die Rolle von Dozent und Forscher hier in Personalunion ausgeführt wurde. Es wurde den Studierenden gegenüber jedoch stets betont, wie wichtig offene Kritik und ehrliche Meinungen sind, um realistisch die Wirksamkeit dramapädagogischer Übungen besser einschätzen zu lernen. Für die Langzeit-Erhebung wurden aufgrund der Verzerrungsgefahr keine Einzelinterviews mit den Studierenden geführt; stattdessen kam ein anonymer digitaler Fragebogen mit vielen offenen Fragen und Erzählanlässen zum Einsatz.

Für die Interpretation der Daten muss bedacht werden, dass die Ergebnisse dieser Untersuchungen fallbezogen und situations- bzw. kontextspezifisch zu verstehen sind. Sie ermöglichen einen Einblick in die Wahrnehmungen der Teilnehmer*innen und lassen langfristige individuelle Veränderungsprozesse nachzeichnen, die sich bei und durch dramapädagogische Selbstkompetenzseminare ergeben, ohne dass diese verallgemeinert werden könnten oder statistische Signifikanz aufweisen. Es können aber Thesen abgeleitet werden, die die Lehrerbildung allgemein betreffen und die als Ausgangspunkt für weitere Forschung dienen können. Im Folgenden werden zunächst knapp die Daten ausgewertet, die in direkter zeitlicher Nähe zu den Seminaren (Typ I und II) erhoben wurden. Im Anschluss erfolgt die Darstellung und Interpretation der Ergebnisse der Langzeitbefragung (Kapitel 7).

6.2 Vorstudie (Typ I)

Die Auswertung bezieht sich im Folgenden auf vier ausgewählte Blockseminare des Typs I (siehe Tabelle 11). Da meine Modellbildung zur dramapädagogischen Selbstkompetenzarbeit zum Zeitpunkt der ersten drei Seminare noch am Anfang stand, ist auch

---

236   Antworten auf offene Fragen in Fragebögen, transkribierte Auszüge aus Audio-Aufnahmen von Gruppeninterviews, Feedbackrunden und Perspektivgesprächen etc.

der Fragebogen weniger spezifisch als bei den späteren Seminaren des Typs II auf das Konstrukt Selbstkompetenz ausgerichtet gewesen. Ein weiteres Seminar des Typs I wurde zeitlich versetzt im Wintersemester 2014/15 durchgeführt[237] und mit identischem Fragebogen wie die Seminare des Typs II untersucht.

Titel des Blockseminars	Semester	Teil-nehmer*in-nen	Rücklauf ausgefüllter Nachher-Fragebögen: Lehramts-studierende (+ andere)
„Drama in the English Language Classroom" (Crazy Colours, Silly Shapes)	SoSe 2010	9	5 + Ergänzungs-FB: 8
„Drama in the Foreign Language Classroom" (Inkheart)	WiSe 10/11	10	6 (1)
"Drama in the Foreign Language Classroom" I + II[238]	WiSe 10/11[239] (#2)	15	9
From „Teacher as Actor" to „Mantle of the Expert"[240]	WiSe 14/15	10	7 (FB identisch mit Typ II: Selbstkompetenz-Fokus und qualitative Fragen)

Tabelle 11: Datenlage der Seminare Typ I

---

237   Das Seminar im Wintersemester 14/15 fand unter reduzierten Voraussetzungen für intensive Selbsterkundungsprozesse statt: Der Ort der Durchführung war das YLAB in Göttingen, womit zwar geeignete und an der Universität durchaus ungewöhnliche Räumlichkeiten (eine Bühne, Platz für bewegtes Arbeiten, flexibel arrangierbare Sitzmöglichkeiten), nicht aber der Charakter einer Exkursion gegeben war, der zeitlich flexibleres Arbeiten (individuelle Pausen, freiwillige zusätzliche Theaterübungen an Abenden etc.) und verstärkten persönlichen Austausch ermöglicht. Auch neue Leistungsanforderungen (Referate durch Studierende) reduzierten die Zeit für selbsterkundende kreative Arbeit. Dies spiegelt sich in einigen Kommentaren wider („Mir fehlte: manchmal mehr Zeit für Reflexionen und gerne hätte ich noch mehr Zeit für weitere Übungen gehabt."; Kira, WiSe 14/15, Post-FB). Im Vergleich zu den anderen Seminaren des Typs I bestand so weniger Raum zum kreativen Experimentieren, so dass diesbezüglich weniger Sicherheit gewonnen werden konnte. So äußert sich eine Teilnehmer*in hinterher zu Unsicherheiten, die nicht abgebaut werden konnten: „[Ich hätte] mir für das Spiel mehr Handlungssicherheit gewünscht. Ich denke, ich habe in den Moment gemerkt, dass spontane Kreativität eine Einladung sein kann, die aber auch schnell überfordert." (Faye, WiSe 14/15, Post-FB)

238   Die zwei Blockseminare im Sommersemester 2011 („Going on a Drama-Pedagogical Holiday Camp with Teenagers" und „Planning and Carrying out a Theatre Project for Pupils in Grade 4-6"), die parallel stattfanden, wobei viele Elemente gemeinsam durchgeführt wurden, werden im Folgenden als eine Einheit zusammengefasst.

239   Als zweites Seminar im Wintersemester 2010/11 im Folgenden als #2 gekennzeichnet, um es gegenüber dem Seminar Inkheart im gleichen Semester abzugrenzen.

240   Voller Titel: „From ‚Teacher as Actor' to ‚Mantle of the Expert': Theatre and Drama-Pedagogical Approaches to Foreign Language Teaching and Learning"

Es liegen für die Seminare des Typs I Antworten von 27 werdenden Fremdsprachenleh-rer*innen vor, welche die Erforschung ihrer Lernprozesse bei der gemeinsamen Ent-wicklung eines Theaterstückes erlauben, wobei aufgrund der verschiedenen Fragebö-gen die Rückmeldungen der Studierenden aus den Seminaren vor dem Sommersemes-ter 2011 (n=20[241]; im Folgenden bezeichnet als ‚Gruppe 1') und die Angaben der Stu-dierenden im Wintersemester 14/15 (n=7; im Folgenden: Gruppe 2) größtenteils getrennt voneinander betrachtet werden müssen.

6.2.1 Allgemeine Impulse zur Entwicklung

Es werden zunächst knapp allgemeine Tendenzen (häufige Nennung) aufgezeigt und danach einzelne Bereiche einer berufsbezogenen Selbstkompetenz von Fremdspra-chenlehrer*innen betrachtet. Die Teilnehmer*innen (Gruppe 1) wurden im Post-Fra-gebogen u.a. gebeten, den für sie erzielten Lernzuwachs in verschiedenen Kompetenz-bereichen einzuschätzen. An erster Stelle steht für die Teilnehmer*innen dieser Semi-nare ein Zuwachs an Methodenkompetenz (durchschnittliche Zustimmung von 1,25; Gruppe 1). Auch der Zuwachs an Sozialkompetenz (Durchschnitt 1,90) wird recht hoch eingeschätzt, was auch die Konfliktfähigkeit (vgl. Rebel 2010:269) umfasst (v.a. im WiSe 2010/11 #2). Aber auch Teildimensionen von Selbstkompetenz erfahren hohe Zustim-mungswerte: Im Durschnitt stimmen die Teilnehmer*innen der Gruppe 1 (stark) zu, die eigenen Kreativität entdeckt zu haben (1,50) und ihre Fähigkeit zur Empathie und Per-spektivübernahme verbessert zu haben (1,55).

Sehr positive Äußerungen finden sich insgesamt über die Lernatmosphäre und das Gruppenklima sowie die gemeinsame Stückentwicklung. Anmerkungen und Kommen-tare, die sich auf diesen kreativ-kooperativen Prozess beziehen, sind mitunter eupho-risch: „,Erfolgserlebnis Stück': Wir haben es geschafft!" (TN 7, WiSe 2010/11, Post-FB) Die Studierenden zeigen in diesen Rückmeldungen große Zufriedenheit mit dem Pro-zess („mit ‚wildfremden' Menschen so schön zusammen arbeiten"; TN 23, SoSe 2010, Post-FB) und dem Produkt: „ein tolles Stück" (TN 6, WiSe 2010/11, Post-FB). Besonders die Teilhabe aller an der Entstehung des Stückes wird immer wieder hervorgehoben: „[Die gute Atmosphäre beim Seminar kam zustande durch] das gemeinsame Entwi-ckeln und dadurch, dass jeder eigene Ideen äußern durfte" (TN 13, WiSe 2010/11 #2, Post-FB), und dass „jeder [...] willkommen & wichtig [war und] [...] sich einbringen [konnte] (und sollte)" (TN 14, ebd.). Immer wieder klingt durch, wie beeindruckt die

---

241   Für die Seminare bis zum Ende des Wintersemesters 2010/11 ergibt sich ein Rücklauf von n=20; es wurden 8 weitere Ergänzungs-Fragebögen im Sommersemester 2010 abgegeben. Diese stammen von den gleichen Teilnehmer*innen, sind jedoch aufgrund der anonymen Er-hebung nicht zuzuordnen, wodurch sich in der Antwortsammlung der offenen Fragen eine durchlaufende Nummerierung der Antwortbögen von TN 1-TN 28 ergibt, obwohl die befragten Stichprobe bloß 20 Personen umfasste.

Studierenden davon sind, gemeinsam und unter Einbezug aller ein Produkt entwickelt zu haben:

> [Am Wichtigsten fand ich in der Vorbereitung, dass] wir das Stück kooperativ entwickelt haben und jeder einen großen Teil durch eigene Improvisationen hineingebracht hat. (TN 25, SoSe 2010, Post-FB)

> [E]s herrschte Gleichberechtigung; wir haben einander bei unseren Ideen zugehört & so gab es viele gemeinsame Ideen & die Stückvorlage enthält, soweit ich weiß, Ideen von jedem Teilnehmer. (TN 17, WiSe 2010/11 #2)

Ein Ergebnis der kürzeren Zeitspanne für kreative Arbeit im Wintersemester 14/15 war, dass das Stück nicht fertiggestellt werden konnte, was auf Kritik stieß (Kira, WiSe 14/15, Post-FB):

> Der zweite Tag, an dem wir versucht haben, ein kurzes Stück an einem Tag auf die Beine zu stellen, hat bei mir viele gemischte Gefühle ausgelöst. Ich war zunächst sehr begeistert, mit welchen Methoden man kreative Denkprozesse anstoßen und gleichzeitig einschränken kann [...], andererseits fühlte es sich unzufriedenstellend an, da das Stück nur sehr rudimentär ausgearbeitet wurde, obwohl wir den ganzen Tag dran saßen.

Die Erfahrung wird abschließend dennoch als positiv beurteilt („Trotzdem war es gut, die kreativen Prozesse einmal zu durchlaufen"; ebd.), dennoch geht der euphorisierende Effekt der Produkt-Fertigstellung, die gewissermaßen eine Selbstwirksamkeitserfahrung mit der eigenen Kreativität darstellt, verloren.

Die gemeinsame Arbeit an einem Produkt kann auch zu Spannungen führen. Im Wintersemester 10/11 kam es im Laufe des kreativen Stückentwicklungsprozesses zu Spannungen zwischen einzelnen Teilnehmer*innen, die die Gruppendynamik und die kreative Arbeit stark beeinträchtigten. Von allen Gruppenmitgliedern war der Umgang mit dieser „[schlechten] Teamchemie" (TN 21, WiSe 2010/11 #2, Post-FB) gefordert, in der „persönliche Konflikte/einzelne Teilnehmer_Innen Gruppenprozesse völlig blockier[ten]" (TN 19, WiSe 2010/11 #2, Post-FB). Konfliktfähigkeit als Bestandteil von sozialer Kompetenz (vgl. Rebel 2010:269) war von Teilnehmer*innen gefordert, und die Dozierenden mussten vermittelnd intervenieren. Wenn auch die Erarbeitung des kreativen Produktes hier zum Stocken kam, so können soziale Krisenmomente in der dramapädagogischen Arbeit doch immer, wenn sie kompetent durch die Spielleiter*innen aufgefangen werden[242], „auch als Chance für die Entwicklung der Lernerpersönlichkeiten" (Müller 2008b:23) gesehen werden. Dies bestätigt sich hier empirisch: Als Lerneffekte dieses Seminars nennen Studierende beispielsweise „Erfahrungen im Umgang mit Konflikten, eigene Rolle bei Konflikten (TN 21, WiSe 2010/11 #2, Post-FB). Einzelne

---

242   Erforderlich ist eine Herausarbeitung des Konfliktes unter Beachtung der Regeln für eine gewaltfreie Kommunikation, wobei die Spielleiter*innen als vermittelnde Instanzen und als Moderator*innen agieren.

bewerten es nachträglich als für sie wichtigsten Lerngewinn des Seminars[243] zu erkennen, dass „Konflikte geklärt werden können" (TN 19, WiSe 2010/11 #2, Post-FB).

6.2.2 Impulse zur Entwicklung von Selbstkompetenz

Wenn auch nicht in der Differenziertheit, mit der sie im Kapitel 4 herausgearbeitet worden sind, so sind doch in den Post-Fragebögen der Seminare des Typs I einige Selbstkompetenz-Entwicklungsimpulse identifizierbar.

Empathie

Besonders die Rollenübernahme, also die Auseinandersetzung mit einer anderen Person, ihren Motiven und Emotionen, wird von vielen Teilnehmer*innen als neu Gelerntes benannt. Auch im Wintersemester 14/15 gibt es vier Personen (Faye, Jonas, Karola und Kira) die in einer oder mehreren Fragen dazu[244] (starke) Zustimmung äußern. Dies kann als Tendenz der Entwicklung von Selbstkompetenz interpretiert werden, wenn man bedenkt, dass Krappmann Empathiefähigkeit als eine Voraussetzung der gelingenden Identitätsbildung herausarbeitet (vgl. Veith 2010:193).

Reflexionskultur

Die Reflexionskultur des Seminars wird von 65% der Teilnehmer*innen (Gruppe 1) als wichtig oder sehr wichtig beurteilt (25% sprechen dem keinen wichtigen Lerneffekt zu und nur eine Person sieht gar keine Bedeutsamkeit der Reflexionseinheiten für ihr individuelles Lernen). In den offenen Antworten des Fragebogens geben einzelne Teilnehmer*innen an, beim Seminar Selbstreflexion gelernt zu haben (TN 3, SoSe 2010, Post-FB). In der Reihe der wichtigen Lernergebnisse aus Sicht der Teilnehmer*innen[245] tauchen die regelmäßigen Reflexionen neben den performativen Übungen und dem kollegialen Austausch auf: „Viele tolle neue Methoden für Aufwärmübungen, dramapädagogische Spiele, Reflexionsphasen und Gespräche."[246] (TN 20, ebd.). Für die Teilnehmer*innen im Wintersemester 2014/15 hingegen (ausschließlich Studierende im Master of Education, während an vorherigen Seminaren des Typs I auch viele Bachelor-

---

243 Offene Frage: „Am Wichtigsten fand ich in der Vorbereitung, dass…" (Post-FB)

244 Es geht um die Items „Ich fühle mich durch das Rollenspiel und Theaterspielen empathiefähiger." (Post-FB, WiSe 14/15) und „Ich habe durch das die Übungen des Seminars ein stärkeres Interesse daran, mich in andere hineinzuversetzen und ihre Motive, Handlungen, Gedanken und Gefühle zu verstehen." (Post-FB, WiSe 14/15).

245 Offene Frage: „Was hast Du gelernt?" (Post-FB)

246 Die schriftlichen Aussagen der Teilnehmer*innen werden in dieser Arbeit ausschnittsweise inhaltlich wiedergegeben. Gelegentliche orthografische Fehler werden korrigiert, wenn dadurch der Sinn der Aussage erhalten bleibt.

Studierende teilgenommen haben) ist eine intensive Selbstreflexion eher nicht neu (durchschnittlich ,wenig Zustimmung').[247]

Grenzüberschreitungen und Selbstvertrauen

Die Hälfte der Teilnehmer*innen (Gruppe 1) geben an, Grenzerfahrungen in Bezug auf ihr Selbstbild und die Wahrnehmung der eigenen Persönlichkeit gemacht zu haben (vgl. Abbildung 39). Sprachliche Grenzerfahrungen kommen in Einzelfällen vor, physisch haben acht von 20 Teilnehmer*innen Grenzen ihre erlebt (Gruppe 1). Aus der Beobachtung und dem qualitativen Feedback heraus ist dies eher nicht als physische Leistungsgrenze zu interpretieren, sondern auf körperlich angelegte „Vertrauensübung[en]" (TN 1, SoSe 2010, Post-FB[248]), Peinlichkeitsgefühle und ein ungewohntes Nähe-Distanz-Verhalten beim Theater zurückzuführen, wie auch Teilnehmer*innen späterer Seminare bestätigen („Ich habe versucht, eine gewisse Distanz zu wahren.“; Faye, WiSe 14/15, Post-FB; „Angst, lächerlich zu wirken…“; Karola, ebd.).[249]

ICH HABE IN DEM SEMINAR GRENZERFAHRUNGEN GEMACHT...

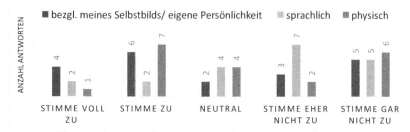

*Abbildung 39: Grenzerfahrungen der Teilnehmer*innen (n=20, 3 Seminare; SoSe 10, WiSe 10/11)*

An eigene Grenzen zu stoßen („persönliche Grenzerfahrungen"; Europäisches Kooperationsprojekt 2003:18) wird von Teilnehmer*innen i.d.R. als positiv bewertet, wie auch Maren Rinne (2012) in einer Interviewstudie mit Teilnehmer*innen meiner dramapädagogischen Seminare analysiert: „Bemerkenswert ist dabei vor allem, dass die Studierenden es im Interview nicht negativ bewerten, ihre Grenzen ausgetestet und kennengelernt zu haben. Stattdessen nehmen sie die Erfahrung als positiv wahr und

247   Item: „Mich selbst (mein Verhalten, Erleben, meine Wirkung) so ausführlich zu reflektieren, war für mich eine neue Erfahrung." (Post-FB, WiSe 14/15)
248   Offene Frage „Hast Du eigene Grenzen überschritten? Welche?" (Post-FB)
249   Offene Frage: „Welche [Grenzen hast Du wahrgenommen]? Wie bist Du damit umgegangen?" (Post-FB)

betrachten Grenzen als Entwicklungspotenziale." (Rinne 2012:64) Das Prinzip 'Herausforderung und Sicherheit', durch das Selbstkonfrontation, konstruktive Krisen und – durch die Bewältigung – eine Selbstbestätigung möglich werden sollten[250], scheint sich hier zu bestätigen. Auch Rückmeldungen im Wintersemester 2014/15 bestätigen dies: Jonas empfand es beim Seminar als „positiv jegliche Art von Grenzen zu überschreiten" (Jonas, WiSe 14/15, Post-FB) und Ilona wertschätzt zumindest den Effekt ihrer Bemühung: „Grenzen erfahren gehört dazu und ist Teil des Prozesses. Es ist es unangenehm, doch positiv für die Entwickl[ung]." (Ilona, ebd.) In den qualitativen Antworten werden als persönlichkeitsbezogene Grenzerfahrungen z.b. genannt, über das eigene Selbstbild nachzudenken (vgl. TN 3, SoSe 2010, Post-FB) oder mit eigenen Hemmungen umzugehen („Die Grenze des ‚Peinlichen', habe etw. ausprobiert, das ich mir zuvor nicht zugetraut habe."; TN 4; ebd.).

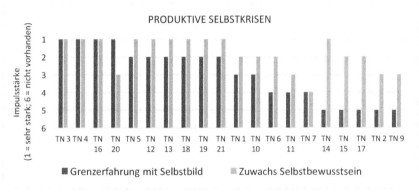

Abbildung 40: „Ich habe in dem Seminar ‚Grenzerfahrungen' gemacht bezgl. meines Selbstbilds/ eigene Persönlichkeit" (Post-FB) und „Für mich hat ein Zuwachs stattgefunden im Bereich Selbstwirksamkeit/Selbstbewusstsein" (Post-FB) (n=20, 3 Seminare; SoSe 10, WiSe 10/11).[251]

Die Selbsteinschätzung eines Zuwachses an Selbstbewusstsein fällt (mit einer Ausnahme: TN 20) umso stärker aus, je mehr die Teilnehmer*innen zustimmen, auch Grenzerfahrungen mit dem eigenen Selbstbild gemacht zu haben (vgl. Abbildung 40). Sehr starke Impulse für einen Zuwachs an Selbstvertrauen werden (mit einer Ausnahme: TN 14) sogar nur angegeben, wenn eine persönlichkeitsbezogene Grenzerfah-

---

250 vgl. Seite 120 ff. des Theorieteils dieser Arbeit

251 Die ungewöhnliche Darstellung der Werte auf der Y-Achse in umgekehrter Reihenfolge ist Folge einer ungünstigen Wahl bei der Gestaltung der Skalen meiner Fragebögen, auf denen der höchste Wert (6) dem schwächsten Effekt entsprach. Um dennoch den Sehgewohnheiten der Leser*innen zu entsprechen (langer Balken = starker Effekt), musste diese Art der Gestaltung gewählt werden.

rung erlebt wurde. Diesbezügliche ‚Krisenmomente' wurden also allesamt noch während des Seminars konstruktiv verarbeitet und Teilnehmer*innen gingen gestärkt daraus hervor (Ausnahme: TN 20, neutral). Allerdings erlebten auch ohne Grenzerfahrungen mit Selbstbildern ein Viertel der Teilnehmer*innen eine Steigerung ihres Selbstbewusstseins, i.d.R. jedoch nicht mit gleicher Stärke.

Im Wintersemester 2014/15 sind Teilnehmer*innen jedoch auch an Grenzen gestoßen, die sie nicht überschreiten konnten oder wollten. Über einige Übungen zum Aufwärmen der Stimme und zur spielerischen Steigerung von Lautstärke und Ausdruck äußert sich Karin sehr kritisch (Karin, WiSe 14/15, Post-FB):

> Bei einigen Übungen nahm ich eine starke Abwehrhaltung ein, u.a. bei den Anschrei-Übungen. Hier kam ich an meine Grenzen.[252] Ich wollte die Übungen nicht machen und war fast ein bisschen sauer, weil ich den Sinn dahinter auch nicht sah. Anscheinend reicht meine Extrovertiertheit hier nicht; so sehr kann ich nicht aus meiner Haut heraus.

Diese Teilnehmerin hat sich zudem (als Einzige in diesem Seminar) in der Fremdsprache nicht sicher gefühlt[253] und kritisiert ihr eigenes Verhalten als wenig mutig: „[Ich bin von mir selbst] [e]her ein wenig enttäuscht, ich bin selten ein Risiko eingegangen und habe erst andere eine Übung vormachen lassen[...] Ich habe gemerkt, dass ich sprachlich noch recht unsicher bin und deswegen (u.a.) in meiner Spontaneität eingeschränkt." [254] (ebd.)

Durch die verkürzte Zeit für Selbsterfahrungsprozesse bei dem Blockseminar im Wintersemester 14/15 boten sich Karin leider nicht ausreichend Möglichkeiten, sich an spontanes Handeln zu gewöhnen und Bedenken bei Seite zu schieben. Aus ihren selbstkritischen Erkenntnissen können jedoch Impulse zur eigenen Weiterentwicklung entstehen, beispielsweise ein zusätzlicher Auslandsaufenthalt, um die Flüssigkeit in der Fremdsprache zu verbessern.

Selbstbilder, Biographie und Lehrphilosophien

Auch weitere Teilnehmer*innen zeigen sich wie Karin erstaunt über die eigene Unsicherheit und Ideenlosigkeit beim Theaterspielen (vgl. Karola, WiSe 14/15, Post-FB) oder geben an, ihren eigenen Erwartungen nicht genügt zu haben: „Manchmal war ich eher enttäuscht von mir, weil ich originellere Einfälle meinerseits erwartet hatte."

---

252   In abgeschwächter Form äußert sich Jonas in eine ähnliche Richtung: „Beim laut Schreien fühlte ich mich leicht unwohl." (Jonas, WiSe 14/15, Post-FB)

253   Wert 5 (stimme eher nicht zu) für das Item „In der Fremdsprache habe ich mich sicher gefühlt." (WiSe 14/15, Post-FB)

254   Offene Frage: „Hat sich Dein Selbstbild bzgl. Kreativität und Spontaneität, Gründlichkeit oder Flexibilität verändert? Bist Du von Dir selbst überrascht oder enttäuscht gewesen?" (WiSe 14/15, Post-FB)

(Silke, ebd.)[255] Mitunter werden dabei bisherige Selbstbilder als zu positiv in Frage gestellt: „Mir ist aufgefallen, dass ich teils ängstlicher bin, als mir oft gespiegelt wird (von anderen), ich aber, wenn ich mich traue, es zu riskieren, auch andere für mich ungewohnte Rollen ganz gut ausfüllen kann." (Karola, ebd.) Karola stellt hier ein bisheriges Selbstbild in Frage, entdeckt zugleich aber neue Potenziale.

Anderen Teilnehmer*innen hingegen haben die Seminare des Typs I „ein positives Selbstgefühl gegeben" (Faye, ebd.) und die Gewinnung „neue[r] Perspektiven [...] [ermöglicht], die das Selbstbild positiv erweitern" (Jonas, ebd.). Die Teilnehmerin Ilona beschreibt, dass die Aufzeichnung des Stückes per Kamera und die gemeinsame Betrachtung für sie eine Basis neuer Selbstwahrnehmung war: „Durch Videoaufzeichnung wurde mir die Wirkung meiner Stimme u. meines Auftretens bewusst. Ich bin zurückhaltend, habe aber Potential, das zu beheben." (Ilona, WiSe 14/15, Post-FB) Sie habe dabei erkannt, dass sie kraftvoller auftreten könne, als sie es bisher gedacht hatte (vgl. ebd.), was einen Impuls für die Selbstkompetenzdimension ‚Auftritt und Präsenz' ausmacht.

Auch eine Entdeckung der eigenen Kreativität wird von 85% der Teilnehmer*innen als Ergebnis des Blockseminars angegeben (17 von 20 Befragten stimmen voll zu oder zu; Gruppe 1)[256] und auch qualitativ benannt („Ich habe mich selber als kreativer wahrgenommen, als mir vorher bewusst war."; Faye, WiSe 14/15, Post-FB).[257] Ein Teilnehmer hat weitere berufsrelevante Seiten der Persönlichkeit neu entdeckt und weiterentwickelt („Ich fühle mich auch sicherer, weil [ich] durch die Improvisationsübungen an Flexibilität und Spontaneität dazu gewonnen habe."; Jonas, ebd.). Auch Veränderungen der Lehrphilosophien haben sich aus der dramapädagogischen Erfahrung und Arbeit ergeben. So hat sich bei Teilnehmer*innen die „Auffassung von ‚gutem' Unterricht von verbal-didaktisch zu nonverbal, ganzheitlich und dramapädagogisch ausbalanciert" (Jonas, ebd.), und der Blick auf die Lernenden wurde verändert („Ich möchte meine SuS mehr als ganze Menschen mit Begabungen sehen [...]."; Karola, ebd.). Vier von sieben Teilnehmer*innen im Wintersemester 14/15 geben eine (starke) Ermutigung an und drei weitere eine leichte, als Lehrer*innen für ihre subjektiv wichtigen Werte und Ziele

---

255 Es fällt auf, dass diese ‚Negativ-Entdeckungen' vornehmlich im Wintersemester 14/15 zu finden sind, als die Zeit für Theaterspiel und informellen Austausch reduziert war. Mehr Zeit für weitere Übungen hätte hier möglicherweise eine positive Wendung dieser Selbstwahrnehmungen ermöglicht.

256 Item: „Für mich hat ein Zuwachs stattgefunden im Bereich: meine eigene Kreativität entdecken." (Post-FB)

257 Im Wintersemester 14/15 verschlechtert sich allerdings in der Prä-/Post-Befragung der durchschnittliche Wert der Kreativitäts-Selbsteinschätzung der Studierenden (von 2,3 auf 2,9; n=7), was u.U. auf das Ausbleiben des Erfolgserlebnisses einer Stückfertigstellung zurückzuführen ist.

einzustehen[258] (vgl. ebd.). Für zwei Teilnehmer*innen ist das Seminar explizit eine aus ihrer Sicht berufsidentitätsrelevante Erfahrung gewesen.[259]

Die Teilnehmer*innen dramapädagogischer Seminare des Typs I haben somit insgesamt in vielen Bereichen einer berufsrelevanten Selbstkompetenz von Lehrer*innen Entwicklungsimpulse erfahren. Einzig für die Dimensionen ‚Emotionale Selbstkompetenz' und ‚(Berufs-)biographische Selbstreflexion' lassen sich kaum Entwicklungsimpulse feststellen. Der Umgang mit Konflikten bei der kreativen Arbeit (vgl. Seite 212) lässt sich zwischen Selbst- und Sozialkompetenz verorten. Eindeutige Aussagen der Teilnehmer*innen über geleistete Emotionsarbeit oder ihren inneren Umgang mit Ambiguitäten und Frustrationen finden sich hier aber nicht. Bezüglich biographischen Lernens findet sich in einigen qualitativen Antworten ein kurzer Vergleich des Erlebens im Seminar mit eigenen Schulerfahrungen (vgl. u.a. Kira, ebd.).[260] Insgesamt bestätigt sich aber bereits in den Daten zu den Seminaren des Typs I die These, dass Theaterarbeit – besonders in der Kombination des eigenen Erprobens und Reflektierens in einer wertschätzenden, vertrauensvollen Lernatmosphäre – nicht nur Methodenlernen und die Entwicklung von sozialen Kompetenzen mit sich bringt und „die Freude am Theaterspielen [...] weckt" (Faye, WiSe 14/15, Post-FB), sondern auch Persönlichkeitsentwicklung anregt und ermöglicht. Teilnehmer*innen haben sowohl an Selbstvertrauen gewonnen und neue Stärken an sich entdeckt, als auch Selbstbilder hinterfragt und Entwicklungsfelder identifiziert.

In der Konzeption und Erforschung dramapädagogischer Seminare des Typs II wurden diese und weitere Dimensionen von beruflicher Selbstkompetenz expliziter fokussiert. Ursachen und Effekte können somit differenzierter betrachtet werden.

6.3 Dramapädagogische Selbstkompetenzseminare (Typ II)

Nach der Art des Seminartyps II (vgl. Kapitel 5.4) wurden drei Blockseminare gestaltet, in denen umfassend Daten bezüglich Impulsen zur Selbstkompetenzentwicklung erhoben wurden. Tabelle 12 gibt einen Überblick über die Datenlage.

Die folgende Auswertung betrachtet sowohl die quantitativen Daten aus den Fragebögen, die in Form von deskriptiver Statistik dargestellt werden, als auch thematisch geclusterte qualitative Aussagen der Seminarteilnehmenden aus diversen Situationen

---

258   Frage (quantitativ): „Ich fühle mich ermutigt, als Lehrer*in für die Werte und Ziele einzustehen, die ich selbst in diesem Beruf am wichtigsten finde." (WiSe 14/15, Post-FB)

259   Item: „Mein Bild von meiner ‚Identität als (Fremdsprachen-)Lehrer*in' hat sich im Laufe des Seminars verändert." (WiSe 14/15, Post-FB); Jonas und Karola stimmen dem zu (2), vier weitere Teilnehmer*innen leicht (3).

260   Offene Frage: „Hast Du im Laufe des Seminar Erkenntnisse über Deine eigene Geschichte und Biographie gehabt und wie diese Dich als Lehrer*in prägt? Hast Du an alte Lehrer*innen (Vor- oder Antibilder) oder über Deine eigene Schulzeit nachgedacht oder Erinnerungen gehabt?" (WiSe 14/15, Post-FB)

während der drei Seminare. Hierfür erfolgte eine ausführliche Prozessdokumentation, u.a. anhand von Audio- und Videoaufnahmen (z.b. von Feedback- und Befindlichkeitsrunden, ‚Blitzlichtern' etc.) sowie Beobachtungsprotokollen und Forschungstagebüchern des Seminarleiters. Ergänzend werden weitere Daten (Transkripte von Interviews mit Kursteilnehmer*innen im Sommersemester 2012) aus einer Master-Arbeit über die „Erfahrungen angehender Fremdsprachenlehrer/-innen mit dramapädagogischen Lehr-/Lernprozessen" (Rinne 2012) verwendet. Die Forscherin begleitete das Seminar „Selbstkompetenz, Dramapädagogik und Gruppenprozesse – ein Theater-Wochenende für Lehramtsstudierende" als teilnehmende Beobachterin und führte im Nachhinein ausführliche narrative Interviews mit den Teilnehmer*innen. Einleitend wird kurz als Kontextualisierung der Impulse zur Selbstkompetenzentwicklung die generelle Perspektive der Studierenden auf die Seminare und ihre Einschätzung der allgemeinen Lernprozesse rekonstruiert.

Titel des Blockseminars	Semester; Anzahl TN/ Fragebögen[261]	Qualitative Daten
"Selbstkompetenz, Dramapädagogik und Gruppenprozesse"	SoSe 12; 7/7	Gruppeninterviews • Auswertung Rollenspiel (Audio) • Seminarfeedback (Audio) Einzelinterviews Nachträgliche Befragung zu Erfahrungen während des Seminars: • narrative Interviews • Befragung erfolgte nicht durch Seminarleiter (Rinne 2012)
„Possible Selves in the Foreign Language Classroom"	WiSe 12/ 13; 7/7 + weitere[262]	Gruppeninterviews • Auswertung Rollenspiel (Audio) • Seminar-Feedback (Abschluss- Standbild und Kommentare als Video) Einzelinterviews • Nachträgliche Perspektivgespräche (Audio)
„Where your own stories meet…– Putting Past and Future Teachers on Stage"	SoSe 13; 6/6*	Gruppeninterviews • Seminarfeedback Tag 2 (Audio) • Theaterübungen dokumentiert und Reflexionen (Video) Weiteres • Schriftliches Abschluss-Feedback

*Tabelle 12: Datenlage für die Seminare Typ II; * quantitativer FB im SoSe 13 erweitert um umfassenden Teil mit offenen Fragen.*

---

261 Teilnehmerzahl/Anzahl ausgefüllter Vorher- & Nachher-Fragebögen der Lehramtsstudierenden
262 Universitäre Evaluationsbögen (Evasys) mit Zusatzfragen des Dozenten

6.3.1 Allgemeines Feedback

Grundlegend äußern sich die Studierenden sehr zufrieden[263] über ein „gelungenes, vielfältiges, wohlüberlegtes und praxisorientiertes Seminar [mit] Übungen und Reflexion in sehr ausgewogenem Maße" (Franziska, WiSe 12/13, Post-FB). Dabei haben anscheinend „[g]ute Aktivitäten/Übungen [und] Freude am Spielen" (Marlon, ebd.) mit einer „gute[n] Gruppenerfahrung" (ebd.) zusammengewirkt. Struktur, Organisation und Inhalte werden gelobt und die „gute Mischung aus rationaler Reflexion und [der] Beschreibung emotionaler Eindrücke" hervorgehoben (Nicole, ebd.). Die Teilnehmer*innen aller drei untersuchten Seminare stimmen im Durchschnitt zu (1,90), dass sie gute Anregungen für die Gestaltung gelungener Lernprozesse erhalten haben.[264] Besonders wichtig, gerade für die Auseinandersetzung mit persönlichen Fragestellungen, ist die Wahrnehmung einer grundlegend positiven, ermutigenden und wertschätzenden Atmosphäre[265] beim Seminar – die Befragung zeigt, dass alle Teilnehmer*innen sich durch die Atmosphäre beim Seminar ermutigt gefühlt haben, sich auf persönliche Herausforderungen einzulassen.[266] Dies wird unterstützt durch den ‚Rollenschutz' bei der Auseinandersetzung mit Persönlichkeitseigenschaften, den 14 Teilnehmer*innen (voll) bestätigen.[267] Viele Teilnehmer*innen haben sich dadurch beim Theaterspielen mehr getraut als sonst vor anderen (vgl. Abbildung 41), wobei die Tendenz hierfür in den unterschiedlichen Seminaren variiert und es jeweils stark abweichende Einzelmeinungen gibt.

Die Mischung von Herausforderung und Sicherheit führt auch hier wieder dazu, dass eigene Grenzen überschritten werden. Im Sommersemester 2013 beschreibt eine Teilnehmerin die Steigerung ihres Selbstvertrauens durch „viele Übungen [...], bei denen man über seinen Schatten springen musste, gleichzeitig dabei aber positiv bestärkt wurde" (Katharina, SoSe 13, Post-FB). Insgesamt ergibt sich für die Teilnehmer*innen ein Teamgefühl der professionellen Zusammenarbeit – das Seminar wird als gemeinsame Gestaltungs-Aufgabe wahrgenommen, wie sich in den nachträglichen Interviews zeigt: „[W]ir sind hier jetzt als Team und wir verbringen hier ein ganzes Wochenende

---

263   Es folgen Anmerkungen der Studierenden im Post-Fragebogen auf die offene Frage: „Was nimmst Du vom Wochenende mit?" sowie Abschlusskommentare („Möchtest Du noch was loswerden?").

264   Item: „Ich habe Anregungen für die Gestaltung gelungener Lernprozesse erhalten." (Post-FB)

265   17 der 20 Teilnehmenden fühlten sich in der Gruppe beim Blockseminar wohl, 15 davon sehr; die Atmosphäre wird als nett und vertraut empfunden (vgl. z.B. Nicole, WiSe 12/13, Post-FB).

266   Dreizehnmal volle Zustimmung, sechsmal Zustimmung und einmal leichte Zustimmung zum Item: „Die Atmosphäre beim Seminar hat mich ermutigt, mich auf persönliche Herausforderungen einzulassen." (Post-FB)

267   Im Post-FB stimmen dem Item „Das Übernehmen einer Rolle hat einen guten Schutz in der Auseinandersetzung mit Persönlichkeitseigenschaften dargestellt." sieben Teilnehmer*innen voll zu und weitere sieben zu (n=20).

zusammen und wir versuchen uns gegenseitig so viel Feedback zu geben wie=wie geht und wir versuchen das alles für uns hier gut zu gestalten und da viel mit äm rauszunehmen (IC, Z. 376-380)". (Rinne 2012:48)

Das Teamgefühl und der Unterstützungsgedanke dieser Äußerung weisen in Richtung der Herausbildung einer professionellen Gemeinschaft (*community of practice*), die durch ein „gemeinsame[s] Anliegen, Engagement und gegenseitigen Support sowie Lernen voneinander verbunden [ist]" (Schocker 2013:282). Für das Ziel, berufsbezogene Identitätsbildungsprozesse zu unterstützen, ist das eine höchstbedeutsame Dynamik und eine ideale Basis.

Abbildung 41: Empfundener Mut beim Seminar (n=20, 3 Seminare)

6.3.2 Impulse zur Entwicklung von Selbstkompetenz

Unter anderem bewirkt oben geschildertes Gemeinschaftsgefühl, dass sich Teilnehmer*innen bei den Blockseminaren trauen, eigene Grenzen zu überschreiten und auch eigene Unsicherheiten (in Bezug auf die Berufswahl, Stärken und Schwächen o.ä.) im Gespräch zu bearbeiten: Im Durchschnitt stimmen die Teilnehmer*innen mit 1,85 zu, dass sie sich getraut haben, Persönliches – und auch an sich selbst als defizitär empfundene Seiten – zu thematisieren.[268] Auch Teilnehmer*innen, die im Prä-Fragebogen angegeben hatten, Probleme eher nicht mit anderen zu besprechen[269] und die sich dafür normalerweise keinen Rat einholen[270], haben sich laut eigener Einschätzung im Seminar anders verhalten. Tabelle 13 zeigt diejenigen Teilnehmer*innen, die im Voraus (voll) zugestimmt hatten, Probleme generell mit sich selbst auszumachen (linke

---

268   Item: „Ich habe mich getraut, persönliches zu thematisieren, auch über Seiten an mir [zu sprechen; A.H.], die ich als Defizite empfinde." (Post-FB)

269   Item: „Probleme mache ich eher mit mir selbst aus und lasse andere damit in Ruhe." (Prä-FB)

270   Item: „ Wenn ich Probleme habe, frage ich Freunde oder Vertrauenspersonen um Rat." (Prä-FB)

Spalte); bei 5 von 6 Personen fällt dies zusammen mit einer starken Verneinung der Frage, ob Freunde oder Vertrauenspersonen bei Problemen zu Rate gezogen werden (mittlere Spalte). Vier von sechs dieser Teilnehmer*innen stimmen dennoch in der Rückbetrachtung des Seminars (voll) zu, beim Seminar an sich selbst wahrgenommene Defizite preisgegeben zu haben (siehe rechte Spalte).[271] Das ist eine notwendige Basis für die Arbeit an der Selbstkompetenz, denn die Thematisierung ermöglicht im Seminar, auf diese Selbstbilder und Befürchtungen einzugehen – z.b. in Form einer Diskussion ihrer tatsächlichen Ausprägung oder ihrer Bedeutung für den Beruf, als Beratung, wie daran gearbeitet werden kann oder als gemeinsame Untersuchung, welche Stärken individuell zum Ausgleich dienen können (Ressourcenorientierung.) Zudem stellt bereits der Schritt, sich im Rahmen des Seminars auf ungewohntes Verhalten einzulassen und sich selbst und eigene Schwächen oder Ängste zum Thema zu machen, eine Entwicklung selbstkompetenten Verhaltens dar. Wenn im Rahmen des Seminars damit positive Erfahrungen gemacht werden, steigt zudem die Wahrscheinlichkeit, auch im späteren Berufsalltag einmal Entlastung und Unterstützung darin zu suchen, sich Freund*innen oder Kolleg*innen anzuvertrauen und Rat einzuholen.

	PRÄ: Probleme mit sich selbst ausmachen	*PRÄ: Rat einholen bei Vertrauenspersonen*	*POST: Selbst-thematisierung (auch Defizite) im Seminar*
Melvin	2 (stimme zu)	4 (stimme weniger zu)	1 (stimme voll zu)
Elena	1 (stimme voll zu)	5 (stimme eher nicht zu)	1 (stimme voll zu)
Maxi	1 (stimme voll zu)	4 (stimme weniger zu)	2 (stimme zu)
Jerg	2 (stimme zu)	4 (stimme weniger zu)	2 (stimme zu)
Mirja	2 (stimme zu)	5 (stimme eher nicht zu)	3 (stimme etwas zu)
Carla	1 (stimme voll zu)	1 (stimme voll zu)	4 (stimme weniger zu)

Tabelle 13: Vorher angegebene Verhaltenstendenzen und im Seminar gezeigtes Verhalten bzgl. des Umgangs mit Schwächen (Sortierung nach rechter Spalte aufsteigend).

Dimensionen von Selbstkompetenz-Lernen klingen im Feedback der Studierenden immer wieder an, so z.B. die Angabe, „Erfahrungen im Reflektieren über mich selbst (in einer Gruppe) und das Lehrer-Sein" aus dem Seminar mitzunehmen (Ina, SoSe 12, Post-FB)[272]. In Feedbackrunden wird das Thema einer gewachsenen Selbstkenntnis immer wieder angesprochen: „Ich habe viel über mich selber gelernt [...]" (Abschlussfeedback SoSe 12, #00:03:30-5#[273]) und „Es war [...] ein sehr reflektiertes Wochenende und ich

---

271   Eine Ausnahme stellt Carla dar, die als Einzige „wenig" (4) zustimmt und sich bei den beiden Vorab-Fragen widersprüchlich äußert.

272   Offene Frage: „Was nimmst Du mit?" (Post-FB)

273   Audiodaten sind selektiv transkribiert worden. In den transkribierten Ausschnitten, die hier zitiert werden, sind Wortdoppelungen entfernt worden, um die Lesbarkeit zu erhöhen. Münd-

hab sehr viel mitgenommen über mich selbst." (Abschlussfeedback, WiSe 12/13, #00:03:20-1#). Eine erhöhte Selbstaufmerksamkeit beim Seminar, Anlässe zur Selbstreflexion und neue Pläne zur eigenen Weiterentwicklung werden von den Studierenden in einen Zusammenhang gebracht (Katharina, SoSe 13, Post-FB Quali; Hervorhebungen A.H.):

> Ich habe mich [beim Seminar] auf jeden Fall **selbst bewusster wahrgenommen** und **mein Handeln und Denken stark reflektiert.** Anstoß hierfür waren vor allem die Feedbacks und Fremdeinschätzungen, die ich mit meiner eigenen Wahrnehmung abgleichen kann. Zugleich hat das Seminar mein **Selbstbewusstsein gestärkt** [...]. Und mir ist nun **bewusster, was ich gerne verbessern möchte** [...].

Im Folgenden werden die Äußerungen und Antworten der Teilnehmer*innen differenziert nach den einzelnen Erfahrungsfeldern dramapädagogischer Selbstkompetenzseminare (vgl. Modell Abbildung 9) sowie die Stärke und Ausprägung unterschiedlicher Entwicklungsimpulse untersucht (vgl. Abbildung 14).

Körperarbeit, Schauspiel und Inszenierung

Auftritt und Selbstdarstellung sind in dieser Arbeit als wesentliche Elemente des Theaters ebenso wie des Lehreralltags hergeleitet worden. Um den eigenen Auftritt wirkungsvoll gestalten zu können, sind ein Bewusstsein über die eigene Wirkung und eine gewisse Kontrolle über ihre physischen Bedingungsfaktoren notwendig. Dazu gehören Körpersprache und Stimmeinsatz und der gezielte Einsatz von Raumnutzung, aber auch eine Achtsamkeit auf sich selbst und die eigene Befindlichkeit sowie schließlich die Lehrersprache als Teil der professionellen Fremdsprachenlehreridentität (vgl. Kapitel 4.2). Entwicklungsimpulse für diese Bestandteile der Selbstkompetenz von (Fremdsprachen-)Lehrer*innen werden nun herausgearbeitet.

Auftritt, Präsenz und Lehrersprache

Acht von vierzehn Befragten (n=14; 2 Seminare) stimmen (voll) zu, dass sie sich durch das Seminar ihrer Wirkung bewusster geworden sind.[274] Nur eine Teilnehmerin (Gülcan) stimmt hier eher nicht zu (Wert: 5); sie hat keine Erkenntnisse über die eigene

---

lichkeitsphänomene sowie prosodische und parasprachliche Merkmale werden bei dieser inhaltsbezogenen Auswertung nicht systematisch berücksichtigt, so dass sie auch nicht ausführlich gekennzeichnet worden sind. Zitate aus den Interviews von Maren Rinne (2012), die nach der dokumentarischen Methode geführt und ausführlich transkribiert wurden, enthalten diese zusätzlichen Informationen.

274 Unklar ist dabei, ob diese Bewusstheit durch die Theaterübungen zustande kommt, durch die Reflexionen, das Feedback von anderen oder eine Kombination dieser Aspekte.

Wirkung dazugewonnen.[275] Rinne stellt einen Erkenntnisgewinn der Teilnehmer*innen über ihren Auftritt und das Thema allgemein fest (Rinne 2012:63):

> In Bezug auf das körpersprachliche Lernen [...] [und im] Zusammenhang mit den Statusübungen machen sich viele Teilnehmer/-innen Gedanken zur Wirkung ihrer Körpersprache in nonverbalen Kommunikationssituationen. Etwa bei der Darstellung guter und schlechter Lehrer/-innen fanden die Studierenden es bemerkenswert, wie präzise sich eine Person durch Körpersprache, Mimik und Gestik charakterisieren lässt und aus der Auftrittsübung schließen viele der Teilnehmer/-innen, dass kleine körpersprachliche Variationen eine ganz unterschiedliche Wirkung erzielen können.

Teilnehmer*in Ilona erläutert den eigenen Lernprozess im Seminar: „Ich bin mutiger geworden, vor anderen aufzutreten. Ich war mir nie bewusst, wie wichtig Körpersprache ist. Dennoch denke ich, dass es sehr wichtig ist, natürlich und entspannt aufzutreten, die Körpersignale im Hinterkopf zu behalten." (Ilona, SoSe 13, Post-FB Quali) Ilona strebt eine Selbstdarstellung mit hohem Grad an authentischer Wirkung an (Authentizität und Selbstexpressivität). Sie meldet hier zurück, dass ihr die Gestaltungsmittel ihres Auftritts, besonders ihre Körpersprache, bewusster geworden sind.

Abbildung 42: Wirkungsbewusstsein (n=13, 2 Seminare)

Auf die Frage danach, ob sich im Seminar eine veränderte Selbstwahrnehmung entwickelt habe und ob darin eine Auswirkung auf das Auftreten vor anderen, z.B. einer Klasse, resultieren werde[276], antwortet eine weitere Teilnehmerin: „Ich habe keine wirklich neuen Aspekte an mir kennengelernt, aber meine Wirkung auf andere bestätigt bekommen. [...] Es wird mein Auftreten insgesamt nicht wirklich verändern, aber ich werde mir meiner Haltung + Wirkung bewusster sein." (Petra, SoSe 13, Post-FB

---

275 Mögliche Erklärungen wären Dispositionen der Person, sich weniger auf die Übungen und Reflexionen einzulassen, oder dass bereits vorher eine sehr hohe Bewusstheit über die eigene Wirkung vorhanden gewesen ist.
276 Frage 1 im qualitativen Zusatz-Fragebogen

Quali) Eine solche Bestätigung erlebt auch Alexandra: „Das Lehrertraining hat meinen eigenen Eindruck bestätigt hinsichtlich meines Auftretens und meiner Wirkung." (Alexandra, SoSe 13, Post-FB Quali) Andere erfahren beim Auftrittstraining zugleich eine Bestätigung von Bekanntem als auch neue Impulse (vgl. Hanna, ebd.).

Eine Teilnehmerin hebt besonders ihr neues Bewusstsein für die Relevanz des Lehrerauftritts für das Lernen der Schüler*innen hervor und schlussfolgert daraus Verhaltensziele für sich selbst, die auch die Theaterübungen zum Thema Status wieder aufgreifen: „Zudem ist mir durch den Selbstversuch bewusst geworden, wie genau mein ganzes Auftreten wahrgenommen wird und auch das Lernklima (explizit und implizit) beeinflusst. Ich möchte bewusst auf meinen Status achtgeben und dies reflektieren [...]." (Katharina, ebd.) Diese Rückmeldungen zeigen an vielen Stellen, dass nicht nur das Theaterspielen und das ‚sich mehr trauen' Entwicklungsprozesse anstößt, sondern insbesondere der Vergleich von Eigenwahrnehmung und Feedback durch andere bedeutsam ist, um die eigene Wirkung zu reflektieren.

Die Übung „Auftritt vor einer Lernergruppe" (Dauber & Nolle 2009:14 f.; vgl. Seite 180 ff. dieser Arbeit) wird besonders häufig von Teilnehmer*innen als wertvoll für ihre Selbstkompetenz im Bereich Auftritt benannt. Die meisten Teilnehmer*innen des Blockseminars im Sommersemester 2012 beschreiben in den späteren narrativen Interviews eine Steigerung ihres Selbstbewusstseins durch diese positive Auftrittserfahrung (vgl. Rinne 2012:57). Die Übung liefere „Denkanstöße und gleichzeitig aber auch [...] Selbstvertrauen" (Rinne 2012:57); das Blockseminar habe einen guten Rahmen zur produktiven Bearbeitung möglicher Unsicherheiten dargestellt (vgl. ebd.). Einer weiteren Teilnehmerin im Sommersemester 2013 war dieser Auftritt „sehr wichtig [...], einfach um wirklich nochmal das sozusagen auch in Trockenen [...] zu üben". (Nele, SoSe 13, Feedbackrunde[277] Tag 2, #00:08:02-3#). Die Teilnehmerin Charlette beschreibt aufschlussreich ihren eigenen Lernprozess (Charlette, ebd.):

> #00:02:22-9# Also mein persönliches Highlight von gestern war glaub ich tatsächlich diese Klassenraumübung, die Lehrer-Auftritts-Übung, das wär auch das jetzt von dem ich so für mich selber - mal abgesehen so von Ideen, was man so im Klassenraum machen kann - wirklich viel mitgenommen hab. Ich fands sehr interessant zu sehen, wie man so...na ja, wie verschiedene Haltungen oder verschiedene Tonlagen...Sachen, die man sagt, formuliert aus so einer kurzen Zeit wie diesen dreißig Sekunden, die wir da ja äh geübt haben, doch so verschieden wirken können auf verschiedene Leute. Und wie genau man auch so beobachtet wird in soner Situation und das fand ich doch...ja, auf jeden Fall sehr interessant. Und es waren auch von dem Feedback her einige Sachen, die ich mir selber schon vorher gedacht hatte und...die ich auch insofern gut finde und von denen ich auch denke, die kann ich so weiter nehmen in meine künftigen Auftritte in Klassenräumen, wenn ich dann Lehrer bin. Und andere Sachen waren auch mal ganz neu, die ich da gehört habe, und das werde ich mich auf jeden Fall noch mit beschäftigen und nochmal drüber nachdenken und schaun...[...] #00:03:40-4#

---

277   im Folgenden FBRT2

In diesem Feedback zeigen sich Aspekte der Selbstkompetenz-Dimensionen Auftritt und Präsenz sowie Impulse zur weiteren Beschäftigung damit. In vielen weiteren Rückmeldungen zeigt sich, dass diese Übung als eine Bestätigung bezüglich bereits bekannter Eigenschaften wahrgenommen wurde („Das mit dem Klassenzimmer, das war auch eher ne Bestätigung von dem, was ich schon wusste, aber ich fands trotzdem gut, dass wir das gemacht haben, und auch anderen zuzuschauen, wie sie auftreten"; Sheila, SoSe 13, Post-FB Quali) – und mitunter auch als eine Bestätigung, das eigene Ziel schon erreicht zu haben: „Durch die Auftritts-Übung wurde mir im Feedback zurückgegeben, dass ich zu großen Teilen bereits so wirke, wie ich es möchte." (Hanna, SoSe 13, Post-Fragebogen) Bei verschiedenen Personen diente diese Übung somit als Erprobungsmöglichkeit, als Bestätigung oder auch als Sensibilisierung für die Bedeutsamkeit von Körpersprache und Prosodie. Aufschlussreich ist dabei immer wieder auch das Spannungsfeld zwischen Authentizität und Rolle – noch dazu in einem ohnehin simulierten und somit nicht authentischen Kontext – das die Teilnehmerin Marja bereits vor der Übung ausformulierte (Marja, WiSe 12/13, Gruppeninterview Rollenspiel 2[278]):

> #00:56:15-2# [...] ich bin noch n bisschen skeptisch, weil ich denke, wenn wir [...] dann vor Studenten stehen ist man trotzdem auch immer noch anders als vor Schülern, weil man das...diese Metaebene trotzdem noch im Kopf hat. Deswegen kann ich mir nicht vorstellen, dass ich [...] [dabei]...äh, nicht SPIELE, wenn ich dann [...] einen Lehrer spiele, also dann mich selber spielen soll. Also kann ich mir nicht vorstellen, dass ich authentisch ich bin. #00:56:35-7#

Allgemein wurde dieser Auftritt dennoch im Nachhinein nicht als ‚Verstellung' und Rollenspiel gewertet, sondern als authentischer Auftritt wahrgenommen. Gerade für in der Praxis noch unerfahrene Studierende erfüllen die Übung und wertschätzendes Feedback eine Mutmacher-Funktion (vgl. Teilnehmer-Aussagen in Rinne 2012:57f.). Die zukünftigen Lehrer*innen machen damit eine Wirksamkeitserfahrung, die sich auf ihr Selbstkonzept und auf ihren zukünftigen Auftritt vor Klassen auswirken kann. Die Tatsache, dass in dieser Übung ein hoher Selbstbezug zu finden ist – die Teilnehmer*innen sollen als sie selbst auftreten und haben somit keinen ‚Rollenschutz' mehr; sie erhalten zudem Rückmeldungen darüber, was manche im Voraus als einschüchternd einschätzen – führt zu der subjektiv wahrgenommenen hohen Relevanz dieser Übung (vgl. Rinne 2012:56). Dieser Umstand unterstreicht die Wichtigkeit, diese Übung erst nach erfolgtem Vertrauensaufbau in einer wertschätzenden Gruppe durchzuführen.

Zum sicheren Auftritt von Lehrer*innen gehört nicht nur ein Bewusstsein über ihre körpersprachliche Wirkung, sondern auch ein (selbst)sicherer Einsatz der Fremdsprache (‚Lehrersprache'; vgl. 64 f. dieser Arbeit). In Interviews nach dem Seminar geben Teilnehmende an, dass sie nicht nur einen Zuwachs ihrer methodischen, sozialen und pädagogischen Kompetenzen erfahren, sondern auch ihr Selbstbewusstsein, sich in der

---

278   im Folgenden GIRS1

Fremdsprache auszudrücken, verbessert haben (vgl. Rinne 2012:49 ff). Im Fragebogen beschreibt ein Teilnehmer, er sei im Schutz der Rolle aus sich herausgekommen (vgl. Jerg, SoSe 12, Post-FB) und habe „Hemmungen (z.B. eine andere Sprache zu sprechen) [überwunden]" (ebd.). Es wird positiv betont, dass man „plötzlich so frei und mit so viel Spaß in einer anderen Sprache reden kann" (Charlette, SoSe 13, FBRT2, #00:03:40-4#), was zu dem Wunsch führt, dies in den zukünftigen Fremdsprachenunterricht ‚mitzunehmen' (vgl. ebd., #00:03:51-2#). Diese Erfahrung kann, wenn sie ausgebaut wird, signifikante Auswirkungen auf die Sicherheit des Auftretens im fremdsprachlichen Klassenzimmer haben.

Emotionale Selbstkompetenz

Insgesamt zeigen die Rückmeldungen, dass v.a. für die Teilaspekte ‚Auftritt und Präsenz' Impulse zur Entwicklung professioneller Selbstkompetenz erfolgt sind. In der Langzeitbefragung muss überprüft werden, welche konkreten weiteren Entwicklungen sich daraus ergeben haben. Zum Bereich der emotionalen Selbstkompetenz (Emotionsarbeit, Empathie, Frustrations- und Ambiguitätstoleranz) äußern sich die Teilnehmer*innen hingegen kaum. Nur wenige Rückmeldungen lassen sich hier direkt einordnen. Zwei Teilnehmer*innen schildern das Aushalten unangenehmer Emotionen beim Theaterspielen. Sie mussten regulierend mit Unsicherheiten und Kontingenzen umgehen:

> Ich nehme mit, dass es manchmal nötig ist, seine Grenzen zu überschreiten, unangenehme Situationen auszuhalten, um einen Wissenszuwachs zu erfahren. Danach ist man froh, es ‚durchgestanden' zu haben. (Nicole, WiSe 12/13, Post-FB)

> Bei der Übung ‚Was holst Du aus der Kiste' habe ich negative Gefühle (des Versagens) gehabt und mich unsicher gefühlt. (Melvin, SoSe 13, Post-FB Quali)

Ob sich im Fall von Melvin letztlich eine positive Verarbeitung im Sinne des ‚erfolgreichen Scheiterns' ergeben hat, ist auf Basis dieser Äußerung nicht zu beantworten. Seine weiteren Angaben („Ich habe alle Übungen positiv wahrgenommen und mit Freude ausprobiert"; ebd.) sprechen zumindest dafür, dass die Angst zu versagen in einer Übung nicht die Teilnahme an anderen Aktivitäten beeinträchtigt hat.

Bezüglich Impulsen zur Ambiguitätstoleranz lassen sich Ansätze in den Interviews im Sommersemester 2012 finden. Einzelne Teilnehmer*innen beschreiben hier, wie sie sich im spontanen Theaterspiel von der Beurteilung durch andere freigemacht haben – und beurteilen das als „relevant für die Schule, wo man sich ebenfalls trauen solle, man selbst zu sein" (Rinne 2012:34). Dies kann in Richtung der Entwicklung von Ambiguitätstoleranz und der Bereitschaft zum *role making* gedeutet werden.

Im Perspektivgespräch mit der Teilnehmerin Christiane wird ersichtlich, dass die Parallele zwischen Schauspiel und Emotionsregulation im Sinne eines *surface acting* auch in

ihren weiteren Gedanken nach dem Seminar noch bearbeitet wurde (Christiane, Perspektivgespräch, WiSe 12/13):

> #00:12:03-0# Also ich fand das so ganz interessant, dass man so viele Rollen auch spielen konnte,
> also einmal dieses Improvisieren, dann aber auch diese Lehrerrolle. Weil man dadurch einfach
> tatsächlich son bisschen geübt hat, mal jemand anders zu sein. Ich glaube halt, dass es als Leh-
> rer...dass man da schon auch schauspielern können MUSS irgendwie. [...] Zum Beispiel, wenn
> man jemanden nicht gerne mag, muss man so tun, als wär das...also man muss halt diese Anti-
> pathie irgendwie verstecken können. #00:12:35-0# [...] Auch wenn man mal schlechte Laune hat
> oder so, dass man das einfach nicht so an den Schülern auslässt. #00:13:32-1#

Im Rahmen des Perspektivgespräches entsteht ausgehend von dieser Äußerung eine
fruchtbare Diskussion über das Thema Authentizität und Schauspiel, Emotionsregulation und Beziehungsarbeit von Lehrer*innen. Das Gespräch zeigt, dass durch das Rollenspiel und das Experimentieren mit dem eigenen Auftritt beim Blockseminar bei
Christiane viele grundlegende Reflexionsprozesse über sich selbst, ihre Wirkung (beispielsweise ihre Stimme und ihr Verhalten in Gruppen), aber auch die Frage, wie man
als Lehrer*in Menschlichkeit und Professionalität balanciert und Rollen gestaltet, in
Gang gesetzt wurden.

Imagination, Selbstbilder und Narration

In diesem Erfahrungsfeld dramapädagogischer Arbeit ist im Theorieteil das Selbst als
Erzählung betrachtet worden. Als Selbstkompetenzimpuls wurden hier die Relativierung eigener schulischer Lernerfahrungen sowie die ‚Gestaltung‘ der eigenen berufsbiographischen Erzählung erwartet. Es geht darum, Selbstbilder zu hinterfragen und zu
entwerfen, Stärken und Schwächen zu analysieren, Kontinuität und Kohärenz in der
Perspektive auf die eigene professionelle Entwicklung zu erzeugen und sich Leitlinien
für die Zukunft als Lehrer*in zu schaffen – was eine Auseinandersetzung mit den eigenen Werten und der Ethik der Berufes voraussetzt und die Fähigkeit zur Rollendistanz
erfordert.

Berufsbiographische Selbstreflexion und Ressourcenwahrnehmung
Die Auswertung der Daten bestätigt, dass die Betrachtung individueller Ressourcen
und der eigenen (Lern-)Biographie häufig Hand in Hand gehen. So sieht Petra ihre Erinnerungs-Lehrer*innen als Orientierung auf ihrem weiteren Weg: „Ich weiß, dass die
positiven + negativen Lehrer aus der Vergangenheit immer in Gedanken mitschwingen
in dem Sinn: ‚So will ich sein/so nicht.‘ [...] Ich muss meinen eigenen Lehrstil entwickeln
und authentisch bleiben, dennoch dienen sie als Orientierung.“ (Petra, SoSe 13, Post-
FB Quali) Besonders effektiv zeigt sich für den Bereich der biografischen Reflexion in
den qualitativen Rückmeldungen die Übung ‚Erinnerungslehrer‘ (vgl. Seite 174 ff. dieser Arbeit), die auch laut Rinne „auf großes Interesse [stößt] und [...] von beinahe allen
positiv bewertet [wird]“ (Rinne 2012:37). Der Effekt zeigt sich hier nicht nur in einer

rückwärtigen Reflexion, sondern auch als Blick in eine mögliche Zukunft: „Diese Erfahrung war sehr wertvoll für mich, da sie mir Lehrer-Vorbilder gezeigt hat. Normalerweise bin ich jemand, der nur weiß, was er nicht will [...]." (Hanna, SoSe 2013, Post-Fragebogen) Mit Bezug auf die eigene berufliche Zukunft erwächst auf der Reflexion dieser Übung eine Erkenntnis über die Vieldimensionalität der Persönlichkeit und die Individualität ‚guter Lehrer*innen', so Rinne (2012:38):

> Mehrere Teilnehmer/-innen ziehen aus der Übung den Schluss, dass nicht einzelne Eigenschaften, sondern deren Zusammensetzung eine/-n gute/-n Lehrer/-in ausmachten, dass es „unterschiedliche Typen seien, die als gute Lehrer wahrgenommen werden" und „dass jeder eigentlich ein guter Lehrer werden kann" (RS, Z. 155ff.).

Teilnehmer*innen entdecken Parallelen zwischen den als gut erinnerten Lehrer*innen („Unsere Lieblingslehrer waren sich auch alle nicht unähnlich."; Katharina, SoSe 13, Post-Fragebogen), und identifizieren Verhaltensweisen, die sie vermeiden möchte („Ich habe viele Erkenntnisse gewonnen, besonders wie ich später nicht sein möchte."; ebd.). Neben einer solchen Analyse und Vorsätzen für zukünftiges Verhalten wird die spielerische Auseinandersetzung mit und die resultierende Distanzierung von Lehrer*innen, an die die Teilnehmenden schlechte Erinnerungen haben, von Einzelnen als regelrechte Katharsis empfunden. Hier erfolgt eine Art nachträgliche Aufarbeitung (vgl. Feedback Martin in Rinne 2012:38).

Dem Bereich der berufsbiographischen Selbstreflexion wird die Auseinandersetzung mit eigenen Stärken und Schwächen zugeordnet (vgl. Seite 80 ff. dieser Arbeit). Teilnehmer*innen melden diesbezüglich beispielsweise zurück, sich ihrer „Schwächen und Stärken bewusster geworden [zu sein] durch die Selbstreflexionen" (Petra, SoSe 13, Post-FB Quali). Die quantitativen Daten zeigen, dass Theaterspiel und Gruppenerlebnis einigen Teilnehmer*innen ermöglichte, an sich neue positive Seiten zu entdecken (u.a. Carla, Franziska, Jerg), während andere sich selbst dabei negativer als sonst wahrnahmen (u.a. Marlon, Lotta) oder Entdeckungen in beide Richtungen machten (vgl. Tabelle 14). In der Langzeit-Untersuchung muss geprüft werden, ob sich aus den Negativ-Entdeckungen konstruktive Entwicklungen ergeben haben.

Rinne sieht in ihrer Interviewstudie bestätigt, dass die Selbstreflexivität der Teilnehmer*innen in Bezug auf ihre Ressourcen durch die performative, berufsbiographische Selbstkompetenzarbeit verbessert wird (vgl. Rinne 2012:64). Viele der dramapädagogischen Aktivitäten hätten die Studierenden dazu angeregt, „über eigene Stärken und Schwächen – zum Teil mit Bezug auf ihren späteren Beruf – nachzudenken [...] [und] viele der Teilnehmer/-innen gestärkt" (ebd.:64f.). Rinne diagnostiziert hier einen „Selbstwertgefühlaufschwung[...]" (ebd.:58). Eine Stärkung von Selbstkenntnis und Selbstakzeptanz scheint auch aus der Auseinandersetzung mit einer fremden Rolle beim Theaterspielen zu erwachsen. So resümiert eine Teilnehmerin im Rückblick: „Vom Wochenende an sich nehme ich mit, dass es helfen kann, eine Rolle zu spielen, die dem eigenen Charakter völlig fremd ist, um sich selbst, seine Stärken und Schwächen, kennen (und schätzen!) zu lernen." (Nicole, WiSe 12/13, Post-FB)

	POST: Ich habe neue Stärken an mir entdeckt, die ich vor dem Seminar gar nicht so gesehen habe.	POST: Ich habe an mir Seiten entdeckt, die mir gar nicht gefallen haben.
Ilona	2 (stimme zu)	5 (stimme eher nicht zu)
Franziska	2 (stimme zu)	4 (stimme weniger zu)
Jerg	2 (stimme zu)	4 (stimme weniger zu)
Carla	2 (stimme zu)	3 (stimme etwas zu)
Monika	2 (stimme zu)	2 (stimme zu)
Marlon	3 (stimme etwas zu)	2 (stimme zu)
Lotta	5 (stimme eher nicht zu)	2 (stimme zu)

Tabelle 14: Entdeckung neuer Seiten an sich beim Theaterspielen (Auswahl an TN)

Als besonders wirksame, ressourcenorientierte Übung erwies sich ab dem Wintersemester 12/13 das ‚Ball-O-Meter' (vgl. Beschreibung Seite 171 ff.). Rückmeldungen der Studierenden zu dieser Übung zeigen, dass dadurch Entwicklungspläne für die Zukunft entstanden sind: „[M]ir ist nun bewusster, was ich gerne verbessern möchte, besonders durch die Fremdwahrnehmung und die Ball-Übung." (Katharina, SoSe 13, Post-FB) Aber auch eine Hinterfragung der eigenen Berufswahl und Eignung kann hier zustande kommen: „Das Ball-O-Meter hat mich zunächst etwas verunsichert, da alle anderen sehr sicher in ihrer Berufswahl wirkten, während ich noch manchmal zweifle. Daher hat diese Aktivität meine Selbstwahrnehmung eher auf meine Schwächen gelenkt." (Hanna, SoSe 13, Post-FB; Hervorhebung im Original)

Wichtig ist, dass aus solchen kritischen Überlegungen praktische Handlungsimpulse im Sinne einer ergebnisorientierten Selbstreflexion abgeleitet werden (z.B. können diese im Seminar oder bei späteren Perspektivgesprächen herausgearbeitet werden). Eine ‚konstruktive Verunsicherung', die wichtige Impulse zur Weiterentwicklung liefern kann, zeigen die Rückmeldungen aus verschiedenen Seminaren, in denen Studierende wahrgenommene Schwächen als Entwicklungsfelder definierten: „Bei dem Ballspiel bin ich mir noch einmal der Felder bewusst geworden, an denen ich arbeiten möchte. Wegrationalisieren kann ich diese ‚Negativ-Bälle' nicht, aber sie versuchen, möglichst positiv in meine Lehreridentität zu integrieren." (Melvin, SoSe 13, Post-FB)[279] Bedeutsam sind dafür häufig auch die Rückmeldungen und die Spiegelungen durch andere

---

279   Bei Melvin bahnt sich hier eine Integrationsleistung an, wie sie Borich für die Entwicklung eines professionellen Selbst in der Praxis beschreibt: Auf der Basis der Entwicklung verschiedener Selbstwahrnehmungen kann die Lehrerin oder der Lehrer das „Bild eines idealen Selbst entwerfen, das durch die Integration von Stärken und Schwächen unter Berücksichtigung vorherrschender Werte [...] erreicht wird" (übersetzt nach Borich 1999:100).

Teilnehmer*innen sowie der Vergleich mit ihnen: „Ich bin mir sicherer in meinen Stärken als zukünftiger Lehrender, im Gegensatz zu den Anderen sind mir aber auch Aspekte aufgefallen, an denen ich noch arbeiten muss/ sollte." (Lotta, WiSe 12/13, Post-FB Quali) Selbst eine Wahrnehmung eigener Defizite bzw. die Auseinandersetzung damit wird im Rahmen dramapädagogischer Selbstkompetenzseminare von den Teilnehmer*innen als positiv bewertet, weil sie als Entwicklungsfelder gesehen werden: „Ich habe viele neue Seiten an mir entdeckt [...] Ich bin durch die Reflexionen mehr über meine Defizite klar geworden und darüber bin ich dankbar." (Franziska, WiSe 12/13, Post-FB Quali)

Aus der Ressourcenbetrachtung ergibt sich also insgesamt ein Wachstum von Selbstsicherheit und Zutrauen in eine gelingende berufliche Zukunft (‚Kohärenz'). Dabei werden Ziele zur eigenen Weiterentwicklung gesteckt, um die Narration der eigenen professionellen Identität gelingend weiterführen zu können. Teil dieser Narration und Zielsetzung ist auch eine Beschäftigung mit den eigenen Werten und Schwerpunktsetzungen für den zukünftigen Beruf, was im theoretischen Teil dieser Arbeit als individuelle Lehrphilosophie bezeichnet worden ist (vgl. Seite 86 ff.).

Individuelle Lehrphilosophie

Die Auseinandersetzung mit den eigenen Werten und dem inneren Curriculum wurde im Theorieteil der Arbeit als ein Herzstück der Selbstkompetenz von Lehrer*innen definiert, in das viele der anderen Aspekte hineinspielen. Es wurde als ein Ziel der Selbstkompetenzförderung dargelegt, dass werdende Lehrer*innen ihre individuellen Ansprüche und Haltungen erkunden, darstellen und diskutieren lernen. Der Ansatz einer solchen Entwicklung zeigt sich bei Hanna: „[...] diese Übung [= die Darstellung guter und schlechter Lehrer aus der Erinnerung sowie der eigene Auftritt als zukünftige*r Lehrer*in] hat mir tatsächlich vor Augen geführt, was für eine Lehrerpersönlichkeit ich werden möchte." (SoSe 2013, Post-FB Quali). Diese Teilnehmerin hat ein Entwicklungsziel entworfen, das zukünftig als Orientierung dienen und im Vergleich mit dem realen Handeln als Lehrerin daran erinnern kann, sich an bewussten Werten auszurichten.

Quantitativ wurde die Frage nach der Ermutigung zu eigenen Werten und Zielen im Beruf[280] leider zum ersten Mal im Sommersemester 2013 erhoben (n=6). Hier zeigt sich eine hohe Zustimmung mit einem Mittelwert von 1,50. Dramapädagogische Selbstkompetenzarbeit unterstützt Teilnehmer*innen demnach darin, eigene Werte herauszuarbeiten und bestärkt sie in dem Vorsatz, ihr Handeln daran auszurichten. Dieser Effekt zeigt sich (allerdings bei sehr geringer Datenmenge) sogar etwas stärker als bei dem Seminar Typ I (vgl. Abbildung 43).

---

280   Item: „Ich fühle mich ermutigt, als Lehrer*in für die Werte und Ziele einzustehen, die ich selbst
       in diesem Beruf am wichtigsten finde." (Post-FB)

DIE EIGENE LEHRPHILOSOPHIE VERTRETEN

■ Seminar Typ I (WiSe 14/15)   ▨ Seminar Typ II (SoSe13)

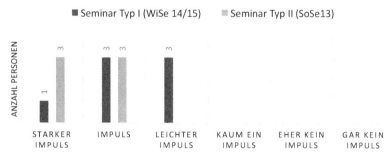

Abbildung 43: " Ich fühle mich ermutigt, als Lehrer*in für die Werte und Ziele einzustehen, die ich selbst in diesem Beruf am wichtigsten finde." (Post-FB) (n=13, 2 Seminare)

Als Auseinandersetzung mit fremden Lehrphilosophien und (Lehrer-)Persönlichkeiten – mit möglichem Bezug zur eigenen Person – war das ‚Lehrer-Rollenspiel' angelegt (vgl. die Beschreibung auf Seite 183 ff.). Zu dieser komplexen Übung stellen sich mindestens zwei wichtige Fragen für eine Auswertung: Hatten die Theaterfiguren einen Bezug zum Selbst der Darstellenden (stammten sie also, wie es die Theorie Ruth Hubers besagt, z.B. aus dem Bereich des Möglichen Selbst?). Und zweitens: Haben die Teilnehmer*innen durch die Auseinandersetzung mit diesen Rollen „die eigenen Einstellungen, Werte und Überzeugungen überprüft" (Huber 2004:67) und können sie sich vorstellen, sich Verhaltensweisen dieser Figuren zu eigen zu machen? Untersucht werden soll auch, ob sogar eine Art Annäherung an oder Versöhnung mit eigenen ‚abgelehnten' Bereichen der Psyche stattfand, so wie es Huber durch das Spiel mit Figuren des abgelehnten Selbst vermutet (vgl. ebd.:67).

Lehrer-Rollenspiel: Erste Erprobung (SoSe 12)

Die erste Durchführung des Lehrer-Rollenspiels im Sommersemester 2012 kann als Pilotierung dieses Formates gesehen werden. Die Theorie über die Herkunft der Figuren (siehe Seite 183 ff.) wurde den Teilnehmenden in diesem Durchgang erst im Nachhinein erläutert, ebenso das der Figurenentwicklung zugrunde gelegte Modell der psychologischen *Big Five* sowie deren Relevanz für den Lehrerberuf (siehe Seite 98 ff.). Im Anschluss an die Übung wurde gemeinsam diskutiert, ob berufsrelevante selbstreflexive Impulse aus der Entwicklung der Figuren, der Erfahrung ihrer Verkörperung und der Interaktion mit anderen Rollen entstanden sind.[281] Im Abschlussfragebogen wurde

---

281   Als Redeimpuls zu diesem Gruppeninterview diente die Frage nach wahrgenommenen Lerneffekten unter dem Hinweis, dass keine Beschönigungen, sondern eine realistische Kritik dieser noch experimentellen Übung erwünscht sei (vgl. GIRS1, „#00:01:31-1#). Ich präsentierte im

zusätzlich anonym erhoben, aus welchen Bereichen des Selbst die Figuren stammten und welches Lernpotenzial die Teilnehmer*innen in diesem Rollenspiel sahen. Die Frage nach der Herkunft der Figuren ergab, dass tatsächlich die meisten Lehrerfiguren eher aus dem Bereich des Möglichen Selbst stammten, v.a. dem Meidens-Bereich (Durchschnitt der Werte hierfür: 2, entspricht „trifft zu").[282] Eine Differenzierung zeigt: Während zwei Teilnehmerinnen Figuren aus dem eigenen Aufsuchens-Bereich erschaffen haben (Maxi und Carla stimmen hierfür voll zu), stammen vier weitere Figuren aus dem Meidens-Bereich, teilweise kombiniert mit starken Anteilen aus dem Bereich Realselbst/Kritisieren (Ina und Jerg). Allerdings scheinen die Figuren sich nicht immer eindeutig zuordnen zu lassen und es treten Mischformen auf (z.b. aus Mögliches Selbst: Meiden + Aufsuchen; oder Realselbst: Akzeptieren + Kritisieren + Mögliches Selbst: Meiden). Qualitative Anmerkungen bestätigten teilweise Hubers These über die unterbewusste Herkunft frei erfundener Figuren im eigenen Möglichen Selbst: „Die Lehrerfigur hat die Eigenschaften verkörpert, die ich an meiner Person kritisiere und die ich gerne hätte (also aufsuche). Obwohl ich die Lehrer-Figur nicht bewusst so konstruiert habe, finde ich diese Beobachtung im Nachhinein sehr erstaunlich." (Maxi, SoSe 12, Post-FB)

Die quantitativen Daten (SoSe 12) zeigten insgesamt, dass in der Selbsteinschätzung der Teilnehmer*innen das Rollenspiel aufschlussreich für die eigene Persönlichkeit war. Die Frage „Hast Du beim Nachdenken über das Rollenspiel auch etwas über Dich selbst gelernt?" wurde im arithmetischen Mittel mit 2,3 bejaht (also Zustimmung), die einzelnen Werte bewegten sich zwischen voller und leichter Zustimmung. Aufschluss über die konkreten Denk-, Lern- und Reflexionsprozesse geben die Antworten auf die offenen Fragen. Die Studierenden erläuterten u.a., aus dem Rollenspiel eine Schärfung der Selbstwahrnehmung und der eigenen Entwicklungsziele mitgenommen zu haben: "[Ich habe gelernt,] wie ich mein Realselbst sehe und wie ich gerne sein möchte" (Ina, ebd.).[283] Auch ein gesteigertes Verständnis für fremde Verhaltensweisen findet sich als Ergebnis ("Mehr Verständnis für eine Einstellung, die ich ‚meide'"; Mirja, ebd.). Die

---

Laufe des Gespräches verschiedene eigene Thesen, was ein solches Rollenspiel bezüglich der Entwicklung von Selbstkompetenz für den Lehrerberuf anstoßen könnte und fragte die Teilnehmer*innen nach ihrer Einschätzung; dabei bitte ich wiederholt darum, keine ‚netten' (im Sinne von sozialer Erwünschtheit) Antworten zu geben, sondern möglichst ehrlich zu antworten (vgl. ebd., #01:02:39-6# ff.).

282   Der Herkunftsbereich der Figuren erklärt, warum in der Simulation einer Gesamtkonferenz eine sehr angespannte Kollegiumsatmosphäre entstand, die in ihrer Menge an skurrilen und unkooperativen Kolleg*innen hoffentlich keiner realen Schulsituation entspricht. Dieser Umstand stellt natürlich das Potenzial zur Realitätsanknüpfung der Übung in Frage.

283   Frage: „Was hast Du beim Nachdenken über das Rollenspiel über Dich selbst gelernt?" (Post-FB)

Übung setzte zudem bei manchen Teilnehmenden nachdenkliche Überlegungen bezüglich ihrer Fähigkeit zur Abgrenzung gegenüber Erwartungshaltungen in Gang: „[Ich sorge] mich bei meinem Persönlichkeitstyp etwas [...], dass ich [...] in der Schule nicht gleichzeitig eigene und andere Bedürfnisse berücksichtigen werde und ggf. darunter leide." (Carla, ebd.) Andere machten jedoch ermutigende Erfahrungen damit, dass sie „doch in der Lage [sind] Kritik nicht persönlich zu nehmen und mit vielen Menschen, die gleichzeitig etwas sagen wollen, umzugehen" (Jerg, ebd.).

Sowohl die Fragebögen als auch die narrativen Interviews zeigen, dass die Teilnehmer*innen beim Rollenspiel die Schutzfunktion der Rolle und die Freiheit, andersartiges Verhalten in der Rolle an den Tag legen zu können, erlebt haben (vgl. Rinne 2012:55). Nicht alle empfanden die Übung allerdings als relevant für die Reflexion des eigenen Habitus oder die Erprobung neuen Verhaltens. In der gemeinsamen Diskussion im Anschluss an das Rollenspiel äußerte sich ein*e Teilnehmerin kritisch über diese Zielsetzung (Paula, SoSe 2012, GIRS1)

> #01:01:56-3# Aber also so in dieser Komplexität, wie es jetzt war hatte es für mich tatsächlich halt auch gar kein Potenzial in die Richtung [= Reflexion der eigenen Lehrerpersönlichkeit; A.H.]. Außer halt, dass es super Spaß gemacht hat und ich sehr gerne Impro spiele und das ja auch ne schöne Sache ist, sich als zukünftige Lehrperson als kreativ und spontan äh zu erleben. #01:02:08-0#

Paula betont die positive Seite einer Bestätigung ihres kreativen Potenzials. Die Komplexität der Anforderungen (spontanes Reagieren auf andere in der Rolle, paralleles Umsetzen von Spielaufträgen bei gleichzeitigem Bemühen um glaubwürdige Figurendarstellung) habe es aber verhindert, parallel eine Selbstbeobachtung durchzuführen oder bewusst mit neuen Verhaltensweisen zu experimentieren. Auch andere Teilnehmer*innen (u.a. Esther) hätten eine klare Zielsetzung vor der Übung begrüßt und fanden es schwierig, Rückbezüge zu sich selbst im Nachhinein zu (re)konstruieren (vgl. GIRS1, #00:57:00-3# ff.).

Bei der zweiten Durchführung des Rollenspiels mit einer neuen Gruppe an Studierenden im darauf folgenden Semester wurde diese Kritik berücksichtigt und das Raster der *possible selves* (vergleiche Seite 183 dieser Arbeit) im Voraus vorgestellt. Es diente diesmal als mögliche Grundlage der Entwicklung von Lehrer-Figuren für das Rollenspiel, aber auch die Figurengestaltung anhand von Erinnerungen an Lehrer*innen der eigenen Schulzeit wurde als Möglichkeit formuliert.[284] Die Teilnehmer*innen wurden aufgefordert, ganz bewusst ungewohnte Perspektiven und soziale Positionen in dem

---

284   So sollte erstens eine Vielfalt an Inspirationen geschaffen und zweitens vermieden werden, dass bei Teilnehmer*innen das Gefühl entsteht, zu intime Gedanken preiszugeben (z.B. Befürchtungen bezüglich ihrer ‚dunklen Seiten' zu sichtbar zu machen, weil Rückbezüge auf die Person der Spielenden vorausgesetzt werden).

fiktiven Kollegium einzunehmen und zu erkunden, wie sich diese anfühlen und welche Reaktionen sie erfahren.

Lehrer-Rollenspiel: Zweite Durchführung (WiSe 12/13)
Im Anschluss an die veränderte zweite Durchführung des Lehrer-Rollenspiels im Wintersemester 2012/13 fand erneut eine ausführliche Auswertung in Form eines Gruppeninterviews statt, die im Folgenden personenbezogen individuell beschrieben wird, um die Diversität der Erfahrungen und Reaktionen darzustellen.[285] Die Teilnehmerin Belinda, die ihre Rolle als Gegenentwurf zu sich selbst angelegt hatte („einmal komplett anders, als ich bin"; WiSe 12/13, Gruppeninterview Rollenspiel 2[286] #00:11:02-5#), erlebte durch das Einnehmen dieser Rolle die Möglichkeit des ‚Anders-Seins'. Besonders die Reaktionen der anderen auf ihr Verhalten empfand sie als interessant (vgl. ebd.). Ausgehend von dieser Erfahrung reflektierte sie umso stärker das eigene Geworden-Sein sowie ihre kulturelle und familiäre Prägung (ebd.):

> #00:08:29-4 Was ich aber auch mitnehme ist, dass es doch ein schmaler Grat ist und dass [man] eigentlich [...] alle Voraussetzungen [...] hat auch irgendwo fies zu sein als Mensch. Also dass es alles was einen davon hindert ist der eigene Wille. [...] Dann denke ich da halt oder muss ich auch noch drüber nachdenken: Was sozialisiert Dich denn so, dass ich so bin, wie ich bin? #00:09:09-1#

Die Teilnehmerin Ipek konzipierte eine Lehrerin, die nach privaten Tiefschlägen zwar engagierten Unterricht gestaltete, im Kollegium aber verbittert und kontaktunfreudig auftritt (in ihren eigenen Worten „fies" und mit „zu viel Privatem im Beruflichen"; Ipek, WiSe 12/13, GIRS2). Sie erlebte in ihrer Rolle die Spannung zwischen *claimed* und *assigned identity*, also wie sehr die eigenen Möglichkeiten der Identitätsentfaltung durch die Zuschreibung der anderen begrenzt werden können: „Es war schon ziemlich schockierend alles, also diese Rolle spielen zu müssen obwohl man nicht mehr wollte und dann auch irgendwie die Resonanzen, die man ständig dafür geerntet hat, dass man diese Rolle einmal ausgewählt hat." (ebd., 00:15:29-9# ff.) Diese Teilnehmerin erlebte im Rollenspiel, was es bedeutet, im Krappmannschen Sinne keine Autonomie zu besitzen (vgl. Veith 2010:191). Ihre Figur verfügte identitätstheoretisch betrachtet zwar über Einzigartigkeit, es gelang ihr aber nicht, Balance herzustellen zwischen „den individuellen Ambitionen zur Selbstdarstellung und den anerkennenden Reaktionen der Anderen, von denen es abhängt, ob die Identitätspräsentation auf Zustimmung oder Ablehnung stößt" (Veith 2010:191). Interessant ist, dass sich hier im Rollenspiel meiner Beobachtung als Seminarleiter nach soziale Dynamiken der realen sozialen Gruppe im

---

285 Einige Wochen nach dem Seminar gab es zudem individuelle Perspektivgespräche, bei denen das Rollenspiel von Seiten einiger Teilnehmer*innen zur Sprache kam.
286 im Folgenden als GIRS2

Verhältnis der Figuren und ihrem Umgang miteinander widerspiegelten und somit später im Gruppengespräch thematisierbar wurden.[287] Für andere stellte das Rollenspiel eine Möglichkeit dar, mit Persönlichkeitseigenschaften zu experimentieren, die an anderen Menschen beobachtet worden waren. Die Teilnehmerin Marja schilderte die Genese ihrer Figur (Marja, WiSe 12/13, GIRS2):

> #00:22:30-5# [...] Die Rollenentwicklung ist mir gar nicht so schwierig...schwer gefallen, weil ich eigentlich mich ein bisschen daran orientiert hab an Sachen ähm, wie ich andere Lehrer...also ich hab mir das quasi zusammengepuzzelt einfach aus wie ich andere Leute erlebe: Teilweise Dinge, die ich total beneide, teilweise Dinge, die ich auch n bisschen nervig finde, einfach um mal so auszuprobieren. #00:23:21-4#

Aus ihrer Erfahrung mit der Rolle im Spiel nahm sie für die zukünftige Berufsrealität eine Bestätigung dafür mit, natürlich aufzutreten. Selbstakzeptanz und Authentizität beschrieb sie, auch als Konsequenz aus der Rollenspielerfahrung, für sich als besonders wichtig (ebd.):

> #00:26:05-4# Ich bin, wie ich bin, ich weiß [um] meine Defizite und ähm ich muss damit le[ben]...also lernen, eher damit zu leben, als immer versuchen, jemand anders zu sein. Weil ich einfach auch – gerade wenn ich vor ner Klasse stehe – niemand anders sein kann, als ich selber, denn dann...das merkt die Klasse dann. Dann mach ich mich quasi selber damit kaputt, dass ich immer versuche, jemand anders zu sein, deswegen ähm find ich es wichtiger, dann zu wissen ähm, was einen selber ausmacht, als, wie ich noch sein könnte.

Selbstkenntnis und Selbstakzeptanz bewertete Marja als bedeutsam für sich als Lehrer*in, einen Fokus auf ideale Selbstkonzepte demgegenüber als unproduktiv oder sogar gefährlich (sich selber ‚kaputt machen'). Trotz des hohen Anspruches an Authentizität schloss sie bewusste Emotionsarbeit, z.B. im Sinne eines *deep acting* (siehe Seite 70 f. dieser Arbeit), dabei nicht aus (ebd.):

> #00:26:39-2# Es gibt natürlich immer noch Sachen, die man verbessern kann, aber ich denke, die eigenen – also die Charaktereigenschaften, die man so besitzt – den eigenen Charakter – den kann man nicht verbessern. Man kann Methoden verbessern und man kann versuchen, einige Sachen zurückzustellen, und – wie ich das heute Morgen gesagt habe, eben mit Emotionen versuchen, anders umzugehen, aber man kann sich nicht davon abhalten, diese Emotionen zu haben. #00:27:01-9#

Mit der demonstrierten Kombination aus Selbstakzeptanz und Ich-Stärke bringt Marja eine wertvolle personale Ressource zum Ausdruck. Sie versperrt sich durch ihren hohen Anspruch an Authentizität allerdings möglicherweise auch Wege der absichtsvollen Gestaltung und Inszenierung ihrer Identitätsdarstellung mit pädagogischer Zielsetzung.

---

287   Dieses Thema kam auch in den späteren individuellen Perspektivgesprächen zur Sprache, wobei meine Beobachtung auch aus der Sicht einzelner Teilnehmer*innen bestätigt wurde (vgl. z.B. Perspektivgespräch Christiane, #00:21:39-3# ff.).

Die Teilnehmerin Christiane beschrieb, wie sie bei der Entwicklung ihrer Figur ursprünglich von einem Anti-Bild ihrer Selbst ausgegangen war: „[Ich] hab da meinen Fragebogen ausgefüllt, hab auch mal konsequent immer das angekreuzt, was ich nicht bin, also immer das komplette Gegenteil" (Christiane, WiSe 12/13, GIRS2, #00:39:20-7# ff.). Dementsprechend musste sie die Erfahrung einer schwierigen, ungewohnten Rolle aushalten: „Ich hab mich so [...] unwohl gefühlt [...], so dieses angespannte und immer so dieses ganz Vorsichtige und Niedrigstatus und so, das war so einfach SO SCHWIERIG" (ebd., #00:40:17-9# ff.). Sie fand im Laufe des Rollenspiels jedoch in ihre Rolle hinein und kam von einer anfänglich eher unmotivierten Haltung schließlich in eine Art von *Flow* beim Spielen: „#00:40:40-6# Nach der Pause ging es dann irgendwie wie Butter, hatte ich so das Gefühl, da hab ich mich dann hier hingesetzt [...], und...hatte auch auf einmal gar keine Schwierigkeiten mehr mit diesen spontanen Aktionen. [...] Und es kam aber irgendwie alles dann so von alleine. #00:41:10-7#." (ebd.) Christiane entwickelte eine Identifikation mit der ‚Anti-Rolle ihrer Selbst' und fühlte sowohl Anspannung als auch Erfolgsmomente der Figur stark mit (ebd.):

> #00:42:00-3# und das war dann für mich son Zeichen, dass ich mich dann irgendwie doch echt in diese Rolle...krass reingefunden hatte, obwohl es wirklich...obwohl ich den Charakter ja so entworfen hatte, dass es tatsächlich das komplette Gegenteil von dem ist, was ich bin [...] Das war für mich ne extrem krasse Erfahrung, aber auch irgendwie so total [...] positiv und interessant, dass sowas geht. #00:42:27-3#

Christiane kam in ihrem Perspektivgespräch einige Wochen nach dem Seminar noch einmal auf das Rollenspiel zu sprechen, weil es sie zum Nachdenken über sich selbst angeregt hatte. Sie gelangte zu Erkenntnissen, die in die Richtung eines beruflichen *role taking* und *role making* zu lesen sind (Christiane, WiSe 12/13, Perspektivgespräch):

> #00:16:44-9# man hat halt dieses Rollenverhalten, also die Rolle Lehrer oder die Rolle Schüler und es würde...werden bestimmte Sachen von einem erwartet und ähm man hat [...] hat jetzt eben son bisschen rausgefunden: OK, wie...wie wie kann ich dahinkommen, dass ich diese diese Rolle aus...oder, dass ich diese Rolle ausfüllen kann, die ich mir so für mich vorstelle? [...]...da hat eben auch zum Beispiel dieses Rollenspiel ähm, wo ich dann auf einmal ne ganz andere Persönlichkeit war, ähm...geholfen [...]. #00:17:22-7#

Das Rollenspiel schilderte sie weiterhin als Möglichkeit, die eigene Wirkung auf andere besser zu verstehen durch den Abstand, den eine fremde Rolle zu sich selbst ermöglicht: „Wie ich ankomme, konnte man dann eben auch dadurch, dass man mal ne andere Persönlichkeit war oder nen anderen Charakter gespielt hat ähm irgendwie gut...nachvollziehen. Also man hat da nen bisschen Abstand zu bekommen und das fand ich ganz schön." (ebd., #00:18:30-4# ff.)

Nicht für alle Teilnehmer*innen stellte das Rollenspiel ihrer Einschätzung nach eine Möglichkeit zur Selbsterkundung dar. Zwei weitere Teilnehmerinnen, Leni und Christina, sprachen im Gruppeninterview direkt im Anschluss zwar von Spielspaß, sahen aber keine Relevanz der Übung bezüglich ihrer professionellen Selbstbilder und keinen Bezug zu ihren (beruflichen) Identitäten: „Ich würd […] nicht sagen, dass ich da jetzt mehr über mich als Lehrer raus mitnehmen kann." (Leni, WiSe 12/13, GIRS22, #00:29:54-8# f.). Christina beurteilte dies ähnlich und sah ihre Figur auch nicht innerhalb des Spektrums ihres Möglichen Selbst verortbar. Rückblickend auf ihre Rollenfindung beschrieb sie jedoch die Absicht, mit ihrer Rolle eine andere Identität und die Reaktionen des Umfelds darauf auszuprobieren (Christina, WiSe 12/13, GIRS2):

> #00:30:46-6# Ich wollte halt sone abgedrehte Lehrerin schaffen, die halt irgendwie total durchgeknallt ist, weil ich so eine auch an meiner Schule hatte. Nicht so ganz extrem, aber […] es ging schon in die Richtung und ich glaub, irgend so jemanden trifft man überall mal, und das wollt ich deswegen mal ausprobieren, wie die eben auch von den anderen wahrgenommen wird, ob die Leute drauf einsteigen oder nicht so. #00:31:11-9#

Als letzte zu nennende Teilnehmerin bewertete auch Viktoria das Rollenspiel für sich persönlich als nicht so ergiebig, nahm jedoch Impulse für die Gestaltung von Rollenspielen im Unterricht mit (vgl. ebd.). Summiert zeigt die Auswertung beider Durchgänge des Lehrerfiguren-Rollenspiels ein breites Spektrum an Reaktionen. Diese reichen von Erkenntnissen über sich selbst und das Spiel mit Rollen im Alltag mitsamt der lehrreichen Erfahrung, eine fremde Rolle eingenommen und ‚durchgehalten' zu haben, bis zu einer Bewertung der Übung als eher wirkungslos. In Bezug auf die Förderung von Selbstkompetenz ist interessant, dass mehrere Teilnehmer*innen berichten, eine bessere Sicht auf sich selbst gewonnen zu haben und/oder eine Bestätigung des eigenen Selbst – im Raster der Übung sozusagen eine Stärkung des Annehmens-Bereichs im Realselbst – erlebt zu haben. Ähnlich wie in den Ausführungen von Marja (WiSe 12/13, s.o.) zeigt eine weitere Anmerkung im Post-Fragebogen, wie als Konsequenz eine verstärkte Wertschätzung des Eigenen und ‚Authentischen' im Gegensatz zur Rolle entstehen kann: „Es bringt nichts, sich als Lehrer vor einer Klasse zu verstellen. Man ist, wer man ist – die Persönlichkeit und der Charakter sind die Ressourcen, aus denen man schöpfen muss. Das habe ich vor allem beim Rollenspiel (Rollenfindung, Lehrerkonferenz) gemerkt." (Nicole, WiSe 12/13, Post-Fragebogen)

Die Bestätigung der an sich selbst wertgeschätzten Eigenschaften (akzeptiertes Realselbst) durch das Spielen einer Rolle aus dem Bereich des Abgelehnten Möglichen Selbst scheint logisch, wenn man das Selbstkonzept-Gitter nach Orlik (vgl. Huber 2004:61 f.) genauer betrachtet (vgl. Abbildung 36). Der Meidensbereich des Selbst wird dabei als direkter Kontrast der Akzeptierenskonstrukte bestimmt (vgl. ebd:62); Eine Verstärkung der Ablehnung von Eigenschaften aus dem eigenen Meidensbereich (z.B. durch negative Erfahrungen damit im Spiel) verstärkt somit auch die Wertschätzung der gegenteiligen Eigenschaften, die dem Selbst bereits zur Verfügung stehen. Eine gesteigerte Wertschätzung der eigenen Identität („Ich möchte lieber ich selbst sein, als eine Rolle zu spielen."; Gülcan, WiSe 12/13, Post-FB) ergibt sich möglicherweise aus diesem Zusammenhang.

Nicht für alle Teilnehmer*innen aus den beiden durchgeführten Rollenspielen, aber doch für einige, lässt sich eine verstärkte Selbstfindung durch Rollenwechsel feststellen. Das entspricht der Erkenntnis der Forscher Cross und Markus (1991) darüber, dass die Aufgabe der *possible selves* im Selbstkonzept u.a. eine affirmative und verteidigende Stabilisierung des gegenwärtigen Selbst ist (in: Keupp 1999:91), das im Kontext des Nachdenkens über mögliche Alternativen bewertet und interpretiert wird. Das Rollenspiel mit Lehrerfiguren hat Erkenntnisse über die eigene Person und diverse Impulse für mögliche Weiterentwicklungen von Selbstkompetenz ermöglicht. Eine Schärfung der eigenen Lehrphilosophie sowie eine Auseinandersetzung mit den eigenen Werten und dem „private curriculum within" (Hamachek 1999:209), wie sie u.a. im Abgleich mit den didaktischen Dreiecken der erfundenen Lehrerfiguren angestrebt worden waren, kam im Gruppeninterview und den Post-Befragungen allerdings kaum zur Sprache.

Persönlichkeitsentwicklung und Praxisperspektiven

Teil dieses Feldes der Selbstkompetenzarbeit ist es, zum kritischen Nachdenken über die eigene Persönlichkeit und die Passung zum Beruf anzuregen sowie Entwicklungsmöglichkeiten zu erkunden, indem u.a. das eigene Potenzial zu Spontaneität und Kreativität entdeckt wird. Ein positiver Einfluss auf die Berufsmotivation wird vermutet und im Folgenden nachgeprüft.

Persönlichkeitsentwicklung und Kreativität

15 von 20 Teilnehme*innen stimmen (voll) zu, dass sie beim Theaterspielen spontan gehandelt und flexibel agiert haben.[288] Die höchste Zustimmung dafür gibt es im Wintersemester 12/13 (Durchschnitt: 1,29), die geringste im Sommersemester 2012 (Durchschnitt 2,57; hier stimmten 3 Leute nur ‚wenig' zu). Individuelle Veränderungen des Kreativitäts-Selbstkonzeptes[289] sind jedoch sehr unterschiedlich über die Seminare verteilt, und es lässt sich keine direkte Korrelation mit der Einschätzung des kreativen und spontanen Verhaltens feststellen (vgl. Abbildung 44).

Bei Maxi und Monika zeigen sich – bei gleicher Einschätzung des Handelns in den Impro-Situationen – genau entgegengesetzte Entwicklungen des Kreativitäts-Selbstbildes. Ähnlich verhält es sich mit Elena und Melvin gegenüber Gülcan. Ein eindeutiger

---

288 Item: „Ich habe beim Theaterspiel spontan gehandelt und flexibel agiert." (Post-FB)
289 berechnet über den Differenzwert zwischen der Zustimmung zum Item „Ich bin kreativ und einfallsreich." im Prä- und Post-Fragebogen

Zusammenhang zwischen den Erfahrungen bzw. der Selbsteinschätzung des Verhaltens beim Theaterspielen und der Selbsteinschätzung in Punkto Kreativität kann hier nicht bestätigt werden.

PRÄ: Ich bin kreativ und einfallsreich.

POST: Ich habe beim Theaterspiel spontan gehandelt und flexibel agiert.

POST: Ich bin kreativ und einfallsreich.

Abbildung 44: Selbsteinschätzungen des Verhaltens beim Theater und veränderte Kreativitäts-Selbstbilder (Auswahl).

Über das Erleben ihrer eigenen Spontaneität äußern sich die Teilnehmer*innen in allen Fällen positiv. Hanna beschreibt ein gesteigertes Selbstvertrauen, kontingente Situation zu handhaben: „Die Spontaneitäts-Übungen haben mir gezeigt, dass ich flexibel mit sich verändernden Situationen umgehen kann." (Hanna, SoSe 2013, Post-FB Quali) Analog dazu erlebte Ilona, dass sie sich auf ihren Einfallsreichtum verlassen kann, wenn sie intuitives Handeln zulässt und selbstgemachte Blockaden lockert. Sie überträgt die Erfahrung beim Theaterspielen auf ihr zukünftiges Lehrer*innen-Selbst (Ilona, SoSe 2013, Post-FB Quali):

> Ich denke, ich agiere mit anderen Menschen schnell als ‚Kopfmensch', obwohl ich häufig viel eher auf mein Bauchgefühl hören sollte. Das hat sich im Seminar mit der Zeit verschoben. Ich bin mehr intuitiv in die Situationen hinein gegangen, ohne alles genau zu planen, auch auf die Gefahr hin, ‚unspannend' zu sein. Ich denke, für mich als Lehrerin ist Spontaneität sehr wichtig und ich würde sagen, dass mich das Seminar ‚aufgelockert' hat.

Eine ähnliche Entwicklung, die den Zusammenhang zwischen Selbstvertrauen, Offenheit, Spontaneität und Fehlerfreundlichkeit sichtbar macht, schildert Katharina, die zusätzlich einen sinnvollen Bezug zum Fremdsprachenunterricht herstellt (Katharina, SoSe 13, Post-FB Quali):

> In manchen Situationen fehlten mir zu Anfang spontan Ideen, aber wenn man die Angst davor ideenlos zu sein überwindet, hat man automatisch mehr Einfälle. Etwas nicht zu wissen, muss nicht immer negativ sein. Ich habe gelernt, dass der Unterricht ein Raum für Fehler sein sollte

und dass man mit Fehlern produktiv umgehen sollte. Angst hemmt, der produktive Nutzen regt die Lust und die Kommunikationslust an.

Diese Art von Selbstkompetenz-Entwicklungsimpuls entspricht in etwa dem Lernen der Lehrer*innen in Peter Lutzkers Studie, mit dem ‚leeren Raum' umzugehen und dadurch offener für Unerwartetes, Ungeplantes und Neues zu sein.

Offenheit für Erfahrungen

Lutzker stellt fest, dass die ganzheitliche Erfahrung, auf der Bühne präsent gewesen zu sein, zu einem Handlungs- und Erfahrungswissen führt, welches das Individuum befähigt, „in sich kontinuierlich verändernden und unvorhersehbaren Situationen angemessen zu reagieren" (übersetzt nach: Lutzker 2007:452).

OFFENHEIT FÜR ERFAHRUNGEN UND KONTINGENZ

Abbildung 45: Veränderte Offenheit für Erfahrungen und Kontingenz durch Impro-Theater (n= 20, 3 Seminare)

Quantitativ fällt die Wahrnehmung meiner Studierenden bezüglich dieses Items sehr gemischt aus[290] (vgl. Abbildung 45): Für die Hälfte der Teilnehmer*innen ergab sich diese Wirkung nur in geringem Ausmaß, in zwei Fällen fast gar nicht (Lotta und Maxi). Andererseits stimmen immerhin fünf Befragte zu, drei weitere sogar voll. Für die Langzeitevaluation stellt sich die Frage, ob die acht zustimmenden Teilnehmer*innen[291] nach dem Seminar in ihrem Alltags- und Unterrichtsverhalten diesen Impuls umsetzen und weitere Erfahrungen machen konnten, die sie in einer größeren Offenheit für Neues bestätigt haben.

---

290   Item „Durch die Impro-Theater Übungen kann ich mir nun vorstellen, unbefangener in eine offene Situation zu gehen und adäquater zu reagieren." (Post-FB)

291   Es handelt sich um Hanna, Marlon, Ina, Carla und Constanze sowie Myra, Melvin und Franziska (die letzten drei stimmen voll zu).

Eignungsfrage und Berufsmotivation

Insgesamt stimmen 12 von 20 Befragten (voll) zu, dass sie durch das Seminar zum Nachdenken über ihre Berufswahl angeregt worden sind[292], drei weitere stimmen leicht zu. Mit einem Mittelwert von 2,80 (entspricht „stimme etwas zu") geben im Gesamtdurchschnitt die meisten Teilnehmer*innen eine leichte Motivationssteigerung für den Beruf an[293] (n=20, 3 Seminare), wobei die Werte hier stark streuen und in Zusammenhang mit dem Motivationslevel vor dem Seminar zu sehen sind, das häufig bereits hoch war.[294]

Personorientierte Seminargestaltung

Die Kommunikations- und Reflexionskultur beim Seminar ist in der Theoriebildung als wichtiger Wirkfaktor herausgearbeitet worden, um die Entwicklung von Selbstkompetenz für den Lehrerberuf anzustoßen und zu ermöglichen. Die Ausbildung einer positiven Haltung gegenüber regelmäßiger und tiefer Selbstreflexion sowie die Bereitschaft, sich mit anderen über Schwierigkeiten auszutauschen, sind besonders wichtig für Lehrer*innen, u.a. zur Weiterentwicklung ihrer Kompetenz zur Unterrichtsgestaltung und in Hinblick auf ihre psychische Gesundheit.

Selbstreflexion und Fehlerfreundlichkeit

Rinne stellt in der Auswertung der Gruppeninterviews fest, dass die regelmäßigen Reflexionsphasen für die Teilnehmer*innen wichtige Elemente des Lernprozesses waren (vgl. Rinne 2012:35 und 41). Das Blockseminar bzw. das Setting wurden sehr positiv bewertet und sogar als „unserer[e] Theater-Reflektier-Welt" betitelt (Interview Christiane 01:35:58; in: Rinne 2012:47). Die quantitativen Angaben der Teilnehmer*innen aller Seminare des Typs II bezüglich des Reflexion-Lernens sind sehr verschieden: Für acht Teilnehmer*innen stellte die Reflexionskultur des Seminars eine ziemlich oder ganz neue Erfahrung dar, für 6 weitere Teilnehmer*innen trifft dies sehr wenig oder gar nicht zu (vgl. Abbildung 46).

Für die Teilnehmerin Ina, bei der im Voraus wenig Praxis des kritischen Nachdenkens über sich selbst im Alltag vorhanden war[295], stellte die intensive Selbstreflexion eine neue Erfahrung dar. Für Jerg oder Mirja verhielt es sich entgegengesetzt (viel Vorerfahrung, wenig subjektive Neuigkeit).

---

292   Item: „Ich habe viel über meine Berufswahl nachgedacht." (Post-FB)
293   Item: „Ich bin jetzt motivierter, als vor dem Seminar, (Englisch-) Lehrer*in zu werden." (Post-FB)
294   Das Item im Prä-Fragebogen „Ich habe richtig Lust, Lehrer*in zu werden." wurde insgesamt bejaht (Durchschnitt 2: Zustimmung).
295   Angabe 4 (‚stimme weniger zu') im Prä-Fragebogen zum Item: „Ich reflektiere mich selbst/ mein Verhalten meistens sehr genau."

POST: Mich selbst (mein Verhalten, Erleben, meine Wirkung) so ausführlich zu reflektieren, war für mich eine neue Erfahrung.

Abbildung 46: Intensive (Selbst-)Reflexion als neue Erfahrung (n=20, 3 Seminare)

Das bei Ina und Jerg zu beobachtende Muster ist erwartungsgemäß: Ein hoher Grad an (Selbst-)Reflexivität im Voraus bedeutet, dass diese Tätigkeit beim Seminar eher keine neue Erfahrung darstellt. Überraschend ist allerdings, dass auch etliche Studierende, die im Vorab-Fragebogen angaben, sich selbst und ihr Verhalten im Alltag meist sehr genau zu reflektieren, die Selbstreflexionskultur beim Seminar dennoch als neue Erfahrung bewerteten (vgl. Tabelle 15).[296] Mit Melvin gibt es zudem einen genau gegenläufigen Fall. Hier kann vermutet werden, dass trotz der Fähigkeit zur Selbstbeobachtung ein Nachdenken über sich selbst und das eigene Verhalten im Alltag bisher bewusst wenig praktiziert wurde.

Trotz der nicht immer klaren Zusammenhänge mit der selbsteingeschätzten Reflexionsfähigkeit der Teilnehmer*innen vor dem Seminar zeigen die quantitativen (vgl. Abbildung 46) als auch die qualitativen Daten einen Zuwachs für viele der Studierenden. Beispielsweise gibt Ina gibt „Erfahrungen im Reflektieren über mich selbst (in einer Gruppe) und das Lehrer-Sein" (Ina, SoSe 12, Post-FB) aus dem Seminar mitzunehmen.

---

296   Eine Korrelationsanalyse zeigt einen möglichen Zusammenhang: Teilnehmer*innen, die angeben, dass die Selbstreflexion beim Seminar für sie eher eine neue Erfahrung war, haben im Voraus häufiger angeben, sich im Alltag wenig von den Erwartungen anderer abgrenzen zu können (Korrelation von 0,7 zwischen Reflexion als neuer Erfahrung und dem Item „Ich versuche, immer alle Erwartungen, die an mich gerichtet werden, zu erfüllen."). Zwei Thesen könnten aufgestellt werden: Wer alltäglich versucht, den Erwartungen anderer gerecht zu werden, grübelt zwar viel über sich selbst, kommt aber nicht zu produktiven Schlüssen, weshalb die Form einer ergebnisorientierten Selbstreflexion beim Seminar eine neue Erfahrung darstellte. Vermutet werden kann auch, dass gerade diejenigen eher dazu neigen, an dieser Stelle eine erwünschte Antwort zu geben.

	PRÄ: Ich reflektiere mich selbst/mein Verhalten meistens sehr genau.	POST: Mich selbst (mein Verhalten, Erleben, meine Wirkung) so ausführlich zu reflektieren, war für mich eine neue Erfahrung.
Franziska	1 (stimme voll zu)	1 (stimme voll zu)
Marlon	1 (stimme voll zu)	1 (stimme voll zu)
Lotta	1 (stimme voll zu)	2 (stimme zu)
Nicole	1 (stimme voll zu)	2 (stimme zu)
Monika	1 (stimme voll zu)	2 (stimme zu)
Katharina	1 (stimme voll zu)	3 (stimme etwas zu)
Jerg	1 (stimme voll zu)	6 (stimme gar nicht zu)
Mirja	2 (stimme zu)	5 (stimme eher nicht zu)
Maxi	2 (stimme zu)	5 (stimme eher nicht zu)
Ina	4 (stimme weniger zu)	1 (stimme voll zu)
Melvin	5 (stimme eher nicht zu)	6 (stimme gar nicht zu)

Tabelle 15: Gegenüberstellung der Vorerfahrungen und Angaben im Nachhinein zum Thema Reflexion (ausgewählte Fälle; Farbcodierung der Antworten zur besseren Übersichtlichkeit)

Auch in der Wahrnehmung weiterer Teilnehmer*innen greifen Selbstexploration, Spiegelung durch andere und Selbstreflexion ineinander: „Ich habe mich auf jeden Fall selbst bewusster wahrgenommen und mein Handeln und Denken stark reflektiert. Anstoß hierfür waren vor allem die Feedbacks und Fremdeinschätzungen, die ich mit meiner eigenen Wahrnehmung abgleichen kann." (Katharina, SoSe 13, Post-FB Quali) Diese Äußerung zeigt, dass die Absicht, im Seminar Selbstaufmerksamkeit zu aktivieren und die Teilnehmer*innen zur Explikation und Diskussion von Selbstkonzepten anzuregen, zumindest bei einem Teil der Teilnehmer*innen realisiert werden konnte.

Hinterfragung, Akzeptanz und Management des Selbst

Abschließend muss die Frage gestellt werden, inwiefern Teilnehmer*innen aus dem Experimentieren, der Auseinandersetzung mit sich selbst und der verstärkten Reflexion Ziele und Pläne für die zukünftige Entwicklung ihres beruflichen Selbst ableiten konnten. Die Teilnehmer*innen aus zwei Seminaren (WiSe 12/13, SoSe 13; n=13[297]) bestätigen durchschnittlich mit 2,15 (‚stimme zu'), dass sie sich durch die Übungen beim Seminar bewusster darüber geworden sind, welche Kompetenzen ihnen für den Fremdsprachenunterricht noch fehlen.[298] Mit 2,23 (‚stimme zu') bejahen sie ebenso, sich ihres eigenen Potenzials und ihrer Kompetenzen für den Fremdsprachenunterricht bewusster geworden zu sein.[299]

---

297   Eine Teilnehmer*in machte keine Angabe, weil sie nicht Fremdsprachenlehrer*in wird.

298   Item: „Ich bin mir durch die Übungen beim Seminar bewusster darüber geworden, welche Kompetenzen mir für den Fremdsprachenunterricht noch fehlen." (Post-FB)

299   Item: „Ich bin mir meines eigenen Potenzials und meiner Kompetenzen für den FSU durch die Übungen beim Blockseminar bewusster geworden." (Post-FB)

In vielen Fällen korrelieren die Zustimmungsgrade für beide Items; tendenziell haben Teilnehmer*innen entweder sowohl ihre Kompetenzen als auch den eigenen Entwicklungsbedarf für den Fremdsprachenunterricht stärker wahrgenommen – oder keines von beidem. Auf der einen Seite haben sechs von dreizehn Befragten (starke) Bewusstwerdungsprozesse durchlaufen, auf der anderen stimmen fünf weitere Teilnehmer*innen beiden Fragen nur etwas zu. Für beide Items gibt es jeweils auch nach unten abweichende Angaben. Eine Teilnehmer*in (Marlene) wurde sich weniger über möglichen Entwicklungsbedarf klar als die meisten anderen Teilnehmer*innen; eine weitere (Gülcan) ist sich ‚eher nicht' bewusster über das eigene berufsbezogene Potenzial geworden.[300]

BEWUSSTSEIN ÜBER POTENZIALE UND ENTWICKLUNGSBEDARF FÜR DEN FSU

■ POST: Ich bin mir durch die Übungen beim Seminar bewusster darüber geworden, welche Kompetenzen mir für den Fremdsprachenunterricht noch fehlen.

■ POST: Ich bin mir meines eigenen Potenzials und meiner Kompetenzen für den FSU durch die Übungen beim Blockseminar bewusster geworden.

Abbildung 47: Resultate des Seminars: Gesteigertes Bewusstsein über Potenziale und Entwicklungsbedarf für den Fremdsprachenunterricht (n=13, 2 Seminare).

Quantitativ geben die meisten Teilnehmer*innen an, neue Ideen für ihren Werdegang als Lehrer*in entwickelt zu haben, der Mittelwert der Zustimmung (n=20) liegt hier bei 1,90 (‚stimme zu').[301] Von 20 Befragten (3 Seminare) stimmen sieben hierfür voll zu und neun stimmen zu. Eine Entwicklung von Ideen zur persönlichen Weiterentwicklung fand im Vergleich sehr viel weniger statt (Mittel von 2,60; n=20, 3 Seminare)[302], obwohl einzelne Teilnehmer*innen auch hier (starke) Impulse erlebten (viermal starke Zustimmung, sechsmal Zustimmung).

---

300   Auf Marlene wird in der Langzeitbetrachtung erneut eingegangen, Gülcan hat leider nicht (oder nicht unter diesem Namen) daran teilgenommen.

301   Item: „Ich habe neue Ideen für meinen Werdegang als Lehrer*in entwickelt." (Post-FB)

302   Item: „Ich habe eine Idee gehabt, wie ich mich selbst weiterentwickeln möchte." (Post-FB)

In den qualitativen Angaben legen Teilnehmer*innen nach dem Seminar dem eigenen Entwicklungsbedarf gegenüber eine positive Haltung an den Tag. Elena zeigt sich zuversichtlich bezüglich eines produktiveren Umgangs mit eigenen Schwächen[303]: „Ich habe noch Defizite (die ich bereits vorher kannte) an denen ich jetzt besser arbeiten kann bzw. ich habe neue Methoden gefunden." (Elena, WiSe 12/13, Post-FB) Für Katharina brachte ein produktiver Vergleich von realem und idealem Selbstkonzept Ziele und Konsequenzen für zukünftiges Handeln hervor (vgl. Katharina, SoSe 13, Post-FB). Eine andere Teilnehmerin reflektierte nicht nur anhand von Vorbildern das eigene Idealselbst, sondern fasste dabei einen konkreten Plan zur Weiterentwicklung (Ilona, SoSe 2013, Post-FB Quali):

> Ich versuche die positiven Aspekte meines Lehrervorbildes, die mir besonders wichtig sind, in mein eigenes Verhalten mit einzubauen; so, dass es zu meiner Persönlichkeit passt. Ich habe mich mit meinem Lehrervorbild auseinandergesetzt und werde versuchen, sie [= eine besondere Lehrerin, die als prägend empfunden wird]noch einmal in die Schule zu begleiten.

In der Langzeitbefragung wird sich zeigen, inwiefern Pläne dieser Art umgesetzt worden sind.

Mögliche Zusammenhänge

Abschließend sollen einige mögliche Zusammenhänge zwischen der dramapädagogischen Arbeit bzw. Prozessen des Theaterspielens und Erlebens und einzelnen Bestandteilen der beruflichen Selbstkompetenz dargestellt werden (vgl. Abbildung 48).Dazu wurde mit den quantitativen Daten zu den Seminaren des Typs II eine lineare Regressionsanalyse durchgeführt.[304] Berücksichtigt wurden dafür die Antworten von Teilnehmer*innen aus drei Seminaren (bei manchen Fragen weniger), die Anzahl der Antworten (n) pro Item variiert somit zwischen n=6 bis n=20. Die Größe der Stichprobe ist insgesamt nicht ausreichend, um statistisch gesicherte Zusammenhänge berechnen zu können oder repräsentative Aussagen zu treffen – dennoch kann diese Untersuchung hier möglicherweise interessante Denkanstöße liefern und Tendenzen von im Seminar angestoßenen Entwicklungen aufzeigen. Es gilt jedoch zu bedenken, dass nicht unbedingt von einem direkten Zusammenhang zwischen den verglichenen Variablen ausgegangen werden kann. Auch eine Steuerung mehrerer Faktoren durch eine dritte Größe (beispielsweise ‚Selbstwertgefühl') ist möglich.

---

303   Offene Frage: „Was nimmst Du als Erkenntnis über Deine eigene (Lehrer-)Persönlichkeit mit?"
304   Statistisch untersucht wurden die Korrelationen zwischen allen einzelnen Items des Fragebogens. Für eine weitere Betrachtung ausgewählt wurden nur diejenigen Zusammenhänge, bei denen die Korrelation (r) über 0,7 (r>0,7) lag, was eine Erklärleistung (Determinationskoeffizient; vgl. Diaz-Bone 2013:100) des Modells von R2>0,49 ausmacht (die Varianz der einen Variablen kann zu 49% durch die Varianz der anderen erklärt werden). Als zweiten Aspekt betrachte ich die Effektstärke (β), die beschreibt, wie groß die Wirkung eines experimentellen Faktors auf eine zweite Variable ist (vgl. ebd.:99).

Es handelt sich bei der Untersuchung dieser Prozesse in jedem Fall um einen vieldimensionalen Abhängigkeitsraum, dessen Parameter durch eine multivariate Regressionsanalyse geklärt werden müssten. Dies würde den Rahmen der Arbeit jedoch sprengen und wegen der geringen Fallzahlen ohnehin keine sicheren Erkenntnisse liefern. Bei der obigen Darstellung muss ebenfalls bedacht werden, dass die im Diagramm als Pfeile dargestellten Richtungen hypothetisch oder logisch erschlossen sind, da die Zahlen an sich keine Information über Ursache und Wirkung beinhalten.[305]

Eine mögliche Interpretation der Korrelationen wäre die folgende: Wer sich beim Theaterspielen mehr vor anderen traut als sonst[306], verbessert auch das eigene berufsbezogene Fertigkeitsselbstkonzept[307] für den Fremdsprachenunterricht[308], entdeckt neue Stärken an sich[309] und zeigt sich nach dem Seminar motivierter für den Beruf (Fremdsprachen-)Lehrer*in[310] (vgl. Abbildung 48). Die Auswirkung der Entdeckung neuer Stärken auf die Berufsmotivation und der Effekt, den Atmosphäre und herausfordernde Aufgaben auf die Entstehung von Ideen zur beruflichen Weiterentwicklung zeigen, sind besonders stark.

Wenn durch das Theaterspielen mit beruflichen Bildern ein Weg gefunden werden kann, den gefühlten Abstand zwischen Realselbst und Idealselbst bzw. wahrgenommener beruflicher Anforderung zu verringern, so kann dies eine Steigerung der Berufsmotivation hervorbringen, die sich positiv auf die weitere Entwicklung auswirkt. Eine Auseinandersetzung mit beruflichen Selbstbildern, wie sie im Rahmen dramapädagogischer Selbstkompetenzseminare stattfindet, ist ein relevanter Impuls für die Lehrerwerdung: "[B]ehavior is a function of self-concept, which makes self-concept an essential aspect of teaching and learning to teach." (Tusin 1999:27; in: Korthagen 2004:82)

---

305 Der angegebene Zusammenhang gilt für die Erklärleistung unter Umständen auch in inverser Richtung. Die Steigung der Regressionsgeraden in umgekehrter Pfeilrichtung (vgl. Abbildung 48) ist dann jedoch 1/β. Der in der Grafik visualisierte Zusammenhang zwischen post 11 und post 2 könnte also auch bedeuten, dass in 59% der Fälle Teilnehmer*innen, die neue Stärken an sich entdeckt haben (z.B. in Gesprächen, Feedbackrunden oder vorhergegangenen Theaterübungen) sich danach beim Theaterspielen annähernd doppelt so viel (die Effektstärke ist dann 1/0,53=1,87) getraut haben wie sonst vor anderen Menschen.

306 Item: „Beim Theaterspielen habe ich mich mehr getraut als sonst vor anderen Menschen." (Post-FB)

307 Einen ähnlichen Zusammenhang zwischen beruflichem Selbstwertgefühl und der Berufsmotivation hat auch Kelchtermans herausgearbeitet (Kelchtermans 1993:449).

308 Item: „Ich bin mir meines eigenen Potenzials und meiner Kompetenzen für den FSU durch die Übungen beim Blockseminar bewusster geworden." (Post-FB)

309 Item: „Ich habe neue Stärken an mir entdeckt, die ich vor dem Seminar gar nicht so gesehen habe." (Post-FB)

310 Item: „Ich bin jetzt motivierter als vor dem Seminar, (Englisch-)Lehrer*in zu werden." (Post-FB)

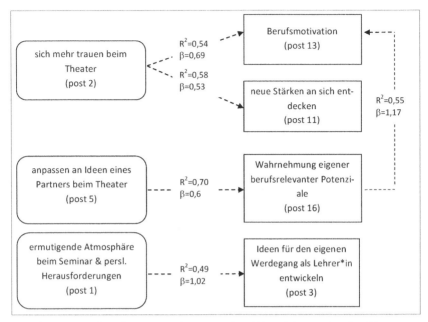

Abbildung 48: Tendenzielle Zusammenhänge von Entwicklungsfaktoren einer berufsbezogenen Selbstkompetenz beim Theaterspielen (n=20, außer post 16: n=13; R2= Determinationskoeffizient, ß= Effekt/ Regressionsgewicht, bezeichnet die Steigung der Regressionsgeraden).

6.3.3 Fazit Seminare Typ II

Die quantitativen und qualitativen Daten zeigen insgesamt die hohe Intensität, mit der die Studierenden sich ausgehend von verschiedenen ganzheitlichen Aufgaben und performativen Ausdrucksformen in dramapädagogischen Seminaren mit sich selbst und ihren berufsbezogenen Erfahrungen und Vorstellungen auseinandergesetzt haben. Die Blockseminare (Typ II) haben den Studierenden neben einigen weiteren Lernfeldern (u.a. Methodik) diverse Möglichkeiten eröffnet, sich selbst zu erkunden, zu beobachten, zu erproben und zu reflektieren und dies individuell sowie in einem gemeinsamen Austausch in einen Bezug zur Profession zu setzen. Daraus sind Anstöße zur Weiterentwicklung berufsbezogener Selbstkompetenz entstanden. Ob und wie diese weiterverfolgt wurden – welche tatsächlichen Entwicklungen sich also daraus ergeben haben – wurde mit zeitlichem Abstand untersucht.

7. Langzeitevaluation: Impulse und Entwicklungen

Mit Hilfe eines ausführlichen Online-Fragebogens wurde anonymisiert durch Pseudonyme erhoben, welche Entwicklungsimpulse die Teilnehmer*innen aus dramapädagogischen Seminaren mit einem größeren zeitlichen Abstand rückblickend wahrnehmen und wie diese weiterverfolgt wurden. Diese Ergebnisse können mit den größtenteils identisch direkt nach den Seminaren erhobenen Daten verglichen werden.

Um möglichst viel über die individuellen Entwicklungen der ehemaligen Seminarteilnehmer*innen zu erfahren, sollten nun verstärkt offene Fragen eingesetzt werden; der Fragebogen enthält dafür 12 Erzähl- bzw. ‚Schreibimpulse'.Ergänzend erfolgte eine standardisierte Abfrage (13 sechspolige Skalen zur Selbsteinschätzung) von Entwicklungen in Teilbereichen der Selbstkompetenz von Lehrer*innen. Die standardisierten Fragen dienten auch dem Zweck, möglicherweise vergessene Entwicklungen und Geschichten zu stimulieren, damit diese in den finalen offenen Fragen zur Sprache kommen. Zusätzlich erfolgte eine Abfrage von persönlichen Daten (Berufsstand, Fächer, besuchte dramapädagogische Veranstaltungen).

Vorteile eines Online-Fragebogens im Vergleich zu anderen Befragungsmöglichkeiten sind die wissenschaftlich erforschte geringere Verzerrung durch soziale Erwünschtheitseffekte, bei gleichzeitiger Möglichkeit, sensible Fragen in einem komplexen, umfangreichen Bogen stellen zu können (siehe den überblicksartigen Vergleich von Befragungsverfahren bei Scholl 2009:60). Ein Online-Fragebogen bietet eine höhere Objektivität als andere Befragungsvarianten und die Bearbeitung kann vom Probanden zeitlich frei eingeteilt werden. Zudem stehen auditive und visuelle Möglichkeiten zur Verfügung, um die Interviewsituation abwechslungsreich zu gestalten (vgl. ebd.:51) und die Abbrecherquote zu verringern. Der Transfer der Daten erfolgt abschließend problemlos digital.

Andere Befragungsvarianten weisen etliche Nachteile für die beabsichtigte Forschung auf: Postalisch zugesandte Papier-Fragebögen ließen geringere Rücklaufquoten erwarten als digitale, da durch den großen zeitlichen Abstand zum Seminarzeitpunkt ein Wohnortwechsel vieler Studierender stattgefunden hatte. Somit war vielfach auch die Distanz für persönliche Befragungen zu groß. Interviews (z.B. als telefonische Befragung) hätten zwar offene Nachfragen und ein narratives Vorgehen ermöglicht, jedoch eine anonyme und damit verzerrungsarme Datenerhebung unmöglich gemacht. Im Rahmen einer persönlichen Befragung (*face-to-face interview*) hätte meine Doppelrolle als Leiter der zu erforschenden Seminare und als Forscher den ohnehin starken Interviewereinfluss und die Wahrscheinlichkeit sozial erwünschten Antwortverhaltens noch gesteigert (vgl. Scholl 2009:39). Zugleich hätte der hohe zeitliche Aufwand für die

Befragten sowohl beim telefonischen als auch beim persönlichen Interview möglicherweise die Bereitschaft zur Teilnahme gesenkt, die sich mit dem Online-Fragebogen als
erfreulich hoch erwies.

7.1 Grunddaten

Es nahmen 47 ehemalige Seminarteilnehmer*innen an der Befragung teil, 40 ausgefüllte Bögen sind für die Auswertung im Rahmen meiner Fragestellung verwendbar.[311]
Der aktuelle Berufsstand der Teilnehmer*innen weist eine weite Streuung auf (vgl. Abbildung 49). Die Perspektive auf dramapädagogische Seminare und Praxisveranstaltungen im Studium und ihre Relevanz für die weitere Selbstkompetenz-Entwicklung in der
beruflichen Qualifikationsphase kann
somit rekonstruiert werden aus der
Sicht von acht berufstätigen Lehrer*innen (alle unterrichten Fremdsprachen, sieben davon Englisch),
fünf Referendar*innen (alle unterrichten Englisch), vier Referendariats-
anwärter*innen (drei davon sind werdende Englischlehrer*innen); 21 Teilnehmer*innen der Befragung sind
weiterhin im Lehramtsstudium (19
mit einem fremdsprachlichen Fach,
davon 15 Englisch) und zwei Personen haben nach ihrem Lehramtsstudium einen anderen beruflichen Weg

Abbildung 49: Berufliche Statistik

eingeschlagen (einmal Promotion, einmal wurde ein nicht-pädagogischer Beruf gewählt). Die 40 Befragten weisen große Unterschiede in der zeitlichen Distanz zu ihrer
Teilnahme auf: Für einige liegt ihr erstes dramapädagogisches Seminar nur wenige Monate zurück, für andere bis zu sechs Jahre. Eine große Bandbreite zeigt sich auch bei
der Anzahl und der Art der Veranstaltungen, an denen die Befragten teilgenommen
haben. Sie reicht von 14 Befragten, die lediglich an einem Seminar teilgenommen haben (fünf davon Seminartyp I, neun Typ II) bis zu mehrfachem Engagement in diversen
Seminaren und Praxisprojekten.[312] Die Erfahrungsbasis der Befragung liegt aufaddiert
bei 33 Teilnahmen an Seminaren des Typs I, 17 an Seminaren des Typs II und vier Teilnahmen an Seminaren des Typs III. Dazu kommen 47 Partizipationen an unterschiedlichen Praxisprojekten. Mehr als die Hälfte der Teilnehmer*innen der Befragung weisen

---

311   Unzureichend ausgefüllte Fragebögen (Dropouts und Lurker; vgl. Scholl 2009:57) sowie Nicht-
      Lehramtsstudierende sind vor der Auswertung aussortiert worden.
312   siehe Anhang Seite 363 für eine tabellarische Übersicht

mehr als eine Veranstaltung auf, aus der Eindrücke mit dramapädagogischer Arbeit stammen können. Eine klare Trennung zwischen Seminaren und Praxisphasen in der Untersuchung von Langzeiteffekte lässt sich also in der folgenden Auswertung kaum vornehmen. Auch wenn explizit im Fragebogen nur nach den Seminaren gefragt wurde, ist davon auszugehen, dass in der Wahrnehmung der Teilnehmer*innen eher ein Gesamteindruck besteht. Dies gilt jedoch nicht für die 14 Teilnehmer*innen nur eines Seminars. Bei einigen Teilnehmer*innen dramapädagogischer Selbstkompetenzseminare des Typs II können zudem individuelle Entwicklungen nachverfolgt werden, da die Pseudonyme sich zuordnen lassen (2 x SoSe 13, 4 x WiSe 12/13, 6x SoSe 12).[313] Sechs weitere Teilnehmer*innen des Seminartyps I lassen sich ihren jeweiligen Antworten direkt nach dem Seminar zuordnen. Ihre Seminarteilnahme im Wintersemester 14/15 liegt zum Zeitpunkt der Befragung jedoch erst vier Monate zurück, so dass diese Angaben nur mit Einschränkung als langfristige Entwicklungen bewertet werden können.

7.2 Quantitative Dimensionen des Langzeit-Fragebogens

Der Langzeit-Fragebogen hatte v.a. das Ziel, qualitative Daten darüber zu erheben, wie ehemalige Teilnehmer*innen ihren Werdegang reflektieren und beschreiben. Die Befragten wurden zusätzlich darum gebeten, einige der Impulse zur Entwicklung von Selbstkompetenz, die in dieser Arbeit theoretisch herausgearbeitet worden sind (vgl. Abbildung 14), rückblickend für sich selbst auf Skalen einzuschätzen.

Frage: „Haben die dramapädagogischen Seminare bei Dir Bewusstwerdungs- und Veränderungsprozesse angestoßen in Bezug auf Deinen Auftritt und Deine Präsenz?					
1	2	3	4	5	6
starker Prozess angestoßen	Prozess angestoßen	leichter Prozess angestoßen	kaum ein Prozess angestoßen	eher kein Prozess angestoßen	gar kein Prozess angestoßen

Tabelle 16: Beispiel für ausformulierte Skalenschritte

Die sechsstufige Skalierung (siehe Tabelle 16) entspricht den bisherigen standardisierten Fragebogenanteilen in dieser Arbeit (vgl. Seite 207 ff.). Tabelle 17 gibt die erfragten Items wortgetreu wieder (linke Spalte) und dient zugleich als Legende für folgenden Abbildungen (Abkürzungen in der rechten Spalte).

Die Selbsteinschätzungen der Studierenden werden bei der Auswertung im Fall von Durchschnittsberechnungen ggf. gerundet. Numerische Werte können allgemein entsprechend Tabelle 16 verbalisiert oder ähnlich umschrieben werden – es wird dann z.B. bei der Angabe ‚leichter Prozess angestoßen (Auftritt und Präsenz)' auch davon gespro-

---

313   Zwei Teilnehmer*innen, Elena und Ina, merken an, sich ihrer ‚Codenamen' nicht hundertprozentig sicher zu sein. Mitunter haben Teilnehmer*innen sich ganz neue Pseudonyme gegeben (u.a. drei Teilnehmer*innen aus dem Sommersemester 2013).

chen, dass ein*e Teilnehmer*in durch das Seminar angeregt eine leichte Weiterentwicklung des eigenen Auftritts und der Fähigkeit, präsent zu sein, erlebt hat (in ihrer/seiner Selbsteinschätzung). Besondere Aufmerksamkeit wird in der Auswertung den (starken) Entwicklungen gewidmet, wenn also Teilnehmer*innen voll zustimmen (1) oder zustimmen (2), dass Prozesse bei ihnen angestoßen wurden.

„Haben die dramapädagogischen Seminare bei Dir Bewusstwerdungs- und Veränderungsprozesse angestoßen in Bezug auf…"	
Formulierung im Fragebogen:	Im Folgenden in Grafiken abgekürzt als:
a) *...Deinen Auftritt und Deine Präsenz?*	Auftritt und Präsenz
b) *...Deine Wahrnehmungsfähigkeit Deiner selbst?*	Selbstwahrnehmung
c) *...Deinen Umgang mit eigenen Emotionen und Affekten?*	Emotionsregulation
d) *...Dein Verständnis Deiner eigenen Geschichte (Schulerfahrungen, Vorbilder, etc.)?*	Biographie
e) *... Deine eigene „Lehrphilosophie"?*	Lehrphilosophie
f) *...die Art und Weise, wie Du Dich selbst reflektierst?*	Selbstreflexion
g) *...Deine Berufsmotivation?*	Berufsmotivation
h) *...Dein Selbstvertrauen?*	Selbstvertrauen
i) *...Deine Offenheit für Neues?*	Offenheit
j) *...Deine Kreativität und Deinen Einfallsreichtum?*	Kreativität
k) *...Deine Spontaneität und Flexibilität?*	Spontaneität
l) *...Deine Gründlichkeit?*	Gründlichkeit
m) *...Deine Empathiefähigkeit?*	Empathie

Tabelle 17: Quantitative Fragen zur Selbstkompetenzentwicklung im Langzeit-Fragebogen und Abkürzung zur Auswertung in dieser Arbeit

7.3   Auswertung nach Selbstkompetenz-Dimensionen (Trianguliert)

Anstöße zur Entwicklung wurden von den Teilnehmer*innen für verschiedene Dimensionen von Selbstkompetenz unterschiedlich stark erlebt. Abbildung 50 zeigt die Durchschnittswerte der quantitativ erhobenen, langfristig wahrgenommenen Prozesse. Die individuellen Entwicklungen und die spezifischen Erfahrungen in den unterschiedlichen Veranstaltungen und Seminartypen werden später differenziert analysiert und beschrieben. In der Selbstwahrnehmung der Befragten haben sich die Selbstkompetenz-Dimensionen Offenheit für Neues, Kreativität, Lehrphilosophie und Spontaneität in Folge der dramapädagogischen Arbeit am stärksten verändert. Da hier nach Bewusstwerdung und Veränderung gefragt wurde, geben diese Werte jedoch nur Aufschluss über die Stärke dieser Anstöße, nicht aber über die Wertung bzw. Richtung. Ein Impuls der Stärke 1,85 in Bezug auf Offenheit kann somit theoretisch bedeuten, dass eine befragte Person

    a) sich bewusster darüber geworden ist, wie offen oder nicht offen sie Neuem und Unbekanntem gegenüber ist.

b) durch die Erfahrungen im Seminar langfristig weniger offen gegenüber Neuem ist.

c) Neuem und Unbekanntem nach dem Seminar offener begegnet ist.

Diese Prozesse werden deshalb im Weiteren anhand qualitativer Angaben genauer analysiert.

Durchschnitt der wahrgenommenen Entwicklungsimpulse

Impulsstärke (1 = stark; 6= keine Entwicklung)

1,85	Offenheit
2,15	Kreativität
2,225	Lehrphilosophie
2,35	Spontaneität
2,45	Selbstvertrauen
2,525	Berufsmotivation
2,675	Selbstwahrnehmung
2,75	Auftritt
2,8	Empathie
3,1	Emotionsregulation
3,175	Selbstreflexion
3,575	Biographie
4,075	Gründlichkeit

Abbildung 50: Durchschnittliche Wahrnehmung von Entwicklungsanstößen durch dramapädagogische Arbeit mit Lehramtsstudierenden in Bezug auf verschiedene Selbstkompetenz-Dimensionen; Beispielfrage: „Haben die dramapädagogischen Seminare bei Dir Bewusstwerdungs- und Veränderungsprozesse angestoßen in Bezug auf Deinen Auftritt und Deine Präsenz?" (n=40)

Neben der Darstellung der durchschnittlichen Veränderungen liefert die differenzier-tere Betrachtung der Items weitere Erkenntnisse, wie die Abbildung 51 veranschau-licht. Hier werden nur die starken und ‚normalen' Impulse und Anstöße (mit den Wer-ten 1 oder 2, die *Top 2 Boxes*) dargestellt. Dabei werden weitere Entwicklungsbereiche sichtbar, die für einzelne Probanden oder Teilgruppen eine hohe Relevanz erlangt ha-ben, auch wenn sie im Durchschnitt der Teilnehmer*innen nur einen geringeren Impuls zeigen. Diese Differenzierung der Daten zeigt, dass jede der abgefragten Teildimensio-nen von Selbstkompetenz für individuelle Teilnehmer*innen bei der dramapädagogi-schen Arbeit Relevanz erlangt hat – wenn auch bezüglich einiger Faktoren nur für we-nige, so beispielsweise der Aspekt Gründlichkeit. Für die Mehrzahl kann wiederum bestätigt werden, dass die Arbeit mit Methoden des Theaters die Offenheit für Erfahrungen der Teilnehmer*innen beeinflusst hat[314] (32 von 40 Personen geben an, dass ein Änderungsprozess angestoßen worden sei, bei 17 von ihnen stark). Zwei Drittel der Teilnehmer*innen der Befragung geben infolge der Seminare (starke) Veränderungsprozesse ihrer Lehrphilosophien an, und auch die Dimensionen Kreativität und Spontaneität, Selbstvertrauen sowie Auftritt und Präsenz liegen nur knapp unterhalb dieses Wertes.

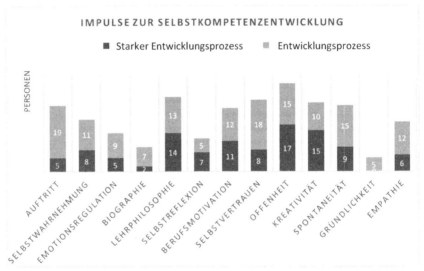

Abbildung 51: Langfristige Entwicklungsprozesse in Teilbereichen von Selbstkompetenz, Antworten mit 1 oder 2 (Top-2-Boxes) (n=40).

Die Statistik liefert erste abstrahierte Aussagen über die langfristige Wirkung und Wirksamkeit dramapädagogischer (Selbstkompetenz-)Seminare in der Lehrerbildung, wobei der standardisierte Teil der Befragung in Ansätzen eine ,quasi-nomothetische' Auswertung (vgl. Scholl 2009:27) in Form generalisierbarer Aussagen ermöglicht. Diese vom Kontext abstrahierten Ergebnisse werden im Folgenden mithilfe der ,Stimmen der Teilnehmer*innen' veranschaulicht.[315] Dabei erfolgt zunächst eine Differenzierung nach den Teildimensionen von Selbstkompetenz im Förderungs-Modell dieser Arbeit.

---

314   Allgemein gültige Aussagen können hier, statistisch gesehen, nicht getroffen werden.
315   Wenn nicht anders angegeben, stammen Äußerungen der Befragten im Folgenden aus dem digitalen Langzeitfragebogen.

7.3.1 Auftritt und Präsenz

Die Teilnehmer*innen der Langzeitbefragung[316] bemerkten bezüglich ihres Auftritts und ihrer Präsenz Entwicklungen von sehr stark bis gar nicht (vgl. Abbildung 52). Insgesamt hat ein Großteil der Befragten Veränderungsprozesse in diesem Bereich ausgehend von dramapädagogischer Arbeit erfahren.

Abbildung 52: „Haben die dramapädagogischen Seminare bei Dir Bewusstwerdungs- und Veränderungsprozesse angestoßen in Bezug auf Deinen Auftritt und Deine Präsenz?" (Langzeitbefragung, n=40)

Teilnehmer*innen mit Theater-Vorerfahrung geben hier eher sehr schwache Impulse an (beispielsweise Lotta, die jahrelange Schauspielerfahrung mitbringt und ‚gar keinen Prozess' erlebt hat, oder Silke, die bereits in der Schule Darstellendes Spiel hatte und ‚eher keinen' Prozess angibt; ähnliche Gründe nennt Regina, die mit ‚kaum Entwicklung' antwortet). In mehreren Fällen, in denen die Teilnahme am Seminar sehr lange her ist, ist die Wahrnehmung von Anstößen zur Entwicklung sehr schwach (Berlind, die im Sommer 2009 bei einem Seminar und Kindertheater dabei war, erinnert ‚gar keinen' Anstoß; Simones Teilnahmen liegen ebenfalls fast fünf Jahre zurück, und sie sieht eher keine Veränderung für ihren Auftritt und ihre Präsenz). Anderen Teilnehmer*innen sind hingegen die Übung zum eigenen Auftreten als Lehrperson besonders in Erinnerung geblieben, weil durch positives Feedback ihr Selbstvertrauen gestärkt wurde (vgl. Constanze, LZB). Fünf Personen haben ihren Auftritt in starkem Ausmaß weiterentwickelt. Ausgangspunkt dafür war eine Sensibilisierung im Seminar für ihre Körpersprache, ihre Stimme und Intonation (vgl. z.B. Kira, Greta und Otto in der LZB). Sie haben ausgehend davon weiterhin mit Auftritt und Wirkung im sozialen Raum (z.B. selbstsichere Wirkung erzeugen, Status; vgl. Ina, LZB) und Schule experimentiert (vgl. das Profil von Katharina, Seite 288 ff.).

---

316 im Folgenden auch abgekürzt als LZB

Auftrittsübungen beim Seminar haben in der Teilnehmerwahrnehmung zur Entwicklung von Selbstsicherheit beigetragen („Weniger Angst zu haben vorm ,Auftritt'; Greta,
LZB) und die Stimme geschult („Ich bin noch selbstbewusster geworden und habe keine
Probleme vor anderen Leuten zu spielen oder zu sprechen."; Ramona, LZB). Auch die
Selbstwirksamkeitserwartung für den ,Auftritt' im Klassenraum wurde verbessert:
„Diese Erfahrung hat mich darin bestärkt, dass ich durchaus in der Lage bin, vor Menschen zu sprechen und eine Rolle (auch die der Lehrerin) zu spielen." (Monika, LZB)
Obwohl Monika beim Seminar aus Bedenken nicht einmal an der Auftritts-Übung teilgenommen hatte (vgl. ebd.), wurde langfristig aus eigener Sicht ihr „Selbstbewusstsein,
was [...] [das] Auftreten vor Gruppen angeht [...] deutlich gestärkt" (ebd.). Teilnehmer*innen des Regiekurses (Typ III) beschreiben ebenfalls langfristige Impulse. Sie bekamen bei der selbstständigen Arbeit an Szenen Feedback von den Kursleiter*innen,
ggf. auch von weiteren Studierenden; woraus sich relevante Anstöße ergeben haben:
„[D]urch das Feedback der anderen Teilnehmer und der Kursleiter konnte ich etwas
über mein Auftreten vor einer Gruppe lernen bzw. was ich verbessern könnte [...]. Das
nehme ich mit auf den Weg zum Lehrberuf." (Rainer, LZB) In anderen Seminaren (hier:
Typ I) sind darüber hinaus berufsrelevante Anstöße entstanden, beispielsweise in Form
der Erkenntnis, „dass Lehrer sein auch mit dem Spielen einer Rolle zu tun hat, die in
großem Maße ausgestaltet und gefüllt werden kann und muss, damit Unterricht funktioniert" (Johanne, LZB). Etwas salopper formuliert Maike, die inzwischen Lehrerin ist,
das Training des Auftritts beim Theater und umschreibt damit das, was Manfred
Schewe die „Show-Master-Funktion" (Schewe 1993:426) von Lehrer*innen nennt
(Maike, LZB):

> Ich finde im Unterricht steht man auch irgendwie auf der Bühne: alle schauen einen an, die Auf
> merksamkeit ist (hoffentlich) ganz auf mich gerichtet und je nachdem, wie ich agiere, kann ich
> die SuS mitnehmen oder nicht. Es ist gut, wenn man das schon mal ausprobiert hat: sich auch
> mal auf der Bühne zum Affen machen oder Gefühle zu zeigen. Dann fühlt man sich sicher auch
> im Klassenzimmer wohler.

Vor allem für Teilnehmer*innen, die vor dem Seminar noch keine Theatererfahrung
hatten, hat das ,Training' des Auftritts – u.a. in kleinen Szenen, bei der BASIS-Auftrittsübung oder in Improtheater-Übungen – Selbsterfahrungen ermöglicht, die langfristig
positive Wirkungen zeigen, insbesondere in Bezug auf die Selbstsicherheit beim Einsatz
von Körper und Stimme.

7.3.2 Fremd-/Lehrersprache

Bezüglich des Einsatzes der Fremdsprache äußern sich immer wieder Teilnehmer*innen auch langfristig positiv darüber, dass sie bei den Seminaren – nach anfänglicher
Hemmung – Sicherheit im freien Sprechen (wieder-)erlangen konnten (Ina, LZB):

> Im Studium gab es selten die Möglichkeit zu sprechen, deshalb war ich irgendwann so aus der Übung, dass ich mich kaum noch getraut habe etwas zu sagen. Ich hatte schon das Gefühl, alles verlernt zu haben, obwohl ich die Sprache studiere. Deshalb stellte das spontane Sprechen zunächst eine Herausforderung dar, auf die ich mich aber einlassen konnte. [...] Ich empfinde es auf jeden Fall als Hilfe in einer Rolle Englisch zu sprechen.

Ähnlich äußern sich andere Teilnehmer*innen, die die motivierende und enthemmende Wirkung handlungsorientierter Arbeit schätzen lernten.[317] Sie erlebten die kreative Theaterarbeit als „[a]uthentische Sprachanlässe pur" (Maike, LZB), wobei man „[zwischendurch] vergisst [...], dass man auf Englisch kommuniziert" (ebd.). Die Involviertheit und die Lernatmosphäre haben dabei auch die unsicheren Sprecher*innen unterstützt, wie dieses Statement von Katharina zeigt (LZB):

> Für mich war insbesondere das Benutzen der englischen Sprache eine Herausforderung, da ich gerade aus meinem Auslandssemester in Frankreich wiedergekommen bin und somit sehr in der Sprache "gefangen" war. [...] Dennoch hat die Atmosphäre im Seminar mich dazu gebracht, einfach zu sprechen und nicht so sehr darauf zu achten, ob das, was ich sage, grammatisch richtig ist oder nicht.

Während Katharina selbst nicht Englisch studiert und die Unsicherheit daher verständlich ist, regt die Äußerung von Ina (s.o.) zum Denken an, was die Ausbildung von Englisch als ‚Lehrersprache' im Studium angeht. Auch Miriam, die heute praktizierende Englischlehrerin ist, entwickelte in ihrem ersten dramapädagogischen Seminar (Typ I) ein positiveres fremdsprachliches Selbstkonzept, das ihr das Studium zuvor nicht ermöglicht hatte (Miriam, LZB):

> Ich bin als sonst offener Typ in Seminaren immer sehr still und zurückhaltend gewesen und habe in diesem Seminar gemerkt, dass ich etwas zu sagen habe und wollte mich dementsprechend mitteilen. Dabei habe ich gemerkt, dass ich sprachlich wesentlich besser bin, als es mir vorher bewusst war und auch im Vergleich zu anderen keine Zurückhaltung nötig war.

Es scheint logisch, dass sich aus solchen Erfahrungen nachhaltige Konsequenzen für die eigene Gestaltung von Fremdsprachenunterricht ergeben.

7.3.3 Emotionale Selbstkompetenz

In der Langzeitbefragung geben 19 der 40 Teilnehmer*innen an, durch dramapädagogische Seminare ihre Selbstwahrnehmungsfähigkeit langfristig verändert zu haben (vgl. Abbildung 53). In den qualitativen Aussagen finden sich keine genaueren Erläuterungen dazu, auch wenn Aufwärmspiele immer wieder positiv erwähnt werden (Körperwahrnehmung) und der Umgang mit Körperkontakt und Nähe-Distanz-Verhalten beim

---

317   Insbesondere Katharina, Sonja und Constanze, die nicht Englisch studieren, berichten von dieser Erfahrung und möchten ihren Schüler*innen die gleiche Unterstützung in ihrem Fremdsprachenunterricht bieten.

Theater mehrmals als Herausforderung oder wahrgenommene Grenze benannt wird (vgl. Maike und Kira).

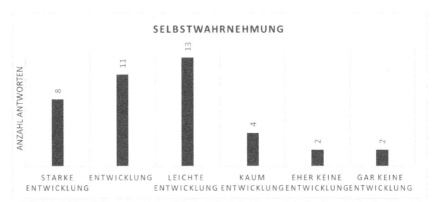

Abbildung 53: „Haben die dramapädagogischen Seminare bei Dir Bewusstwerdungs- und Veränderungsprozesse angestoßen in Bezug auf Deine Selbstwahrnehmungsfähigkeit?" *(Langzeitbefragung, n=40)*

Ebenfalls schwierig zu beantworten ist die Frage, inwiefern dramapädagogische Arbeit bei den Teilnehmer*innen Selbstkompetenz im Sinne des Umgangs mit eigenen Emotionen und Affekten (Emotionsregulation) fördern konnte. Es finden sich einige wenige Anmerkungen über das Aushalten und Überwinden anfänglicher unangenehmer Gefühle bei albern erscheinenden Aufwärmübungen und Theaterspielen (vgl. u.a. Elena, Helga), Versagensängste beim Auftritt (Karola, Malia) oder Unsicherheiten in der Fremdsprache (u.a. Marina). Hemmungen wurden dabei stets erfolgreich überwunden und Misserfolgsängste konnten sogar in Erfolgserlebnisse gewandelt werden. Berichte über Auswirkungen dieser positiven Erfahrung auf den Umgang mit solchen Emotionen in späteren Situationen (z.B. in der Schule) finden sich in den Antworten der Teilnehmer*innen kaum.[318] Ob eine Steigerung der Frustrations- oder Ambiguitätstoleranz einzelner Teilnehmer*innen stattgefunden hat, lässt sich daher nicht beantworten. Auch die Aspekte des *deep* und *surface acting* als Optionen der Lehrperson zum Umgang mit aversiven Emotionen finden in den Antworten der Teilnehmer*innen keine Erwähnung. Wenn auch die offenen Antworten somit den Eindruck erwecken, dass eine emotionale Selbstkompetenzentwicklung langfristig nicht zustande gekommen ist bzw. dass die Teilnehmer*innen keinen Zusammenhang möglicher Entwicklungen bei sich mit dem Schauspieltraining und ihren dramapädagogischen Erfahrungen sehen, zeigt sich dies in den quantitativen Daten anders (vgl. Abbildung 54). Hier geben 14 der

---

318   Einzig eine Äußerung von Malia („einfach über seinen Schatten springen, das habe ich wohl gelernt!"; Malia, LZB) könnte in diese Richtung gedeutet werden.

40 Teilnehmer*innen an, dass durch die Seminare (starke) Bewusstwerdungs- und Veränderungsprozesse bezüglich des Umgangs mit ihren Emotionen und Affekte zustande gekommen sind.

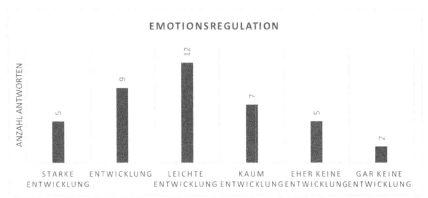

Abbildung 54: „Haben die dramapädagogischen Seminare bei Dir Bewusstwerdungs- und Veränderungsprozesse angestoßen in Bezug auf Deinen Umgang mit eigenen Emotionen und Affekten?" (Langzeitbefragung, n=40)

Die (starken) Anstöße für einen veränderten Umgang mit eigenen Emotionen können sich aus dem konkreten Erleben des Theaterspielens ergeben haben, durch den Austausch mit – oder Spannungen in – der sozialen Gruppe, oder durch die Arbeit im Team und mit den Teilnehmer*innen bei Praxisprojekten. Für Anja beispielsweise waren „Konflikte mit einzelnen TeilnehmerInnen [...und] differente Erwartungen an das gemeinsame Projekt" (ebd.) eine Herausforderung bei den Seminaren und Projekten. Ihr Umgang mit diesen Situationen (zuerst „[i]ntuitiv – mit teilweise destruktiven Folgen"; ebd.) hat sich zunehmend verbessert („In weiteren Schritten aber auch reflektiert und mit einer offenen Einstellung gegenüber unbekannten Ansätzen und Methoden."; ebd.). Der eigene „Umgang mit Konflikten" (ebd.) und die Analyse des eigenen „Verhalten[s] gegenüber KommunikationspartnerInnen unter Stress" (ebd.) waren für Anja Lernanstöße, die sie weiter beschäftigt haben. Ihre Fähigkeit zur Selbstregulation und als Ergebnis davon ihre soziale Verträglichkeit haben sich ausgehend davon weiterentwickelt.

Eine wichtige Erfahrung im Umgang mit Stress, selbstgemachtem Druck und belastenden Emotionen machte Frederike beim Regiekurs und bei dramapädagogischen Projekten mit Jugendlichen. Sie schildert, wie sie dabei lernen musste, eigene Ansprüche zu reduzieren und zu delegieren, weil sie unter Stress „endgültig an [...] [ihre] Grenzen gestoßen [ist]" (Frederike, LZB). Daher musste sie üben, „gezielt Aufgaben abzugeben" (ebd.). Diese Entwicklungsaufgabe ist sie angegangen, so dass sie ein positives Fazit

zieht: „[Ich habe] durch die vielen Projekte, die ich seitdem gemacht habe, gelernt [....]
Kräfte einzuteilen und abzuwägen, welche Aufgaben für mich noch schaffbar sind."
(ebd.)

Die Problematik des Umgangs mit eigenen Ansprüchen ist bei einigen Teilnehmer*innen Thema. Dabei geht es u.a. um den selbstgemachten Druck, in Improvisationssitu-
ationen beim Theaterspielen einfallsreich sein zu wollen.[319] Mehrere Teilnehmerinnen
(u.a. Regina und Anja) berichten, beim Theaterspielen ihre eigenen Erlebens- und Verhaltensmuster beobachtet zu haben. Bei Anja ist dadurch eine bewusste Reflexion der
eigenen Muster entstanden, die sich bis heute im Schulalltag als hilfreich erweist (Anja,
LZB):

> In diesem Zusammenhang [= besonders lustig beim Impro sein zu wollen] habe ich bewusster
> über Druck nachgedacht, den ich mir selbst mache und versucht diesen abzubauen. Alleine diese
> Bewusstmachung ermöglicht mir im Alltag und Beruf die Erfahrungen während der dramapäda-
> gogischen Projekte auf andere Bereiche zu transferieren.

Regina beschreibt positive Erfahrung damit, im Rahmen einer Improvisationsübung die
Gefahr des ‚Scheiterns' ertragen zu haben. Sie musste Frustrationen aushalten, um
schließlich doch noch erfolgreich handeln zu können. Damit liefert sie einen der wenigen Hinweise darauf, dass Frustrationstoleranz ein Thema für Teilnehmer*innen gewesen ist (Regina, LZB):

> Ich hatte im Voraus eigentlich ein sicheres Gefühl, hatte dann aber auf der Bühne das Problem,
> dass mir einfach nichts einfallen wollte. Aufgrund der Gruppendynamik habe ich mich dann aber
> dazu entschlossen, einfach die Gruppe nach Ideen zu fragen und war, nach natürlich kurzer Ent-
> täuschung, dass es nicht sofort geklappt hat, dankbar für die vielen Inspirationen und habe die
> Szene dann doch noch zu Ende bringen können.

Eine Übertragung dieser positiven Erfahrung im Umgang mit Frustrationen beim Theater auf den Klassenraum – z.B. als Entwicklung oder Verstärkung einer kooperativen,
fehlertoleranten Haltung – ist wünschenswert. Regina, deren Seminarteilnahme auch
erst wenige Monate her ist, äußert sich hier nicht dazu.

Eine weitere identitätsfördernde Kompetenz (im Sinne einer Art Rollendistanz) und zugleich ein in der theaterpädagogischen Arbeit oft genanntes Ziel ist die Fähigkeit, sich
von äußeren Ansprüchen zu lösen. Das Setting und die Atmosphäre bei dramapädagogischen Seminaren waren das Bedingungsgefüge, das zwei weiteren Teilnehmerinnen
(Barbara und Joana) die nötige ‚Befreiung' für das kreative Spiel ermöglichte, indem
eine Loslösung von den antizipierten Bewertungen anderer möglich wurde (Barbara,
LZB):

---

319   Johnstone widmet dem einige Aufmerksamkeit, was mit den Teilnehmer*innen auch themati-
      siert wurde, um diese mögliche Quelle der Hemmung beim Improspiel reduzieren zu können.

> Ich mochte das Theaterspielen, habe aber immer zurückgeschreckt davor, mit anderen zusammen Theater zu spielen, da ich Bedenken hatte, dem Anspruch an geistigem Freisinn und Professionalität nicht zu genügen. Das Spielen mit anderen nichtprofessionellen, angehenden Lehrer*innen war eine Umgebung, in der ich diese Bedenken ablegen konnte und sehr viel genuinen Spaß hatte.

Möglicherweise zeigen sich in Äußerungen wie dieser und ähnlichen („am Ende habe ich dann einfach mitgemacht und nicht mehr an die anderen gedacht"; Joana, LZB) Ansätze von Erkenntnissen über die Möglichkeit, auch Rollen und Normen kreativ und selbstbewusst zu interpretieren und die Ambiguität unterschiedlicher Anforderungen auszuhalten. Des Weiteren ist Empathie im Theorieteil dieser Arbeit als Bestandteil von Selbst- und Sozialkompetenz mit zugleich emotionalen und kognitiven Anteilen erläutert worden (siehe Seite 71 f.). Ein Großteil der Teilnehmer*innen gibt an, durch das Theaterspielen und die dramapädagogische Arbeit ihre Empathiefähigkeit verändert zu haben; bei fast der Hälfte der Befragten handelt es sich um Entwicklungsprozesse, die stärker als ‚leicht' sind (vgl. Abbildung 55).

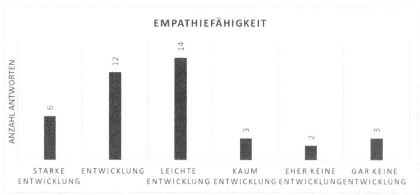

Abbildung 55: „Haben die dramapädagogischen Seminare bei Dir Bewusstwerdungs- und Veränderungsprozesse angestoßen in Bezug auf Deine Empathiefähigkeit?" (Langzeitbefragung, n=40)

In den offenen Antworten zeigt sich Mark „begeistert, in welcher ganzheitlichen (!!!) Intensität sich Empathie und Fremdverstehen für andere Menschen [durch Dramapädagogik] trainieren lassen" (Mark, LZB). Er hat sich im Rahmen seiner Masterarbeit mit dem Thema weiter beschäftigt, und es ist hier nicht ersichtlich, ob sich diese Äußerung auf seine eigene Entwicklung bezieht oder auf Literatur zum Thema, die ihn überzeugt hat. Er hat jedoch auch in der praktischen pädagogischen Arbeit Empathie als eine seiner Stärken wahrgenommen: „[Ich habe eine] Bestätigung meiner empathischen Fähigkeiten (bspw. auf Nöte/Bedürfnisse von Kindern einzugehen, bzw. diese auch erst zu erkennen) [bekommen]." (ebd.) Diese Stärke war ihm schon zuvor bewusst, seine Selbstwahrnehmung wurde aber durch die praktische Arbeit aktualisiert.

Eine neue Erfahrung mit ihrer Fähigkeit, sich in andere hineinzuversetzen, beschreibt Katharina und zieht zugleich Konsequenzen für ihre pädagogische Arbeit daraus: „Ich habe entdeckt, dass ich sehr einfühlsam bin und dass es gerade wichtig ist auf jeden SuS (sofern möglich) individuell einzugehen." (Katharina, LZB) In ihrer Äußerung zeigt sich zugleich eine Dimension der Entdeckung eigener ‚authentischer' Empathiefähig-keit als auch die Entwicklung einer Haltung zum professionellen Perspektivwechsel als Lehrer*in. Carla erlebt den engen Zusammenhang von Fremd- und Selbstverstehen, den Mead (1934) mit der Entwicklung eigener Identität anhand des Blickes ‚durch die Augen der anderen' beschreibt:

> Durch das Annehmen von Rollen konnte man sich wiederum in verschiedenen Charakteren aus-probieren und dabei diese Ichs in ihrer Selbstwahrnehmung reflektieren, aber wiederum auch Rückmeldungen von anderen erhalten und somit diese Rollen mit ihren Eigenschaften einord-nen. (Möchte ich diese Lehrerpersönlichkeit sein?) […] Das Konfrontiertsein mit verschiedenen Rollen ermöglichte eine Reflexion dieser Persönlichkeiten aus einer Art Schüler_innenperspek-tive. Gegenüber diesen Rollen konnte man sich durch die Bewertung ihrer Wirkung auf einen wiederum distanzieren und oder annähern bzw. entscheiden, welche Eigenschaften man gern in seinem Lehrer_innenselbstbild wiederfinden würde.

Die Reflexion darüber, wie das eigene Verhalten aus Schüler*innenperspektive wahr-genommen werden könnte und der Versuch, lernförderliche Modifikationen vorzuneh-men, spricht hier von einem hohen Grad an Selbstkompetenzentwicklung. Die Selbst-befragung zur eigenen idealen Lehreridentität („Möchte ich diese Lehrerpersönlichkeit sein?"; ebd.) weist wiederum in das Erfahrungsfeld des Narrativen Selbst beim Theater.

7.3.4 (Berufs-)Biographische Selbstreflexion und subjektive Lernpräferenzen

Manche vermuteten Zusammenhänge über die didaktische Wirksamkeit bestimmter dramapädagogischer Maßnahmen lassen sich auf Basis der Daten dieser Erhebung nicht allgemein nachweisen. Die These, dass insbesondere durch die Inszenierung und Darstellung von Erinnerungs-Lehrer*innen, wie sie in allen Seminaren des Typs II statt-gefunden hat (siehe Seite 174 ff. dieser Arbeit), langfristige Prozesse der (berufs-)bio-graphischen Selbstreflexion angestoßen werden, lässt sich nicht für die Mehrheit der Teilnehmer*innen dieser Seminare bestätigen.

Insgesamt geben nur neun Teilnehmer*innen der gesamten Befragung (n=40) langfris-tige biographiebezogene Lernprozesse an, die stärker als ‚leicht' sind. Die Abbildung 56 zeigt die Verteilung der Antworten in diesem Bereich und stellt die Seminare des Typs II allen anderen Seminaren gegenüber. Trotz des insgesamt schwachen Resultats für den Anstoß biographischer Reflexionsprozesse erweisen sich dramapädagogische Selbstkompetenzseminare (Typ II) wirksamer als die Seminare des Typs I (vgl. Abbildung 56). Im Vergleich zur Gesamtgruppe entfallen überdurchschnittlich viele der Prozesse biographischen Lernens auf die Teilnehmer*innengruppe des Seminartyps II, darunter alle angegebenen starken Entwicklungen.

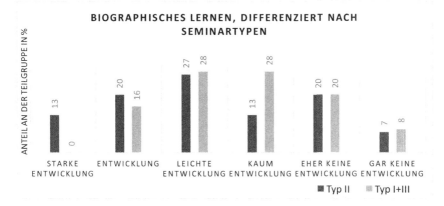

Polskala	Anzahl Nennungen		
Wert	**Bedeutung**	**Gesamt**	**Typ II**	**Typ I+III**
1	starke Entwicklung	2	2	0
2	Entwicklung	7	3	4
3	leichte Entwicklung	11	4	7
4	kaum Entwicklung	9	2	7
5	eher keine Entwicklung	8	3	5
6	gar keine Entwicklung	3	1	2
Gesamt		40	15	25

Abbildung 56 + Tabelle: „Haben die dramapädagogischen Seminare bei Dir Bewusstwerdungs- und Veränderungsprozesse angestoßen in Bezug auf Dein Verständnis Deiner eigenen Geschichte (Schulerfahrungen, Vorbilder, etc.)?" (n= 40). Das Säulendiagramm zeigt die Verteilung nach Prozent bezogen auf die Anzahl der Teilnehmer*innen des jeweiligen Seminartyps, die Tabelle führt die absoluten Zahlen auf.

Ein Beispiel für eine gelungene Anregung biographischer Selbstreflexion durch Theatermethoden zeigt sich in den Äußerungen von Maxi zum Lehrerrollenspiel (genauer dargelegt im Fallbeispiel Maxi, Seite 355 ff.). In einigen weiteren Äußerungen zeigt sich vor allem ein Vergleich zwischen den Lernerfahrungen in dramapädagogischen Seminaren und eigenen Schulerfahrungen, so zum Beispiel: „Schon in meiner Schulzeit war ich meist sehr unzufrieden mit der Umsetzung von Fremdsprachenunterricht, obwohl mir die Sprache an sich Spaß bereitet hat. Ich denke durch das Seminar sehe ich nun Möglichkeiten, solch einen ‚langweiligen' Unterricht spannender und lehrreicher zu gestalten." (Regina, LZB)

Marina stellt ebenfalls im Vergleich mit ihrer eigenen Schulzeit fest, dass spielerische Elemente damals zu kurz gekommen seien. Außerdem reflektiert sie das Beziehungsgefüge im Klassenraum neu: „Mir ist bewusst geworden, dass das heutige Lehrer-Schüler-Verhältnis sich sogar im Vergleich mit meiner Schulzeit verändert hat." (Marina, LZB) Sie selbst empfindet die Rolle der Lernbegleiterin als die geeignete für sich.

Eine neue Erfahrung der Gestaltung von Lernprozessen gegenüber der eigenen Schulzeit wird auch von weiteren Teilnehmer*innen rückblickend positiv hervorgehoben: „[Bei der dramapädagogischen Arbeit] habe [ich] erfahren (!) wie Fremdsprachenlernen und -lehren auch aussehen können (auch im krassen Gegensatz zu eigenen Schülerinnenerfahrungen)." (Monika, LZB) Von einer weiteren Auseinandersetzung mit prägenden Vor- und Antibildern, weiteren Bezugspersonen oder *Gestalts* (vgl. Korthagen u. a. 2001:49; Korthagen 2004:81) berichtet jedoch niemand in der Langzeitbefragung.

7.3.5 Selbstbilder und Ressourcen

Die Reflexion von Selbstbildern und Ressourcen soll gesondert betrachtet werden, auch wenn sie als Teil der biographischen Selbstreflexion gewertet werden könnte. Die speziellen Fragen sind: Was haben Teilnehmer*innen langfristig über ihr Selbstkonzept gelernt? Welche Stärken und Schwächen haben sie bei der dramapädagogischen Arbeit entdeckt oder thematisiert, welche neuen Sichtweisen auf sich selbst gewonnen, und wie sind diese ihnen weiterhin von Nutzen gewesen? Das Erkunden der Möglichkeit, beim Theater jemand anderes zu sein – und von diesem ‚anderen' später vielleicht auch ein paar Aspekte zum ‚eigenen' zu machen – rief in Seminaren zunächst einmal auch Hemmungen hervor, wie Elena (LZB) darlegt:

> Die meiste Zeit seines Lebens ist man damit beschäftigt, herauszufinden, wer man ist, man selbst zu sein und seinem Selbstbild treu zu bleiben. Daher ist es beim Theaterspielen zunächst etwas seltsam, jemand anders zu sein. Ich glaube, dass man hier eine innere Mauer durchbrechen muss, deren Widerstand individuell variiert.

Wenn diese ‚Mauer' jedoch durchbrochen wird und Hemmungen überwunden werden, so ergeben sich neue Entwicklungs- und Entdeckungsmöglichkeiten durch die Erschließung neuer Schemata der Welt- und Selbstbetrachtung und des Verhaltens. So berichtet beispielsweise Philipp, die dramapädagogischen Veranstaltungen hätten ihm eine Entwicklung des eigenen Selbstbildes und neue Talente gebracht, u.a. in Form der Fähigkeit, sich „selbst auch mal auf die Schippe zu nehmen und den Clown zu spielen" (Philipp; LZB; ähnliches berichtet Miriam). Auch anderen Teilnehmer*innen wurden neue Rolleninterpretationsmöglichkeiten sichtbar, die somit als neue ‚Angebote' für zukünftige eigene Rolleninterpretationen zur Verfügung standen: „Mir wurde bewusst, dass man auch ein künstlerisch kreativer Lehrer sein kann. Folglich die Frage, ob man selbst diesen Typ – zumindest ein bisschen – verkörpern könnte." (Elena, LZB)

Als affektiv-evaluative Bewertung eigener Selbstbilder (vgl. Moschner & Dickhäuser 2010:685) soll auch der Selbstwert bzw. das Selbstvertrauen (*self-esteem*) hier Erwähnung finden, das eng verknüpft ist mit der Selbstwirksamkeitserwartung und Selbstbehauptung der Person (vgl. Branden 2010:140 ff.). Grit, die bei einem Regiekurs in einem für sie schwierigen Regieteam mitwirkte („Ich habe schließlich eher die Rolle einer Regieassistentin eingenommen, um Konflikten aus dem Weg zu gehen"; Grit, LZB), war unzufrieden mit ihrer mangelnden Selbstbehauptung und Durchsetzungsfähigkeit[320]. Sie fasste Pläne zur Weiterentwicklung im Bereich Selbstvertrauen und Selbstdarstellung (ebd.):

> Ich habe gelernt, dass ich gute eigene Ideen auch aussprechen muss. Ich neige im Team sonst eher dazu, mich selbst zurückzunehmen, dadurch geht dann auch viel kreatives Potenzial verloren. [...] Ich habe als Schwäche entdeckt, dass ich oft einfach zu nett und sozial bin und es vermeide, meine eigene Meinung zu vertreten, wenn dies zu Konflikten führen könnte. Ich übe daher jetzt im Alltag, meine Meinung stärker zu vertreten. Merke aber, dass mir das oft immer noch schwer fällt.

Im Fall von Grit hat im Regiekurs ein Bewusstwerdungsprozess stattgefunden, der zu weiteren Verhaltensexperimenten im Alltag führte und langfristig in einer Steigerung des Selbstvertrauens und einer verbesserten Durchsetzungsfähigkeit resultieren kann. Mehr als der Hälfte der ehemaligen Teilnehmer*innen geben quantitativ eine Selbstwahrnehmung in diese Richtung an: 26 von 40 Personen haben langfristig die affektive Bewertung ihrer Selbstbilder – sprich: ihr Selbstvertrauen – positiv verändert, acht von ihnen stark (vgl. Abbildung 57). Somit hat eine Steigerung des Selbstvertrauens der Teilnehmer*innen in stärkerem Ausmaß stattgefunden, als Unterweger und Weiss es in ihrer Evaluationsstudie über die Persönlichkeitsentwicklungsseminare der PH Wien (2005) feststellen können: Die Autor*innen schlussfolgern aus ihrer Befragung von Studierenden und Leiter*innen dieser persönlichkeitsbildendend Seminare im Studium: „Es scheint, dass nur wenige Studierende Einflüsse auf ihre Selbstsicherheit in alltäglichen Interaktionen und in der Schulpraxis den Erfahrungen aus den Veranstaltungen zur Persönlichkeitsentwicklung zuschreiben." (Unterweger & Weiss 2005:96) Grund für Entwicklungen des Selbstvertrauens bei Teilnehmer*innen dramapädagogischer Veranstaltungen waren z.B. Erfolgserlebnisse, die – wenn sie sich selbst zugeschrieben werden – die Selbstwirksamkeitserwartung für die Zukunft stärken (vgl. Jerusalem 2005:438). Beispielsweise hat die erfolgreiche Bewältigung einer Herausforderung in Form eines langen Monologes im Regiekurs eine Studentin darin unterstützt, sich selbst mehr zuzutrauen (Malia, LZB):

> Mein Selbstbewusstsein war nie besonders groß - klar war es für mich eine riesige Herausforderung plötzlich [...] mit zwei mega langen monologischen Texten vor dem Publikum zu bestehen

---

320   Bei Schaarschmidt (2004) Teilaspekte des sozial-kommunikativen Verhaltens, deren hohe Ausprägung bei Lehrer*innen wünschenswert ist (vgl. ebd.:105 f.).

- vor allem musste ich lernen, erstmal mich selber wohl zu fühlen, dann mit dem, was ich spiele zufrieden zu sein und letztlich auch mit dem, was am Ende auf der Bühne gespielt wurde! Ich war kurz vorm Aufgeben, habe es aber dann doch durchgezogen! Ich bin froh, dass ich es gemacht habe - das Feedback war sehr positiv und auch ich habe einiges an Selbstvertrauen dazugewonnen.

Die quasi-therapeutische Dimension von Theater (vgl. Kapitel 4.6.3) wird hier sichtbar. Das akzeptierende und wertschätzende Verhalten der Kursleiter*innen – von Carl Rogers als „therapeutische Beziehung" bezeichnet (Salewski & Renner 2009:62), hier aber auch als grundlegender Bestandteil der (drama-)pädagogischen Arbeit betrachtet – war ein Ausgangspunkt für selbstwertsteigernde Erfahrungen und Entwicklungen der Teilnehmer*innen.

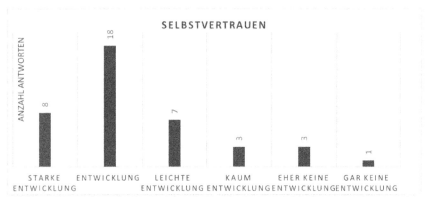

Abbildung 57: „Haben die dramapädagogischen Seminare bei Dir Bewusstwerdungs- und Veränderungsprozesse angestoßen in Bezug auf Dein Selbstvertrauen?" (Langzeitbefragung, n=40)

Für die oben zitierte Studentin bedeutete das erfolgreiche Bühnenerlebnis eine Steigerung an Aufmerksamkeit für die eigenen Bedürfnisse („lernen, erstmal mich selber wohl zu fühlen"), Selbstakzeptanz („mit dem, was ich spiele zufrieden zu sein") und als Resultat eine Steigerung ihres Selbstwertgefühles und ihrer Risikobereitschaft: „Ich habe gelernt, dass ich mir mehr zutrauen kann als ich es tue - die Umsetzung fällt schwer! Aber wenn es Situationen gibt, die mich vor neue Herausforderungen stellen, habe ich den Mut gewonnen, diese anzunehmen, ohne zurückzuziehen!" (ebd.) Schwierige Anforderungen nicht als Bedrohung, sondern als Herausforderung zu sehen, ist ein Bestandteil hoher Selbstwirksamkeit (vgl. Jerusalem 2005:439). Ihre Motivation und Erfolgszuversicht im Handeln führen bei Menschen mit hoher Selbstwirksamkeitserwartung oft zu weiteren bestätigenden Erfolgserlebnissen (vgl. ebd.). Wenn Malia sich ausgehend von den erfolgreichen Auftrittserfahrungen beim Regiekurs weiteren Situationen erfolgszuversichtlicher stellt, wie sie schreibt (s.o.), ist eine weitere Steigerung von Selbstwirksamkeit und Wohlbefinden wahrscheinlich (vgl. ebd.).

Eine weitere Teilnehmerin, die sich als mitunter wenig selbstsicher beschreibt („Manchmal traue ich mir selbst einfach zu wenig zu und denke: das kannst Du nicht."; Katharina, LZB), hat nach dem Seminar erfolgreich dramapädagogische Übungen im Praktikum eingesetzt und daraus eine Selbstwertsteigerung erfahren: „Das hat mich dazu gebracht, wesentlich mehr an mich selbst zu glauben und auf meine Stärken zu vertrauen. [...] Ich nehme mich selbst nun als kompetenter wahr als vor dem Seminar" (ebd.).[321] Zu derartigen Entwicklungsprozessen, die neue Selbstbilder und Ressourcenwahrnehmungen hervorbringen, gehört auch, sich in neuen Rollen und ‚Führungspositionen' (z.b. Regie und Leitung) zurechtzufinden. Dabei müssen für die spezifischen Aufgaben (anleiten, delegieren, unterstützen, planen, motivieren u.v.m.) Lösungen gefunden und für mögliche Konflikte (Unzufriedenheiten mit Entscheidungen, Anleitung älterer und erfahrener Schauspieler*innen o.ä.) Handlungsoptionen gefunden werden, die auch mit den eigenen Zielen, Idealen und Selbstbildern zu vereinbaren sind. Rainer ist im Regiekurs diese Aufgabe gelungen, zumindest im Sinne einer ‚temporären Passung': „Ich denke, meine persönliche Herausforderung war es, eine Gruppe ‚gut' anzuleiten. Es war nicht immer einfach (z.b. auch mal Kritik auszusprechen oder ‚Nein' zu sagen), aber im Großen und Ganzen konnte ich es relativ ‚gut' meistern." (Rainer, LZB) Aufgrund der Ähnlichkeiten zwischen den Tätigkeiten von Regisseur*innen und Lehrer*innen – beide gestalten gewissermaßen Lernprozesse – kann daraus auch eine verbesserte Selbstwirksamkeitserwartung für das spätere Lehrerhandeln erwachsen. Positives Feedback und eine kritische Selbstuntersuchung können zudem, wie im Fall von Rainer, eine verbesserte Selbsteinschätzung und den Willen zur Weiterentwicklung (Selbstmanagement, Selbstregulation) fördern: „[I]ch weiß mehr über meine Stärken und Schwächen und bin ausgehend von der Veranstaltung gewillt, meine Schwächen besser zu meistern." (Rainer, LZB)
Für Barbara (siehe auch Fallbeispiel Seite 280 ff.) war es nicht so sehr die Erprobung von neuen Rollen und Verhaltensweisen beim Theaterspielen oder Anleiten, als eher die Feedbackkultur in Seminaren und im Team, die ihr eine Auseinandersetzung mit Selbstbildern erst ermöglichte (Barbara, LZB):

> Ich habe vor allem gelernt, dass es enorm wichtig ist Selbst- und Fremdwahrnehmung bewusst zu kontrastieren. In der intensiven Zusammenarbeit und den angeleiteten Reflexionen gelang es mir, ehrliche, ungefärbte Eindrücke anderer zu bekommen, die mir dabei halfen, an meiner Selbstwahrnehmung zu arbeiten, bzw. Impulse für meine Weiterarbeit zu bekommen.

Auch bei Anja, für die der offene Umgang mit und die Thematisierung von Stärken und Schwächen zunächst eine Herausforderung darstellten (vgl. Anja, LZB), sind schließlich

---

321   Für weitere Betrachtungen dieser Entwicklung siehe die Fallstudie von Katharina auf S. 291 ff.

langfristige Denkprozesse angestoßen worden. Sie beurteilt dies rückblickend als „große[s] Potenzial der dramapädagogischen Arbeit" (ebd.).

7.3.6 Lehrphilosophie

Gut zwei Drittel der Teilnehmer*innen geben einen (starken) Einfluss der dramapädagogischen Veranstaltungen auf ihre Lehrphilosophien an (vgl. Abbildung 58). Dramapädagogik als „tatsächlich realisierbare Option" (Berlind, LZB) praktisch kennenzulernen und zu erleben, hat dafür einen starken Impuls geliefert. Eine interessante Frage ist, ob primär eine Auseinandersetzung mit Dramapädagogik als Ansatz und Methode erfolgt ist, oder ob grundlegendere Reflexionen und Veränderungen stattgefunden haben. Wurden eigene Werte und Ziele untersucht, vorherige Konzeptionen von Unterricht oder dem Lehrersein in Frage gestellt? Haben die Studierenden ihre Vorstellungen von gelungenem Fremdsprachenunterricht bei oder seit den dramapädagogischen Seminaren überarbeitet? Die Abbildung 58 zeigt, dass viele Studierende (starke) Entwicklungen in diesem Bereich angeben; im Folgenden werden die qualitativen Erläuterungen untersucht.

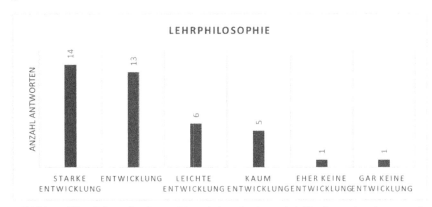

Abbildung 58: „Haben die dramapädagogischen Seminare bei Dir Bewusstwerdungs- und Veränderungsprozesse angestoßen in Bezug auf Deine eigene Lehrphilosophie"? (n= 40)

Bei Kira findet eine Weiterentwicklung ihrer Lehrphilosophie vor dem Hintergrund kritischer Selbstreflexion statt: „Ich denke, dass ich im Moment noch sehr stark dazu neige, meinen Unterricht zu frontallastig zu gestalten (aus Angst, es könnte etwas schief gehen), das Seminar hat mir zumindest zwei Hände voll von Alternativen mitgegeben, wie ich den Fokus von mir zu den SuS lenken kann." (Kira, LZB) Dieser Ansatz zum professionellen Perspektivwechsel stellt einen wichtigen Schritt in der Lehrerwerdung dar. Auch die heute bereits praktizierende Lehrerin Constance gibt an, durch die kontinuierliche Anregung „zur Reflexion über eigene Ziele und Werte als zukünftige

Lehrer" (Constanze, LZB) in dramapädagogischen Seminaren zu einer größeren Klarheit darüber gelangt zu sein, wie sie als Fremdsprachenlehrerin werden wollte.

Weitere Teilnehmerinnen beschreiben konkrete Veränderungen: Vanessa hat eine neue Gewichtung der für sie relevanten Bestandteile von Unterricht vorgenommen – sie legt verstärkt Wert auf Kreativität und Gestaltungsfreiräume für die Schüler*innen (vgl. Vanessa, LZB). Bei Frederike haben die Reflexionen im Seminar, aber auch die konsequenzlose Erprobung von neuem Verhalten – hier in einem besonderen Sinn gemeint: sich erproben, ohne dass andere die Konsequenzen tragen – eine Schärfung ihres Selbstverständnisses als Lehrerin ermöglicht (Frederike, LZB):

> Ja, ich denke die Übungen im Seminar, sowie das Reflektieren über die Umsetzung haben dazu beigetragen, dass ich mir klarer darüber geworden bin, wie ich als Fremdsprachenlehrerin sein möchte. Durch das Ausprobieren verschiedener Methoden und Übungen mit anderen konnte ich verschiedene Herangehensweisen an Themen ausprobieren und mir eine eigene Meinung darüber bilden ohne in einer ,ernsten Schulsituation' zu sein. D.h. das Ausprobieren hatte keine Konsequenzen für die Schullaufbahn einer Schülerin oder eines Schülers.

Bewusstwerdungsprozesse in Bezug auf ein persönliches Leitbild für den Fremdsprachenunterricht durchlief auch Lotta, für die das Nachdenken über sich selbst als Lehrerin damals eine Herausforderung darstellte (siehe auch Fallbeispiel Lotta, Seite 292). Sie denkt seit dem Seminar „kritischer über lehrerzentrierteren Englischunterricht" (Lotta, LZB) und hat ihre eigenen Haltungen klarer herausgearbeitet (ebd.):

> Ich bin mir stärker darüber bewusst geworden, dass ich es als meine Hauptaufgabe als Lehrerin im Fremdsprachenunterricht ansehe, den Schülerinnen und Schülern einen Rahmen zu bieten, in dem sie relativ angstfrei mit der Fremdsprache experimentieren können, in dem sie sich wohlfühlen und sich etwas trauen. Denn nur so funktioniert für mich Fremdsprachenlernen.

Dramapädagogik bewertet sie dafür als eine „tolle Möglichkeit" (ebd.), integriert sie also in ihre Vorstellung von gelungenem Fremdsprachenunterricht.

Sogar Studierende, die angaben, dass sie als Lernende in Seminaren selbst Schwierigkeiten mit den kreativen Aufgaben und Theaterübungen hatten, haben durch die dramapädagogische Arbeit (Typ I) und in Kindertheaterwochen eine „ehrliche Überzeugung für schülerzentrierten, offenen Unterricht" entwickelt (Anouk, LZB). Weitere Teilnehmer*innen finden „ganzheitliches und aktives und kreatives Lernen nun wichtiger" (Karola, LZB) oder haben eine „Ermutigung zu handlungsorientierten Verfahren" erfahren (Maike, LZB), ohne dass diese Überzeugung auf den Einsatz von Theater im Fremdsprachenunterricht beschränkt wäre. In weiteren Fällen wurde ein bereits vor dem Seminar vorhandenes Rollenverständnis als Lehrerin bestätigt und zugleich „um viele wertvolle Aspekte und Nuancen erweitert" (Greta, LZB). Die gleiche Teilnehmerin berichtet, „intensiv über Rollenvorstellungen, -verteilung, -probleme, [...] die im Kontext des FSU auftauchen und für die Unterrichtsgestaltung eine Rolle spielen" (ebd.), nachgedacht zu haben.

Es zeigt sich hier also eine Bandbreite an Impulsen im Bereich der Lehrphilosophie. Diese beinhaltet stärkere Bewusstwerdungsprozesse und Bestätigungen, Erweiterungen oder Veränderungen vorhandener Vorstellungen von gelungenem Fremdsprachenunterricht. Für viele Teilnehmer*innen ist die Dramapädagogik selbst als ein neues Element von Fremdsprachenunterricht greifbar geworden (u.a. Grit, Ina, Kira und weitere), und 39 von 40 Personen geben an, Methoden aus dem Seminar später einsetzen zu wollen (Ausnahme: Sabine; siehe Fallstudie Seite 302 ff.). Unterschiede gibt es im Grad der Zentralität, die dramapädagogischer Arbeit für den Fremdsprachenunterricht eingeräumt wird, und bei der Kompetenz, die sich die Teilnehmer*innen dafür zutrauen. Nach einmaliger Seminarteilnahme ohne anschließende Praxisphase gibt z.B. Faye an: „Ich denke, dass ich vor allem kleine dramapädagogische Elemente (Micromethoden) ‚nutzenswert' finde, größere Inszenierungen traue ich mir nicht zu." (Faye, LZB) Andere, wie beispielsweise Miriam, haben mit hoher Wirksamkeitserwartung und Begeisterung (ebenfalls nach nur einmaliger Seminarteilnahme und einer Kindertheaterwoche) viele dramapädagogische Elemente in ihren Unterricht einfließen lassen und zahlreiche Projekte angestoßen: „Ich habe von Harry Potter bis zu selbstgeschriebenen Theaterstücken viel auf die Beine gestellt und die Schüler sind über den Unterricht hinaus begeisterte Theaterspieler." (Miriam, LZB)

Der von fast allen geteilte positive Eindruck der Methoden und Arbeitsweisen im Seminar bestärkt oder führt im Allgemeinen zu einer positiven Haltung gegenüber ganzheitlichem, handlungsorientiertem und kommunikativem Fremdsprachenunterricht, für den Dramapädagogik nur eine mögliche Realisierung darstellt. Etliche der im Nachhinein viel gelobten ‚kleinen Übungen' sind nicht per se theaterbezogen, sondern spielpädagogisch. Nur in wenigen Äußerungen von Teilnehmer*innen wird explizit das Theaterelement der Übungen als relevant für das fremdsprachliche Lernen benannt: „Ich habe erkannt, wie wichtig es sein kann, Theater in den Fremdsprachenunterricht zu integrieren." (Helga) Aus vielen Äußerungen zur Dramapädagogik und Plänen zur späteren Gestaltung von Fremdsprachenunterricht spricht eine hohe Motivation zum weiteren Einsatz dieser Arbeitsweisen („Dramapädagogische Mittel und Prinzipien [...] möchte ich unbedingt später in meinen U. integrieren!!!"; Mark, LZB; siehe auch das Fallbeispiel Seite 282 ff.). Ein solcher Entwurf eines inspirierenden Bildes von Schule und Fremdsprachenunterricht übt eine stark motivationssteigernde Wirkung auf die Studierenden in Bezug auf Studium und Beruf aus. Andererseits kann die Arbeit in dramapädagogischen Seminaren aber auch dazu führen, die Eignung für den angestrebten Beruf zu hinterfragen, wie die folgenden Daten zeigen.

7.3.7 Eignungsfrage und Berufsmotivation

Der Anstoß einer individuellen und längerfristigen Auseinandersetzung mit der Frage nach der eigenen Eignung für den Beruf kann als Entwicklung von Selbstkompetenz gesehen werden. Das Ergebnis einer veränderten Berufsmotivation bei 23 von 40 Personen (vgl. Abbildung 59) – die offenen Antworten weisen darauf hin, dass es sich i.d.R. um eine Steigerung der Motivation handelt – ist als äußerst positiv zu bewerten und wird als Bestandteil der Genese einer positiven Lehreridentität eingeordnet; als Selbstkompetenzentwicklung könnte aber nur eine verbesserte Fähigkeit zur Selbstmotivierung betrachtet werden, nicht die Steigerung der Berufsmotivation per se.

BERUFSMOTIVATION

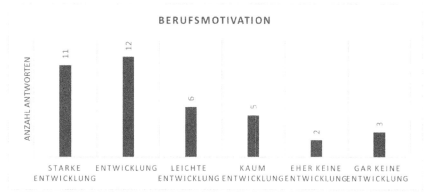

Abbildung 59: „Haben die dramapädagogischen Seminare bei Dir Bewusstwerdungs- und Veränderungsprozesse angestoßen in Bezug auf Deine Berufsmotivation?" (Langzeitbefragung, n=40)

Einzelne Studierende haben in Seminaren durch einen Vergleich mit den Lehrphilosophien anderer Teilnehmer*innen ihre eigene Passung für den Beruf hinterfragt und daraus produktive Konsequenzen gezogen (siehe Fallbeispiel Lotta, Seite 292 ff.). Für viele andere hat sich eine grundlegende Steigerung der Motivation für die Ausbildung und den Beruf ergeben. So berichtet Marina (LZB):

> Ich habe einfach gemerkt, wie viel Spaß Fremdsprachenunterricht machen kann, wenn man sich wagt, etwas Neues auszuprobieren. Diesen Spaß habe ich mit in meine Nachhilfestunden genommen und mich riesig gefreut, dass es auch meinen Schülern so viel Spaß gemacht hat (im sonst so gehassten Unterrichtsfach). Das hat mir noch mehr Motivation für den Lehrerberuf gegeben.

Die Motivationssteigerung ergibt sich hier aus der praktischen und selbständigen Umsetzung der Seminarinhalte. Auch für andere Teilnehmer*innen war die praktische Arbeit (Kindertheater) entscheidender Faktor zur Steigerung der Berufsmotivation: „Es war unglaublich motivierend, praktisch zu arbeiten und die Erfolge zeitnah zu beobachten. Die Kinder haben ‚spielend' gelernt und ich glaube, dass der Lerneffekt auf vielen verschiedenen Ebenen bedeutend war. Kompetenzorientierter kann man nicht arbeiten." (Elena, LZB) Für Elena hat sich durch „das Seminar und die VHS-Woche eine hochgradig motivierende Wirkung in Bezug auf Studium und Lehrerjob" (ebd.) ergeben.

Eine eindeutige Verbesserung der Selbstkompetenz bei gleichzeitiger Klärung der Eignungsfrage für den Beruf beschreibt rückblickend Vanessa (LZB), die 2010 zum ersten Mal an einem dramapädagogischen Seminar teilnahm:

> Ich weiß nun viel viel mehr über mich selbst, über meine persönliche Art zu unterrichten, über meine eigenen Fähigkeiten und Fertigkeiten Fremdsprachen (handlungsorientiert) zu unterrichten. Ich bin viel selbstsicherer geworden (der Unterschied zu vor den Seminaren ist extrem) und nun weiß ich, dass Unterrichten DAS ist, was ich machen möchte - die ersten 5 Semester im BA (bis 2010) war ich mir nämlich überhaupt nicht sicher.

Lehrersein baut elementar auf dem Umgang mit Kindern und Jugendlichen auf. Insofern ist auch die folgende Entwicklung von Frederike als positive Beantwortung der Eignungsfrage für den Beruf zu verstehen: „Ich hatte mich, bevor ich bei den Kinder-/Jugendprojekten mitgewirkt habe, unsicher im Umgang mit Jugendlichen und Kindern gefühlt. Durch das gemeinsame Theaterspielen habe ich allerdings festgestellt, dass diese Unsicherheit unbegründet ist." (Frederike, LZB)

Die dramapädagogische praktische Arbeit stellt eine Erfahrung mit außerschulischem Fremdsprachenlernen und -lehren unter günstigen Voraussetzungen dar. Die Teilnehmer*innen von beispielsweise fremdsprachigen Kindertheaterwochen an der Volkshochschule, unter denen meistens viele gute bis sehr gute Schüler*innen sind[322], bringen ein hohes Motivationspotenzial mit. Mit den Schüler*innen, die Probleme in der Fremdsprache haben, kann andererseits viel individueller gearbeitet werden, als dies häufig im Unterricht der Fall ist. Für Monika kommt dabei durch die Selbsterfahrung sowie Anwendung und Beobachtung von „ganz andere[n] Formen des Lernens" (Monika, LZB) mit Schüler*innen eine Steigerung der Berufsmotivation zustande (ebd.):

> Außerdem habe ich neue Zugänge zum Fremdsprachenlernen und -lehren kennengelernt und mich dadurch deutlich mehr als zuvor mit meiner Rolle als FS-Lehrerin identifiziert. Insgesamt habe ich durch die Drama-Veranstaltungen mein Masterstudium in sehr guter Erinnerung und hatte erstmalig richtig das Gefühl es könne mir Spaß machen, Englischlehrerin zu sein.

In ihrer „(noch unsicheren) Berufswahl" (ebd.) sei sie durch diese Erfahrungen bestärkt worden.

---

322   Damit dramapädagogische Arbeit nicht in erster Linie zur ‚Eliteförderung' wird, sondern das Potenzial auch zur Förderung von Schüler*innen mit Problemen in der Fremdsprache genutzt werden kann, waren wir immer wieder bemüht, die Kurse an der Volkshochschule sowie die späteren Ferienfreizeiten gerade auch für diese Schüler*innen zugänglich zu machen. Dafür kamen auch Kooperationen mit dem Jugendamt, werbende Besuche in Haupt- und Realschulen sowie die starke finanzielle Vergünstigung der Teilnahme durch Förderprogramme zum Einsatz. Bei Jugendfreizeiten wie dem *Adventure Theatre Camp* konnte so eine größere Heterogenität der Teilnehmer*innen erreicht werden.

7.3.8 Persönlichkeitsentwicklung und Kreativität

Viele Teilnehmer*innen haben im Rahmen dramapädagogischer Arbeit oder in Folge davon neue Seiten ihrer Persönlichkeit entdeckt und (weiter-)entwickelt (vgl. Abbildung 60). Persönlichkeitsentwicklung bedeutet in diesem Zusammenhang die Ausbildung neuer Selbst-Schemata, wie beispielsweise eine Selbstwahrnehmung als kreative oder spontane Person. Ein solches verändertes Selbstkonzept kann wiederum zu Verhaltensänderungen führen – z.b. der Anstoß eines kreativen Projektes – die wiederum auf das Selbstkonzept zurückwirken (vgl. Wild & Möller 2014:193 f.). Was die Persönlichkeitsdimensionen Offenheit, Spontaneität und die Ausprägung von Kreativität im Denken und Handeln angeht, so deuten die Daten auf eine Art 'Aufwärtsspirale' hin, die in etlichen Fällen durch dramapädagogische Erfahrungen in Gang gesetzt werden konnte.

Die meisten starken Entwicklungsprozesse im Bereich dieser Dimensionen von Persönlichkeit fanden bezüglich einer 'Offenheit für Neues' statt, so die quantitativen Angaben der ehemaligen Teilnehmer*innen. Die qualitativen Erläuterungen zeigen, dass die Befragten hier teilweise eine unterrichtsbezogene, methodische Offenheit meinen. So fühlt sich die angehende Referendarin Simone „bestärkt [darin] offen für eine Vielzahl von Methoden zu sein und etwas Neues auszuprobieren" (Simone, LZB).

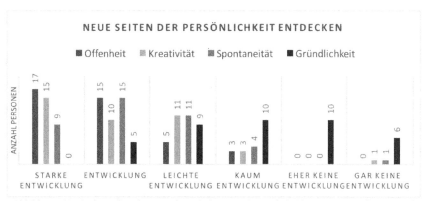

Abbildung 60: Haben die dramapädagogischen Seminare bei Dir Bewusstwerdungs- und Veränderungsprozesse angestoßen in Bezug auf Deine Offenheit für Neues/ Kreativität und Deinen Einfallsreichtum/ Spontaneität und Flexibilität/ Gründlichkeit?" (n= 40)

Andere Teilnehmerinnen formulieren allgemeiner eine neue Haltung von Offenheit. Durch die dramapädagogische Arbeit hätten sie „[m]ehr Mut in unbekannten Situationen" (Johanne, LZB) und „das Selbstbewusstsein entwickelt, neue Sachen umzusetzen, was ich vorher nicht hatte" (Anouk, LZB). Diese Offenheit für Neues ist einerseits während der Seminare durch die Lernatmosphäre unterstützt worden, wie Franziska unterstreicht („Ich denke, dass ich sehr viel offener geworden bin. Allerdings hat mir die Stimmung in der Gruppe sehr dabei geholfen."; Franziska, LZB)

Die zitierten Antworten weisen aber auch darauf hin, dass Teilnehmer*innen über das Seminar hinaus eine gesteigerte Bereitschaft an sich wahrgenommen haben, Neues auszuprobieren, sich auf kontingente Situationen einzulassen oder spontan und flexibel zu agieren. Flexibilität als die Bereitschaft, von vorherigen Planungen abzuweichen, hat beispielsweise Frederike seit dem Regiekurs zunehmend in ihr Verhalten integriert: „Ich habe für mich gelernt möglichst flexibel in meiner Planung eines Projekts zu sein und immer wieder eine neue Methode aus dem Hut zu zaubern, wenn es nötig ist." (Frederike, LZB) Dabei hat sie aus der Erfahrung in konkreten Situationen im Seminar ein Zutrauen in ihre Spontaneität gefasst („Zum Beispiel habe ich festgestellt, dass ich meistens spontan auf Übungen oder Spielideen komme, die dann meistens sogar einen pädagogischen oder projektbezogenen Wert haben"; ebd.). Ähnliches trifft auf 24 weitere Teilnehmer*innen zu, die angeben, ihre Spontaneität weiterentwickelt zu haben (vgl. Abbildung 60). Andere Teilnehmer*innen berichten, ihre „Kreativität in größerem Ausmaß entdeckt" zu haben (Silke, LZB) und sehen sich selbst „durch die Veranstaltungen als kreativer und spontaner als zuvor" (Monika, LZB), was ebenfalls für 25 der 40 Befragten zutrifft (vgl. Abbildung 60). Der Effekt ist für Kreativität sogar noch stärker als für Spontaneität: 15 Befragte geben an, dass die dramapädagogische Arbeit starke Entwicklungen angestoßen hat.

Gründlichkeit als weitere Dimension der *Big Five* der Persönlichkeitspsychologie ist wie im Theorieteil angenommen (vgl. S. 120 f.) hingegen nur von wenigen Teilnehmer*innen als relevantes personales Element der dramapädagogischen Arbeit wahrgenommen worden. Zwei der Befragten, die hier eine Entwicklung angeben (Mark und Vanessa), haben langfristig intensives Engagement in dramapädagogischen Veranstaltungen gezeigt und zunehmend selbst Leitungsaufgaben beim Kindertheater übernommen (vgl. Fallbeispiele Seite 281 ff.), was gründliches Arbeiten und Planen erforderte. Bei den anderen drei Befragten, die eine Entwicklung ihrer Gründlichkeit angeben (Regina, Katharina und Grit), finden sich keine erläuternden Angaben dazu. Möglich ist bei Katharina, dass eine gesteigerte Selbstreflexion und das Experimentieren mit Theatermethoden in ihren Schulpraktika die Selbstwahrnehmung als gründlich gesteigert haben (siehe Fallstudie Katharina auf Seite 288 ff.). Grit übernahm als Regieführende im Seminar Typ III organisatorische und strukturierende Aufgaben, was ihr möglicherweise gezeigt hat, dass sie zu mehr Gründlichkeit in der Lage ist, als sie erwartet hätte.

7.3.9 Selbstreflexion und Ziele zur Weiterentwicklung

Die intensive Selbstreflexion im Rahmen von Seminaren und dramapädagogischer Praxis wird von einigen ehemaligen Teilnehmer*innen unter den besonderen Entwicklungsimpulsen genannt, die sie erfahren haben („intensive Auseinandersetzung mit Reflexion von eigenem und fremdem Verhalten innerhalb einer sozialen Gruppe", die langfristig zu einer „kontinuierliche[n] Reflexion des eigenen Lehrerbildes" geführt habe; Anja, LZB). Statistisch geben nur zwölf Teilnehmer*innen eine (starke) Entwicklung ihrer Selbstreflexionsfähigkeit an (vgl. Abbildung 61). Qualitativ finden sich jedoch einige Angaben darüber, inwiefern durch die Reflexion beim Seminar neue Erkenntnisse über sich selbst gewonnen wurden oder die Art und Weise verändert wurde, wie Selbstreflexion betrieben wird.

Ina berichtet, ihr Verhalten und ihre „Rolleneinnahme in Gruppen" (Ina, LZB) seit dem Seminar besonders beobachtet zu haben und daran zu arbeiten („[Ich habe] festgestellt, dass ich wirklich häufig nicht viel sage und in vielen Situationen sehr passiv bin. Das wollte/ will ich bewusst ändern"; ebd.). Sie habe durch das Seminar zudem einen besonderen Anstoß erfahren, darüber nachzudenken, wie sie als Lehrerin ist und sein möchte („Bin ich wohl zu sehr der Kumpeltyp oder habe ich auch genug Autorität?"; ebd.). Besonders das Lehrerrollenspiel habe diese Überlegungen angestoßen. Auch die Teilnehmerin Carla hat über viele dramapädagogische Veranstaltungen hinweg intensivierte Selbstbeobachtung betrieben und eine Kultur der produktiven Selbstreflexion entwickelt: „Ich nehme mich im Umgang mit anderen Menschen, vor allem, wenn ich vor oder in Gruppen agiere, bewusster wahr. D.h. ich reflektiere mein Verhalten mehr und mache mir im Nachhinein oft Gedanken über Handlungsalternativen in bestimmten Situationen, die nicht so liefen, wie erwartet." (Carla, LZB)

Abbildung 61: „Haben die dramapädagogischen Seminare bei Dir Bewusstwerdungs- und Veränderungsprozesse angestoßen in Bezug auf die Art und Weise, wie Du Dich selbst reflektierst?" (Langzeitbefragung, n=40)

Andere Teilnehmer*innen geben an, Selbstreflexion in dramapädagogischen Seminaren ganz neu für sich entdeckt zu haben (siehe Fallbeispiele Vanessa, Seite 281 ff.) und auch Techniken aus dem Seminar weiter zu praktizieren: „[D]as Wort Reflexion hat für mich eine andere Bedeutung bekommen. Ich reflektiere jetzt in allen Situationen immer in dem Drei-Schritt und messe der Reflexionsebene ein anderes Gewicht bei." (Ramona, LZB) Für andere sind nicht die Denkanstöße und Herangehensweisen, sondern v.a. die Gelegenheit zur Selbstbetrachtung in Seminaren wichtig gewesen. So gibt Kira an, ihre (Selbst-)Reflexionskultur sei „ungefähr gleich geblieben" (Kira, LZB), aber sie habe beim Seminar „einfach nur mal mehr Zeit [gehabt], genauer zu reflektieren" (ebd.). Andere befinden es als wichtig, einen Einblick in die Selbstbilder von Kommiliton*innen als Basis für die eigene Selbstreflexion erhalten zu haben (vgl. Franziska, LZB). Insgesamt zeigt sich, dass positive Erfahrungen mit individueller und gemeinsamer Reflexion im Seminar das Bewusstsein für die Bedeutsamkeit derartiger Selbstbetrachtungen und den Umgang mit Feedback erhöhen („Die Bedeutung von Reflexion und Evaluation ist mir durch die Seminare bewusster geworden. Ich bin auch kritikfester als früher."; Anouk, LZB). Hieraus können auch Anstöße für die eigene Unterrichtspraxis entstehen, wie ein Teilnehmer im Zusammenhang mit Überlegungen zur demokratischen Erziehung äußert (Mark, LZB):

> Das Mittel der abschließenden Reflektionsrunden möchte ich gern in verschiedener Form später im Klassenzimmer als Möglichkeit des persönlichen Feedbacks gegenüber Unterrichtsthemen und -Aktivitäten etc. einsetzen. Hierbei ist mir durch die eigene Erfahrung während der dramapäd. Projekte besonders ans Herz gewachsen, Kinder und Jugendliche darin zu fördern und zu unterstützen, frei und ohne Angst eigene Gedanken, Meinungen und kritische Reflexionen zu äußern (bzw. auch überhaupt erst eigene Standpunkte zum Geschehen zu entwickeln anstatt passiv alles hinzunehmen, was im Klassenzimmer geschieht).

Einen selbstkritischeren, aber produktiven Blick, hat die Teilnehmerin Vanessa im Zuge dramapädagogischer Arbeit völlig neu herausgebildet: „Vor allem das Reflektieren meiner Arbeit und meiner Herangehensweise an Theater und Unterricht hat sich stark entwickelt (es existierte vorher nicht). Ich gehe nun viel kritischer mit meinem Dasein als Lehrerin um, sowie mit meinem Verhalten mit SuS." (vgl. auch Fallbeispiel Seite 281 ff.) Vanessa beschreibt den reflexiven Austausch mit Kolleg*innen in ihrer heutigen Schulpraxis als wertvoll, für den sie eine Grundhaltung aus den Kindertheaterwochen und Dramapädagogikseminaren mitgenommen hat. Hingegen vermisst Barbara, die eine Kultur der Reflexion und des Austausches bei der dramapädagogischen Arbeit sehr schätzen gelernt hat, an ihrer Schule eine derartige Praxis (Barbara, LZB):

> Ich habe mich noch nie einer kritischen Selbstwahrnehmung verschlossen, dennoch haben die [dramapädagogischen] Veranstaltungen mir gezeigt, welchen unschätzbaren Wert eine gut strukturierte Reflexionsrunde in Bezug auf die eigene Professionalisierung haben kann. Ich bin allen Teilnehmer*innen sehr dankbar für die Rückmeldungen. Die Dankbarkeit für konstruktive Kritik am eigenen Verhalten darf man nicht als vorhanden bei anderen voraussetzen, da nicht

alle jetzigen Kolleg*innen den Prozess der Steigerung der Kritikfähigkeit durchlaufen haben, den jedes Seminar aufs Neue initiiert hat. Die Erfahrungen in einer Gruppe mit einer solch hohen Reflexionskultur zu arbeiten sind für mich von unschätzbarem Wert, erschweren jedoch auch die Arbeit in Zusammenhängen, in denen diese Reflexion nicht stattfindet.

Dramapädagogische Seminare und Projekte zeigen sich hier als sehr geeignet, um Studierende an eine Kultur der gemeinsamen Reflexion und Selbstreflexion heranzuführen. Eine Weiterführung dieser Praxis im Studium und in der praktischen Arbeit wäre sinnvoll und notwendig, wird aber – das zeigen die Angaben einiger Studierender – nicht konsequent durch das Ausbildungssystem weiter befördert. Bei mehreren Teilnehmer*innen sind daher wertvolle Impulse in diese Richtung bereits im Studium verloren gegangen (vgl. u.a. Otto, LZB).

Neben vielen positiven Entwicklungen, die sich aus der (Selbst-)Reflexionskultur bei dramapädagogischen Seminaren ergeben haben, kann in Bezug auf den Aspekt der Selbstbeobachtung bei wenigen Teilnehmer*innen auch eine unproduktive Tendenz festgestellt werden, wenn beispielsweise eine Über-Reflexion im Seminar zu einer vorübergehend eingeschränkten Handlungsfähigkeit führte: „Ich habe zu oft darüber nachgedacht wie ich nach außen/auf die anderen wirke. Sicherlich gehört dies gerade bei diesem Thema auch dazu, hat mir aber stellenweise Probleme dabei bereitet noch mehr aus mir heraus zugehen." (Greta, LZB)

Auch die Teilnehmerin Marina hat einen – ohnehin stark ausgeprägten – selbstkritischen Blick in der Dimension Auftritt beim und nach dem Seminar noch weiter verstärkt: „Ja, ich sehe mich noch kritischer als zuvor und frage mich immer, wie wirkt mein Handeln auf andere. Werde ich so wahrgenommen, wie ich wahrgenommen werde möchte und wie kann ich es ggf. ändern?!" (Marina, LZB) Es wird in dieser Aussage nicht ersichtlich, ob Marina für sich neue Handlungsoptionen gefunden hat, die ihr diese Krise überwinden helfen. Greta hingegen nahm eine problematische Tendenz in ihrem Denken und Handeln bereits während des Seminars wahr und reagierte selbstregulierend, indem sie versuchte, entstehende Grübelgedanken „„herunterzuschrauben'" (Greta, LZB.). Das Thema ihrer Außenwirkung begleitete sie seitdem weiterhin im Alltag (vgl. ebd.), was – je nach Ausprägung – positiv oder negativ bewertet werden kann.

Ziel des Seminars war der Anstoß ergebnisorientierter Selbstreflexion und die Entwicklung der Fähigkeit und Bereitschaft zu Selbstuntersuchungen – jedoch nicht in unproduktiver und lähmender Ausprägung. Die weiteren Antworten der Teilnehmer*innen Marina und Greta im Fragebogen[323] sprechen dafür, dass sie das Seminar insgesamt als extrem positive Erfahrung in Erinnerung haben und dass ihre Selbsthinterfragungen

---

323   siehe Anhang A.3.6, OnlinePlus

nicht in dauerhafte Verunsicherungen übergegangen sind („Ich arbeite daran mir weniger Gedanken um Außenwirkung zu machen, sondern mehr auf eigene Entfaltung zu
setzen."; Greta, LZB).

Nicht alle Befragten teilen allerdings einen positiven Blick auf den selbstreflexiven Fokus in dramapädagogischen Seminaren, der aus ihrer Sicht auch im Referendariat zu
stark betont wird (vgl. Berlind, LZB). Nicht bei allen Teilnehmer*innen konnte zudem
ein selbstreflexives Denken im Ausmaß der benannten Beispiele in Gang gesetzt werden (vgl. Fallbeispiel Marlene, Seite 298 ff.). Für einige andere Teilnehmer*innen hatte
die Reflexionsstruktur schlicht keinen Neuigkeitswert, da Reflexionen im Studium ohnehin „einen sehr prominenten Standpunkt" hätten (Frederike, LZB).

Insgesamt nennen viele Befragte Pläne zu ihrer persönlichen oder beruflichen Weiterentwicklung, die Ergebnis der Selbstreflexionen und positiven Seminarerfahrungen
sind. Etliche Personen berichten von dem Entschluss, sich in Richtung Theater und Unterricht weiterzuqualifizieren. So äußert sich beispielsweise Marina: „Ich möchte gerne
auch später im Referendariat verstärkt Unterrichtseinheiten dazu [=Dramapädagogik]
gestalten und mich davor hier an der Uni so gut wie möglich dafür ausbilden lassen."
(Marina, LZB) Einige Teilnehmer*innen planen, eine Ausbildung für Darstellendes Spiel
oder Szenische Interpretation im Referendariat anzuschließen (Mark, Rainer und
Sonja). Weitere individuelle Ziele werden in den folgenden ‚Entwicklungsgeschichten'
und Fallbeispielen ersichtlich.

7.4 Entwicklungsgeschichten und Fallbeispiele

Eine kategorienbezogene Evaluierung der Lernprozesse der Teilnehmer*innen unter
Einbezug quantitativer und qualitativer Daten, wie sie im vorangehenden Kapitel erfolgt ist, ermöglicht tendenzielle Aussagen über die Wirksamkeit dramapädagogischer
Seminare in der Lehrerausbildung für Teilaspekte von Selbstkompetenz. Es muss dennoch bedacht werden, dass die Lern- und Erkenntnisprozesse der unterschiedlichen
Teilnehmer*innen individuell sind. In den qualitativen Antworten des Langzeitfragebo-
gens schildern diese Teilnehmer*innen langfristige und ganzheitliche Entwicklungen,
bei denen die einzelnen Dimensionen einer Selbstkompetenz von (Fremdsprachen-
)Lehrer*innen untereinander verwoben und mit ihren individuellen Werdegängen verflochten auftauchen. Um dem gerecht zu werden und einen Einblick in die vielschich-
tigen Zusammenhänge der Herausbildungsprozesse (zukünftiger) Lehreridentitäten zu
geben, wird in diesem Kapitel abschließend ein Einblick in einige ausgewählte, individuelle Entwicklungsgeschichten gegeben. Hierfür erfolgt eine „dichte Beschreibung"
(übersetzt nach: Denzin 1994: 505; in: Lutzker 2007:95), die sowohl die Vorannahmen
der Forschenden mit einbezieht als auch den individuellen Einzelfall möglichst genau
zu analysieren versucht. Dafür wurden die vorliegenden quantitativen und qualitativen
Daten zunächst personenbezogen zusammengefasst (siehe Anhang Seite 342 ff.) und

danach auf Gemeinsamkeiten hin untersucht. Durch den Versuch einer Typenbildung bzw. die Beschreibung von Merkmalsausprägungen, die für Teilgruppen der Teilnehmer*innen als charakteristisch gelten können (bei hoher Merkmalsheterogenität, d.h., dass es in der Ausprägung von Subkategorien bei den einzelnen Personen des gleichen Typs Varianten, aber mit deutlichen Ähnlichkeiten, geben kann; vgl. Schart 2016:272), wird ein Kompromiss zwischen Umfang und Vollständigkeit[324] angestrebt. Die folgenden Beispiele wurden ausgewählt, weil sie augenscheinlich eine gewissen Repräsentativität für mehrere ähnliche Entwicklungsmuster besitzen, oder weil sie sich besonders von allen anderen abheben. Da es sich nur um eine grobe Einteilung handelt, wird im Folgenden anstatt von Typen von Mustern gesprochen, die darauf abzielen, die Vielfalt der angestoßenen Reaktionen und Entwicklungen zusammenzufassen. Dabei wird besonders auch auf Teilnehmer*innen eingegangen, deren Entwicklungen aufgrund einer guten Datenlage besonders langfristig nachgezeichnet werden können.[325] Zudem werden Individuen von jeder Ausbildungsstufe auf dem Weg zum Lehrerberuf betrachtet, so dass Stimmen mit unterschiedlicher Praxiserfahrung zu hören sind, die die Bedeutung dramapädagogischer Arbeit im Studium für sich beschreiben.

7.4.1 Muster 1: Langfristiges Engagement und Herausbildung einer ,dramapädagogischen Lehreridentität'

Mehrere Studierende, die im Studium über Jahre hinweg an diversen dramapädagogischen Seminaren und Praxisprojekten teilgenommen und dabei zunehmend auch leitende Funktionen mit übernommen haben, können unter einem ersten Entwicklungsmuster (Muster 1: ,Dramapädagogische Lehreridentität') zusammengefasst werden. Durch die dramapädagogische Arbeit ist für sie ein neuer Blick auf das Lehren und Lernen von Fremdsprachen, aber auch auf sich selbst entstanden. Ihre heutige Unterrichtsphilosophie ist stark durch Ganzheitlichkeit, spielerisches Lernen und den Aspekt der Inszenierung geprägt, und sie selbst haben Freude am Theaterspielen und an kooperativ-kreativen Projekten, in denen sie sich im Studium intensiv engagiert haben. Palmers Begrifflichkeit einer Methode, die bei entsprechender Passung die eigene Persönlichkeit zum Ausdruck bringen hilft („technique to manifest more fully the gift of self from which our best teaching comes"; Palmer 1998:24), lässt sich hier anführen.

---

324 Die Gesamtheit aller ermöglichten Entwicklungen abzubilden, bei gleichzeitiger Berücksichtigung ihrer Individualität, wäre nur durch eine personenbezogene Auswertung aller einzelnen Teilnehmer*innen möglich, deren Darstellung hier aber den Umfang der Arbeit und die Geduld der Leser*innen übersteigen würde. Im Anhang findet sich eine Zusammenfassung der im Langzeitfragebogen geschilderten Entwicklungen jeder einzelnen Person (siehe Seite 348 ff.).

325 Leider konnten sich einige Teilnehmer*innen nicht mehr an ihre vorherigen Pseudonyme erinnern (obwohl sie zu Beginn des Fragebogens als Erinnerungsstütze aufgelistet wurden), so dass nur in wenigen Fällen eine kontinuierliche Entwicklungslinie nachgezeichnet werden kann.

Für diese Teilnehmer*innen hat sich dramapädagogisches Arbeiten im Fremdsprachenunterricht als Möglichkeit gezeigt, ihrem Idealbild von Unterricht und ihrer Lehreridentität zu entsprechen, also Kongruenz zu erzeugen. An vier Fällen ehemaliger Studierender (Barbara, Vanessa, Mark und Carla[326]), die sich inzwischen auf dem Weg in
die oder bereits in der Schulpraxis befinden, sowie dem weiteren Beispiel einer Studentin (Maxi), soll dies verdeutlicht werden, wobei jeweils unterschiedliche Dimensionen von Selbstkompetenzentwicklung besonders betont werden können. In allen vier
Fällen sind Kohärenz und Kontinuität der beruflichen Identität um die Lehrphilosophie
eines spielerischen, ganzheitlichen Englischunterrichts herum erschaffen worden, der
auch mit Inszenierungen arbeitet. Weitere Teilnehmer*innen der Langzeitbefragung
zeigen ähnliche Muster (Anja und Monika[327]; vgl. personenbezogene Zusammenfas-
sungen im Anhang Seite 341 ff.), ohne dass auf sie hier ausführlich eingegangen wird.

Barbara: Selbstreflexion, Offenheit und Ressourcenentwicklung

Barbara ist heute bereits Englischlehrerin. Sie hat im Studium über mehrere Jahre hinweg an dramapädagogischen Seminaren und Praxisprojekten teilgenommen (alle Typ
I). Sie berichtet, dass viele der Erfahrungen und dabei entstandenen Haltungen heute
Grundlage ihres Unterrichts und ihrer pädagogischen Praxis seien (vgl. Barbara, LZB).
In dramapädagogischen Seminaren im Studium sei sie „nachhaltig sensibilisiert [wor-
den] für eine bewusste Kommunikation und eine Wertschätzung gestalterischer Prozesse" (ebd.) sowie für Gruppendynamiken, ihre Relevanz und Bedingungen der Ermöglichung: „Die Öffnung für die dramapädagogische Arbeit und die einhergehende
Sensibilisierung für Gruppenfindungsprozesse haben mir einen neuen Blick auf unter-
richtliche und außerunterrichtliche Arbeit mit Jugendlichen beschert." (ebd.)
Die Tätigkeit als Teamerin bei fremdsprachigen Theaterwochen brachte eine Bestätigung für ihren „pädagogischen Habitus" (ebd.) mit sich. Hierbei wurde, in Kombination
mit der intensiven Reflexionskultur und Zusammenarbeit im Team, zugleich eine
Grundlage für selbstbewusstes Auftreten und Handeln, aber auch das Annehmen von

---

326   Sie haben allesamt nur an dramapädagogischen Seminaren des Typs I teilgenommen (vgl. die
      Übersicht im Anhang, Seite 363 f.).
327   Weitere Teilnehmer*innen lassen sich ansatzweise diesem Muster zuordnen: Für Alexandra
      stellt Theater ein zentrales Element der Lehrphilosophie dar. Dies basiert jedoch auf eigener
      langjähriger Theatererfahrung als Laienschauspielerin, die praktische Übertragung auf den Un-
      terricht und die Arbeit mit Kindern und Jugendlichen steht noch aus. Die Lehrerin Miriam hat
      im Studium nur an einem Seminar (Typ I) und anschließender Kindertheaterwoche teilgenom-
      men (weshalb eine Zuordnung zum Muster ‚langfristiges Engagement' hier nicht zutrifft), aber
      daraus so viel Begeisterung mitgenommen, dass sie Vorgehensweisen regelmäßig für den Un-
      terricht adaptiert. Sie verwende Dramapädagogik „[s]tändig im Unterricht" (Miriam, LZB) und
      geht davon aus, dass sie – angestoßen von ihrer Erfahrung mit dramapädagogischer Arbeit im
      Studium und den resultierenden Impulsen zur Weiterentwicklung – bei ihren Schüler*innen
      viele kreative Prozesse anregt (vgl. ebd.).

Feedback geschaffen („Steigerung der Kritikfähigkeit"; ebd.). Durch ehrliche Rückmeldungen anderer Teilnehmer*innen in Reflexionsrunden hat sie Ansätze gefunden, aktiv an Schwächen zu arbeiten (z.b. anderen mehr Raum zu geben) und in der kreativen Teamarbeit weiteren eigenen Entwicklungsbedarf identifiziert. Zugleich hat sie neue Stärken entdeckt, indem sie in Seminaren und Praxisprojekten neue Rollen annahm und sich darin erfolgreich erlebte (z.B. in der Vermittlerposition bei Konflikten; vgl. ebd.). Diese Bestätigung wurde für sie später eine Basis von Selbstsicherheit und Erleichterung der täglichen pädagogischen Arbeit, die noch heute einen Fokus auf das Lernen der Schüler*innen ermöglicht: „Ich kann auf ein gesundes Selbstbewusstsein zurückgreifen, scheue mich jedoch nicht davor meine eigene Arbeit reflektieren zu lassen und an meine persönlichen Wohlfühlgrenzen zu gehen, um Unterricht im Sinne des bestmöglichen individuellen Lernerfolges zu gestalten." (ebd.)[328]

Quantitativ nennt Barbara viele Bereiche starker Entwicklungen: eine stark verbesserte Selbstwahrnehmung, Emotionsregulation und Selbstreflexion, mehr Offenheit und Kreativität sowie eine Steigerung der Empathiefähigkeit (1).[329] Auch ihr Auftritt und ihre Spontaneität haben sich verändert (2). Am wenigsten Einfluss haben die Veranstaltungen auf die Berufsmotivation gehabt (5), die bereits von vornherein sehr hoch war. Insgesamt sind dramapädagogische Arbeit und die ihr zugrunde liegenden pädagogischen Denkweisen eine Basis der Lehrphilosophie von Barbara geworden: „Die Grundeinstellung gegenüber dem Potenzial von Theater und Kreativität findet [sich] alltäglich im Unterricht und ist die Grundlage meines Umgangs mit Schüler*innen." (ebd.)

Vanessa: Von der unreflektierten Künstlerin zur künstlerischen Pädagogin

Angeregt durch ihre erste Teilnahme an einem dramapädagogischen Seminar im Wintersemester 2010/11 (Typ I) leitete Vanessa, die heute Referendarin ist, zunehmend selbst dramapädagogische Kindertheaterveranstaltungen. Rückblickend beurteilt sie dramapädagogische Seminare und Praxis als „das Beste, was mir im Lehramtsstudium hätte passieren können" (Vanessa, LZB). Bei ihrem Einstieg in die dramapädagogische Arbeit 2010 brachte sie viel kreative Erfahrung mit (Schauspiel und Kunsthandwerk), hatte aber bisher nicht im pädagogisch-didaktischen Bereich gearbeitet und zeigte diesbezüglich Unsicherheiten („Meine Grenzen und Schwächen waren [...] der Aspekt des Lehrerin-Seins."; ebd.) Die dramapädagogische (Praxis-)Arbeit trug bei ihr dazu bei, die Eignungs- und Motivationsfrage bezüglich des Lehrerberufes für sich selbst positiv

---

328   Erzählimpuls Langzeitfragebogen: „Haben das Theaterspielen, Erleben und Reflektieren im Seminar dazu beigetragen, dass Du Dir klarer darüber geworden bist, wie Du als Fremdsprachenlehrer*in sein oder werden willst und welche Werte Dir wichtig sind?"

329   Es werden die jeweils angegebenen Werte (1 = starke Entwicklung; 6 = keine Entwicklung) in Klammern genannt.

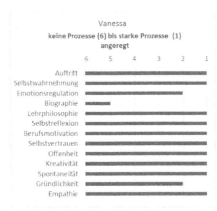

Vanessa
keine Prozesse (6) bis starke Prozesse (1)
angeregt

	6	5	4	3	2	1
Auftritt						
Selbstwahrnehmung						
Emotionsregulation						
Biographie						
Lehrphilosophie						
Selbstreflexion						
Berufsmotivation						
Selbstvertrauen						
Offenheit						
Kreativität						
Spontaneität						
Gründlichkeit						
Empathie						

Abbildung 62: Quantitative Angaben von Vanessa in der Langzeitbefragung („Haben die dramapädagogischen Seminare bei Dir Bewusstwerdungs- und Veränderungsprozesse angestoßen in Bezug auf...")

zu beantworten, indem sie einen Lehrstil entwickelte, der ihrer Persönlichkeit entspricht. Zudem hat sie in dramapädagogischen Veranstaltungen eine Selbstreflexionskultur für sich neu entwickelt, denn diese „existierte vorher nicht" (ebd.). Im Referendariat setzt sie dramapädagogische Elemente im Unterricht und außercurricular ein. In 10 von 13 Bereichen der quantitativen Befragung sieht Vanessa eine starke Entwicklung (1) von Selbstkompetenz durch die dramapädagogische Arbeit im Studium (vgl. Abbildung 62). Sie weist mit 1,46 (arithmetisches Mittel ihrer quantitativen Angaben) durchschnittlich den stärksten Effekt der Befragtengruppe auf. In Bezug auf ihre Gründlichkeit und Emotionsregulation sieht sie ebenfalls einen Veränderungsprozess (2). Lediglich biographisches Lernen hat bei ihr, im Rahmen und ausgehend von dramapädagogischen Seminaren, so gut wie nicht stattgefunden (5).

Mark: Motivation und persönliches Wachstum

Mark, der inzwischen sein Studium abgeschlossen hat und sich zum Zeitpunkt der Befragung auf dem Weg ins Referendariat befand, erlebte dramapädagogische Seminare und Projektarbeit im Studium als identitätsförderndes und motivationssteigerndes Element. Er sei „unheimlich aufgeblüht" (Mark, LZB) und habe die dramapädagogische Arbeit als „unglaubliche persönliche Bereicherung" (ebd.) empfunden. Besonders die Eigentätigkeit im Rahmen der Kindertheaterwoche habe für ihn eine Herausforderung dargestellt, die er jedoch erfolgreich bewältigen konnte und dadurch als eine Bestätigung der eigenen Stärken wahrnahm. Dies hat zu einer Steigerung seiner Selbstwirksamkeitserwartung als Fremdsprachenlehrer geführt. In den Antworten konstruiert er seine Lehrer-Identität um Kernpunkte wie Kreativität, Kooperation und Ganzheitlichkeit herum. Aus dieser Ausrichtung leitet er Zukunftspläne für eine weitere Ausbildung im Bereich Dramapädagogik/Szenische Interpretation ab (vgl. ebd.). Er formuliert das explizite Ziel, nicht nur dramapädagogische Methoden, sondern auch Elemente der Reflexionskultur in den eigenen Klassenraum einzubeziehen und setzt das mit seinen Grundwerten für pädagogische Arbeit („Respekt, Wertschätzung und Gleichberechtigung"; ebd.) in Relation.

Die quantitativen Daten unterstreichen, dass Mark viele starke Anstöße erhalten hat. Mit Ausnahme der Bereiche biographisches Lernen (4) und Emotionsregulation (3) gibt er ausschließlich (sehr) starke Entwicklungsimpulse an und weist mit 1,77 in der Statistik den dritthöchsten Mittelwert auf.

Maxi und Carla: Selbstkompetenzentwicklung und dramapädagogische Leitungskompetenz

Maxi hat bei ihrem ersten dramapädagogischen Selbstkompetenzseminar (Typ II) eigene Grenzen erlebt (Hemmung, Probleme mit dem Improtheater; vgl. Maxi; LZB). Ihre Selbsteinschätzung vor dem Seminar als leicht kreativ (3) verschlechterte sich im Anschluss sogar noch (4), sie erlebte ihr Handeln beim Theaterspielen anfänglich als wenig spontan und einfallsreich (siehe Abbildung 44). Auch langfristig zeigt sich nur ein schwacher Impuls für ihre Kreativität, aber eine sehr starke Auswirkung auf ihre Selbsteinschätzung als spontan und flexibel (vgl. Abbildung 63). Auch ihr Selbstvertrauen hat sich stark entwickelt, u.a. weil sie im Rahmen des dramapädagogischen Prozesses und weiterer Aufgabenstellungen im Seminar ihre Hemmungen überwinden konnte (vgl. ebd.). Sie erinnerte sich im Rahmen biographisch ausgerichteter performativer Aufgaben zudem an wichtige Lehrer*innen-Vorbilder, und es fand eine verstärkte (berufs-)biographische Selbstreflexion statt, aus der sie Erkenntnisse über die eigene ideale Lehreridentität ableiten konnte (Maxi, LZB):

> Vor allem das Rollenspiel der Lehrerkonferenz hat mir bewusst gemacht, wie ich gerne als Fremdsprachenlehrer sein würde. Die fiktive Lehrperson entsprach in ihrem Verhalten, ihren Werten und Positionen sehr genau der Person, die ich als Lehrer gerne sein würde. Dabei sind mir auch Parallelen zwischen der fiktiven Person und einer meiner ehemaligen Schullehrerinnen aufgefallen. Diese war für mich schon immer ein Vorbild, aber dass sich so viele ihrer Eigenschaften und ihres Auftretens in der von mir skizzierten Lehrperson wiederfinden würden, hat mir ihre Vorbildfunktion noch einmal deutlicher vor Augen geführt.

Zudem habe Maxi eigene Stärken vermehrt wahrgenommen und auch durch andere Teilnehmer*innen bestätigt bekommen. Das hat sie für die spätere Schulpraxis (u.a. in Praktika) selbstsicherer gemacht (ebd.):

> Durch das Rollenspiel ,Auftreten vor einer Klasse' bin ich mir meiner Begabungen und Fähigkeiten für den Beruf erneut bewusst geworden und habe mich durch das positive Feedback in meinem Berufswunsch bestärkt gefühlt. Nach dem Seminar konnte ich in Praktika etc. auf diese Erfahrung zurückgreifen und bin dadurch um einiges selbstbewusster an das Unterrichten von Klassen herangegangen.

Auch ihre Selbstkenntnis und Selbstreflexionsfähigkeit beschreibt sie als durch das dramapädagogische Selbstkompetenzseminar positiv beeinflusst (ebd.): „Ich habe das Gefühl mich ,mehr'/besser zu kennen und zu wissen wie ich in bestimmten Situationen handle und reagiere. Meine Reflexionskultur hat sich verbessert, ich weiß Handlungen/Auftreten/Methoden und mich selbst besser zu reflektieren." (ebd.) Bei Maxi hat, ihrer eigenen Einschätzung folgend, somit eine intensive Selbstkompetenzentwicklung stattgefunden, die durch das Seminar angestoßen und unterstützt wurde. Nach dem ersten Kontakt mit Dramapädagogik und positiven Erfahrungen im Seminar hat sie mehrere dramapädagogische Praxisprojekte begleitet und dabei selbst eine dramapädagogische Leitungskompetenz entwickelt.

Quantitativ nennt Maxi einige sehr starke Entwicklungen (1) im Bereich von Selbstwahrnehmung und Lehrphilosophie, Berufsmotivation, Selbstvertrauen und Spontaneität. Auch ihre Auftrittskompetenz und ihre Offenheit haben Veränderungs-prozesse durchlaufen (2). Ob oder in welchem Ausmaß diese Anstöße bereits durch das anfängliche dramapädagogische Selbstkompetenzseminar zustande gekommen sind oder ob sie sich erst später in der Praxis in dieser Stärke entwickelt haben, kann aus ihren Antworten nicht abgelesen werden. Aber auch bei Maxi gibt es, wie vorher bereits für die drei Lehrer*innen beschrieben, eine Passung von Methode und Identität, deren Entwicklung mit einer Erfahrung des lernenden Selbst im Seminar begann: „Persönlich habe ich erfahren, wie viel Spaß mir die drama-

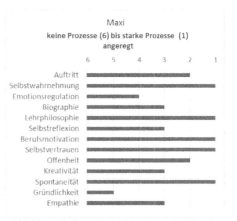

Abbildung 63: Quantitative Antworten von Maxi in der Langzeitbefragung („Haben die dramapädagogischen Seminare bei Dir Bewusstwerdungs- und Veränderungsprozesse angestoßen in Bezug auf...?").

pädagogische Arbeit selbst macht und habe selbst viele positive Erfahrungen in den Seminaren und den Workshops gemacht." (ebd.) Interessant ist, dass – im Gegensatz zu vielen anderen Rückmeldungen, bei denen die Integration von Dramapädagogik in den Unterricht eine zentrale Rolle spielt – Maxi bisher v.a. die personenbezogene Wirkung der dramapädagogischen Veranstaltung erlebt hat (ebd.):

> Auf mein Lehrerverhalten haben die Veranstaltungen bereits einen großen Einfluss, jedoch hatte ich bis jetzt leider noch nicht die Möglichkeit dramapädagogische Methoden im realen Unterricht durchzuführen, freue mich aber dies spätestens mit dem Berufseinstieg im schulischen Kontext selbst auszuprobieren.

Das Ziel, mit dramapädagogischen Zugängen Selbstkompetenz zu fördern und damit bereits im Studium die Entwicklung einer beruflichen Identität zu unterstützen, zeigt sich am Beispiel von Maxi als verwirklicht. Dass sie sich zusätzlich dazu intensiv in der

außerschulischen Arbeit mit dramapädagogischen Mitteln im Bereich Fremdsprachenlernen engagiert hat, spricht stark dafür, dass dies auch in ihrer späteren Schulpraxis
eine relevante Rolle einnehmen wird.
Ähnlich starke Entwicklungen von Selbstkompetenzentwicklung wie bei Maxi finden
sich bei der Referendarin Carla, die in einem noch stärkeren Ausmaß dramapädagogische Leitungskompetenz entwickelt hat (vgl. Zusammenfassung Carla im Anhang Seite
347). Auffällig ist bei Carla, ähnlich wie bei der Referendarin Monika, die starke Ausprägung einiger gesundheitsgefährdender psychischer Ausgangsfaktoren für den Lehrberuf zum Zeitpunkt der ersten Datenerhebung im Studium (vgl. Tabelle 18) sowie die
gesamten Angaben im Anhang, Seite 360): Bei guter (Carla) bis mittlerer (Monika) motivationaler Ausgangslage für den Beruf wiesen beide eine geringe Distanzierungsfähigkeit und sehr geringe Zufriedenheitswerte auf. Bei Carla kam zudem ein vermutlich
übermäßiges Perfektionsstreben mit hoher Gründlichkeit dazu, so dass sie nach
Schaarschmidt (2014) vermutlich dem gesundheitlichen Risikomuster A mit erhöhter
Burnoutgefahr (vgl. ebd.:101) zuzuordnen ist. Die Entwicklung von Selbstkompetenz
für den Beruf müsste bei ihr einen regulierenden Umgang damit beinhalten.

Merkmal	Item (Prä-Fragebogen)	Monika	Carla
Motivationale Vo-raussetzungen (Basis)	Ich habe richtig Lust, Lehrer*in zu werden.	3	2
	Ich freue mich auf die Arbeit mit Lehrerkolleg*innen.	2	1
Distanzierungs-fä-higkeit	Wenn mal was schlecht gelaufen ist, denke ich meist ziem-lich lange drüber nach.	2	1
	Ich versuche, immer alle Erwartungen, die an mich gerich-tet werden, zu erfüllen.	2	2
	Meine eigenen Grenzen kann ich gut wahren und passe auf mich auf.	3	6
Perfektionsstreben	Wenn etwas anders läuft, als ich will, fällt es mir schwer, das hinzunehmen.	4	2
Lebenszufriedenheit	Mit mir selbst bin ich meistens zufrieden.	6	6
Gründlichkeit	Ich plane gerne sehr gründlich.	3	1

*Tabelle 18: Angaben Monika und Carla im Prä-Fragebogen über ihre motivationalen und
persönlichkeitsbezogenen beruflichen Voraussetzungen (1= stimme voll zu; 6 = stimme gar nicht zu).*

Carla hat mit der Teilnahme an vier Seminaren (3x Typ I, 1x Typ II) und fünf Praxisprojekten, in denen sie später auch Leitungsfunktionen übernommen hat, mehr dramapädagogische Seminar- und Projektpraxis erlebt und (mit)gestaltet als alle anderen Teilnehmer*innen der Umfrage. Dies hat bei ihr wichtige Entwicklungen ermöglicht. Bereits direkt nach dem Seminar (Typ II) im Sommersemester 2012 hatte sie von neuen,
positiven Seiten berichtet, die sie an sich entdeckt habe (vgl. Tabelle 14). In der Langzeitbefragung berichtet Carla, rückblickend auf ihre dramapädagogische Arbeit, von ei-

ner Steigerung ihres Selbstvertrauens (vgl. Carla, LZB): Sie habe zunehmend ein selbst-
sicheres, in Leitungspositionen sogar dominantes und selbstbehauptendes, Auftreten
und Verhalten in Gruppen an den Tag legen können (vgl. ebd.). Indem sie sich traute,
mehr aus sich herauszugehen, fand eine „sukzessive eigene Öffnung und Entspannung
in fremden Gruppen" statt (ebd.). Zudem habe sie im Laufe der dramapädagogischen
Arbeit eine stark intensivierte (Selbst-)Reflexions- und Kritikfähigkeit sowie ein „Zutrauen in die eigenen Fähigkeiten" (ebd.) entwickelt, aber auch die Fähigkeit, eigene
Meinungen zugunsten besserer Vorschläge anderer abzulegen (eine positive Tendenz
in Bezug auf das überentwickelte Perfektionsstreben). Ähnlich positive Entwicklungen
eines verstärkten Selbstwertgefühles zeigen sich auch bei Monika (siehe Zusammenfassung im Anhang, Seite 346).

*Abbildung 64: Quantitative Antworten von Carla und Monika in der Langzeitbefragung („Haben die
dramapädagogischen Seminare bei Dir Bewusstwerdungs- und Veränderungsprozesse angestoßen
in Bezug auf...?").*

Carla und Monika weisen beide starke berufs- und persönlichkeitsbezogene Entwicklungen auf (vgl. Abbildung 64), die ihre motivationale und psychische Ausgangslage für
den Einstieg in den Beruf stark verbessert haben. Die Integration von Dramapädagogik
in ihren Unterricht ist Carla im Referendariat jedoch bisher nicht in der Intensität gelungen, wie sie es selbst erwartet hätte. Im Studium fand zwar eine intensive Selbstkompetenzentwicklung statt und es wurde ein starkes Engagement bei dramapädagogischer praktischer Arbeit gezeigt – die Übertragung der dramapädagogischen Lehreridentität, die sie im außerschulischen Kontext damals bereits entwickelte und praktizierte, ist von ihr in der schulischen Praxis bisher weniger vorangebracht worden:

„Dramapädagogik hat Einfluss auf meinen heutigen Unterricht, jedoch in geringerem Maße als erwartet. [...]. Nichtsdestotrotz hat die dramapädagogische Arbeit enormen Einfluss gehabt auf mein Agieren vor Gruppen und mein Selbstbild, was wiederum Auswirkungen auf meine Arbeit als Lehrerin hat." (ebd.)

Nicht alles, was im Studium als ‚Selbstentwurf' entstanden und in außerschulischer Bildungsarbeit währenddessen auch verwirklicht worden ist, konnte demnach bisher in die schulische Praxis eingebracht werden. Diese Tendenz zeigt sich auch bei weiteren Teilnehmer*innen (u.a. Anja und Elena), die im Studium starkes Engagement für dramapädagogisches Sprachenlehren zeigten, dies in der Schule aber nicht in beabsichtigtem Maße weiterführen konnten. Diese Tendenz wird im Folgenden beleuchtet.

Zwischenfazit: Ideale Lehreridentitäten und schulische Realitäten

Auf den vorhergehenden Seiten sind Teilnehmer*innen vorgestellt worden, für die Dramapädagogik nicht nur eine Methode und Arbeitsweise in Seminaren war, sich selbst (eigene Vorstellungen vom Lehrerberuf, ihre physische Präsenz und Persönlichkeit) zu erkunden und daraus Erkenntnisse und Pläne für das werdende Lehrerselbst zu generieren – bei vielen von ihnen sind die Arbeitsweisen und die Haltungen aus dramapädagogischer Arbeit selbst integraler Bestandteil dieses werdenden beruflichen Selbst und ihrer Philosophie für einen modernen Fremdsprachenunterricht geworden, weshalb von einer ‚dramapädagogischen Lehreridentität' gesprochen wurde. Einige haben dieses spezielle professionelle Selbst bereits in einer (außer-)schulischen Unterrichtspraxis ‚selbst hervorgebracht' (vgl. Bauer 2005:85), in Praktika und zusätzlichen Veranstaltungen während des Studiums. Dennoch berichten diejenigen von ihnen, die bereits im Referendariat sind oder es beendet haben, von Problemen, diese Art von Lehreridentität weiterzuführen. Für etliche blieb bisher unter den Bedingungen der Ausbildung und des schulischen Alltags wenig Raum für eine weitere Kultivierung dramapädagogischer Ansätze: „Während des Studiums hätte ich mit einem starken Einfluss der dramapädagogischen Arbeit in meinen eigenen FSU gerechnet. Allerdings ist man durch institutionelle Vorgaben auch sehr starken Zwängen unterworfen und bemerkt, dass man auch schnell an seine zeitlichen und Energiegrenzen stößt." (Carla, LZB)

Die „Schaffung von Motivation und Idealismus" (Anja, LZB) für das spätere Lehrerhandeln, die durch dramapädagogische Arbeit im Studium initiiert wurde, kann zu einem zwischenzeitigen „Clash von Wunschvorstellungen und Realität" (ebd.) beim Berufseinstieg führen. Eine erneute Balancierung der Lehreridentität zwischen eigenen Erfahrungen, Ansprüchen, Kompetenzen und Idealen auf der einen sowie den Anforderungen von Ausbilder*innen und Kolleg*innen, den Erwartungen der Schüler*innen und Eltern sowie den Sachzwängen auf der anderen Seite, ist in der konkreten Praxis

(immer wieder) nötig. Vorsätze und Ideale aus dem Studium stellen sich dabei manchmal als (zunächst) nicht umsetzbar heraus: Teilnehmer*innen berichten in der Befragung, dass ihre euphorischen Ziele, die sich aus dem Erleben dramapädagogischer Projekte ableiteten („Länger als 45 Minuten in einer Fremdsprache denken/handeln [...] –
das wollte ich gerne an meiner Schule anbieten."; Elena, LZB), sich im Schulalltag nur
begrenzt realisieren ließen („Leider hat es im schulischen Rahmen bislang nicht ge-
klappt."; ebd.). Eine gewisse Ernüchterung nach anfänglicher Euphorie beschreiben
noch weitere Befragungsteilnehmer*innen, die heute in der Schulpraxis sind, beispielsweise die Lehrerin Elena (Elena[330], LZB):

> Nach dem Seminar hatte ich mir fest vorgenommen, Drama in den Fremdsprachenunterricht
> aufzunehmen. Spielend Lernen war eine Art Epiphanie. Ich wollte gerne nicht nur kreativ sein,
> sprich nicht nur methodisch vielfältig, sondern auch künstlerisch kreativ arbeiten. Allerdings
> stellte sich im Schulalltag schnell heraus, dass man Elemente aufnehmen kann, das Große Ganze
> jedoch in AGs stattfinden muss. Dennoch sind diese kleinen Tricks aus der Theaterkiste berei-
> chernd für den Unterricht.

Die Beispiele Vanessa und Miriam (vgl. Anhang Seite 342) zeigen allerdings, dass die
Umsetzung einer dramapädagogischen Lehreridentität auch in der Schulpraxis möglich
ist – was jedoch nicht nur von den personalen Voraussetzungen, sondern auch von
dem jeweiligen kollegialen Umfeld abhängt. Etliche Pläne zur dramapädagogischen Gestaltung des Fremdsprachenunterrichts in der schulischen Praxis konnten von Teilnehmer*innen der Befragung (noch) nicht umgesetzt werden; die beschriebenen Personen
haben in jedem Fall umfangreiche Selbstkompetenz in ihrer häufig mehrsemestrigen
Mitarbeit in dramapädagogischen Seminaren und Praxisprojekten erlangt. Sie werden,
mit zunehmender Routinebildung für einige schulische Aufgaben, hoffentlich auch Ka-
pazitäten zur Realisierung früherer innovativer Pläne finden.

Für die Frage nach der Wirksamkeit, die bereits einzelne Seminare haben können, werden nun insbesondere die Angaben derjenigen analysiert, deren Teilnahme sich auf
eine oder wenige Veranstaltungen beschränkte. Die Frage ist, ob auch hier starke Impulse für die Herausbildung von Selbstkompetenz und die Vorbereitung professioneller
Lehreridentitäten festgestellt werden können.

7.4.2 Muster 2: Experimentierfreude, Reflexion und gesteigerte Integrität als ‚Auf-
wärtsspirale'

Für diesen zweiten Entwicklungstyp (Muster 2: ‚Aufwärtsspirale') werden zwei Studen-
tinnen genauer vorgestellt, deren starke Selbstkompetenzentwicklung mit gesteigerter

---

330   Eine Zusammenfassung von Elenas Angaben findet sich im Anhang auf Seite 349.

Experimentierfreude und wachsender Identifikation mit der Lehrerrolle einherging. Dieser Effekt ist auch bei nur einmaliger Teilnahme gut sichtbar.[331] Katharina hat an einem dramapädagogischen Selbstkompetenzseminar (Typ II) und an keiner Praxisveranstaltung teilgenommen. Vor dem Seminar gab sie trotz hoher Motivation für den Beruf[332] – allerdings mit geringer Motivation für das Fach Englisch[333] trotz guter Kompetenzeinschätzung[334] – eher wenig Selbstvertrauen in ihre bisher ausgebildeten Fähigkeiten als Fremdsprachenlehrerin an.[335] Durch das Studium fühlte sie sich bisher wenig vorbereitet für den Beruf.[336] Im Seminar haben ihr die dramapädagogischen Übungen viel Freude bereitet, zumal sie eigene Unsicherheiten in der Fremdsprache überwinden konnte (vgl. Katharina, LZB). Sie gibt in der Langzeitbefragung an, dass sich ihre Fähigkeit und Bereitschaft zur Selbstreflexion durch die Seminarteilnahme verbessert habe. Die Aufgaben beim Seminar hätten bei ihr biographische Reflexionsprozesse über ehemalige Lehrer*innen angeregt und sie zudem zum Experimentieren mit dem eigenen Auftritt in späterer Praxis (Schulpraktika) bewogen (vgl. Katharina, LZB). Bereits direkt nach dem Seminar gab sie an, ihren Status beim ‚Auftritt' vor Schüler*innen beobachten zu wollen (vgl. Katharina, Post-Fragebogen Quali, SoSe 13). Diesen Vorsatz hat sie in der Zwischenzeit in der Schule umgesetzt, wobei es ihr auch darum ging, eine Balance von Wirkungsbeeinflussung und Authentizität zu finden: „Auch habe ich viel über mein Auftreten vor der Klasse nachgedacht und wie wichtig es auch den Unterrichtserfolg beeinflusst. Während meiner Praktika habe ich deshalb versucht, an mir zu arbeiten, jedoch immer mir selbst treu zu bleiben." (Katharina, LZB) In ihrer Schilderung zeigt sich eindeutig ein berufsrelevantes selbstkompetentes Verhalten: Aus einer Selbstuntersuchung beim Theaterspielen im Sommersemester 2013 entstand ein Weiterentwicklungsimpuls; davon ausgehend hat sie mit ihrer Wirkung auf Lernende in der Schulrealität experimentiert und zugleich versucht, ein Gefühl von Integrität zu wahren. Im Nachhilfeunterricht und in Praktika hat Katharina einige Übungen aus dem Seminar direkt und erfolgreich ausprobiert, was zu einer Steigerung ihres Selbstvertrauens geführt hat („Das hat mich dazu gebracht, wesentlich mehr an mich

---

331 Neben Katharina und Franziska, die hier vorgestellt werden, zähle ich Philipp und Marina zu dieser Gruppe und betrachte Elena als eine ‚Variante' (sie hat an etwas mehr Praxis teilgenommen, aber nicht im gleichen Ausmaß wie die Personen, die dem Muster 1 zugeordnet werden).

332 Wert 1 („stimme voll zu') im Prä-Fragebogen für das Item „Ich habe richtig Lust, Lehrer*in zu werden."

333 Wert 4 („stimme weniger zu') im Prä-Fragebogen für das Item: „Ich habe Lust, Englisch zu unterrichten."

334 Wert 1 („stimme zu') im Prä-Fragebogen für das Item „Fachlich bin ich sehr kompetent."

335 Wert 3 („stimme etwas zu') im Prä-Fragebogen für das Item „Ich fühle mich im Stande, selbst als gute(r) Fremdsprachenlehrer/-in aufzutreten.".

336 Wert 4 („stimme weniger zu') im Prä-Fragebogen für das Item „Mein Studium hat mich (bisher) gut auf meinen Beruf als Fremdsprachenlehrer/-in vorbereitet."

selbst zu glauben und auf meine Stärken zu vertrauen."; ebd.). Sie gibt an, dass sie für ihr bald anstehendes Referendariat Anregungen und Pläne zur Gestaltung ihres Unterrichts mitgenommen hat. Diese sind nicht nur methodischer Art – wie sie berichtet,

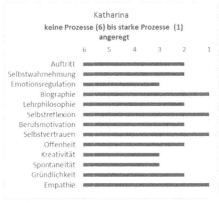

haben sich auch ihre grundlegenden unterrichtsbezogenen Haltungen (unterrichtsbezogene Einstellungen, Haltung gegenüber Fehlern) verändert (vgl. ebd.). Katharina gibt quantitativ viele starke Entwicklungen an, und mit einem Durchschnitt von 1,92 befindet sie sich unter den Befragungsteilnehmer*innen mit den stärksten Veränderungsprozessen. An erster Stelle (1) stehen bei ihr biographisches Lernen, Selbstreflexion, Selbstvertrauen und Empathie (vgl. Abbildung 65). Aber auch für Auftritt und Selbstwahrnehmung, Lehrphilosophie und Berufsmotivation, Offenheit und Gründlichkeit gab es Anstöße zur Entwicklung (2). Die

Abbildung 65: Quantitative Antworten von Katharina in der Langzeitbefragung („Haben die dramapädagogischen Seminare bei Dir Bewusstwerdungs- und Veränderungsprozesse angestoßen in Bezug auf...?")

schwächsten Anstöße gibt sie für Emotionsregulation, Spontaneität und Kreativität an (3). Durch nur ein dramapädagogisches Seminar im Studium haben sich für Katharina Prozesse des erfolgreichen Experimentierens mit Neuem in der Praxis (Praktika und Nachhilfe) ergeben, deren positive Ergebnisse zu mehr Selbstvertrauen und Identifikation mit der Lehrerrolle geführt haben. Katharina hatte bereits in der Befragung direkt nach dem Seminar (SoSe 13, Post-FB Quali) angegeben, ‚über ihren Schatten gesprungen' zu sein (vgl. S. 220 f. dieser Arbeit) – diesen Mut hat sie später aktiv weiter ausgebaut. Die tiefgehende Selbstreflexion im Seminar hat sie als Wachstumsimpuls in Richtung der Herausbildung einer professionellen Identität mitgenommen und intensiv weiter praktiziert (Katharina, LZB):

> Ich habe [im Seminar] vor allem gemerkt, wie wichtig Selbstreflexion ist. Ich versuche mein Lehrerhandeln ständig zu reflektieren und daraus Verbesserungsmöglichkeiten zu ziehen. Auch beim Hospitieren reflektiere ich das Handeln der Lehrkraft und versuche für mich selbst daraus etwas mitzunehmen.

An diesem Beispiel zeigt sich, wie durch positive Lernerfahrungen im Studium und Impulse zur Weiterentwicklung aus Seminaren eine Art ‚Aufwärtsspirale' in Gang gesetzt werden kann, die zu verstärktem Engagement und aktiver Arbeit an der eigenen Professionalisierung führen. Bei Katharina liegt zudem eine Passung zwischen Persönlichkeit und der Methode (Dramapädagogik) vor, da ihr die dramapädagogische Arbeit und ein spielerisches Vorgehen selbst viel Freude bereitet haben und sie diese im Rahmen ihrer praktischen Möglichkeiten umfassend weiter eingesetzt hat (vgl. ebd.). Sich solche konkreten neuen Handlungsmöglichkeiten, die in Übereinstimmung mit den eigenen Vorlieben und Prinzipien stehen, für den Unterricht zu erschließen („Für mich sind dramenpädagogische Elemente nun ein fester und nicht wegzudenkender Bestandteil des FSUs"; ebd.), führt ebenfalls zu einer gesteigerten Motivation und mehr Integrität in der Lehrerrolle (ebd.): „Ich nehme mich selbst nun als kompetenter wahr als vor dem Seminar und auch, dass ich selbst in meine Rolle als Lehrer mit jedem Tag mehr hineinwachse und verschmelze."

Eine ähnliche Entwicklung wie Katharina zeigen weitere Befragungsteilnehmer*innen, die ebenfalls nur wenige dramapädagogische Veranstaltungen besucht haben. Auch der Lehrer Philipp (Teilnahme an einem Seminar Typ I mit dreitägiger Umsetzung in der Grundschule; vgl. Zusammenfassung Seite 342 im Anhang) spricht von dramapädagogischer praktischer Arbeit im Studium als Teil des Prozesses, „eine eigene Lehrerpersönlichkeit zu entwickeln" (Philipp, LZB). Auch die Studentin Franziska (ebenfalls ein Seminar Typ II ohne weitere Praxis) schreibt dem dramapädagogischen Selbstkompetenzseminar eine hohe Relevanz zu („eine der wichtigsten [Veranstaltungen] in meinem Studium"; Franziska, LZB) und attestiert dem Kurs, ihre Unterrichtsideale und Herangehensweise seitdem (Praktika etc.) stark beeinflusst zu haben: „Es war ein Vergnügen diesen Kurs besucht zu haben, da er meine Art und Weise später zu unterrichten sehr geprägt hat." (ebd.). Sie hat im Seminar selbst erlebt, welche bestärkende Wirkung dramapädagogische Arbeit und eine vertrauensvolle Atmosphäre haben können: „In dem Seminar habe ich definitiv mir mehr zugetraut als ich im Voraus gedacht hätte. [...] das Seminar hat mir sehr viel Stärke gegeben" (ebd.). Sie kontrastiert ihr Verhalten dabei mit ihrem sonstigen eher passiven Herangehen an viele andere Aufgaben und Veranstaltungen im Studium (vgl. ebd.), mit dem sie nicht immer zufrieden war.[337] Franziska beschreibt, dass sie beim Impro-Theater und durch die dramapädagogische Arbeit nicht nur ihren Methodenpool verbessert habe, sondern Erkenntnisse über die eigene Rollenvielfalt erlangte: „[Ich habe] meine Vielseitigkeit entdeckt und habe auch an Mut gewonnen. Man ist in der Lage mehr zu sein als man sich manchmal zutraut." (ebd.) Dabei entwickelte sie den Wunsch, später Schüler*innen bei der Entdeckung ihrer eigenen Rollenvielfalt fürs Leben unterstützen zu wollen (vgl. ebd.). Ihre Vorstellung von der Lehrerrolle sei durch das Seminar (u.a. die Komponenten Ballometer, Reflexionen, Austausch) „in eine gewisse Richtung [...] [ge]stoßen [worden]" (ebd.). Auch quantitativ gibt Franziska Impulse in fast allen Bereichen an, die meisten davon stark (1). Ausnahmen stellen Empathie, Gründlichkeit und Berufsmotivation dar (alle bei 4),

---

337 Wert 3 („stimme etwas zu') im Prä-Fragebogen für das Item „Mein Studium hat mich (bisher) gut auf meinen Beruf als Fremdsprachenlehrer/-in vorbereitet."

von denen zumindest die letzteren beiden bereits vorher stark ausgeprägt waren (vgl. Prä-FB, WiSe 12/13). Eine mitgebrachte sehr hohe Berufsmotivation[338] wird also in ihrem Fall nach dem Seminar durch geschärfte Ziele und Ideale sowie ein – nach eigener Einschätzung – verbessertes persönliches Potenzial (Auftritt, Offenheit, Kreativität) erweitert. Franziska selbst fasst ihren Lernprozess wie folgt zusammen (ebd.):

> Insgesamt kann man sagen, dass dieses Wochenende durch den konstanten Austausch sehr wertvoll für die eigene Vorstellung von Unterrichten gewesen ist. Grenzen überschreiten, Gruppenarbeit, [...] die Rolle in der Gruppe finden und diese reflektieren war eine gute Gelegenheit, um sich besser kennenzulernen und damit seine Werte herauszuarbeiten.

Dabei nennt sie Elemente von Selbstkompetenz und setzt das Persönliche daran (die eigenen Werte, die eigene Rolle in Gruppen) in Beziehung zum späteren Beruf (Vorstellungen von gelungenem Unterricht). Die (berufs-)identitätsstiftende Funktion dramapädagogischer Selbstkompetenzseminare, die u.a. auf dem Element der Gemeinschaft aufbaut (‚konstanter Austausch'), erweisen sich hier bereits bei einmaliger Seminarteilnahme ohne anschließendes Praxisprojekt als wirksam.

7.4.3 Muster 3: Eignungsfrage und Selbstklärung

Die bisher geschilderten Fälle verbindet, dass diese Teilnehmer*innen bereits eine starke Motivation für den Lehrberuf in die Seminare mitbrachten. Am folgenden Beispiel der Teilnehmerin Lotta lässt sich eine Entwicklung in anderen Selbstkompetenz-Teilbereichen zeigen: Sie hat sich mit Zweifeln bzgl. ihrer Motivation und Eignung für den Beruf auseinandergesetzt und dabei neue Ressourcen und Fähigkeiten an sich entdeckt. Diese Entwicklung findet sich sonst bei niemandem in ähnlicher Ausprägung, so dass sie hier als eigenes Muster (M3) benannt wird, wenngleich sich nur ein Fallbeispiel zuordnen lässt.

Lotta brachte zum Seminar (Typ II im WiSe 12/13) bereits eine Affinität zum Theaterspielen mit. Sie war sich damals jedoch ihrer beruflichen Zukunft noch nicht sicher und hinterfragte sich im Rahmen des Seminars noch weiter diesbezüglich. Ihre motivationalen Voraussetzungen für den Beruf (Selbsteinschätzung im Prä-Fragebogen) sahen problematisch aus, ebenso die Erlebens- und Verhaltensmerkmale Distanzierungsfähigkeit und Engagement/Initiative sowie das Persönlichkeitsmerkmal Offenheit.[339]

---

338   Wert 1 (‚stimme voll zu') im Prä-Fragebogen für das Item „Ich habe richtig Lust, Lehrer*in zu werden."

339   Die Oberkategorien sind angelehnt an die Klassifizierung nach Schaarschmidt (2004) und die Big Five der Persönlichkeitspsychologie. Ihre Ausprägungen wurden mit den angegebenen Fragen (Items) zur Selbsteinschätzung erhoben.

Merkmal	Item (Prä-Fragebogen)	Lotta
Motivationale Voraussetzungen (Basis)	Ich habe richtig Lust, Lehrer*in zu werden.	4
	Ich freue mich auf die Arbeit mit Lehrerkolleg*innen.	4
Distanzierungsfähigkeit	Mit angespannten Situationen kann ich gut umgehen.	5
Perfektionsstreben	Wenn etwas anders läuft, als ich will, fällt es mir schwer, das hinzunehmen.	2
soziale Unterstützung	Wenn ich Probleme habe, frage ich Freunde oder Vertrauenspersonen um Rat.	4
Verausgabungstendenz	Ich nehme gerne die Dinge in die Hand.	5
Offenheit	Auf eine offene Situation und etwas Neues lasse ich mich gerne ein.	5

Tabelle 19: Angaben von Lotta im Prä-Fragebogen über ihre motivationalen und persönlichkeitsbezogenen beruflichen Voraussetzungen (1= stimme voll zu; 6 = stimme gar nicht zu).

In den Befragungen direkt nach dem Seminar (Post-FB, WiSe 12/13) gab Lotta an, sie habe keine neuen positiven Seiten ihrer Persönlichkeit gefunden, wohl aber ,Negativ-Entdeckungen' gemacht (vgl. 230 dieser Arbeit).[340] Sie räumte jedoch eine leichte Veränderung ihrer beruflichen Motivation ein.[341] Zwei Jahre später schildert diese Teilnehmerin die Gedanken und Empfindungen, die sie im Seminar hatte, sowie die darauf aufbauenden späteren Entwicklungsprozesse (Lotta, LZB):

> Die Übung mit den Bällen, bei der wir über unsere eigenen Vorstellungen über unsere Lehrerpersönlichkeit gesprochen haben, hat mich noch länger beschäftigt. Ich habe im Vergleich mit den anderen gemerkt, dass ich die Bedürfnisse der Schülerinnen und Schüler, die über meinen konkreten Fachunterricht hinausgehen, als nicht so wichtig empfinde wie andere und habe mich deswegen in meiner Vermutung bestätigt gefunden, dass mir die Arbeit mit Kindern und Jugendlichen nicht so wichtig ist/ nicht so liegt.

Rückblickend beschreibt Lotta die Auseinandersetzung mit dieser Frage als eine Herausforderung, deren Bewältigung durch das Seminar erleichtert wurde (ebd.):

> [Für mich war es eine Herausforderung, mir] Gedanken darüber zu machen, wie ich mich als eigene Lehrperson sehe. Dieser Frage bin ich sonst immer aus dem Weg gegangen, da sie ein kritisches Thema für mich darstellt. Aber die Methode mit den Bällen und die Atmosphäre hat es nicht ganz so unangenehm und fast angenehm werden lassen.

Es ist ein Zeichen von Selbstkompetenz, dass Lotta für sich selbstkritisch die Frage nach der Passung zum Beruf stellte und daraus Konsequenzen ableitete: Als Entwicklungsimpuls nahm sie sich vor, noch vor dem Referendariat dramapädagogisch mit Kindern arbeiten zu wollen. Sie wirkte danach an drei Kinder- und Jugendtheaterwochen mit,

---

340   Wert 2 (,stimme zu') im Post-Fragebogen für das Item: „Ich habe an mir Seiten entdeckt, die mir gar nicht gefallen haben."

341   Wert 3 (,stimme leicht zu') im Post-Fragebogen für das Item: „Ich bin jetzt motivierter, als vor dem Seminar, (Englisch-) Lehrer*in zu werden."

wobei sie viele positive Erfahrungen sammelte: „Die Kinder- und Jugendtheaterwochen an der VHS haben mir dabei eine tolle Möglichkeit gegeben. Ich habe gemerkt, dass mir das dramapädagogische Arbeiten Spaß macht und dass die Teilnehmerinnen und Teilnehmer auch gern mit mir zusammen gearbeitet haben." (ebd.) Sie ergänzt, für eine (mögliche) spätere Lehrertätigkeit eine kritischere Haltung gegenüber frontalem Fremdsprachenunterricht entwickelt zu haben (vgl. ebd.). Setzt man Lottas Äußerungen in Bezug zu der früheren Aussage, dass die Arbeit mit Kindern und Jugendlichen nicht so sehr ihren Talenten und Neigungen entspräche, so hat eindeutig eine Kompensation bzw. eine Entdeckung neuer Seiten bei ihr stattgefunden. Das dramapädagogische Selbstkompetenz-Seminar ist für dieses berufsrelevante selbstkompetente Verhalten ein Anstoß gewesen.[342] Quantitativ zeichnet Lotta rückblickend ein differenziertes Bild der Entwicklungen durch das Seminar (vgl. Abbildung 66). Sie hatte bereits vorher einige Theatererfahrung, weshalb ver-

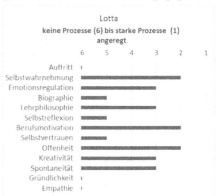

Abbildung 66: Quantitative Antworten von Lotta in der Langzeitbefragung („Haben die dramapädagogischen Seminare bei Dir Bewusstwerdungs- und Veränderungsprozesse angestoßen in Bezug auf...?")

mutlich der Aspekt Auftritt bei ihr gar keine Rolle spielte (6) und die Aktivierung von kreativem Potenzial und Spontaneität nicht mehr nötig waren (beide 3). Auch biographisches Lernen fand für sie nicht statt (5), zumal sie dem Lehrer-Rollenspiel für sich keinen Lernwert zuschreibt (vgl. Lotta, LZB). Lotta hat Entwicklungen in den Bereichen Selbstwahrnehmung, Berufsmotivation und Offenheit durchlaufen (2); zwei Jahre zuvor (Wintersemester 12/13) hatte sie sich selbst als kaum offen für neue Erfahrungen eingeschätzt (vgl. Tabelle 14). Unter anderem hat sich auch ihre Fähigkeit zur Emotionsregulation leicht verändert (3) – ob sich dies auf ihren Umgang mit angespannten Situationen auswirkt, kann an dieser Stelle nicht beantwortet werden. Insgesamt lässt sich bei Lotta eine positive Entwicklung in Richtung einer wahrscheinlich langfristig gesünderen und motivierteren Fremdsprachenlehrerin feststellen.

---

342   Eine ähnliche Entwicklung (Bestätigung der Eignung und Abbau von Unsicherheiten im Umgang mit Kindern und Jugendlichen) beschreibt Frederike in der Langzeitbefragung (siehe die personenbezogene Zusammenfassung Seite 358 im Anhang).

Bei zwei weiteren Teilnehmer*innen zeigte sich in den Befragungen am Seminarbeginn eine ungünstige motivationale Ausgangslage für den Beruf. Ilona, bei der die Ausprägung sogar stärker ist als bei Lotta, nahm jedoch an der Langzeitbefragung nicht teil. [343] Die dritte Teilnehmerin der gesamten Stichprobe, die vor dem Seminar eine problematische Motivationslage angab[344], ist Silke. Da ihre Überlegungen und Entwicklungen einen anderen Fokus als die von Lotta zeigen, wird an ihrem Beispiel ein weiteres Muster geschildert.

7.4.4 Muster 4: ‚Haltungs- und Methodenlernen'

Einige weitere Teilnehmer*innen geben an, durch dramapädagogische Seminare und/oder Praxis vor allem ihren Blick auf den Fremdsprachenunterricht verändert zu haben; ihre (Lehrer-)Identität erfährt in ihren Betrachtungen kaum Berücksichtigung. Dies soll als viertes Entwicklungsmuster betrachtet werden (Muster 4: ‚Haltungs- und Methodenlernen'), bei dem das Selbst als Referenzpunkt der Reflexion weniger stark präsent ist als bei den vorherigen Mustern. Ein Beispiel liefert Silke, die bereits auf die Frage nach der Klärung von Werten und idealer Lehreridentität im Seminar unterrichtspragmatisch antwortet[345]: „Ich glaube ich werde im Fremdsprachenunterricht öfter

---

343 Wert 5 (‚stimme eher nicht zu') im Prä-Fragebogen für das Item „Ich habe richtig Lust, Lehrer*in zu werden."; Für Ilona war das Seminar des Typs I die zweite dramapädagogische Veranstaltung. Sie hatte bereits im Sommer 2013 an einem Seminar Typ II teilgenommen und damals noch eine recht hohe Motivation für den Lehrerberuf angegeben (‚stimme zu' für dasselbe Item). Die Entwicklung dazwischen konnte aus den vorliegenden Daten nicht nachvollzogen werden. Da mich für meine Forschung stark interessierte, wie es zu dieser motivationalen ‚Kehrtwende' gekommen war, schrieb ich die Teilnehmer*innen des entsprechenden Seminars per Email an. Ich schilderte den Fall und bat den/die entsprechende Teilnehmer*in darum, mir zu antworten – entweder anonym (ich stellte den Link zu einem Online-Dokument bereit) oder unter freiwilliger Aufhebung der Anonymität per Email. Die Person erläuterte in einer Email ausführlich ihre Entwicklung (gesamter Schriftwechsel: siehe Anhang A.3.7, OnlinePlus). Dabei stellte sich heraus, dass dramapädagogische Seminare kein Anlass gewesen waren, die eigene Eignung für den Beruf in Frage zu stellen; vielmehr hatten sie als Perspektive auf einen ‚alternativen' Fremdsprachenunterricht eine Gestaltung des Berufes entsprechend seiner/ihrer Wünsche vorstellbarer gemacht: „Ich würde die Seminare nicht in den Zusammenhang mit einer Abkehr von dem Beruf setzen. Viel eher würde ich fast sagen, dass es mir den Entschluss schwerer gemacht hat, weil ich dabei gesehen habe, dass Unterricht tatsächlich neu gedacht werden kann. Der ‚Praxis-Schock' hat diese Überlegungen allerdings wieder revidiert." (Ilona, Email 2)

344 Wert 5 (‚stimme eher nicht zu') im Prä-Fragebogen für das Item „Ich habe richtig Lust, Lehrer*in zu werden."

345 Erzählimpuls im Langzeitfragebogen: „Haben das Theaterspielen, Erleben und Reflektieren im Seminar dazu beigetragen, dass du dir klarer darüber geworden bist, wie du als Fremdsprachenlehrer*in sein oder werden willst und welche Werte dir wichtig sind? Bitte erläutere Deine Meinung und Deine Gedanken möglichst ausführlich."

überlegen ob man den Unterricht nicht durch dramapädagogische Aspekte etwas lebendiger werden lassen kann. Außerdem könnten so schwierige Themen eingeführt werden. Das war mir vor dem Seminar nicht so bewusst." (Silke, LZB)

Silke hat an einem Seminar des Typs I teilgenommen, das zum Zeitpunkt der Langzeitbefragung erst vier Monate zurückliegt. Rückblickend gibt sie an, vor allem Impulse bezüglich ihrer eigenen Kreativität sowie Inspiration für den Einsatz von dramapädagogischen Methoden im Fremdsprachenunterricht erhalten zu haben, die sie direkt nach dem Seminar praktisch ausprobierte.

Quantitativ gibt sie eine starke Entwicklung für den Aspekt Offenheit an (1), weitere Anstöße (2) hat sie für die Entwicklung ihrer Lehrphilosophie und Berufsmotivation, Kreativität und Spontaneität sowie Empathiefähigkeit erfahren. Andere Elemente werden sehr wenig adressiert (Auftritt[346], Selbstwahrnehmung, Emotionsregulation und Selbstreflexion mit 5, biographisches Lernen mit 6 bewertet). Silke hat eher einen neuen Blick auf den Fremdsprachenunterricht gewonnen als neue Perspektiven auf sich selbst. Obwohl ihre (Wieder-)Entdeckung der eigenen Kreativität, Spontaneität und des Mutes zu mehr Offenheit (vgl. Abbildung 67) Entwicklungen im Bereich der eigenen Persönlichkeit darstellen, ist der Blick in ihren qualitativen Angaben eher unterrichtsbezogen (vgl. Silke, LZB). Von Silke nicht weiter ausgeführt wird die Veränderung ihrer berufsbezogenen Motivation. Im Prä-Fragebogen gab sie an, sehr wenig Lust auf den Lehrerberuf zu haben[347], und direkt nach dem Seminar zeigte sich nur eine sehr geringe Veränderung ihrer Motivation[348]; erst in der Langzeitbefragung schließlich gibt sie diesbezüglich einen Anstoß an (vgl. Abbildung 67). Möglicherweise liegt dieser in ihrer zwischenzeitlichen Praxiserfahrung begründet, in die sie Impulse aus dem

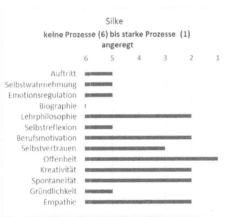

Abbildung 67: Quantitative Antworten von Silke in der Langzeitbefragung („Haben die dramapädagogischen Seminare bei Dir Bewusstwerdungs- und Veränderungsprozesse angestoßen in Bezug auf...?")

346　Möglicherweise sind wegen vorheriger Theatererfahrungen hier keine neuen Impulse entstanden.

347　Wert 5 (,stimme eher nicht zu') im Prä-Fragebogen für das Item „Ich habe richtig Lust, Lehrer*in zu werden."

348　Wert 4 (,stimme weniger nicht zu') im Post-Fragebogen für das Item „Ich bin jetzt motivierter, als vor dem Seminar, (Englisch-) Lehrer*in zu werden."

Seminar mitnahm („Ich habe die Kreativität in größerem Ausmaß entdeckt und versucht, diese in meinem Fachpraktikum anzuwenden."[349]; Silke, LZB). In der Langzeitbefragung liegt ihr reflexiver Blick stärker auf dem Fremdsprachenunterricht als auf ihrer Innensicht, daher können eindeutige Gründe für die Entwicklung hier nicht benannt werden.

Ähnlich wie Silke reflektieren weitere Befragungsteilnehmer*innen (z.b. Berlind, Maike, Karola und Otto, Helga und Regina) die Seminare und spätere Entwicklungen eher als Veränderungen von unterrichtsbezogenen Haltungen und Methodenkenntnissen. So gibt Otto als berufsbezogene Entwicklung an, „[v]ermehrt darüber nachzudenken, wie man SuS den Zugang zu Fremdsprachen spielerisch und erleichtert nahebringen kann, und wie man dies im den normalen Unterricht integrieren kann" (Otto, LZB.). Die Studierenden, die diesem ‚Entwicklungsmuster' zugeordnet werden, stellen bei sich eine Entwicklung von Kreativität fest und sehen Dramapädagogik als Inspiration für ihren Unterricht. Die Aspekte Selbstwahrnehmung, Emotionsregulation und Selbstreflexion sowie biographisches Lernen haben bei ihnen im Rahmen der dramapädagogischen Seminare kaum Entwicklungsimpulse erfahren (vgl. Maike, Karola, Silke und Otto, LZB). Das (professionelle) Selbst oder die eigene (Lehrer*innen-)Identität stehen eher nicht im Fokus ihrer Betrachtung. Ein Teilnehmer dieses ‚Entwicklungsmusters' sah zwar eine große Hilfestellung in den dramapädagogischen Seminaren für eine Selbstbetrachtung (vgl. Otto, LZB), beurteilt letztlich aber skeptisch, ob er sich durch die Übungen im Seminar klarer über sein ideales Lehrerselbst geworden sei[350]: „[...] [S]ich wirklich vorzustellen, wie man als Lehrer sein wird, ist während der Zeit an der Uni mit recht wenig praktischem Input, welcher auch zum Großteil unangeleitet ist, recht schwierig." (Otto, LZB) Bei weiteren Teilnehmer*innen steht in der rückblickenden Bewertung der Seminare noch expliziter das Methodenlernen und nicht das Selbst im Vordergrund: „Ich denke das meiste was ich an neuen Ideen mitgenommen habe, waren neue Methoden zum Umsetzen dessen, was ich mir für meinen späteren Klassenraum wünsche." (Regina, LZB) Die Überlegungen dieser Gruppe von Teilnehmer*innen bewegen sich insgesamt stärker auf der Ebene von *competencies* und *beliefs* (vgl. Meijer u. a. 2009:299) als im Bereich von *identity* oder *mission* (vgl. ebd. sowie Seite 30 dieser Arbeit). Dennoch haben aus lehrerbildnerischer Sicht bei ihnen wichtige und positive Entwicklungen stattgefunden, die zur Gestaltung eines gelungenen modernen

---

349 Erzählimpuls im Langzeitfragebogen: „Hast du beim Theaterspielen und im Seminar über deine Begabungen und Fähigkeiten für den Beruf nachgedacht - oder sogar neue entdeckt? Welche und wodurch - und haben sie auch nach dem Seminar noch eine Rolle gespielt?"

350 Erzählimpuls Langzeitfragebogen: „Haben das Theaterspielen, Erleben und Reflektieren im Seminar dazu beigetragen, dass Du Dir klarer darüber geworden bist, wie Du als Fremdsprachenlehrer*in sein oder werden willst und welche Werte Dir wichtig sind? Bitte erläutere Deine Meinung und Deine Gedanken möglichst ausführlich."

Fremdsprachenunterrichts beitragen werden.[351] Eine hingegen problematische Untergruppe des Musters 4 lässt sich bei einem Fokus auf Methodenlernen mit defizitärer Ausprägung der selbstreflexiven Dimension feststellen.

Muster 4a: Spiel, Spaß und Optimismus – wenig kritische Selbstreflexion

Im Folgenden wird Marlene als Teilnehmerin vorgestellt, die mit unverändert hohem Selbstwertgefühl und niedriger Ausprägung der selbstreflexiven Dimension ein dramapädagogisches Seminar durchlaufen hat. Sie wird, in Anlehnung an Schaarschmidt (2004:106)[352], als ‚unerschütterbar' bezeichnet.

Marlene, die an einem Seminar (Typ II) teilgenommen hat, hat vor allem den Spaß am Theaterspielen genossen. Sie gibt im Freikommentar zwar auch an, „Bewusstwerdungsprozesse" (Marlene, LZB) durchlaufen zu haben, reflektiert das Seminar jedoch primär als Einblick in die Dramapädagogik und als methodisches Handwerkszeug für einen Unterricht, der ‚Spaß machen soll' (vgl. ebd.). Eine Reflexion über eigene Schwächen und (berufs-)biographische Entwicklungen scheint bei Marlene nicht stattgefunden zu haben. Die Vorbefragung in Bezug auf Berufsmotivation sowie Verhaltens- und Erlebensmuster (vgl. Prä-FB, WiSe 12/13) zeigten bei Marlene eine hohe Berufsmotivation, Lebenszufriedenheit und gesunde Distanzierungsfähigkeit, zugleich aber auch eine geringe Gründlichkeit und wenig ausgeprägte Selbstreflektiertheit (vgl. Abbildung 68). Ihre Angaben zeigen ein positives Fertigkeitenselbstkonzept für den Beruf[353]; die von ihr selbst dafür relevant erachteten Kompetenzen stammen jedoch weniger aus

---

351 Es gilt hier im Kopf zu behalten, dass nicht die Selbsteinschätzungen der Befragten zu den jeweiligen Ausprägungen bei sich im Allgemeinen (beispielsweise ‚Selbstreflexivität') erhoben wurden, sondern welchen Einfluss dramapädagogische Veranstaltungen auf Veränderungen dieses Aspektes, in der Einschätzung der Person, gehabt haben. Wenn Silke für Selbstreflexion ‚eher keine Prozesse' angibt, so heißt das nicht, dass sie unreflektiert ist (es kann sogar auch im Gegenteil von einem sehr hohen Niveau ausgehend ein ‚Deckeneffekt' zustande kommen). Die Zuordnung zu Muster 3 bedeutet ebenso wenig, dass Silke nur eine eher wenig entwickelte Lehreridentität besitzt, sondern nur, dass die (Weiter-)Entwicklung ihrer Lehreridentität für sie im Rahmen dramapädagogischer Arbeit eher weniger stattgefunden hat. Damit kann und soll keine Aussage über die allgemeine Ausprägung von Selbstkompetenz oder den Ausbildungsgrad einer beruflichen Identität bei dieser Person getroffen werden.

352 Schaarschmidt gibt zu bedenken, dass „Menschen, die durch nichts zu erschüttern sind" (ebd.:106) möglicherweise nicht über die notwendige soziale Sensibilität für den Beruf verfügten (vgl. ebd.).

353 Wert 1 (,stimme voll zu') im Prä-Fragebogen für das Item „Ich fühle mich im Stande, selbst als gute(r) Fremdsprachenlehrer/-in aufzutreten." Und Wert 4 (,stimme weniger zu') für „Ich denke, dass ich noch viel lernen muss, um in Zukunft ein*e gut*e Lehrer*in zu sein."

dem Studium[354], sondern sie empfand zum Zeitpunkt der Erhebung primär andere Ressourcen, die vor oder neben der bisherigen Lehramtsausbildung erworben worden waren, als qualifizierend.

Ein ähnliches Voraussetzungsprofil wie Marlene zeigt Melvin (vgl. Prä-FB, SoSe 13), wobei Distanzierungsfähigkeit und Unreflektiertheit im Alltag in gleichem Maße stark ausgeprägt sind. Dennoch setzte Melvin sich im Seminar konstruktiv mit seinen Defiziten auseinander (Selbstthematisierung, vgl. Tabelle 13; Negativ-Bälle im ‚Ball-O-Meter‘, vgl. Seite 230). Aussagen über seine längerfristige Entwicklung können leider nicht gemacht werden.[355]

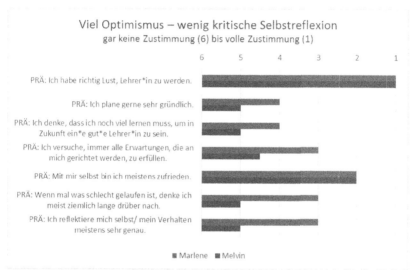

Abbildung 68: Marlene und Melvin: Psychische und motivationale Voraussetzungen (vgl. Prä-FB, WiSe 12/13; 1= volle Zustimmung, 6= gar keine Zustimmung).

Genauer betrachtet werden kann allerdings Marlene. Für sie hat es keine Auseinandersetzung mit möglichen Defiziten gegeben – bereits in der Befragung direkt nach dem Seminar verneinte sie, sich über berufsbezogenen Entwicklungsbedarf bewusster geworden zu sein (vgl. Abbildung 47).[356]

---

354 Wert 4 (‚stimme weniger zu‘) im Prä-Fragebogen für das Item: „Mein Studium hat mich (bisher) gut auf meinen Beruf als Fremdsprachenlehrer/-in vorbereitet.“
355 Melvin hat nicht an der Langzeitbefragung teilgenommen; auch im Post-Fragebogen im Sommersemester 2013 können nicht alle Angaben aussagekräftig ausgewertet werden, da er kein Fremdsprachenlehrer wird und daher nicht alle Items eindeutig beantworten konnte.
356 Wert 5 (‚stimme eher nicht zu‘) für das Item im Post-FB (WiSe 12/13): „Ich bin mir durch die Übungen beim Seminar bewusster darüber geworden, welche Kompetenzen mir für den Fremdsprachenunterricht noch fehlen.“

In der Langzeitbefragung gibt Marlene Anstöße der Entwicklung ihrer Kreativität (1) und Spontaneität (2) an (vgl. Abbildung 69). Sie sieht weitere Veränderungsprozesse bezüglich ihrer Lehrphilosophie, Berufsmotivation, Selbstvertrauen und Empathie (alle 2). Die schwächsten Anstöße hat sie in den Bereichen biographisches Lernen und Gründlichkeit mitgenommen (5). Selbstreflexion, Auftritt und Selbstwahrnehmung sieht sie als leicht involviert (3).

Alle Angaben, quantitativ wie qualitativ, weisen darauf hin, dass Marlene das Seminar positiv erlebte und davon ausgehende Impulse für ihre Entwicklung als positiv betrachtet. Ihre qualitativen Angaben fallen jedoch in einer Hinsicht kritisch auf: Die reflexive Betrachtung des Seminars und die sich abzeichnenden Gedanken über die Ziele des modernen Fremdsprachenunterrichts weisen eine geringe Reflexionstiefe auf: „Unterricht soll Spaß machen. Dies habe ich durch die dramapädagogischen Veranstaltungen voll bestätigt gesehen!" (Marlene, LZB) Die fehlende Differenziertheit fällt insbesondere auf, wenn als Kontrast die Perspektiven weiterer Teilnehmer*innen auf Dramapädagogik und Fremdsprachenunterricht herangezogen werden, die das Thema ‚Spaß' ebenfalls aufgreifen. Die Studentin Joana formuliert: „[D]er Unterricht soll neben der Kompetenzenbildung auch Spaß machen. Natürlich bin ich mir jedoch auch bewusst (geworden?), dass jede Methode nicht leichtfertig ‚nur zur Unterhaltung' angewendet werden sollte, weshalb ich schon plane (Theater-)spiele zielgerichtet einzusetzen." (Joana, LZB) Marlene, die ihr Studium zum Zeitpunkt der Befragung bereits abgeschlossen hatte, demonstriert in ihren Antworten einerseits eine grundsätzlich begrüßenswerte Einstellung gegenüber freudigem Lernen und die gesunde Selbstsicherheit, sich vor Schüler*innen auch mal ‚zum Affen zu machen' (vgl. Marlene, LZB); auch das starke Selbstvertrauen in die eigene Persönlichkeit als Basis von Unterricht ist eine wertvolle Ressource. Andererseits entsteht der Eindruck, dass Marlene eine für Lehrer*innen ebenfalls nötige selbstkritische Haltung eher vermeidet.

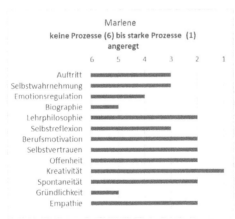

Abbildung 69: Quantitative Antworten von Marlene in der Langzeitbefragung („Haben die dramapädagogischen Seminare bei Dir Bewusstwerdungs- und Veränderungsprozesse angestoßen in Bezug auf...?").

Die geringe Affinität zur Selbstreflexion im Alltag bleibt durch die Anstöße zur Selbstreflexion im Seminar eher unberührt; beim Lehrerrollenspiel erschuf sie beispielsweise eine Figur, die ihr nach eigener Aussage keine Ausgangspunkte für Reflexionen über die eigene Persönlichkeit lieferte (vgl. Marlene, LZB).

7.4.5 Relativierung aus der Praxis, Kritik und Ablehnung (Muster 4b und 5)

Abschließend werden zwei Einzelfälle von ehemaligen Studierenden vorgestellt, die – im Vergleich zu den bisherigen, sehr positiven Bewertungen – die Spannbreite der Reaktionen auf dramapädagogische Veranstaltungen im Lehramtsstudium zeigen. Im ersten Fall handelt es sich eher um eine konstruktive Kritik an einzelnen Elementen der Seminare, in einem zweiten erfährt das Angebot eine starke Ablehnung.

Fallbeispiel Simone: Positive Erfahrung und leichte Ernüchterung

Simone, die gerade ihr Studium abgeschlossen hat, ließe sich auf den ersten Blick am ehesten in das Muster 4 einordnen, denn sie sieht in Dramapädagogik v.a. eine methodische Erweiterung für ihren Unterricht. Ihre Lehreridentität, die stark von ihrem Interesse am Fach geprägt ist, scheint relativ unberührt von ihren dramapädagogischen Erfahrungen (ein Seminar Typ I mit anschließender Kindertheaterwoche). Ihre Weiterentwicklung unterscheidet sich jedoch vom Durchschnitt im Muster 4, so dass sie als Untergruppe 4b benannt wird.

Das Setting des Blockseminars und die Arbeit mit den Kindern hat Simone generell in sehr positiver Erinnerung. Sie hatte – trotz einer vorherigen distanzierten Haltung zum ‚klassischen Theater' (vgl. Simone, LZB) – Spaß an den Methoden des improvisierenden Spiels, kritisiert jedoch eine Vernachlässigung der theoretischen Auseinandersetzung mit dramapädagogischem Spracherwerb und Theatertheorie. Dennoch sieht sie bei sich eine Entwicklung zu „mehr Mut zum Ausprobieren dieser ‚künstlerischen' Seite" (Simone, LZB) und plant, im Unterricht eine „‚kleine' Unterrichtsbühne" (ebd.) zu schaffen. Aus einer anfänglichen großen Motivation zum Praktizieren von Dramapädagogik sei inzwischen jedoch eine kritisch-reflektierte Haltung geworden (ebd.):

> Das Seminar hat mich erst stark für die Methode Dramapädagogik begeistert. Nach einiger Zeit fühlte ich mich entzaubert in Bezug auf den Effekt auf den FSU. In langer Sicht jedoch hat dies dazu geführt, dass ich meinen Methodeneinsatz kritischer reflektieren möchte, d.h. das Unterrichtsziel bzw. die zu erwerbende Kompetenz stärker in den Blick zu ziehen um zu reflektieren inwieweit dramapädagogische Elemente hierzu dienen können.

Trotz ‚Ernüchterung' ist Simone weiterhin offen für den Einsatz dramapädagogischer Methoden im Fremdsprachenunterricht; sie ist sich der motivierenden Wirkung auf Schüler*innen bewusst. Simone beschreibt ihre grundlegende Offenheit für Prozessorientierung im Unterricht und demonstriert dabei eine gewisse Schülerorientierung (vgl. ebd.), stellt aber letztlich das Fach in den Mittelpunkt ihrer Berufsmotivation und Unterrichtsphilosophie: „Dramapädagogik wird ein Tool in meinem Baukasten, um den vielfältigen Interessen meiner SuS genüge zu tun und sie für mein geliebtes Fach zu begeistern." (ebd.) Statistisch sieht Simone, auch wegen der großen zeitlichen Distanz zu ihrer Teilnahme, mit einem Durchschnittswert von 4 allgemein ‚kaum Prozesse', die durch das Seminar und das Praxisprojekt bezüglich ihrer Selbstkompetenz angestoßen worden wären. Sie hofft jedoch, an ihre dramapädagogische Vorbildung an ihrem Studienseminar anknüpfen zu können, um sich „wieder neu zu sensibilisieren und zu motivieren" (ebd.).

Das Beispiel Simone zeigt, wie auch eine eher logotrop orientierte Lehrperson ihre Perspektive durch Dramapädagogik erweitern und ihren Werten zugleich treu bleiben kann. Ihre Kritik an der Gestaltung meiner damaligen dramapädagogischen Praxis (Theoriedefizit) ist angemessen – seit ihrer Seminarteilnahme (2010 und 2011) wurde das Konzept jedoch bereits um weitere theoretische Blöcke ergänzt.

Fallbeispiel Sabine: Ablehnung des Angebotes, keine Effekte (Muster 5)

Sabine, die in der Langzeitbefragung von vorneherein anmerkt, den Kurs (Seminar Typ II) nur aus curricularer Notwendigkeit gewählt zu haben, steht als einzige Befragte den meisten Aktivitäten ablehnend gegenüber[357]: „Ich wurde bestätigt, dass Dramapädagogik nicht mein ‚Ding' ist." (Sabine, LZB) Obwohl sie bisher wenig Vorstellung von der Praxis und ihrer zukünftigen Lehreridentität besitzt („Ich weiß noch nicht genau wie ich sein möchte"; ebd.), schließt sie dramapädagogische Arbeit als ein Bestandteil davon generell aus und begründet dies mit eigenen schlechten Schulerfahrungen: „[Um] die SuS [zu] erreichen und Spaß am Stoff [zu] vermitteln [...] möchte ich nicht unbedingt auf die Dramapädagogik zurückgreifen, da ich schon alleine Standbilder in der Schule selber gehasst habe." (ebd.) Von den Übungen im Seminar, die einer Auseinandersetzung mit der eigenen Person und beruflichen Rollenvorstellungen dienten, habe sie „danach nichts weiter beschäftigt" (ebd.). Das Theaterspielen sieht sie losgelöst von jeglicher Verbindung zum Beruf (vgl. ebd.). Aus dem Feedback nach der Auftrittsübung im Seminar zieht sie allerdings eine generelle Bestätigung ihrer Berufswahl (vgl. ebd.). Mit einem Durchschnitt ihrer quantitativen Antworten von 5,7 sieht sie ‚gar keine' Anstöße für Entwicklungsprozesse durch das Seminar. Dies ist der statistisch schwächste Effekt in der gesamten Befragtengruppe. Sehr leichte Entwicklungen ihrer Offenheit (4) sowie minimalste Anstöße in Bezug auf Lehrphilosophie und Selbstvertrauen (5) werden von Sabine eingeräumt.

Im Rahmen einer Philosophie von Lehrerbildung, die nicht „allen Studierenden dieselben Philosophien und Methoden von Erziehung und Unterricht schmackhaft machen [will]" (Mayr und Paseka 2002:54), muss Sabines Meinung zur Dramapädagogik, die sie im Seminar leider wenig thematisierte, akzeptiert werden. Es scheint hier jedoch, dass

---

357   Es ist erfreulich, dass sie trotz ihres Unmutes über das Seminar an der Befragung teilgenommen hat.

eigene lernbiographische Erlebnisse (negative Empfindungen bei ganzheitlichen Arbeitsweisen in ihrer Schulzeit) ihre eigene Methodenwahl als Lehrerin dominieren bzw. zum kategorischen Ausschluss mancher Arbeitsweisen führen werden; eine Aufarbeitung wäre dringend nötig, damit sie die Frage danach, was das Lernen ihrer Schüler*innen am besten ermöglicht, in den Mittelpunkt ihrer Überlegungen stellen kann.

7.5 Zusammenfassung und Einordnung der Ergebnisse

Insgesamt zeigt sich in der Langzeitbefragung, dass durch dramapädagogische Seminare und Praxisprojekte bei verschiedenen Teilnehmer*innen unterschiedliche Erkenntnisse und Entwicklungen angestoßen worden sind, die sich grob in verschiedene Entwicklungsmuster gliedern lassen. Das Spektrum der – individuell sehr unterschiedlich gewichteten – Entwicklungen zeigt die Abbildung 70 auf.[358] Es beginnt an einem Ende mit einem starken Zuwachs in fast allen Selbstkompetenzbereichen (u.a. Reflexionsfähigkeit, Selbstvertrauen, Auftritt und Präsenz, Berufsmotivation, Lehrphilosophie, eigene Kreativität und Spontaneität), kombiniert mit Begeisterung für die dramapädagogischen Arbeitsweisen und intensivem weiterem Engagement in der Praxis. In diesen Fällen kann die Entstehung einer ‚Dramapädagogischen Lehreridentität' (Muster 1) festgestellt werden. Fast ein Viertel der Teilnehmer*innen der Langzeitbefragung lässt sich hier zuordnen. Die im Studium entwickelten Ideale und ‚Vorversionen' einer schulischen Lehreridentität konnten beim Berufseinstieg allerdings nicht immer verwirklicht werden, von dem Zugewinn an Selbstkompetenz haben die Befragten jedoch den eigenen Aussagen nach profitiert.

Eine ähnlich starke Selbstkompetenzentwicklung lässt sich, allerdings ohne eine Teilnahme an weiteren dramapädagogischen Veranstaltungen, bei weiteren fünf Personen feststellen. Durch nur eine Seminarteilnahme[359] waren sie motiviert zu Experimenten mit ihrem Auftritt, ihrer Wirkung und ihrer Unterrichtsgestaltung in der Praxis, was ihr Selbstvertrauen, ihre Berufsmotivation und ihren Eindruck von Handlungsfähigkeit als Lehrende weiter gestärkt hat. Eine ‚Aufwärtsspirale' (Muster 2) für die individuelle Erschließung der Lehrerrolle und eine zunehmende Identifikation mit dem Beruf wurde durch dramapädagogische (Selbstkompetenz-)Seminare in Gang gesetzt. Darüber hinaus zeigen sich bei weiteren Befragten Prozesse der Eignungsüberprüfung für den Beruf (Muster 3), die als grundlegend selbstkompetentes Verhalten in Bezug auf die eigene berufliche Zukunft betrachtet werden können. Neben einer Teilnehmerin, die

---

358   Es wird anhand der Grafik auch ersichtlich, dass eine Musterzuordnung unter Rückgriff auf die quantitativen Angaben der Teilnehmer*innen nur grob erfolgen kann und stets unter Rückbezug auf die qualitativen Angaben erfolgen muss, um die individuellen Entwicklungen erklärbar zu machen.

359   Vier der fünf diesem Entwicklungsmuster zugeordneten Teilnehmer*innen haben an einem Seminar des Typs II teilgenommen.

sich als Konsequenz einer Hinterfragung ihrer Passung für den Beruf im Seminar intensiv mit dramapädagogischer Praxis konfrontierte, berichten weitere Befragte von
selbstkritischen Gedanken, die sie sich ausgehend von Erfahrungen in der dramapädagogischen Arbeit und dem Vergleich und Austausch mit anderen werdenden Lehrer*innen gemacht haben. Dabei sind Pläne zur Weiterentwicklung gefasst worden, beispielsweise im Hinblick auf eine Verbesserung der Durchsetzungsfähigkeit oder die
Selbstdarstellung im Alltag.

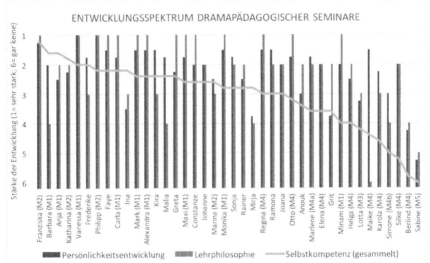

*Abbildung 70: Entwicklungsspektrum in Folge dramapädagogischer Seminare. Werte nach
gemittelten quantitativen Angaben in der Langzeitbefragung: Persönlichkeitsentwicklung
(Offenheit + Selbstvertrauen + Kreativität + Spontaneität), weitere Selbstkompetenzentwicklung
(Auftritt + Selbstwahrnehmung + Emotionsregulation + biograf. Lernen + Selbstreflexion) und
Lehrphilosophie. Namen der Teilnehmer*innen ergänzt um Musterzuordnungen (Var. = Variante).*

Insbesondere die Studierenden, Referendar*innen und Lehrer*innen in den ersten beiden Mustern reflektieren ihren beruflichen Werdegang (auch) als Prozess der Identitätsentwicklung, den dramapädagogische Arbeit unterstützt hat. Diese Fallstudien
können als Beitrag zum Forschungsfeld professioneller Identitätsentwicklung von Lehrer*innen gesehen werden, für das Chong et al. den Bedarf an ebensolchen Daten formulieren: „Therefore, […] additional research from a qualitative-interpretative perspective is necessary to reveal graduates' subjective perception and experience of teacher education from the perspective of their professional identity formation." (Chong
u. a. 2011:62) Abgesehen von einer Teilnehmerin in der Langzeitbefragung, die das Se-

minarangebot grundlegend ablehnt (Muster 5) – sie erlaubt damit jedoch ebenfalls einen subjektiven Blick auf ihre Wahrnehmung der Lehrerbildung – lassen sich in den quantitativen Angaben und den Schilderungen aller Befragten Weiterentwicklungen ihrer Selbstkompetenz durch die dramapädagogische Arbeit ausmachen, wenn auch in sehr unterschiedlichem Ausprägungsgrad.

Längst nicht alle Befragten nehmen, wie die oben genannten Teilnehmer*innen mit den Mustern 1 und 2, die ‚Perspektive der Bildung einer professionellen Identität' ein, wenn sie über ihre Erfahrung mit dramapädagogischen Seminaren berichten. Bei neun Befragten, die dem Muster 4 (‚Haltungs- und Methodenlernen') zugeordnet werden, steht weniger ein reflexiver Blick auf das Selbst oder die Entwicklung von Selbstkompetenz im Vordergrund, sondern eher ein veränderter Blick auf den Fremdsprachenunterricht und die Bereicherung ihres Methodenpools durch Dramapädagogik. Zwischen den Mustern 2 und 4 gibt es fließende Übergänge und Mischformen; viele Teilnehmer*innen (in etwa ein Drittel der Befragten) können nur in diese ‚Grauzone' eingeordnet werden.[360]

‚Persönlichkeitsentwicklungen' haben bei allen Teilnehmer*innen (mit Ausnahme von Sabine, Muster 5) stattgefunden. Entwicklungen in den Bereichen Offenheit für Neues, Spontaneität/Flexibilität und Kreativität sind statistisch am stärksten sichtbar (vgl. Abbildung 50). Vielfach werden eigentlich als eher stabil zu beschreibende Persönlichkeitsmerkmale, wie die Offenheit für Erfahrungen (siehe Kapitel 4.4.1), von den Befragten als – auch langfristig – stark weiterentwickelt angegeben (siehe die detaillierteren Ergebnisse in Kapitel 7.3.8). In Bezug auf das ‚dispositionale und motivationale Selbst' (vgl. Kapitel 4.4.1) zeigen die Veranstaltungen also eine starke Wirkung, so dass Dramapädagogik – analog zu den Ergebnissen von Domkowskys & Walters (2012) Forschung mit Schüler*innen und Lutzkers (2007) mit Lehrer*innen – auch für Studierende in der ersten Phase der Lehrerbildung als höchst geeignet bezeichnet werden kann, um Persönlichkeitsentwicklung in Bereichen zu ermöglichen, die sowohl für die Ausübung des Lehrberufes allgemein, als auch für die interkulturelle kommunikative Kompetenz von besonderer Wichtigkeit sind.

Über die Förderung von Selbstkompetenz und Persönlichkeit hinaus wird ein weiteres Ergebnis der dramapädagogischen Arbeit in den offenen Antworten der Befragten ersichtlich: 39 von 40 Befragten – von denen 14 nur eine einzige Teilnahme an einem Blockseminar ohne Praxisprojekt zu verzeichnen haben – verbindet die Wahrnehmung

---

360   Es wird somit der Bedarf an ausführlicheren Daten erkennbar (z.B. durch eine Erhebung anhand narrativer Interviews), die einen tiefergreifenden Einblick in die Reflexionsstrukturen der Teilnehmer*innen geben könnten, als die mitunter nur kurzen schriftlichen Kommentare im Langzeitfragebogen.

eines Zuwachses an fachdidaktisch-methodischem Wissen und Können sowie eine Inspiration für die Gestaltung eines kommunikativen, handlungsorientierten Fremdsprachenunterrichts mit ganzheitlichen Elementen.[361] Von dessen Wirkung sind viele stärker überzeugt als zuvor – ein ‚Haltungs- und Methodenlernen' hat somit bei fast allen
Teilnehmer*innen stattgefunden, wie auch die Abbildung 70 visualisiert. Das Erfahrungsfeld ‚Selbst als Lerner' (siehe Kapitel 4.5) zeigt sich hier als wirkungsstark: Die Erfahrungen der Studierenden mit dramapädagogischer Arbeit haben vielfach dazu geführt, dass sie ihren Schüler*innen Lernen unter ähnlichen Bedingungen (vertrauensvolle Lernatmosphäre, Gruppenfokus, Fehlerfreundlichkeit, kommunikativer Einsatz
der Fremdsprache) ermöglichen wollen. Dies haben die Teilnehmer*innen der Lang-
zeitstudie auch bereits in unterschiedlichem (wenn auch i.d.r. kleinem) Ausmaß im
Rahmen ihres Zuganges zur Schulpraxis begonnen umzusetzen.

Nach diesem größtenteils positiven Fazit aus der direkten Analyse der Daten müssen
die Ergebnisse meiner Forschung abschließend in einen größeren Kontext eingeordnet
und das Forschungsdesign sowie das zugrunde gelegte Konstrukt der berufsbezogenen
Selbstkompetenz von Lehrer*innen kritisch diskutiert werden.

7.5.1 Aussagekraft der Daten: Erhebungsmethode und ‚Stichprobe'

In dieser Arbeit wurde ein weitreichendes Feld erforscht, wobei eine große methodische Vielfalt in der Datenerhebung und Auswertung zum Einsatz gekommen ist. Nun
soll dieses Vorgehen hinsichtlich seiner Funktionalität für das Forschungsinteresse betrachtet werden.

Durch eine hohe Rücklaufquote der Fragebögen in der Online-Befragung konnten umfangreiche Daten erhoben werden. Die Motivation an den Befragungen vollständig teilzunehmen kann also für die durch die Seminare stark involvierten Teilnehmer*innen
als hoch eingeschätzt werden. Die Verwendung der Pseudonyme ermöglichte dabei die
Anonymität glaubhaft zu wahren und zugleich langfristige persönliche Entwicklungen
zu erheben. Fragebögen mit großem zeitlichem Abstand konnten damit forschungsef-
fektiv in Zusammenhang gesetzt werden. Die Kombination aus standardisierten und
offenen Anteilen ermöglichte, sowohl allgemeine Tendenzen aufzuzeigen, als auch der
Individualität und Vielfalt der Entwicklungen gerecht zu werden. Dadurch konnte ein
vertieftes Verständnis der Prozesse, die in und durch dramapädagogische Arbeit mit
werdenden Lehrer*innen stattfinden, erlangt werden. Die anonyme Vorgehensweise
bewirkte eine offene Meinungsäußerung, die auch für Kritik genutzt wurde. Eine ver-
ärgerte Teilnehmerin wie Sabine oder Teilnehmer*innen, die nur geringere Prozesse
angegeben haben (beispielsweise Berlind) hätten vermutlich nicht an einem *face-to-*

---

361   Methodenlernen wurde nicht quantitativ erhoben; es kann hier nur ein allgemeiner Eindruck
       aus den offenen Antworten wiedergegeben werden.

face Interview teilgenommen. In einer möglichen Gruppendiskussion wären weniger motivierte Teilnehmer*innen vielleicht nicht zu Wort gekommen oder hätten ihre Konträr- bzw. Minderheitsmeinung unterdrückt. Hierin liegen klar genutzte Vorteile der anonymen Onlinebefragung. Nachteil der Anonymität ist hingegen, dass keine Nachfragen gestellt werden konnten, wie es eine qualitative *face-to-face* Befragung ermöglicht hätte. Somit können manche Fragen zu individuellen Entwicklungen nicht abschließend beantwortet werden: Was führte beispielsweise bei Silke zu dem plötzlichen starken Motivationsanstieg für den Lehrerberuf (vgl. Seite 296) – und besteht dabei ein Bezug zu den dramapädagogischen Seminaren? In einem erweiterten Methodendesign wäre eine vertiefende Befragung ausgewählter Personen unter der Bedingung ihrer Zustimmung zu einer Aufhebung der Anonymität sehr erkenntnisversprechend.

Bezüglich der Aussagekraft der Daten und v.a. der Zuordnung der Teilnehmer*innen zu Entwicklungsmustern muss bedacht werden, dass hier nur die Selbstkonzepte und -einschätzungen der Teilnehmer*innen erhoben werden konnten. Ihre Performanz in realen Handlungssituationen, die nicht Bestandteil dieser Untersuchung war, kann anders ausfallen. Entwicklungen konnten in dieser Forschungsarbeit nur in dem Ausmaß richtig beurteilt werden, wie die Befragten in der Lage und bereit waren, ihre Lernprozesse korrekt wahrzunehmen und zu beschreiben.[362]

Um die Aussagekraft der Ergebnisse zu beurteilen, muss auch die ‚Repräsentativität‘ der Teilnehmer*innen – bzw. Befragtengruppe betrachtet werden, also die Frage, welche Studierenden mit welchen Ausgangsvoraussetzungen an den Veranstaltungen teilnehmen. Da die Förderung von Selbstkompetenz an den motivationalen Voraussetzungen für den Beruf, den Persönlichkeitsvoraussetzungen der Teilnehmer*innen und auch dem Umgang mit ihrem ‚emotionalen Selbst‘ ansetzt, bietet es sich an, hier einen Bezug zu den Ergebnissen von Schaarschmidt (2004) herzustellen. In seinen repräsentativen Studien zur Gesundheit von Lehrer*innen stellt er fest, dass sich bereits bei einem Großteil der Lehramtsstudierenden ungünstige psychische und motivationale Voraussetzungen für den Beruf finden lassen (vgl. Abbildung 71). Die Frage ist nun, in

---

362 Da das Ausfüllen des Fragebogens eine intensive Selbstbeobachtung und Selbstbefragung erfordert, könnte es als weiteres Training der Selbstreflexionsfähigkeit gesehen werden. Die Sichtweise, die Befragung als Instrument zu sehen, das den Prozess der Selbstkompetenzentwicklung weiter voranbringt und zugleich eine Art ‚Selbstevaluation‘ ermöglicht, lässt sich aus einem Kommentar von Constanze (LZB) ableiten: „Da ich nur an einem Wochenende teilgenommen habe, sind einige ganz tolle Reflektionen und Erkenntnisse im Alltag für mich wieder etwas in Vergessenheit geraten. Umso besser, dass ich durch diesen Fragebogen noch einmal ‚gezwungen‘ wurde, das Erlebte und Erlernte in Erinnerung zu rufen und mir bereits gemachte Erkenntnisse und Ideen wieder bewusst zu machen."

welchem Ausmaß bei eben diesen ‚problematischen' Studierenden in dramapädagogischen Seminaren die herausgearbeitete langfristige Steigerung von Selbstkompetenz angestoßen werden konnte.

7.5.2 Wer nimmt Teil – und wer sollte?

Es kann davon ausgegangen werden, dass Studierende mit problematischen Voraussetzungen für den Beruf Lehrer*in nicht in einer Verteilung, die der in der Studierendengesamtpopulation entspricht (vgl. Schaarschmidt 2004:103 f. und siehe Abbildung 71), an meinen dramapädagogischen (Selbstkompetenz-)Seminaren teilgenommen haben. Die Beobachtung, dass Beratungsangebote zur Selbstklärung zu Beginn der Lehramtsstudiums von der ‚Problemgruppe' wenig wahrgenommen werden, ist auch an anderer Stelle gemacht worden (vgl. Weyand u. a. 2012:103). Höchst wahrscheinlich findet durch die Thematik der Seminare (Theater, Selbsterfahrung) und die Veranstaltungsform (meistens als Blockseminar) bereits eine Vorselektion der Teilnehmer*innen statt. Studierende, die eher traditionelle Vorstellungen von Fremdsprachenunterricht vertreten, werden an einem solchen Seminar eher gar nicht erst teilnehmen, wenn es Alternativen gibt.[363] Auch diejenigen, denen eine Auseinandersetzung mit ihren pädagogischen Vorbildern und die Herausarbeitung von Idealen und Lehrphilosophien am schwersten fallen dürfte, werden eher fernbleiben: das Drittel an Lehramtsstudierenden, die laut Schaarschmidts Forschung in das – weniger für die Gesundheit der jeweiligen Personen, denn für die zu vermutende Unterrichtsqualität problematische – Muster S (‚Schonung') einzuordnen sind (vgl. ebd.) und die 25% mit erhöhter Burnoutgefahr, die durch geringes Arbeitsengagement gekennzeichnet sind (vgl. ebd.:101 f.). Dramapädagogische Blockseminare und insbesondere Praxisveranstaltungen bedeuten jedoch i.d.R. einen erhöhten Arbeitsaufwand. Die über 50% der Lehramtsstudierenden mit Motivationsdefizit (vgl. ebd.:104) und möglicherweise langfristig nachteiligen Berufswahlmotiven (Gewohnheit, Alternativlosigkeit oder Bequemlichkeit) sind daher in dieser Art von Blockseminar vermutlich kaum präsent.

Der obigen Schlussfolgerung nach müssten die meisten Studierenden in dramapädagogischen Seminaren dem Muster G (Gesundheit) oder dem Risikomuster A (hohes Engagement, geringe Widerstandsfähigkeit gegen Misserfolge und Belastungen; vgl. ebd.:101) zuzuordnen sein. Eine Betrachtung der diesbezüglichen Items im Prä-Fragebogen zu vier meiner Seminare (vgl. Anhang A.1.4., OnlinePlus) stützt diese These: Die befragte Teilnehmer*innengruppe (n= 30, 4 Seminare)[364] zeichnet sich durch sehr hohe berufliche Motivation und starke Verausgabungsbereitschaft aus (vgl. Tabellen 1

---

363   Sabine, die in diese Gruppe fällt, erläutert, dass sie aus curricularen Gründen zur Teilnahme gezwungen war.

364   Verwendet werden die Prä-Fragebögen aus dem SoSe 12, WiSe 12/13, SoSe 14 und WiSe 14/15.

und 4 im Anhang A.4.1., OnlinePlus). Etwa ein Fünftel der Befragten zeigt dabei starke Tendenzen zum grübelnden Nachdenken bei geringer Zufriedenheit mit sich selbst (vgl. ebd., Abbildung 1), was auf das Risikomuster S hindeutet; etwa die gleiche Anzahl an Personen gibt eine große Lebenszufriedenheit gepaart mit hoher Distanzierungsfähigkeit an (vgl. ebd., Tabelle 5), was auf das Gesundheitsmuster G schließen lässt.[365]

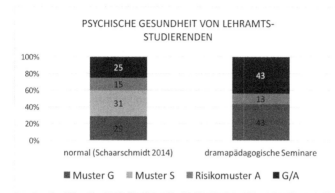

Abbildung 71: Musterverteilung von Lehramtsstudierenden nach Schaarschmidt (2014:103) und in meinen dramapädagogischen Seminaren366. Muster G= Gesundheit, S =Schonung, Risikomuster A = Selbstüberforderung, Risikomuster B= Burnout (vgl. ebd.:101); Muster G/A (A.H.): nach Datenlage keine klare Zuordnung möglich, aber Ausschluss von S und B.

Dramapädagogische Seminare sind also zum Teil Arbeit mit höchst engagierten Studierenden, die dazu neigen, die Grenzen ihrer Ressourcen zu überschreiten, und die lernen müssen, sich einerseits zu distanzieren und andererseits ihre Erfolge sowie sich selbst stärker wertzuschätzen (Risikomuster A). Die Untersuchung in dieser Arbeit hat gezeigt, dass gerade Studierende mit geringerem Selbstvertrauen und Selbstwertgefühl (z.B. Schüchternheit in Gruppensituationen, Unsicherheit beim Reden vor anderen o.ä.) und wenig Zufriedenheit mit sich selbst von der Ermutigung in Seminaren, den Selbsterfahrungsmöglichkeiten, positivem Feedback und wohlwollender Zuwendung (beispielsweise Ilona) sowie den Praxismöglichkeiten profitieren (Beispiele sind u.a. Carla und Monika, die sich dabei selbstwertsteigernde Erfahrungen erarbeiten). Die

---

365 Die Erhebung dieser persönlichen ‚Erlebens- und Verhaltensmuster' erfolgte sehr viel grober als bei Schaarschmidt und erlaubt keine Diagnose.

366 Die Darstellung zeigt eine vermutete Musterverteilung unter den Teilnehmenden. Ich greife dabei auf eine einfache Erfassung arbeitsbezogener Verhaltens- und Erlebensmerkmale ähnlich der Kategorien von Schaarschmidt im Prä-Fragebogen zurück. Berücksichtigt wurden Fragen zur Distanzierungsfähigkeit, zum (beruflichen) Ehrgeiz und zur Verausgabungsbereitschaft sowie zur (Lebens-)Zufriedenheit (siehe Anhang A.4.1, OnlinePlus).

Konfrontation mit der eigenen Schüchternheit durch das Theaterspielen führt bei wenigen zu einer Abwehrhaltung (vgl. die Aussage von Karin, Seite 216), bei manchen anderen kommt ein Erkennen eigener problematischer Muster und ihrer Gesundheitsrisiken zustande, und es wird alternatives Verhalten erprobt (siehe das Beispiel Frederike, Seite 259).

In mehreren Fällen können Studierende mit ungünstigen beruflichen Ausgangsvoraussetzungen im Bereich Selbstvertrauen bereits im Seminar eine Bestärkung erfahren und ihr Potenzial besser entfalten lernen, wie auch Rinne (2012:57) feststellt. Damit erweist sich dramapädagogische Arbeit in einer der zwei von Korthagen geschilderten ‚Problemzonen' von Lehrerbildung als wirksam: „Indeed, all experienced teacher educators know that when student teachers have a negative self-concept, it is extremely difficult to bring them round to a different way of thinking about themselves [...]."(Korthagen 2004:83)

In Fällen gesundheitsfördernder motivationaler und persönlichkeitsbezogener beruflicher Voraussetzungen werden Selbstkompetenzarbeit und Dramapädagogik zu einem Instrument der ‚Zusatzförderung' (dieses ist nicht im Sinne einer zu vernachlässigenden Größe zu verstehen, denn auch aus potenziell gesunden und guten Lehrer*innen noch bessere zu machen, ist bedeutsam.). Aus meiner Beobachtung heraus zu betonen ist dabei die Förderung von Studierenden mit kreativer Begabung und hoher pädagogisch-praktischer Motivation für den Beruf, die sich im eher fachwissenschaftlich ausgerichteten Studium für das gymnasiale Lehramt unwohl fühlen.[367] Diese Studierenden erfahren eine Bestätigung ihrer Stärken und entdecken Perspektiven, gerade von diesen Talenten im Fremdsprachenunterricht profitieren zu können (siehe Fallbeispiel Vanessa). Das im Theorieteil dieser Arbeit herausgearbeitete Potenzial dramapädagogischer Selbstkompetenzseminare, durch die Auseinandersetzung mit Selbstbildern und Vorstellungen vom Beruf sowie die ‚Selbstkonfrontation' beim Theaterspiel auch eine Hinterfragung der Berufswahl und der eigenen Passung anzustoßen, müsste perspektivisch mit einer Gruppe geprüft werden, in der sich in größerem Ausmaß problematische Motivationslagen und Verhaltenstendenzen finden lassen. Daher ist für die Zukunft darüber nachzudenken, wie der Anteil an Studierenden mit ungünstigen Eingangsvoraussetzungen für den Lehrerberuf in diesen Seminaren erhöht werden kann. Diese Absicht dient nicht nur dem Zweck einer Hypothesenüberprüfung mit einer repräsentativeren Stichprobe, sondern vor allem dem Ziel, die Arbeit an der Selbstkompetenzentwicklung auch mit denjenigen durchzuführen, die es am meisten benötigen.

---

367 Ich selbst gehörte vor etwa zehn Jahren dazu und danke meinen damaligen – und heutigen – Mentor*innen für die Ermöglichung dieser Erkenntnisse, die ich bemüht gewesen bin, an meine Student*innen weiterzugeben.

Die Verbesserung des Selbstwertgefühls einiger Risikomuster-Teilnehmer*innen bei gleichzeitiger Steigerung ihrer Berufsmotivation (vgl. Abbildung 64) stellt einen Effekt dar, den auch Schaarschmidt in seinen Trainingsmaßnahmen als Zukunftsziel formuliert: „Es gilt einen Weg zu finden, wie unter [...] Steigerung von Zufriedenheit und Widerstandskraft ein höheres Engagement den Studienanforderungen gegenüber erzielt werden kann. Demzufolge sind aktivierende und motivierende Trainingsinhalte weiter auszubauen." (Schaarschmidt 2004:110). Die in dieser Forschungsarbeit ermittelte Effekte in Bezug auf die Steigerung des Selbstvertrauens der Teilnehmer*innen sind stärker als beispielsweise die von Unterweger und Weiss ermittelten Resultate der Persönlichkeitsseminare an der PH Wien (2005; vgl. Seite 265 dieser Arbeit). Dieser Unterschied kann jedoch nicht (nur) im Kursdesign und in der dramapädagogischen Arbeit begründet liegen, sondern auch auf den günstigeren Ausgangsvoraussetzungen meiner Teilnehmergruppen sowie den unterschiedlichen Messinstrumenten beruhen.

7.5.3 Rückbezug zur Theorie: Seminarkonzept Typ I versus Typ II

Möglicherweise ist die beschriebene Zusammensetzung der Teilnehmer*innengruppe auch ein Grund, warum der Effekt dafür, eine verstärkte berufsbiographischen Selbstreflexion in den Seminaren des Typs II anzustoßen, so gering ausfällt: Wenn von vornherein ein hohes Level an Selbstreflektiertheit und eine geklärte Berufsmotivation vorhanden sind, kann natürlich weniger ‚entdeckt' werden, was zuvor vermieden, ignoriert oder schlicht nicht beachtet wurde. Unter den gegebenen Voraussetzungen hat die konzeptionelle Veränderung der dramapädagogischen Seminare zum Typ II das Ziel einer gegenüber dem Typ I verstärkten Förderung der (berufsbezogenen) Selbstkompetenz der Teilnehmer*innen nur in geringem Maße erreicht. Dies liegt einerseits daran, dass die (leider weniger detailliert erhobenen) Impulse zur Selbstkompetenzentwicklung bei den Seminaren des Typs I bereits recht stark waren. So zeigte die Befragung der Teilnehmer*innen über im Seminar erlebte ‚Grenzerfahrungen', dass bereits hier Selbstbilder hinterfragt und Denk- und Beobachtungsprozesse bezüglich der eigenen Persönlichkeit angestoßen wurden (vgl. Seite 214 ff.). Teilaspekte der beruflichen Selbstkompetenz von Lehrer*innen wie die Arbeit am eigenen Auftritt oder die Entwicklung von Selbstvertrauen, Kreativität und Offenheit oder ein Nachdenken über die eigene Lehrphilosophie haben auch in den Seminaren des Typs I stattgefunden. Eine persönlichkeitsreflexive Lehrerbildung (vgl. Mayr & Neuweg 2006:198) lässt sich somit in beiden Seminartypen feststellen. Ein Unterschied kann aber im Bereich der berufsbiographischen Selbstreflexion ausgemacht werden: Hierfür beschreiben die Teilnehmer*innen der Seminare des Typs II in der Befragung direkt nach den Veranstaltungen deutlich mehr Impulse (vgl. Seite 228 ff.), und auch langfristig werden stärkere Entwicklungen angegeben (vgl. Seite 262 ff.). Insgesamt stufen aber nur wenige Teilnehmer*innen aus beiden Seminartypen diesen Bereich als besonders durch die dramapädagogische Arbeit beeinflusst ein (vgl. ebd.).

7.5.4 Das Konstrukt Selbstkompetenz

Gefragt werden muss abschließend ebenfalls, wie erfolgreich sich das Konstrukt ‚berufliche Selbstkompetenz von (Fremdsprachen-)Lehrer*innen' als Planungs- und Evaluationsinstrument von dramapädagogischen Lernprozessen in der Lehrerbildung erwiesen hat. Durch die künstliche ‚Isolation' von Selbstkompetenz für die Forschung unter Ausklammerung der Sozialkompetenz entstanden Probleme: Die Übergänge zwischen Selbst- und Sozialkompetenz, die schon in der Theorie unscharf sind, waren in der Betrachtung praktischer Interaktionsprozesse beim Theater und in der Auswertung der Berichte der Teilnehmenden noch undeutlicher abzugrenzen. Das Konstrukt der ‚psychosozialen (Basis-)Kompetenzen' (vgl. Mayr 2012:46 f.; Nolle 2013) stellt hier möglicherweise einen sinnvolleren Blickwinkel dar. Andererseits vergrößert eine solche Ausweitung den zu messenden Gegenstand noch weiter – und der Umfang des Konstruktes hat sich schon beim Thema Selbstkompetenz als problematisch erwiesen: Trotz vielfältiger positiver Entwicklungen, die in dieser Arbeit aufgezeigt werden konnten, ist eine gezielte oder sogar umfassende Förderung der vielen Teildimensionen von Selbstkompetenz nicht gelungen, was Greifs Kritik (2008:203) an der Überdimensioniertheit des Konstruktes bestätigt. Auch die Schwierigkeit der Abgrenzung von Mustern in der Entwicklung lässt sich sicher in Teilen auf die schwierige Operationalisierbarkeit und damit tendenzielle Unschärfe eines solch komplexen und umfassenden Konstruktes zurückführen.

Als Alternative zu einer Ausweitung von Seminarkonzept und Forschung, beispielsweise auf psychosoziale Kompetenzen, wäre ein verstärkter Fokus auf Teilbereiche von Selbstkompetenz in Erwägung zu ziehen, um eine gezieltere Förderung und präzisere Messung der Wirksamkeit anzustreben. Daniela Caspari zieht aus der Evaluation eines Seminars, in dem Studierende eigene und fremde subjektive Theorien über Fremdsprachenunterricht und Lehrersein erforschten, den Schluss, dass zwecks Vertiefung eine Fokussierung auf Teilaspekte sinnvoll sei (Caspari 1998:142 f.). Denkbar wäre für mich beispielsweise ein Seminar zu dem – in den Seminaren des Typs I, II und III unterrepräsentierten – Thema ‚Theater, Schule und Emotionsarbeit', das die Wahrnehmung, Beeinflussung und Darstellung von Emotionen (*deep* und *surface acting*) und deren Relevanz für den Lehrberuf theoretisch und schauspielpraktisch intensiviert.

8. Rückblick auf die Arbeit und darüber hinaus

Als Ziel dieser Arbeit ist formuliert worden, ein Seminarkonzept zu entwickeln, dass die Kompetenz werdender Fremdsprachenlehrer*innen im Umgang mit ‚sich selbst' fördern sollte, da die „Bereitschaft und Fähigkeit, eigene Begabungen und Fähigkeiten zu erkennen und zu entfalten, Identität und durchdachte Wertvorstellungen zu entwickeln, sowie Lebenspläne zu fassen und zu verfolgen" (Schwarzkopf & Hechenleitner 2006:45) auch als Grundlage der erfolgreichen Entwicklung einer Fremdsprachenlehreridentität gesehen werden kann. Diese Kompetenz für das Selbst ist als äußerst vielfältig herausgearbeitet worden – als zentrale Bestandteile, die ein solches Seminarkonzept adressieren sollte, wurde das Selbst als Akteur herausgestellt, das sich performativ und durch Körper und Sprache manifestiert. Es wurde berücksichtigt, dass dieses Selbst Emotionen hat, die im Kontext der beruflichen Anforderungen wahrgenommen und mitunter reguliert werden müssen. Drittens hat dieses Selbst nicht nur eine, sondern viele Geschichten, ist also narrativ – die eigene berufliche Biographie mitzugestalten und dabei Kontinuität und Kohärenz herzustellen, wurde als weiteres Ziel einer solchen identitätsfördernden Arbeit mit Lehramtsstudierenden beschrieben, das nur in einer sozialen Gruppe erreicht werden kann, in der diese Identität auch ‚ausgehandelt' wird. Die Auseinandersetzung mit den eigenen Berufswahlmotiven und Persönlichkeitseigenschaften sowie ihrer Eignung oder ihrem Risiko für den Beruf zu ermöglichen, ist als weiteres Ziel eines solchen Seminarkonzeptes formuliert worden. Viertens wurde der – ebenfalls biographisch geprägte – Bereich des ‚Selbst als Lerner' als von herausragender Bedeutung in der Lehrerbildung unterstrichen. Das Seminarkonzept sollte leisten, eigene Schul- und Lernerfahrungen zu relativieren und durch neue, produktive Lernerfahrungen für den Fremdsprachenunterricht zu erweitern. Auf theaterpädagogischer, theoretischer Basis und anhand von Erfahrungsberichten in diesem Arbeitsfeld wurde argumentiert, dass eine pädagogisch eingebettete Arbeit mit Methoden des Theaters die genannten Anforderungen für eine Selbstkompetenz-Förderung in der Lehrerbildung erfüllen kann.

Mit gewissen Einschränkungen in Bezug auf die Operationalisierbarkeit des zu erhebenden Konstruktes sowie die Repräsentativität der Gruppe der Probanden konnten alle Ziele in der praktischen Umsetzung des Seminarkonzeptes erreicht werden. Drei entworfene und umgesetzte Varianten von dramapädagogischen Blockseminaren mit Lehramtsstudierenden (Typ I, II und III) wiesen in einer direkten Evaluation (Typ I und II) als auch einer Messung der langfristigen Wirkung aus der Sicht der Teilnehmer*innen eine hohe Wirksamkeit für die Förderung ihrer (berufsbezogenen) Selbstkompetenz auf. Zudem prägten sie bei vielen Teilnehmer*innen ein neues, als realisierbar empfundenes Verständnis von handlungsorientiertem Fremdsprachenunterricht.

Neben drei sehr starken Effekten (Persönlichkeitsentwicklung, Methodenlernen, fremdsprachenunterrichtsbezogene Haltungen) zeigten sich die Seminare ebenfalls geeignet als

- eine Sensibilisierung für die Bedeutung von Körpersprache und als ‚Auftrittstraining' für diejenigen, die es nicht gewöhnt waren, Stimme und Körper als Ausdrucksmittel einzusetzen.

- eine Möglichkeit zum Erlernen und Praktizieren einer (selbst-)reflexiven Methodik und Haltung für Teilnehmer*innen, die bisher keine oder wenig Erfahrung damit haben.

- ein Katalysator der Entwicklung einer (berufs-)identitätsstiftenden und motivierenden Gemeinschaft im Studium.

- eine ‚Brücke' in die dramapädagogische Praxis, die den Studierenden weitere Erfahrungen mit ‚alternativen' Rollen und Formen des Lehrens und Lernens fremder Sprachen ermöglicht.

Die Wirksamkeit der Kombination von Dramapädagogik mit dem von Eva Unterweger beschriebenen Dreischritt aus Selbsterfahrung, Selbstwahrnehmung und schließlich „Selbstreflexion mit Blick auf die Professionalisierung" (Unterweger 2014:12) zeigt sich vielfach in den Ergebnissen der Befragung. Auch die beiden von Palmer genannten ‚Orte' des Wachstums für Lehrer*innen und ihre Unterrichtspraxis – „the inner ground from which good teaching comes and [...] the community of fellow teachers from whom we can learn more about ourselves and our craft" (Palmer 1998:141) – wurden von fast allen Befragten aufgesucht (von einigen intensiver als von anderen). Die Seminarerfahrungen waren als Aufforderung, Anstoß und Training geplant, (werdenden) Lehrer*innen den Zugang zu diesen beiden Ressourcen – sich selbst und der Gemeinschaft – zu öffnen und ihnen nahezulegen, beides auch in Zukunft weiter zu nutzen. Bezüglich der Selbstkompetenzentwicklung haben Schart und Legutke (2016) erst kürzlich eben dieses Vorgehen als Maßstab für eine identitätsorientierte Lehrerbildung beschrieben (ebd.: 27):

> Die Identitätsentwicklung hingegen muss vom Individuum selbst geleistet werden. Aus- und Fortbildung können diesen Prozess nur anstoßen und unterstützen, indem kontinuierlich Möglichkeiten und Anreize geschaffen werden, die Selbstkompetenzen als Lehrkraft weiterzuentwickeln. Dazu zählt beispielsweise, sich der eigenen Werte und Überzeugungen bewusst zu werden, die berufliche Motivation zu klären oder charakterliche Eigenheiten zu erkennen.

Die Berichte der Teilnehmer*innen meiner Langzeitbefragung zeigen viele Beispiele für den erfolgreichen Anstoß und die Unterstützung ebensolcher Entwicklungen; viele Teilnehmer*innen haben dazu eine „persönliche berufliche Vision" (ebd.) entwickelt und waren und sind durch die Teilnahme an dramapädagogischen (Selbstkompetenz-)Seminaren mit mehr Selbstvertrauen, Kompetenzerleben und Motivation in Richtung Lehrerberuf ‚unterwegs'.

Hier allerdings veranlassen einige bisher nicht aufgegriffene Äußerungen der Teilnehmer*innen in der Langzeitbefragung zum Nachdenken – denn was am Ende zählt ist ja
nicht (nur) die Wirksamkeit einzelner Interventionen in der Lehrerbildung, wie beispielsweise eine dramapädagogische Veranstaltung, sondern ihr Effekt als Element eines Systems von Lehrerbildung. Im Rückblick auf ihren beruflichen Werdegang üben
einige der Teilnehmer*innen, die inzwischen in der Schule tätig sind, massive Kritik an
den Inhalten und vor allem den Lernumgebungen des Studiums und des Referendaria-
tes.

8.1.1 Referendariat: ‚Man muss mehr seinen Ausbildern entsprechen als sich selbst'

Die Theaterarbeit wird häufig als eine wertvolle, berufsorientierte Erfahrung erlebt, die
nicht selten in Kontrast zu weiteren Teilen des Lehramtsstudiums gesetzt wird. Teilnehmer*innen monieren „viele[] monotone[], z.T. für mich irrelevante[] und zu theoretische[] Seminare[] [...] ohne jede praktische Anwendung des sachlichen Stoffes!!!"
(Mark, LZB) und begrüßen Dramapädagogik als ein „ganz anderes Arbeiten als sonst an
der Uni"; „befreiend? ganzheitlich? ... teamorientiert" (Maike, LZB). Die Lehrerin Barbara kritisiert aus ihrer Schulerfahrung heraus die „praxisferne Debatte, was guter Unterricht ist" (Barbara, LZB) als für Lehrer*innen „nahezu wertlos" (ebd.); dramapädagogische Arbeit hingegen habe sie stark sensibilisiert und sei eine „enorme Bereicherung [ihres] professionellen Selbstverständnis und in der [...] Umsetzung eine großar-
tige Erweiterung [ihres] methodisch-didaktischen Arsenals" geworden (ebd.).
Ähnliche Kritik am Lehramtsstudium wird von den Studierenden in Daniela Casparis
Seminar zum beruflichen Selbstverständnis zum Ausdruck gebracht; einzelne äußern
das Gefühl, im sechsten Semester „das erste Mal in einen Kurs involviert zu sein"
(Caspari 1998:139). Kooperatives und freudiges Lernen wird auch hier in einen schar-
fen Kontrast zu sonstigen Seminarerfahrungen an der Universität gesetzt (vgl.
ebd.:139). In welchem Ausmaß diese Wahrnehmung auch bei einzelnen Teilnehmer*innen meiner dramapädagogischen Lehrveranstaltungen auftritt, illustriert ein
Rückblick der Referendarin Monika (LZB):

> Die Drama-Veranstaltungen haben die letzten Jahre meines Studiums einfach zu einer komplett
> neuen Erfahrung gemacht: ich hatte endlich das Gefühl eigenen Interessen nachzugehen (statt
> stumpf dem Uni-Lehrplan zu folgen), habe erfahren (!) wie Fremdsprachenlernen und -lehren
> auch aussehen können (auch im krassen Gegensatz zu eigenen Schülerinnenerfahrungen) und
> habe angefangen, mich als Englischlehrerin sehen zu können.

Dass die Vorbereitung derjenigen, die später für Schüler*innen einmal förderliche Lernumgebungen gestalten sollen, selbst so wenig in der Lage scheint, gelingende Lernprozesse anzustoßen, bei denen die Lernenden sich involviert fühlen und von der Relevanz der Inhalte überzeugt sind, ist stark bedenklich. Wenn Lehramtsstudierende so
‚unbeteiligt' sind, wie obige Äußerungen zeigen, und dabei ihr Erfahrungswissen und

ihr ‚Lernendes Selbst' nicht einbezogen werden, kann die Lehrerbildung kaum Auswirkungen auf die spätere Berufsausübung entwickeln. Gerade im Studium müsste den häufig traditionellen Bildern von Unterricht und Lehrerrollen, die in Form eigener Schulerfahrungen vorliegen, entgegengewirkt und geeignete Haltungen aufgebaut werden. Dabei ist eine kooperative und selbstreflexive Haltung zentral für Lehrer*innen, die selbstbestimmtes Lernen in einer sozialen Gemeinschaft fördern wollen, und die im Kollegium das Ziel haben, den Unterricht ‚entprivatisieren', um sich gegenseitig zu unterstützen, Feedback zu geben und fächerübergreifend auf ein besseres Schülerlernen hinwirken zu können.[368] Ehemalige Studierende heben in meiner Langzeitbefragung die Bedeutung der Bereitschaft zur Kooperation und Selbstreflexion für Lehrer*innen hervor, und äußern den Wunsch nach einer Vertiefung dieser Aspekte im Studium (Mark, LZB):

> Einen sehr starken Eindruck haben also das dramapädagogische ‚Trainings-Blockseminar' und die praktische Durchführung der Kindertheaterwochen besonders dahingehend bei mir hinterlassen, dass ich es als unglaublich inspirierend, motivierend und außerdem als effektiv und nachhaltig empfunden habe, gemeinsam mit Mitstudierenden ein Projekt zu entwickeln. Ich habe danach vielen Kommilitonen erzählt, ich wünschte, das gesamte Studium wäre so aufgebaut, dass Teamarbeit (bzw. Team-Projekt-Arbeit) sehr stark im Vordergrund stehen würde. Außerdem habe ich entdeckt, dass ich es mir für die Zukunft wünsche, an einer Schule angestellt zu sein, an welcher die KollegInnen sehr stark zusammen arbeiten.

Sowohl eine solche kooperative Haltung als auch die Fähigkeit und Bereitschaft zur Selbstreflexion müssen bereits in der ersten Phase der Lehrerbildung kontinuierlich und seminarübergreifend gefördert werden, was bei weitem nicht der Fall ist, wie ein Teilnehmer mehrerer dramapädagogischer Seminare und Projekte berichtet (Otto, LZB):

> [W]ären solche Reflexionsrunden und Feedback in dieser Intensität [wie in der dramapädagogischen Arbeit] regelmäßig in Veranstaltungen angeboten worden, hätte ich es mir wahrscheinlich angewöhnt. Es kostet leider viel Zeit, bringt aber wesentlich mehr Vor- als Nachteile und man sollte den Zeitaufwand dafür zumindest ab und an in Kauf nehmen.

Von einer ‚Verpuffung' sinnvoller Lerneffekte berichtet auch Constanze (LZB), die zum Befragungszeitpunkt kurz vor dem Eintritt in das Referendariat stand:

> Ich hätte mir gewünscht, mehr solcher Seminare in mein Studium integrieren zu können. Dann hätte ich diese Prozesse vielleicht auch besser in Gang bringen können. Da ich an nur einem Wochenende teilgenommen habe, sind einige ganz tolle Reflektionen und Erkenntnisse im Alltag für mich wieder etwas in Vergessenheit geraten.

---

368   Auf die Gefahr hin, platitüdenhaft zu wirken, sei dies als anzustrebender Zustand von Schule formuliert – auch wenn der Zusammenhang von Lehrerkooperation und Schülerlernen nicht empirisch bewiesen ist (vgl. Steinert u. a. 2006:196).

Leider steht einer Weiterentwicklung dieser ‚Reflexionen und Erkenntnisse' sowie einer Umsetzung in praktisches Handeln mitunter nicht nur die fehlenden Anknüpfungsmöglichkeiten in der ersten Phase der Lehrerbildung im Weg – auch die Gegebenheiten der zweiten Phase können als ein Hemmnis empfunden werden, wie Aussagen der Lehrerin Elena zeigen. Während sie durch die dramapädagogische Arbeit im Studium eine starke Steigerung der Berufsmotivation erlebt hat, sah sie sich in der weiteren Ausbildung in der Entfaltung einer kreativen Lehrerpersönlichkeit behindert: „Einbezug bzw. Umsetzung in/im Unterricht hat 1:1 nicht stattfinden können, weil man im Ref[erendariat] den Fachleitern mehr entsprechen muss als sich selbst." (ebd.)

Hier zeigt sich, dass zumindest in der Übergangsphase zum formalen Lehrersein die Aushandlung der eigenen Lehreridentität mit anderen Akteuren (in der Theoriebildung dieser Arbeit als ‚Balancierung von individueller Lehrphilosophie und pädagogischer Professionalität' beschrieben; vgl. Seite 92) nicht aus gleichberechtigten Positionen heraus erfolgt. Ein Akt des ‚Sich-Selbst-Wählens' als Lehrer*in bzw. kann unter solchen Umständen nur stark eingeschränkt stattfinden oder wird auf die Zeit nach dem Referendariat verschoben. Hier liegt eine Gefahr: Die Einschränkung der eigenen Entscheidungs- und Handlungsfähigkeit (*agency*) durch übermächtige – oder zumindest als solche empfundene – Konformitätserwartungen kann zu einem Gefühl der marginalisierten Identität (vgl. Tsui 2007:658) und zur Entfremdung von der beruflichen Rolle führen. Lenhards Wunsch nach einer (alternativen?) Lehrerbildung, die von offenen Entwürfen und „Skizze[n] der Möglichkeiten" (Lenhard 2001:20) lebt, die Ausbilder*innen von ihren Referendar*innen machen, um sie beim transformativen Prozess der Lehrerwerdung zu unterstützen, kann vor diesem Hintergrund nur unterstrichen werden. Im Sinne von Professionalisierung als einem lebenslangen Prozess der selbstkompetenten (Weiter-)Entwicklung der eigenen Lehreridentität kann dieses Anliegen noch umfassender formuliert werden: Ich wünsche mir eine Lehrerbildung, die Studierende und Referendar*innen dabei unterstützt, für sich selbst und gemeinsam – in Kooperation untereinander und mit ihren Dozierenden und Ausbilder*innen – Skizzen ihrer Möglichkeiten und ihrer *possible (teacher) selves* zu entwerfen und daran zu arbeiten, diesen ähnlich zu werden. Das entspräche einer wirklichen, langfristigen Förderung von Selbstkompetenz und würde Entwicklungsprozesse von beruflicher Identität und professioneller Gemeinschaft zugleich voranbringen. Genau das ist mit einer Weiterentwicklung dramapädagogischer Selbstkompetenzseminare beabsichtigt, die als Konsequenz der Forschungsergebnisse dieser Arbeit im Folgenden skizziert wird.

8.1.2 Zukünftige Pläne und Aufgaben

Die qualitativen Rückmeldungen direkt nach den Seminaren zeigten für alle Seminartypen (I, II und III) sehr positive Wahrnehmungen von Lernatmosphäre, Methoden und

Gruppenklima. Aus allen Rückmeldungen hervor sticht die Begeisterung über die Entwicklung eines eigenen Stückes in den Seminaren des Typs I, die als beflügelndes und inspirierendes Gruppen- und Erfolgserlebnis bewertet wurde (vgl. Seite 211 ff.); das gemeinsame Produkt wirkte auf die Spielenden zugleich als Selbstwirksamkeitserfahrung im Bereich sozialer Kompetenz (Kooperation) und als Erschließung der eigenen Kreativität. Das selbstkompetenzorientierte Lehrer-Rollenspiel bei den Seminaren des Typs II hat keine vergleichbar starke Wirkung erzielen können: Neben auch positiven Rückmeldungen wurde von einigen der Teilnehmer*innen kritisiert, dass der Bezug zu sich selbst oder zu weiteren Seminarinhalten schwer herzustellen gewesen sei (vgl. Seite 237). Mit der Umgestaltung von Seminar-Typ I zu II ist somit ein starker Wirkfaktor für den Bereich kreative Selbsterfahrung/kooperatives Arbeiten (Stück erspielen) gegen einen nur leicht verstärkten Impuls im Bereich Selbstkompetenz/(berufs-)biographische Selbstreflexion eingetauscht worden. Diese Entscheidung ist zu überdenken. Bei einem kombinierten Seminartyp könnten (möglicherweise um einen halben Tag verlängert) die Übungen ‚Erinnerungslehrer*innen', ‚Auftritt vor einer Klasse' und ‚Ball-O-Meter' durchgeführt, aber weiterhin ein Stück entwickelt werden, um Selbst- und Sozialkompetenzen in gleichem Maß zu berücksichtigen. Eine stärkere Verhaltensbeobachtung im Entwicklungsprozess durch die Kursleiter*innen, und im Anschluss an die Stückentwicklung eine verstärkte Reflexion über die individuell ein- und angenommenen sozialen Rollen und Aufgaben, könnte hierbei den Ausbau von Selbstkompetenz erhöhen.[369] Auch der individuelle Umgang mit den Belastungen und Stressoren, die bei der kreativ-kollaborativen Arbeit auftreten können (Zeitdruck und eigene Ansprüche; Ideen zurückstellen oder sich durchsetzen; Schüchternheit und Selbstbehauptung; Sensibilität und Rücksichtnahme auf andere Mitwirkende) sollte in der zu diesem Zeitpunkt gut ‚eingespielten' Gruppe (sowie ggf. in anschließenden Einzelgesprächen) thematisiert werden. Bei einer – im Vergleich zu den Seminaren des Typs II – wieder verstärkt motivierenden und zugleich anforderungsreichen, prozess- und produktorientierten Aufgabenstellung und einer – gegenüber den bisherigen Seminaren des Typs I – verstärkten Reflexion des eigenen Verhaltens im gemeinsamen Schaffensprozess wird es unter Umständen möglich, noch mehr Studierende zu einer kritischen Selbstbetrachtung und differenzierten Auseinandersetzung mit den Zielen und Methoden

---

369   Sehr erfolgreiche Ergebnisse erzielt das Programm BASIS mit der auf Selbstbeobachtung und
       Rollenexperiment angelegten Übung „Kooperation in einer Gruppe" (vgl. Dauber u. a. 2009:12
       ff.), bei der eine Gruppe mit limitierten Ressourcen einen Turm bauen muss (u.U. auch in Kon-
       kurrenz zu weiteren Gruppen); die Teilnehmer*innen reflektieren im Nachhinein mit Unter-
       stützung der Dozierenden die Aufgaben und Rollen, die sie im Team übernommen (und/oder
       delegiert, abgelehnt...) haben. Ich habe die Übung in einem BASIS-Seminar selbst erlebt und
       auch bereits mit Studierenden eingesetzt – was zu einem erstaunlichen Ausmaß zu einem Ef-
       fekt geführt hat, der in dieser Arbeit als ‚konstruktive Krise' bezeichnet wurde.

des modernen Fremdsprachenunterrichts zu bewegen, und einen ‚Rückzug' einzelner auf ein seichtes Reflexionsniveau (siehe Fallbeispiel Marlen, Seite 298 ff.) zu verhindern.

Der ‚Exkursionscharakter' der Veranstaltung sollte dabei unbedingt beibehalten werden, dafür sprechen die kritischen Kommentare der Teilnehmer*innen im Wintersemester 14/15, als ein Stück ohne die Vorteile des ‚außeruniversitären Lernortes' entwickelt wurde. Auch die Anschlussfähigkeit an dramapädagogische Praxisprojekte hat sich als besonders sinnvoll erwiesen. In solchen Projekten kann einerseits eine weitere Selbstklärung der Eignungsfrage stattfinden, wie beispielsweise im Fall von Lotta (vgl. Seite 292 ff.), und die eigenen Erlebens- und Verhaltensmuster (vgl. Schaarschmidt 2004) können unter Real- oder sogar ‚Extrembedingungen' getestet werden: Eigene hohe Ansprüche an die Inszenierung bringen Faktoren wie übermäßigen Ehrgeiz und Perfektionsstreben zum Vorschein, und Stress, Konflikte und Misserfolge erfordern die Fähigkeit zur Distanzierung und der Aktivierung sozialer Ressourcen (siehe das Beispiel Frederike, Seite 259). Darüber hinaus ermöglichen diese Projekte Dozierenden der Lehrerbildung und den Studierenden selbst eine Perspektive auf individuelle Risikofaktoren oder ungünstige Eignungsvoraussetzungen für den Lehrerberuf. Nicht zuletzt sind sie ein Motivationsfaktor und Möglichkeit für ein Kompetenzerleben Studierender im Umgang mit Kindern und Jugendlichen, die Spaß am Lernen der Fremdsprache zeigen. Durch die praktische Sprach- und Theaterarbeit schließlich bilden sich nicht nur Ansätze von professionellen Identitäten, sondern auch professionelle Gemeinschaften heraus, die wiederum als Leitbild für kollegiale Zusammenarbeit in der Schule dienen können – so wie es die Lehrerin Barbara beschreibt (vgl. Seite 277), auch wenn hier schmerzhafte Diskrepanzen zwischen Wunsch und Realität zum Vorschein kommen. Aber auch von Schule gilt es, Skizzen der Möglichkeiten zu entwerfen, um dann – unter Einbezug möglichst vieler Beteiligter – an ihrer Umsetzung zu arbeiten.

9. Literaturverzeichnis

Abels, Heinz (2009). *Einführung in die Soziologie: Band 2: Die Individuen in ihrer Gesellschaft*. 4. Auflage. Wiesbaden: VS Verlag für Sozialwissenschaften.

Abels, Heinz (2010) *Identität. Über die Entstehung des Gedankens, dass der Mensch ein Individuum ist, den nicht leicht zu verwirklichenden Anspruch auf Individualität und die Tatsache, dass Identität in Zeiten der Individualisierung von der Hand in den Mund lebt*. 2. Auflage. Wiesbaden: VS Verlag für Sozialwissenschaften.

Achtenhagen, Frank u. a. (2006). *Berufsbildungs-PISA: Machbarkeitsstudie*. Stuttgart: Franz Steiner Verlag.

Aguado, Karin (2016). „Grounded Theory und Dokumentarische Methode." In: Caspari, Daniela et al. (Hrsg.): *Forschungsmethoden in der Fremdsprachendidaktik. Ein Handbuch*. Tübingen: Narr Francke Attempto, 243-256.

Akbari, Ramin (2007). „Reflections on reflection: A critical appraisal of reflective practices in L2 teacher education." *System* 35(2), 192–207.

Akkerman, Sanne F. & Meijer, Paulien C. (2011). „A dialogical approach to conceptualizing teacher identity." *Teaching and Teacher Education* 27(2), 308–319.

Allport, Gordon Willard (1958). *Werden der Persönlichkeit*. Robert Heiß (Hrsg.). Bern: Hans Huber. (Enzeklopädie der Psychologie in Einzeldarstellungen, 1)

Altmann, Tobias (2013) „Empathie." In: Markus A. Wirtz (Hrsg.), *Dorsch*. Bern: Hans Huber, 447.

Altrichter, Herbert & Posch, Peter (2006). *Lehrerinnen und Lehrer erforschen ihren Unterricht: Unterrichtsentwicklung und Unterrichtsevaluation durch Aktionsforschung*. 4. Auflage. Bad Heilbrunn: Klinkhardt.

Anderson, Michael (2012). *MasterClass in Drama Education: Transforming Teaching and Learning*. London: Bloomsbury Academic.

Antonek, Janis et al. (1997). „The Student Teacher Portfolio as Autobiography: Developing a Professional Identity." *The Modern Language Journal* 81(1), 15–27.

Appel, Joachim (2000). *Erfahrungswissen und Fremdsprachendidaktik*. München: Langenscheidt-Longman. (Münchener Arbeiten zur Fremdsprachenforschung, 1)

Arbeitskreis Deutscher Qualifikationsrahmen (2011). „Deutscher Qualifikationsrahmen für lebenslanges Lernen." http://www.akkreditierungsrat.de/fileadmin/Seiteninhalte/Sonstige/BMBF_DQR_aktuell.pdf (14.05.2015)

Arbeitskreis Deutscher Qualifikationsrahmen (2009). „Diskussionsvorschlag eines Deutschen Qualifikationsrahmens für lebenslanges Lernen." http://www.good-practice.de/DQR_Diskussionsvorschlag_Februar_2009.pdf (14.05.2015)

Archan, Sabine & Tutschek, Elisabeth (2002). „Schlüsselqualifikationen: Wie vermittle ich sie Lehrlingen?" Österreichisches Institut für Bildungsforschung der Wirtschaft (Hrsg.). http://www.ibw.at/ibw_mitteilungen/art/arc_048_02_schlusselqualifikationen.pdf (abgerufen am 14.07.2017)

Archan, Sabine et al. (2003). „Schlüsselqualifikationen: Wie vermittle ich sie Lehrlingen?" Wirtschaftskammer Österreich (Hrsg.). 2. Auflage. http://www.ibw.at/components/com_redshop/assets/document/product/Schluesselqualifikationen.pdf (abgerufen am 14.07.2017)

Arendt, Manfred (2010). „Lernerorientierung." In: Surkamp, 185–186.

Arendt, Manfred (1997). „Simulationen." *Der fremdsprachliche Unterricht Englisch* 31(26), 4–10.

Asendorpf, Jens (2013). „Persönlichkeit." In: Wirtz, 1170–1172.

Asendorpf, Jens (2009). *Persönlichkeitspsychologie - für Bachelor.* Heidelberg: Springer-Verlag.

Atteslander, Peter (2003). *Methoden der empirischen Sozialforschung.* 10. Auflage. Berlin: Walter de Gruyter.

Auque-Dauber, Charlette (2002). „Playbacktheater: Ein Beitrag zur Persönlichkeitsbildung künftiger Lehrer." *journal für lehrerinnen - und lehrerbildung 2(2),* 22–28.

Balme, Christopher (2008). *Einführung in die Theaterwissenschaft.* Berlin: Schmidt.

Bauer, Karl-Oswald (2005). *Pädagogische Basiskompetenzen.* Weinheim: Beltz Juventa.

Bauer, Karl-Oswald (2006). „Das professionelle Selbst (mit einem Exkurs über die glückliche Lehrkraft)." *Forum Lehrerfortbildung* 40, 15–25.

Bauer, Karl-Oswald (2015) „Arbeitsfeld Professionelles Selbst." http://www.karl-oswald-bauer.de/Arbeitsfeld02.htm (abgerufen am 14.07.2017)

Baumann, Nicola & Kuhl, Julius (2013). „Selbstmotivierung." In: Wirtz, 1399–1400.

Baumert, Jürgen & Kunter, Mareike (2006). „Stichwort: Professionelle Kompetenz von Lehrkräften." *Zeitschrift für Erziehungswissenschaft* 9(4), 469–520.

Bausch, Karl-Richard et al. (2003). *Fremdsprachenlehrerausbildung: Konzepte, Modelle, Perspektiven. Arbeitspapiere der 23. Frühjahrskonferenz zur Erforschung des Fremdsprachenunterrichts.* Tübingen: Narr (Gießener Beiträge zur Fremdsprachendidaktik).

Bayer, Lothar (2013). „Es." In: Wirtz, 497.

Behr, Ursula u. a. (2002). „Entwicklung von Sozial- und Selbstkompetenz durch kooperatives Lernen: Konzeption für die Umsetzung eines Schwerpunkts der Lehrplanimplementation in Thüringen." Thüringer Institut für Lehrerfortbildung, Lehrplanentwicklung und Medien (ThILLM) (Hrsg.). http://sinus-transfer.uni-bayreuth.de/fileadmin/MaterialienBT/sklernen.pdf (abgerufen am 14.07.2017)

Beier, Gabi (2003). „Tabori, George." In: Koch & Streisand, 308.

Beijaard, Douwe et al. (2004). „Reconsidering research on teachers' professional identity." *Teaching and teacher education* 20(2), 107–128.

Berner, Hans (2011). „Lehrerinnen und Lehrer zwischen Theorie und Praxis – und zwischen Idealität und Realität." In: Berner, Hans und Isler, Rudolf (Hrsg.). *Lehrer-Identität, Lehrer-Rolle, Lehrer-Handeln. Professionswissen für Lehrerinnen und Lehrer.* Band 8. Hohengehren: Schneider Verlag, 81-104.

Benitt, Nora (2015). *Becoming a (Better) Language Teacher. Classroom Action Research and Teacher Learning.* Giessener Beiträge zur Fremdsprachendidaktik. Tübingen: Narr Francke Attempto.

Bidlo, Tanja (2006). *Theaterpädagogik: Einführung.* Essen: Oldib Verlag.

Blömeke, Sigrid et al. (Hrsg.) (2013). *Professionelle Kompetenzen im Studienverlauf. Weitere Ergebnisse zur Deutsch-, Englisch- und Mathematiklehrerausbildung aus TEDS-LT.* Münster: Waxmann.

BMFSFJ (Hrsg.) (2005). „Bericht über die Lebenssituation junger Menschen und die Leistungen der Kinder-und Jugendhilfe in Deutschland – Zwölfter Kinder-und Jugendbericht und Stellungnahme der Bundesregierung." *Bundestags-Drucksache* 15 (6014). http://www.dji.de/fileadmin/user_upload/bibs/Zwoelfter_Kinder-und_Jugendbericht.pdf (abgerufen am 14.07. 2017)

Boal, Augusto (1999). „Der Regenbogen der Wünsche." Seelze-Velber: Kallmeyer.

Bolton, Gavin (1993). „A Brief History of Classroom Drama: British and Other English-speaking Influences. „In: Shaw, Peter & Schewe, Manfred (Hrsg.). *Towards Drama as a Method in the Foreign Language Classroom.* Frankfurt a.M.: Peter Lang, 25–41.

Bonnet, Andreas et al. (2010) „Kooperatives Lernen." In: Surkamp, 145-147.

Borg, Michaela (2004). „The apprenticeship of observation." *ELT journal* 58(3), 274–276.

Borich, Gary D. (1999). „Dimensions of Self that Influence Effective Teaching." In: Lipka & Brinthaupt, 92–120.

Bott, Jana (2014). *Stress als Herausforderung: Individuelle Faktoren, arbeitsbezogene Anforderungen und gesellschaftliche Verhältnisse unter besonderer Berücksichtigung helfender Fachkräfte.* Hamburg: Diplomica Verlag.

Branden, Nathaniel (2010). *Die 6 Säulen des Selbstwertgefühls: Erfolgreich und zufrieden durch ein starkes Selbst.* 10. Auflage. München: Piper Taschenbuch.

Bredella, Lothar (2010). „Interkulturelles Lernen." In: Surkamp, 123-126.

Brendel, Werner (2010). *Werde zu deiner Persönlichkeit.* Bayreuth: Verlag Dr. Brendel.

Britzman, Deborah P. (1994). „Is there a problem with Knowing Thyself? Toward a Poststructuralist View of Teacher Identity." In: Shanahan, Timothy (Hrsg.). *Teachers Thinking, Teachers Knowing: Reflections on Literacy and Language Education.* National Conference on Research in English.

Bromme, Rainer & Rheinberg, Falko (2006). „Die Erziehenden und Lehrenden: Lehrende in Schulen." In: Krapp, Andreas & Weidenmann, Bernd (Hrsg.). *Pädagogische Psychologie.* 5. Auflage. Weinheim: Beltz, 296–333.

Brouwer, Niels & Korthagen, Fred (2005). „Can teacher education make a difference?" *American Educational Research Journal* 42(1), 153–224.

Bryk, Anthony & Schneider, Barbara (2002). *Trust in Schools: A Core Resource for Improvement.* New York: Russell Sage Foundation.

Bullough, Robert V. Jr. (1997). „Practicing Theory and Theorizing Practice in Teacher Education." In: Russell, Tom & Loughran, John (Hrsg.). *Teaching about Teaching: Purpose, Passion and Pedagogy in Teacher Education.* London: Falmer Press, 13–31.

Bundesverband Darstellendes Spiel (2005) „Grundsatzerklärung des BVDS zum Darstellenden Spiel in der Schule." *SchulTheater Info Niedersachsen* 25(3), 16.

Burwitz-Melzer, Eva et al. (Hrsg.) (2013). Identität und Fremdsprachenlernen: Anmerkungen zu einer komplexen Beziehung. Arbeitspapiere der 33. Frühjahrskonferenz zur Erforschung des Fremdsprachenunterrichts. Tübingen: Narr Francke Attempto.

Butterfield, Tony (1989). *Drama Through Language Through Drama.* Banbury: Kemble Press.

Caspari, Daniela (1998). „Subjektive Theorien von Fremdsprachenlehrern/-innen: für Studierende ein relevantes Thema? Überlegungen zum Gegenstand und seiner methodischen Umsetzung im Rahmen eines fachdidaktischen Hauptseminars." *Fremdsprachen lehren und lernen* 27, 122–145.

Caspari, Daniela (2003). *Fremdsprachenlehrerinnen und Fremdsprachenlehrer: Studien zu ihrem beruflichen Selbstverständnis.* Tübingen: Narr Francke Attempto.

Caspari, Daniela (2014). „Was in den Köpfen von Fremdsprachenlehrer(inne)n vorgeht, und wie wir versuchen, es herauszufinden. Eine Übersicht über Forschungsarbeiten zu subjektiven Sichtweisen von Fremdsprachenlehrkräften (2000–2013)." *FLuL–Fremdsprachen Lehren und Lernen* 43(1), 20-35.

Chaikin, Joseph (1991). *The Presence of the Actor.* New York: Theatre Communications Gr.

Chong, Sylvia, et al. (2011). „Emerging Professional Teacher Identity of Pre-Service Teachers." *Australian Journal of Teacher Education* 36, 50–64.

Clandinin, D. (1986). *Classroom Practice: Teacher Images in Action.* London: Falmer Press.

Connelly, F. Michael & Clandinin, D. Jean (1999). *Shaping a professional identity: Stories of educational practice.* Teachers College Press.

Conway, Paul F. (2001). „Anticipatory reflection while learning to teach: From a temporally truncated to a temporally distributed model of reflection in teacher education." *Teaching and Teacher Education* (1), 89–106.

Conway, Paul F. & Clark, Christopher M. (2003). „The Journey Inward and Outward: A Re-Examination of Fuller's Concerns-Based Model of Teacher Development." *Teaching and Teacher Education* 19(5), 465–482.

Csikszentmihalyi, Mihaly (1995). *Dem Sinn des Lebens eine Zukunft geben: Eine Psychologie für das 3. Jahrtausend.* Stuttgart: Klett-Cotta.

Cummins, Jim (2003). „Challenging the Construction of Difference as Deficit: Where Are Identity, Intellect, Imagination, and Power in the New Regime of Truth?" In: Trifonas, Peter Pericles (Hrsg.). *Pedagogies of Difference: Rethinking Education for Social Change.* Psychology Press, 39–59.

Czerny, Gabriele (2006). *Theaterpädagogik: Ein Ausbildungskonzept im Horizont personaler, ästhetischer und sozialer Dimension.* 7. Auflage. Augsburg: Wißner-Verlag.

Dauber, Heinrich et al. (2009). „Manual zur Durchführung eines zweitägigen Seminars: Psychosoziale Basiskompetenzen für den Lehrerberuf." http://www.heinrichdauber.de/uploads/media/Manual_Seminar.pdf (abgerufen am 14.07.2017)

Day, Christopher et al. (2006). „The Personal and Professional Selves of Teachers: Stable and Unstable Identities." *British Educational Research Journal* 32(4), 601–616.

Demmer, Marianne (2013). „Wir statt ich." *Erziehung und Wissenschaft* (6/2013), 14–15.

Diamond, C. T. Patrick (1991). *Teacher Education As Transformation: A Psychological Perspective.* Philadelphia: Open University Press.

Diaz-Bone, Rainer (2013). *Statistik für Soziologen.* Konstanz: UVK.

Dirks, Una (2000). *Wie werden EnglischlehrerInnen professionell?* Münster: Waxmann Verlag.

Drucker, Peter F. (2005). „Managing oneself." *Harvard Business Review* 83(1), 100–109.

Duden online (2017a) „Manipulation." http://www.duden.de/suchen/dudenonline/Manipulation (abgerufen am 13.07.2017)

Duden online (2017b) „Präsenz." http://www.duden.de/rechtschreibung/Praesenz (abgerufen am 13.07.2017)

Dufeu, Bernard (2003). *Wege zu einer Pädagogik des Seins: ein psychodramaturgischer Ansatz zum Fremdsprachenerwerb.* Mainz: Eds. Psychodramaturgie.

Ehrenreich, Susanne (2004). *Auslandsaufenthalt und Fremdsprachenlehrerbildung. Ds Assistant-Jahr als ausbildungsbiographische Phase.* München: Langenscheidt-Longman. (MAFF 10)

Elbaz–Luwisch, Freema (2002). „Writing as Inquiry: Storying the Teaching Self in Writing Workshops." *Curriculum Inquiry* 32(4), 403–428.

Elis, Franziska (2010) „Kreativität." In: Surkamp, 150-151.

Elis, Franziska (2015). „Mit dramapädagogischen Methoden sprachliche und kommunikative Kompetenzen fördern." In: Hallet & Surkamp, 89–116.

Erpenbeck, John & Weinberg, Johannes (2004). „Bildung oder Kompetenz - eine Scheinalternative?" *Report: Zeitschrift für Weiterbildungsforschung* 27(3), 69–74.

Ettmüller, Wolfgang (2009). „Geht's auch konkreter? Wie können wir Kompetenzen in Lernsituationen konkretisieren?" http://www.bak-online.de/lvb/rheinland-pfalz/2009_kompetenzen.pdf (abgerufen am 13.07.2017)

Europäisches Kooperationsprojekt (2003). *Staging Foreign Language Learning - Inszenierung als Methode im Fremdsprachenunterricht: Performing.* Berlin: Cornelsen.

Europarat (2001). *Gemeinsamer europäischer Referenzrahmen für Sprachen: lernen, lehren, beurteilen.* Langenscheidt Berlin. http://www.cartestraina.eu/Carti%20de%20metodica/Germana/Lang enscheidt/pdf/titel.gemeinsamer_europaeischer_referenzrahmen_fuer_sprachen_lernen_ lehren_beurteilen_2895_749.pdf (abgerufen am 13.07.2017)

Even, Susanne (2003). *Drama Grammatik: Dramapädagogische Ansätze für den Grammatikunterricht Deutsch als Fremdsprache.* München: Iudicium.

Even, Susanne (2008). „Moving in(to) Imaginary Worlds: Drama Pedagogy for Foreign Language Teaching and Learning." *Die Unterrichtspraxis/Teaching German* (41), 161–169.

Even, Susanne (2011). „Studiosus congens und studiosus ludens - Grammatik inszenieren." In: Küppers et al., 68–79.

Fauser, Peter (2001). „Lernen als innere Wirklichkeit. Über den Zusammenhang zwischen Imagination, Lernen und Verstehen." http://www.eule-thueringen.de/publikationen/grundlagen/down-load/fauserwirklichkeit.pdf (abgerufen am 14.06.2015)

Fauser, Peter (1996). „Personalität oder Professionalität? Zum Berufsethos von Lehrerinnen und Lehrern." *Beiträge zur Lehrerbildung* 14(1), 9–28.

Fauser, Peter et al. (2012). „Das Entwicklungsprogramm für Unterricht und Lernqualität – Theoriegeleitete Intervention als Professionalisierungsansatz." In: Kraler, Christian u. a. (Hrsg.). *Kulturen der Lehrerbildung: Professionalisierung eines Berufsstands im Wandel.* Münster: Waxmann, 177–194.

Feldhendler, Daniel (2009). „Das Leben in Szene setzen: Wege zu einer relationellen Sprachdramaturgie." *Scenario* 2009(01), 49–69.

Feldhendler, Daniel (2003). „Playback Theatre." In: Koch & Streisand, 225–226.

Feldhendler, Daniel (2007). „Playback Theatre: A Method for Intercultural Dialogue." *Scenario* 2007(02), 41–50.

Feldhendler, Daniel (2000). „Psychodramatische und dramaturgische Arbeitsformen in der Sprachvermittlung." In: Wittinger, Thomas (Hrsg.). *Psychodrama in der Bildungsarbeit.* Mainz: Grünewald, 11–29.

Filipp, Sigrun-Heide & Mayer, Anne-Kathrin (2005). „Selbst und Selbstkonzept (Self and Self-Concept)." In: Weber & Rammsayer, 266–276.

Fischer-Lichte, Erika (2004). *Ästhetik des Performativen.* Suhrkamp: Frankfurt a.M.

Fisseni, Hermann J. (2003). *Persönlichkeitspsychologie: Ein Theorienüberblick.* 5. Göttingen: Hogrefe.

Fleiner, Micha (2016): *Performancekünste im Hochschulstudium. Transversale Sprach-, Literatur- und Kulturerfahrungen in der fremdsprachlichen Lehrerbildung.* Berlin: Schibri.

Flick, Uwe (Hrsg.). *Qualitative Evaluationsforschung: Konzepte - Methoden - Umsetzung.* Hamburg: rororo.

Flores, Maria Assunção (2001). „Person and Context in Becoming a New Teacher." *Journal of Education for Teaching* 27(2), 135–148.

Flores, Maria Assunção & Day, Christopher (2006). „Contexts which shape and reshape new teachers' identities: A multi-perspective study." *Teaching and Teacher Education* 22(2), 219–232.

Fox, Jonathan (1996). *Renaissance einer alten Tradition: Playback-Theater.* Köln: inScenario.

Fox, Jonathan & Dauber, Heinrich (1999). *Playbacktheater - wo Geschichten sich begegnen: Internationale Beiträge zur Theorie und Praxis des Playbacktheaters.* Bad Heibrunn/Obb.: Klinkhardt.

Franzenburg, Geert (2008). „Die Rolle der Biographie im schulischen Alltag." In: Pädagogische Hochschule Wien (Hrsg.). *Lehrer/-innenbildung in Europa.* Berlin: LIT Verlag, 147–153.

Franz, Susanne &Hesse, Mechthild (2011). „Vom Lesen eines Prosatextes bis zur dramatischen Aufführung - Ein Gang durch die verschiedenen Rezeptionsebenen." In: Küppers et al., 32–52.

Freitag-Hild, Britta (2010). „Interkulturelle Kommunikative Kompetenz." In: Surkamp, 121-123.

Freitag-Hild, Britta (2015). „Szenische Interpretationsverfahren am Beispiel von Lorraine Hansberrys ‚A Raisin in the Sun'". In: Hallet & Surkamp, 203–220.

Fuller, Frances F. et al. (1975). „Becoming a teacher." *Yearbook of the National Society of Education.* Chicago: University of Chicago Press, 25–52.

Furnham, Adrian & Ribchester, Tracy (1995). „Tolerance of ambiguity: A review of the concept, its measurement and applications." *Current Psychology* 14(3), 179–199.

Gardner, Howard (2002). *Intelligenzen: die Vielfalt des menschlichen Geistes.* 3. Auflage. Stuttgart: Klett-Cotta.

Gawrilow, Caterina et al. (2013). „Selbst, mögliche(s)." In: Wirtz, 1390.

Gergen, Kenneth J. (1994). *Realities and relationships: soundings in social construction.* Cambridge, Mass.: Harvard University Press.

Gnutzmann, Claus (2013) Individuelle und soziale Identitätskonstruktion durch Sprachenlernen und Sprachgebrauch. In: Burwitz-Melzer et al., 39–50.

Goffman, Erving (2003). *Wir alle spielen Theater. Die Selbstdarstellung im Alltag.* München: Piper.

Göhmann, Lars (2003). „Drama in Education." In: Koch & Streisand, 80–82.

Göhmann, Lars (2004). *Theatrale Wirklichkeiten: Möglichkeiten und Grenzen einer systemisch-konstruktivistischen Theaterpädagogik im Kontext ästhetischer Bildung.* Aachen: Mainz-Verlag.

Gosch, Jürgen im Interview mit Nina Peters (2006). „Mit Becket auf dem Abstellgleis. Der Regisseur Jürgen Gosch über Natürlichkeit, Scham und den Sauerstoff des Textes." *Theater der Zeit,* 21–26

Gosch, Jürgen im Interview mit Peter Kümmel (2009) „Theater: Vom Zittern der Zeit". *Die Zeit.* http://www.zeit.de/2009/20/Interview-Gosch-Matthes (abgerufen am 14.06.2015)

Greif, Siegfried (2008). *Coaching und ergebnisorientierte Selbstreflexion: Theorie, Forschung und Praxis des Einzel- und Gruppencoachings.* Göttingen: Hogrefe.

Griese, Hartmut (2006) „Meine Kultur mache ich selbst." Kritik der Inter- und Transkulturalität in Zeiten der Individualisierung und Globalisierung. *ZEP : Zeitschrift für internationale Bildungsforschung und Entwicklungspädagogik* 29(4):19–23.

Grieser-Kindel, Christine et al. (2006). *Method Guide: Schüleraktivierende Methoden für den Englischunterricht in den Klassen 5 - 10.* Paderborn: Schöningh.

Griggs, Tom (2001). „Teaching as acting: Considering acting as epistemology and its use in teaching and teacher preparation." *Teacher Education Quarterly,* 23–37.

Groeben, Norbert (2013). „Kreativität." In: Wirtz, 894–895.

Grotowski, Jerzy (1994) Für ein Armes Theater. Berlin: Alexander Verlag.

Güssow, Veit (2013): „Den König spielen immer die Anderen! Statusbewusstsein als Grundlage der Rollenarbeit". In: Schultheater (12), 16-19. https://www.friedrich-verlag.de/fileadmin/redaktion/sekundarstufe/Aesthetische_Faecher/Theater/Schultheater/Leseproben/Schultheater_12_Leseprobe_1.pdf (abgerufen am 29.07.2015)

Haack, Adrian (2010a). „Ganzheitliches Lernen." In: Surkamp, 80-81.

Haack, Adrian (2010b) Sprache durch Theater lernen durch Theater: Wie und warum Fremdsprachenlehrer_innen dramapädagogische Methoden erlernen und erfahren sollten. Unveröffentlichte Examensarbeit an der Universität Göttingen.

Haack, Adrian & Surkamp, Carola (2011). „'Theatermachen' inszenieren - Dramapädagogische Methoden in der Lehrerbildung." In: Küppers et al., S. 53–67.

Haas, Anton (1998). *Unterrichtsplanung im Alltag. Eine empirische Untersuchung zum Planungshandeln von Hauptschul-, Realschul- und Gymnasiallehrern.* Regensburg: Roderer.

Hahn, Stefan (2005). „Zum Gegenstand der Bildungsgangforschung - empirische Fragestellungen für eine Theorie ‚subjektiver Entwicklungsaufgaben'". In: Trautmann, Matthias (Hrsg.). *Entwicklungsaufgaben im Bildungsgang.* Wiesbaden: VS Verlag für Sozialwissenschaften, 167–186.

Hallet, Wolfgang (2006). *Didaktische Kompetenzen: Lehr- und Lernprozesse erfolgreich gestalten.* Stuttgart: Klett.

Hallet, Wolfgang (2008). „Staging Lives: Die Entwicklung performativer Kompetenz im Englischunterricht." In: Ahrens, Rüdiger et al. (Hrsg.). *Moderne Dramendidaktik für den Englischunterricht.* Heidelberg: Universitätsverlag Winter, 387–408.

Hallet, Wolfgang (2010). „Performative Kompetenz und Fremdsprachenunterricht." *Scenario* 2010 (01), 5–18. http://research.ucc.ie/scenario/2010/01/hallet/02/de (abgerufen am 14.06.2015)

Hallet, Wolfgang (2013a). „Die komplexe Kompetenzaufgabe." *Der fremdsprachliche Unterricht. Englisch* 47(124), 2–8.

Hallet, Wolfgang (2013b). „How to identity: Autobiographische Akte im Fremdsprachenunterricht." In: Burwitz-Melzer et al., 58–68.

Hallet, Wolfgang (2015). „Die Performativität und Theatralität des Alltagshandelns: Performative Kompetenz und Kulturelles Lernen." Hallet & Surkamp, 51–68.

Hallet, Wolfgang & Surkamp, Carola (Hrsg.) (2015). *Dramendidaktik und Dramapädagogik im Fremdsprachenunterricht.* Trier: WVT. (WVT- HANDBÜCHER ZUR LITERATUR- UND KULTURDIDAKTIK, 5).

Hallet, Wolfgang et al. (2015). *Literaturkompetenzen Englisch: Modellierung - Curriculum - Unterrichtsbeispiele.* Seelze-Velber: Kallmeyer.

Hamachek, Don (1999). „Effective Teachers: What They Do, How They Do It, and the Importance of Self-Knowledge." In: Lipka & Brinthaupt, 189-224.

Hanfstingl, Barbara & Mayr, Johannes (2007). „Prognose der Bewährung im Lehrerstudium und im Lehrerberuf." *journal für lehrerinnen - und lehrerbildung,* 48–55.

Hattie, John (2010). *Visible Learning: A Synthesis of Over 800 Meta-Analyses Relating to Achievement.* London: Routledge.

Hattie, John (2012). *Visible Learning for Teachers: Maximizing Impact on Learning.* London: Routledge.

Heathcote, Dorothy (1991). *Collected Writings on Education and Drama.* Northwestern University Press.

Heller, Friederike & Schwarzer, Myriam (2010). „Biografisch erworbene subjektive Theorien – zur Begründung biografischer Selbstreflexion in der Lehramtsausbildung." http://www.verstehenlernen.de/?page_id=50 (abgerufen am 13.07.2017)

Heller, Kurt A. (1993). „Kreativität." In: Schorr, Angela (Hrsg.). *Handwörterbuch der Angewandten Psychologie: Die Angewandte Psychologie in Schlüsselbegriffen.* München: Deutscher Psychologen Verlag, 423–427.

Heller, Kurt A. (2000). „Kreativität." *Lexikon der Psychologie.* http://www.spektrum.de/lexikon/psychologie/kreativitaet/8300 (abgerufen am 13.07.2017)

Helsper, Werner (2004). „Antinomien, Widersprüche, Paradoxien: Lehrerarbeit – ein unmögliches Geschäft? Eine strukturtheoretisch-rekonstruktive Perspektive auf das Lehrerhandeln." In: Koch-

Priewe, Barbara et al. (Hrsg.). *Grundlagenforschung und mikrodidaktische Reformansätze zur Lehrerbildung*. Bad Heilbrunn: Klinkhardt, 49–98.

Hensge, Kathrin (2008). „Kompetenzstandards in der Berufsausbildung: Zwischenbericht.". Bundesinstitut für Berufsbildung (Hrsg.). https://www2.bibb.de/bibbtools/tools/dapro/data/docu ments/pdf/zw_43201.pdf (abgerufen am 13.07.2017)

Hentschel, Ingrid (2003). „Als-ob". In: Koch & Streisand, 15–17.

Hentschel, Ulrike (2010). *Theaterspielen als ästhetische Bildung: Über einen Beitrag produktiven künstlerischen Gestaltens zur Selbstbildung*. 3. Auflage. Berlin: Schibri.

Hericks, Uwe (2006). *Professionalisierung als Entwicklungsaufgabe: Rekonstruktionen zur Berufseingangsphase von Lehrerinnen und Lehrern*. Wiesbaden: VS Verlag für Sozialwissenschaften.

Hericks, Uwe & Kunze, Ingrid (2002). „Entwicklungsaufgaben von Lehramtsstudierenden, Referendaren und Berufseinsteigern. Ein Beitrag zur Professionalisierungsforschung." *Zeitschrift für Erziehungswissenschaft* 5(3), 401–416.

Herzberg, Philipp Yorck & Roth, Marcus (2014). *Persönlichkeitspsychologie*. Wiesbaden: VS Verlag für Sozialwissenschaften.

Heymann, Hans Werner (2009). „Wenn Lehrer und Schüler zu Schauspielern werden." *Praxis Englisch* (5), 46–47.

Hochschild, Arlie Russell (1990). *Das gekaufte Herz. Zur Kommerzialisierung der Gefühle*. Frankfurt a.M.: Campus.

Huber, Ruth (2003*). Im Haus der Sprache wohnen: Wahrnehmung und Theater im Fremdsprachenunterricht*. Tübingen: Niemeyer.

Huber, Ruth (2004). „Persönlichkeit als Ressource: Rollenaushandlung und Gruppendynamik in theaterpädagogischen Prozessen." *gfl-journal* (1/2004), 52–72.

Huizinga, Johan (2004). *Homo Ludens: Vom Ursprung der Kultur im Spiel*. 23. Auflage. Hamburg: rororo.

Huntly, Alisson (2002). „Narrating Selves: New Theories of Self in Story-Based Religious Education." http://old.religiouseducation.net/member/06_rea_papers/Huntly_Alyson.pdf (abgerufen am 13.07.2017)

Hüther, Gerald (2009). „Für eine neue Kultur der Anerkennung: Plädoyer für einen Paradigmenwechsel in der Schule." http://www.win-future.de/downloads/fuereineneuekulturderanerkennung. pdf (abgerufen am 13.07.2017)

Huttel, Marianne & Mayr, Johannes (2002). „Personale Kompetenzen entwickeln." *journal für lehrerinnen - und lehrerbildung 2(2)*, 4–6.

Jansing, Barbara et al. (2013). „Professionelles Wissen im Studienverlauf: Lehramt Englisch" In: Blömeke, Sigrid et al. (Hrsg.). *Professionelle Kompetenzen*. Münster: Waxmann. 77-106.

Jerusalem, Matthias (2005). „Selbstwirksamkeit (Self-Efficacy)." In: Weber & Rammsayer, 438–445.

Johnstone, Keith (2006). *Improvisation und Theater*. 8. Auflage. Berlin: Alexander Verlag.

Jones, Keith & Legutke, Michael (1985). „A Model for Inset Methodology: The ERA Approach." In: Edelhoff, Christoph (Hrsg.). *The Communicative Teaching of English: Course for Practising In-Service Teacher Trainers (Inset Methodology) at School Level*. Strasbourg: Council of Europe, 69–91.

Jörissen, Benjamin & Zirfas, Jörg (2010). *Schlüsselwerke der Identitätsforschung*. Wiesbaden: VS Verlag für Sozialwissenschaften.

Kagan, Dona M. (1992). „Professional Growth Among Preservice and Beginning Teachers." *Review of Educational Research* 62(2), 129–169.

Kahlert, Joachim (2000): „Ganzheitlich Lernen mit allen Sinnen? Plädoyer für einen Abschied von unergiebigen Begriffen". In: *Grundschulmagazin* Heft 12, 37-40.

Kallenbach, Christiane (1996): *Subjektive Theorien. Was Schülerinnen und Schüler über Fremdsprachenlernen denken.* Tübingen: Narr.

Kanno, Yasuko & Stuart, Christian (2011). „Learning to Become a Second Language Teacher: Identities-in-Practice." *The Modern Language Journal* 95(2), 236–252.

Kauffeld, Simone (2014). *Arbeits-, Organisations- und Personalpsychologie für Bachelor.* Berlin: Springer.

Kelchtermans, Geert (1993). „Getting the story, understanding the lives: From career stories to teachers' professional development." *Teaching and Teacher Education* 9(5-6), 443–456.

Kempendorff, Gerlinde (2010). *Lehrer und Kabarettisten. Oder über die Kommunikationskultur und die Notwendigkeit ihrer Ausbildung mittels grundlegender Schlüsselkompetenzen an Hochschulen mit besonderem Akzent auf der Lehrerbildung unter Einbeziehung ästhetischer und methodischer Aspekte des deutschen Kabaretts.* Berlin: Lehmanns Media.

Keupp, Heiner (1999). *Identitätskonstruktionen: Das Patchwork der Identitäten in der Spätmoderne.* 5. Auflage: Hamburg: rororo.

Kiel, Ewald & Pollak, Guido (2011): *Wirksamkeit von Lehrerbildung - Biografiemanagement und Kompetenzentwicklung in der dreiphasigen Lehrerbildung.* https://epub.ub.uni-muenchen.de/12292/1/Abschlussbericht_WvL.pdf (abgerufen am 13.07.2017).

Kirig, Anja & Wenzel, Eike (2009): LOHAS. *Bewusst grün – alles über die neuen Lebenswelten.* München: Redline.

Klaassen, Cees et al. (2000). „New Learning in Teacher Education." In: Duffy, Tom et al. (Hrsg.). *New Learning.* Kluwer: Dordrecht, 243–259

Kleppin, Karin (2003). „Neue Anforderungen an die Fremdsprachenlehrerausbildung oder business as usual." *Fremdsprachenlehrerausbildung. Konzepte, Modelle, Perspektiven.* Tübingen: Narr, 106–113.

Kleppin, Karin (2013). „Werde ich jemand anders, wenn ich eine neue Sprache lerne? -Fremdsprachenlerneridentität(en), ein sinnvoller Begriff?" In: Burwitz-Melzer et al., 90–99.

Klippel, Friederike (2000). „Überlegungen zum ganzheitlichen Fremdsprachenunterricht." *Fremdsprachenunterricht.* 44(53), 242–247.

Koch, Dorothee (2009). *Gesund bleiben im Lehreralltag - Potenziale erkennen, Ressourcen nutzen: Ein empirischer Beitrag zur Analyse widersprüchlicher Handlungsanforderungen im Lehrerberuf.* Hamburg: Verlag Dr. Kovac.

Koch, Gerd & Streisand, Marianne (Hrsg.) (2003). *Wörterbuch der Theaterpädagogik.* Berlin: Schibri.

König, Johannes (2010). „Lehrerprofessionalität – Konzepte und Ergebnisse der internationalen und deutschen Forschung am Beispiel fachübergreifender, pädagogischer Kompetenzen." In: Hofmann, Bernhard (Hrsg.). *Professionalität von Lehrkräften–Was sollen Lehrkräfte im Lese-und Schreibunterricht wissen und können.* Berlin: Deutsche Gesellschaft für Lesen und Schreiben, 40–106.

König, Lotta (2015) „'Staging Gender': Genderorientierte Dramendidaktik und Dramapädagogik im Fremdsprachenunterricht." In: Hallet & Surkamp, 165–186.

Königs, Frank G. (1983). *Normenaspekte im Fremdsprachenunterricht. Ein konzeptorientierter Beitrag zur Erforschung des Fremdsprachenunterrichts.* Tübingen: Narr.

Korthagen, Fred A. J. u. a. (2001). *Linking Practice and Theory: The Pedagogy of Realistic Teacher Education.* Routledge.

Korthagen, Fred A. J. (Hrsg.) (2002a). *Schulwirklichkeit und Lehrerbildung: Reflexion der Lehrertätigkeit.* Hamburg: EB-Verlag.

Korthagen, Fred A .J. (2002b). „Der realistische Ansatz: Seine Prinzipien, sein philosophischer Hintergrund, seine Zukunft." In: Korthagen (Hrsg.), 265–287.

Korthagen, Fred A. J. (2002c). „Mit Referendargruppen arbeiten." In: Korthagen (Hrsg.), 158–185.

Korthagen, Fred A. J. (2002d). „Professionelles Lernen der Lehrer: Wie geht das?" In: Korthagen (Hrsg.),
186–215.

Korthagen, Fred A. J. (2004). „In Search of the Essence of a Good Teacher: Towards a More Holistic
Approach in Teacher Education." Teaching and Teacher Education 20(1), 77–97.

Korthagen, Fred A. J. & Wubbels, Theo (2002). „Aus der Praxis lernen." In: Korthagen (Hrsg.), 41–54.

Koster, B. et al. (1995). „Between entry and exit: How student teachers change their educational values
under the influence of teacher education." In: Buffet, Françoise & Tschoumy, Jacques-André
(Hrsg.). Choc démocratique et formation des enseignants en Europe. Presses universitaires de
Lyon, 156–168.

Kramsch, Claire (2006). „From Communicative Competence to Symbolic Competence." The Modern
Language Journal 90(2), 249 – 252.

Krappmann, Lothar (1973). Soziologische Dimensionen der Identität: Strukturelle Bedingungen für die
Teilnahme an Interaktionsprozessen. 3. Auflage. Stuttgart: Klett.

Kraus, Wolfgang (1996). „Das erzählte Selbst: die narrative Konstruktion von Identität in der Spätmoderne." Herbolzheim: Centaurus.

Kromrey, Helmut (2008). „Begleitforschung und Evaluation - fast das Gleiche, und doch etwas Anderes!" In: Glaser, Michaela & Schuster, Silke (Hrsg.). Evaluation präventiver Praxis gegen Rechts-
extremismus. Positionen, Konzepte und Erfahrungen. Halle: Deutsches Jugendinstitut, 113–
135.

Kuhl, Julius (2009). Lehrbuch der Persönlichkeitspsychologie: Motivation, Emotion und Selbststeuerung.
Göttingen: Hogrefe.

Künne, Thomas & Sauerhering, Meike (2012). Selbstkompetenz(-Förderung) in KiTa und Grundschule.
Osnabrück (nifbe-Themenheft, 4). http://www.bildung-und-begabung.de/download/nifbe-
themenheft-nr.-4 (abgerufen am 13.07.2017)

Küppers, Almut und Kessler, Benedikt (2008). „A Shared Mission: Dramapädagogik, interkulturelle
Kompetenz und holistisches Fremdsprachenlernen." Scenario 2008(02), 3–23.

Küppers, Almut (2009). „Eine Blumenwiese im Klassenzimmer: Die Dramapädagogik fördert Fantasie,
Vorstellungskraft und Kreativität." Praxis Englisch (5), 48–49.

Küppers, Almut & Schmidt, Torben (2010). „Inszenierung." In: Surkamp, 116-117.

Küppers, Almut et al. (Hrsg.) (2011). Inszenierungen im Fremdsprachenunterricht: Grundlagen, Formen,
Perspektiven. Bad Heilbrunn: Klinkhardt.

Küppers, Almut & Bonnet, Andreas (2011). „Wozu taugen kooperatives Lernen und Dramapädagogik?
Vergleich zweier populärer Inszenierungsformen." In: Küppers et al., 32–52.

Küppers, Almut (2015). „Interkulturelle Kompetenz, Dramapädagogik und Theaterwissenschaft." In:
Hallet & Surkamp, 145–164.

Kurtz, Jürgen (1998) „Kooperatives Sprechhandeln im Englischunterricht: Die Improvisation „Once U-
pon a Time". Englisch (2), 41–50.

Kurtz, Jürgen (2011). „Breaking through the Communicative Cocoon: Improvisation in Secondary
School Foreign Language Classrooms." In: Sawyer, Keith R. (Hrsg.). Structure and Improvisation
in Creative Teaching. Cambridge University Press, 133–161.

Kurtz, Jürgen (2013). „Kompetenzorientierung und Identitätsentwicklung im schulischen Fremdsprachenunterricht." In: Burwitz-Melzer et al., 129–142.

Küster, Lutz (2013). „Meine Sprachen-mein Leben. Sprachenlernen und Lerneridentitäten." In: Burwitz-Melzer et al., 143–152.

Lange, Marie-Louise (2003). „Performance." In: Koch & Streisand, 219–221.

Laux, Lothar & Renner, Karl-Heinz (2005). „Selbstdarstellung (Self-Presentation)." In: Weber & Rammsayer, 486–492.

Lee, Bridget et al. (2013). „Elementary and secondary teacher self-efficacy for teaching and pedagogical conceptual change in a drama-based professional development program." *Teaching and Teacher Education* 30, 84–98.

Legutke, Michael (2013). „Identität und Selbst im fremdsprachlichen Klassenzimmer." In: Burwitz-Melzer et al., 153-162.

Legutke, Michael & Schart, Michael (2016). "Fremdsprachliche Lehrerbildungsforschung: Bilanz und Perspektiven." In: ebd. (Hrsg.). *Fremdsprachendidaktische Professionsforschung: Brennpunkt Lehrerbildung.* Giessener Beiträge zur Fremdsprachendidaktik. Tübingen: Narr. 9-46.

Lehmann, Gabriele und Nieke, Wolfgang (2000). „Zum Kompetenz-Modell." http://www.bildungsserver-mv.de/download/material/text-lehmann-nieke.pdf (abgerufen am 13.07.2017)

Lenhard, Hartmut (2001). „Das neue Bild von Lehrerin und Lehrer? Perspektiven der Aus- und Fortbildung von Lehrerinnen und Lehrern weiterführender Schulen in NRW." http://www.vormbaum.net/index.php/latest-downloads/seminar-rottweil-referendare/3265-gedanken-zum-lehrerbild/file (abgerufen am 13.07.2017)

Lensch, Martin (2003). „Rollenspiel." In: Koch & Streisand, 257–259.

Lipka, Richard P. & Brinthaupt, Thomas M. (Hrsg.). *The Role of Self in Teacher Development.* New York: SUNY Press.

Lortie, Dan C. (1975). „Schoolteacher: A Sociological Study." Chicago: University of Chicago Press.

Lucius-Hoene, Gabriele (2013). „Identität." In: Wirtz, 725.

Lüders, Christian (2006). „Qualitative Evaluationsforschung - was heißt hier Forschung?" In: Flick, Uwe (Hrsg.). *Qualitative Evaluationsforschung: Konzepte - Methoden - Umsetzung.* Hamburg: rororo, 33–62.

Lütge, Christiane (2010a). „Handlungsorientierung." In: Surkamp, 98-99.

Lütge, Christiane (2010b). „Sprechen." In: Surkamp, 291-294.

Lütge, Christiane (2013). „Sprachenlernen und Identität(en) im Fremdsprachenunterricht." In: Burwitz-Melzer et al., 163-170.

Lütge, Christiane (2015). „Handlungs- und Produktionsorientierung im Dramenunterricht: Perspektiven für die fremdsprachliche Literatur- und Kulturdidaktik." In: Hallet & Surkamp, 189–202.

Lutzker, Peter (2007). *The Art of Foreign Language Teaching.* Tübingen: Francke.

Maggioli, Gabriel Diaz (2012). *Teaching Language Teachers: Scaffolding Professional Learning.* Lanham: Rowman & Littlefield.

Maley, Alan (1993). „Finding the Centre." *The Teacher Trainer* 7(3), 13-16.

Marcia, James E. (1993). „The Ego Identity Status Approach to Ego Identity." In: ders. et al. (Hrsg.) *Ego Identity: A Handbook for Psychosocial Research.* New York: Springer, 3–21.

Mayr, Johannes & Paseka, Angelika (2002). „Lehrerpersönlichkeit." *journal für lehrerinnen - und lehrerbildung 2(2)*, 50–55.

Mayr, Johannes & Neuweg, Georg Hans (2006). „Der Persönlichkeitsansatz in der Lehrer/innen/forschung. Grundsätzliche Überlegungen, exemplarische Befunde und Implikationen für die Lehrer/innen/bildung." In: Heinrich, Martin & Greiner, Ulrike (Hrsg.). *Schauen, was 'rauskommt:*

Kompetenzförderung, Evaluation und Systemsteuerung im Bildungswesen. LIT Verlag Münster, 183–206.

Mayr, Johannes (2012). „Persönlichkeit und psychosoziale Kompetenz: Verhältnisbestimmungen und Folgerungen für die Lehrerbildung." In: Bosse, Dorit et al. (Hrsg.). *Professionelle Lehrerbildung im Spannungsfeld von Eignung, Ausbildung und beruflicher Kompetenz.* Bad Heilbrunn: Klinkhardt, 43–57.

McKenna, Tarquam (1999). „Bedeutungsablagerungen: Forschung und Playback Theater - ein beseeltes Konstrukt." In: Fox, Jonathan & Dauber, Heinrich (Hrsg.). *Playbacktheater - wo Geschichten sich begegnen: Internationale Beiträge zur Theorie und Praxis des Playbacktheaters.* Bad Heibrunn/Obb.: Klinkhardt, 196–210.

McLean, S. Vianne (1999). „Becoming a Teacher: The Person in the Process." In: Lipka & Brinthaupt, 55–91.

Mead, George Herbert (1934). *Mind, Self, and Society: From the Standpoint of a Social Behaviorist.* Chicago: University of Chicago Press.

Mehner, Hannes et al. (2015). „Dramapädagogische Methoden und Projekte in der Lehramtsausbildung: Erfahren – Erproben – Einsetzen." In: Hallet & Surkamp, 319–342.

Meijer, Paulien C. et al. (2009). „Supporting presence in teacher education: The connection between the personal and professional aspects of teaching." *Teaching and Teacher Education* 25(2), 297–308.

Meyer, Verena (2007). *Abenteuer Theater. Mit Jugendlichen ein Stück entwickeln.* Kempen: BVK.

Meyer, Verena (2008). *Abenteuer Theater 2: Frei nach Literatur bearbeiten und auf die Bühne bringen.* Kempen: BVK.

Michalke-Leicht, Wolfgang (2010). „Stärkung der Selbstkompetenz - Wege der Lehrerfortbildung." *Engagement* (4), 269–276.

Miller, Jennifer (2009). „Teacher Identity." In: Burns, Anne (Hrsg.). *The Cambridge Guide to Second Language Teacher Education.* Ernst Klett Sprachen, 172–181.

Morel, Julius (2007). *Soziologische Theorie. Abriss der Ansätze ihrer Hauptvertreter.* 8. Auflage. München: Oldenbourg.

Morgan, Brian (2004). „Teacher Identity as Pedagogy: Towards a Field-Internal Conceptualisation in Bilingual and Second Language Education." *International Journal of Bilingual Education and Bilingualism* 7(2-3), 172–188.

Moschner, Barbara & Dickhäuser, Olliver (2010). „Selbstkonzept." In: Rost, Detlef H. (Hrsg.). *Handwörterbuch Pädagogische Psychologie.* Weinheim: Beltz, 685–692.

Ministerium für Schule und Weiterbildung des Landes Nordrhein-Westfalen (2012) „Gesetz über die Ausbildung für Lehrämter an öffentlichen Schulen (Lehrerausbildungsgesetz– LABG) vom 12. Mai 2009. https://recht.nrw.de/lmi/owa/br_bes_text?anw_nr=2&gld_nr=2&ugl_nr=223& bes_id=12764&aufgehoben=N&menu=1&sg=0#FN1 (abgerufen am 13.07.2017)

Müller-Hartmann, Andreas (2013). „‚Ich habe mit ICC noch mehr Probleme als mit der Grammatik' - die Entwicklung professioneller Identität bei Fremdsprachenlehrer/innen. In: Burwitz-Melzer et al., 208–222.

Müller, Thomas (2008). *Dramapädagogik und Deutsch als Fremdsprache: Eine Bestandsaufnahme.* Saarbrücken: VDM Verlag Dr. Müller.

Naumann, Gabriela (2003). „Stanislawski, Konstantin Sergejewitsch." In: Koch & Streisand, 294.

Neelands, Jonathan (2004). *Beginning Drama 11-14.* 2. Auflage. London: Routledge.

Neelands, Jonathan & Goode, Tony (2000). *Structuring Drama Work.* Cambridge University Press.

Neuhaus, Kathrin & Schaarschmidt, Uwe (2002). „Belastungsbewältigung bei Lehramtsstudierenden."
    journal für lehrerinnen - und lehrerbildung 2(2), 40–49.

Neumann, Siegfried (2013). „Selbstentwicklung." In: Wirtz, 1394.

Newby, David et al. (2007). *European Portfolio for Student Teachers of Languages: A reflection tool for
    language teacher education*. ECML/Council of Europe.

Nickel, Hans-Wolfgang (1972). *Rollenspielbuch: Theorie und Praxis des Rollenspiels*. Recklinghausen:
    Landesarbeitsgemeinschaft für Spiel und Amateurtheater in Nordrhein-Westfalen. (Hilfen für
    Spielleiter)

Nieskens, Birgit (2002) „‚Einblicke' als Entwicklungsanstoß." *journal für lehrerinnen - und lehrerbildung
    2(2)*, 56–61.

Nolle, Timo (2013). *Psychosoziale Basiskompetenzen und Lernorientierung bei Lehramtsstudierenden
    in der Eingangsphase des Lehramtsstudiums: eine Untersuchung im Rahmen des Studienele-
    ments „Psychosoziale Basiskompetenzen für den Lehrerberuf" an der Universität Kassel*. Bad
    Heilbrunn: Klinkhardt. (Klinkhardt Forschung)

Nolle, Timo & Döring-Seipel, Elke (2011). „BASIS: Ein Kompaktseminar zu psychosozialen Kompetenzen
    für den Lehrerberuf." *Lehrerbildung auf dem Prüfstand 4(1)*, 88–105.

Nolting, Hans-Peter (2012). *Störungen in der Schulklasse: Ein Leitfaden zur Vorbeugung und Konfliktlö-
    sung*. Weinheim: Beltz.

Norton, Bonny & Toohey, Kelleen (2011). „Identity, language learning, and social change." *Language
    Teaching 44(04)*, 412–446.

Nünning, Ansgar (2000). „‚Intermisunderstanding'. Prolegomena zu einer literaturdidaktischen Theorie
    des Fremdverstehens: Erzählerische Vermittlung, Perspektivwechsel und Perspektivüber-
    nahme." In: Bredella, Lothar (Hrsg.). *Wie ist Fremdverstehen lehr- und lernbar? Vorträge aus
    dem Graduiertenkolleg „Didaktik des Fremdverstehens"*. Tübingen: Narr.

Nünning, Ansgar & Surkamp, Carola (2006). *Englische Literatur unterrichten: Grundlagen und Metho-
    den*. Seelze: Klett.

Palmer, Parker J. (1998). *The Courage to Teach: Exploring the Inner Landscape of a Teacher's Life*. San
    Francisco: Jossey-Bass Inc.

Palmer, Parker J. (2007). *The Courage to Teach Guide for Reflection and Renewal*. John Wiley & Sons.

Passon, Jenny (2015). „Auf dem Weg zur performativen Fremdsprachenkompetenz: Eine Darstellung
    theater- und dramapädagogischer Ansätze." In: Hallet & Surkamp, 69–88.

Petzold, Hilarion (1994). „Dramatische Therapie, Herkunft, Entwicklung, Konzepte." In: Klosterkötter-
    Prisor, Birgit (Hrsg.). *Grenzüberschreitungen Theater - Theaterpädagogik - Therapie: Dokumen-
    tation des Symposiums: „Theater - Theaterpädagogik - Therapie, eine Standortbestim-
    mung"vom 1. bis 3. November 1991 in der Akademie Remscheid*. Akademie Remscheid.

Pfister, Manfred (1991). *The Theory and Analysis of Drama*. Cambridge University Press.

Pineau, Elyse Lamm (1994). „Teaching Is Performance. Reconceptualizing a Problematic Metaphor."
    American Educational Research Journal 31, 3–25.

Prediger, Susanne u. a. (2012). „Lehr-Lernprozesse initiieren und erforschen–fachdidaktische Entwick-
    lungsforschung im Dortmunder Modell." *Mathematischer und Naturwissenschaftlicher Unter-
    richt 65(8)*, 452–457.

Ptok, Gabriel (2003). „Theatertherapie." In: Koch & Streisand, 325–327.

Quirin, Markus Rainer & Kuhl, Julius (2013). „Selbstzugang." In: Wirtz, 1406.

Rastetter, Daniela (2008). *Zum Lächeln verpflichtet: Emotionsarbeit im Dienstleistungsbereich*. Frank-
    furt a.M.: Campus Verlag.

Rauen, Christopher (2005). *Handbuch Coaching.* 3. Auflage. Göttingen: Hogrefe.

Rebel, Karlheinz (2010). „Sozialkompetenz." In: Surkamp, 269–270.

Reichl, Corinna et al. (2014). „Burnout risk among first-year teacher students: The roles of personality and motivation". *Journal of Vocational Behavior* (85), 85-92.

Reinecker, Hans (2013). „Selbstmanagement." In: Wirtz, 1399.

Reinfried, Marcus (2010). „Neokommunikativer Fremdsprachenunterricht." In: Surkamp, 232–233.

Rellstab, Felix (1976). *Stanislawski-Buch: Einführung in das „System".* Wädenswil/Zürich: Stutz & Co. (Reihe Schau-Spiel.)

Richards, Jack C. & Rodgers, Theodore S. (2001). *Approaches and Methods in Language Teaching.* Cambridge University Press.

Ricoeur, Paul (1987). „Narrative Identität." In: Mittler, Elmar (Hrsg.). *Heidelberger Jahrbücher.* Heidelberg: Springer, 57–67.

Rinne, Maren (2012). [D]A HAB ICH [...] ALLES UM MICH RUM VERGESSEN [...] DA WAREN WIRKLICH NUR WIR ELF LEUTE IN DIESEM RAUM UND WIR HABEN GESPIELT – ERFAHRUNGEN ANGEHENDER FREMDSPRACHENLEHERER/-INNEN MIT DRAMAPÄDAGOGISCHEN LEHR/-LERNPROZESSEN. Unveröffentlichte Masterarbeit.

Rißmann, Jens (2004). *Lehrerhandeln und Verstehen.* Jena: IKS Garamond.

Rosenberg, Marshall B. (2012). *Gewaltfreie Kommunikation: Eine Sprache des Lebens.* 10. Auflage. Paderborn: Junfermann.

Roth, Heinrich (1971). *Pädagogische Anthropologie. Bd. 2. Entwicklung und Erziehung. Grundlagen einer Entwicklungspädagogik.* Hannover: Schroedel.

Rubin, Louis J. (1984). *Artistry in Teaching.* New York: Mcgraw-Hill College.

Salewski, Christel & Renner, Britta (2009). *Differentielle und Persönlichkeitspsychologie.* München: Reinhardt.

Sambanis, Michaela (2013). *Fremdsprachenunterricht und Neurowissenschaften.* Tübingen: Narr.

Sawyer, Keith R. (2004). „Creative Teaching: Collaborative Discussion as Disciplined Improvisation." *Educational Researcher* 2(33), 12–20.

Schaarschmidt, Uwe (2004). „Fit für den Lehrerberuf? Psychische Gesundheit von Lehramtsstudierenden und Referendaren." In: Beckmann, Udo et al. (Hrsg.). *Ein neues Bild vom Lehrerberuf? Pädagogische Professionalität nach PISA: Beiträge zur Reform der Lehrerbildung: Ludwig Eckinger zum 60. Geburtstag.* Weinheim: Beltz, 100–114.

Schaarschmidt, Uwe (2007). *Gerüstet für den Schulalltag: psychologische Unterstützungsangebote für Lehrerinnen und Lehrer.* Weinheim: Beltz.

Schart, Michael (2016). „Typenbildung." In: Caspari, Daniela et al. (Hrsg.): *Forschungsmethoden in der Fremdsprachendidaktik. Ein Handbuch.* Tübingen: Narr Francke Attempto, 269-279.

Schart, Michael & Legutke, Michael (2012). *dll 1: Lehrkompetenz und Unterrichtsgestaltung - Buch mit DVD: Fort- und Weiterbildung weltweit.* Berlin: Langenscheidt.

Scheller, Ingo (2004). *Szenische Interpretation.* Seelze-Velber: Kallmeyer.

Scherke, Katharina (2010). *Emotionen als Forschungsgegenstand der deutschsprachigen Soziologie.* Wiesbaden: VS Verlag für Sozialwissenschaften.

Schewe, Manfred (1993). *Fremdsprache inszenieren: zur Fundierung einer dramapädagogischen Lehr- und Lernpraxis.* Universität Oldenburg.

Schewe, Manfred (2010). „Dramapädagogik." In: Surkamp, 38-41.

Schewe, Manfred (2011). „Die Welt auch im fremdsprachlichen Unterricht immer wieder neu verzaubern - Plädoyer für eine performative Lehr- und Lernkultur!" In: Küppers et al., 20–31.

Schewe, Manfred (2015). „Fokus Fachgeschichte: Die Dramapädagogik als Wegbereiterin einer performativen Fremdsprachendidaktik." In: Hallet & Surkamp, 21–36.

Schmenk, Barbara (2004). „Drama in the Margins? The Common European Framework of Reference and its Implications for Drama Pedagogy in the Foreign Language Classroom." *gfl journal* 1, 7–23.

Schmenk, Barbara (2010). „Intercultural Speaker." In: Surkamp, 117-118.

Schmenk, Barbara (2015). „Dramapädagogik im Spiegel von Bildungsstandards, GERs und Kompetenzdiskussionen." In: Hallet & Surkamp, S. 37–50.

Schmenk, Barbara (2015a). „Jenseits von Ganzheitlichkeit? Bildungspotenziale im dramapädagogischen Fremdsprachenunterricht." In: Küster, Lutz et al. (Hrsg.): *Literarisch-ästhetisches Lernen im Fremdsprachenunterricht. Theorie – Empirie – Unterrichtsperspektiven.* Frankfurt a. M.: Lang, 109-129.

Schneider, Günther (2007): „Fremdsprachenforschung und die Ausbildung von Fremdsprachenlehrerinnen und -lehrern". In: Beiträge zur Lehrerbildung, 25 (2), 143-155. http://www.pedocs.de/volltexte/2017/13640/pdf/BZL_2007_2_143_155.pdf (abgerufen am 13.07.2017)

Schocker-von Ditfurth, Marita (2001). *Forschendes Lernen in der fremdsprachlichen Lehrerbildung.* Tübingen: Narr.

Schocker-von Ditfurth, Marita (2002). *Unterricht verstehen: Medienpaket zur Förderung reflektierter Unterrichtspraxis. Erfahrungswissen reflektieren und den eigenen Unterricht weiterentwickeln.* Goethe-Inst. Inter Nationes.

Schocker, Marita (2013). „Fremdsprachenlernen und Identität: Hohe Ansprüche und mögliche Wege in Unterricht und Lehrerbildung." In: Burwitz-Melzer et al., 277–292.

Scholl, Armin (2009). *Die Befragung.* 2. Auflage. Konstanz: UTB.

Schönknecht, Gudrun (2005). „Die Entwicklung der Innovationskompetenz von LehrerInnen aus (berufs-)biographischer Perspektive." (April Spezial). http://www.bwpat.de/spezial2/schoenknecht.shtml (abgerufen am 14.07.2017)

Schröder, Konrad (2010). „Fehler." In: Surkamp, 55-59.

Schützenmeister, Jörn (2002). *Professionalisierung und Polyvalenz in der Lehrerausbildung.* Marburg: Tectum Verlag.

Schwarzer-Petruck, Myriam (2014). *Emotionen und pädagogische Professionalität: Zur Bedeutung von Emotionen in Conceptual-Change-Prozessen in der Lehrerbildung.* Wiesbaden: VS Verlag für Sozialwissenschaften.

Schwarzkopf, Karin & Hechenleitner, Andrea (2006). „Glossar - Begriffe im Kontext von Lehrplänen und Bildungsstandards." Staatsinstitut für Schulqualität und Bildungsforschung München (Hrsg.). http://www.isb.bayern.de/schulartspezifisches/materialien/glossar-begriffe-im-kontext-von-lehrplaenen-und-bi/ (abgerufen am 14.07.2017)

Schwerdtfeger, Inge Christine (2000). „Anthropologisch-narrative Didaktik des fremdsprachlichen Lernens." *Fremdsprachen Lehren und Lernen* 29, 106–123.

Sekretariat der Kultusministerkonferenz (2011). „Handreichung für die Erarbeitung von Rahmenlehrplänen der Kultusministerkonferenz für den berufsbezogenen Unterricht in der Berufsschule und ihre Abstimmung mit Ausbildungsordnungen des Bundes für anerkannte Ausbildungsberufe." http://www.kmk.org/fileadmin/veroeffentlichungen_beschluesse/2011/2011_09_23_GEP-Handreichung.pdf (abgerufen am 14.07.2017)

Sekretariat der Kultusministerkonferenz (2004) „Standards für die Lehrerbildung: Bildungswissenschaften."

Shilling, Chris (2012). *The Body and Social Theory*. 3. Auflage. Los Angeles: SAGE.

Shulman, Lee S. & Shulman, Judith H. (2004). „How and what teachers learn: a shifting perspective." *Journal of Curriculum Studies* 36(2), 257–271.

Siebold, Jörg (2010). „Imagination." In: Surkamp, 109.

Sieland, Bernd & Rahm, Tobias (2007). „Personale Kompetenz entwickeln." In: Fleischer, Thomas et al. (Hrsg.). *Handbuch Schulpsychologie: Psychologie für die Schule*. Stuttgart: Kohlhammer.

Sikes, Patricia et al. (1991). „Berufslaufbahn und Identität im Lehrerberuf." In: Terhart, Ewald (Hrsg.). *Unterrichten als Beruf. Neue amerikanische und englische Arbeiten zur Berufskultur und Berufsbiographien von Lehrern und Lehrerinnen*. Köln: Böhlau, 231–248.

Sippel, Vera A. (2003). *Ganzheitliches Lernen im Rahmen der „simulation globale": Grundlagen - Erfahrungen - Anregungen*. Tübingen: Narr.

Smith, Richard Lee & Hansen, J. Merrell (1972). „The Teacher/Actor." *The Clearing House* 47(2), 96–98.

Spiewak, Martin (2013). „Bildung: Die Stunde der Propheten." *Die Zeit*. http://www.zeit.de/2013/36/bildung-schulrevolution-bestsellerautoren (abgerufen am 14.07.2017)

Spolin, Viola (1983). *Improvisationstechniken für Pädagogik, Therapie und Theater*. Paderborn: Junfermann.

Stancel-Piątak, Agnes et al. (2013). „Lerngelegenheiten und Veranstaltungsqualität im Studienverlauf: Lehramt Deutsch, Englisch und Mathematik." In: Blömeke, Sigrid et al. (Hrsg.). *Professionelle Kompetenzen*. Münster: Waxmann. 77-106.

Staudinger, Katja Monika (2006). *Erziehungskompetenz als komplexes Gefüge. Empirische Erhebung zum pädagogischen Kompetenzspektrum und pragmatische Debatte*. München: Utz.

Steffens, Ulrich & Höfer, Dieter (2012). „Was ist das Wichtigste beim Lernen? John Hatties Forschungsbilanz aus über 50.000 Studien." *Zeitschrift für Bildungsverwaltung* (28), 5–25.

Steinert, Brigitte et al. (2006). „Lehrerkooperation in der Schule: Konzeption, Erfassung, Ergebnisse." *Zeitschrift für Pädagogik* 52(2), 185–204.

Stiller, Edwin (1999). „Biografisches Lernen im Pädagogikunterricht." http://www.dialogische-fachdidaktik.de/1.7biogra%20l.pdf (abgerufen am 14.07.2017)

Stiller, Edwin (2006). „Biographisches Lernen in der Lehrerbildung." *Forum Lehrerfortbildung* 40, 33–56.

Stritzelberger, Ingrid (2011). „‚Dreams and Reality' - Von Kurzgeschichten zu multimedialen Inszenierungen." In: Küppers et al., 141–153.

Strübing, Jörg (2008): *Grounded Theory. Zur sozialtheoretischen und epistemologischen Fundierung des Verfahrens der empirisch begründeten Theoriebildung*. Wiesbaden: VS Verlag für Sozialwissenschaften.

Sugrue, Ciaran (1997). „Student Teachers' Lay Theories and Teaching Identities: their implications for professional development." *European Journal of Teacher Education* 20(3), 213–225.

Surkamp, Carola (2008). „Handlungskompetenz und Identitätsbildung mit Dramentexten und durch Dramenmethoden." In: Eva Burwitz-Melzer et al. (Hrsg.). *Sprachen lernen - Menschen bilden: Dokumentation zum 22. Kongress für Fremdsprachendidaktik der Deutschen Gesellschaft für Fremdsprachenforschung (DGFF)*. Hohengehren: Schneider-Verlag (Giessener Beiträge zur Fremdsprachenforschung), 105-116.

Surkamp, Carola (Hrsg.). (2010) *Metzler-Lexikon Fremdsprachendidaktik: Ansätze - Methoden – Grundbegriffe*. Stuttgart: Metzler.

Surkamp, Carola (2010). „Perspektive und Perspektivenwechsel." In: Surkamp, 238-239.

Surkamp, Carola & Nünning, Ansgar (2015). „Kategorien, Fragen und Verfahren der Dramenanalyse im Zusammenspiel mit szenischen Methoden: Plädoyer für ein Sowohl-als-auch von textzentrierten und kreativen Zugangsformen." In: Hallet & Surkamp, 203–220.

Sutherland, Louise et al. (2010). „Professional identity creation: Examining the development of beginning preservice teachers' understanding of their work as teachers." *Teaching and Teacher Education* 26(3), 455–465.

Tausch, Reinhard (2006). „Personzentrierte Unterrichtung und Erziehung." In: Detlef H. Rost (Hrsg.). *Handwörterbuch Pädagogische Psychologie.* 3. Auflage. Weinheim: Beltz. 575–584.

Teml, Hubert & Unterweger, Eva (2002). „Persönlichkeitsförderung in der LehrerInnenbildung." *journal für lehrerinnen - und lehrerbildung 2(2),* 9–21.

Terhart, Ewald (1994). *Berufsbiographien von Lehrern und Lehrerinnen.* Frankfurt a. M.: Lang.

Terhart, Ewald (2005). „Standards für die Lehrerbildung - ein Kommentar." *Zeitschrift für Pädagogik* 51(2), 275–279.

Terhart, Ewald (2007). „Erfassung und Beurteilung der beruflichen Kompetenz von Lehrkräften." In; Lüders, Manfred & Wissinger, Jochen (Hrsg.). *Forschung zur Lehrerbildung. Kompetenzentwicklung und Programmevaluation.* Münster: Waxmann, 37–62.

Thaler, Engelbert (2010a). „Lehrer und Lehrerrolle." In: Surkamp, 162-164.

Thaler, Engelbert (2010b). „Offener Unterricht." In: Surkamp, 234-236.

Thomas, Lynn & Beauchamp, Catherine (2011). „Understanding new teachers' professional identities through metaphor." *Teaching and Teacher Education* 27(4), 762–769.

Tickle, Les (1999). „Teacher Self-Appraisal and Appraisal of Self." In: Lipka & Brinthaupt, 121–141.

Tillmann, Klaus-Jürgen (2006). *Sozialisationstheorien: Eine Einführung in den Zusammenhang von Gesellschaft, Institution und Subjektwerdung.* Hamburg: Rowohlt.

Timpson, William M. & Tobin, David N. (1982). *Teaching as Performing: a Guide to Energizing your Public Presentation.* Prentice-Hall.

Trautmann, Matthias (2005). „Entwicklungsaufgaben bei Havinghurst." In: Trautmann, Matthias (Hrsg.). *Entwicklungsaufgaben im Bildungsgang.* Wiesbaden: VS Verlag für Sozialwissenschaften, 19-40.

Trautmann, Matthias (2010). „Professionsforschung in der Fremdsprachendidaktik. " In: Hallet, Wolfgang & Königs, Frank G. (Hrsg.). *Handbuch Fremdsprachendidaktik.* Seelze-Velber: Klett Kallmeyer. 346-349.

Tschurtschenthaler, Helga (2013). *Drama-based Foreign Language Learning: Encounters between self and other.* Münster: Waxmann.

Tselikas, Elektra I. (1999). *Dramapädagogik im Sprachunterricht.* Zürich: Orell Fuessli.

Tsui, Amy B. M. (2007). „Complexities of Identity Formation: A Narrative Inquiry of an EFL Teacher." *TESOL Quarterly: A Journal for Teachers of English to Speakers of Other Languages and of Standard English as a Second Dialect* 41(4), 657–680.

Unterweger, Eva & Weiss, Waltraud (2005). „Sich als Persönlichkeit weiter entwickeln. Evaluationsstudie ‚Persönlichkeitsentwicklung 2000' an der Pädagogischen Akademie des Bundes in Wien." *Journal für Bildungsforschung an der Pädagogischen Akademie des Bundes in Wien* (1), 85–104.

Unterweger, Eva & Weiss, Waltraud (2006). „Persönlichkeit weiter entwickeln: Personale Kompetenz in der Lehrer/innen/profession." In: Heinrich, Martin & Greiner, Ulrike (Hrsg.). *Schauen, was 'rauskommt: Kompetenzförderung, Evaluation und Systemsteuerung im Bildungswesen.* Münster: LIT Verlag, 217–226.

Unterweger, Eva (2013). „Personale Kompetenzen im Berufseinstieg." In: Friedrich, Christian et al. (Hrsg.). *Forschungsperspektiven* 5, 79–93.

Unterweger, Eva (2014). „Personbezogene überfachliche Kompetenzen von Pädagoginnen und Pädagogen." http://www.oezeps.at/wp-content/uploads/2014/01/Personenbezogene-%C3%Bc berfachliche-Kompetenzen.pdf (abgerufen am 14.07.2017)

Urban, Klaus K. (2004). *Kreativität: Herausforderung für Schule, Wissenschaft und Gesellschaft.* Münster: LIT Verlag.

Valadez Vazquez, Beate (2014). *Ausprägung beruflicher Identitätsprozesse von Fremdsprachenlehrenden: am Beispiel der beruflichen Entwicklung von (angehenden) Spanischlehrerinnen und Spanischlehrern ; eine qualitative Untersuchung.* Stuttgart: ibidem. (Romanische Sprachen und ihre Didaktik)

Varghese, Manka et al. (2005) „Theorizing Language Teacher Identity: Three Perspectives and Beyond." *Journal of Language, Identity & Education* 4(1), 21–44.

Vasquez, Camilla (2011). „TESOL, teacher identity, and the need for 'small story' research." *TESOL Quarterly* 45(3), 535–545.

Veith, Hermann (2003). „Lernkultur, Kompetenz, Kompetenzentwicklung und Selbstorganisation. Begriffshistorische Untersuchungen zur gesellschaftlichen und pädagogischen Konstruktion von Erziehungswirklichkeiten in Theorie und Praxis." *QUEM-report. Schriften zur beruflichen Weiterbildung* 82, 179–229.

Veith, Hermann (2010). „Das Konzept der balancierenden Identität von Lothar Krappmann." In: Jörissen, Benjamin & Zirfas, Jörg (Hrsg.). *Schlüsselwerke der Identitätsforschung.* Wiesbaden: VS Verlag für Sozialwissenschaften, 179–202

Veith, Hermann (2014). „Kompetenz – Anmerkungen zu einem bildungstheoretischen Paradigmenwechsel." In: Faas, Stefan et al. (Hrsg.). *Kompetenz, Performanz, soziale Teilhabe. sozialpädagogische Perspektiven auf ein bildungstheoretisches Konstrukt.* Wiesbaden: Springer Fachmedien, 51–65.

Veith, Hermann & Schmidt, Maria (2010). „Pädagogische Professionalität und qualitätsbewusste Kompetenzentwicklung in der Lehrerausbildung: Zur theoretischen Begründung und praktischen Anwendung von Auswahlverfahren, Eignungsuntersuchungen und studienbegleitenden Beratungsmodellen im Lehramtsstudium. Kurzgutachten." http://www.mk.niedersachsen.de/ download/62976/Kompetenzentwicklung_in_der_Lehrerausbildung.pdf&usg=AFQjCNFChK1 V28WysRCg1cITgSC9Hs0mZA (abgerufen am 14.07.2017)

Visser, Beth A. et al. (2006). „Beyond g: Putting multiple intelligences theory to the test." *Intelligence* 34(5), 487–502.

Volkmann, Laurenz (2008). „Drama und Kultur im Englischunterricht." *Fremdsprachen lehren und lernen* 37, 184–196.

Vortisch, Stephanie (2008). *Keine Angst vor dem Theater: Werkstattbuch mit 100 Spielideen und mehr.* 2. Auflage: Weinheim: Beltz.

Wagner, Betty Jane (2002). „Understanding Drama-Based Education." In: Bräuer, Gerd (Hrsg.). *Body and Language: Intercultural Learning Through Drama.* Westport: Greenwood Publishing Group, 3–18.

Wahl, Diethelm (2001). „Nachhaltige Wege vom Wissen zum Handeln." *Beiträge zur Lehrerbildung* 19 (2), 157–174.

Wahl, Diethelm (2002). „Mit Training vom trägen Wissen zum kompetenten Handeln." *Zeitschrift für Pädagogik* 48, 227- 241.

Wahl, Diethelm (2013). *Lernumgebungen erfolgreich gestalten.* Bad Heilbrunn: Klinkhardt.

Wajnryb, Ruth (1992). *Classroom Observation Tasks: A Resource Book for Language Teachers and Trainers.* Cambridge University Press.

Walach, Harald (2013). „Achtsamkeit." In: Wirtz, 94.

Walter, Maik und Romi Domkowsky (2012). „Was kann Theater? Ergebnisse empirischer Wirkungsforschung." *Scenario* 2012 (01). http://publish.ucc.ie/scenario/2012/01/domkowskywalter/07/de (abgerufen am 14.07.2017)

Weber, Hannelore & Rammsayer, Thomas (Hrsg.). *Handbuch der Persönlichkeitspsychologie und Differentiellen Psychologie.* Göttingen: Hogrefe.

Wedel, Heike (2008). „‚Warming Up and Cooling Down': zu einer vernachlässigten Dimension bei der Arbeit mit dramatischen Formen." In: Ahrens, Rüdiger et al. (Hrsg.). *Moderne Dramendidaktik für den Englischunterricht.* Heidelberg: Universitätsverlag Winter, 471–492.

Weinert, Franz (1996) „‚Der gute Lehrer', ‚die gute Lehrerin' im Spiegel der Wissenschaft. Was macht Lehrende wirksam und was führt zu ihrer Wirksamkeit?" *Beiträge zur Lehrerinnen- und Lehrerbildung* 2, 141–151.

Weinert, Franz E. (2001). „Vergleichende Leistungsmessung in Schulen - eine umstrittene Selbstverständlichkeit." In: ders. (Hrsg.). *Leistungsmessungen in Schulen.* Weinheim: Beltz, 17–31.

Weintz, Jürgen (2008). *Theaterpädagogik und Schauspielkunst: Ästhetische und psychosoziale Erfahrung durch Rollenarbeit.* Berlin: Schibri.

Weiß, Sabine (2013). „Lehrerrolle." In: Wirtz, 930.

Weiß, Sabine et al. (2014). „What Competencies Do Teachers Need? Demands of the Teaching Profession from the Perspective of Teachers and Teacher Educators." *Forum Qualitative Sozialforschung / Forum: Qualitative Social Research* 15(3). http://www.qualitative-research.net/index.php/fqs/article/view/2174 (abgerufen am 14.07.2017)

Welsch, Wolfgang (2008). *Unsere postmoderne Moderne.* Berlin: Akad. Verl.

Wenger, Etienne (2008). „Identity in Practice." In: Murphy, Patricia et al. (Hrsg.). *Pedagogy and Practice: Culture and Identities.* Los Angeles: SAGE, 105–114.

Weyand, Birgit (2010). „Laufbahnberatung und Reflexion der eigenen Berufseignung - Bedarf und Bedürfnis." In: Abel, Jürgen & Faust, Gabriele (Hrsg.). *Wirkt Lehrerbildung? Antworten aus der empirischen Forschung.* Münster: Waxmann, 195–204..

Weyand, Birgit et al. (Hrsg.) (2012) *Auf unsere Lehrerinnen und Lehrer kommt es an. Geeignete Lehrer/innen gewinnen,(aus-) bilden und fördern.* Essen: Edition Stifterverband. http://www.phlu.ch/fileadmin/media/phlu.ch/dozierende/wyss_marco/lehrerbildung.pdf (abgerufen am 14.07.2017)

Wild, Elke & Möller, Jens (2014). *Pädagogische Psychologie.* Berlin: Springer.

Wildt, Beatrix (2003). „Psychodrama." In: Koch & Streisand, 233–234.

Wipperfürth, Manuela (2009). „Welche Kompetenzstandards brauchen professionelle Fremdsprachenlehrer und -lehrerinnen?" *Forum Sprache* 1(2), 6–26.

Wirtz, Markus Antonius (Hrsg.). *Dorsch – Lexikon der Psychologie.* 16. Auflage. Bern: Hans Huber.

Würffel, Nicola (2013). „Identität als Forschungsfokus für Lehrerfortbildungsmaßnahmen." In: Burwitz-Melzer et al., 311–321.

Zeichner, Kenneth M. (1994). „Research on teacher thinking and different views of reflective practice in teaching and teacher education." In: Carlgren, Ingrid et al. (Hrsg.). *Teachers' minds and actions: Research on teachers' thinking and practice.* Psychology Press, 9–27.

Zentrale Evaluations- und Akkreditierungsagentur Hannover (o. J.). Positionspapier: Schlüsselkompetenzen in den Curricula der Hochschulen. https://www.uni-goettingen.de/de/document-/download/96e432726e7485f20c5e93e7278d5812.pdf/Positionspapier%20der%20ZEVA%20zu%20Schluesselkompetenzen%20in%20den%20Curricula%20der%20Hochschulen.pdf&usg=AFQjCNEkXVEJNMXB2hfqFI_fvzqkfp5FYw (abgerufen am 14.07.2017)

Zirfas, Jörg (2010). „Identität in der Moderne: Eine Einleitung." In: Jörissen, Benjamin und Zirfas, Jörg (Hrsg.). *Schlüsselwerke der Identitätsforschung*. Wiesbaden: VS Verlag für Sozialwissenschaften, 9–17.

Zwozdiak-Myers, Paula (2012). *The Teacher's Reflective Practice Handbook: Becoming an Extended Professional Through Capturing Evidence-Informed Practice*. London: Routledge.

Zydatiß, Wolfgang (2012). "Den Lehrerberuf ernst nehmen…und deshalb die Lehrerbildung neu denken: 25 Thesen zu deren Reform." In: Blell, Gabriele & Lütge, Christiane (Hrsg.). Fremdsprachendidaktik und Lehrerbildung. Konzepte, Impulse, Perspektiven. Münster: LIT Verlag. 205-225.

Weitere Online-Quellen[370]

http://www.uni-goettingen.de/de/192579.html (abgerufen am 13.07.2017)

http://www.institut-beatenberg.ch/images/pdf/kompetenzraster/kr_sk.pdf (abgerufen am 13.07.2017)

http://www.naegele-partner.de/leistungsspektrum/offene-seminare/selbstkompetenz/ (abgerufen am 13.07.2017)

http://www.couragerenewal.org/courage-to-teach/ (abgerufen am 13.07.2017)

http://www.cct-germany.de/de/3/pages/index/39 (abgerufen am 13.07.2017)

http://www.uni-protokolle.de/nachrichten/id/169497/ (abgerufen am 13.07.2017)

http://www.dramanetwork.eu/ (abgerufen am 13.07.2017)

http://www.cct-switzerland.ch/index.php?test=lpa&lokalisierung=CH-GER&zielgruppe=5 (abgerufen am 13.07.2017)

http://www.funken.tu-dortmund.de/cms/de/Gforschung/entwicklungsforschung.html (abgerufen am 13.07.2017)

Videos

Brickart, Dario, Fischer, René, Haack, Adrian, Jordan, Andra und Menzel, Moritz (2010). *Das spielende Klassenzimmer. LehrerInnen lernen, auf Englisch Theater zu machen*. Filmische Dokumentation. Göttingen. https://youtu.be/nlyRHqZrJIU (abgerufen am 28.07.2017)

---

370 An dieser Stellen werden nur die Websites genannt, die nicht unter einem Autor oder einer Autorin im Quellenverzeichnis aufgeführt sind.

10. Anhang

10.1 OnlinePlus: Übersicht über weitere Materialien

Online verfügbar auf der Produktseite des Buches auf www.springer.com (Zugangslink: siehe Impressum dieser Arbeit)

A. Fragebögen und gesammelte Daten

A.1. Fragebögen Blanko

A.1.1. Post_Fragebogen SEMINARE TYP I

A.1.2. Post_Fragebogen SEMINARE TYP I ERGÄNZUNG

A.1.3. Post_Fragebogen SEMINARE TYP I_INTEGRIERT

A.1.4. PRÄ_Fragebogen SEMINARE TYP II

A.1.5. Post_Fragebogen SEMINARE TYP II

A.1.6. Post_Fragebogen SEMINARE TYP II_qualitative Ergänzung

A.1.7. Langzeitfragebogen

A.2. Quantitative Daten

A.2.1. Quanti_Seminare_Typ I

A.2.2. Quanti_Seminare_Typ II

A.2.3. Quanti_Langzeitbefragung

A.3. Qualitative Daten

A.3.1. Qualitative_Antworten_Typ I_ SoSe10_WiSe1112.pdf

A.3.2. Qualitative_Antworten_Typ II_SoSe 12

A.3.3. Qualitative_Antworten_Typ II_WiSe 1213.pdf

A.3.4. Qualitative_Antworten_Typ II_SoSe13

A.3.5. Qualitative_Antworten_Typ I_WiSe 1415

A.3.6. Einzelprofile_Langzeitbefragung

A.3.7. Emailinterview Ilona

A.4. Dateninterpretation

A.4.1. Ausgangsvoraussetzungen Studierenden in dp Seminaren

B. Anschauungsmaterialien

B.1. Seminargestaltung

B.1.1. Ablauf Blockseminar

B.1.2. Syllabus Regiekurs

B.1.3. Wandplakate_Atmo

B.2. Arbeitsblätter und weiteres

B.2.1. Materialien Lehrerrollenspiel

B.2.2. Stückentwicklung Incentive TiR

B.2.3. Überblick Spielformen Playbacktheater

10.2 Personenbezogene Zusammenfassung (Langzeitbefragung)

Die langfristigen Entwicklungen der Teilnehmer*innen, die noch nicht als Fallbeispiel ausführlich im Kapitel 7.4 ausgewertet worden sind, werden im Folgenden zusammengefasst. Dies soll den Leser*innen dieser Arbeit ermöglichen, einzelne Angaben, die von den Befragten in der Auswertung verwendet wurden, zu kontextualisieren. Die einzelnen Personen werden in Gruppen nach ihrem Stand der Ausbildung zum Zeitpunkt der Befragung eingeordnet.

Lehrer*innen

Acht der Teilnehmer*innen der Umfrage befinden sich bereits mit abgeschlossenem Referendariat im Schuldienst. Bis auf Mirja unterrichten sie alle das Fach Englisch.

Philipp

Von seiner Teilnahme an einem dramapädagogischen Schulpraxisprojekt (mehrere vorbereitende Sitzungen und eigene Stückentwicklung in Kleingruppen, dann Inszenierung in einer Grundschule) ist Philipp v.a. die Arbeit mit den Grundschüler*innen in Erinnerung geblieben. Hier fand Selbstüberwindung statt (Animation von Schüler*innen ohne Scheu und Scham), und die Entstehung eines neuen Selbstbildes als Pädagoge wurde angeregt. Das Seminar habe ihm „sehr geholfen, eine eigene Lehrerpersönlichkeit zu entwickeln" (Philipp, Langzeitfragebogen). Das eigene spontane Handeln in der Praxis empfand er als erfolgreich und sehr positiv. Die Erfahrungen mit Dramapädagogik in der Grundschule waren eine Hilfe im Referendariat und förderten weiterhin seine Experimentierfreude.

Statistisch hat Philipp viele Impulse aus dem Seminar und der Theaterwoche mitgenommen (mit einem Durchschnitt von 1,69 der zweitstärkste Gesamt-Effekt aller Antworten im arithmetischen Mittel). Einzig die Selbstkompetenz-Aspekte Biographie und Selbstreflexion sind bei ihm nur sehr wenig angesprochen worden (4).

Miriam

Miriam lässt als Lehrer*in viel von ihren Erfahrungen aus einem dramapädagogischen Seminar (Typ I) und einer Praxiswoche in den eigenen Unterricht einfließen. V.a. die Schritte der kreativ-kooperativen Stückanleitung werden als besonders prägend empfunden (Spaß, Struktur, Begrenzung der Ansprüche). Sie hat ein verbessertes Fremdsprachen-Selbstkonzept sowie einen starken kreativen Impuls für ihre Unterrichtsgestaltung mitgenommen (kreatives Schreiben, szenisches Arbeiten, Kreativität der Schüler*innen anregen). Zudem wurde eine Reflexion über Selbstbilder und Lehrphilosophien angeregt („Nachdenken über den Lehrer als "Künstler"; Miriam, Langzeitfragebogen), auch wenn quantitativ kaum Prozesse im Bereich Selbstkompetenzlernen vorliegen. Hier liegt der stärkste Effekt im Bereich ‚Lehrphilosophie' vor (1), dicht gefolgt von Kreativität/ Spontaneität, Offenheit und Selbstvertrauen (alle 2).

Elena

Für Elena hat sich aus einem dramapädagogischen Seminar (Typ I) und der Teilnahme an zwei Kindertheaterwochen im Studium eine Motivation für den Beruf und die Ausbildung ergeben (eine „hochgradig motivierende Wirkung in Bezug auf Studium und Lehrerjob"; Elena, Langzeitfragebogen). Erinnerungen an Seminar und Praxiserprobung werden als bedeutsam geschildert (Spaß an Kreativität, Teamarbeit, Ergebnis) und haben zu mehr Kreativität und Experimentierfreudigkeit ermutigt („Spielend Lernen war eine Art Epiphanie."; „Diese Erfahrung ermutigte zum Ausprobieren "; ebd.). Für ihren späteren Unterricht wurden Methoden mitgenommen (auch für nicht-fremdsprachliche Fächer). Es erfolgte eine Umsetzung ‚kleiner' Elemente im Unterricht und es besteht Lust auf mehr. Dies war bisher nicht umsetzbar, wofür u.a. die Fachleiter im Referendariat als Grund genannt werden („weil man im Ref. den Fachleitern mehr entsprechen muss als sich selbst"; ebd.). Der stärkste Effekt zeigt sich bei Elena quantitativ bezüglich ihrer Offenheit (1), gefolgt von Kreativität, Selbstvertrauen, Lehrphilosophie sowie den Bereichen Selbstwahrnehmung und Auftritt, in denen Entwicklungen angestoßen wurden (alle 2).

Maike

Maike erlebte die kooperative und kreative Art des Arbeitens in einem dramapädagogischen Seminar (Typ I) und einer Kindertheaterwoche im Studium als besonders positiv, insbesondere in Abgrenzung zu der sonstigen Lernkultur an der Universität. Im Schulalltag sei es ihr bisher noch nicht gelungen, die daraus abgeleiteten Ideale eines Fremdsprachenunterrichts umzusetzen (zumindest keine großen Projekte, aber szenisches Arbeiten habe schon stattgefunden). Die Seminare werden rückblickend als persönlicher Gewinn betrachtet, der zugleich als Auftrittstraining für den Klassenraum vorbereitete und eine „Ermutigung zu handlungsorientierten Verfahren" (Maike, Langzeitfragebogen) darstellte – aber auch daran erinnerte, manches aus der Schüler*innen-Perspektive zu betrachten und möglicherweise vorhandene Grenzen und Hemmungen mitzudenken.

In der quantitativen Betrachtung von Maike sind Lehrphilosophie, Gründlichkeit und Reflexionsfähigkeit gar nicht beeinflusst worden (6). Ihre Berufsmotivation sowie Offenheit und Kreativität sind hingegen sehr gewachsen (1), und auch ihr Selbstvertrauen und ihre Spontaneität haben sich verändert (2).

Mirja

Mirja hat ein dramapädagogisches Selbstkompetenzseminar (TYP II) als Teilnehmerin miterlebt und ein weiteres als Dozentin unterstützt. Als Teilnehmerin hat sie ihr Innenleben während der Prozesse des Seminars intensiv beobachtet und eine Art ‚innerer Achtsamkeit' mitgenommen. Auch ihre Außenwirkung beim Auftritt vor anderen ist Teil ihres reflexiven Fokus gewesen. Für die eigene Unterrichtspraxis wurden einzelne Übungen zur Gruppenbildung mitgenommen sowie die Erinnerung daran, das sprachliche Handeln der Schüler*innen in den Mittelpunkt der Unterrichtsprozesse zu stellen. Mirja gibt quantitativ nur einen einzigen Entwicklungsimpuls an, der sich auf ihren Umgang mit eigenen Emotionen und Affekten bezieht (2). Andere Aspekte (Biographie, Reflexion, Auftritt u.a.) sind leicht berührt worden (3).

Berlind

Berlind beurteilt das Seminar und die Kindertheaterwoche, die inzwischen fünf Jahre zurückliegen, eher als einen „methodischen Werkzeugkasten" (Berlind, Langzeitfragebogen) denn als Selbstkompetenz-Entwicklungsimpuls. Dennoch sieht sie es rückblickend so, dass der eigene „Kontrollbereich" verlassen wurde und neue Verhaltensmuster erprobbar und ggf. auch später abrufbar geworden sind („Erschließen neuer Möglichkeiten […] und Einbinden dieser als getestetes, neues kontrolliertes Verhaltensmuster"; ebd.). Auch wenn Dramapädagogik ihr damals als „tatsächlich realisierbare Option" (ebd.) erschien und Berlind beschreibt, selbst das positive Potenzial für ihre Lernmotivation und die Initiierung von Lernprozessen beim Seminar erlebt zu haben, ist spielerisches Lernen bisher in ihrem Unterricht wenig zum Einsatz gekommen (u.a. wegen der erlebten Schwierigkeiten älterer Schüler*innen, sich darauf einzulassen). Berlind gibt quantitativ sehr wenige langfristige Anstöße an, am ehesten noch im Bereich Kreativität (3 = leichte Zustimmung). Mit einem Durchschnitt von 5,15 hat sie ‚eher gar keine' Anstöße erfahren (statistisch der zweitschwächste Effekt der gesamten Befragtengruppe, der möglicherweise dadurch befördert wurde, dass ihre dramapädagogische Erfahrung sehr lange zurückliegt).

Helga

Helga, die an einem dramapädagogischen Selbstkompetenzseminar (Typ II) und einer fremdsprachigen Theaterfreizeit für Jugendliche teilgenommen hat, betont im Rückblick insbesondere die Praxiserfahrung und die Beobachtung der Freude, die gerade leistungsschwächere Schüler*innen am Theater in der Fremdsprache hatten, als relevant für ihre professionelle Entwicklung. Wegen dieser Erfahrungen räume sie dramapädagogischer Arbeit einen hohen Stellenwert im Fremdsprachenunterricht ein. Neben Methodik und Didaktik ist für sie rückblickend auch das Lernen im organisatorischen Bereich wichtig [fünftägige Freizeit mit Selbstversorgung; A.H.]. Die Betreuer-/Prozessbegleiter-Rolle war neu für sie, hat aber (durch die Kürze der Erfahrung) keine grundlegenden Haltungsveränderungen angestoßen bzw. ermöglicht. Helga gibt quantitativ Anstöße in den Bereichen Lehrphilosophie, Berufsmotivation, Selbstvertrauen und Offenheit sowie Empathie an (alle 2).

Barbara: siehe Seite 280 ff.

Referendar*innen

Fünf Teilnehmer*innen der Befragung befinden sich aktuell im Referendariat. Sie unterrichten alle das Fach Englisch.

Anja

Anja hat über drei Jahre hinweg an vielen dramapädagogischen Seminaren (TYP I und II) teilgenommen und Praxisprojekte begleitet. Insbesondere die (Selbst-)Reflexionskultur bei diesen Veranstaltungen hat sie dabei stark beeinflusst und dazu angeregt, sich auch im Alltag und in anderen sozialen Gruppen mit dem eigenen Verhalten und den eigenen Vorstellungen auseinanderzusetzen, auch in Bezug auf Schule („kontinuierliche Reflexion des eigenen Lehrerbildes"; Anja, LZB). Das Erproben ihrer Kreativität und des eigenen Verhaltens in dramapädagogischen Seminaren (z.B. unter ‚kreativem' Stress, in verschiedenen Kommunikationssituationen etc.) hat sie an Grenzen geführt; es war ein Anstoß für individuelle Weiterentwicklungsprozesse und Zielsetzungen. Der Umgang mit eigenen Emotionen und inneren Erlebens- und Verhaltensmustern war dabei sehr wichtig: „[Ich habe] bewusster über Druck nachgedacht, den ich mir selbst mache und versucht, diesen abzubauen. Allein diese Bewusstmachung ermöglicht mir im Alltag und Beruf die Erfahrungen während der dramapädagogischen Projekte auf andere Bereiche zu transferieren." (ebd.) Durch die dramapädagogische Arbeit sind auch grundlegende pädagogische Haltungen herausgebildet worden und methodische Kompetenz wurde entwickelt – in der aktuellen schulischen Praxis ist es für Anja eine Herausforderung, den Idealismus aus erfolgreichen dramapädagogischen Projekten in Balance mit der Schulrealität zu bringen.

Entsprechend obiger Schilderungen gibt Anja auch quantitativ an, die stärksten Impulse (1) in Bezug auf ihre Selbstwahrnehmung, Emotionsregulation und Selbstreflexion erfahren zu haben. Weitere Anstöße (2) gab es im Bereich biographischen Lernens, bezüglich ihrer Lehrphilosophie, ihres Selbstvertrauens sowie in den Bereichen Offenheit und Empathie. Auftritt, Kreativität und Gründlichkeit haben sich bei Anja, die schon vor den Seminaren viel Bühnenerfahrung hatte und kreativ tätig war, weniger entwickelt (3). Ihre Gründlichkeit hat gar keine Entwicklung durchgemacht (5).

Otto

Otto hat an mehreren Seminaren (Typ I) und Praxisprojekten teilgenommen und ist in weiteren Kontexten dramapädagogisch tätig gewesen. Arbeitsweisen und Haltungen der Seminare (spielerisches Lernen) haben ihn stark inspiriert. Er ist um eine Integration dieser Ansätze in den eigenen Unterricht bemüht. Bezüglich der universitären Lehrerausbildung reflektiert er, dass manche sinnvollen Anstöße aus dramapädagogischen Veranstaltungen ‚verpufft' seien, weil nicht in weiteren Veranstaltungen daran angeknüpft werden konnte („wären solche Reflexionsrunden und Feedback in dieser Intensität regelmäßig in Veranstaltungen angeboten worden, hätte ich es mir wahrscheinlich angewöhnt "; Otto, Langzeitevaluation).

Otto gibt quantitativ einige stärkere Anstöße an. Am stärksten beeinflusst wurden seine Lehrphilosophie, Offenheit und Kreativität (1), aber auch die Bereiche Auftritt, Berufsmotivation und Spontaneität (2).

Monika

Monika, die mehrere Seminare (Typ I und II) sowie Praxisprojekte begleitet hat, erinnert sich besonders an die für sie herausfordernden Übungen des Impro-Theaters (u.a. Spontaneität und ‚Nicht-Denken' trainieren), bei denen sie ‚aus sich selbst heraustreten' konnte. Durch das Erleben neuer Herangehensweisen an das Fremdsprachenlehren (u.a. bei den Jugendcamps) hat ihre Identifikation mit der Fremdsprachenlehrerrolle zugenommen und sie hat eine Steigerung der Berufsmotivation erlebt. Neben Reflexionen über ihre Berufswahl hat sie die Frage nach den für sie beruflich wichtigen Persönlichkeitseigenschaften beschäftigt. In der Befragung direkt nach dem dramapädagogischen Selbstkompetenz-Seminar im Sommersemester 2012 gab sie als eine von wenigen an, an sich sowohl positive als auch neue negative Seiten entdeckt zu haben (siehe Seite 230 ff. dieser Arbeit). Sie berichtet rückblickend (Monika, LZB):

> Ich habe glaube ich oft über Eigenschaften wie Spontaneität und Humor nachgedacht - beides Eigenschaften, die auch heute im Ref eine wichtige Rolle für mich spielen und täglich gefordert sind - und hatte das Gefühl, durch die dramapädagogischen Veranstaltungen spontaner und sicherer in meinem Auftreten geworden zu sein.

Insgesamt hat sie „die Dramapädagogik als sehr wichtigen Teil [...ihres] Weges in Richtung FS-Lehrerin erlebt und als absolut zentrale Werte für den FSU vor allem Fehlertoleranz und Kommunikativität verinnerlicht" (ebd.). Starke Impulse hat Monika für ihre Lehrphilosophie, Berufsmotivation und Kreativität sowie Spontaneität erfahren (1). Auch der Auftritt, ihr Selbstvertrauen und ihre Offenheit sind beeinflusst worden (2). Am wenigsten Impuls zur Entwicklung hat der Aspekt Gründlichkeit (4) erfahren (vgl. auch Abbildung 64).

Carla: siehe Seite 285 *ff.*

Vanessa: siehe Seite 281 ff.

Referendariatsanwärter*innen

Vier Teilnehmer*innen der Befragung hatten zum Zeitpunkt der Befragung ihr Studium abgeschlossen und befanden sich auf dem Weg in das Referendariat. Sie werden alle eine oder mehrere (Mark) Fremdsprache(n) unterrichten, drei von ihnen Englisch (Ausnahme: Constanze).

Constanze

Constanze, die an einem dramapädagogischen Selbstkompetenzseminar (Typ II) teilgenommen hat, sieht ihr Selbstbewusstsein v.a. durch Auftrittsübungen gestärkt. Sie nimmt aus ihren Erfahrungen und der Lernerperspektive beim Seminar Erkenntnisse und Anregungen für die Gestaltung ihres Fremdsprachenunterrichts mit. Constanze bedauert, nur an einem Seminar teilgenommen zu haben, weil so einige Erkenntnisse und Reflexionen wieder in Vergessenheit geraten seien.
Trotz des ‚Vergessens-Effektes' gibt Constanze quantitativ recht starke Prozesse an, die durch das eine Seminar bei ihr angeregt worden sind, v.a. in Bezug auf ihre Lehrphilosophie und Berufsmotivation sowie Selbstvertrauen und Offenheit (1). Auch in den Bereichen Auftritt und biographisches Lernen sieht sie eine Entwicklung (2).

Mark: Siehe Seite 282 ff.
Marlene: Siehe Seite 298 ff.
Simone: Siehe Seite 301 ff.

Andere berufliche Werdegänge

Zwei ehemalige Teilnehmer*innen haben nach dem Lehramtsstudium noch nicht das Referendariat begonnen, sondern sind an der Universität geblieben (Promotion) oder haben einen anderen Beruf ergriffen. Die dramapädagogischen Seminare haben sie dennoch in guter Erinnerung.

Anouk

Anouk hat nach dem Studium den Weg in die erziehungswissenschaftliche Forschung eingeschlagen und keine Dramapädagogik mehr praktiziert. Die dramapädagogischen Erfahrungen im Studium (zwei Seminare des Typs I und Mitwirken als Betreuerin an zwei Kindertheaterwochen) haben ihre Lehrphilosophie bzw. ihre unterrichtsbezogenen Haltungen jedoch stark geprägt. Sie habe heute eine „ehrliche Überzeugung für schülerzentrierten, offenen Unterricht" (Anouk, LZB). In dramapädagogischen Seminaren erlebte sie eine Spannung zwischen ihren theoretischen Überzeugungen und pädagogischen Werten (pro Handlungsorientierung) und der eigenen Komfortzone (Schwierigkeiten des Sich-Einlassens auf ganzheitliche Arbeit). Sie habe aber „gemerkt, dass [...sie] das gut in Einklang bringen kann" (ebd.). Zudem hat sich bei ihr durch die dramapädagogischen Seminare ein Bewusstsein für die Bedeutung von Reflexion in der pädagogischen Arbeit entwickelt. Methoden zur Selbstreflexion und zur bewegten Auseinandersetzung mit den eigenen Werten und Rollenvorstellungen aus den dramapädagogischen Seminaren setzt sie inzwischen erfolgreich selbst in ihren Seminaren ein:

> Ich habe heute eine Methode mit den Studierenden gemacht, die ich von Dir kannte, nämlich diese Aufstellung im Raum zu bestimmten Thesen. Sie mussten durch Ihre Position im Raum zu solchen Aussagen wie >>Als Lehrer bin ich immer auch Entertainer<< 1. Zustimmung oder Ablehnung und dann 2. Sicherheit oder Unsicherheit ihrer eigenen Position ausdrücken. Ich wollte sie dazu bringen, über ihre Überzeugungen zur Lehrerrolle nachzudenken - auch etwas, das ich von Dir gelernt habe. Fanden die klasse!

Quantitativ gibt Anouk Entwicklungsimpulse aus dramapädagogischen Seminaren und Praxiserfahrungen v.a. in den Bereichen Emotionsregulation und Lehrphilosophie, Offenheit, Spontaneität und Empathie an. Gründlichkeit und Selbstvertrauen weisen die geringsten Impulse auf (bezüglich letzterem erläutert sie bereits vorher indirekt, dass dieses bei ihr generell gut ausgeprägt sei: „Mich Sachen zu trauen gehört nicht zu meinen Alltagsproblemen"; ebd.).

Johanne

Johanne hat nach einer Masterarbeit über Dramapädagogik und beendetem Lehramtsstudium einen außerschulischen, nicht pädagogischen beruflichen Werdegang eingeschlagen. Sie hat aus einem Seminar (Typ I) und zwei Praxisprojekten im Studium Anstöße für ihr privates Leben erhalten (Teilnahme an Theatergruppen), weil sie im geschützten Rahmen des Blockseminars ihre „Scheiternsangst" (Johanne, LZB) überwinden konnte und sich getraut hat, selbst zu spielen („Grenzen [ließen] sich dadurch verschieben"; ebd.). Dabei sind ihr die Verantwortung als auch die Möglichkeiten zur Gestaltung einer ‚Lehrerpersönlichkeit' bewusst und verständlich geworden: „Mir ist deutlicher geworden, dass Lehrer sein auch mit dem Spielen einer Rolle zu tun hat, die in großem Maße ausgestaltet und gefüllt werden kann und muss, damit Unterricht funktioniert" (ebd.). Gründe für ihre Entscheidung, später einen anderen Beruf zu ergreifen – und somit diese Lehrerrolle nicht zu gestalten – nennt sie nicht. Quantitativ gibt Johanne viele Entwicklungsimpulse (Stärke 2) an, und zwar in allen Bereichen außer Emotionsregulation(3), Selbstreflexion, Berufsmotivation und Gründlichkeit (alle 4).

Studierende

Die 21 weiteren Teilnehmer*innen der Befragung sind noch im Studium. 16 von ihnen studieren Englisch, drei eine andere Fremdsprache als Englisch, und zwei Studierende nur nicht-sprachliche Fächer für das gymnasiale Lehramt.

Grit

Grit hat beim Regiekurs (Typ III) Anregungen für die Schule erhalten und weist allgemein eine hohe – biographisch begründete – Motivation auf, Theater dort zu praktizieren. Der Kurs wirkte für sie als eine Art ‚Erinnerung an vergessene Talente' und gab einen Anstoß, wieder mehr Zeit mit Theater zu verbringen. In ihrer Rolle als Regisseur*in in einem Regie-Duo beim Regiekurs wurde Selbstkompetenzentwicklung in der Form angestoßen, dass sie sich das Ziel setzte, ihre eigenen Ideen und Meinungen vermehrt zu kommunizieren und durchzusetzen (Pläne zur eigenen Weiterentwicklung). Das war im Kurs nicht zu ihrer Zufriedenheit gelungen, weil sie sich zu sehr vor Konflikten mit ihrer Regiepartnerin scheute. Die allgemeine Freude an der Arbeit mit Menschen und ihre Kompetenz dazu, der sie sich sicher ist, hat sie seit dem Kurs dazu bewegt, Zweifel an ihrer Eignung und Motivation fürs Lehramt beiseite zu legen.[371] Quantitativ zeichnet Grit ein differenziertes Bild der bei ihr angestoßenen Prozesse. Entwicklungen sind bei ihr in den Bereichen Lehrphilosophie und Gründlichkeit sichtbar (jeweils Wert 2), am wenigsten Auswirkung hat das Seminar auf ihre Berufsmotivation gehabt (5).

Alexandra

Alexandra, die an einem Seminar (Typ II) teilgenommen hat, betont ihre Motivation, später als Lehrer*in dramapädagogisch arbeiten zu wollen, und v.a. auch viele der kleinen Übungen in den Unterricht einzubinden. Sie nahm die Erfahrung der eigenen Spielfreude bei dramapädagogischen Übungen mit aus dem Seminar; in Kombination mit ihrer vorherigen, langjährigen Teilnahme als Schauspielerin an Theaterprojekten ist eine hohe Motivation für einen ganzheitlichen, handlungsorientierten Fremdsprachenunterricht entstanden. Quantitativ gibt Alexandra einen Anstoß von Entwicklungsprozessen in fast allen Bereichen an, erläutert aber in einem Kommentar, dass es sich auch um vorherige Theatererfahrungen handele, die aber auch immer noch erneut stattfinden würden. Besonders stark schätzt sie die Impulse von Theaterspielen auf ihre Lehrphilosophie und Berufsmotivation sowie Offenheit und Kreativität ein.

---

371   Es bleibt aber unklar, ob diese Entscheidung durch Erfahrungen beim Regiekurs beeinflusst worden ist. Die geringe Ausprägung des Items ‚Berufsmotivation' in den quantitativen Antworten spricht eher dagegen.

Marina

Marina beschreibt den Spaß und den positiven Eindruck von handlungsorientierten Arbeitsweisen, den sie aus der dramapädagogischen Arbeit im Seminar (Typ II) gewonnen hat. Sie reflektiert im Kontrast dazu das Lernen in ihrer eigenen Schulzeit und die negativen Lernerfahrungen mit dem schulischen Fremdsprachenunterricht, von denen ihre Nachhilfeschüler*innen berichten. Daraus leitet sie Ziele für ihren eigenen Unterricht, ihre zukünftige Rolle und ihren Weiterbildungsbedarf ab („Ich möchte gerne auch später im Referendariat verstärkt Unterrichtseinheiten dazu [= Dramapädagogik] gestalten und mich davor hier an der Uni so gut wie möglich dafür ausbilden lassen."; Marina, LZB). Durch die intensive Reflexion im Seminar habe sich zugleich bei ihr ein schon vorher vorhandener selbstkritischer Blick noch verstärkt – möglicherweise sind aber dadurch auch neue Perspektiven entstanden, wie sie ihre Außenwirkung gestalten kann. Marina berichtet zudem, dass sie neue dramapädagogische Methoden aus dem Seminar direkt und erfolgreich in Nachhilfestunden eingesetzt habe. Dieser Erfolg hat ihre Berufsmotivation gesteigert.

Den stärksten Impuls sieht Marina quantitativ bezüglich ihrer Empathiefähigkeit (1), aber auch viele andere Aspekte (Auftritt, Selbstwahrnehmung, biographisches Lernen, Berufsmotivation, Kreativität und Spontaneität) sind positiv beeinflusst worden (2).

Ramona

Ramona hat durch die ersten Erfahrungen mit dramapädagogischer Arbeit im Studium (ein Seminar Typ I, eine Praxiswoche) eine Steigerung ihres Selbstbewusstseins und ihrer ‚Auftrittskompetenz' erlebt. Allgemein habe sich ihr Verständnis von und ihre Haltung zu Selbstreflexion durch das Seminar stark verändert (vermehrtes Praktizieren, Herangehensweise). Der intensive und positive Gruppenprozess des Seminars hat sich auf ihre Haltungen für den zukünftigen Unterricht ausgewirkt. Auch Kreativität schreibt sie dadurch einen höheren Stellenwert im Unterricht zu („Mir ist auf jeden Fall klar geworden, dass Kreativität eine große Rolle spielt und meist vernachlässigt wird"; Ramona, LZB). Die dramapädagogische Arbeit im Studium wird rückblickend als persönliche und berufliche Bereicherung beurteilt und ist für Ramona ein Anlass zu weiterer Beschäftigung mit Dramapädagogik, Weiterqualifikation und den Einsatz von Theater in der eigenen pädagogischen Praxis gewesen. Den stärksten Anstoß hat Ramona für ihre Kreativität und Spontaneität erlebt (1). Impulse hat sie zudem für ihren Auftritt, ihre Lehrphilosophie und Selbstreflexion, Selbstvertrauen, Offenheit und Empathie erfahren (alle 2). Emotionsregulation und biographisches Lernen haben für sie die geringste Rolle gespielt (4).

Joana

Für Joana liegen das Seminar (Typ I) und die Kindertheaterwoche schon sehr lange zurück (WiSe 10/11) und viele andere Faktoren (Praktika, Auslandssemester, pädagogische Seminare) haben ihre Entwicklung seitdem geprägt. Sie weist der dramapädagogischen Arbeit dennoch generell eine positive Wirkung zu („Anregungen für mein Lehrerdasein hat es mir auf alle Fälle gegeben"; Joana, LZB) und plant, Methoden des Theaters neben anderen Methoden zur offenen Unterrichtsgestaltung einzusetzen. Vom Seminar sind ihr konkret die Improspiele, die gute Gruppenatmosphäre und das Überwinden eigener Hemmungen, sich in einer Rolle zu exponieren, in Erinnerung geblieben.

Dementsprechend hat sie (trotz einer „lieber vorsichtige[n] Bewertung"; ebd.) laut quantitativer Angaben einen starken Entwicklungsimpuls für ihre Offenheit erlebt (1) sowie weitere Anstöße in den Bereichen Auftritt, Lehrphilosophie, Selbstvertrauen und Spontaneität (alle 2). Selbstreflexion (4) und Gründlichkeit (5) haben für sie die geringste Rolle gespielt.

Malia

Malia hat an einem Regiekurs als Schauspielerin teilgenommen und betont mehrfach, dass für sie mehr Erfahrung nötig sei, um eine größere Sicherheit in der Anleitung dramapädagogischer Arbeit zu bekommen (obwohl sie bereits vorher selbst Theater-AGs geleitet hat). Sie beschreibt sich selbst als relativ unsicheren Menschen, der sich wenig zutraue. Obwohl sie bereits vor dem Kurs Theater gespielt und positive Rückmeldung bekommen hat, hinterfragt sie die eigenen Fähigkeiten und fühlt sich unsicher. Sie habe allerdings durch ihre Szene im Kurs gelernt, „einfach über [...ihren] Schatten [zu] springen" (Malia, LZB). Sie scheint durch das positive Ergebnis Selbstvertrauen und Selbstakzeptanz dazu gewonnen zu haben, was sie versucht, auch außerhalb des Kurses zu realisieren: „Aber wenn es Situationen gibt, die mich vor neue Herausforderungen stellen, habe ich den Mut gewonnen, diese anzunehmen, ohne zurückzuziehen."(ebd.) Der Kurs habe sie zudem dazu befähigt, als Pädagogin für andere eine sichere Atmosphäre gestalten zu können.

Quantitativ hat sie in den Bereichen Selbstregulation, Offenheit und Empathie starke Entwicklungsimpulse erlebt (1). Auch ihr Auftritt und Selbstvertrauen, ihre Kreativität und Spontaneität und ihre Berufsmotivation haben sich verändert (2), ihre Lehrphilosophie hingegen eher nicht (4). Es scheint, dass der Kurs ihrer Einschätzung nach ihre personalen und methodischen Voraussetzungen verbessert hat, modernen Fremdsprachenunterricht so zu gestalten, wie sie es bereits zuvor für geeignet hielt.

Frederike

Frederike hat an mehreren, sehr unterschiedlichen Formaten dramapädagogischer Arbeit teilgenommen (Typ I, Jugendfreizeit, Typ III) und ist darüber hinaus im Laienbereich als Schauspielerin und Regisseurin aktiv. Sie beschreibt diverse Erfahrungen, die sie daraus mitgenommen hat. So habe sie durch das gemeinsame Theaterspielen und die dramapädagogische Praxis beispielsweise Unsicherheiten im Umgang mit Kindern und Jugendlichen abgebaut. Auch ihr ideales Selbstbild für den späteren Fremdsprachenunterricht habe sich durch die dramapädagogischen Übungen und Reflexionen geschärft. Auf der Ebene von Selbstkompetenz sind für sie Erfahrungen mit Stress und Projektmanagement, die Reduktion eigener Ansprüche sowie der Umgang mit belastenden Emotionen in dramapädagogischer (Projekt-)Arbeit prägend gewesen. Zudem habe sie gelernt, ihre Kräfte besser einzuteilen und innere Grenzen zu wahren, was ein wichtiger Bestandteil der Selbstkompetenz von Pädagog*innen ist.

Eine Verbesserung ihrer Emotionsregulation (der Umgang mit ihren belastenden Emotionen sowie mit dem „Gefühl der Überarbeitung"; Frederike, LZB) ist für Frederike ein entscheidender Impuls (quantitativ: 1), der durch ihre Teilnahme an dramapädagogischen Veranstaltungen zustande gekommen ist. Ebenso starke Anstöße hat es für die Entwicklung ihrer Kreativität und Spontaneität (1) gegeben. Das lässt sich herleiten aus der von ihr geschilderten Entdeckung, dass sie „meistens spontan auf Übungen oder Spielideen komm[t], die dann meistens sogar einen pädagogischen oder projektbezogenen Wert haben"; (ebd.). Sie hat in allen weiteren Bereichen von Selbstkompetenz (z.T. nur leichte) Anstöße zur Entwicklung erlebt. Am wenigsten ausgeprägt (3) sind dabei u.a. Gründlichkeit und Selbstreflexion; Reflexionen hätten im Studium bereits einen „sehr prominenten Standpunkt" (ebd.).

Ina

Ina, die an einem Seminar (Typ II) und einer Jugendfreizeit teilgenommen hat, erinnert sich an diverse Übungen positiv und hat Impulse zur weiteren Selbstbeobachtung, Reflexion und Veränderung aus dem Seminar gezogen. Besonders der Aspekt der fremdsprachigen Kommunikation hat ihr ein neues Selbstbewusstsein für ihre ‚Lehrersprache' vermittelt. Besonders starke Impulse (1) hat Ina für ihren Auftritt und den Aspekt der Selbstreflexion erfahren, wie sie quantitativ angibt. Auch bezüglich ihrer Selbstwahrnehmung, Berufsmotivation und ihres Selbstvertrauens sind Prozesse angeregt worden (2). Kreativität und Spontaneität (4) sind vermutlich bei ihr als erfahrener Theaterspielerin bereits zuvor ausgeprägt gewesen.

Regina

Auch bei Regina liegt das Seminar (Typ I) vier Monate zurück. Hier zeigt sich ebenfalls eine hohe Motivation, den eigenen fremdsprachlichen Klassenraum ähnlich zu gestalten (positive Lernatmosphäre und Vertrauen, Kooperation, Fehlerfreundlichkeit, dramapädagogische Methoden). Ihr Mut für das Ausprobieren „„ungewöhnliche[r] Methoden" (Regina, LZB) im Unterricht sei gesteigert. Die Selbsterfahrung habe sie in ihrer Unterrichtsphilosophie bestärkt und das Seminar in gewisser Weise Herangehensweisen und Methoden geliefert, um der (bereits seit der eigenen Schulzeit existenten) Unzufriedenheit mit einem ‚klassischen' Fremdsprachenunterricht eine andere Vorgehensweise entgegenzusetzen. Möglichkeiten zur praktischen Erprobung haben sich jedoch noch nicht ergeben.

Die stärksten Anstöße quantitativ benennt Regina für ihre Lehrphilosophie sowie ihre Kreativität und Spontaneität. Bis auf in den Bereichen Auftritt und Selbstreflexion (4) sowie Selbstwahrnehmung (3) hat sie viele weitere Impulse erfahren (alle restlichen:2), u.a. biographisches Lernen, Selbstregulation, Selbstvertrauen und Berufsmotivation.

Karola

Karola hat seit dem Seminar (Typ I, vier Monate vor der Umfrage) bereits eine dramapädagogische Stunde in der Schule erprobt (Praktikum). Sie hat im Seminar eigene Ängste mit dem improvisierenden Spiel überwunden und ist sich klarer geworden, was ihr für ihren späteren Fremdsprachenunterricht wichtig ist („ganzheitliches und aktives und kreatives Lernen"; Karola, LZB). Offenheit, Kreativität und Spontaneität sind die drei Bereiche, die den stärksten Entwicklungsimpuls bei Karola erhalten haben (2). Dazu kommen leichte Veränderungen der Lehrphilosophie, Berufsmotivation und des Selbstvertrauens (3).

Greta

Greta hat seit dem Seminar im November 2014 (Typ I) noch keine Gelegenheiten zur praktischen Anwendung gefunden, aber die Erfahrungen und Erkenntnisse des Seminars weiter reflektiert und diskutiert. Besonders die Arbeit mit dem eigenen Körper hat für sie als Seminarerfahrung eine große Bedeutung gehabt und führt dazu, dass sie der nonverbalen Kommunikation einen höheren Stellenwert für ihren zukünftigen fremdsprachlichen Klassenraum zuweist. Zudem hat eine Auseinandersetzung mit (und Überwindung von) eigenen Auftrittsängsten stattgefunden. Ihr bereits vor dem Seminar vorhandenes Rollenverständnis als Lehrerin wurde bestätigt und „um viele wertvolle Aspekte und Nuancen erweitert" (Greta, LZB), ebenso wie ihre Reflexionskultur. Die Auseinandersetzung mit Fragen der Selbstinszenierung und der Balancierung von

Ansprüchen stellte für Greta eine Überschneidung von beruflichen und privaten Aus-
einandersetzungsprozessen dar, so dass hier weitere Entwicklungen zu erwarten sind.
Stark beeinflusst worden (1) sind laut Gretas Berufsmotivation, ihr Selbstvertrauen und
die Lehrphilosophie. Auch Auftritt und Selbstwahrnehmung, die biographische Reflektiertheit und die Offenheit für Neues erfahren Entwicklungsimpulse (2). Nur für ihre
Gründlichkeit hat sie keine Anregungen aus dem Seminar erhalten (5).

Faye

Faye hat vor ihrem Dramapädagogik-Seminar (WiSe 14/15) bereits an einer VHS-Kin-
dertheaterwoche mitgewirkt. Sie ist im Seminar zum Einsatz spielerischer Elemente im
Fremdsprachenunterricht angeregt worden und hat dabei eine Passung von Methode
und Persönlichkeit entdeckt („ich habe gemerkt dass mir ein kreativer, stark auf Kommunikation ausgerichteter Fremdsprachenunterricht [...]auch selber mehr Freude bereitet"; Faye, LZB). Sie empfindet sich selbst als kreativer als vor dem Seminar, traut
sich im Unterricht aber bisher nur die Umsetzung von Mikromethoden zu.
Trotz eher knapper qualitativer Antworten gibt Faye quantitativ viele starke Prozesse
an: Ihre Selbstwahrnehmung, Lehrphilosophie und Berufsmotivation sowie Selbstvertrauen, Offenheit und Kreativität haben starke Entwicklungsimpulse (1) erfahren, während ihre Spontaneität weniger angesprochen wurde (3; vielleicht drückt sich hier ihre
Schwierigkeit aus, sich für eine Improvisation ‚frei' zu machen, wie sie beschreibt).
Auch ihr Auftritt, ihre Emotionsregulation und ihre Selbstreflexion sind beeinflusst
worden (2).

Kira

Kira schildert ausführlich ihre Erfahrungen und Anstöße zur Entwicklung aus einem dramapädagogischen Seminar (Typ I), das sie ein Semester zuvor besucht hat. Sie reflektiert ihre eigene, unsicherheitsbedingte Tendenz zu frontalem Unterricht und wahrgenommene Alternativen, die sie aus der dramapädagogischen Arbeit ableitet. Damit
einher geht der erhöhte Mut zu kreativer Arbeit mit Schüler*innen, wobei sie auch das
Risiko des Scheiterns annimmt („sie [=die Übungen] klappen zwar nicht immer gut,
aber es gilt das Prinzip Try and Error"; Kira, LZB). Dieses Risiko ist sie bereits im Seminar
eingegangen, wenn sie innerhalb des ‚sicheren Rahmens' „spontaner reagiert" (ebd.)
hat als sonst und „stimmlich und körperlich auch mal an [ihre] Grenzen gegangen ist"
(ebd.). Dabei ist ihre Wahrnehmung für Körpersprache bei sich und anderen geschärft
worden. Ihre Unterrichtsphilosophie hat sich durch die Erfahrungen (u.a. Stückentwicklung) um ein Bewusstsein für Prozessorientierung erweitert. Die Wirksamkeit offener Unterrichtsformen, guter Lernatmosphäre und schülerorientierter Arbeit sind ihr
bewusst geworden. Sie dienen ihr nun als Leitbild für ihren zukünftigen Unterricht.

Dramapädagogik zur gezielten Sprechförderung im Fremdsprachenunterricht einzusetzen wird als konkrete Absicht formuliert. Gleichzeitig ist sie bemüht, ihre Ansprüche
vor dem Hintergrund der bisher beobachteten Schulrealität realistisch zu halten.
Kiras Auftritt und ihre Offenheit, Kreativität und Spontaneität sind durch das Seminar
stark beeinflusst worden (1). Auch in Bezug auf ihre Selbstwahrnehmung und Emotionsregulation sind Prozesse angestoßen worden (2). Neben vielen weiteren leichten
Anstößen (3) hat am wenigsten biographisches Lernen stattgefunden (4).

Franziska: siehe Seite 291 ff.

Katharina: siehe Seite 288 ff.

Maxi: siehe Seite 283 ff.

Lotta: siehe Seite 292 ff.

Sabine: siehe Seite 302 ff.

Silke: siehe Seite 295 ff.

Lehramtsstudierende ohne philologische Fächer

Abschließend werden zwei weitere Teilnehmer*innen der Umfrage betrachtet, die
zwar Lehrer*innen werden möchten, aber keine philologischen Fächer studieren. Auch
für diese gab es einige wertvolle Erfahrungen.

Enrico

Enrico sieht noch vier Jahre nach dem Regiekurs positive Lernimpulse des Seminars
und der eigenen Inszenierungsarbeit für seine Lehrerwerdung. Er habe „erste wertvolle
Erfahrungen" (Enrico, LZB) im Anleiten größerer Gruppen sammeln können. Feedback
über das eigene Auftreten und die ‚Klassenführung' sowie organisatorische Aspekte
wie Zeitplanung habe er „mit[genommen] auf den Weg zum Lehrberuf" (ebd.), ebenso
wie eine bessere Kenntnis eigener Potenziale und den Willen zum Umgang mit eigenen
Schwächen.
Quantitativ gibt er bei diesem Rückblick zwar keine ganz starken Effekte, aber Impulse
(Stärke 2) in Bezug auf seinen Auftritt, seine Lehrphilosophie und Selbstreflexion sowie
Offenheit und Kreativität an.

Sonja

Sonja wird keine Fremdsprache unterrichten, sieht aber einen Einfluss des dramapä-dagogischen Selbstkompetenzseminars (Typ II) auf ihre allgemeinen Unterrichtshal-tungen („Unterricht dynamischer und spielerischer gestalten". Ein neuer Blick auf das Lernen und Lehren im (Fremdsprachen)Unterricht geht aber nicht unbedingt mit einem neuen Blick auf sich selbst einher. Sonja hat nach eigener Angabe im Seminar keine neuen Erkenntnisse über sich selbst erlangt. In Bezug auf ihre Selbstwahrnehmung hät-ten sich ihre „Erfahrungen bzw. eigene[] Wahrnehmung [...] bestätigt" (ebd.). Zugleich gibt sie aber auch an, sie habe durch das Theaterspielen – bei dem sie sich mehr getraut hat als sonst – ein „neues Selbstbewusstsein entwickelt" (ebd.) und gelernt, sich selbst und anderen zu vertrauen (vgl. ebd.). Auch die quantitativen Angaben zeigen Aspekte einer zunehmenden Selbstkompetenz: Den stärksten Impuls benennt Sonja für ihre Of-fenheit (1). Weitere Anstöße (2) gab es für ihre Selbstregulation, Lehrphilosophie und Berufsmotivation, ihr Selbstvertrauen sowie ihre Kreativität und Spontaneität.

10.3 Teilnahmestatistik (Langzeitbefragung)

Art der Veranstaltung	Titel	Semester	Teilnehmer*innen im Fragebogen (Langzeit)	Anzahl TN bei LZB
Seminartyp I (und anschließende Praxis)				
Kindertheaterwoche (VHS)	The Thief Lord and the Magical Merry-Go-Round	SoSe 2008		
Seminar (mehrere Einzeltermine)	Theaterprojekt in Zusammenarbeit mit einer Göttinger Grundschule (Surkamp & Haack)	WiSe 08/09	Philipp	1
Kindertheaterwoche (Grundschule)	„Thief Lord" an der Albani-Grundschule	WiSe 08/09	Philipp	1
Blockseminar[372]	Drama in the English Language Classroom ("Dragon Rider")	SoSe 09	Berlind, Anouk	2
Kindertheaterwoche (VHS)	"The Dragon Rider and the Rim of Heaven"	SoSe 09	Berlind, Anouk	2
Blockseminar	Drama in the English Language Classroom ("Crazy Colours, Silly Shapes")	SoSe 2010	Miriam, Elena, Otto, Johanne, Anja, DB, Carla	7
Kindertheaterwoche (VHS)	„Crazy Colours, Silly Shapes"	SoSe 2010	Miriam, Elena, Otto, Anja, DB, Carla	6
Blockseminar	Drama in the Foreign Language Classroom ("Inkheart")	WiSe 10/11	Maike, Otto, Vanessa, Simone, Johanne, Joana, DB, Carla	8
Kindertheaterwoche (VHS)	"Inkheart"	WiSe 10/11	Maike, Otto, Vanessa, Simone, Johanne, Joana, DB, Carla	8
Blockseminar	Drama in the Foreign Language Classroom I: Planning and Carrying out a Theatre Project for Pupils in Grade 4-6 (Elis &Haack)	SoSe 2011	Ramona, Mark, DB	3
Kindertheaterwoche (VHS)	"Spelling the World" (Elis)[373]	SoSe 2011	Mark, Ramona, DB	3
Blockseminar	Drama in the Foreign Language Classroom II: Going on a Drama-Pedagogical Holiday Camp with Teenagers	SoSe 2011	Helga, Monika, Vanessa, Frederike, Anja, Carla	6
Jugendtheaterwoche	Adventure Theatre Camp Hoher Hagen (Haack, Jordan, Mehner)	SoSe 2011	Helga, Monika, Vanessa, Frederike, Anja, Carla	5

---

372 Die Untersuchung dieses Seminars und der anschließenden Praxisphase ist Thema meiner Staatsexamensarbeit gewesen. Ergebnisse fließen in diese Arbeit mit ein.

373 Ich war an der Vorbereitung, nicht aber der Durchführung dieser Kindertheaterwoche beteiligt, habe hier jedoch mit Fragebögen Daten erhoben.

Kindertheaterwoche (VHS)/	„Peter Pan" (Jordan/ Mehner)	SoSe 2011	Mark, Frederike, Carla, Anja	4
Kindertheaterwoche (VHS)/ Praxisseminar	Praxis-Training: Fremdsprache durch Theater vermitteln („Inkspell")	WiSe 11/12	Vanessa, Anouk	2
Blockseminar	From ,Teacher as Actor' to ,Mantle of the Expert': Theatre and Dramapedagogical Approaches to Foreign Language Teaching and Learning	WiSe 14/15	Silke, Regina, Karola, Greta, Faye, Kira	6
Kindertheaterwoche (VHS)	"Any Number Can Die" (von Blanckenburg)	WiSe 14/15	Hatte zum Zeitpunkt der Erhebung noch nicht stattgefunden	
Seminartyp II (und anschließende Praxis)				
Blockseminar	Selbstkompetenz, Dramapädagogik und Gruppenprozesse - ein Theater-Wochenende für Lehramtsstudierende	SoSe 12	Mirja, Monika, Constanze, Maxi, Ina, Anja, Carla	7
Jugend- Freizeit in England	English Adventure Camp (London)[374] (Haack, Jordan, Mehner und Rinne)	August 2012	Mirja, Monika, Ina, Anja, Carla	5
Kindertheaterwoche (VHS)	Hamlet for kids -Shakespeare can be great fun! (Jordan)	August 2012	Elena*, Maxi, Faye, Carla	4
Blockseminar	Possible Selves in the Foreign Language Classroom: A Dramapedagogical Weekend for Future Teachers	WiSe 12/13	Mirja, Marlene, Lotta, Franziska	4
Blockseminar	Where your own stories meet…Putting Past and Future Teachers on Stage	SoSe 13	Sabine, Alexandra, Marina, Katharina, Sonja, Anja	6
Kindert- und Jugendtheaterwochen (VHS)	Diverse weitere (Elis/ Jordan/ Droste/ Jacobi/ von Blanckenburg)	SoSe 13 und später	Maxi, Lotta (2x)	3

---

374   Diese Ferienfreizeit mit Jugendlichen weist als einziges Praxisprojekt in dieser Reihe keinen expliziten dramapädagogischen Schwerpunkt auf.

Seminartyp III: Regiekurs (und anschließende Praxis)				
Einführungs-Blockseminar (3 Tage)	Selbstsicher auftreten - Gruppen leiten - Regie führen: Einführung in die Theaterpraxis/Regieworkshop für Lehramtsstudierende (Haack/ Lautenbach)	SoSe 2011	Rainer	1
Eigene Szenenerarbeitung (11 Tage)	Regiekurs: Praxisphase	SoSe 2011	Rainer	1
Blockseminar (14 Tage)	Regiekurs + Gruppen und Projekte leiten (Haack/ Lautenbach)	SoSe 13	Grit, Malia, Frederike	3
Eigene Szenenerarbeitung (11 Tage)	Regiekurs: Praxisphase	SoSe 13	Grit, Malia, Frederike	3

Summe an Teilnahmen:

Typ I: 33

Typ II: 17

Typ III: 4

Praxisprojekte (incl. Typ III): 47

10.4 Persönlichkeit und motivationale Eingangsvoraussetzungen für den Beruf

Arbeitsbezogenes Verhalten und Erlebensmerkmal	Item (Prä-Fragebogen)	Lotta	Monika	Carla
Motivationale Voraussetzungen (Basis)	Ich habe richtig Lust, Lehrer*in zu werden.	4	3	2
	Ich freue mich auf die Arbeit mit Lehrerkolleg*innen.	4	2	1
	Ich habe Lust, Englisch zu unterrichten.	3	-	-
Distanzierungsfähigkeit	Mit angespannten Situationen kann ich gut umgehen.	5	3	4
	Wenn mal was schlecht gelaufen ist, denke ich meist ziemlich lange drüber nach.	2	2	1
	Ich versuche, immer alle Erwartungen, die an mich gerichtet werden, zu erfüllen.	2	2	2
	Meine eigenen Grenzen kann ich gut wahren und passe auf mich auf.	2	3	6
Perfektionsstreben	Wenn etwas anders läuft, als ich will, fällt es mir schwer, das hinzunehmen.	2	4	2
soziale Unterstützung	Meistens mache ich mein eigenes Ding, unabhängig von anderen.	2	2	5
	Wenn ich Probleme habe, frage ich Freunde oder Vertrauenspersonen um Rat.	4	6	1
Lebenszufriedenheit	Mit mir selbst bin ich meistens zufrieden.	2	6	6
Verausgabungstendenz	Ich nehme gerne die Dinge in die Hand.	5	4	3
Gründlichkeit	Ich plane gerne sehr gründlich.	1	3	1
Offenheit	Auf eine offene Situation und etwas Neues lasse ich mich gerne ein.	5	3	2
Extraversion	Auf neue Menschen gehe ich gerne zu.	3	3	2
soziale Verträglichkeit	Auf andere Menschen und neue Gruppen kann ich mich gut einlassen	3	2	3
	Ich kann mich gut anpassen.	2	1	3

Tabelle 20: Angaben von Lotta, Monika und Carla im Prä-Fragebogen über ihre motivationalen und persönlichkeitsbezogenen beruflichen Voraussetzungen (1= stimme voll zu; 6 = stimme gar nicht zu).

Made in the USA
Las Vegas, NV
11 November 2024

11547232R00207